Dr. Geseko v. Lüpke

Politik des Herzens

Nachhaltige Konzepte für das 21. Jahrhundert

Gespräche mit den Weisen unserer Zeit

Arun

Meinen Kindern gewidmet.
Jara, Jonas und Leloba Joanna

Copyright © 2003 by Arun-Verlag, 5. Auflage 2015!
Arun-Verlag, Engerda 28, D-07407 Uhlstädt-Kirchhasel
Tel.: 036743-23314, Fax: 036743-23317
email: info@arun-verlag.de, Internet: www.arun-verlag.de
Titelmotiv: Gabriela Fellner, Flusslauf in Korsika.
Gesamtherstellung: Hubert & Co, zeitbuch, Göttingen.

Alle Rechte der Verbreitung in deutscher Sprache und der Übersetzung, auch durch Film, Funk und Fernsehen, fotomechanische Wiedergabe, Ton- und Datenträger jeder Art und auszugsweisen Nachdrucks sind vorbehalten.

ISBN 978-3-86663-101-4

Inhaltsverzeichnis

Vorwort, Danksagung, Einleitung 9
Die Zeit des großen Wandels 11

1. Das neue Bild der Erde

Das Universum ist ein einziges lebendiges System 25
    Im Gespräch mit dem Quantenphysiker **Hans-Peter Dürr**

Vom Maschinen-Denken zum spielerischen Kosmos 35
    Im Gespräch mit dem Chaosforscher und Biologen **Friedrich Cramer**

Wir brauchen eine neue Schöpfungsgeschichte 45
    Im Gespräch mit dem Kosmologen **Thomas Berry**

Die Erde ist ein lebender Organismus 55
    Im Gespräch mit dem Geophysiologen **James Lovelock**

Erwachsene Menschen auf Mutter Erde 65
    Im Gespräch mit der Biologin **Elisabeth Sathouris**

Die Wiederentdeckung der lebendigen Natur 73
    Im Gespräch mit dem Biologen **Rupert Sheldrake**

2. Das Netz des Lebens

Grundprinzipien des systemischen Denkens 83
    Im Gespräch mit dem Physiker **Fritjof Capra**

Die Welt als Geliebte 93
    Im Gespräch mit der Ökologin **Joanna Macy**

„Wir müssen unsere Fürsorge ausdehnen" 105
    Im Gespräch mit dem Öko-Philosophen **Arne Naess**

Das wirkliche Menschsein wiederentdecken 115
    Im Gespräch mit der Ökologin und Kulturforscherin **Dolores LaChapelle**

3. Leben in lebenden Systemen

Wir sind ein Muster im großen Teich 127
    Im Gespräch mit dem Systemtheoretiker **Ervin Laszlo**

Von der Natur lernen   137
Im Gespräch mit dem Atomphysiker und Nobelpreisträger **Gerd Binnig**

Jeder ist eingebunden in ein größeres Ganzes   147
Im Gespräch mit dem Psychologen **Bert Hellinger**

4. Ancient Futures – Aus der Vergangenheit lernen

„Was wir brauchen, ist Vielfalt!"   157
Im Gespräch mit der Kulturwissenschaftlerin **Helena Norberg-Hodge**

Enge heißt Krankheit und Weite heißt heil sein   167
Im Gespräch mit dem Ethnologen **Holger Kalweit**

Vision Quest – Sinnsuche in der Wildnis   177
Im Gespräch mit den Visionssuche-Leitern **Steven Foster & Meredith Little**

„Anima Mundi" - Denken wie ein Berg   189
Im Gespräch mit dem Archäologen und Bewusstseinsforscher **Paul Devereux**

Traditionelles Wissen für den Bau des globalen Dorfs   197
Im Gespräch mit dem Heiler und Anthropologen **Malidoma Somé**

„Wir sind ein Pünktchen in dem großen Runden"   207
Im Gespräch mit dem Literaten und Schamanen **Galsan Tschinag**

5. Die Kunst des Haushaltens: Die Versöhnung von Ökologie und Ökonomie

Nachhaltigkeit ist das, was wir daraus machen   217
Im Gespräch mit der Zukunftsforscherin **Donella Maedows**

Alles Globale hat lokale Wurzeln   225
Im Gespräch mit der Quantenpysikerin und Aktivistin **Vandana Shiva**

Wege zum Ökokapitalismus   237
Im Gespräch mit dem Mathematiker und Ökologen **Amory Lovins**

„Das Natürliche ist zu kooperieren"   247
Im Gespräch mit dem Ökonom **Manfred Max-Neef**

6. Erdpolitik: Auf dem Weg in eine zukunftsfähige Gesellschaft

Wir brauchen eine demokratische Erdpolitik — 257
*Im Gespräch mit dem Ökologen **Ernst-Ulrich v. Weizsäcker***

Von der Umwelt zur Mitwelt — 263
*Im Gespräch mit dem Kulturwissenschaftler **Klaus-Michael Meyer-Abich***

Politik aus Ehrfurcht und Liebe — 273
*Im Gespräch mit dem Ökologen **José Lutzenberger***

Gegen die globalisierte Wirtschaft kämpfen — 283
*Im Gespräch mit dem Ökologen und Philosophen **Edward Goldsmith***

Eine Bewegung mit „Einem Nein und vielen Ja`s" — 293
*Im Gespräch mit der Globalisierungskritikerin **Naomi Klein***

Im Namen der Natur — 303
*Im Gespräch mit dem Umweltjuristen **Klaus Bosselmann***

„Dem inneren Impuls folgen!" — 313
*Im Gespräch mit der Aktivistin und Baumschützerin **Julia Butterfly Hill***

7. Wachstum ins Undenkbare: Die innere Evolution

Krise als Chance zum Wachstum — 325
*Im Gespräch mit dem Arzt und Psychotherapeuten **Wolf Büntig***

Im kreativen Muster der Schöpfung — 333
*Im Gespräch mit dem Kreativitätsforscher **Mihaly Csikszentmihalyi***

Aufbruch in die transpersonale Realität — 343
*Im Gespräch mit dem Bewusstseinsforscher **Stanislav Grof***

Spirituelle Krisen - Zwischen Weisheit und Wahn — 353
*Im Gespräch mit dem Arzt Dr. **Joachim Galuska***

Die Innenwelt des Sterbens — 361
*Im Gespräch mit dem Nahtodforscher **Kenneth Ring***

8. Spirituelle Ökologie und ökologisches Christentum

Ein Teil der Schöpfung werden — 371
*Im Gespräch mit dem Schöpfungstheologen **Matthew Fox***

Die Welt wieder zum Heiligtum machen 379
Im Gespräch mit dem Ökophilosophen **Henryk Skolimowski**

Glaube zwischen Rationalität und Mystik 391
Im Gespräch mit dem Kirchenkritiker und Theologen **Eugen Drewermann**

Eine neue Vision des Lebens 399
Im Gespräch mit dem christlichen Mystiker **Bede Griffiths**

Bildquellennachweis 407

Vorwort & Danksagung

Dieses Buch gleicht einer Schatzkiste, in der über Jahre wertvolle Worte abgelegt wurden. Eine solche Schatzkiste zu öffnen und den Inhalt zu verteilen, heißt nicht, sich selber ärmer, sondern die Welt reicher zu machen.

    Als Rundfunkjournalist hatte ich in den letzten Jahren die wunderbare Möglichkeit, Menschen aus aller Welt zu begegnen, die ihr Leben den existentiellen Fragen unserer Zeit gewidmet und Antworten gefunden haben, die weit über den Rahmen des konventionellen Weltbilds hinausgehen. Viele dieser Begegnungen gingen weit hinaus über einen kurzen und oft oberflächlichen Interview-Kontakt. Häufig entwickelte sich eine Zusammenarbeit, manchmal eine Freundschaft und in einzelnen Fällen wurden die GesprächspartnerInnen zu meinen Lehrern. Ohne diese Begegnungen wäre ich nicht, was ich heute bin. Keins meiner Bücher („Kooperation mit der Evolution. Über das kreative Zusammenspiel zwischen Mensch und Kosmos", Diederichs new science, 1999 ; „Vision Quest. Visionssuche: Allein in der Wildnis auf dem Weg zu sich selbst", Ariston 2000 ; „Die Alternative. Wege und Weltbilder des Alternativen Nobelpreises", Riemann 2003) wäre erschienen. Die in diesem Band versammelten 39 Gespräche haben wie einzelne Puzzlesteine mein Weltbild ergänzt und vertieft. Sie haben mein Berufsbild verändert, wurden die Grundlage für meine Arbeit als Visionssucheleiter in der Wildnis und haben mich selber zum Lehrer für andere werden lassen. Für all diese Entwicklungen und Geschenke bin ich meinen GesprächspartnerInnen zutiefst dankbar.

    In alten Zeiten wurden Wissen und Weisheit nur mündlich weitergegeben. Immer waren es die 'Ältesten', die den nachfolgenden Generationen erzählten, was sie gelernt hatten über die Wunder zwischen Himmel und Erde. Wissen war keine trockene Kopfgeburt, an deren Weitergabe man vor dem Computer Wort für Wort feilte, sondern gelebte Erfahrung und direkte Kommunikation mit Gefühl, Witz und Liebe. Derartige 'orale Traditionen' scheinen heute so gut wie ausgestorben. Fast!

    Denn das Medium, in dem immer noch wie in alten Zeiten Geschichten erzählt werden können, ist das Radio. Zwar wird es mehr und mehr missbraucht als Transportmittel für seichte Inhalte und kommerzielles Gedudel, doch es gibt noch Reservate: Ähnlich wie Naturparks, staatlich geschützte Gebiete, in denen das Denken frei wuchern und neue Blüten hervorbringen kann. Als solch ein Reservat hat sich in den letzten Jahren die 'Redaktion Kulturkritik' im zweiten Hörfunkprogramm des Bayerischen Rundfunks erhalten können. Auf diesem Sendeplatz wurden zahlreiche der in diesem Buch versammelten Gespräche und Interviews in ganzer Länge ausgestrahlt und hatten eine zum Teil enorme Hörerresonanz. Der Redaktion und vor allem der Redakteurin Maria Klaner sei Dank für ihren Mut, einem Denken, das die Schubladen sprengt, diesen Platz einzuräumen. Ohne ihr Engagement und die zahllosen Aufträge, in aller Welt Gespräche mit den Weisen unserer Zeit zu suchen, wäre es zu diesem Buch nicht gekommen.

Das Wissen und die Lebenserfahrung, die in diesen Gesprächen zum Ausdruck kommen, sind zu wertvoll, um sie nach einmaliger Ausstrahlung in den Archiven einer Rundfunkanstalt verstauben zu lassen. So entstand die Idee, die Schatzkiste zu öffnen. Die damit verbundene Bearbeitung und Übersetzung zahlreicher in Englisch geführten Interviews hat viel Zeit und Arbeit gekostet. Ich danke der Münchner Kairos-Stiftung von Monika und Tobias Sachtleben von Herzen, dass sie dieses Projekt mit einer großzügigen finanziellen Förderung ermöglicht haben.

Wer dieses Buch in der Hand hält, sollte sich bewusst sein, dass es den Inhalt von mindestens 39 Bänden enthält. Alle der hier versammelten Pioniere und Weisen unserer Zeit haben selbst zum Teil zahlreiche Bücher geschrieben. Doch die konzentrierte Form des Gesprächs ermöglichte es, aus diesem ungeheuren Fundus an Wissen die Essenz lebenslangen Forschens und Fragens heraus zu destillieren. Niemand der GesprächspartnerInnen hat die Einsichten, die hier in konzentrierter Form vorgestellt werden, im schummrigen Dunkel eines Studierzimmers entwickelt. Alle gehören zu jener Kategorie Mensch, von denen die amerikanischen Indianer sagen, „they walk their talk". Dabei hat niemand von ihnen, wie ein schlechter Guru, abhängige Schüler um sich geschart, die den Stein der Weisen wie ein Museumsstück unverändert bewahren sollten. Vielmehr wurde ihre Lebenserfahrung zu Wissen, das sie mit der Absicht weitergaben, den Geist anderer Menschen zu befreien und eine kollektive Entwicklung voranzutreiben.

Sie sind in diesem Sinne buchstäblich 'Älteste'. Tatsächlich liegt das Durchschnittsalter der Männer und Frauen, die hier ihr Wissen weitergeben, bei fast 70 Lebensjahren. Was daran deutlich wird, ist, dass wir nicht sehnsüchtig nach den Ältesten in traditionellen Kulturen schielen müssen. Die Weisen und Ältesten leben vielmehr unter uns. Sie haben aus einem 20. Jahrhundert voller Krieg, Gewalt und Zerstörung gelernt, sind durch tiefe persönliche Krisen und Transformationen gegangen und haben aus dieser Erfahrung ein neues Kapitel in der geistigen Evolution des Menschen zu schreiben angefangen. Diese Menschen gilt es aufzufinden, zu befragen und zu ehren. Denn es sind viel mehr als die hier vorgestellten.

In diesem Buch ist viel von einem neuen Welt- und Menschenbild die Rede, das wir für ein neues, zukunftsfähiges Zeitalter brauchen. Auf dem schnelllebigen Markt der geistigen Modeerscheinungen war in den letzten Jahren viel vom 'New Age' die Rede. Nachdem dieses 'neue Zeitalter' nicht im Verlauf eines Jahrzehnts verwirklicht war, hat man es für erledigt erklärt und auf den großen Haufen anderer Visionen und Utopien geworfen. Die in diesem Band versammelten Gespräche verlangen für den notwendigen historischen Wandel unserer Kultur mehr Geduld. Sie gehen davon aus, dass wir uns erst auf der Schwelle zu einem erwachsenen und reifen Umgang mit der Welt befinden. Aber sie zeigen auch, dass hinter diesem schwierigen Übergang vom Gestern ins Morgen ein geistiger, kultureller und spiritueller Raum von enormer Weite liegt, den wir nach und nach erforschen und mit Leben füllen können. Dieses Buch soll ein weiterer Schritt auf diesem Weg sein.

Die Zeit des großen Wandels

Vordergründig bekommen wir es jeden Tag zu spüren: Die hoch-industrialisierte moderne Welt ist mit ihrer Weisheit ziemlich am Ende. Seien es die spürbaren klimatischen Veränderungen, die schleichend zunehmende ökologische Zerstörung, die wachsende internationale Aggressivität in der Auseinandersetzung zwischen Arm und Reich, das immer unkontrollierbarere Auf und Ab der Finanzmärkte, die kollabierenden Sozial- und Gesundheitssysteme, die leeren Staatskassen, die scheinbar nicht zu bewältigende Zunahme der Arbeitslosigkeit, das rasante Wachstum psychischer und allergischer Erkrankungen – wir erfahren immer mehr am eigenen Leib, am eigenen Geldbeutel, an der eigenen Lebensqualität, dass wir an einem Wendepunkt stehen. Gleichzeitig werden wir Zeugen eines immer absurder anmutenden Polit-Theaters, in dem sich die etablierten Parteien gegenseitig die Schuld für die Krisen in die Schuhe schieben, um dann im Fall eines Wahlsieges Maßnahmen zu ergreifen, die sich politisch immer weniger voneinander unterscheiden und deshalb vor allem eins gemeinsam haben: Sie ändern nichts. Politik wirkt immer öfter als wirklichkeitsfernes hektisches Gehudel, mit dem ein drängendes Problem behoben werden soll und zehn weitere geschaffen werden. Kein Wunder also, dass auftritt, was Feuilletonisten gerne als 'Politikverdrossenheit' bezeichnen. Doch es ist nicht die Verdrossenheit an der Politik selbst, sondern eine tiefe Enttäuschung über das offensichtliche Scheitern der bisherigen Ansätze. Verdrossenheit ist nur die Folge der Orientierungs- und Hilflosigkeit, in der sich die Kultur als Ganzes befindet.

Kreative Politik findet trotzdem statt. Allerorten und mit wachsender Phantasie. Nur eben nicht dort, wo wir sie bisher lokalisiert haben – in den Regierungsgebäuden und Behörden –, sondern an der Basis, in den Kommunen, den Initiativen und den Köpfen und Körpern der Menschen. Da wird die Welt immer öfter neu wahrgenommen, Politik neu gedacht und Ideen unkonventionell umgesetzt – so, wie bei jeder existentiellen Krise alte Denk- und Lebensmuster in Frage gestellt und durch neue Ansätze ersetzt werden. „Wir sind", sagt die amerikanische Kulturkritikerin Joanna Macy in diesem Band, „gleichzeitig Sterbebegleiter einer alten Welt und Geburtshelfer für eine neue Welt".

Der Wandel, vor dem wir stehen, ist immens und reicht bis in die tiefsten Tiefen unseres Selbstbilds, unseres Menschenbilds, unseres Weltbilds. „Die Krise, in der wir stekken", lässt sich im Gespräch mit dem Physiker Fritjof Capra nachlesen, „ist eine Krise der Wahrnehmung." Was wir von der Welt und ihren inneren Gesetzen zu verstehen meinen, scheint nur ein Ausschnitt der Wirklichkeit zu sein. Wir handeln auf Grund von Mythen, Überzeugungen und Denkmustern, an denen wir wie verbohrte Ideologen und blinde Fundamentalisten hängen. „Wir verwechseln die Landkarte, die wir uns von der Realität gemacht haben, mit der eigentlichen Wirklichkeit", betont im siebten Kapitel der Psychologe Stanislav Grof, „und halten die Landkarte für die Wirklichkeit."

Wer nach Alternativen für die lineare, monokausale, technologische, mechanistische Herangehensweise sucht, muss also zunächst einmal anerkennen, dass die Grundannahmen unseres Weltbildes falsch sind und die Wirklichkeit nicht ausreichend erklären – dass wir in der Sackgasse gelandet sind, weil wir an den falschen Mythos glauben. Mythen haben die Eigenart, dass wir sie kaum erkennen können, solange wir von ihnen beherrscht werden. Wir sehen sie bei vergangenen oder besser noch 'primitiven' Kulturen und übersehen dabei, dass wir eingesponnen sind in tiefe Glaubenssätze, denen wir oft wider besseren Wissens blindlings folgen, auch wenn sie voller Widersprüche sind.

Denn das gesamte wissenschaftlich-rationale Weltbild, das auf unveränderlichen und ewigen Naturgesetzen basiert und in stolzer Überheblichkeit auf jede religiöse und metaphysische Weltsicht herabblickt, ist in seiner Grundannahme selbst zutiefst metaphysisch: Natur-„Gesetze" erfordern zweifellos einen Gesetz*geber*, der sie erlässt. Nicht ohne Ironie ist deshalb Gott für das Weltbild der Moderne schon mit einem Maschinisten verglichen worden, der die kosmische Maschine entworfen und gezündet hat, sich dann aber mit der Ölkanne in der Hand aus dem mechanistischen Universum zurückgezogen und zur Ruhe gesetzt hat. Wissenschaft ist kaum mehr als ein begrenzter Rahmen, ein rationales Fenster im Ozean des Nichtwissens, der Ahnung und Mystik.

In den letzten 500 Jahren westlicher Kulturgeschichte ist der europäische Mythos in seiner Funktion als Erklärungsmodell eines rätselhaften Kosmos gleich mehrfach auf den Kopf gestellt worden. Aus einem theologischen, geozentrischen Weltbild, das die Erde im Mittelpunkt des Kosmos sah und den Menschen als ausgewähltes Werkzeug Gottes begriff, entstand das wissenschaftliche, heliozentrische Weltbild, das die Sonne in den Mittelpunkt des Planetensystems brachte und die Erde auf einen kreiselnden Trabanten reduzierte. Die moderne Sternkunde hat uns gelehrt, dass wir in kosmologischen Maßstäben mikrobische Lebewesen auf einer staubkorngroßen Materieballung in einem Sonnensystem am Rande einer von Millionen Galaxien sind.

Obwohl oder vielleicht auch weil sich der homo sapiens hier in Nichtigkeit aufzulösen scheint, hat der postmoderne Mensch sich einen Mythos geschaffen, mit dem er all dieses Wissen geschickt umschifft: Das alte, geozentrische Weltbild mit der Erde im Mittelpunkt hat sich unmerklich auf den Menschen verlagert und zu einem anthropozentrischen Weltbild in einem heliozentrischen Sonnensystem geführt. Statt der Erde wurde der Mensch in den Mittelpunkt gestellt: als höchstentwickeltes Wesen, Ebenbild Gottes, Herrscher über Emotion und Natur. Dieses verbreitete menschliche Selbstbild, das unserem biologischen Wissen eigentlich widerspricht, ist ein Mythos. Die jüngsten Erkenntnisse über den evolutionären, wachsenden und sich ausdehnenden Kosmos haben diesem modernen Mythos nicht geschadet, sondern ihn eher noch verstärkt. Schon Darwins Evolutionstheorie war wie geschaffen, um ihn zu stärken: Da steht der Mensch am Ende einer Milliarden Jahre währenden

Evolution, er ist ihr höchstes Produkt, Gipfelpunkt einer hierarchischen Pyramide und hat die Fähigkeiten und Fertigkeiten all seiner Vorgänger vereint. So mancher Naturforscher ist deshalb heute fest davon überzeugt, dass der Mensch der Gegenwart das Ziel der Evolution sei. Auch das ist ein Mythos von fast religiöser Kraft.

Deshalb soll es im ersten Kapitel dieses Buches um *Das neue Bild der Erde* gehen: Um einen neuen Mythos von der Evolution des Menschen und seine Rolle im Universum, der weltweit entsteht, weil immer mehr Wissenschaftler die engen Grenzen der alten Sichtweise weit hinter sich gelassen haben. Der deutsche Quantenphysiker **Hans-Peter Dürr** skizziert die revolutionären Einsichten der modernen Quantenphysik und beschreibt die ethischen und gesellschaftlichen Schlussfolgerungen, die aus der modernen Grundlagenforschung entstehen, aber bislang ausgegrenzt bleiben. Der deutsche Evolutionsbiologe, Chaos- und Zeitforscher **Friedrich Cramer** macht deutlich, dass wir uns am Ende eines Maschinen-Weltbildes und am Anfang eines organischen Weltbildes in einem Kosmos befinden, der sich spielerisch weiterentwickelt und ein völlig neues menschliches Selbstverständnis fordert. Der amerikanische Anthropologe und Geologe **Thomas Berry** betont die neue Rolle des Menschen in einem evolutionären Kosmos und stellt die neue Kosmologie als Chance einer ganzheitlichen Schöpfungsgeschichte dar. Der englische Geophysiologe und Atmosphären-Chemiker **James Lovelock** erläutert seine Gaia-Theorie, in der die Erde als lebender Organismus gesehen wird, und erklärt die ethischen und politischen Implikationen dieser Sichtweise. Die griechisch-amerikanische Biologin **Elisabeth Sathouris** hat Lovelocks Gaia-Theorie weiterentwickelt. Sie integriert den Ansatz nicht nur in die moderne Evolutionstheorie und Systemtheorie, sondern macht auch deutlich, dass der Mensch in seiner evolutionären Entwicklung heute am Ende seiner Pubertät und am Beginn seiner erwachsenen Reife steht. Der englische Biologe **Rupert Sheldrake** schließlich erläutert sein Konzept der morphogenetischen Felder und geht auf den Paradigmenwechsel und die kulturellen Folgen einer Neuentdeckung des Lebendigen in der Natur ein.

Das neue Bild der Erde, das in diesen Gesprächen skizziert wird, kann die unterste Grundlage bilden für einen neuen Umgang mit der Welt. Was aber bedeutet es für unseren Alltag, für unser Handeln, für unser schöpferisches Tun, wenn wir uns nicht mehr als Zahnrad einer seelenlosen großen Maschine, sondern als lebendiger Teil eines großen, evolutionären, spielerischen und kreativen Organismus verstehen? Kybernetik, Systemtheorie und Ökologie haben die Erkenntnisse der Grundlagenforscher aufgenommen und einen Wandel in der gesamten Naturwissenschaft eingeleitet, die heute längst nicht mehr die Welt in unzählige Puzzlesteine zerteilt, sondern statt Objekte die Beziehungen erforscht, statt Strukturen die verbindenden Entwicklungs-Prozesse freilegt und statt mechanischen Abläufen organische Netzwerke entdeckt. Anstatt die Welt als seelenlose Maschine zu betrachten, entstand ein „ganzheitliches Weltbild", das aus ineinander verschachtelten Systemen besteht, die sich umschließen, beeinflussen, koordinieren, korrigieren und „intelligent" selbst organisieren. Da wird der naturwissenschaftliche „Zufall Mensch" zu einem komplexen dynamischen System, das mit seinen Organen, Zellen, Molekülen und Atomen Ganzheiten umschließt und durch Gesellschaften, Ökosysteme, Biosphären, Planetensysteme, Galaxien, den Kosmos – oder Gott? – von Ganzheiten umschlossen ist. Der Atomphysiker Fritjof Capra konstatiert in diesem Buch: „Die Wissenschaften der heutigen Zeit führen uns zu einem Weltbild, das zutiefst ökologisch ist. Ökologie im tiefsten Sinne beruht auf einem Bewusstsein der wesentlichen Verknüpftheit aller Phänomene, der Zugehörigkeit zum Ganzen, des Eingebettetseins im Ganzen."

Im zweiten Kapitel unter dem Titel *Das Netz des Lebens* wird deshalb die ökologische Sichtweise als neue Kernwissenschaft vorgestellt und die philosophische Alternative der Tiefenökologie in Gesprächen mit ihren wichtigsten Protagonisten vorgestellt. **Fritjof Capra** erläutert im Gespräch seine Theorie lebender Systeme und entwickelt aus dieser systemisch-ökologischen Sichtweise zahlreiche kulturelle und politische Perspektiven für eine Welt der Zukunft. Die amerikanische Systemtheoretikerin und Religionswissenschaftlerin **Joanna Macy** skizziert die Eckpunkte der Tiefenökologie und erläutert, wie ökologisch-soziale Aktion und die Auseinandersetzung mit der verbreiteten Verdrängung der Zerstörung natürlicher Lebensgrundlagen nicht nur neues Engagement wecken, sondern auch spirituelle Entwicklung fördern können. Der norwegische Philosoph und 'Vater' der Tiefenökologie **Arne Naess** erläutert seinen Ansatz und skizziert die Möglichkeiten, die Tiefenökologie und das Konzept des 'ökologischen Selbst' zum ethischen Orientierungspunkt in einer immer stärker individualisierten Gesellschaft werden zu lassen. Die Anthropologin und Bergsteigerin **Dolores LaChapelle** betont die zeitlosen anthropologischen Grundlagen unseres Zugangs zur Natur, entwickelt daraus eine radikale Ökologie und beschreibt die Grundlagen des Bioregionalismus.

Das Muster, das aus den naturwissenschaftlichen Erkenntnissen und der tiefenökologischen Philosophie in unseren Gehirnen entsteht, ist ein hoch vernetztes, interdependentes, 'systemisches' Bild der Welt. In der modernen Psychologie ist die systemische Sicht schon längst ein vertrauter Überbegriff für alle therapeutischen Ansätze, welche die psychologischen Probleme der Menschen nur als den Ausdruck gestörter Kommunikation mit der Umwelt verstehen: seien es nun die Familie, die Partnerschaft, der soziale Rahmen oder die Natur. Die moderne Naturwissenschaft, ob Chaos-, Komplexitäts-, Quanten- oder Allgemeine Systemtheorie, Evolutionsforschung oder Kosmologie, kann sich gar nicht mehr verständlich machen ohne jenes neue Adjektiv. Als die Naturwissenschaft begann, die Prozesse des Wandels und die Gesetze der Komplexität zu untersuchen, lösten sich die Grenzen zwischen den einzelnen Phänomenen immer mehr auf. Alles wurde plötzlich systemisch, nichts mehr ist isoliert zu begreifen, sagt der deutsche Nobelpreisträger für Physik, Gerd Binnig, in diesem Buch: „Ich denke es gibt gar nichts anderes als Systeme. Auch ein Individuum ist letztlich ein System. Wir sind eigentlich eine Untereinheit und können uns allenfalls einfügen."

Immer mehr Wissenschaftler begannen damit, mehr das Ganze anstelle der Teile, mehr Prozesse anstelle von isolierten Substanzen zu betrachten. Was sie dabei entdeckten, war, dass dieses Ganze nicht nur aus einem Haufen einzelner unverbundener Teile besteht, sondern aus dynamischen, kompliziert organisierten und ausgewogenen Systemen, die miteinander in Beziehung stehen und bei jeder Bewegung, jeder Funktion und jedem Energieaustausch wechselseitig voneinander abhängen. Sie stellten fest, dass jedes Element Teil eines größeren Musters ist, das nach bestimmten Regeln entsteht, sich selbst stabilisiert und korrigiert. Das systemische Weltbild hat das Potenzial, unsere Wahrnehmung der Wirklichkeit tiefgreifend zu verändern. Statt Bildern nehmen wir Räume wahr, statt Objekten sehen wir Netzwerke, aus den Betrachtern werden Teilnehmer, aus isolierten Individuen und Dingen Knotenpunkte im Netz des Lebens. Für unsere Psyche ist dieser Prozess eine gewaltige Aufgabe, wird doch das Raster aufgebogen, mit dem wir die Informationsfluten aus der Welt um uns herum seit Jahrhunderten aufnehmen, sortieren und weiterverarbeiten. Der Anthropologe Gregory Bateson nannte diese Sichtweise den „größten Bissen vom Baum der Erkenntnis seit 2000 Jahren".

Im dritten Kapitel wird deshalb die systemische Sichtweise vertieft und in manchen ihrer kulturellen Auswirkungen beschrieben. Der ungarische Systemtheoretiker und

Mitbegründer des Club of Rome **Ervin Laszlo** erläutert die Grundzüge der Allgemeinen Systemtheorie und ihre Auswirkungen auf die Gestaltung des alltäglichen Lebens. Der deutsche Physiker und Nobelpreisträger **Gerd Binnig** beschreibt die Welt als ein System verschachtelter Systeme, erläutert die Art und Weise, wie Natur lernt, und entwickelt daraus eine scharfe Kritik an konventionellen Bildungsformen. Denn das systemische Netz, in dem wir leben, prägt Gesellschaft, Familie und Individuum. Der deutsche Psychoanalytiker und Autor **Bert Hellinger** erläutert deshalb die Grundzüge seiner systemischen Familientherapie, die in den letzten Jahren zum meistdiskutiertesten Ansatz der modernen Therapieszene geworden ist.

Viele Aspekte dieser neuen Sicht auf die Wirklichkeit sind viel weniger neu als sie scheinen. Im Gegenteil, sie entsprechen über weite Bereiche dem traditionellen Wissen indigener Kulturen, die sich schon immer als Teil einer größeren lebendigen Wirklichkeit begriffen haben und aus diesem Wissen einfache, aber nachhaltige Kulturen entwickelten, die oft über Tausende von Jahren Bestand hatten. Ureinwohner der unterschiedlichsten Kontinente, so erkennen wir heute, sind weder rückständig, noch unwissend. Durch ihr intimes Verhältnis zur Umwelt, ihre Anpassung an die lokalen Bedingungen, ihre Abhängigkeit vom und ihre Identifikation mit dem Land wurden sie zu Hütern der Natur. Wir beginnen zu begreifen, dass wir von den 'alten Kulturen' lernen können und ihre Erhaltung zum Imperativ des Überlebens werden kann. Und wenn wir die standardisierten hilflosen Lösungen der globalen Monokultur hinter uns lassen wollen, dann brauchen wir die Vielfalt der Ansätze, die sich in der kulturellen Evolution auf dem Planeten entwickelt haben.

Im vierten Kapitel *Ancient Futures – Aus der Vergangenheit lernen* geht es deshalb um einen 'aufgeklärten Traditionalismus', der das Wissen unserer Vorfahren für die Bewältigung aktueller Probleme neu entdecken und nutzen will. Die englisch-deutsch-schwedische Linguistin **Helena Norberg-Hodge** berichtet über ihre Erfahrungen mit der Zerstörung der traditionellen Kultur Ladakhs und dem erfolgreichen Versuch, lokale Weisheiten gegen normierte westliche Standards durchzusetzen. Der Ethnologe und Kenner traditioneller Kulturen **Holger Kalweit** beschreibt die Eckpunkte des schamanischen Weltbilds und seine Relevanz für die moderne Welt. Der Archäologe und Naturforscher **Paul Devereux** macht deutlich, dass eine indigene, ganzheitliche Wahrnehmung uns auch heute noch zur Verfügung steht und eine Ergänzung zur rationalen Weltsicht bieten kann. Die amerikanischen Kulturforscher und Psychologen **Steven Foster & Meredith Little** beschreiben daraufhin die Folgen des Verlustes traditioneller Übergangsrituale. Sie erläutern die Möglichkeiten, den sozialen und psychologischen Problemen der modernen Welt mit einer Wiederbelebung traditioneller Initiationsriten zu begegnen. Der amerikanisch-afrikanische Kulturprofessor und Schamane des Volkes der Dagara in Burkina Faso **Malidoma Somé** erläutert im Gespräch die Kraft des Rituals und beschreibt das Potenzial afrikanischer Weisheit, von der die moderne westliche Welt profitieren kann. Der mongolisch-tuvinische Schriftsteller und Schamane **Galsan Tschinag**, erläutert mit dem Blick aus einer archaischen Steppenkultur seine Beobachtungen westlichen Lebensstils und stellt dagegen das nachhaltige Wissen seiner Kultur.

Nachhaltigkeit? Der englische Ausdruck *sustainable* müsste eigentlich mit „sich selbst erhaltend" übersetzt werden – und davon ist die moderne westliche Industriekultur fraglos weit entfernt. In einer solchen Gesamtlage Alternativen zu entwickeln, darf sich nicht auf Umweltkonferenzen im 10-Jahres-Rhythmus beschränken. Neue Lösungsansätze müssen folgen für eine nachhaltige Welt auf dem ganzen Globus. „Es ist eine Bewegung aus vielen Ja's und einem Nein", sagt in diesem Buch die Globalisierungskritikerin Naomi Klein: Der westliche Entwicklungsweg, der die natürlichen Ressourcen viel zu schnell verbraucht und die großen Unterschiede zwischen Arm und Reich nicht hat aufheben können, wird von seinen Vordenkern und Pionieren abgelehnt. Anstatt eines globalisierten Marktes, der nach einem Modell weltweit gleiche Produkte für eine uniforme Welt produziert, setzen sie auf viele regional eigenständige Entwicklungswege, die den jeweiligen kulturellen Traditionen, den örtlichen Ressourcen, unterschiedlichen klimatischen Verhältnissen und Kulturen angepasst sind. Anstatt viele Länder und Menschen durch „Entwicklungshilfe" in die Passform der Globalisierung zu zwingen und von westlichen Luxusgütern und Werten abhängig zu machen, wollen sie, dass die Länder sich unterschiedlich, eigenständig und selbstbewusst entwickeln. Anstatt einer globalen Monokultur geht es ihnen um kulturelle Vielfalt und die Betonung der Unterschiede.

Um solch einen Weg durchzusetzen, müssen die hierarchischen Strukturen auf der Welt von unten verändert werden. Gegen die wachsende Zentralisierung plädieren die alternativen Ansätze für eine radikale Dezentralisierung; statt autoritär „von oben" gesagt zu bekommen, was zu tun ist, um auf dem Weltmarkt „konkurrieren" zu können, bauen sie auf basisdemokratische, horizontale und kooperative Strukturen und eine Rückbesinnung auf lokale Traditionen und Märkte. Anstatt auf die westliche Herrschaft der Metropole, setzen sie auf die Kreativität der Dörfer und Regionen, wo die Menschen aus Erfahrung wissen, was zu schützen, was zu tun und was möglich ist. Als Gegner gelten nicht mehr „das Kapital" und die Unterdrückung durch regionale Potentaten, sondern die Globalisierung, der man sich durch eine weltweite Koalition lokaler Alternativprojekte entgegenstemmen will. Die ökonomischen Zwänge einer wachstumsorientierten Weltwirtschaft werden für Verschuldung, der Druck der Schulden wiederum für falsche Entwicklungspolitik, Überbevölkerung, Unterdrückung und Naturzerstörung verantwortlich gemacht. Und mit den Grenzen des Wachstums ist die Nachfrage nach neuen nachhaltigen Konzepten für die Wirtschaft gewachsen. Anstatt Ökologie als wettbewerbsfeindlich zu diffamieren, werden nachhaltige Formen des Wirtschaftens im 21. Jahrhundert zur ökonomischen Überlebensfrage werden.

Im fünften Kapitel *Die Kunst des Haushaltens* analysiert die amerikanische Zukunftsforscherin **Donella Maedows**, die mit ihrem Bericht über die 'Grenzen des Wachstums' vor 25 Jahren den ökologischen Umbau des Wirtschaftssystems einleitete, die aktuelle Lage und eröffnet Perspektiven nachhaltigen Wirtschaftens und einer Politik des Herzens, die sie selber praktiziert. Die indische Quantenphysikerin **Vandana Shiva** entwirft ein Konzept regionaler Selbstbestimmung und feministischer Werte, die eine Alternative zur Globalisierung darstellen. Der Physiker und Wirtschaftswissenschaftler **Amory Lovins** beschreibt eine nachhaltige, ressourcensparende Ökonomie, die wirtschaftlich leistungsfähiger ist als das gegenwärtige Wirtschaftssystem. Der chilenische „Barfuß-Ökonom" **Manfred Max-Neef** skizziert eine alternative Form von Ökonomie, welche die Grundbedürfnisse des Menschen in den Mittelpunkt rückt.

Um den notwendigen Wandel zu bewerkstelligen, kann es aber nicht nur darum gehen, die ökonomischen Strukturen der Globalisierung vom Mythos ihrer Undurchschaubarkeit zu befreien und alternative, praktikable Konzepte anzubieten. Die 'Politik des Herzens' verlangt, unsere Unzufriedenheit, unsere Verzweiflung und Wut über den Zustand der Welt als Treibstoff für ein vertieftes Engagement zu begreifen. Persönliche Gefühle müssen sich verbinden mit kühler Analyse und kreativer Aktion.

Der politische Widerstand vollzieht sich innerhalb und außerhalb der Parteien, in Bürgerinitiativen und Verbänden, auf Demonstrationen, in den NGO's und Initiativen und arbeitet mit allen Methoden des zivilen Ungehorsams, mit öffentlichen Kampagnen, Lobbyismus und dem Aufbau politischer Gegenkräfte. Seine hohe Bedeutung liegt darin, die für einen grundlegenden Wandel dringend benötigte Zeit zu gewinnen. Sie umfasst ein enormes Themenspektrum.

Da geht es um die Offenlegung ökologischer Zerstörungen und lebensfeindlicher Technologien ebenso wie um die Durchsetzung strengerer Grenzwerte und konsequenter Umweltgesetze. Politischer Wandel ist nur dann realistisch, wenn er nicht nur zu neuer Wissenschaft und Technik, sondern auch zu einem neuen Verständnis von Gerechtigkeit führt. Das verlangt nicht nur ein neues, vernetztes Verständnis globaler Probleme, sondern auch eine neue Anerkennung regionaler Autonomie. Und er verlangt von jedem Einzelnen, selbst der Wandel zu sein, den er oder sie in der Welt sehen will. Dazu gehören Bürgerinitiativen und soziale Bewegungen genauso wie einzelne Aktivisten, die mit den Methoden des zivilen Widerstands außerhalb der Parlamente protestieren und mahnen.

Im sechsten Kapitel *Erdpolitik: Auf dem Weg in eine zukunftsfähige Gesellschaft* werden die neuen ökologisch-systemischen Grundwerte auf die politische Gestaltung übersetzt. Der Ökomom und Ökologe **Ernst Ulrich v. Weizsäcker**, Gründer und langjähriger Direktor des Wuppertal-Instituts, skizziert die Grundbedingungen einer nachhaltigen Erdpolitik. Der Wissenschaftsphilosoph **Klaus-Michael Meyer-Abich** beschreibt die Notwendigkeit, von der Umweltpolitik zur Mitweltpolitik und Mitwelt-Wissenschaft zu kommen. Der deutsch-brasilianische Ökologe **José Lutzenberger**, ehemaliger Umweltminister Brasiliens und Organisator der 'Rio-Konferenz', beschreibt eine Politik, die aus der Ehrfurcht vor der Schöpfung erwächst und den Gefühlen einen neuen Stellenwert für die Politik einräumt. Der englische Ökologe und Philosoph **Edward Goldsmith** skizziert die Grundbedingungen einer nachhaltigen Gesellschaft und macht anschaulich, dass sie nur möglich ist, wenn es gelingt, der Globalisierung zu widerstehen und eine Weltkultur zu erschaffen, die auf stabiler Vielfalt statt instabiler Einfalt beruht. Die kanadische Journalistin und Globalisierungskritikerin **Naomi Klein** skizziert die Werte für eine gerechte ökonomische Entwicklung und setzt sich kritisch mit dem Bestreben internationaler Konzerne auseinander, durch Logos nicht nur Produkte, sondern weltweit auch uniforme Lebensstile zu vermarkten. Der Umweltjurist **Klaus Bosselmann** analysiert die Möglichkeiten eines ökologischen Rechtssystems und eines Grundwerte-Katalogs, der Mensch wie Natur umschließt. Die amerikanische Umweltaktivistin **Julia Butterfly Hill**, die durch ihre zweijährige erfolgreiche Baumbesetzung eines kalifornischen Redwood-Baumes internationale Berühmtheit erlangte, beschreibt die Möglichkeiten politischen Engagements aus einer kompromisslosen Liebe zum Leben.

Wenn die Grenzen des herkömmlichen Weltbildes überschritten werden und das fließende Gleichgewicht zwischen Mensch und Natur neu definiert wird, dann werden auch die Grenzen dessen, was wir 'Bewusstsein' nennen, neu gesetzt. Wenn der alte Grundmythos der Abspaltung von der Natur nicht mehr das Fundament unseres Denkens, Fühlens und Handelns ist, sondern wir beginnen, uns als Teil eines viel größeren kreativen Feldes oder 'Systems' zu begreifen, dann bedeutet das eine enorme Ausweitung dessen, was wir bislang als 'Selbst' und 'Identität' definiert haben.

Deshalb geht es – neben neuen ökonomischen und politischen Konzepten – auf der dritten Ebene des großen kulturellen Wandels um die Arbeit an der Wahrnehmung und dem Bewusstsein der Menschen. Das heißt nicht weniger, als die Veränderung eines Weltbildes: von einer materialistischen, mechanistischen, konkurrenzbetonten und wachstumsorientierten zu einer kooperativen, partnerschaftlichen, ganzheitlichen und transpersonalen Sichtweise.

Auf dieser sehr breiten Ebene entscheidet sich letztlich, ob der Umbau gelingen wird. Dieser Wandel ist nicht in Parteien, Verbänden und Initiativen zu organisieren, doch er kann aus den Einsichten und Erfahrungen entstehen, die während der politischen und ökologischen Arbeit gemacht werden. Die schrittweise Entstehung eines neuen Weltbildes wird aus vielen Quellen genährt. Sie war zwar unvermeidlich geworden, als sich die Grenzen des alten Paradigmas zeigten, dennoch wurzelt sie im Besonderen, in der ganz individuellen Suche nach neuen Lebensformen, die ein Mehr an Lebensqualität und Glück über die Befriedigung materieller Bedürfnisse stellt. Sie ist untrennbar verbunden mit der verbreiteten Sehnsucht, wieder in Kontakt zu treten mit einer lebendigen Umwelt, dem Wunsch, sich rückzubinden an eine Mitwelt, die als großer lebendiger Organismus das einzelne Individuum umgibt.

Sie wird auch gestützt von den bereits angesprochenen Durchbrüchen und Erkenntnissen der modernen Naturwissenschaft – der Quantenphysik, der Kosmologie, den ökologischen Wissenschaften, der Komplexitäts- und Chaosforschung und der Allgemeinen Systemtheorie. Denn jeder dieser Ansätze betont das enge Beziehungsgeflecht innerhalb lebender Systeme, das alle Phänomene als Teile eines organischen dynamischen Netzwerks sieht, in dem sich alles gegenseitig beeinflusst, voneinander abhängig ist und in einem Prozess kontinuierlicher Veränderung und Evolution befindet.

Herkömmliche Sichtweisen haben derartige weltanschauliche, philosophische und psychologische Ansätze immer strikt von der scheinbar objektiven Wirklichkeit der naturwissenschaftlichen Welt getrennt und kaum eine Verbindung zwischen geistigem Wachstum und politischer Entwicklung zugelassen. Ebenso wie sich der Mensch wegen seiner geistigen Fähigkeiten über die Natur stellte, trennte er die innere menschliche Entwicklung ab von der äußeren, politischen Realität. Diese Grenzlinie löst sich immer mehr auf. Sie zeigt sich unter anderem in

- der Theorie lebender Systeme, die deutlich macht, wie sich Natur selbst organisiert und die Trennung von Geist und Natur ablehnt;
- der Entstehung kybernetischer und systemischer Modelle, die das lineare, mechanistische Weltbild durch multikausale organische Netzwerke ergänzten;
- der Gaia-Theorie, die den Planeten als ein lebendes, sich selbst-organisierendes und intelligentes System versteht, das uns wie ein größerer Körper umgibt;
- ganzheitlichen, ökologischen Ansätzen, die der Natur und all ihren Wesen einen Eigenwert zubilligen, den Menschen nicht länger für die Krone der Schöpfung halten und ethische Werte vorschlagen, die von einer großen Gemeinschaft im Netz des Lebens ausgehen;
- der Kombination feministischer und ökologischer Ansätze zum „Ökofeminismus", der die Gleichberechtigung der Geschlechter mit ökologischen Fragestellungen verbindet, isolierte rationale Denkmodelle ablehnt, eine emotionale Rückbindung mit der Natur fordert und statt Herrschaftsstrukturen Beziehungsstrukturen betont;
- der Ausbreitung von Modellen „einfachen Lebens", bei denen jenseits vom gewohnten Konsumverhalten emotionale Sicherheit über eine enge Verbindung zur Natur gesucht wird;
- den zahlreichen Versuchen der Menschen, ihre Wahrnehmungs-, Verdrängungs-, Reaktions- und Handlungsmuster durch Therapie und Selbsterfahrung zu hinterfragen, ihre persönlichen Potenziale zu entfalten, zu eigenen Werten von Lebensqualität zu kommen und sich unabhängiger von den Ersatzbefriedigungen der Konsumwelt zu machen;

- den zahlreichen kulturellen und psychologischen Experimenten, die gegenseitige Abhängigkeit zwischen Mensch und Natur durch Musik, Kunst und Ritual anzuerkennen und zu feiern;
- dem zunehmenden Interesse an mystischen, schamanischen und ganzheitlichen Erfahrungsräumen, in denen die Grenzen zwischen 'Ich' und 'Welt' verschwimmen und der sehr unmittelbaren emotionalen Erfahrung einer größeren Einheit Platz machen.

Es scheint, als wenn in diesem Prozess des gesellschaftlichen Wandels das 'Private' immer mehr auch Teil des 'Kulturellen' würde. Unser psychischer Zustand, der bislang allenfalls unseren Therapeuten etwas anging, erhält politische Relevanz, wenn der Leidensdruck vieler Menschen so groß wird, dass sie sich entscheiden, eine Not zu wenden. Die unbekannte innere Welt, die wir jenseits der Konventionen des 'Normalen' betreten, braucht Landkarten, damit wir uns zurechtfinden. Die Krisen, die bei diesem Wachstumsprozess auftreten, brauchen Verständnis. Neue kreative Ideen und Ansätze bekommen eine andere Relevanz, wenn wir sie als Teil eines evolutionären Prozesses begreifen. Leben und Tod selbst erhalten einen anderen Stellenwert, wenn wir sie in größere Bewusstseinsräume eingebettet erleben.

Im siebten Kapitel unter dem Titel *Wachstum ins Undenkbare: Die innere Evolution* dehnt sich deshalb die neue ganzheitlich-systemische Sichtweise auf die Psychologie aus. Der deutsche Psychologe **Wolf Büntig** zeigt Auswege auf aus der 'ganz normalen Depression' des modernen Menschen und skizziert die Eckpunkte einer 'humanistischen Psychologie'. Der amerikanisch-ungarische Psychologe **Mihaly Chikszentmihalyi** erläutert die Struktur menschlicher Kreativität und seine Entdeckung des Flow-Prinzips. Der amerikanisch-tschechische Psychologe **Stanislaf Grof**, Begründer der transpersonalen Psychologie, spricht über außergewöhnliche Geisteszustände und fordert eine holistische Betrachtungsweise des Bewusstseins. Der deutsche Psychologe und Direktor der Klinik Heiligenfeld **Joachim Galuska** beschreibt eine Sichtweise, die zahlreiche innere Krisen des modernen Menschen als Ausdruck spirituellen Wachstums definiert, und fordert eine grundlegende Ergänzung im Bereich der Psychiatrie. Der amerikanische Psychologe und Forscher **Kenneth Ring**, der sich über Jahrzehnte mit dem Phänomen Nah-Tod beschäftigt hat, beschreibt die Konsequenzen einer neuen Sichtweise auf Leben und Tod.

Umbrüche von kulturhistorischer Dimension sind der Menschheit bislang eigentlich nur dann gelungen, wenn Geist und Seele großer Bevölkerungsteile von einem religiösen Mythos ergriffen worden waren. Das ist heute sicherlich noch nicht der Fall. Wenn aber von Ganzheit, Beziehung, Selbstverwirklichung, Rückbindung zum größeren Ganzen die Rede ist, berührt das schon die Domäne des Religiösen. Und tatsächlich gab es schon immer zahlreiche spirituelle Traditionen in der Welt, die davon ausgingen, dass alles miteinander in Beziehung steht, miteinander verbunden und 'heilig' ist. „Dass es auf der einen Seite etwas Spirituelles gibt und auf der anderen Seite etwas Materiell-Natürliches, ist eine Falle im westlichen Denken", sagt im zweiten Kapitel die amerikanische Anthropologin Dolores LaChapelle. „Im Westen wird die Energie, die durch die Welt fließt, mit der Bezeichnung 'spirituell' versehen. Andere Kulturen machen diese Unterscheidung einfach nicht." Doch eine solche Weltsicht schien überholt und nicht mehr zeitgemäß für die rationale Moderne. Selbst als auf der Suche nach neuen Erklärungsmodellen die 'Ganzheit' wieder in den Mittelpunkt der Forschung rückte, dachte kaum jemand an die religiösen Implikationen.

Während sich die moderne Wissenschaft systemischen und holistischen Erklärungsmodellen zuwandte, begann im letzten Viertel des 20. Jahrhunderts jedoch auch ein grundlegender Wandel in den großen Religionen der Welt. Während die meisten kirchlichen Institutionen in alten Dogmen verhaftet blieben, öffneten sich in der Gemeindearbeit an der Basis immer mehr Menschen für ein breiteres Verständnis von Religiosität. Das Interesse an alten, mystischen Schulen wuchs ebenso wie das Interesse an der Ökumene. Die christliche Missionierung wurde Schritt für Schritt von einem neuen Respekt vor den religiösen Traditionen der 'Naturvölker' abgelöst, die 'Bewahrung der Schöpfung' wurde zum übergeordneten Thema. Seit Jahren wächst das Interesse an indianischen und schamanischen Formen der Naturverehrung.

Auch die vielen neuen Formen konfessionsloser und selbstbestimmter Spiritualität führten bei zahllosen Menschen zu einem neuen und vertieften Verständnis eigener Entwicklungsmöglichkeiten, der Hinterfragung einer rein materiellen und rationalen Weltsicht, einer neuen Ehrfurcht vor den Wundern des Körpers und einer wachsenden Einsicht in das Zusammenspiel von Körper, Geist und Seele. Innerhalb und außerhalb der religiösen Institutionen wird also seit gut 25 Jahren eine Spiritualität wiederentdeckt, die den alten Dualismus in Frage stellt und in der die Grenzlinie zwischen Meditation und Aktion verschwimmt.

Der christliche Theologe Matthew Fox macht in diesem Buch deutlich, dass er alle Spiritualität als Ausdruck der menschlichen Beziehung zur Ganzheit des Kosmos versteht. Der ungarische Systemtheoretiker Ervin Laszlo spricht vom größeren System, das uns umschließt, als „*sacred community*". Am klarsten benennt es der Atomphysiker Fritjof Capra, wenn er im Interview sagt: „Tief ökologisches Bewusstsein ist ein spirituelles oder religiöses Bewusstsein. Und eine Wissenschaft, die letztlich auf diesem Bewusstsein beruht, wird diese Parallelen mit den großen Traditionen zeigen."

Diese Einsicht war gerade für die ökologischen Aktivisten des Westens eine enorme Herausforderung, denn historisch galt der religiöse Weg immer als eine Form des Rückzugs von der Welt. Zudem hatten die kirchlichen Institutionen moralische Zwangsjacken geschaffen, schienen politisch korrumpiert und hatten über Jahrhunderte geistige Einsichten und soziale Reformen verhindert. Hinzu kamen schließlich – gerade in Deutschland – die grausamen Erfahrungen mit einer faschistischen Naturmystik, die alte Gottheiten und Mythen verfälscht und vor den Karren einer Politik gespannt hatte, die zu rassistischem Völkermord und Weltkrieg geführt hatte. Deshalb wurde jede Form der religiösen Naturverehrung als gefährlicher 'Biologismus' abgelehnt.

Doch die Sorge der Kritiker spiegelt ihre Unkenntnis. Denn der Biologismus der 30er Jahre baute auf ein Verständnis der Natur auf, in dem der Kampf von Jedem gegen Jeden im Mittelpunkt der Wahrnehmung stand. Moderne Naturwissenschaft, Evolutionsforschung und Systemtheorie hingegen betonen den übergeordneten Rahmen des Prinzips der Kooperation, das überall in der Natur stärker ist als die Konkurrenz. Zur Erhaltung ökologischer Systeme und der Weiterentwicklung der Evolution braucht es auch nicht – wie der Sozialdarwinismus propagierte – Sieger und Hierarchien, sondern möglichst große Vielfalt und Diversität. Das Modell 'Natur' steht nicht mehr für die Diktatur des Stärksten oder die Selektion, sondern für die gegenseitige Abhängigkeit, das fließende Gleichgewicht und die demokratische Stabilität, mit der sich 'lebende Systeme' in der Natur selbst organisieren, korrigieren und erhalten. Und 'Mutter Natur' wird nicht mehr als große Zerstörerin gesehen, sondern als Lebensnetz mit vielen dezentralen Knoten. 'Biologismus heute' unterscheidet sich also von 'Biologismus gestern' wie Tag und Nacht. Die jüngsten Einsichten in die Funktionsweise lebender Systeme lesen sich eher wie das Programm einer basisdemokratischen Partei: Stabilität durch Vielfalt, dezentrale Organisation, Interdependenz, Vielfalt von Beziehungen und Kooperationen nach dem Prinzip gegenseitigen Vorteils, Kreislaufwirtschaft, effiziente Energienutzung. Warum also nicht die Natur ehren?

Grundlegender Wandel – davon sind die meisten hier vorgestellten Pioniere überzeugt – ist nur möglich, wenn eine neue Wahrnehmung und Ethik aus der Tiefe unserer Herzen und Seelen genährt wird und wir die Natur wieder mit Ehrfurcht, Staunen und Liebe betrachten. Dazu brauchen wir längst nicht mehr indianische oder uralte germanische Traditionen. Der Wandel im Christentum hat längst begonnen. Wir können immer öfter auf ein neues Verständnis der eigenen spirituellen Traditionen bauen.

Im achten und letzten Kapitel unter der Überschrift *Spirituelle Ökologie und ökologisches Christentum* stellt der amerikanische Theologe **Matthew Fox** die Prinzipien der von ihm entwickelten Schöpfungstheologie vor, die sich an den Traditionen indigener Völker und den Überlieferungen christlicher Mystiker orientiert. Der polnische Öko-Philosoph **Henryk Skolimowsky** macht deutlich, dass ein grundlegender Wandel nur möglich ist, wenn eine ökologische Haltung auch zur Wiederentdeckung der Heiligkeit der Natur führt. Der deutsche Theologe und Kirchenkritiker **Eugen Drewermann** fordert einen grundlegenden Wandel der Kirchen hin zu einer ganzheitlichen Sicht von Geist und Natur. Der vor kurzem verstorbene englische Benediktinermönch und Mystiker **Bede Griffiths**, der 50 Jahre seines Lebens einen indischen Ashram leitete und die Synthese westlicher und östlicher Religionen versuchte, beendet den Gesprächsband mit einem Ausblick auf ein mystisches Christentum, dessen oberster Wert die Verehrung der Schöpfung und die bewusst gestaltete Verantwortung für das Leben ist.

Politik des Herzens wird hier also beschrieben als eine Grundhaltung, die statt rationaler Distanz mitfühlende Identifikation fordert und in der nicht nur die Trennung von Geist und Natur, von Vernunft und Emotion, von Politik und Spiritualität oder Ökonomie und Ökologie aufgehoben, sondern vielmehr eine Synthese versucht wird: Eine Synthese, in der Politik und ökologisches Engagement zur spirituellen Disziplin werden, wo der rational-wissenschaftliche Blick ehrfurchtsvolles Staunen auslöst, wo das Zulassen von Gefühlen zu vernünftiger Politik führt und die Natur als kreative, beseelte und intelligente Kraft verstanden wird, in der wir uns spiegeln und von der wir lernen können. Diese Politik muss nicht erst neu entwickelt werden. Sie ruht in unseren Herzen.

I

Das neue Bild der Erde

Das Universum ist ein einziges lebendiges System

Im Gespräch mit dem Quantenphysiker Hans-Peter Dürr

Herr Prof. Dürr, die Welt steht vor zahllosen Problemen, die zwar erkannt worden sind, deren Lösung aber noch in weiter Ferne steht. Reicht der gegenwärtige Ansatz, die Welt als eine große Maschine zu betrachten und sie an vielen Stellen zu reparieren?

●●●●●●● Wir müssen im Augenblick viel reparieren – es gibt keine andere Möglichkeit. Aber langfristig werden wir die ökologischen Probleme nur in den Griff bekommen, wenn wir unser Bild von der Welt verändern. Und aus diesem neuen Weltbild müssen Produktionsweisen entstehen, die keine solchen Schäden mehr verursachen. Eigentlich sind wir heute ja in der Situation eines Bankräubers, der bei seiner Investition nur darauf achtet, dass er ein Schweißgerät entwickelt, mit dem er einen Tresor nach dem anderen aufbricht. Und wir sagen dann: „Was für eine tolle Lebensweise!" und „Alle sollen das nachahmen!" Aber diese Lebensweise, die wir heute haben, ist abhängig von den Tresoren. Eines Tages werden sie leer sein.

Ist denn der traditionelle Umweltschutz aus der Perspektive des Naturwissenschaftlers da der richtige Ansatz?

●●●●●●● Eigentlich führt der Begriff des ‚Umweltschutzes' ja in die Irre. Die Natur braucht uns überhaupt nicht leid zu tun. Der ist es nämlich vollkommen egal, ob wir hier auf der Erdoberfläche herumkrabbeln oder nicht. Die wird sich sagen: Wenn die Menschen ihre Lebensgrundlage selbst zerstören, dann lasst sie die zerstören. Ich komme nicht in Verlegenheit. Ich kann auch noch mal ein oder zwei Milliarden Jahre investieren und erneut aus dem Ozean herauskriechen und es ein zweites Mal versuchen mit Lebewesen, die dann vielleicht besser mit mir umgehen. Das heißt, der Umweltschutz bedeutet nicht, dass ich die Natur schütze,

*Prof. Dr. **Hans-Peter Dürr** ist der wohl wichtigste Brückenbauer zwischen moderner Wissenschaft, politisch-ökologischem Engagement und der Entwicklung eines fundierten ganzheitlichen Weltbildes in Deutschland. Hans-Peter Dürr wurde 1929 in Stuttgart geboren, studierte Physik und promovierte in Berkeley bei Edward Teller, dem Erfinder der Wasserstoffbombe. Nach seiner Rückkehr nach Deutschland wurde er Assistent bei dem berühmten Quantenphysiker Werner Heisenberg, von dem er später die Leitung des Max-Planck-Instituts für Astrophysik übernahm. Hans-Peter Dürrs zweite Karriere begann, als er sich in den 80er Jahren vermehrt mit der gesellschaftlichen Verantwortung des Wissenschaftlers auseinander zu setzen begann und sich aktiv gegen die atomare Hochrüstung, für Ost-Westdialog, Abrüstung und als Vorstandsmitglied von Greenpeace auch für Umweltschutz engagierte. Für seine Arbeit wurde er unter anderem auch mit dem Alternativen Nobelpreis ausgezeichnet. In den letzten Jahren beschäftigte sich Hans-Peter Dürr vermehrt mit der Formulierung eines wissenschaftlich fundierten ganzheitlichen Weltbildes und dem Dialog zwischen Naturwissenschaftlern, Mystikern und Geisteswissenschaftlern. Die letzte seiner zahlreichen Buchveröffentlichungen hatte den Titel: „Wir erleben mehr als wir begreifen. Quantenphysik und Lebensfragen." (2001).*

sondern es geht darum, den Menschen und seine Lebensgrundlagen zu schützen. Deshalb müssen wir die Rahmenbedingungen so ändern, dass wirtschaftlich vernünftiges Handeln in Einklang kommt mit ökologisch vernünftigem Handeln. Wir brauchen eine Wirtschaft, welche die Natur wieder wahrnimmt, die also sieht, dass die eigentliche Produktivität von der Natur selbst geleistet wird und wir nur dabei sind, das für unsere Interessen zu organisieren. Wir brauchen eine ökologische Marktwirtschaft.

Das heißt ja mit anderen Worten, dass wir die Welt und unsere Stellung in ihr falsch wahrnehmen. Nun wird heute viel von einem alten 'mechanistischen Weltbild' gesprochen, das von einem neuen 'holistischen Weltbild' abgelöst wird. Das sind Schlagworte, die erst mal wenig mit unserer Erfahrung der Welt zu tun haben. Was ist der Haken am 'mechanistischen Weltbild'?

●●●●●● Die ganze alte Naturwissenschaft läuft darauf hinaus, dem Schöpfer sozusagen in die Karten schauen zu wollen. Die Grundlage der klassischen Naturwissenschaft ist die Vorstellung, dass die Zukunft existiert und sie uns nur noch nicht bekannt ist und dass wir alles mögliche versuchen, um Kenntnis von ihr zu bekommen. In der mechanistischen Sichtweise besteht eigentlich das gesamte System aus verschiedenen Ursache-Wirkungsketten. Diese Wirklichkeit kann man sich vorstellen wie ein dickes Nylonseil, das aus lauter einzelnen Fäden besteht. Und um das Seil zu verstehen, muss ich jeden Faden verstehen. Die konventionelle mechanistische Wissenschaft geht einfach davon aus, dass sich jeder Faden unendlich in die Zukunft fortsetzt. Wenn ich das Seil in seinem Querschnitt kenne und weiß, wie es sich in der Vergangenheit verhalten hat, dann, so glaubt man, kann ich auch in die Zukunft sehen. Das ist dann wie ein Uhrwerk.

Aber das heißt doch letztlich, dass wir nichts weiter sind als Zahnräder in diesem riesigen Uhrwerk und eigentlich alles vorherbestimmt ist ...

●●●●●● Diese Vorstellung ist für uns bequem, wenn wir prognostizieren wollen, aber sie ist entsetzlich, wenn wir uns nun selbst da mit einbeziehen: Denn es heißt doch, dass wir selber keine eigene Entscheidung mehr fällen können, weil eigentlich alles schon fest liegt. Und da kommen wir auch als Menschen in Konflikt, wenn man uns predigt: Ihr sollt Euch moralisch verhalten und Verantwortung für das Ganze übernehmen. Denn wenn wir an diese Naturgesetzlichkeit glauben, ist ja alles für die Katz.

Welche Sichtweise ist dem gegenüber denn aus der modernen Quantenphysik erwachsen?

●●●●●● Die moderne Physik behauptet nicht, dass die alte, klassische Physik, die diesen deterministischen Charakter hat, falsch ist, sondern dass sie nur einen gewissen Teil der Wirklichkeit erklärt und nicht das Ganze. Die moderne Naturwissenschaft sagt uns dem gegenüber: Die Zukunft liegt nicht fest, die Zukunft ist offen. Für mich heißt das: Die Schöpfung ist nicht abgeschlossen. Das Bild des Uhrwerks, das in Gang gesetzt wurde und abläuft, ohne dass der Schöpfer noch weiter eingreifen muss, stimmt nicht mehr. Vielmehr wird jeden Augenblick die Zukunft selbst wieder geformt. Natürlich entsteht die Zukunft auf der Grundlage der jetzigen Gegebenheiten. Aber sie ist nicht determiniert. Die neue Physik sagt, dass die Zukunft unendlich viele Möglichkeiten der Ausprägung hat, so dass man sagen kann: Die augenblickliche Situation bereitet wohl den zukünftigen Schritt vor, aber nur in einer ziemlich unbestimmten Form. Und mir, als Beteiligtem, kommt die Möglichkeit zu, auch einzugreifen, die Zukunft auf bestimmte Weise neu zu formen. Und hier besteht die Möglichkeit meines absichtlichen Handelns. Das ist selbstverständlich eine ganz andere Situation, als wenn man sagt: Du bist den Naturgesetzen unterworfen. Aber diese neue Freiheit führt auch zu einer neuen Verantwortung.

Man kann also sagen, die neue Sichtweise nimmt uns die Sicherheit eines festen Fundaments und gibt uns gleichzeitig die ungeheure Freiheit, an der Schöpfung mitzuwirken?

●●●●●● Für mich ist es in gewisser Weise eine Arbeitshypothese, dass der Mensch in der Tat seine Zukunft schöpferisch gestalten kann. Nur sieht diese Gestaltung ganz anders aus. Ich sage den Managern und Politikern immer: Das, was ihr täglich erlebt in der Politik und Wirtschaft, dass ihr Theorien habt und dann etwas ganz anderes geschieht als erwartet, das hat seine Ursache nicht darin, dass wir noch nicht genug Kenntnis haben, sondern darin, dass diese Prognosen prinzipiell nicht möglich sind. Das heißt, um Dinge langfristig vernünftig zu machen, kommt es nicht darauf an, unsere Kenntnisse zu verschärfen. Stattdessen müssen wir eine Strategie verwenden, die flexibel ist, bei der wir immer wieder nachbessern können, weil die Zukunft eben nicht prognostizierbar ist. Verantwortung für die Zukunft besteht darin, dass ich die Einbettung meines Handelns in den Gesamtzusammenhang besser erkenne, um zu wissen, ob ich kleine oder größere Abweichungen machen kann, ohne in Gefahr zu kommen. Und das bedeutet: Versuche nicht, Lebenswege einzuschlagen oder politische und wirtschaftliche Entwicklungen zu forcieren, wo kleine Fehler Folgen haben können, die du für nicht mehr hinnehmbar hältst. Wenn ich mich allein dafür entscheide, durch ein Lawinenfeld zu laufen, ist es meine Verantwortung. Aber wenn ich die Menschheit am Seil habe, dann darf ich nicht in ein Lawinenfeld hineinlaufen.

Sie sprachen vom Gesamtzusammenhang, in den wir uns einbetten müssen. Wie muss man sich das vorstellen, wenn die Metapher von der Maschine und den vielen Zahnrädern nicht mehr stimmt?

●●●●●● Aus der mechanistischen Perspektive haben wir die Vorstellung, dass der Kosmos ein System aus Teilen ist. Das Ganze hat viele Teile, das ist also etwas, was ich aufgliedern kann. Mit anderen Worten: Das Ganze ist eigentlich ein Haufen von unabhängigen Dingen und jeder Teil darin ist für sich allein – wie ein Haufen von Sandkörnern die nichts voneinander wissen. Aber das stimmt nicht ganz: Jetzt gibt es Wechselwirkungen zwischen diesen Körnern. Und durch diese Wechselwirkungen wird aus diesem Sack von Sand ein System, in dem alle Körner jetzt miteinander wechselwirken. Das Ganze ist also nicht mehr nur die Summe der Teile, weil jetzt ja noch die Wechselwirkung dazukommt. Stellen wir uns einen Ameisenhaufen vor. Wenn ich den aus der Entfernung betrachte, sehe ich einen gleichmäßigen Haufen, der eine Festigkeit und Beständigkeit zu haben scheint wie ein Möbelstück. Wenn ich aber hingehe, dann sehe ich, dass da Millionen arbeiten, dauernd hin- und herlaufen. Dabei erscheint jede einzelne Bewegung ganz willkürlich. Für uns als Menschen geht es in der belebten Natur darum, unsere vielfachen kleinen Bewegungen so zu organisieren, dass eine Bewegung im Detail auch im Großen zum Ausdruck kommt.

Aber ist das denn dann nicht immer noch eine mechanische Denkweise, wenn auch unendlich viel komplizierter und komplexer?

●●●●●● Nein! Denn die moderne Physik sagt: Auf der Quantenebene geht das noch viel weiter. Da gibt es nicht einmal diese Sandkörner, sondern es gibt eigentlich nur das, was man Wechselwirkung nennt. Eine Wechselwirkung, ohne Dinge zu haben, die miteinander wechselwirken. Für die moderne Kosmologie heißt das: Am Anfang ist eigentlich nur Wechselwirkung da. Und das, was wir dann Materie und Substanz nennen, das sind Verklumpungen dieser Wechselwirkungen. Und das bedeutet dann etwas ganz Grundsätzliches: Wir müssen davon ausgehen, dass das Universum eigentlich nur ein System ist. Und die Vorstellung, es bestehe aus Teilen, ist nur etwas in unserem Kopf, weil wir so schwer mit diesem großen System umgehen können. Aber damit wir es unserem Gehirn anpassen, zerlegen wir es. Denken besteht aus Zerlegen und Fragmentieren. Doch das ist nur in unserem Kopf drin.

Also machen wir uns eine Landkarte von der Wirklichkeit und glauben dann an die Landkarte, anstatt zu sehen, was wirklich ist?

●●●●●● Wir haben uns daran gewöhnt, die Wirklichkeit mit einer dinglichen Realität zu verwechseln. Dinglichkeit bedeutet, da ist etwas, auf das ich mich verlassen kann. Wir mögen keinen Sauhaufen. Und deshalb lieben wir in unserer Umgebung die Dinge, auf die wir uns verlassen können. Das ist ja auch für unsere Überlebensfähigkeit wichtig gewesen.

Wie müssen wir uns denn die Wirklichkeit jenseits unseres Bildes von der Realität vorstellen?

●●●●●● Der wesentliche Aspekt der Quantenmechanik ist die Aufgabe der Objektivität. Sie sagt, dass die Welt nicht aus Objekten besteht, die mit sich selbst in der Zeit identisch bleiben. Die Quantenmechanik sagt, dass jede neue Zeitschicht des Seins neu geschöpft wird, und zwar aufgrund der Vorlagen, die in der Vergangenheit angelegt sind. Diese Vergangenheit ist wie ein 'Erwartungsfeld', in dem sich dann die neue Realität formiert. Dabei ist der ganze Kosmos in ständiger Bewegung. Das, was wir als Objekte sehen, ist in diesem Prozess der Veränderung so etwas wie geronnene und verklumpte Bewegung. Wer sich das nicht richtig vorstellen kann, dem sage ich: Die Wirklichkeit hat eigentlich mehr mit dem zu tun, was wir Geist nennen, mit der Art, wie Denken funktioniert. Wenn wir morgens aufstehen, haben wir vielleicht eine Erwartung, was der Tag bringen wird. Diese Vorahnung lässt sich darstellen wie ein Haufen unausgemalter Bilder, die sich im Kopf überlagern. Sie gerinnen im Laufe der Zeit zu Ahnungen und konkreten Gedanken. Auch die Physik sagt, dass die Zukunft wie in Ahnungen oder Wahrscheinlichkeiten angelegt ist. In der Gegenwart gerinnt sie in feste Strukturen, die dann auch die nächsten Schritte prägen.

Hans-Peter Dürr

Wenn man diese Analogie weiterdenkt, liegt ja der Schluss nahe, dass das Universum eher einem großen Gedanken gleicht als einer großen Maschine. Dann müssten wir die Maschinen-Metapher doch begraben und eher von einem großen Organismus sprechen?

●●●●●● Wenn wir ein System haben, wo alles miteinander zusammenhängt, wo kein Teil ohne Kenntnis – ich sag das jetzt mal in menschlichen Termini – ohne die Kenntnis des anderen leben kann, dann fällt einem schon das Wort Organismus ein. Ich könnte auch von einem mit sich selbst wechselwirkenden System sprechen. Der Begriff 'Organismus' geht noch ein bisschen weiter. Auch hier hilft eine Analogie: Ein Gedicht ist zunächst einmal eine Ansammlung von Buchstaben. Wenn ich nur von den Buchstaben eines Gedichts spreche, dann verstehe ich das Gedicht natürlich überhaupt nicht. Das ist wie mit dem Sack von Sandkörnern, über den wir sprachen. Aber die Buchstaben sind ja in Beziehung zueinander, die formieren Worte. Dann stelle ich fest, das Gedicht ist nicht so, dass alle Buchstaben mit jedem Buchstaben eine Beziehung haben, sondern da ist eine Hierachie drin. Zunächst bilden sich Gruppen von Buchstaben, die ein Wort bilden. Und das ist ein neuer Spielball, der seine eigene Einheit hat und seine eigene Ausdrucksform. Die Worte in einem Satz machen ein neues Spiel, die machen einen Satz. Die Sätze zusammen machen eine Strophe oder ein Gedicht. Und auf jeder Stufe kommt sozusagen eine neue Eigenschaft hinzu, die ich im vorherigen Stadium noch nicht habe. Ein Buchstabe kann nicht ausdrücken, was einmal ein Wort meint. Ein Satz drückt mehr aus als die Worte. Wenn ich jetzt von Bedeutung spreche, muss ich mich selbst miteinbeziehen. Das Gedicht hat keine Bedeutung ohne den Betrachter, der Deutsch kann und etwas über Literatur weiß. Da muss ich also in ein System hineingehen, in dem die Buchstaben in dem Gedicht mit mir als Betrachter ein neues System bilden. Sinnhaftigkeit bedeutet also, dass auf dieser Ebene das System nur als Ganzes betrachtet werden kann. Wenn ich es aufteile, das Gedicht betrachte und mich, verliere ich das, was ich Sinn nenne. Sinnhaftigkeit ist eine Organisationsstruktur, die auf einer gewissen Stufe kommt, wo ich als Mensch mit einbezogen bin. Und deshalb habe ich nichts dagegen zu sagen, der Kosmos ist organistisch.

Es scheint, als würde die neue Sicht der Welt die Realität nicht übersichtlicher machen. Je mehr wir an Komplexität erkennen, desto mehr verschwimmt das Gesamtbild ...

●●●●●● Tatsächlich empfinden viele die neue Physik als eine Einbuße, weil das, was vorher klar schien, jetzt unklar wird. Aber die Quantenmechanik kann auch als enormer Gewinn aufgefasst werden. Denn es ist nicht nur so, dass das, was vorher scharf war, nun unscharf wird, sondern die Unschärfe bringt den Gewinn, dass ich nun die ganze Gestalt besser sehe. Wieder ein Bild: Wir sind verliebt in die Schärfe. Aber wir übersehen dabei, dass jede Aussage über die Schärfe bedeutet, dass ich das, was ich scharf sehen will, isolieren und aus seinem Zusammenhang reißen muss. Denn man kann nur das Isolierte scharf fassen. Wenn ich es aber aus dem Kontext reiße, dann verliere ich die Sichtweise seiner Beziehung zum Umfeld, also die Vernetzung. Ich bin dann nur auf einen Punkt fixiert. Das heißt, durch die Unschärfe der Quantenmechanik kommen wir zu einer ganzheitlichen Schau der Wirklichkeit. Sie erlaubt uns, Gestalten zu erkennen, was die analytische Naturwissenschaft, die punktuell vorgeht, eben nicht schaffen kann. Und deshalb ist es für mich ein Gewinn: wenn ich nämlich eine Gestalt wahrnehme, dann gelingt mir die Orientierung viel besser, als wenn ich fokussiert bin.

In der Kultur ist es das Gleiche: Eine Gesellschaft, die auf Exaktheit pocht, verzichtet auf Beziehungsstrukturen, weil Exaktheit immer bedeutet, dass ich Beziehungen durchschneiden muss. Und dann habe ich eine Denkstruktur, die aussieht wie eine Kommode mit Tausenden von Schubladen. Sie hält aber nur Antworten bereit für Fragen, die genau mit dem dort deponierten Wissen übereinstimmen. Ansonsten kann ich mit dieser Kommode nicht vernünftig arbeiten.

Unsere Gewohnheit, die Welt in ihre Einzelteile zu zersplittern, hat ja auch noch eine andere Konsequenz. Wenn sie für uns aus lauter Einzelteilen besteht, nehmen wir eher einen Prozess wahr, in dem alles gegeneinander arbeitet. Nimmt man aber ihr Bild vom ‚Gedicht', vom ‚Organismus' oder von der ‚Gestalt', dann entstehen ja Vorstellungen von Poesie, Kreativität und Kooperation. Ist das neue ganzheitliche Weltbild ein ‚kooperatives Weltbild'?

●●●●●● Das dynamische System muss so sein, dass ich auch die Umwelteinflüsse integriere, so dass ich im Laufe der Zeit wirklich nicht umgestoßen werde. Ich muss also mit dem kooperieren, was um mich herum ist, Acht geben, dass ich nicht ausrutsche. Ich muss kooperieren, um zu überleben. Das englische Wort für Konkurrenz, „competition" heißt ja eigentlich ursprünglich „*zusammen* nach Lösungen suchen". Das „com-" ist für mich ganz wichtig. Dass man da zusammen etwas macht und nicht gegen den anderen. Jedes System ist ständig in Bewegung. Damit ist es nicht statisch, sondern eigentlich instabil. Der Witz liegt darin, dass diese Instabilität eben erreicht wird durch Regulationssysteme von Kräften und Gegenkräften, die einen immer wieder in diesem Punkt des Gleichgewichts halten. Es ist wie ein Prozess des Gehens: Wenn ich gehe – das ist ja eigentlich eine ziemlich verrückte Art sich fortzubewegen – stehe ich immer wieder für Momente auf nur einem Bein und bin eigentlich instabil. Ich weiß nur nicht in welche Richtung ich umfalle. Gehen bedeutet, dass ich von einer Instabilität in die andere übergehe und auf Dauer dann in einem stabilen Zustand bin. Denn Gehen ist für uns eigentlich etwas dynamisch-stabiles. Das heißt, wenn wir die Dynamik aus Kräften und Gegenkräften sehen, dann kommt die eigentliche Stabilität durch die Bewegung. Und das ist kooperativ. Die alte Diskussion dreht sich immer nur um dieses Gegenpaar, das ist verrückt. Wenn ich nur einseitig Kräfte wirken lasse, dann wirken die so, dass das System abstürzt. Ich brauche die Gegenkraft, um genau in dieser Labilität zu bleiben. Das gilt auch für Mensch und Natur. Für den Fortbestand unseres Systems ist es wichtig, dass alles kooperiert. Wenn jemand nicht kooperiert mit seiner Umgebung, stürzt er hundertprozentig ab. Dieses Spiel ist kein Nullsummenspiel, sondern das ist ein Plus-Summen-Spiel: Mein Vorteil ist auch der Vorteil des Anderen. Das hat mit Altruismus wenig zu tun, sondern nur mit der Einsicht, dass ich mit Hilfe der Gegenkraft weiter komme, als wenn ich alles alleine mache.

Was bedeutet diese Einsicht für den Alltag? Wie funktioniert ein kooperativer Umgang mit der Welt?

●●●●●● Wie optimiere ich mein Leben in einer Situation, in der ich nicht weiß, was die Zukunft genau ist? Indem ich mich so flexibel mache wie möglich! Und Flexibilität, wie mache ich das? Indem ich das Kooperationsspiel habe. Wenn ich ein Gedicht schreibe, muss ich so kooperativ sein wie nur möglich. Dann ist es nicht vernünftig, wenn der Buchstabe A

31

mit dem Buchstaben B in Streit gerät, wer der bessere Buchstabe ist, und sie kämpfen bis nur einer übrig bleibt. Sondern A und B kooperieren miteinander, nehmen noch ein L dazu und fangen mit einem BLA-BLA an. Da haben sie schon eine höhere Stufe der Entwicklung, dass sie nämlich Worte gebildet haben, die Sätze bauen und so fort. Das ist das ganze Entwicklungsschema: Es geht darum, die verschiedenen Talente immer wieder einzubinden, kooperativ zu machen und zu sammeln in Bezug auf eine Zukunft, die zu meistern ist und an die man sich adaptieren muss. Das ist das Überlebensprinzip des Menschen, der Grund, warum wir überlebt haben: Wir sind die flexibelsten Lebewesen, die auf der Erde sind. Denn die Evolution sagt ja, es tritt eine Veränderung auf, aber ich weiß nicht, wie sie sich entwickeln wird. Das wird sich in dem Spiel erst herausstellen und darauf muss ich mich einstellen.

Hat dieses Spiel der Natur eigentlich ein Ziel?

●●●●●● Die Natur selbst hat keine Absicht. Aber das, was sich in ihr entwickelt, muss absichtsvoll sein, sonst wäre das System ja nicht da. Also ist es so, dass die Selbstorganisation den Sinn ergibt. Es gibt kein Ziel. Das, was geschieht, ist das Ergebnis der Kooperation, in der alles miteinander spielt. Wir haben also eine Situation, in der sich das Ziel nicht einstellt, sondern das Ziel wandert dauernd weg, es verändert sich dauernd. Dabei hat dieses System ein – man könnte sagen – gemeinsames Bewusstsein oder einen gemeinsamen Hintergrund, aus dem es spielt. Die Natur würfelt nicht. Sie spielt nicht Roulette, wo alles zufällig ist und man nur die Unordnung und statistische Gleichverteilung bekommt. Sie spielt so offen wie ein Kind spielt: mit einer Art Vorstellung im Hintergrund. Es ist ein ahnungsvolles Spiel. Und aus diesem ahnungsvollen Spiel kommt diese ganze Struktur, all diese neuen Strukturbildungen, an deren Ende der Mensch steht. Da ist diese Bewusstheit im Hintergrund. Und beim Menschen kommt sie zum Ausdruck. Deshalb würde ich auch nicht sagen, dass die Erde nur ein Körnchen in diesem Riesenweltall ist und dass wir überhaupt nichts wert sind. Wenn wirklich in diesem Planeten der Geist sich seiner selbst bewusst wurde, dann wird damit das Weltall sich selbst bewusst. Und dann ist das ein kosmisches Ereignis.

Wie muss man sich dieses 'Bewusstsein im Hintergrund' vorstellen?

●●●●●● Man muss sich das so vorstellen, dass hinter dieser Wirklichkeit, die materiell formulierbar ist, eigentlich noch etwas anderes ist, das wir schlecht begreifbar machen können, weil es nicht mit der Hand greifbar ist, weil es nicht materiell ist. Man kann das umschreiben, indem man sagt, dass da noch eine Information verschlüsselt ist. Ich sage eigentlich gerne, dass der eigentliche Hintergrund der Wirklichkeit nicht materieller Art ist, sondern geistiger Art. Für mich ist der Kosmos zuerst einmal etwas Geistiges. Dass dieses Informationsfeld zu Materie geronnen ist, gibt uns die Möglichkeit, dieses Geistige von außen zu sehen. Was wir sehen, ist die materielle Kruste dieses Geistes. Das ist die Welt, die wir wahrnehmen. Das ist es doch, was wir bei der Untersuchung der Materie festgestellt haben: Wir haben die Materie immer weiter zerkleinert, um letzten Endes herauszubekommen, was die letzte Materie ist. Wir haben dabei festgestellt, dass diese kleinsten Teilchen überhaupt nicht mehr die Eigenschaft von Materie haben, sondern dass die Materie verschwindet. Das, was für uns greifbar ist, verschwindet. Was bleibt, sind eigentlich nur Beziehungsstrukturen, also Relation, Form, Gestalt. Wenn wir von Form sprechen, meinen wir immer die Materie: Eine Vase hat eine Form! Aber wenn ich sage, es gibt auch Form ohne Materie, dann fange ich an zu schwimmen. Diese Vorstellung ist viel fundamentaler als wir uns das vorstellen können. Alles, was wir Materie nennen, ist gewissermaßen, dass diese Form des Nichts ab und zu gerinnt und Formen macht, die wir dann als Materie bezeichnen. Und auf die konzentrieren wir uns als die eigentliche Basis unserer Wirklichkeit, weil sie so verlässlich auftritt.

> *Warum trennen wir uns denn überhaupt ab von der Natur, die eigentlich nur ein großes System ist? Wie kommt es zu dem Missverständnis eines Gegensatzes von Mensch und Natur, Innen und Außen, Subjekt und Objekt?*

●●●●●● Mein Denken ist ja in erster Linie nicht dazu geschaffen, Philosophie zu betreiben, sondern es ist dazu da, mein Überleben zu sichern. Wir haben ja diese Fähigkeit zu denken nicht bekommen, weil die Natur will, das wir Atomphysik machen. Sondern unser Denken ist so gemacht, wie wir greifen: Wir suchen Nahrung auf dieser Erde und wir müssen wissen, in welche Richtung wir gehen und wo wir hingreifen, damit wir einen Apfel finden, von dem wir uns ernähren. Und da ist es gut, ein virtuelles Handeln im Kopf zu haben.

Deshalb ordnen wir die ganze Wirklichkeit nach ihrer Beständigkeit. Die Auftrennung und das Isolieren sind wichtig für den Handelnden. Der handelnde Mensch muss fragmentieren. Wenn ich nur sehe, dass alles mit allem zusammenhängt, bin ich absolut inaktiv. Bewusstsein heißt, dass ich das Nichtauftrennbare in irgendeiner Näherung in zwei Teile zertrenne, in einen Teil, der sich als Ich bezeichnet, und einen anderen, der die Außenwelt bezeichnet. Deine Fragmentierung ist praktisch so, dass du mit einer Taschenlampe durch die Nacht gehst und nur gewisse Dinge anleuchtest und glaubst, das sei die ganze Welt. Mach mal deine Taschenlampe aus. Du siehst dann nicht mehr so gut. Aber dann wirst du sehen, das bist du ja alles selber. Denn alles hängt zusammen. Und das bedeutet: Sei vorsichtig mit deiner kleinen Schöpferkraft. Wenn du hier einfach herumwütest, führt das nur dazu, dass du entfernt wirst aus dieser Schöpfung. Denn diese Schöpfung ist nicht auf den Menschen angewiesen, sondern der Mensch hat sich soweit entwickeln können, weil er sich in diese Schöpfung eingebettet hat und seine Abhängigkeit auch gefühlt hat. Wenn du es nicht mehr spürst, wirst du einfach eliminiert, denn du negierst ja damit deine eigenen Grundlagen. Deshalb habe ich auch keine Angst um die Natur. Aber ich habe Angst, dass wir uns durch diese blödsinnige Verhaltensweise selber aus der Schöpfung hinausmanipulieren.

> *Das heißt, wir haben Schwierigkeiten, die Wirklichkeit zu begreifen, weil wir in unserer Sicht der Dinge gefangen sind?*

●●●●●● Die Schwierigkeit besteht darin, dieses neue Bild der Wirklichkeit in unserer Sprache zu formulieren. Denn man ist immer darauf angewiesen, eine Sprache zu verwenden, die selbstverständlich an unserer Lebenswelt orientiert ist. Und wie soll ich etwas ausdrücken, wenn das, was dort angelegt ist, in dieser Sprache nicht zum Ausdruck kommt? Ich kann mit einer Sprache, die sich in einem Untersystem entwickelt hat, nicht beschreiben, was im darüber liegenden System passiert. Das gelingt uns nicht, wir schaffen diese Anschauung nicht. Eigentlich hatte ich erwartet, dass die Einsichten der neuen Physik innerhalb von 10 oder 20 Jahren die ganze Wissenschaft infizieren würden. Das ist aber überhaupt nicht passiert. Man verwendet die Quantenmechanik zwar für die ganze Mikroelektronik, aber man ist bei der alten Sprechweise geblieben, verwendet das alte Paradigma und tut so, als hätte sich gar nichts geändert. Über die Auseinandersetzung der Öffentlichkeit mit der Chaostheorie könnte jetzt eine Verständnisbrücke entstehen. Denn das Beispiel vom Schmetterlingsflügel, der einen Taifun auslösen kann, zeigt auf eine andere Weise, dass Systeme nicht prognostizierbar sind, weil winzig kleine Ursachen große Folgen haben können. Wir gewöhnen uns an solche neuen Bilder. Und das ist meines Erachtens die richtige Richtung.

Aber das ist wieder nur ein theoretisches Konzept. Muss der Wandel nicht viel tiefer gehen?

●●●●●●● Jede Art und Weise, von diesem Anderen zu sprechen, ist irreführend, wenn es nicht immer wieder angebunden wird an ein unmittelbares Erlebnis. Der einzige Weg ist: Du musst deine Quellen aufmachen, in die du primär Einblick hast. Aber in dem Augenblick, in dem du versuchst es einzufangen in eine Sprache, die unserer Lebenswelt entnommen ist, bist du schon auf dem Holzweg. Das heißt eigentlich auch, dass man alles, was in Büchern aufgeschrieben ist, nicht als Wahrheit nehmen sollte. Das ist nur ein Hinweis. Es wäre wahrscheinlich angemessener bei den eigentlichen tieferen Wahrheiten, sie nie aufzuschreiben, sondern sie nur verbal weiterzugeben. Denn wenn ich es verbal weitergebe, muss ich es in mir selbst erkennen.

Was bedeutet all das für unser alltägliches Handeln?

●●●●●●● Das ist diese Gratwanderung. Die Leute sind immer unglücklich, wenn ich sage, die Zukunft ist nicht determiniert. Wie soll ich mich eigentlich verhalten? Ich sage dann: Verhalte dich ganz normal. Wenn du heute in die Welt rausgehst, hast du keine Chance zu wissen, was da ist. Du verhältst dich also so, dass du überhaupt nicht auf die Details guckst, sondern du schaust immer auf die für dich im Augenblick wesentlichen Dinge. An denen orientierst du dich, und das Übrige lässt du eben laufen. Die Unterdrückung von allem Irrelevanten ist eigentlich das Geheimnis der erfolgreichen Arten auf dieser Erde. Nicht, dass sie alle Informationen, die dort draußen herumliegen, wahrnehmen, sondern nur die, die für ihr ganz spezielles Leben notwendig sind. Die Fähigkeit der Mustererkennung in der Komplexität – das ist das Wesentliche des Lebens. Denn das gibt die Möglichkeit, in dieser Offenheit eingeschränkt, aber trotzdem flexibel zu handeln.

Es scheint, als wäre das Begreifen der Welt durch die Erkenntnisse der neuen Physik schwieriger geworden. Es ergeben sich durch die offene Zukunft aber auch völlig neue Horizonte. Wie lassen die sich umsetzen?

●●●●●●● Sag nie, dass etwas unmöglich ist. Sondern in dem Augenblick, wo du das Unwahrscheinliche denkst, hast du den Keim in die Welt gesetzt, der den Hintergrund verändert. Wenn du sagst, es kann nur das passieren, was du in der Vergangenheit erfahren hast, bist du selber derjenige, der eben die Vergangenheit in die Zukunft hereinschleppt. Das ist die Schwierigkeit, die wir heute haben: Unsere Realisten sind eigentlich diejenigen, die genau das eben negieren, was das Leben ausmacht, nämlich dass die Zukunft anders ist als die Vergangenheit!

Vom Maschinen-Denken zum spielerischen Kosmos

Im Gespräch mit dem Chaosforscher und Biologen Friedrich Cramer

Unsere Alltagssprache ist voll von Maschinen-Metaphern: Wir „funktionieren", wir „programmieren" uns. Ist das Weltbild, nach dem wir leben, nach wie vor ein Maschinen-Weltbild?

●●●●●●● Es ist ein Maschinen-Weltbild, obwohl wir heute erkennen müssen, dass dieses Weltbild sehr stark vereinfacht ist. Eine Maschine geht davon aus, dass Vorgänge wiederholbar sind. Eine Maschine funktioniert beliebig lange. Auch der Zeitbegriff einer Maschine ist reversibel. Es kann immer alles wiederholt werden. So funktioniert auch die Technik und so soll sie auch funktionieren und so wird sie auch weiter funktionieren. Je mehr wir uns aber mit dem Lebendigen befassen, um so mehr sehen wir, dass die Dinge doch viel komplexer sind und dass das Maschinen-Denken ein vereinfachtes Denken ist. Denn ein wesentlicher Unterschied ist, dass dort die Dinge wiederholbar sind, während sich im Lebendigen die Zeit nicht wiederholen lässt. Zwischen Geburt, Alter und Tod gibt es viele nicht wiederholbare Vorgänge und die werden auch nie wiederholbar sein, sonst ist Leben eben nicht Leben. Das ist eigentlich der Hauptunterschied im Denken zwischen den klassischen Naturwissenschaften und den modernen Naturwissenschaften.

Widerspricht das nicht dem Bild, das wir von der Zeit haben? Wir orientieren uns doch eigentlich an einem Zeitpfeil, an einer geradeaus verlaufenden Zeit, während gerade die traditionellen Kulturen sich an einem zyklischen Zeitverständnis orientiert haben.

*Prof. Dr. **Friedrich Cramer** ist einer der wichtigsten interdisziplinären Denker in der deutschen Wissenschaftlergemeinde. Geboren 1923, studierte er Biologie und Chemie und leitete von 1962 bis 1991 das Max-Planck-Institut für Experimentelle Medizin in Göttingen. Neben den zahlreichen wissenschaftlichen Veröffentlichungen in seinem Fachgebiet beschäftigte er sich besonders mit der Evolutionstheorie, der Zeittheorie und der Chaosforschung. Seine Arbeiten haben maßgeblich zur Entwicklung eines neuen organischen Weltbildes beigetragen. Zu seinen wichtigsten Büchern gehören „Der Zeitbaum" (1994) und die „Sinfonie des Lebendigen" (1996).*

●●●●●● Ja, tatsächlich hat das Organische den Zeitpfeil, es ist irreversibel. Aber das ist noch nicht in das Bewusstsein der Mitmenschen eingedrungen. Wir leben nach einem Lebensmodell, von dem wir glauben, alles ist wiederholbar und nichts altert. Zum Beispiel ist die ganze Medizin darauf ausgerichtet, weswegen es auch den Medizinern so unheimlich Schwierigkeiten macht, mit dem Sterben umzugehen, weil in diesem reversiblen Weltbild das Sterben eine eigentlich nicht erlaubte Sache ist. Wenn wir jetzt zu dem irreversiblen Zeitbild übergehen, dann sehen wir, dass das eben nicht der natürliche Ablauf alles Lebendigen ist und dass es im Lebendigen immer wieder auch Teilvorgänge gibt, die einmalig sind. Wenn es nicht so wäre, dann gäbe es auch keine Individualität. Ein Volkswagen ist gleich, ob er jetzt der erste oder der 100.000ste vom Band ist. Ein Lebewesen ist niemals gleich, es gibt keine zwei gleichen Lebewesen, eben wegen dieser Komplexität und diesen verschiedenen Möglichkeiten des Lebendigen. Es gibt nicht einmal zwei gleiche Bakterien. Die Begriffe des Gleichen und des Individuellen haben sich geändert, und die ganze klassische Wissenschaft ist damit um eine Grundfeste beraubt worden. In der Mathematik schreiben wir Gleichungen hin, weil Gleiches mit Gleichem verglichen werden kann. Aber wenn es nichts Gleiches gibt, kann man keine Gleichungen hinschreiben.

Was hat dieses Maschinen-Weltbild kulturell mit uns angestellt? Wieso hängt es so fest in unseren Gehirnen und in unserem Verhalten?

●●●●●● Es hat uns kulturell ungeheure Vorteile gebracht. Es hat den Lebensstandard unglaublich erhöht, es hat uns Sicherheit gegeben, es hat uns eine bessere Medizin gegeben, es hat die Lebensspanne der Menschen mindestens verdoppelt. Das sind alles Vorteile dessen, was wir eben Maschinen-Denken genannt haben. Aber wir sehen jetzt, dass wir mit dem reinen Maschinendenken erstens uns selbst und zweitens auch die Zusammenhänge in der Welt nicht ganz verstehen können. Und je mehr wir in diese komplexe Welt hineinschauen und je mehr wir uns auch darin verstricken und sie auch ausbeuten mit dem Maschinen-Denken, um so mehr sehen wir, dass diese Zusammenhänge berücksichtigt und beachtet werden müssen.

Was wäre jetzt, wenn wir von der Metapher der Maschine weggehen, die Metapher, die wir alternativ brauchten?

●●●●●● Die Metapher wäre eigentlich die Evolution, also dass alles sich entwickelt, sich spielerisch entwickelt, dass alles offen ist. Die Zukunft in einem klassischen mechanischen System, also einem Maschinen-System ist im Prinzip strikt berechenbar. Zwar kennt man noch nicht alle Parameter, man ist vielleicht noch nicht ganz so weit. Aber vom Prinzip her ist in diesem Denken die Zukunft berechenbar. Wenn man dieses neue Denken des Spielerischen und des Offenen – das Evolutionsdenken – anwendet, dann ist die Zukunft immer offen. Diese Art, die Welt zu betrachten, ist natürlich viel unsicherer, aber es ist auf der anderen Seite die einzige Möglichkeit, auch zu verstehen, warum es Neues gibt. Denn Neues ist immer ein Umstoßen des Alten und gibt immer Unsicherheiten. Und der Vorgang der Schaffung des Neuen ist eine Unsicherheit, es kann auch schief gehen.

Was sind jetzt die Grundmerkmale dieses – nennen wir es einmal so – ‚spielerischen Weltbildes'?

Friedrich Cramer

●●●●●●● Ich will es vielleicht mal auf einen ganz einfachen Nenner bringen. Die Aufgabe der klassischen Wissenschaft, der klassischen Physik ist es, die Bahnen der Teilchen, der Gegenstände usw. zu berechnen: Satellitenbahnen, die Bahnen der Planeten, der Atome, der Elektronen und der Strahlen. Sie stellen also Gleichungen auf für die Bahnen von Vorgängen. Es zeigt sich, dass diese Methode eine gute, aber doch zu einfache Annahme ist. Denn in Wirklichkeit – oder zumindest in so komplexen Systemen wie dem Lebendigen – sind die Bahnen verzweigt. Sie gehen, wie man wissenschaftlich sagt, durch Bifurkationen, sind verzweigt wie Blitze. *Furka* ist die Gabel. Systeme sind gegabelt und können sich in die eine oder andere Richtung entwickeln. Deutlichstes Beispiel ist vielleicht der Evolutionsstammbaum, den man ja auch in Form eines Baumes darstellt, der eben in bestimmte Richtungen geht, z.B. zu den Menschen oder auch den Insekten und sonstigen Lebewesen. Und an bestimmten Verzweigungspunkten geht es in die eine und auch die andere Richtung. Es hätte auch anders gehen können. Es hätten statt Insekten auch vielleicht irgendwelche grünen Monster entstehen können. Jedenfalls ist eine Evolution niemals ganz eindeutig. Sie verläuft in Form von Verzweigungen und Bäumen. Wir können auch umgekehrt argumentieren. Immer dort, wo wir irgendwo in der Welt eine baumartige Struktur sehen, sei es ein Baum im Walde oder ein Evolutionsstammbaum oder ein Blitz oder ein Flussdelta, wissen wir, dass wir es mit einem System zu tun haben, das nicht eindeutig ist.

Mit dem 'Spiel' verbinden wir ja immer das Unsichere, vielleicht auch das Leichtfertige. Mir fällt gerade der Satz von Einstein ein: „Gott würfelt nicht!" Wenn die Welt sich spielerisch selbst organisiert, würfelt dann Gott nicht doch?

●●●●●●● Gott würfelt! Einstein ist durch die Quantentheorie widerlegt. Die Quantentheorie ist richtig. Sie ist eine Erweiterung der klassischen Physik und geht somit über Einstein hinaus. Gott würfelt, oder man kann sagen: Die Entwicklungen sind verzweigt und nicht eindeutig. Damit ist die Zukunft offen und Neues kann entstehen. Alle Systeme, die wir in der Natur sehen und die eine solche baumartige aufgefächerte Struktur haben, sind Systeme, die kreativ sind, die Neues bilden: Es könnte so oder auch anders gehen. Das kann man nicht nur auf die Naturwissenschaft anwenden, sondern das ist auch bei ökonomischen oder gesellschaftlichen Strukturen der Fall. Das sind nach diesen neueren Erkenntnissen immer baumartige Strukturen, sie sind nicht eindeutig und bieten Alternativen. Und wenn eine Alternative geboten ist, verzweigt es sich.

Das heißt, Kreativität entsteht nur in offenen Strukturen?

●●●●●●● So ist es. Sie entsteht nur in offenen Strukturen. Die klassische Physik hat keinen Mechanismus, wo etwas Neues entstehen kann. Das heißt nicht, dass die Physik nicht viele Erfindungen gemacht und Neues hervorgebracht hat. Das sind aber im Grunde genommen immer nur neue Einzelheiten, neue Anwendungen, aber niemals prinzipiell Neues.

Sie haben jetzt vorhin den Begriff der Evolution und den des Spiels wie Synonyme verwandt. Jetzt ist doch aber in unserem klassischen Verständnis der Begriff der Evolution sehr stark durch den Konkurrenzkampf gekennzeichnet. Muss auch der Evolutionsbegriff neu definiert werden?

●●●●●● Der muss wohl auch überholt werden. Natürlich kann man den Prozess der Selektion beim Entstehen von etwas Neuem „Kampf" nennen. Man kann sagen: Das eine wächst schneller und setzt sich schneller durch und vermehrt sich schneller und dadurch – der Ausdruck *gewinnen* ist schon falsch – hat es nach und nach Überhand, weil die Zahl der Individuen größer wird. Aber dieser Ausdruck von Darwin vom „Kampf ums Dasein" oder dem „Kampf der Arten" – der ist eine übertrieben kämpferische und grausame Vorstellung. Evolution vollzieht sich langsam, schleichend und bietet auch Alternativen. Es ist ja auch niemals so gewesen, dass an einer Verzweigung des Evolutionsstammbaums der eine Zweig eine totale Sackgasse war und der andere Zweig erfolgreich war. Sondern es sind aus irgendwelchen Ur-Lebewesen sowohl Insekten entstanden als auch Säugetiere. Also waren die Insekten nicht so kämpferisch, dass sie im Kampf ums Dasein die Säugetiere vernichtet haben oder umgekehrt. Stattdessen führte der Prozess zu einer Vielfalt, zu einer unglaublichen Vielfalt und zu immer größerer Komplexität und Reichhaltigkeit des Lebendigen. Nicht zu einem Kampf ums Dasein, wo das eine das andere zerstört und das dann nachher so einförmig ist wie vorher.

Wenn wir jetzt die Metapher des Spiels benutzen, passt dann dazu besser der Begriff der „Kooperation" statt dem der „Konkurrenz"?

●●●●●● Ich würde sagen, eher der Begriff der Kooperation. Ich nenne es „Resonanz". Der Begriff der Resonanz stammt aus der Akustik: Eine Saite schwingt und wenn sie die richtige Frequenz hat, dann schwingt die andere Saite mit. Und so ist es auch im Bereich des Lebendigen. Wenn ein Lebewesen eine bestimmte Lebensform hat und die Bedingungen dieser Lebensform sind im Einklang mit Lebensformen anderer, dann ist das eine Form von Resonanz. Dann können sie beide nebeneinander bestehen. Jede Form der Symbiose ist eine Resonanz, ein Einklang zwischen zwei Arten. Selbst wenn es für eine Spezies negativ ist. Aber man kann in gewisser Weise sagen, der Regenwurm und die Amsel sind in Symbiose, denn sie sind aufeinander angewiesen. Ob diese Symbiose jetzt schädlich oder nützlich ist oder vorteilhaft oder angenehm, das ist eine sekundäre Frage. Aber die Natur ist verknüpft, verflochten durch solche Resonanzphänomene oder auch Symbiosen, die dann einerseits Nachteil sein können, aber andererseits auch Vorteil. Zum Beispiel leben wir zusammen mit den Kolibakterien in unserem Darm, die für unseren Darm absolut notwendig sind. Das ist also eine Symbiose zwischen Kolibakterien und Mensch. Es kann aber auch mal negativ sein, wenn man eine Koli-Infektion hat oder sogar eine Blutvergiftung. Das ist dann die negative Seite dieses Resonanzphänomens

Nun sind ja menschliche Gesellschaften und auch der menschliche Umgang mit der Natur eigentlich eher von Dissonanzen gekennzeichnet. Wir leben ja weder miteinander noch mit der Welt in Resonanz. Gibt es da Verhaltensmaßstäbe, um in Resonanz mit diesem großen Spiel zu sein?

●●●●●● Wir sollten vielleicht nicht sagen, dass wir vornehmlich in Dissonanz mit der Welt leben. Wir leben auch weitgehend in Resonanz mit der Welt. Der menschliche Organismus ist, wie alle Organismen in der Natur, aus den gleichen Grundsubstanzen aufgebaut. Den gleichen 20 Aminosäuren, den gleichen Nukleinsäuren, dem fast gleichen genetischen Code. Die Natur also ist aufgrund dieser gemeinsamen biochemischen Mechanismen – auch die gleichen Nervensysteme sind überall vorhanden – vollkommen aneinander gekoppelt und lebt zusammen.

Friedrich Cramer

Der Mensch hat natürlich durch seine besonderen Fähigkeiten und seine besonderen Machtmittel die Möglichkeit, die Natur auf eine Weise auszubeuten, dass er nicht mehr im Einklang ist, also aus der Resonanz mit der Natur teilweise herausfällt. Das muss man zurückschrauben. Ein Beispiel ist der Energieverbrauch, der so gewaltig ist, dass eine Reduzierung unvermeidlich ist.

Wie könnte eine Kultur aussehen, die auf ein Weltbild aufbaut, das das Spiel in den Mittelpunkt stellt?

●●●●●● Die Konsequenz eines vom Spiel betonten Weltbildes ist die, dass man anerkennt, dass die Welt offen ist und dass das Spiel ein wesentlicher Grundmechanismus der Welt ist. Das Spiel kann man ja so definieren: Die Regeln stehen fest, aber der Ausgang ist ungewiss. Oder der Ausgang hat mehrere Möglichkeiten. In dieser Welt zu leben, ist eine viel schwierigere Aufgabe, als in einer Welt zu leben, wo alles gleich bleibt und der Ausgang gewiss ist. Da muss man sich erst dran gewöhnen. Das ist eine mentale Umstellung. Wenn man diese mentale Umstellung geschafft hat, wird man wahrscheinlich auch leichter den Maßnahmen zustimmen, die zum Nutzen des Ganzen in unser materielles Leben eingreifen, also die Reduktion unserer Konsumgewohnheiten. Wenn man die Offenheit der Welt kapiert hat, wird das leichter fallen. Und man wird dann auch moralische, ethische, weltanschauliche und vielleicht sogar religiöse Regeln finden können, um mit diesen Schwierigkeiten fertig zu werden. Mit anderen Worten: Mit materiellen Schwierigkeiten fertig zu werden, fordert eine gewisse mentale Einstellung, die einen fähig macht, materielle Bürden zu ertragen und dafür auf ethischem, geistigem, religiösem oder künstlerischem Gebiet Kompensationen zu schaffen. Und in der Kunst sehe ich eine große Möglichkeit. Künstler konnten zu allen Zeiten um der Kunst willen wirklich hungern, weil sie gewisse Ideale höher stellten als den materiellen Verbrauch. So eine Haltung muss freiwillig kommen, aber es kann auch sein, dass sie durch Not und Zwang kommt.

Wenn wir zwischen ideellem Wert und materiellem Wert differenzieren oder zwischen der Metapher des Spiels und der Maschine: ist das dann ein 'entweder-oder' oder ein 'sowohl-als-auch'?

●●●●●● Es wird sozusagen in dem kleinen Bereich das maschinelle Denken und das maschinelle Operieren immer notwendig sein und weiter existieren. Es muss ja funktionierende Systeme geben, auch wenn es nur so etwas Einfaches wie ein Fahrrad ist. Auch unser Körper ist weithin eine Maschine, er ist letztlich offen, aber er funktioniert – Herz und Kreislauf zum Beispiel – dadurch, dass er maschinenartig konstruiert ist. Wenn auch im Prinzip das Lebendige nicht maschinenartig, sondern spielerisch konstruiert ist, sind die Einzelteile des Lebendigen maschinenartig konstruiert. Das heißt, das Maschinenmäßige, das wir bislang gepflegt haben und mit dem viele Erfindungen gemacht wurden, das war nicht falsch und war nicht unnötig. Aber wir erkennen heute, dass es eben begrenzt ist und dass es etwas gibt, was darüber hinaus führt. Es wird immer das Maschinenmäßige geben. Aber wir müssen uns darüber klar werden, dass es eine Vereinfachung ist. Und wenn wir diesen Aspekt aus dem Auge verlieren, dann werden wir dafür bestraft. Wenn diese Offenheit der Welt uns ergreift und wir damit fertig werden müssen, sehen wir, dass unsere Konzepte nicht ausreichen. Diese Offenheit gibt Unsicherheit. Aber auf der anderen Seite gäbe es keinerlei Kreativität, wenn die Welt nicht so offen wäre, wie wir das heute erkennen. Dann würde alles beim Gleichen bleiben und wir wären heute noch auf dem Stand der Steinzeitmenschen.

Das heißt, die Maschinenwelt existiert im größeren Rahmen einer eher spielerischen Welt...

●●●●●● Sie ist eingebettet. Die Maschinenwelt ist eingebettet in vielen einzelnen Stücken in eine im großen Rahmen spielerische Welt.

Wie lernt die Natur? Auf welche Art und Weise bildet Natur sich in diesem Spiel fort?

●●●●●● Die Natur lernt in der Evolution. Sie lernt bestimmte Nischen auszufüllen. Es gibt z.B. in Japan kochende Quellen, die außerdem noch Schwefel enthalten und furchtbar stinken. Die Natur hat gelernt, diese ökologische Nische zu besetzen. Es gibt Bakterien, die gelernt haben, in diesen Quellen zu leben. Sie haben das natürlich nicht mit dem Kopf gelernt. Sie haben kein Gehirn, aber sie haben es mit ihrem genetischen Material gelernt. Sie haben ihre Nukleinsäuren durch Mutation so geändert, dass dann Eigenschaften entstanden sind, die ihnen erlaubt haben, in dieser unwirtlichen Umgebung zu wachsen. So ist das Lernen in der Natur ein anderes Lernen. Im übertragenen Sinne haben Pflanzen gelernt, ihre Blätter nach der Sonne zu richten, weil sie von da ihre Energie beziehen. Das sind biochemische und physiologische Mechanismen, die wir heute kennen, die in der Evolution entstanden sind.

Ist das ein Lernen, das jetzt mehr auf Risiko, auf Versuch und Irrtum und Fehlerfreundlichkeit basiert, als auf dem Lernbegriff, den wir normalerweise kennen?

●●●●●● Ich glaube, dass eine der wesentlichen Prinzipien des Lernens Versuch und Irrtum sind. Beim menschlichen Lernen heißt es, mehrere Lösungen durchzuprobieren, um dann zu sehen, welche die Richtige ist. In der belebten Natur ist es die Variationsbreite einer bestimmten Pflanzenart. Und diejenigen, die z.B. größere Blätter haben, können schneller und besser das Sonnenlicht auffangen und sich deshalb besser und schneller durchsetzen. Die haben etwas gelernt und die anderen haben es nicht gelernt. Das muss aber nicht heißen, dass die, welche es nicht gelernt haben, aussterben. Sondern die, die es durch Mutation und Evolution gelernt haben, die besetzen dann andere Stellen, die vorher nicht besetzt waren, wie das bei den Schwefelquellen der Fall ist.

Kann man sich Maßstäbe für ein sich an diesen Prinzipien der Evolution orientiertes Lernen auch für unser menschliches Lernen vorstellen?

●●●●●● Die Hoffnung besteht und ich glaube, dass das möglich ist. Wenn wir der Natur sehr genau zusehen, ihr sozusagen alles Mögliche ablauschen, dann kann man sie sich als Vorbild nehmen – als ganz fantastisches Vorbild. Die Natur hat eben durch Evolution vieles gelernt, was äußerst vorbildlich und äußerst rational ist. Der ganze Energiestoffwechsel einer Pflanze oder eines Tieres oder auch des Menschen ist ein derartig gut funktionierender energiesparender Vorgang, wie es keine unserer Maschinen jemals zustande gebracht hat. Etwa die

Friedrich Cramer

Energieumsetzung im Muskel: Der Muskel hat einen Wirkungsgrad, der weitaus besser ist in der Umsetzung von Energie als jedes hochmoderne Wärme-Kraftwerk. Der Organismus rezyklisiert seine Substanzen in einem Ausmaß, das fast unvorstellbar ist. Zum Beispiel beim Energiestoffwechsel, der ja hauptsächlich auf dem Abbau von Glucose, Traubenzucker beruht: Da werden in jeder Zelle die entsprechenden Stoffe immer wieder verwendet. Es ist eine Art Kreiskolben-Motor, bei dem die Energie immer wieder kreisförmig rund geführt wird. Und der Mensch setzt an diesen Substanzen in diesem zyklischen Prozess täglich sein eigenes Körpergewicht um, ohne das zu merken. Also ich setze 70 Kilo an diesem Stoff um, rezyklisiere ihn, wenn ich die Muskeln bewege; ich setz ihn um, wenn mein Herz schlägt. Aber all diese Mechanismen sind zyklisch. Das Kreislaufsystem ist aber nur die Spitze des Eisbergs. Wir haben etwa 3000 solcher Zyklen, die miteinander gekoppelt sind und alle miteinander geschaltet und wiederum miteinander in Resonanz stehen und dann systemintegriert sind und so diese wunderbare Leistung vollbringen.

> *Sie sprechen mit einem großen Maß an Ehrfurcht von „wunderbaren Leistungen". Müssen wir uns das System als intelligent vorstellen? Oder ist der Begriff der Intelligenz, so wie wir ihn kulturell geprägt haben, da überhaupt nicht passend?*

●●●●●● Es ist ein intelligentes System und es ist entstanden durch Lernen. Aber eben nicht durch Lernen im Kopf, sondern durch Lernen der Evolution. Dadurch, dass es sich immer wieder optimiert hat, so wie ein Motorenkonstrukteur den Motor immer wieder verbessert bis er schließlich viel mehr leistet und weniger Brennstoff verbraucht.

> *Wenn wir noch einmal zu der Maschinen-Metapher zurückkehren: In diesem mechanistischen System wird der Mensch ja letztlich zum unpersönlichen Zahnrad in einer großen Maschine. Wenn wir das jetzt zur Seite schieben und eher von einem spielerischen organischen Prozess ausgehen, welche Rolle haben wir denn dann – wenn der Mensch nicht mehr Zahnrad ist – im Gesamtsystem?*

●●●●●● Dem Menschen wird damit seine Individualität wiedergegeben. Das Maschinendenken hat den Menschen plattgewalzt und ihn nur als ein austauschbares Lebewesen gesehen und damit auch entwertet. Ich glaube, dass viele dieser furchtbaren Fehlentwicklungen, die zu massenhaftem Sterben und Zerstörungen geführt haben, auf diesem Denken beruhen, dass der Mensch eben ein austauschbarer physikalischer Apparat – eine Maschine – ist. Und ich glaube, wir können, wenn wir dieses Spielerische im Menschen mehr hervorheben, dem Menschen wieder mehr Würde zurückgeben. Ich glaube sogar, wir müssen den spielerischen Menschen sehen, um – im humanistischen Sinne – die Menschenwürde wieder zu gewinnen.

> *Im Maschinen-Universum ist es die Rolle des Menschen zu funktionieren! Welches ist seine Rolle im spielerischen Universum?*

●●●●●● Im spielerischen Universum ist er – nicht nur als biologisches Wesen, sondern auch als geistiges Individuum – frei, kann sich entscheiden, so oder so zu gehen, hat damit aber natürlich auch moralische Verantwortung, die er im mechanistischen Denken nicht hat. Im mechanistischen Denken – um nur ein Beispiel zu nennen – ist der Mensch total vorherbestimmt, auch psychologisch und durch seine Hormone und sonst was. Er ist im Grunde nicht frei und kann eigentlich auch nicht bestraft werden, wenn er irgendwas Kriminelles macht, weil ja letztlich alles mechanistisch vorherbestimmt war. Im spielerischen offenen Denken, in dem Menschen als Individuen existieren, hat der Mensch seine Würde zurückbekommen und ist verantwortlich für das, was er getan hat. Und verantwortlich für das, was er plant.

Und wie trägt er am Besten zu dem „großen Spiel" bei?

●●●●●● Indem er sich spielerisch in dieses große Spiel einbringt, indem er sich in Wechselwirkung mit Anderen begibt, indem er sich in gesellschaftliche Gruppen einfügt, indem er – hier greift wieder der Begriff der Resonanz – mit anderen mitschwingt und, teilweise in Harmonie, teilweise in Dissonanz, Neues erzeugt. So fördert er nicht nur sich selbst, sondern auch die Gruppe.

Also ein Stück weit sein eigenes Potenzial zur Entfaltung bringt....

●●●●●● Ja! Dadurch, dass er sein eigenes Potenzial zur Entfaltung bringt, bringt er auch die Gruppe oder das größere System zur Entfaltung.

Wir brauchen eine neue Schöpfungsgeschichte

Im Gespräch mit dem Kosmologen Thomas Berry

Wir leben in einer Zeit, in der die Entfremdung zwischen Mensch und Natur bedrohliche Konsequenzen zeigt: Das Leben selbst steht auf dem Spiel. Was ist Ihrer Meinung nach die Wurzel dieser Entfremdung?

●●●●●●● Die Wurzeln dieser Entfremdung von der Natur reichen zurück bis zu den Ursprüngen der westlichen Zivilisation. Sie gehen tiefer als nur bis zur Phase der wissenschaftlichen Entdeckungen in den letzten Jahrhunderten. Diese ganzen Erfindungen haben nur zum gegenwärtigen Zustand beigetragen und zweifellos auch dazu geführt, dass die gesamten chemischen und geobiologischen Strukturen auf dem Planeten gestört und aus dem Gleichgewicht geraten sind. Aber die tatsächliche Wurzel dieses Verhaltens liegt in unserem philosophisch-religiösen Fundament, den humanistischen griechischen Traditionen, die mit viel Nachdruck den Menschen zu einem spirituellen Wesen in einem nicht-spirituellen, geistlosen Universum erklärt haben. Dieses Menschenbild hat dazu geführt, dass das Universum wie ein Objekt wahrgenommen wurde. Nicht als eine Wesenheit, mit der wir uns verbunden fühlen, sondern als ein Objekt, das wir ausbeuten können. Das ist das Grundproblem, vor dem wir stehen. In diesem Sinne müssen wir die gesamten Grundlagen der westlichen Zivilisation überdenken, wenn wir zu einer Lösung kommen wollen. Wir brauchen ein neues Menschenbild.

Was heißt das, den Menschen neu zu denken?

●●●●●●● Es bedeutet, dass wir die grundlegenden Ideale des Menschseins überdenken müssen. Ich weiß nicht, ob irgendeine der alten traditionellen Zivilisationen in der Lage ist, Lösungen für die Probleme anzubieten, mit denen wir heute konfrontiert sind. Doch die moderne Zeit hat uns mit einer neuen Wahrnehmung des Universums auch bereichert: Mit neuen Ein-

*Prof. Dr. **Thomas Berry** gilt in Amerika als einer der letzten großen Universalgelehrten. Er gehört zu den Begründern der internationalen Ökologiebewegung und war einer der ersten, der auf den Zusammenhang zwischen ökologischer Krise und dem spirituellen Werteverfall hinwies. Thomas Berry wurde 1916 in North Carolina geboren und ließ sich 1934 als Mönch ordinieren. Nach dem 2. Weltkrieg studierte er Kulturgeschichte und ging 1948 für einen Lehrauftrag nach China. Als ihn die chinesische Revolution zur Ausreise zwang, kehrte er über Europa nach Amerika zurück und begann, sich intensiv mit asiatischer Geschichte und Kultur zu beschäftigen und Sanskrit, Chinesisch und asiatische Philosophie zu studieren. Mit zunehmendem Alter beschäftigte er sich mit der Kosmologie unterschiedlicher Kulturen und erforschte die Unterschiede westlicher, östlicher und indianischer Kulturen im Umgang mit der Kultur. Seit den 70er Jahren gilt er als die große moralische Instanz der amerikanischen Umweltbewegung. In den letzten Jahren galt sein Interesse der Ausarbeitung einer modernen Schöpfungsgeschichte, die wissenschaftliche Erkenntnis und spirituelle Erfahrung zusammenbringt und als ein moderner Mythos den Aufbau einer nachhaltigen Kultur unterstützen kann.*

In Deutsch erschien 1999 sein Buch „Die Autobiographie des Universums".

sichten in die Struktur der Wirklichkeit, einem neuen Verständnis, wie der Mensch hineinpasst in das Muster des Seins. Diese Einsichten sind aus der empirischen Erforschung des Universums entstanden. Wir sind von einem religiösen Verständnis des Kosmos zu einem Verständnis der Kosmogenese, also des Schöpfungsprozesses selbst gekommen. Alle traditionellen Zivilisationen haben ihre kulturellen Wurzeln in ihrer spezifischen Wahrnehmung des Kosmos und ihn demgegenüber als ein geordnetes und sich ständig wiederholendes Muster von Dingen beschrieben.

Was verändert sich dann in einer evolutionären Welt, die sich weiterentwickelt, statt sich in ewigen Kreisläufen zu wiederholen?

●●●●●●● In einer sich entfaltenden evolutionären Welt geht die Schöpfung in jedem Augenblick durch eine Reihe von irreversiblen Wandlungsprozessen. Sie wird ständig neu geschaffen und wandelt sich dabei von wenig zu hochkomplexen Formen, von geringen zu hohen Bewusstseinsstufen, von wenig zu viel Freiheit. In einer solchen Welt haben wir ein anderes Verständnis des Universums. Wir stehen dann vor einem offenen Universum, das uns Angst macht. In dem alten Weltbild herrschte eine große Sicherheit, weil es eigentlich keine Unumkehrbarkeit gab. Denn alles, was war, wurde geboren und starb. Und alles, was starb, wurde wieder geboren. Und damit war alles im nächsten Lebenszyklus verbesserbar. In einem sich entfaltenden evolutionären Universum hingegen, wie wir es gegenwärtig verstehen, herrscht die reine Irreversibilität: Dinge geschehen in einem bestimmten evolutionären Moment und haben dann ewige Gültigkeit. Darin liegt eine enorme Herausforderung für den modernen Menschen. Die Entscheidungen, die in diesem Prozess ständig fallen, sind wichtige Entscheidungen. Jeder Schritt in diesem Prozess ist ein nicht wieder rückgängig zu machender Schritt. Die Evolution kann nicht rückwärts gehen, sie kann sich nicht wiederholen. Zwar gibt es auch in der Kosmologie die These, dass sich das Universum ausdehnt und dann wieder zusammenbricht, aber dieser Ansatz ist zur Zeit wissenschaftlich nicht zu beweisen.

Darin liegt doch aber ein innerer Widerspruch. Es war doch die Wissenschaft, die uns diese neue Sicht der Welt und des Kosmos gab. Gleichzeitig hat uns die Wissenschaft in eine Lage gebracht, durch die die Vielfalt des Lebens auf diesem Planeten akut gefährdet ist. Welche Rolle geben Sie der Wissenschaft und der Kosmologie? Soll aus ihr ein neues Gefühl für Verantwortung wachsen?

●●●●●●● Es gibt einen inneren Widerspruch in den wissenschaftlichen Entdeckungen des Universums. Einerseits gab uns die Forschung ein fantastisches Wissen *vom* Universum, andererseits gab es uns die Macht *über* unzählige Prozesse auf dem Planeten Erde. Das Problem liegt darin, dass wir bei unserer Anwendung der Wissenschaft von einem Menschenbild geleitet werden, das den Menschen als ein geistiges Wesen in einer geistlosen physikalisch-materiellen Welt sieht, die für die Ausbeutung zur Verfügung steht. Unter dieser wundervollen Macht der menschlichen Erkenntnis lag also ein geistiges Fundament, das den Missbrauch dieser Macht ermöglichte. Dieser Missbrauch drückte sich aus in dem Bestreben der Nationalstaaten, andere Gegenden zu kolonisieren und schließlich den gesamten planetaren Prozess zu kontrollieren. Der Prozess der Machtgewinnung begann mit der Macht über die natürliche Welt und setzte sich fort in der Macht in der Beziehung zu anderen Nationen und über andere

Thomas Berry

Völker. In dem Prozess der Erkenntnis war also immer die Tendenz enthalten, den Prozess zu missbrauchen.

Auf welche Art und Weise setzen wir Menschen uns heute in Beziehung zum Universum? Was bedeutet es uns?

●●●●●● Heute können wir erkennen, dass die Geschichte des Menschen identisch ist mit der Geschichte des ganzen Planeten, ja des ganzen Universums. Es brauchte 15 Milliarden Jahre, um den Planet Erde zu bilden, Bewusstsein entstehen zu lassen und jedes einzelne Individuum hervorzubringen. Also ist die Geschichte jedes menschlichen Individuums gleichzeitig die Geschichte des Universums. Kein einziges menschliches Individuum kann erklärt werden, ohne diese 15 Milliarden Jahre zu erklären. Der Mensch kann nicht erklärt werden, ohne dass wir die Sterne erklären und ohne dass wir die riesige Menge der natürlichen Erscheinungen erklären. Es lässt sich sogar sagen, dass der Mensch gar nicht hätte entstehen können in einem Universum, das weniger alt als dieses und weniger groß als unseres wäre. Es brauchte exakt dieses riesige Universum und diese unglaublich lange Zeitspanne und all diese Wandlungsprozesse, um den Menschen entstehen zu lassen. Die Menschen passen deshalb perfekt in die einmalige Struktur des Universums hinein. Und es ist von enormer Wichtigkeit für das Selbstverständnis jedes menschlichen Individuums, diese Tatsache zu erkennen.

Welche Konsequenzen hat das für unseren Umgang und unser Verhältnis zur Welt, wenn wir beginnen, uns als einen integralen Teil eines schöpferischen Universums zu verstehen?

●●●●●● Eine der Konsequenzen daraus ist, dass wir zutiefst verbunden sind mit allen anderen Erscheinungsformen des Universums. Wir sind verbunden mit den Bäumen, wir sind verbunden mit den Insekten, wir sind verbunden mit den Meeren, den Bergen, den Flüssen, den Sternen. Alles und jedes, was existiert, steht in einer inneren Beziehung mit uns als Individuen wie als Zivilisation. In diesem Sinn hat, glaube ich, unsere neue Beziehung zum Universum eine viel größere Intimität als in alten, traditionellen Kulturen.

Wie muss man sich die Kreativität im Universum vorstellen?

●●●●●● Im Universum gab es vom ersten Augenblick an sowohl die Kräfte der Differenzierung wie die Kräfte des Zusammenhalts. Neues entstand immer aus einem kreativen Ungleichgewicht gegensätzlicher Kräfte. Das Universum ist ein expandierendes Universum und dieses Ungleichgewicht erschafft eine Krümmung. Das Universum ist ein gekrümmtes Universum. Wir wissen noch nicht endgültig, ob es sich um eine geschlossene Krümmung handelt oder ob sie für immer offen ist. Dann würden wir wissen, ob das Universum für alle Ewigkeit kreativ bleibt. Aber es ist dieses Ungleichgewicht, das es dem Universum ermöglicht, seinen schöpferischen Prozess fortzusetzen. Wenn sich das gekrümmte Universum irgendwann zu einem ganzen Kreis schließen würde, wäre das das Ende der kreativen Entfaltung. Und manche Forscher glauben, es würde dann in ein schwarzes Loch kollabieren. Das kann sein. In der Gegenwart aber ist es ein Faktum, dass das Universum expandiert und dieser Prozess nach unserem heutigen Wissen endlos weitergeht.

Wenn dieses „kreative Ungleichgewicht" so etwas ist wie ein Grundmerkmal des ganzen Universums, was kann der Mensch daraus dann heute lernen?

●●●●●● Auf der Ebene des Menschseins ist dieses kreative Ungleichgewicht die Kraft, die es uns ermöglichte, kulturelle Fortschritte zu machen. Das kreative Ungleichgewicht drückt sich in unserer Kunst, Literatur und Musik aus. Ich glaube, durch die Künste wird diese Kreativität des Universums sichtbar. Ein Künstler ist eng an den Prozess des Universums gekoppelt. Nehmen wir einen Musiker. Ein komponierender Musiker tastet nach der Entdeckung einer Melodie. Ein Künstler, sei es ein Musiker oder Poet, weiß, wonach er sucht, ohne zu wissen, was es ist. Sie erkennen es, wenn sie es gefunden haben. Sie wissen, was es nicht ist und sie suchen und wachsen und probieren, bis sie einen Ausdruck finden für ihre Erfahrung. Es ist dieses Ungleichgewicht, das die Dynamik der Dinge hervorbringt. Alles, was in einem harmonischen Gleichgewicht ist, ist nicht produktiv. Perfektes Gleichgewicht ist das gleiche wie Tod. Leben basiert auf Ungleichgewicht. Der höchste Grad an Spannung, den eine Person oder Kultur aushalten kann, ist meiner Meinung nach der wichtigste und produktivste psychische Zustand eines Individuums in der menschlichen Kultur.

Sind dann die sozialen, humanitären, ökologischen und kriegerischen Spannungen, in denen die Welt sich befindet, ein kreativer Zustand?

●●●●●● In der gegenwärtigen Situation sind wir mit einem Ungleichgewicht konfrontiert, das größer ist als jemals zuvor in der gesamten Menschheitsgeschichte. Die Spannungen der Gegenwart konzentrieren sich bedrohlich und in einer Form, mit der noch keine frühere Zivilisation konfrontiert war. Denn die Ungleichgewichte in der Beziehung der jeweiligen Zivilisationen zu ihrer Umwelt waren noch nie so zerstörerisch wie in der Gegenwart. Es liegt in der Struktur von Ungleichgewichten, dass sie sich in eine schöpferische oder zerstörerische Richtung bewegen können. Gegenwärtig kippt das Ungleichgewicht in Richtung Zerstörung. Die große Frage ist, ob wir die Situation wieder in einen konstruktiven Prozess verändern können. Sollten wir das schaffen, dann geht das nur durch einen fundamentalen Wandel.

Sie sprechen in ihren Büchern davon, dass wir uns an die Wurzeln unserer „genetischen Codierung" als Menschen erinnern müssen. Woraus bestehen diese genetischen Wurzeln und wie soll uns das helfen? Geht es um eine kulturelle Rückwendung?

●●●●●● Keine der existierenden traditionellen Kulturen ist in der Lage, angemessen auf die Probleme zu reagieren, mit denen wir konfrontiert sind. Sie leben in dem, was ich einen räumlichen Bewusstseinsmodus nenne, in dem sich alles wiederholt, und sie haben in der Regel nicht den Wandel zu einem Bewusstseinsmodus vollzogen, der von einer evolutionären Entwicklung *in* der Zeit ausgeht. Deshalb habe ich immer wieder gesagt, dass wir nicht weniger leisten müssen, als den Menschen neu zu erfinden. Menschen erschaffen sich selbst mehr als jedes andere Lebewesen das tut. Andere lebende Wesen besitzen in ihrem genetischen Code ein grundlegendes Muster für alle ihre Aktivitäten, bei den Vögeln beispielsweise vom Nestbau über die Nahrungssuche bis hin zu Flugrouten. Der Mensch hingegen ist genetisch so kodiert, dass er offen für eine Art Codierung ist, die jenseits der Macht der Gene liegt. Er ist in der Lage, sich immer wieder neu zu 'erfinden'. Wir müssen begreifen, was für ein Potenzial in dieser Möglichkeit liegt. Wir erfinden uns selbst und lösen uns damit von den Strukturen eines nur instinktiven Verhaltens. Instinktives Verhalten, das direkt vom genetischen Code dirigiert ist, besitzt eine Sicherheit, Selbstverständlichkeit und Perfektion, die dem menschlichen Verhalten fehlt. Wir müssen nachdenken, wir müssen bewusste Aktionsmuster aufbauen, wir müssen Wege finden, um an unsere Nahrung heranzukommen und Methoden finden, um unsere Gesellschaften zu organisieren. Und ganz besonders brauchen wir Mittel und Wege, um unsere Gedanken zu organisieren. Unsere genetische Codierung gibt uns ein Mandat zu denken. Was wir aber denken und wie wir denken und welchen Gebrauch wir von unseren Gedanken machen, ist Teil unserer kulturellen Codierung. Wir entwickeln unsere Gedanken und entdecken Wege, um unsere Gedankenmuster zum Ausdruck zu bringen. Und wir erziehen nachfolgende Generationen dazu, eine intellektuelle und soziale Kultur zu entwickeln.

Aber der bisherige Code erweist sich für die Gegenwart doch als immer weniger funktionsfähig?!

●●●●●●● Wir waren bislang davon überzeugt, dass die Struktur des Lebens unzerstörbar sei, dass man niemals eine Gattung ausrotten könne. Bis ins 18. Jahrhundert herrschte die Vorstellung der Lebenskette, die von den einfachen Kreaturen über all die Abstufungen zu den höheren Gattungen bis hoch zu den Engeln und dem Göttlichen führt. Diese Kette wurde als unzerstörbar gedacht, weil jedes Fehlen eines Kettengliedes die gesamte Kette zerstört hätte. Das ist einer der Gründe, warum wir in diesem Ausmaß die natürlichen Systeme zerstören. Wir könnten es uns schlicht nicht vorstellen, dass unser Verhalten den Planeten selbst derartig beeinflussen könnte. Wir dachten, wir könnten fischen und roden soviel wir wollten und Tiere wie Bäume würden nachwachsen. Immer noch wird gesagt: „Umweltschützer übertreiben. Wir können Bäume nachpflanzen." Aber wir können nicht einfach Wälder ersetzen, das geht nur über riesige Zeiträume hinweg. Denn ein Wald ist weit mehr als ein Haufen Bäume, es ist eine riesige komplexe Gemeinschaft des Lebens, die nicht einfach wiederkommt, wenn man ein Paar Setzlinge in den Boden steckt. Wir haben diesen völlig entarteten Gedanken im Kopf, dass wir alles erneuern könnten und dass sich alles erneuert.

Das heißt, wir sehen das Universum als eine Ansammlung von Objekten, über die wir verfügen können?

●●●●●●● Genau. Wir haben noch kein Gespür dafür, dass es nur eine große Gemeinschaft des Existierenden gibt, die das ganze Weltall einschließt. In diesem Sinne ist auch der Planet eine einzige Existenz. Es gibt keinen materiellen Planeten neben einem biologischen Planeten oder einem menschlichen Planeten. Es gibt nur einen Planeten, eine Gemeinschaft und einen einzigen großen Prozess gegenseitiger Verbindungen. Wenn eines in diesem Prozess beschädigt wird, wird alles geschädigt, wenn die äußere Welt Schaden leidet, leidet die innere Welt des Menschen Schaden. Es ist ein Prozess. Wenn wir die großen Wälder verlieren, verlieren wir eine Stütze der menschlichen Seele. Wenn man die Sterne nicht mehr sieht und die Größe des Universums nicht mehr wahrnimmt, dann ist das nicht nur ein physikalischer oder sogar biologischer Verlust, sondern ein Verlust für die Seele. Wenn Kinder das nicht mehr kennen, dann ist das so, als ob wir einen Teil ihres Gehirns abtöten. Denn sie können nicht mehr die innere Empfindung entwickeln, wenn wir den äußeren Impuls dafür zerstören, der die Empfindung erst aktiviert. Wenn sie bestimmte Dinge nicht mehr zu sehen bekommen, nehmen wir ihnen einen Teil ihrer Fähigkeit zu sehen. Ohne das Erfahrungsfeld dämpfen, töten oder reduzieren wir die Fülle des Lebens in den Kindern. Die unerfüllte genetische Forderung in der Seele führt zu Frustrationen. Das ist der Grund für die tiefe innere Gewalt, die so viele Menschen in ihren Beziehungen zu Mitmenschen und in der Beziehung zur natürlichen Welt erleben.

Sie sind Geologe, Kosmologe, aber auch Theologe. Was Sie heute lehren, ist ja eine Ehrfurcht vor dem Universum und der Natur. Wo ist das Göttliche in dieser neuen Schöpfungsgeschichte geblieben?

●●●●●●● Gott ist, wo er immer war. Aber ich spreche nicht über Gott, denn dieser Begriff ist so trivialisiert worden und in so vielen Formen benutzt worden, dass keiner mehr weiß, was er heißt. Was ich wecken möchte, ist ein Gefühl für das Heilige, ein Gefühl für das tiefe Geheimnis der Dinge, weil sich in ihnen die tiefsten Prinzipien unserer Existenz offenbaren, der tiefste Sinn. Das Ganze ist ein Ausdruck des Göttlichen. Thomas v. Aquin sagte, dass es deshalb so viele Dinge gäbe, weil sich das Göttliche nicht in einem Wesen adäquat ausdrücken konnte. Also erschuf das Göttliche die große Vielfalt der Dinge, so dass die Perfektion des Einen durch die Vielzahl des Anderen unterstützt werde. Und dann sagte er dem Sinn nach: „Das ganze Universum nimmt an dem Göttlichen teil und drückt es mehr aus, als es je ein einzelnes Wesen könnte". Das Ebenbild des Göttlichen spiegelt sich nicht in irgendeinem einzelnen Wesen, nicht im Menschen, nicht in diesem oder jenem Wesen, sondern in der Gemeinschaft allen Existierenden im ganzen Universum.

Das heißt, das Universum ist phänomenologisch der tiefste Ausdruck des Göttlichen?

●●●●●●● Was immer das Göttliche direkt tut, äußert sich durch das Universum, weil das Universum das Göttliche in seiner vollständigen Form wiedergibt – es ist sein tiefster und umfassendster Ausdruck. Was sich über das Universum sagen lässt, lässt sich auch über das Göttliche sagen. Die Genialität des Göttlichen besteht darin, der Schöpfer des Universums zu sein, das sich selbst hervorbringt. Das Göttliche als den Schöpfer eines Universums zu sehen, welches sich selbst erschafft, ist ein viel schöneres Bild, als einfach nur einen Schöpfer anzunehmen. Denn bei einer einmaligen Schöpfung hätten wir ja ein manipuliertes Universum. Das Göttliche hat kein manipuliertes oder determiniertes Universum erschaffen. Das Göttliche schafft das Universum und erschafft sich damit selbst. Das Universum ist also in der phänomenologischen Ordnung die einzige Existenzform, die über allem steht. Und das ist auch die Definition von Gott: Die Selbstreferenz, das, was sich auf sich selbst zurückführt. Das Universum verändert sich selbst, dehnt sich selbst aus, handelt aus sich selbst. Alles, was ist, existiert durch die Gnade, von etwas geschöpft worden zu sein, was außerhalb von ihm ist, um dann trotzdem aus sich selbst heraus zu existieren, ohne ein Mechanismus zu sein, der irgendwie von außen manipuliert wird. Das ist das Wunder der Schöpfung: Ein Ausdruck des Göttlichen zu sein, das aus sich selbst heraus handelt. Und damit korrespondiert natürlich eine neue Verantwortung für die Menschen. Denn in keinem anderen Universum hätten sie derart viele Möglichkeiten.

Thomas Berry

Brauchen wir eine neue Schöpfungsgeschichte, um uns dessen bewusst zu werden?

●●●●●●● Wir brauchen eine neue Schöpfungsgeschichte einfach deshalb, weil wir heute mehr über das Universum wissen, als jemals zuvor. Wir haben das Universum durch empirische Beobachtung erforscht. Alten Kulturen fehlte das Wissen um die Tiefe der Zeit. Ihr Wissen war eine Art intuitives Wissen, das auf bestimmten Wahrnehmungen von Wirklichkeit basierte, aber es brachte sie nicht sehr weit. Ihnen fehlte die Möglichkeit einer systematischen Analyse und die tiefe Einsicht in die Dynamik des Universums, die wir heute haben. Noch aber ist dieses Wissen im wissenschaftlichen Elfenbeinturm geblieben. Deshalb ist es notwendig, die Geschichte des Universums, des Planeten Erde, die Entwicklung des Lebens auf der Erde und die Entstehung des Menschen neu zu erzählen. Das ist so wichtig, weil es uns ermöglicht, zu verstehen, wer wir sind, wie wir entstanden, in welcher Beziehung wir zu anderen Formen des Seins stehen, und weil es uns deutlich macht, dass wir Teil eines Ganzen sind. Ich sage immer, wir formen eine Gesellschaft. Tatsache ist, wir kommen vom Planeten Erde, der zu einer bestimmten Zeit Gestalt annahm, woraufhin alles, was geschah, Teil eines einzigen Prozesses war. Dieser Prozess, der zuerst die Erde formte, brachte dann Luft, Wasser, Land, Erdreich und lebendige Wesen hervor. Dieser Prozess hat Kontinuität und eine Struktur, in der alles mit allem in Verbindung steht. Das geht so weit, dass die Lebensformen sogar die Geologie des Planeten determiniert haben und damit die lebenden und nichtlebenden Formen auf unserem Planeten, also die Geologie und die Biologie, eng miteinander in Beziehung stehen. Das gilt für alles Lebendige. Und der Mensch passt in besonderer Weise in dieses Muster von Lebensformen. Das Problem unserer westlichen Tradition liegt darin, dass der Mensch immer als spirituelles, beseeltes Wesen verstanden wurde und alles Nicht-Menschliche als unbeseelt. Doch das Universum hatte vom Moment seines Beginns an einen geistig-spirituellen wie physisch-materiellen Aspekt.

Also hat die ganze moderne Kosmologie ihrer Meinung nach immer auch einen geistigen und spirituellen Aspekt?

●●●●●●● Das ganze Universum hat einen psychospirituellen Aspekt. Es gibt keinen nichtspirituellen oder geistlosen Daseinszustand. Also sind die großen Transformationen in der Evolution des Universums vom Urknall bis zum reflektierenden Bewusstsein ebenso spirituelle wie physische Entwicklungsschritte.

Wie lässt sich diese neue Wahrnehmung der Schöpfung ganz praktisch in unser alltägliches Handeln integrieren?

●●●●●●● Ich glaube nicht, dass wir jemals ein sinnvolles Verständnis des Universums entwickeln werden, solange wir keine Rituale haben, um dieses Universum zu feiern. Wir haben Rituale, die den Kreislauf der Jahreszeiten feiern, den Frühling und den Herbst. All diese Rituale sind ein Weg, das menschliche Verständnis des Kosmos mit den Regeln des Universums zu verbinden und beides als ein großes Fest zu feiern. Doch all die Literatur und all die Rituale, die wir haben, basieren auf unserer zyklischen Wahrnehmung des Universums, nach dem sich die Zeit immer wieder in einem Tag-und-Nacht-Kreislauf und einem Jahreskreislauf erneuert. Das ist der Zusammenhang, in dem alle religiösen Rituale bis in die Gegenwart stehen.

Aber wenn wir die Welt heute anders sehen, dann müssen sich auch unsere Rituale verändern. Wir sollten Rituale erschaffen, um an die großen Momente der Gnade zu erinnern, die es in der evolutionären Geschichte des Kosmos in den Momenten des Wandels und der Transformation gab, die Erschaffung von Allem im Moment des Urknalls sollte gefeiert werden! Und dann besonders die Supernovas: Wenn man sich nur diesen Moment vorstellt, in dem die erste Generation von Sternen in einer Art Selbstopferung kollabierten, die schweren Elemente erbrüteten und so erst die Bedingungen schufen, die dann zu einem Sonnensystem, zum Planet Erde, zu Leben und Bewusstsein führen konnten – das war ein großartiges Ereignis, auch ein großes spirituelles Ereignis. Wenn wir beginnen würden, es zu feiern, dann würden wir anfangen, es zu verstehen, und es würde für uns zu einer Realität werden.

Es erscheint alles andere als einfach, sich mit diesen gewaltigen Prozessen in Beziehung zu setzen. Müssen wir lernen, unsere kleine persönliche Lebenswelt als Teil einer viel größeren Ordnung zu begreifen?

●●●●●● Gegenwärtig sind unsere Sozialsysteme und die gesamten Lebensbedingungen des Menschen so stark gefährdet, dass wir unsere Beziehung zum Planeten Erde grundsätzlich überdenken müssen, insbesondere unsere Beziehung zu den lebenden Systemen auf diesem Planeten, die wir in einem schrecklichen Ausmaß zerstören. Wir müssen uns der Tatsache bewusst sein, dass wir unsere gesamte Beziehung zu diesem Planeten verändern müssen. Um das zu vollbringen, müssen wir die Erde kennen lernen. Ich glaube, alle Menschen beginnen zu begreifen, dass man einfach nicht endlos Wälder fällen oder Boden verbrauchen kann oder Wasser verschwenden, die Luft verpesten oder Abfälle in die Flüsse werfen. Heute ist jeder gezwungen, die grundlegenden Lebensregeln zu überdenken. Denn die Zerstörung der Lebensgrundlagen wird nun zum größten Problem, diese summieren sich und wir können nicht vor ihnen davon laufen. Natürlich haben die Menschen unterschiedliche Aufgaben zu erledigen und nicht alle stehen in einem direkten ökologischen Kontext. Aber jeder ist davon betroffen. Und dafür braucht es ein Gefühl für das Ganze. Die große Aufgabe unserer Zeit besteht darin, aus einer zerstörerischen Beziehung mit der Erde zu einer Beziehung zu kommen, die von gegenseitiger Ergänzung geprägt ist und die es den Menschen ermöglicht, in Frieden mit der Erde und die es der Erde ermöglicht, in Frieden mit den Menschen zu sein.

Die Erde ist ein lebender Organismus

Im Gespräch mit dem
Geophysiologen James Lovelock

In den letzten vierhundert Jahren hat uns die Naturwissenschaft ein Weltbild präsentiert, das die Erde als einen toten Gesteinsbrocken zeigt, auf dem zufällig Leben entstanden ist, das wie eine große Maschine funktioniert. Wie ist demgegenüber ihr Bild der Erde?

●●●●●● Für mich ist die Erde ein wunderbarer und außerordentlicher Planet, der sich enorm von seinen Brüdern und Schwestern im Sonnensystem unterscheidet. Er inspirierte mich, fast ein ganzes Leben an ihm zu forschen. Das System Erde, ich nenne es Gaia, ist vergleichbar mit einem lebenden Organismus. Ob es nun lebendig ist oder nicht, hängt davon ab, wie man den Begriff Leben definiert. Sicher ist: Das System Erde reguliert seine Temperatur selbst, es regelt die chemische Zusammensetzung der Atmosphäre selbst und tut all das auf eine Art und Weise, die dem Leben auf ihm einen angenehmen Platz bietet.

Wie funktioniert der Organismus Erde aus Ihrer Sicht?

●●●●●● Ich sehe die Erde oder Gaia folgendermaßen: Sie ist ein sich selbst regulierendes System, das sich kurz nach der Entstehung des Lebens gebildet hat. Passiert ist das wohl folgendermaßen: Wenn sich Organismen auf einem Planeten entwickeln und sich zahlenmäßig stark verbreiten, dann verändern sie – ob sie das wollen oder nicht – die Zusammensetzung der Atmosphäre, des Bodens und des Wassers. Indem sie das tun, verändern sie ihre Umwelt, das Klima, eigentlich alles. Und dann muss sich das Leben diesen veränderten Bedingungen anpassen. Lebewesen aller Art passen sich also nicht an eine tote Welt an, sondern an eine Welt, die ihre Vorfahren gerade erst gemacht haben.

*Dr. **James Lovelock** ist einer der wichtigsten Pioniere eines ökologischen Weltbildes. Er wurde 1919 in Letchworth Garden City in England geboren. Nach einem Studium der Chemie, Medizin und Biophysik forschte er an verschiedenen Universitäten und entdeckte unter anderem als erster die zerstörerische Wirkung von FCKW für die Ozonschicht. Als wissenschaftlicher Mitarbeiter der NASA erforschte er die chemische Zusammensetzung der Marsatmosphäre. Als unabhängiger Wissenschaftler, Umweltschützer, Schriftsteller und Forscher begründete er die weltberühmte „Gaia Theorie", welche den Planeten Erde als ein sich selbst regulierendes, lebendes Wesen betrachtet. Er schuf damit eine ganzheitliche Sicht auf den Planeten Erde, die sowohl naturwissenschaftliche, als auch philosophische und spirituelle Dimensionen hat. James Lovelock ist Autor von ungefähr 200 wissenschaftlichen Veröffentlichungen, die nahezu gleichmäßig auf die Gebiete Medizin, Biologie, Instrumentenforschung und Geophysiologie verteilt sind, und hat über 50 Patente angemeldet. James Lovelocks besonderes Interesse gilt der Wissenschaft des Lebens, ursprünglich in der medizinischen Forschung, später in der Geophysiologie, der Systemwissenschaft der Erde. Das wichtigste seiner zahlreichen Bücher trägt den Titel „Gaia. Die Erde ist ein Lebewesen".*

Und auf diese Art entstehen große Rückkopplungsschleifen und Feedbacksysteme, die entweder dazu führen, dass das ganze System zusammenbricht oder aber sich bei einer für das Leben angenehmen Temperatur stabilisiert. Wir hatten das Glück, dass das frühe System, das ich Gaia nenne, ein stabiles Gleichgewicht gefunden und erhalten hat und uns bis heute eine angenehme Umwelt bietet.

Können Sie ein Beispiel für den Aufbau von solchen großen Rückkopplungsschleifen nennen?

●●●●●● Ein schönes Beispiel sind die völlig unscheinbaren Blaualgen in den Meeren, die ganz wesentlich an der Regulierung des Wetters, des Weltklimas und der Nährstoffe im Boden beteiligt sind. Das war nicht von Anfang an so. Immer sind es kleine Schritte, die aufeinander aufbauen und irgendwann ein komplettes System ergeben. Begonnen haben wird es so: Weil Meeresalgen sich vor Salz schützen mussten, produzierten sie eine Substanz namens Dimethylsulfid, die nach ihrem Tod in die Atmosphäre gelangt, zu Schwefel und anderen Säuren oxidiert und winzige Tropfen bildet. Diese Schwefelnebel tun zweierlei. Sie werden über Land getrieben und versorgen die Pflanzen mit fehlendem Schwefel. Außerdem sind sie entscheidend für die Bildung von Wolken. Diese Wolken führen einerseits dazu, dass das Sonnenlicht reflektiert wird, das Meer sich abkühlt und so das Algenwachstum bremst. Gleichzeitig transportieren die Wolken den Schwefel zu den Kontinenten, wo sie abregnen und der Schwefel den Boden anreichert. Die Organismen, die im Ozean leben, wissen von all dem nichts. Was sie aber mitbekommen, ist, dass ihr zufälliges Produkt auf dem Festland das Pflanzenwachstum anregt, was mehr organisches Material in die Flüsse bringt und somit die Algen im Meer besser versorgt. Und schon ist eine weitere Rückkopplung da, die sowohl den Landpflanzen, als auch den Meeresalgen nutzt. Das Ganze ist eine eng verknüpfte, sich selbst regulierende Einheit. Sie funktioniert wie *ein* Prozess – das meine ich, wenn ich von der Evolution einer lebendigen Erde spreche. Es ist absurd, sich vorzustellen, dass sich alles unabhängig voneinander entwickelt hat. Das ist ebenso absurd wie die Vorstellung, dass sich in unserem Körper die Knochen und das Skelett unabhängig vom Fleisch entwickeln könnten. Das geht nicht, denn es ist eins. Genauso ist es mit der Erde.

Die klassische Naturwissenschaft spricht von der Evolution des Lebens. Sie sprechen von der Evolution des Planeten. Wie muss man sich das vorstellen?

●●●●●● In der Urwelt des Archaikums hätten wir nicht leben können. Es gab keinen Sauerstoff, wir hätten keine Sekunde überlebt. Aber für die damals lebenden Organismen waren diese Verhältnisse gut und richtig. Das planetare System veränderte sich seitdem ständig selbst und wird sich weiter verändern, wenn wir schon längst wieder verschwunden sind. Ich glaube, es ist sehr wichtig, anzuerkennen, dass diese Erde, an die wir uns während unserer Entwicklung angepasst haben, keine tote, leblose anorganische Erde ist, mit Steinen, Luft und Ozeanen als ihren leblosen Teilen. Sondern dass wir uns vielmehr an den Atem, an das Blut und die Knochen unserer Vorfahren anpassen. Das wäre die richtige Art, die Luft, die Meere und das Gestein wahrzunehmen.

James Lovelock

Können Sie diesen Prozess, in dem das Leben selbst schrittweise die Voraussetzungen für seine Weiterentwicklung schafft, näher erklären?

●●●●●● Über die Details der Anfangsbedingungen können wir nur spekulieren. Aber wir wissen ziemlich sicher, dass die Erdatmosphäre wie auf dem Mars oder der Venus primär aus Kohlendioxid bestand. Dadurch entstand so etwas wie ein früher Treibhauseffekt, der die Erde warm hielt, das Wasser auf dem Planeten aufheizte und die Voraussetzung für die Entstehung ersten bakteriellen Lebens schuf. Dieses erste Leben ernährte sich vom Kohlendioxid der Atmosphäre und fraß sie nach und nach auf. Als sich die Erde daraufhin abkühlte und das frühe Leben gefährdete, entstanden andere Lebewesen, die wieder Kohlendioxid in die Atmosphäre gaben und das Gleichgewicht stabilisierten. Durch die Photosynthese der frühen Lebewesen füllte sich der Himmel mit Sauerstoff, der als ätzendes Gas zunächst wiederum das damalige Leben auf der Erde gefährdete. Doch das System Erde reagierte auf die Krise, indem es Lebewesen hervorbrachte, die den Sauerstoff nutzten. Außerdem führte der höhere Sauerstoffgehalt zur Oxidation der Gesteine, aus denen Mineralien herausgewaschen wurden, die für den Aufbau komplexer Lebewesen gebraucht wurden. Immer entstanden also aus Krisen neue Möglichkeiten. Das ging bis heute so weiter.

Wenn aus Krisen immer wieder Neues entsteht, spricht das für eine große Selbstheilungskraft des Systems Erde ...

●●●●●● Tatsächlich ist die enorme Fähigkeit, sich von ernsten Krisen zu erholen, eine der interessantesten Fähigkeiten von Gaia. Es gab seit dem Beginn des Lebens nicht weniger als 30 solcher lebensgefährlichen Katastrophen. Jede davon hat bis zu 70 % der damals existierenden Lebewesen getötet, manchmal starben sogar 90 %. Also stehen wir einem System gegenüber, dass sich nicht nur selbst reguliert, sondern sich auch selbst heilt.

Heißt das, wir brauchen eine neue Definition von „Krise"?

●●●●●● Ja, ich glaube, wir müssen den Begriff der Krise auf zwei Arten sehen. Einmal als einen menschlichen Begriff, einen Begriff menschlicher Zivilisationen. Und wir müssen Krise als einen Zustand des planetaren Lebensprozesses und seiner Zukunft verstehen. Die Bedürfnisse dieser beiden organischen Systeme stehen fast im Gegensatz zueinander. Was gut für den Planeten sein mag, dürfte manchmal recht ekelhaft für die menschlichen Zivilisationen sein und umgekehrt. Das ist ein tiefer Konflikt. Und ich hoffe – auch wenn ich es in meiner Lebensspanne nicht mehr erwarte – dass wir es schaffen, eine Art des Umgangs mit dem Planeten zu finden, mit dem dieser Konflikt gelöst werden kann. Aber wenn ich mir die Hoffnungslosigkeit unserer Versuche anschaue, mit uns selbst, geschweige denn mit dem Planeten zu leben, dann bin ich da nicht sehr optimistisch. Ich tendiere deshalb zu der Sichtweise, dass wir als Zivilisation, ebenso wie Gaia, mit so einer Krise konfrontiert werden. Menschen sind eine zähe Spezies, ebenso wie der Planet ein zäher Organismus ist. Und es wird überall viele Menschen geben, die so eine Krise überleben, was auch immer passiert. Und die Zivilisation wird wieder ganz von vorne anfangen müssen.

Wenn wir uns die Erde als einen großen Organismus vorstellen, liegt dann nicht auch der Schluss nahe, dass dieses Lebewesen auch ein eigenes Bewusstsein hat?

●●●●●● Es ist ein völlig unbewusster Prozess. Auch der Mensch reguliert seine Temperatur nicht durchs Denken. Der Körper tut es unbewusst und automatisch auf eine Art, die der von Gaia sehr ähnlich ist. Man sollte es sich nicht so vorstellen, als seien es die Organismen oder das Leben selbst, die den ganzen Planeten regulieren. So ist es nicht. Es ist das ganze System, das sich selbst im Gleichgewicht hält – das ist was ganz Anderes. Es ist ein sich entwickelndes System, in dem alle lebenden Organismen – von der Bakterie bis zu uns Menschen – unbewusst mit einer sich ebenso entwickelnden Umwelt kooperieren, also mit dem Gestein, der Luft und den Ozeanen. Wenn die meisten Organismen in einer Kooperation mit dem planetaren System leben, dann machen sie das nicht mit bewusster Absicht oder weil das Universum es ihnen eingegeben hätte. Die Grundregel ist viel rücksichtsloser: Organismen, die das Spiel der Kooperation und wechselseitigen Anpassung nicht mitspielen, sterben aus. Die Organismen, die die meisten Nachkommen hinterlassen, sind erfolgreich. Der einzige Unterschied, den Gaia macht, lautet: Jeder Organismus, der die Umwelt für seine Nachkommen verbessert, wird aufblühen, während jene Organismen, die dabei versagen und sie verschmutzen oder zerstören, aussterben werden. Das ist eine große Warnung an uns, denn im Moment gehören wir Menschen eher zur zweiten Kategorie als zur ersten.

Die alte griechische Gottheit Gaia und interessanterweise auch die Hindu-Göttin Kali hatten die gleichen Charakteristika: Sie waren weibliche, freundliche und nährende Göttinnen, aber wer gegen die Regeln verstieß, wurde eliminiert. Und es ist interessant, dass die wissenschaftlichen Regeln der Gaia-Theorie den uralten Regeln dieser Göttinnen so ähnlich sind. Vielleicht war mein Freund, der Schriftsteller William Golding, vorausahnender als er dachte, als er für die Theorie über einen planetaren Organismus den Namen „Gaia" vorschlug.

Wenn die Natur – so wie sie das in ihrer Theorie beschreiben – von selbstregulierenden Prozessen und Autopoesie charakterisiert wird, was bedeutet das für unsere sozialen Systeme und unsere Gesellschaften?

●●●●●● Da geraten wir schnell aufs Glatteis. Genau wie es im letzten Jahrhundert geschehen ist, als ein paar politisch engagierte Leute Darwins Sichtweise annahmen und daraus den Sozialdarwinismus formten. Sie beschrieben die Natur als ein gebrauchsfertiges Regelwerk, das es den Unternehmern erlaubte, skrupellos und ohne Rücksicht auf Konsequenzen zu handeln, weil die Natur angeblich skrupellos und rücksichtslos sei. Ich glaube, wenn man das Gleiche mit der Gaia-Theorie macht, dann kommt man zu so unsinnigen Aussagen, dass es ganz egal sei, wie viel Müll wir in die Gegend werfen, weil der sich selbst regulierende Planet es schon wieder aufräumen wird. Doch so arbeitet das System nicht. Gaia, das organische System Erde, ist nicht da, um unseren Müll aufzuräumen. Wir sind ein Teil von Gaia, ein Teil des Ganzen und können uns nicht davon abtrennen. Was wir tun, wird im Wesentlichen auf uns und auf unsere Zivilisationen zurückfallen, viel mehr als auf das große System selbst. Man darf nicht vergessen, dass Gaia, dieser langsam entstandene, planetare Organismus, im Wesentlichen vom Zusammenspiel der Mikroorganismen gesteuert wird. Die großen Dinge, wie Wale oder Bäume, spielen da kaum eine Rolle. Alle komplexeren Organismen sind die jüngsten Entwicklungen der letzten 600 Millionen Jahre. Das große System wurde und wird durch Bakterien am Leben erhalten.

Sie vertreten da ein Konzept, das sehr an den Stolz des Menschen geht. Wir haben da ja schon Einiges aushalten müssen. Die Wissenschaft hat uns gesagt, dass wir nicht mehr der Mittelpunkt des Universums sind und unser eigenes Bewusstsein kaum kennen. Und jetzt sagen Sie, jede Bakterie ist für die Erde wichtiger als wir. Können das die Menschen akzeptieren?

●●●●●● Ich glaube, ein Minimum an Stolz brauchen wir als Stütze. Wir brauchen das Gefühl, einen Platz in der Ordnung der Dinge zu haben. Sonst wären wir verloren, allein im Universum, sinnlos, ein furchtbarer kosmischer Witz. So sehe ich uns ganz und gar nicht. Wir sind Organismen in diesem großen Ding namens Gaia und müssen uns für unsere Taten verantworten. Also ist es umgekehrt sogar so, dass Gaia uns etwas bietet, was uns die Wissenschaft entzogen hat. Nämlich eine Art größeres Sein außerhalb von uns, das uns das Gefühl gibt, zu etwas zu gehören, uns ein Gefühl gibt für gut und schlecht, welches die Wissenschaft uns fast entzogen hat. Wenn also durch den zu großen wissenschaftlichen Erfolg die herkömmliche Religion verdrängt wurde, dann könnte Gaia aus der postmodernen Wissenschaft etwas sein, das diese Lücke ausfüllt.

Wenn wir uns als Teile eines Superorganismus namens Gaia sehen, kann trotzdem schnell ein Gefühl der eigenen Nichtigkeit entstehen ...

●●●●●● Die Existenz von Gaia ist zwar nicht von den einzelnen Organismen abhängig, aber die Evolution als Ganzes geht immer vom einzelnen Lebewesen aus und wirkt auf das Ganze. Es ist nie das Ganze, was sich verändert, sondern immer das Individuum. Das ist genau der Punkt, wo sich Reduktionismus und Ganzheitlichkeit berühren. Der Reduktionismus beschäftigt sich mit dem Verhalten und der Wirkung von Individuen, der Einzelelemente und Zellen. Der Holismus beschäftigt sich mit dem Prozess des Ganzen, dem Zusammenspiel der Teile miteinander und mit der Umwelt.

Also sehen Sie keinen Widerspruch zwischen ganzheitlichem und reduktionistischem Denken?

●●●●●● Auf gar keinen Fall gibt es da einen Widerspruch. Wir brauchen sie beide, um die Welt, in der wir leben, zu verstehen. Wir sind da nur menschlich, wenn wir uns zwischen den beiden Ansätzen hin- und herbewegen. Im 18. Jahrhundert war unsere Wissenschaft ganzheitlich, jetzt ist sie primär reduktionistisch, aber wir sind wieder auf dem Weg in eine holistische Phase. Es wäre schön, wenn wir beides zusammenbringen könnten. Aber ich glaube, wir tendieren dazu, hin- und herzuspringen. Ich glaube, dass es gar nicht schwer ist, reduktionistische und ganzheitliche Wissenschaft zusammenzubringen. Es ist vielmehr völlig natürlich.

Können Sie ein Beispiel für den Ansatz nennen, der vom Ganzen ausgeht?

●●●●●●● Probleme ganzheitlich anzugehen, liegt in unserer Natur. Wenn wir einer anderen Person begegnen – sei es jemand, den wir lieben, ein Feind oder jemand, von dem wir etwas brauchen – betrachten wir ihn nie reduktionistisch. Wir würden nie überlegen, wie wohl sein Blut durch den Körper gepumpt wird, wie sich seine Temperatur regelt oder wie andere Details funktionieren. Was wir wahrnehmen, ist die ganze Gestalt, der ganze Mensch, und unser Gehirn bildet sich sofort eine Meinung über ihn. Lebewesen stellen so fest, ob – ganz biologistisch gesprochen – das Gegenüber freundlich, essbar oder tödlich ist. Wir konnten uns nur entwickeln, weil wir diese Unterscheidung treffen können. Und sie funktioniert ganzheitlich, das ist ein holistischer Ansatz zur Problemlösung. Und hier ist das Problem wirklich existentiell, denn wenn die Antwort nicht stimmt, ist man schnell derjenige, der gefressen wird.

Wenn Sie vom Leben Gaia's sprechen, ist ja mit 4 oder 5 Milliarden Jahren die Rede von enormen Zeiträumen. Das reicht weit hinaus über unser normales Zeitbewusstsein. Ist unsere Kultur vom Lauf der Zeit abgeschnitten?

●●●●●●● Wir vergessen häufig, wie enorm kurz der Zeitraum der menschlichen Existenz auf der Erde ist. Wir sind seit vielleicht 2 Millionen Jahren hier. Das ist weniger als ein Tausendstel der bisherigen Lebensspanne des Planeten – also ein winziges Stück Zeit. Und Zivilisationen gibt es in der Geschichte des Lebens erst seit einem Augenblick. Ich frage mich oft, wie lange Zivilisationen überhaupt bestehen können. Einer der unheilvolleren Gedanken basiert darauf, dass wir noch keine Signale aus dem Weltraum empfangen haben, seit wir ihn mit hochempfindlichen Antennen abhören. Eine Antwort darauf könnte sein, dass es auf diesen unzähligen Milliarden anderer Planeten zwar Leben gibt, aber die Lebensspanne von Zivilisationen sehr kurz ist.

Wenn wir von der Evolution des Organismus Erde sprechen, dann lässt sich das ja auch wie die Biographie eines Lebewesens verstehen. In welchem Entwicklungsstadium befindet sich denn die Erde heute?

●●●●●●● Es war fast so etwas wie ein embryonaler Zustand, als die Erde ohne Sauerstoff war. So als hätte sie in einer selbstgemachten Gebärmutter gelebt. Dann kam die Zeit der mikrobischen Mehrzeller als der Sauerstoffanteil wuchs, vergleichbar mit der Lebensform eines Babys. Jetzt, wo die großen Dinge entstanden sind, sind wir wohl in der Kindheit und stehen jetzt an der Schwelle zum Erwachsensein. Wie die Jugend und das Erwachsensein aussehen, weiß ich nicht.

In manchen Kreisen ist die Gaia-Theorie so etwas wie ein Religionsersatz geworden, vielleicht auch eine Art wissenschaftliche Basis für naturreligiöse animistische Glaubensrichtungen. Beteiligen Sie sich an dieser theologisch-religiösen Diskussion?

James Lovelock

●●●●●●● Ich fühle mich überhaupt nicht wohl, wenn ich zu diesem Themenkomplex etwas sagen soll. Ich empfinde es als eine große Hybris, mich in diesen Aspekt der Sache einzumischen. Meine Aufgabe als Wissenschaftler ist es, herauszufinden, wie der Planet funktioniert und die entsprechenden, bestmöglichen Theorien zu entwickeln. Wenn diese Theorien dann irgendetwas beinhalten, was die Möglichkeit eröffnet, dass sich die Menschen in ihrer Existenz auf diesem Planeten wohler fühlen, dann ist das ganz in Ordnung so. Und es wäre auch ein wunderbares Resultat. Aber es muss von alleine passieren. Ich glaube nicht, dass ich mich hinstelle und beginne, so etwas zu predigen. Das wäre völlig daneben.

Die Flut der Weltuntergangsszenarios wächst. Bedeutet das, dass die westliche Zivilisation beginnt, die ihr innewohnenden Gefahren wahrzunehmen oder glauben Sie, diese Szenarios haben keine Wirkung?

●●●●●●● Ich wäre froh, wenn ich das wüsste. Ich vergleiche unsere jetzige Situation immer mit dem Europa der 30er Jahre kurz vor dem Zweiten Weltkrieg. Wir alle ahnten, dass ein Krieg kaum zu verhindern war. Das folgte dem Gesetz der Stammesgesellschaften, zu denen wir schließlich gehören und denen wir uns auch schwerlich entziehen können. Und wir wussten nicht, was wir tun sollten. Wer deutlich auf die Entwicklung hinwies, galt als finsterer Pessimist und wurde nicht sonderlich ernst genommen. Und doch ahnten wir alle tief innen, dass irgendetwas Übles passieren würde. So war es ja dann auch. Ich glaube, dieses sehr allgemeine Gefühl des Unwohlseins ist heute wieder weit verbreitet. Die Menschen kennen nicht die Natur der Katastrophen oder Desaster, die möglicherweise vor uns liegen. Aber sie sind sich ziemlich sicher, dass wir nicht so ohne Weiteres davonkommen werden, weil sie uns sehr bald erwischen können.

Beschäftigt sich unsere Kultur denn eigentlich mit den wirklich wichtigen Themen? Findet über die Tatsache, dass wir die Atmosphäre aus dem Gleichgewicht bringen und auf dem Weg in eine globale Krise sind, ein angemessenes Maß an Auseinandersetzung statt?

●●●●●●● Unser Problem ist wirklich, dass wir in dieser alten Stammeskultur gefangen sind. Wir können uns nicht absichtsvoll in eine bestimmte Richtung bewegen, solange sich nicht der ganze Stamm darauf geeinigt hat. Bis dahin sind wir nur eine ziellos schnatternde Gruppe, in der alle möglichen Positionen und gegensätzlichen Ideen zirkulieren. Wenn man aber irgendwie im kollektiven Bewusstsein des Stammes zu der Erkenntnis kommt, dass ein bestimmter Schritt notwendig ist, kann es zu rasanten Veränderungen kommen. In der Regel geschieht das vor einem Kriegsausbruch oder als Reaktion auf eine äußere Bedrohung. Ich hoffe darauf, dass die bevorstehende globale ökologische Krise so eine Art Reaktion des globalen Stammes provoziert, vergleichbar mit der Reaktion auf eine territoriale Aggression. Wenn es zu einer kollektiven Reaktion kommt, dann haben wir eine Chance, dann könnten wir für eine Menge Fragen Antworten finden. Aber es werden nicht irgendwelche bedeutungsschweren Worte sein, die diese Reaktion auslösen können. Es muss irgendwas passieren, irgendeine Überraschung, irgendein Desaster ausreichender Größenordnung, die den Leuten rund um den Globus deutlich macht, dass sie wirklich bedroht sind und besser etwas dagegen unternehmen sollten.

Bedeutet das, dass unser scheinbar wachsendes Umweltbewusstsein sich eigentlich weniger um den Schutz der Natur dreht, als vielmehr um unser eigenes Überleben?

●●●●●● Nun, das ist nur menschlich. Mich amüsiert es immer, wenn ich zu einer Versammlung von Grünen gehe und feststelle, dass alle mit dem Auto gekommen sind. Wir verhalten uns nicht entsprechend unseren Überzeugungen, auch das ist menschlich. Und es braucht eine wirkliche Bedrohung, um das zu ändern. Und bis dahin wird halt geschnattert: „Es ist schrecklich, da muss doch was passieren" oder: „Nächstes Jahr unternehme ich etwas dagegen" – und dann wird das Thema beiseite geschoben und vergessen. Im Leben läuft das ganz genauso. Jeder, der raucht, kennt das. Ich habe geraucht als ich jünger war, weil alle rauchten und obwohl ich als Mediziner wusste, wie schädlich es ist. Und was habe ich gemacht? Ich habe mir gesagt, ich hör damit auf, wenn ich Zeit dafür habe. Ich brauchte einen Herzinfarkt, um den Ernst der Lage zu begreifen – dann habe ich aufgehört. Was der Planet braucht, ist ein Herzinfarkt. Keinen, der alle umbringt, aber einen der uns aufweckt.

Müssen wir uns bremsen, weniger konsumieren, unsere Bedürfnisse und Wünsche reduzieren?

●●●●●● Im Moment haben wir keine Wahl. Die Erde ist so dicht besiedelt und wir verbrauchen so immens viele ihrer Ressourcen. Ich glaube, 60% der von Pflanzen durch Photosynthese hergestellten Produkte verbrauchen wir heute für unsere Zwecke. Das ist jetzt schon zu viel. Wenn sich die Erdbevölkerung verdoppelt, liegen wir jenseits der Grenze der Belastbarkeit. Wir müssen uns einfach weniger an materiellen Besitztümern orientieren und mehr an Lebensqualität. Wir haben in unseren beiden Ländern, Deutschland und England, die Zeit des Krieges erlebt und wissen mit welchen Entbehrungen sie verbunden war. Trotzdem hat uns der Mangel an Gütern nicht notwendigerweise unglücklicher gemacht. Im Gegenteil: Viele erinnern sich gerne an diese Zeiten, weil ihr Leben mehr Sinn hatte und sie trotz der unglaublichen Entbehrungen mit sich zufriedener waren. Ich glaube, dass der Lebensstandard in Teilen von Deutschland und England während des Zweiten Weltkrieges nicht viel besser war als in der Dritten Welt heute. Wenn wir damals unter solchen Bedingungen leben konnten, wie viel leichter sollte es uns dann in Friedenszeiten *und* mit dem Bewusstsein fallen, dann endlich in Einklang mit dem Planeten zu sein.

Wenn man einen so komplexen Ansatz wie die Gaia-Theorie hat, entsteht da nicht schnell das Problem, keine exakten Aussagen mehr machen zu können? Besteht bei der großen Menge der möglichen Interpretation von Fakten in diesem Riesensystem nicht die Gefahr von Falschaussagen?

●●●●●● Ich stimme da völlig mit Ihnen überein. Wissenschaftler können nie – sei es nun Gaia oder Ihr Körper – Systeme wirklich erklären. Das geht nicht. Alles, was sie machen können, sind Modelle von Systemen. Das lässt sich vielleicht mit Karikaturen vergleichen. Wenn ein Künstler mit einem Strich das Gesicht eines Politikers skizziert, dann stellt er auch nicht die ganze Person dar. Und so ist es auch mit unseren Modellen von der Welt. Selbst wenn sich in der wirklichen Welt einmal beweist, dass es sich bei der Erde um ein System wie Gaia handelt, ist doch alles, was wir heute herstellen, nur Karikatur, nur eine grobe Zeichnung. Natürlich kann sie im Detail falsch sein.

> *Steht Gaia im Mittelpunkt des Modells, dann verliert der Mensch seine Stellung auf dem Schöpferthron. Ist er gar, wie vielfach behauptet, für die Erde eine Art Krebszelle, die den Superorganismus zerstört?*

Ich glaube, das ist ein schrecklicher Vergleich. Und sehr unzutreffend. Wir sind *Teil* des Systems. Und wir haben die Chance, es gut oder schlecht zu machen. Wir können Gaia weder wachsen lassen, noch zum Verschwinden bringen. Wenn wir die Umwelt verändern, sind *wir* es, die leiden. Nein, der Mensch ist auf diesem Planeten so natürlich, wie jedes andere Lebewesen. Und die Regeln des Gesamtsystems treffen ihn so, wie alle anderen. Im Moment verschlechtern wir eben die Lebensbedingungen für unsere Nachkommen. Und die Regel sagt deutlich, dass *wir* aussterben, wenn wir so weitermachen, während das System fortbesteht.

Erwachsene Menschen auf Mutter Erde

Im Gespräch mit der Biologin Elisabeth Sathouris

Alle modernen Wissenschaften beginnen zur Zeit, die lebenden Systeme der Erde mit anderen Augen zu sehen. Befinden wir uns als Menschheit an einer Wegscheide?

●●●●●●● Ich sehe durchaus Parallelen zwischen den psychologischen Reifungsschritten eines Menschen in der modernen technisierten Gesellschaft und dem Reifungsprozess der Menschheit als Ganzes. Wenn man in dieser Form die gesamte Menschheitsgeschichte mit der Geschichte eines einzelnen Menschen vergleicht, dann kommt man zu folgendem Ergebnis: In unserer Frühgeschichte waren wir vergleichbar mit Säuglingen, ganz nah am Körper der Mutter, ohne jedes Bewusstsein der Trennung von ihr. Die frühen naturverbundenen Kulturen verehrten die Erde selbst als Göttin, als eine Leben spendende, mal wütende, mal liebende, mal ärgerliche große Mutter. In einem späteren Stadium ging der Fokus weg von der Mutter und hin zum Vater. Das ist ein psychologisches Stadium, das wir auch aus der individuellen Entwicklungsgeschichte sehr gut kennen. Bezogen auf die Menschheitsgeschichte entspricht es dem Stadium, in dem nomadisierende Kulturen, die männliche Himmelsgötter verehrten, die großen Agrarkulturen unterwarfen, die noch die große Göttin als Lebensquelle verehrten. Diese männlich ausgerichteten Kulturen übernahmen die Agrargesellschaften, sie drangen buchstäblich in sie ein, und manchmal gelang es ihnen, Gott und Göttin miteinander zu verheiraten.

Gilt das auch für die Fundamente unserer Kultur?

●●●●●●● Manchmal war es natürlich auch so, dass die Göttin einfach unterdrückt wurde. In unserer Schöpfungsgeschichte zeigt sich das bei Eva, die eigentlich die Symbole der Mutter-

***Dr. Elisabeth Sathouris** gehört zu der wachsenden Gruppe moderner Naturwissenschaftler, die konventionelle Wissenschaft mit der Gaia-Theorie und dem Wissen traditioneller Kulturen verbinden. Die griechisch-amerikanische Philosophin, Biologin, Zukunfts- und Systemforscherin und Beraterin bei den Vereinten Nationen lebt in San Francisco, Kalifornien, und lehrt im Bereich 'lebender Systeme'. Dazu gehört für sie eine intensive Auseinandersetzung mit den Lehren traditioneller Kulturen. Auf Deutsch ist von ihr das Buch „Gaia. Vergangenheit und Zukunft der Erde" (1989) erschienen.*

göttin repräsentiert – der Baum der Erkenntnis und die Schlange der Weisheit. Doch in dieser Geschichte werden diese heiligen positiven Symbole zu negativen teuflischen Symbolen entwertet. Und aus der Muttergöttin wird eine sterbliche Frau, die Gottes Befehl missachtet und einen Haufen Probleme in die Welt bringt. Bei den Griechen ist es die Figur der Pandorra, die eine solche Rolle hat. Ihr Name bedeutet eigentlich „Geberin aller Geschenke" – und auch sie wird mitten im Mythos eine sterbliche normale Frau. Immer wieder tauchen bei diesem kulturellen Wandel männliche Götter auf, die außerhalb der Natur angesiedelt sind, Vaterfiguren, die betont männliche Züge tragen. Auf der individuellen Ebene entspricht das der Phase der Kindheit, in der wir den Vater verehren und das kindliche Interesse primär ihm gilt.

Aber die Phase des allmächtigen Vatergottes ist in der Neuzeit doch einem Rationalismus gewichen, der die Erde und den Himmel entheiligt hat!?

●●●●●● Die nächste folgerichtige Phase ist natürlich die Pubertät und das Stadium der Adoleszenz. Kulturell spiegelt sich das im Zeitalter der Aufklärung und der Renaissance, individuell in dem entwicklungspsychologischen Stadium, in dem das Ego sehr stark wird. Plötzlich schien die Menschheit mehr zu wissen als der allwissende Vatergott. Sie stößt ihn vom Himmelsthron, ganz so, wie das in der griechischen Mythologie vorhergesagt wird. Das ist der Moment, in dem die Wissenschaft auftaucht und sagt, die Hypothese einer transzendenten göttlichen Kraft werde nicht länger gebraucht, und an seine Stelle das Konzept der Evolution setzt. Und in diesem Stadium sind wir meiner Meinung nach immer noch: Wir befinden uns menschheitsgeschichtlich in der Pubertät, einem Stadium, in dem ein übermäßig aufgeblasenes Ego davon überzeugt ist, am Steuerknüppel des Raumschiffs Erde zu sitzen und alles unter Kontrolle zu haben. Selbst die gleichzeitig auftretende, tiefe Angst, ob wir noch lange so überleben können, ist ein typisches Symptom der Adoleszenz.

Wie könnte eine erwachsene Beziehung des reifen Menschen zur Erde aussehen?

●●●●●● Der Weg in die erwachsene Reife gleicht ein bisschen der schönen Parabel von Mark Twain über den jungen Mann, der sein Zuhause für ein paar Jahre verlassen hat, irgendwann zurückkehrt, den Erzählungen seines Vaters zuhört und plötzlich staunend ausruft: „Mein Gott, Papa, was du alles gelernt hast, während ich weg war!" Wir lachen natürlich über diese Geschichte, weil es nicht der Vater war, der sich verändert hat, sondern der Sohn, der die Reife gewonnen hat, um zu erkennen, dass seine eigenen Eltern durch ihre Lebenserfahrung eine reife Weisheit in sich tragen. Für unsere Frage bedeutet diese Parabel, dass wir als Menschheit heute beginnen, die Natur und den Planeten als unsere Eltern wahrzunehmen und dabei sind zu erkennen, dass sie über 4 ½ Milliarden Jahre Erfahrung verfügen, funktionierende, lebende Systeme zu erschaffen. Deshalb denke ich auch, unser Erwachsenwerden wird darin bestehen, unser Leben und unsere Kulturen so zu organisieren, dass sie in Übereinstimmung mit diesen lebenden Systemen sind.

Kann uns die moderne Wissenschaft dabei helfen, diesen Reifungsschritt zu machen?

●●●●●● Sicherlich hat die moderne Wissenschaft völlig neue Perspektiven entwickelt, die Schöpfung zu verstehen, und uns gezeigt, dass das Universum viel mehr einem lebenden Organismus gleicht, anstatt einem gut funktionierenden Uhrwerk, an das unsere jüngsten Vorfahren glaubten. Aber obwohl die moderne Physik die alte mechanistische Sichtweise prinzipiell überwunden hat und zahlreiche andere Wissenschaften ihr auf diesem Weg folgen, sind wir doch in der Soziologie oder der Biologie immer noch mitten im mechanistischen Weltbild. Das „Regelwerk der Gesellschaften" ist doch eine Metapher, die eigentlich nach einer gut geölten Maschine klingt. Also befinden wir uns zur Zeit noch mitten in diesem Wandel vom mechanistischen zum organischen Weltbild. Aber diese neue Schöpfungsgeschichte vermittelt uns nach und nach das Bild eines sich organisch selbst erschaffenden Universums.

Bedeutet das, wir brauchen neue Modelle und Metaphern, um die Wirklichkeit anders zu begreifen?

●●●●●● Die Gaia-Theorie bietet ein Modell, in dem unser Planet als lebendiger Organismus beschrieben wird, statt ihn als geologischen Felsbrocken mit Leben an seiner Oberfläche zu sehen. Das ist ein ganz anderes Konzept! Es ist ein Teil dieser neuen Beschreibung der Welt und des Universums als ein großes lebendes System. Und die tatsächliche Reife der Menschheit wird eben erst dann einsetzen, wenn wir damit beginnen, unsere Gesellschaften nicht länger am Vorbild von Maschinen zu organisieren, sondern gemäß der Prinzipien zu gestalten, nach denen lebende Systeme funktionieren.

Geht es um die Überwindung des Alten oder um die Integration?

●●●●●● Die neue Sichtweise ist zugleich auch eine alte Sichtweise. Denn nicht-industrialisierte Gesellschaften wussten schon immer, dass die Natur lebendig ist und die menschlichen Gemeinschaften nichts anderes sind als lebende Systeme, die in noch größere lebende Systeme eingebettet sind. Das ist es, was wir wieder lernen müssen. Aber dabei geht es eben nicht darum, zu einer primitiven Lebensform zurückzukehren. Vielmehr liegt die Herausforderung eben darin, diese gereifte Einsicht in unser technologisches Wissen zu integrieren und sie zu benutzen, um unsere Technik zu prüfen und herauszufinden, wo sie nicht gut mit den Regeln lebender Systeme in Übereinstimmung ist. Oder eben Möglichkeiten zu finden, wie wir unsere Technologie so verändern können, dass sie den lebenden Systemen entspricht. Und es gibt eine ganze Reihe von Möglichkeiten, das zu realisieren.

Haben denn die klassischen Naturgesetze, auf die sich die technologische Zivilisation beruft, in dieser Sichtweise noch eine Gültigkeit?

●●●●●● Aus der Sicht der Gaia-Theorie ist die Erde ein sich selbst erschaffendes, lebendiges System. Das heißt natürlich, dass sich in diesem lebendigen System auch die Naturgesetze weiterentwickeln und im Laufe der Zeit verändern. Lebende Systeme haben immer die Eigenschaft, sich weiterzuentwickeln. In ihnen gibt es keine absolut feststehenden Regeln, außer vielleicht jenen, die schon den traditionellen Völkern bekannt waren. In unserer modernen Weltsicht haben wir die beiden Gesetze der Thermodynamik. Wir lehren das Entropie-Gesetz, das im Wesentlichen besagt, dass das ganze Universum einem Grundgesetz des Niedergangs folgt und wir Menschen Teil dieses Zerfallsprozesses sind. Das ist ja eigentlich eine enorm depressive Sichtweise. Und es klingt wie ein Grundgesetz der Nicht-Nachhaltigkeit. Traditionelle Kulturen beschreiben demgegenüber die Natur als ein ausbalanciertes System, sie sprechen von einem Grundgesetz der Harmonie, nach dem man für alles, was man von der Natur nimmt, etwas zurückgeben muss. Sie sehen das Leben als Kreislauf, statt als einen linearen Prozess von Ursache und Wirkung. So eine Sichtweise ist nachhaltig. Das Grundgesetz der Entropie und des Niedergangs wird interessanterweise ja gerade von der Kultur befolgt, die es sich ausgedacht hat: die westliche Industriegesellschaft. Die Biologen unserer Kultur stellen fest, dass lebende Systeme nicht immer chaotischer und ungeordneter werden, sondern im Gegenteil immer komplexer werden und ihre energetischen Prozesse schützen. Sie kamen zu der Einsicht, dass das nicht mit einem Entropiegesetz übereinstimmen konnte, das behauptet, alles würde dem Wärmetod zustreben. Also kamen sie auf die Idee, dass lebende Systeme wohl ihre Umwelt zerstören müssen, um selber zu überleben. Dann würde das Entropiegesetz wieder stimmen, weil letztlich alles den Bach runter geht. Aber ist es tatsächlich so? Müssen lebende Systeme ihre Umwelt zerstören um Komplexität zu erschaffen? Die konventionelle Wissenschaft im Westen glaubt das, woanders ist man anderer Meinung

Was sagen Sie als Biologin dazu?

●●●●●●● Schauen Sie sich doch einfach ein gesundes Ökosystem an. Da ernährt sich alles von allem! Und obwohl die Erde 4 ½ Milliarden Jahre alt ist, gibt es keine Anzeichen dafür, dass sie ihre Fähigkeit verlieren würde, Komplexität zu erschaffen, sich umzubringen oder sich auf Kosten der Umwelt zu erhalten. Nein, es ist nur die eine Gattung bzw. in ihr diese eine Gesellschaftsform der industriellen Wachstumsgesellschaft, die sich gemäß dem ‚Grundgesetz der Entropie' verhält. Sonst macht das niemand in diesem lebenden System. In einem reifen Ökosystem gibt es das nicht. Da gilt eher ein Grundgesetz der gegenseitigen Nachhaltigkeit, indem jede Gattung auf ihre Art etwas für das Ganze tut.

Wie könnten alternative Naturgesetze lauten?

●●●●●●● Die Grundregel der Natur ist gegenseitige Abhängigkeit. Überall, wo man auf dem Planeten genau hinschaut, findet man mindestens 1000 verschiedene Lebensformen, auch wenn die meisten so klein sind, dass sie unserem Auge entgehen. Jedes Individuum in diesem Netz des Lebens ist relativ unabhängig. Aber lebende Systeme, so wie du und ich, sind immer eingebettet in größeren lebenden Systemen, leben also immer im Austausch zwischen dem Individuellen und dem Kollektiven. Das gilt für jede Zelle, die sich nicht nur um sich selbst kümmern kann, sondern für das eigene Überleben die Interessen des Organs berücksichtigen muss, von dem es ein Teil ist. Ebenso wenig können wir ohne das Ganze der Gesellschaft nicht als individuelle Einheit existieren. Leben ist immer eingebettet in größere lebende Systeme und es herrscht konstant eine dynamische Spannung zwischen dem Individuum und dem größeren Ganzen. Und das ist ein sehr interessanter Spannungszustand.

Brauchen wir diesen Konflikt zwischen individuellen und ganzheitlichen Sichtweisen?

●●●●●●● Es gibt in Indien eine Schöpfungsgeschichte, die sagt, am Anfang hätte es einen großen See aus Milch gegeben, der die Form einer Welle hatte. Dort heißt es, diese Welle sei immerzu in dem inneren Widerspruch zwischen den Impulsen gewesen, einerseits ihre einzigartige Identität zu entwickeln und andererseits mit dem großen Ganzen verschmelzen zu wollen. Das ist ein uraltes Thema in den zwischenmenschlichen Beziehungen: Man kann nicht mit dem Anderen leben und auch nicht ohne ihn. Wir wollen immer unsere individuelle Einzigartigkeit leben und gleichzeitig mit dem anderen verschmelzen und als Paar eine neue Einheit bilden. Ich glaube, es ist diese kreative Spannung zwischen Unabhängigkeit und gegenseitiger Abhängigkeit, die den ganzen Kosmos antreibt. In der Politik ist es das Spannungsverhältnis zwischen linken und rechten Kräften, zwischen Konservativismus und radikalen Veränderungen. Entweder man versucht zu schützen, was man hat, oder man versucht zu verändern, um etwas zu erreichen, was man haben könnte. Wie es scheint, brauchen wir beides. Wenn wir dauernd alles verändern, können wir nichts Stabiles erschaffen, aber wenn man nichts ändert, gibt es keine Kreativität mehr. Und wir glauben, wir müssten uns zwischen diesen beiden Möglichkeiten entscheiden. Das sieht man auf allen möglichen Ebenen: Die amerikanischen Indianer streiten sich zum Beispiel, ob sie ihre Traditionen an den weißen Mann weitergeben sollen. Die Traditionalisten sind dagegen, weil sie glauben, es zerstöre die reine Lehre. Und andere gehen an die Öffentlichkeit und geben die alten Rituale weiter. Das ist fraglos gefährlich, weil es dazu führen kann, dass die alten Weisheiten verwässert und oberflächlich werden. Andererseits bleibt die weiße Gesellschaft gefährlich zerstörerisch, wenn sie sich nicht mit diesen alten Weisheiten beschäftigt. Also muss es unsere Aufgabe sein, beides zusammenzubringen, einerseits das Wissen zu lehren und andererseits die Reinheit der Kulturen zu erhalten.

Heißt das, dass der moderne Mensch sich nach Innen und Außen orientieren muss, wenn er eine erwachsene Rolle einnehmen will?

●●●●●● Arthur Koestler hat dieses wunderschöne Modell des Holons und der Holarchie geschaffen, um zu beschreiben, wie lebende Systeme voneinander abhängen. Eine Holarchie ist etwas ganz anderes als eine Hierarchie. Sie ist nicht von oben nach unten oder nach irgendeiner Wertigkeit organisiert, nach der das Eine besser ist oder höher steht als das Andere. Eine Holarchie ähnelt mehr diesen russischen Matroschka-Puppen, bei denen die kleine Figur immer in die nächstgrößere hineinpasst und sie wie eine Zwiebelschale umschließt. Das einzelne Holon in dieser Holarchie hat einen Januskopf mit zwei Gesichtern. Einerseits blickt es auf sich selbst und die eigene Autonomie, andererseits orientiert es sich am größeren System, in das es eingebettet ist. Also gibt es ständig einen Konflikt zwischen Autonomie und Anpassung. Ich würde das Ganze 'Holonomie' nennen – 'holos' heißt im Griechischen 'das Ganze'.

Ist die Gaia-Theorie von der Erde als lebendem Organismus ein solches holarchisches Modell?

●●●●●● Wir sollten den Begriff des lebendigen Planeten an unserem eigenen Körper überprüfen. Und wenn wir das tun, gehen wir noch ein Stück über Lovelocks Gaia-Theorie hinaus. Lovelock sagt, das Leben schaffe sich auf dem Planeten die Bedingungen, die es zum Überleben braucht. Kann ich diese Aussage auch auf meinen eigenen Körper beziehen? Kann ich sagen: Das Leben schafft in meinem Körper die Bedingungen, um sich selbst zu erhalten? Ich würde sagen: Nein, das klingt nicht richtig. Warum? Weil ich glaube, dass das Leben nicht ein Teil meines Körpers ist, sondern eher ein fundamentaler Prozess, der durch den Körper als

Ganzes entsteht. Leben beruht auf dem gesamten Stoffwechselprozess, der Art und Weise, wie ich funktioniere. Wenn wir also fragen, ob die Erde lebt, müssen wir überprüfen, ob die Erde als Ganzes so etwas besitzt wie einen eigenen Stoffwechselprozess. Dann sehen wir, dass das tatsächlich der Fall ist. Die Kruste der Erde wird ständig durch Vulkane und Meeresriffe neu gebildet, vom Wetter abgetragen und in Form von Mineralien buchstäblich in die Lebewesen eingebaut, in die Mikroben, die Pflanzen und die Tiere. Sie sterben, werden wieder zu Erde und Fels, lagern sich ab als Sedimente oder fossile Brennstoffe und werden dann als Erdkruste an den Rändern der großen tektonischen Platten erneut eingeschmolzen und in den Tiefen des Planeten wieder recycelt. Nicht nur die Atmosphäre und das Wasser erneuern somit das Material, der ganze Körper der Erde unterliegt vielmehr einem lebendigen Stoffwechsel.

Wo ist da die Grenze zwischen dem, was wir 'Leben' und 'Tod' nennen?

●●●●●● Wenn man der biologischen Definition von Leben folgt, dann gilt etwas als lebendig, wenn es ständig seine eigenen Bestandteile selbst erschafft und regeneriert. Und diese Definition trifft auf die Erde sehr gut zu. Aber wenn man dieser Definition folgt, dann verschwimmt die Grenze zwischen Leben und Nicht-Leben. Leben und Nicht-Leben sind im Lauf der Zeit austauschbar. Wenn ich mir ein bestimmtes Molekül zu einem bestimmten Zeitpunkt der Erdgeschichte anschaue, dann ist es vielleicht Teil eines Steins, ein anderes Mal Teil eines Grashüpfers, dann eines Tintenfischs, dann eines Baums und dann eines fossilen Brennstoffs wie Öl. Über die Zeit ist es Teil von Leben wie Nicht-Leben. Die westliche Wissenschaft ist die einzige Wissenschaftskultur, die zwischen Leben und Tod unterscheidet. Alle anderen Kulturen wissen, dass ein lebendes System, das stirbt, nur seine Organisationsstruktur verändert. So ähnlich sehe ich das auch in Bezug auf das System Erde.

Liegt der nächste Schritt der Menschheit dann in einem letztlich revolutionären Umbau aller gesellschaftlichen Strukturen?

●●●●●● Wir sind immer davon überzeugt, dass der Mensch für alles verantwortlich ist und als nächsten Evolutionsschritt seine ganze Gesellschaft entsprechend verändern muss. Ich glaube demgegenüber, dass die eigentliche evolutionäre Herausforderung darin liegt, dass wir Menschen lernen müssen, uns harmonisch in dieses viel größere lebende Wesen zu integrieren und uns kreativ anpassen müssen. Entweder wir schaffen das oder wir werden von diesem Organismus abgestoßen. Nicht, weil sich Gaia am Menschen rächen will, sondern nur wegen unseres Mangels an Intelligenz und der fehlenden visionären Vorstellung von der Funktionsweise dieses großen lebenden Systems. Schauen wir uns doch nur die Landwirtschaft an: Wir haben diese angeblich wundervolle Hochtechnologie eingeführt und ernten Zerstörung. Wir töten die Böden ab, vergiften uns selbst mit Pestiziden und chemischen Düngemitteln. Wir verbrauchen heute zehnmal so viel Pestizide wie vor 50 Jahren und haben trotzdem einen höheren Prozentsatz an Ernteverlusten durch Pflanzenkrankheiten. Wir übersehen einfach, dass in einer Evolution, die in sich Ausdruck eines intelligenten Prozesses ist, jede Spezies, die man versucht auszurotten, ihre DNA reorganisiert und resistent gegen Gifte wird. Das gleiche gilt für den massenhaften Einsatz von Antibiotika: Damit werden Seuchen provoziert, weil die Mikroben sich so verändern, dass sie unempfindlich gegen die Mittel werden. Indem sie sich verteidigen, werden sie für uns zu einer Gefahr. Wir müssen einfach erst mal lernen, wie intelligent die Natur ist und mit ihr, anstatt gegen sie arbeiten.

Elisabeth Sathouris

Was ist dann die evolutionäre Herausforderung, vor der wir kollektiv stehen?

●●●●●●● Ich verstehe die Evolution als eine Art improvisierten Tanz, bei dem alle guten Tanzschritte erhalten bleiben und gleichzeitig fortwährend in neue Bewegungsmuster eingewoben werden. So haben zum Beispiel Bakterien schon vor zwei Millionen Jahren das Grundprinzip des Elektromotors entwickelt, Polyester-ähnliche Materialien entstehen lassen und die Kopien komplizierter DNA-Sequenzen erfunden. Auf der mikrobiologischen Ebene gibt es das alles schon seit Urzeiten. Nun entwickeln wir als viel größere Lebewesen unsere eigenen Technologien, weil unsere Gehirne uns dazu befähigen, diese Prozesse theoretisch zu verstehen und anzuwenden. Und das ist eigentlich auch ganz normal, dass wir gemäß unseren Fähigkeiten all diese Dinge tun und entwickeln. Was verkehrt läuft, ist, dass unserer Technologie das tiefe Verständnis von lebenden Systemen fehlt. Deshalb entwickeln wir dauernd Systeme, die uns außer Kontrolle geraten und trotz der kompliziertesten Technik zerstörerisch wirken. Die Frage ist, ob wir mit unseren großen Gehirnen das Verständnis dafür entwickeln können, dass diese technologische Wissenschaft nicht die einzige Perspektive ist, die wir haben. Dass traditionelle Kulturen, die wir gern als primitiv bezeichnen, auch Wissenschaften haben, aber eben Wissenschaften von lebenden Systemen. Und dass es uns gelingen muss, dieses Wissen mit unserem technologischen Know-how zusammenzubringen.

Welche Rolle kann die Politik hier spielen?

●●●●●●● Politik ist letztlich immer ein Werkzeug menschlichen Wirtschaftens. Und bei der Wirtschaft geht es nun mal um Produktion und Handel. In meiner griechischen Heimatsprache wird das Wort Ökologie von 'oikos', dem 'Haushalt' und 'logos', die 'Organisation' abgeleitet. Ökonomie setzt sich aus 'oikos' und 'nomos', also aus 'Haushalt' und 'Gesetz' zusammen. Ökologie meint also buchstäblich die Organisation des Haushaltes, der, wie wir heute wissen, die ganze Welt umfasst. Und Ökonomie sollten wir eigentlich als die Gesetze dieses Haushaltens verstehen. Eigentlich hätten wir nie die Organisation des Haushaltens von den Gesetzen des Haushaltens trennen dürfen. Aber genau das haben wir getan. Wir haben versäumt, die Ökologie bei unserer Art des Wirtschaftens zu berücksichtigen. Das ist der eigentliche Grund dafür, dass unser Wirtschaftssystem Produktionsprozesse hat, die große Mengen Müll produzieren, die Umwelt verschmutzen und uns buchstäblich so vergiften, dass uns die Lebensgrundlage entzogen wird. Das heißt, unsere Politik muss darin bestehen, uns so zu organisieren, dass Ökonomie und Ökologie wieder zusammengebracht werden. Die Frage dabei ist: Können Nationalstaaten, die eigentlich nur noch wenig Kontrolle über die Prozesse der globalisierten Weltwirtschaft haben, das leisten? Denn die globalisierte Wirtschaft wird von den transnationalen Konzernen, den internationalen Banken und den illegalen Produzenten von Drogen und Rüstungsgütern gelenkt. Diese Art des Wirtschaftens prägt die gesamte Menschheit. Und uns muss klar werden, dass sie keinerlei Übereinstimmungen mit den Regeln hat, nach denen gesunde lebende Systeme eigentlich funktionieren. Worum es also eigentlich geht, ist, den ganzen gesellschaftlichen Prozess so zu verändern, dass er in Übereinstimmung mit den Regeln kommt, nach denen gesunde, lebende Systeme arbeiten und funktionieren.

Die Wiederentdeckung der lebendigen Natur

Im Gespräch mit dem Biologen Rupert Sheldrake

Selbst die konventionelle Wissenschaft kommt nicht umhin einzuräumen, dass sich unser Weltbild fundamental wandelt. Wie verläuft dieser Prozess, wenn eine Kultur beginnt, die Wirklichkeit völlig neu wahrzunehmen?

●●●●●● Die meisten Menschen glauben, dass sich die Wissenschaft durch vernünftige Gespräche weiterentwickelt, offen ist für Beweise und völlig rational in ihrer Vorgehensweise. Das ist ein Mythos - so war die Wissenschaft nie. Die einleuchtendste Theorie des wissenschaftlichen Fortschritts ist Thomas Kuhns Idee des Paradigmen-Wechsels. Kuhn hat uns gezeigt, dass die Wissenschaftsgemeinde zu allen Zeiten einem gemeinsamen Denkrahmen gefolgt ist. Er legte die Grenzen des Denkbaren und den Rahmen der Forschung fest. Ich würde es eher eine Denkgewohnheit nennen, die bestimmte Inhalte ermöglicht und andere ausschließt. In Zeiten wissenschaftlicher Revolutionen wird dann ein Paradigma durch ein anderes ersetzt. Vertreter des alten Paradigmas tendieren dabei dazu, die Argumente des Neuen einfach nicht wahrzunehmen. Sie prallen an ihnen ab. Denn da geht es um nicht weniger als um Weltbilder, die letztlich nur das akzeptieren können, was innerhalb ihres Bezugsrahmens liegt. Deshalb haben sich wissenschaftliche Revolutionen auch nie auf der Basis von rationaler Auseinandersetzung oder der reinen Beweisführung fortentwickelt. Solange man im Rahmen des alten Paradigmas bleibt, mag das noch funktionieren. Wenn man aber den Rahmen selbst in Frage stellt, dann führt das in der Regel nicht zu einer offenen Auseinandersetzung mit dem Neuen.

Wo befinden wir uns heute? In einem Niemandsland zwischen den Paradigmen?

Rupert Sheldrake

*Dr. **Rupert Sheldrake** hat sich seit Jahren auf die Erforschung von Phänomenen konzentriert, die von der konventionellen Wissenschaft als unbeantwortbar abgelegt wurden und mit seinen Theorien das gesamte Gebäude der mechanistischen Wissenschaft in Frage gestellt. Rupert Sheldrake wurde 1942 geboren, studierte Naturwissenschaften und Philosophie und wurde Direktor des Instituts für Biochemie und Zellbiologie am Clare College. Anfang der achtziger Jahre entwickelte er seine Theorie morphogenetischer Felder, die ihn später weltberühmt machte. Zu seinen wichtigsten Büchern gehören "Das schöpferische Universum" (1983), "Das Gedächtnis der Natur", "Die Wiedergeburt der Natur". Zuletzt erschien von ihm "Der siebte Sinn der Tiere".*

●●●●●● Das kann man so sagen. In manchen Bereichen ist das mechanistische Weltbild schon überwunden. Die Vorstellung des Kosmos als eine Art Maschine, die Metapher des Universums als großes Uhrwerk oder als riesige Dampfmaschine wurde durch die Theorie des evolutionären Universums hinfällig, und zwar durch die Vorstellung, nach der das Universum mit einem Urknall begann, mikroskopisch begann und bis heute immer weiter wächst und dabei ständig neue Formen schafft. Das ähnelt doch viel mehr dem Wachstum eines Embryos als einer Maschine. Tatsächlich behandelt die moderne Kosmologie das Universum mehr wie einen sich entwickelnden Organismus. Das ist ein Teil dieses Paradigmenwechsels von der Maschine zum Organismus. Während in der Vergangenheit die natürlichen Prozesse als absolut vorhersagbar galten, entdeckte die Grundlagenforschung auf allen Gebieten eine Art Spontanität und Freiheit. Die Quantentheorie zeigte, dass auf der mikroskopischen Ebene kaum etwas vorhersehbar ist. In jüngster Zeit führte uns die Chaostheorie vor Augen, dass die Veränderungen des Wetters, chemische Reaktionen oder die Aktivität von Nervenzellen viel mehr chaotisch sind, als rigide vorherbestimmt, wie man bislang annahm. Die Natur und der ganze Kosmos wirken also insgesamt wieder mehr wie ein Organismus, in den Freiheit und Spontanität zurückgekehrt sind. Die Kosmologie entdeckt Kreativität auf allen Ebenen der Natur. Langsam entsteht so etwas wie ein Gefühl für Leben in der Natur.

Aber trotzdem scheint der Prozess des Weltbildwandels sich sehr langsam zu vollziehen ...

●●●●●● Das mechanistische Weltbild entstand im 17. Jahrhundert. Es hat uns lange beeinflusst. Aber die Wissenschaft, die daraus entstand, haben wir schon hinter uns gelassen. Das Problem liegt darin, dass die Erkenntnisse der Pioniere in der Wissenschaft eine sehr lange Zeit brauchen, bis sie die öffentliche Meinung erreichen. Die Quanten-Revolution von 1927 hat das öffentliche Bewusstsein irgendwann Mitte der 80er Jahre erreicht. Wenn wir so lange darauf warten müssen, bis neue Entdeckungen uns erreichen, ist es möglicherweise schon zu spät. Es hat schon Hunderte von Wissenschaftlern gegeben, die auf die Mängel des mechanistischen Weltbildes hingewiesen haben. Aber nur wenige haben eine grundsätzliche Alternative angeboten. Es wird zwar immer wieder von der Notwendigkeit eines ganzheitlichen oder systemischen Ansatzes gesprochen, aber solange die Alternative keinen positiven Inhalt hat und uns etwas wirklich Neues bietet, ähnelt sie mehr einer schönen Hoffnung als einem handfesten Forschungsansatz. Ich hatte immer das Gefühl, dass dem existierenden ganzheitlichen Ansatz etwas fehlte, ein fehlendes Grundprinzip. Als mir in einem plötzlichen Moment der Einsicht die Idee kam, es könnte sich um das Phänomen der Erinnerung handeln, klärten sich plötzlich viele meiner Fragen. Daraus entstand dann die Theorie der ‚morphischen Resonanz'.

Damit haben sie den Rahmen des bisherigen Weltbildes aber schon weit überschritten! Denn die klassische Naturwissenschaft spricht statt von der Erinnerung von unverrückbaren Naturgesetzen.

●●●●●● Diese grundlegenden Gesetze der Wissenschaft, die sogenannten Naturgesetze sind auch genau das, was in Frage gestellt werden muss. Natürlich gibt es Regeln im Universum: Pflanzen wachsen Generation für Generation auf dieselbe Weise, Kristalle kristallisieren nach dem gleichen Muster. Aber es gibt zwei Möglichkeiten, sich dieses Regelwerk vorzustellen. Die konventionelle Art besteht darin, zu sagen, dass all das geschieht, weil die Natur von ewigen Gesetzen regiert wird. Die andere Möglichkeit ist, zu sagen, dass diese Regeln wie Gewohnheiten sind und dass sie davon abhängig sind, was vorher passiert ist. Die konventionelle Sicht machte solange Sinn, wie man von einem ewig gleichen Universum ausging. Mittlerweile hat aber eine Revolution in der Kosmologie stattgefunden. Heute geht man davon aus, dass wir in einem offenen evolutionären Universum leben. Und da ist es an der Zeit, ewig gleiche Gesetze in Frage zu stellen. Meines Erachtens macht es mehr Sinn, sich Naturgesetze als Regeln vorzustellen, die sich zusammen mit dem Universum verändern und weiterentwickeln. Die eigentliche Grundlage meiner Theorie ist die Idee, dass ewige Naturgesetze ein Anachronismus sind, ein Überbleibsel eines überholten Weltbildes. In einem wirklich evolutionären Kosmos und einer evolutionären Welt, so wie sie uns von der klassischen Wissenschaft präsentiert wird, müssen auch die Regeln selbst veränderlich sein.

Trotzdem kocht Wasser immer noch bei 100 Grad ...

●●●●●● Natürlich, das ist ja auch schon milliardenfach geschehen. Wenn sich bestimmte Muster ständig wiederholt haben, dann werden die Gewohnheiten so tief eingeprägt ins Gedächtnis der Natur, dass sie wirken wie ewige Naturgesetze. Interessant wird es aber bei neuen Erscheinungen, zum Beispiel der Kristallisation einer neuen chemischen Substanz, dem Erlernen eines neuen Verhaltens bei einem Hund oder einer Ratte, der Übernahme neuer Ideen, neuen Handlungsabläufen bei Menschen. Derartige neue Phänomene werden nach meiner Theorie auf der ganzen Welt umso öfter und einfacher auftreten, je öfter sie schon wiederholt wurden. Nach dem konventionellen Weltbild dürfte die Häufigkeit der Wiederholung keinen Unterschied machen, weil ewige Naturgesetze davon unbeeinflusst bleiben. Also habe ich genau dort angefangen zu forschen. Und es gibt mittlerweile zahlreiche Hinweise für die Richtigkeit der Theorie.

Was ist die Grundidee Ihrer Theorie der morphischen Resonanz?

●●●●●● Ich behaupte, dass in der Natur alle Aktivitätsmuster mit anderen ähnlichen Aktivitätsmustern unabhängig von Raum und Zeit miteinander in Resonanz treten. Die so entstehenden morphischen Felder sind unsichtbare organisierende Strukturen, die Dinge wie Kristalle, Pflanzen oder Tiere formen und gestalten und sich auch organisierend auf das Verhalten auswirken. Ich glaube also, dass der Kosmos nicht von externen Gesetzen, sondern von einem sich entwickelnden Gedächtnis gesteuert wird, einer Art universellem Gedächtnis. Wie diese morphische Resonanz funktioniert, weiß ich noch nicht. Es lassen sich Hunderte von Modellen dafür entwickeln. Aber ich glaube, das Phänomen selbst ist völlig unabhängig von dem theoretischen Gerüst, mit dem es erklärt wird. Mir fällt da die Gravitation ein. Als Newton sein Gesetz aufstellte, konnte er nicht erklären, wieso ein Körper einen anderen anzieht. Er dachte, Gott sei die bestimmende Kraft der Gravitation. Nein, nein, sagten die Forscher nach ihm, die Kraft der Gravitation geht von den Körpern selbst aus. Einstein behauptete dann, die Kraft hinge mit der Krümmung des Gravitationsfelds zusammen. Das sind ganz unterschiedliche Modelle, doch das Phänomen bleibt dasselbe. Wir sitzen auf unseren vier Buchstaben und haben die Füße am Boden, anstatt davon zu schweben.

Wo sollte dieses Gedächtnis sein, wie sollten wir damit Kontakt aufnehmen können?

●●●●●● Auch dafür gibt es Modelle, die in unserem Alltag völlig selbstverständlich sind. Jeder Raum auf dieser Erde ist voll von Radiowellen aus der ganzen Welt. Wenn man ein leistungsstarkes Radio und einen entsprechenden Kurzwellen-Empfänger hat, kann man Zigtausend Programme empfangen. Sie sind nicht sichtbar und trotzdem da, sie existieren nebeneinander und überlappen sich nicht, obwohl sie sehr nahe beieinander liegen. Sie füllen ständig den gesamten Raum in und um uns. Und wie ist es möglich, dass Menschen diese Programme empfangen? Sie stellen ihr Radio so ein, dass der Empfänger mit dieser Wellenlänge resoniert.

Trotzdem erscheint die Idee eines unsichtbaren Feldes, das alle Aktivitäten der Natur speichert, zunächst einmal sehr esoterisch und metaphysisch ...

●●●●●● Dass man die Felder nicht sehen kann, sollte kein Kriterium sein. Es war schon immer die Aufgabe der Wissenschaft, das Sichtbare mit Hilfe des Unsichtbaren zu erklären. Ich bin eigentlich der Meinung, dass diese Theorie weit weniger metaphysisch ist, als die konventionelle Theorie, die von ewig gültigen Naturgesetzen ausgeht. Man muss sich das nur mal vor Augen führen: Die Idee, dass die Natur von unveränderlichen Gesetzen regiert wird, die unabhängig sowohl von Raum und Zeit, als auch von Materie und Energie sind, ja die eigentlich sogar unabhängig vom Universum existieren, ist eigentlich ein Relikt aus der platonischen Theologie. Denn dort entstand die Idee, dass die Naturgesetze aus den Gedanken Gottes entstanden sind. Heute haben sich aber die meisten Wissenschaftler längst von Gott abgewendet. Also stehen sie jetzt mit mathematischen Grundgesetzen da, die wie eine Wolke im Raum schweben. Eigentlich ist die Vorstellung, es gäbe eine Art ewige mathematische Geistlogik, ganz außerordentlich metaphysisch und sehr viel weniger plausibel als die Vorstellung von Regeln, die sich im Verlauf der Evolution immer weiter einprägen.

Aber Ihre Theorie hat die meiste Resonanz nicht in der Wissenschaft, sondern in den Kreisen des New Age erhalten ...

●●●●●● Ich hatte eigentlich damit gerechnet, dass dieser Ansatz von einer kleinen Wissenschaftsgemeinde diskutiert werden würde und war völlig überrascht von dieser enormen öffentlichen Reaktion. Es waren auch nicht nur die Leute aus der New Age-Bewegung. Vertreter der Jungianischen Psychologie unterstützen den Ansatz, weil er mit der Idee eines kollektiven Unterbewusstseins übereinstimmt. Hindus und Buddhisten mögen diese Theorie, weil sie Parallelen zu ihrer Vorstellung des Karmas hat. Das Karma wird in manchen hinduistischen Schulen sogar als eine Art universelles Gedächtnis beschrieben. Theosophen gehen davon aus, dass es eine Art kosmische Erinnerung gibt. Die Homöopathen reagierten positiv, weil meine Theorie einen Erklärungsansatz für die Feldwirkung ihrer Heilmittel anbietet. Und es gab auch eine ganze Reihe positiver Reaktionen von Wissenschaftlern, welche die Hoffnung hatten, dass wir mit Hilfe dieses Ansatzes aus dem mechanistischen Käfig herauskommen, in den unsere Kultur eingesperrt ist. Bei aller Kritik an der konventionellen Wissenschaft darf man nicht vergessen, dass die Erkenntnisse der modernsten Grundlagenforschung durchaus in Übereinstimmung ist mit dem Weltbildwandel, der sich auf der politischen und sozialen Ebene vollzieht. Die Theorie der morphischen Resonanz ist nur ein Element der geistigen Revolution, in der wir uns befinden.

Kann sie den Wandel nicht auch ein Stück weit erklären und Hoffnung vermitteln, dass der Sprung in ein neues Weltbild zu schaffen ist?

●●●●●●● Die Idee der morphischen Resonanz legt natürlich auch nahe, dass sich auch neue Ideen und Weltbilder schneller ausbreiten können, als wir bislang dachten. Und tatsächlich nimmt ja unser Bewusstsein einer Abhängigkeit von der uns tragenden Umwelt in erstaunlichem Maße zu. Gleichzeitig erinnert uns die Theorie der morphischen Resonanz daran, dass alte Gewohnheiten nur schwer zu überwinden sind und sehr hartnäckig sein können. Angesichts unseres Konsumverhaltens und dieser Grundhaltung, immer noch mehr zu wollen, stehen wir, glaube ich, wirklich vor den großen Herausforderungen, unsere eingefahrenen Gewohnheiten verändern zu müssen. Ich bin eigentlich optimistisch, denn das neue Denken breitet sich relativ schnell aus. Gleichzeitig rechne ich damit, dass ein Wechsel unserer Gewohnheiten durch die Verschärfung der wirtschaftlichen Situation ohnehin unausweichlich wird. Wenn wir aber schon ein Denkmodell oder eine neue Möglichkeit uns selbst und die Welt wahrzunehmen haben, dann kann das diesen Wandel sehr erleichtern.

Wie spiegelt sich diese weltanschauliche Zwischenwelt, in der sich die gegenwärtige Kultur zu befinden scheint, in unserem alltäglichen Verhalten?

●●●●●●● Ich glaube, viele Menschen in der westlichen Welt haben bereits eine sehr persönliche Beziehung zur Natur. Aber das ist eine Art Teilzeit-Beziehung für's Wochenende. Freitag Nachmittag sind die Ausfahrtsstraßen der Metropolen verstopft, weil Millionen von Menschen raus in die Natur wollen. Diese Ausflüge in die Berge, aufs Land und in die Wälder sind der Versuch, eine andere Beziehung zur Natur wiederherzustellen. Von Montag bis Freitag unterliegen wir einem wirtschaftlichen System, das im Wesentlichen darauf basiert, die Natur auszubeuten. Also haben wir so etwas wie ein gespaltenes Verhältnis zur Natur – eine mechanistische Beziehung für die Werktage und eine persönliche Beziehung an den Feiertagen. Und langsam kommen wir zu der Einsicht, dass wir auch während der Woche einen anderen Ansatz brauchen.

Wie ließe sich diese persönliche Spaltung überwinden?

●●●●●●● Fast jeder von uns hatte irgendwann ein Gefühl einer tiefen Verbindung zur Natur, die über das rein mechanistische Weltbild hinausgegangen ist. Und ich glaube, einer der einfachsten und direktesten Wege, die wir gehen können, ist, uns an diese eigenen tiefen Erfahrungen zu erinnern und das, was wir eigentlich schon wissen, ernster zu nehmen. Die meisten Menschen haben solche Erfahrungen in einem Teil ihres Geistes abgespeichert, der die Aufschrift ‚Privatsache' trägt. Sie halten es für etwas völlig Subjektives, oft haben sie das Gefühl, nicht darüber sprechen zu können, es wird behandelt wie eine Intimität. Ich glaube, wir könnten diese verkörperte Erfahrung mehr in die Öffentlichkeit tragen, indem wir unserer eigenen Intuition und unseren Erfahrungen einen größeren Wert zumessen. Der einfache Akt der Erinnerung könnte uns helfen, diese Spaltung in uns zu heilen und uns ein neues Gefühl für unsere Verbindung mit der natürlichen Ordnung geben.

Noch gilt doch aber eine solche Haltung meist als Rückschritt in eine vorrationale Zeit ...

●●●●●● Aber darin liegt doch auch ein Potential. Sicherlich hatten die sogenannten Primitiven mit ihrem animistischen Weltbild einer belebten Natur ein viel deutlicheres Gefühl für ihre Verbindung mit der lebendigen Welt. Die alten Europäer hatten diese Einstellung auch. Es gab sie, bevor sich das Christentum ausgebreitet hat, es gab sie auch im Mittelalter, in dem ein animistisches Christentum die meist verbreitete Glaubensrichtung darstellte. Erst durch die protestantische Reformation und die darauf folgende industrielle Revolution ging dieser Glauben verloren und galt plötzlich als primitiv und abergläubisch. Ich glaube, die Anerkennung dieser traditionellen Weltsicht kann uns auch dabei helfen, den gegenwärtigen Wandel des Weltbilds zu beschleunigen. Wir müssen sehen, dass wir von der Vergangenheit auch lernen können.

Was kann uns die Einsicht, dass die Natur kreativ und lebendig ist, heute nutzen?

●●●●●● Die Idee einer lebendigen Natur – so wie sie auch in Lovelocks Gaia-Theorie skizziert ist – macht uns deutlich, dass unser Leben von einem viel größeren lebendigen System abhängig ist. Sie lehrt uns, dass wir die Erde nicht besitzen, dass wir weder ihre Manager, noch ihre Diener sind. Die eigentliche Botschaft dieser Sichtweise ist, dass wir nichts weiter sind als eine Spezies unter vielen anderen. Und dass wir von diesem Planeten verschwinden werden, wenn wir dieses größere lebendige System nicht respektieren.

Also müssen wir einen Schritt zurückgehen, um dann zwei Schritte in die Zukunft machen zu können?

●●●●●● Das animistische Weltbild geht davon aus, dass die Welt lebendig ist. Aus der rationalistischen Perspektive ist der Animismus nichts weiter als eine Projektion menschlicher Gefühle auf eine geistlose Natur und damit ein nutzloses Modell. Jetzt wird aber eine ganz neue Frage aufgeworfen: Wenn die Welt nicht tot und geistlos ist, sondern ein lebendiger, kreativer Organismus, dann sind es die Materialisten und Rationalisten, die ein beschränktes Weltbild haben und ihre sehr speziellen menschlichen Vorstellungen und besonders ihre Obsession für Maschinen auf die Natur projizieren. Das würde heißen, dass in der animistischen Art, die Welt zu sehen, viel mehr Wahrheit steckt als wir dachten. Der Wechsel zu einem Paradigma, in dem die Natur lebendig ist, scheint mir ein großer Schritt nach vorne zu sein. Ich glaube, dass wir zu einer Sichtweise zurückkehren, in der wir den ganzen Kosmos wie auch die Erde als lebenden Organismus verstehen, der uns Menschen umschließt. Ganz allgemein formuliert können wir von einer Wiederkehr des Animismus sprechen, einer Wiederkehr des Glaubens daran, dass die natürliche Welt belebt ist. Das heißt nicht, dass wir zu einem primitiven Animismus zurückkehren, aber wir können von früheren Formen dieses Glaubens lernen. Wir stehen an der Schwelle zu einem postmechanistischen Empfinden für das Leben in der Natur. Dieser neue Animismus ist nicht einfach nur eine Rückkehr zum Alten, sondern eine Rückkehr zum Bewusstsein der belebten Welt - quasi auf einer höheren Drehung der Erkenntnisspirale.

2

Das Netz des Lebens

Grundprinzipien systemischen Denkens

Im Gespräch mit dem Physiker Fritjof Capra

Herr Capra, über Jahrhunderte war die Physik die 'Leitwissenschaft'. Muss sie vom Thron abdanken?

●●●●●● Wenn heute Leute an Wissenschaft denken, denken sie hauptsächlich an Physik und die ganzen populär-wissenschaftlichen Bücher, die von der Natur des Universums und vom Beginn der Zeit handeln. Ich halte die Physik historisch gesehen nach wie vor für ein sehr wichtiges Beispiel wissenschaftlichen Denkens. Denn das war die erste Wissenschaft, in der sich dieser radikale Wandel abgespielt hat. Aber die Physik kann jetzt nicht mehr die Hauptquelle unserer Metaphern sein sowie die Hauptquelle für Modelle der Wirklichkeit. Heute ist das die Systemtheorie, das systemische Denken und das Verständnis über lebende Systeme.

Wohin führt uns das systemische Denken?

●●●●●● Die Wissenschaft der heutigen Zeit – und nicht nur die Physik, sondern auch die Biologie, Psychologie und andere Wissenschaften – führen uns auf ein Weltbild, das zutiefst ökologisch ist.

Ökologie im tiefsten Sinne beruht auf einem Bewusstsein der wesentlichen Verknüpftheit aller Phänomene, der Zugehörigkeit zum Ganzen, des Eingebettetseins im Ganzen. Und das ist auch der Kern des religiösen Bewusstseins. Und daher ist ein tief ökologisches Bewusstsein auch ein spirituelles und religiöses Bewusstsein. Eine Wissenschaft, die auf diesem Bewusstsein letztlich beruht, wird diese Parallelen mit den großen religiösen Traditionen zeigen.

*Prof. Dr. **Fritjof Capra** gilt als einer der weltweit führenden Vertreter des ökologisch ganzheitlichen Denkens und der Tiefenökologie. Als ausgebildeter Atomphysiker repräsentiert er in seiner Person zugleich die Annäherung, die sich seit einiger Zeit zwischen der modernen Naturwissenschaft und ganzheitlichen philosophischen Ansätzen abzeichnet. Fritjof Capra wurde 1939 in Wien geboren, studierte und promovierte in Teilchenphysik und siedelte nach zwei Forschungsjahren in Paris nach Santa Cruz, Kalifornien über. Die parallele Auseinandersetzung mit modernster Physik und den spirituellen Traditionen schlug sich in den beiden Weltbestsellern „Das Tao der Physik" und „Wendezeit" nieder, die lange Zeit als Grundlagenwerke des 'Neuen Denkens' galten. Heute erforscht Fritjof Capra Systemtheorie und deren Anwendung in Management, Gesellschaft und Bildung an dem von ihm gegründeten Center for Ecoliteracy in Berkeley, Kalifornien. Seine letzten Bücher tragen die Titel: „Lebensnetz. Ein neues Verständnis der lebendigen Welt" (1996) und „Verborgene Zusammenhänge. Vernetzt denken und Handeln – in Wirtschaft, Politik, Wissenschaft und Gesellschaft" (2002).*

Wenn das Systemdenken tatsächlich die Grundlage für ein neues Paradigma in allen Wissenschaften liefert: Was ist das Neue?

●●●●●● Kurz zusammengefasst ist es immer eine Verlagerung von Schwerpunkten. Wir bewegen uns von einem Paradigma oder Weltbild zu einem neuen. Es geht um eine Verlagerung z.B. von den Teilen zum Ganzen. Im alten Paradigma hat man geglaubt, das Ganze setze sich aus Bausteinen zusammen und man müsse die Bausteine kennen, um das Ganze zu verstehen. Heute glaubt man, dass umgekehrt die Dynamik des Ganzen primär ist und sich das Verhalten der Teile aus der Dynamik und dem Kontext des Ganzen erst erklären lässt. Ein zweites Kriterium ist der Übergang von der Auseinandersetzung mit der Struktur von Dingen zur Beschäftigung mit Prozessen. Früher glaubte man, es gäbe fundamentale Strukturen und Kräfte, die auf die Strukturen einwirkten, und daraus ergäben sich die Prozesse. Heute sieht man Struktur und Prozess als komplimentäre Phänomene. Das gilt vor allem für die lebende Materie: Hier ist jede Struktur ein Spiegel der darunter liegenden Prozesse und lässt sich nur durch 'Prozessdenken' verstehen. Dann gibt es einen Übergang von der Objektivität der Wissenschaft zur Subjektivität des Beobachters. Es war über Jahrhunderte ein Anspruch der Wissenschaft, dass wissenschaftliches Denken, wissenschaftliche Einsichten und Fakten objektiv sind, d.h. unabhängig vom Beobachter und unabhängig vom Prozess des Wissenserwerbs. Jetzt geht man über zu dem, was ich 'epistemische Wissenschaft' nenne. Das heißt, einer Wissenschaft, in der die wissenschaftlichen Theorien den Erkenntnisprozess immer mit beeinflussen und mit einbeziehen.

Das heißt doch aber auch, dass die Exaktheit der Aussagen geringer wird?

●●●●●● Ein weiterer Punkt des neuen Weltbildes ist gerade der Übergang von der Wahrheit zur Annäherung. Wahrheit lässt sich definieren als eine exakte Übereinstimmung der Beschreibung mit dem Beschriebenen. Eine solche Wahrheit gibt es in der Naturwissenschaft nicht. Alles was wir über die Natur sagen können, ist eine Annäherung.

Unser Verständnis der lebendigen Welt ist also mangelhaft?

●●●●●● Mir geht es um die Frage: Wie kann man lebende Systeme in der Naturwissenschaft verstehen? Und da gibt es ganz aufregende neue Erkenntnisse der letzten 20 Jahre, die noch nicht allgemein bekannt sind. Ich stelle eine Synthese dieser Erkenntnisse zur Diskussion – eine Synthese von Modellen und Theorien lebender Systeme, die in den letzten 20 Jahren entwickelt worden sind. Die Frage nach dem allgemeinen Verständnis der lebendigen Welt ist aber auch berechtigt. Ich würde sagen, dass uns da ein Verständnis fehlt, denn sonst würden wir mit unserer natürlichen Umwelt nicht so umgehen, wie wir es machen, sonst würden wir unsere eigenen Lebensgrundlagen nicht zerstören.

Sie sprechen ja nun seit 20 Jahren in ihren Büchern von einem fälligen Paradigmenwechsel. Erhöht sich ihrer Meinung nach nur die Notwendigkeit dieses Wechsels oder wandelt sich da tatsächlich etwas?

●●●●●●● Ich würde sagen, beides. Ich sprach vor 15 Jahren, als ich das Buch 'Wendezeit' schrieb, zum ersten Mal ausführlich von diesem Paradigmenwechsel und von einer Krise unserer Gesellschaft, unserer Wirtschaft, auch von der Umweltkrise, die ich im Wesentlichen als eine Krise der Wahrnehmung sehe. Das heißt, sie geht darauf zurück, dass wir an einem überholten Weltbild festhalten und jetzt unsere Aufmerksamkeit und unsere Denkweise zu einem neuen Weltbild hin ändern müssen. Diese Krise der Wahrnehmung hat sich inzwischen noch verschärft, aber es ist auch zu sagen, dass der Paradigmenwechsel inzwischen auch fortgeschritten ist. Es ist also beides der Fall und es ist auch typisch für eine solche tiefgreifende kulturelle Umwandlung, dass, während sie sich vollzieht, die Folgen der alten Weltanschauung noch weiterhin wirksam sind und die Lage sich noch verschlechtert.

Sie haben ja nun darauf hingewiesen, dass eine Krise der Wahrnehmung ein kulturelles Problem ist. Ist unsere Wahrnehmung denn so wandlungsfähig – und wohin müsste sie sich wandeln?

●●●●●●● Ich glaube schon, dass unsere Wahrnehmung wandlungsfähig ist. Wir müssen sehen, wie wir unser Leben gestalten können, ohne unsere Lebensgrundlagen zu vernichten, ohne die Chancen künftiger Generationen zu vermindern. Und um das zu tun, können wir sehr viel von Ökosystemen lernen. Denn die Ökosysteme in der Natur sind ökologisch nachhaltige Gesellschaften. Das sind Gesellschaften von Tieren, Pflanzen und Mikroorganismen, die sich während Milliarden Jahren der Evolution so organisiert haben, dass ökologische Nachhaltigkeit in ihnen gewährleistet ist. Um das zu verstehen, was Nachhaltigkeit wirklich bedeutet, um diese Organisationsformen der Ökosysteme wirklich zu verstehen, müssen wir letztlich verstehen, was Leben ist und wie sich lebende Systeme organisieren.

Nun benutzen Sie ja die Begriffe 'ökologisch' und 'systemisch' fast wie Synonyme. Was ist 'systemisch', und wie muss man sich dieses Systemische Weltbild vorstellen?

●●●●●●● Sie haben ganz Recht. Ich benutze diese beiden Begriffe synonym. Für mich ist ökologisches Denken der breitere Begriff. Ökologie umfasst ja ein sehr breites Feld. Wir können von Ökologie als Wissenschaft sprechen, Ökologie als Philosophie, sogar Ökologie als eine Form der Religiosität oder Spiritualität – die sogenannte 'Tiefenökologie'. Dann Ökologie als Managementstrategie, Ökologie als Politik und Ökologie im täglichen Leben. Das ist ein ganz breiter Rahmen. Und systemisch nenne ich das ökologische Denken im wissenschaftlichen Bereich. Dieses systemische Denken ist eine intellektuelle Tradition der westlichen Welt, die sich im Laufe des letzten Jahrhunderts entwickelt hat. Das systemische Denken ist, kurz gesagt, ein ganzheitliches Denken, ein Denken in Zusammenhängen, ein Denken in Beziehungen. Das heißt, es handelt sich um den schon erwähnten Blickwechsel von den Teilen zum Ganzen, von Objekten zu Beziehungen, auch ein Blickwechsel von Bestandteilen zu Mustern. Muster sind Anordnungen von Beziehungen. Man kann auch sagen, es geht um einen Blickwechsel von Quantitäten zu Qualitäten. Beim quantitativen Ansatz geht es um Grundbausteine, um Mechanismen, um Materie. Beim systemischen Ansatz geht es um Beziehungsmuster, um Qualitäten.

Das Netz des Lebens

Nun ist ja diese Denktradition, wie Sie eben auch schon andeuteten, eigentlich so alt wie die europäische Kultur. Es gibt ja auch schon im alten Griechenland 'systemische Denker'. Was ist neu an dem aktuellen systemischen Denken?

●●●●●● Es gibt hier vielleicht drei Stufen. Die erste Phase ganzheitlichen Denkens geht auf die griechische Antike zurück und viele dieser Ansätze, die jetzt in der Wissenschaft wieder neu entdeckt sind, findet man schon bei Aristoteles. Im 20. Jahrhundert kam es aber zu einer zweiten Phase, bei der eine Reihe von Begriffen dieses Denkens wissenschaftlich genauer gefasst wurden: Das ist zuerst einmal der Begriff des Systems. Es gibt lebende und nicht lebende Systeme. Mir geht es mehr um die lebenden Systeme. Darunter versteht man individuelle Organismen, Teile von Organismen, wie die Organe in unserem Körper oder auch die Zellen und dann Gemeinschaften von Organismen, Sozialsysteme oder Ökosysteme. Und jetzt stellt sich heraus, dass man einige grundlegende Organisations-Systeme auf allen Systemstufen trifft. Zum Beispiel Teile lebender Systeme sind immer in einem Netzwerk angeordnet. Die Prozesse in lebenden Systemen sind immer kreisläufige Prozesse, wie die ökologischen Zyklen in einem Ökosystem, so auch der Blutkreislauf, der Hormonkreislauf in unserem Körper. Es gibt also Begriffe und Prinzipien, die man auf verschiedenen Systemebenen antrifft. Dann der Begriff der Organisation, früher hat man es die 'organisierenden Beziehungen' genannt, jetzt sagt man 'Selbstorganisation'. Diese zweite Phase, diese Begriffe präziser zu fassen, dauerte von den 20er Jahren bis herauf zu den 70er Jahren des 20. Jahrhunderts. Und die dritte Phase war dann die Entwicklung einer neuen Mathematik, die es fertig brachte, die ungeheure Komplexität lebender Systeme mathematisch darzustellen. Und mit dieser Mathematik gibt es jetzt Modelle und Theorien selbstorganisierender Systeme, aus denen ich selbst eine Synthese zusammengefasst habe. Das ist das neueste Systemdenken.

Kann man sich das so vorstellen, dass im Laufe dieser Theoriegeschichte aus einem Mythos von Ganzheitlichkeit jetzt eine wissenschaftlich präzisierte Weltanschauung von Ganzheitlichkeit geworden ist, die sich durch alle möglichen Naturwissenschaften hindurchzieht und nicht mehr nur die Geisteswissenschaften betrifft?

●●●●●● Das kann man sich so vorstellen. Aber ich möchte dazu gleich sagen, dass wir den Mythos nicht verlieren dürfen. Denn wir werden nicht zu einer ökologisch nachhaltigen Gesellschaft kommen, weil es in der Naturwissenschaft jetzt die Mathematik gibt, um lebende Systeme darzustellen. Die Naturwissenschaft wird unsere Gesellschaft nicht in ganzheitliche oder ökologisch nachhaltige Lebensformen führen. Das muss schon von Menschen geschehen, auf allen Lebensgebieten. Das muss eine politische Bewegung werden. Dazu braucht es ein gewisses Wertsystem, eine Überzeugung und eben auch einen Mythos.

Wie könnte dieser Mythos ausschauen?

●●●●●● Es gibt eine Anschauung der Erde als Ganzheit, die geradezu prädestiniert ist für diesen Mythos – das ist die Gaia-Theorie. Diese Gaia-Theorie nimmt ihren Namen von der altgriechischen Gottheit Gaia, der Erdmutter – und das wäre ein Mythos, der ein globaler ökologischer Mythos werden könnte.

Fritjof Capra

Wie hat sich das systemische Denken entwickelt?

●●●●●●● Es gibt mehrere Stufen oder Phasen des Systemdenkens. Zuerst einmal die Entwicklung der systemischen Begriffe und Denkweise – das war in den 20er Jahren. Dann in den 40er Jahren kam es zur Entwicklung von sogenannten Systemtheorien – das heißt von umfassenderen Gedankengebäuden, die jene grundlegenden Begriffe enthielten und die es sich zur Aufgabe machten, die Organisationsprinzipien lebender Systeme zu beschreiben. Und diese Theorien der 40er Jahre nenne ich die klassischen Systemtheorien, um sie von den späteren zu unterscheiden. Dazu gehört die Allgemeine Systemtheorie von Ludwig v. Bertallanfy und die Kybernetik, die von einer ganzen Gruppe von Wissenschafter/Innen ausgearbeitet wurde. Dann in den 50er und 60er Jahren wurden die Gedanken dieser beiden Theorien und des Systemdenkens auf mehrere praktische Gebiete, wie Technik und Management, angewandt. Es entstanden neue Disziplinen – Systemanalyse, Systemtechnik, systemisches Management. Auch in der Psychologie, der Familientherapie hatte der Systemansatz großen Einfluss. Interessanterweise hat das Systemdenken in den 50er und 60er Jahren die Biologie, von der es ursprünglich herkam, überhaupt nicht beeinflusst. Denn das war die Zeit der großen Triumphe der Molekularbiologie, der Entschlüsselung des genetischen Codes. Und dieser mechanistische Ansatz, der sehr erfolgreich war, stellte vorübergehend die Systemanschauung vollkommen in den Schatten. Das ging soweit, dass in den 70er Jahren kritische Aufsätze und Bücher erschienen, die sagten: Der Systemansatz sei eine Sackgasse gewesen. Der Hauptvorwurf dieser Kritiker war, dass der Systemansatz nicht zu einer formalen mathematischen Theorie geführt hatte. Es ist aber sehr wichtig zu sehen, dass dann eine zweite Welle kam aufgrund einer neuen Mathematik, die während der 70er Jahre entwickelt wurde. Das ist die Mathematik der Chaostheorie, der fraktalen Geometrie, eine Netzwerkmathematik – verschiedene Zweige, die sich jetzt zu einem folgerichtigen mathematischen Gefüge zusammen geschlossen haben. Und jetzt gelang es Systemtheoretikern in den 80er Jahren, neue Modelle zu formulieren, die diese neue Mathematik als Sprache verwendeten, und sie konnten große Fortschritte machen. Es gibt wirklich wesentliche Unterschiede zwischen den neuen Systemtheorien und den alten.

Was sind lebende Systeme?

●●●●●●● Meine Antwort auf diese Frage gliedert sich in drei Teile. Die Synthese sagt, dass zum Verstehen lebender Systeme das Verständnis von Organisations*mustern* von großer Bedeutung ist. Ein Organisationsmuster ist eine Anordnung von Beziehungen zwischen den Komponenten eines Systems, die die wesentlichen Eigenschaften eines Systems bestimmen. Wenn wir etwas als einen Baum oder ein Tier oder einen Menschen erkennen, dann geht das auf eine Anordnung von Beziehungen zwischen den Komponenten zurück. Um sich mit Mustern zu beschäftigen, braucht man die Physik nicht. Dann gibt es den Strukturansatz, der mit Physik, Chemie, Energie, Entropie operiert und die Strukturen genau beschreibt. Und da gehören auch die Genetik und die Molekularbiologie und das alles hinein. Ich definiere die Struktur als die materielle Verkörperung des Organisationsmusters. Das wesentliche meiner Synthese ist, wie man diese beiden Ansätze von Muster und Struktur verbindet. Das geschieht durch eine dritte Komponente, die Prozesskomponente. Denn in lebenden Systemen gibt es dauernd Stoffwechselprozesse, es gibt dauernd Wachstum, Entwicklung, es gibt Evolution. Ich sage, dass diese Verkörperung des Organisationsmusters ein ständiger Prozess ist. Dieser ständige Verkörperungsprozess ist der Lebensprozess. Das heißt, dass ich drei Kriterien beachten muss. Um die Frage „Was ist Leben?" wissenschaftlich zu beantworten, muss ich die Antwort auf drei Fragen finden: Was sind lebende Strukturen? Was sind die Organisationsmuster des Lebens? Und was sind die Lebensprozesse?

Sie sprachen jetzt über die wissenschaftliche Erklärung dessen, was Leben ist. Aber diese Definition greift doch auch hinein in philosophische Erklärungsmuster. Wie ist denn aus dieser Weltsicht eine Trennung von Bewusstsein und Materie, zwischen Subjekt und Objekt, zwischen Leben und Tod aufrecht zu erhalten?

●●●●●● Eine Trennung ist im Sinne einer Unterscheidung aufrecht zu erhalten, aber nicht im Sinne einer Abtrennung. Das Wesentliche an dieser jetzt entstehenden neuen Theorie ist gerade, dass sie diese kartesianische strenge Trennung von Geist und Materie überwindet. Denn es stellt sich heraus, dass der Lebensprozess mit dem Geistesprozess identifiziert wird – das ist die sogenannte 'Santiagotheorie der Kognition'. Es handelte sich hier um eine radikale Ausweitung des Erkenntnisprozesses und damit auch des Geistesbegriffes. Wir sagen, dass der Erkenntnisprozess nichts anderes ist als der Lebensprozess, also der Prozess der dauernden Verkörperung und Verwirklichung des Organisationsmusters. Das gilt auf allen Lebensstufen. Auf allen Stufen lebender Systeme stehen Geist und Materie in einer Beziehung von Prozess und Struktur zueinander. Das heißt, die ständige Selbsterhaltung und Selbsterzeugung von Mustern, von Komplexität, von Ordnung, die wir in lebenden Systemen beobachten, dieser ganze Prozess ist der Lebensprozess. Und dieser Prozess ist auch ein kognitiver oder geistiger Prozess. Das heißt jetzt nicht, dass Pflanzen und Tiere und Bakterien denken, keineswegs. Denn das Denken ist eine Form des menschlichen Bewusstseins. Das ist eine höhere Ebene der Komplexität und der Abstraktion. Aber es heißt, dass auf allen Stufen des Lebens Geist und Materie in einer Beziehung von Prozess und Struktur sind. Das heißt, Geist ist nicht ein Ding, sondern nichts anderes als der Lebensprozess. Und die verschiedenen materiellen Strukturen, einschließlich des Gehirns, sind Strukturen, in denen sich dieser Prozess abspielt. Geist und lebende Materie stehen also in diesem Verhältnis von Prozess und Struktur.

Welche Bedeutung hat in diesem Konzept der Begriff der Autopoiese?

●●●●●● Autopoiesis ist das Muster des Lebens. Lebende Systeme sind immer Netzwerke. Und zwar ganz besondere Netzwerke. Lebende Netzwerke zeichnen sich dadurch aus, dass jede Komponente auf andere Komponenten einwirkt, andere Komponenten verändert, andere Komponenten auch ersetzt. Auf diese Weise bringt das gesamte Netzwerk sich selbst hervor. Jede Komponente hilft dazu, andere Komponenten hervorzubringen und zu verändern. Das ganze Netzwerk macht sich selbst. 'Auto' heißt 'selbst' und 'poiese' kommt vom Griechischen und ist die selbe Wurzel wie Poesie und heißt 'machen'. 'Autopoiesis' ist das 'Selbstmachen des Lebensnetzes'.

Ist das Lebensnetz dann praktisch ein bildhaftes Synonym für das Systemdenken?

89

●●●●●● Nein – das Lebensnetz ist ein Teil des Systemdenkens. Es geht um diese drei Dimensionen: um das Strukturdenken, das Denken in Mustern und das Denken in Prozessen. Und das Lebensnetz ist das Muster. Aber es ist genauso wichtig, die Strukturen und die Prozesse zu verstehen.

Welche Rolle spielt dabei die Evolution?

●●●●●● Die Kreativität aller lebenden Systeme ist die treibende Kraft der Evolution. Evolution ergibt sich nicht nur aus zufälligen Mutationen und anschließender natürlicher Auslese, sondern es gibt eine innere Kreativität, ein spontanes Entstehen von Ordnung, das für Leben auf allen Ebenen charakteristisch ist. Und diese Ideen, die auch mit dem Netzwerk, mit Kognition und Struktur zusammenhängen, hat man auf die Genetik angewandt. Man beginnt jetzt, das sogenannte Genom – also den gesamten genetischen Apparat eines Organismus – als ein Netzwerk zu sehen. Als ein Netzwerk, in dem spontan Ordnung entsteht, d.h. nicht zufällig, sondern in einem geordneten Ganzen. Und diese geordneten Strukturen sind dann der natürlichen Auslese unterworfen, wie es der Darwinismus sagt. Aber die natürliche Auslese liest nicht aus zufällig entstandenen Strukturen aus, sondern es geht hier um eine grundlegende Ordnung, die in allen Lebewesen anzutreffen ist.

Das Systemdenken ist doch als etwas zu verstehen, das die Objekte – Häuser, Menschen, Bäume, Tiere – in den Hintergrund stellt und das Beziehungsnetz zwischen diesen einzelnen Objekten in den Vordergrund schiebt. Das heißt ja auch, dass der Mensch sich in seinem Verhältnis zur Welt völlig neu definieren muss. Was hat das für Auswirkungen auf Kultur und auf unsere Beschreibung von Wirklichkeit?

●●●●●● Das hat ganz tiefgreifende und auch ethische Auswirkungen. Wenn wir die lebende Natur als etwas zu sehen beginnen, das uns nicht gegenübersteht, sondern in das wir eingebettet sind, ferner, wenn wir die lebende Natur sehen als Lebewesen, die einen Geistesprozess erkennen lassen, die eine Intelligenz erkennen lassen auf allen Stufen des Lebens, dann wird das natürlich unser Verhältnis mit der lebenden Natur sehr verändern. Wir werden die lebende Welt nicht mehr als ein mechanisches System sehen, das aus getrennten Teilen besteht, die wir auch ausbeuten können, sondern werden eine größere Ehrfurcht haben, weil die Natur aus Lebewesen wie uns selbst besteht. Aus Lebewesen, die mit uns sehr viel gemeinsam haben, unter anderem auch einen Erkenntnisprozess sowie eine Intelligenz. Der passende Umgang mit der Natur geschieht nicht durch Beherrschung der Natur, wie das bei einer Maschine absolut passend ist, sondern durch einen Dialog mit der Natur. Weil eben die Natur auch lebt, intelligent ist, kreativ ist wie wir, ist der passende Umgang mit der Natur der Dialog und die Zusammenarbeit. Das sind ganz tiefgreifende Veränderungen. Und die Veränderungen auf der Ebene der Kultur sind überhaupt noch nicht abzusehen. Aber ich möchte hinzufügen, dass eine solche Einstellung zur Natur auch nichts Neues ist. Es gibt traditionelle Kulturen, die eine solche Ehrfurcht und Zusammenarbeit mit der Natur in sich gehabt haben.

Ihr Institut heißt ja übersetzt 'Institut für ökologischen Alphabethismus'. Welche Grundbuchstaben gilt es da zu lernen?

Das Netz des Lebens

●●●●●● Es gilt die Grundprinzipien der Ökologie zu verstehen. Schon das Netzwerkmuster ist ein Grundprinzip, die Tatsache, dass alle Lebewesen in einem Ökosystem miteinander vernetzt sind. Weiter die Tatsache, dass alle Lebewesen Abfall erzeugen, aber der Abfall der einen Lebensart die Nahrung für eine andere Lebensart ist, so dass alle Abfälle auch Ressourcen sind. Und alle Ressourcen werden immer weitergeleitet. Das ist etwas, was wir nachmachen können und sollten in unseren Industrien. Dann geht es um die Flexibilität des Netzwerks. Es geht um die Artenvielfalt als einen Reichtum und eine Überlebensbedingung des Netzwerks.

Kann man diese ökologischen Prinzipien in der Biosphäre und aus Ökosystemen auf soziale Systeme, menschliche Beziehungen und kulturelle Paradigmen übertragen?

●●●●●● Ja, das ist möglich. Nur müssen wir uns im Klaren sein, dass riesige Unterschiede zwischen Ökosystemen und menschlichen Sozialsystemen bestehen. In Ökosystemen gibt es keine Sprache, kein menschliches Bewusstsein, kein Denken. Daher keine Begriffe, keine Werte und im Detail sagen wir: keine Demokratie, keine Gerechtigkeit. Aber auch keine Lügen, keine Habgier. Das heißt, es gibt sehr große Unterschiede zwischen menschlichen Systemen und Ökosystemen, aber die ökologische Nachhaltigkeit, die sich aus der Verwirklichung dieser Prinzipien ergibt, ist etwas, das wir von Ökosystemen lernen können und müssen.

Nun gibt es ja gerade in Deutschland eine sehr große Empfindlichkeit gegenüber Theorien, die eine Naturgesetzlichkeit als Grundlage nehmen für gesellschaftliche, ethische oder kulturelle Modelle. Das hat sicher zu tun mit der Erfahrung des Faschismus. Ihnen ist von ökologischen Fundamentalisten wie Jutta Ditfurth deshalb eine faschistoide Tendenz vorgeworfen worden ...

●●●●●● Das lehne ich ab. Der Schritt zum Faschismus ist ein gefährlicher. Und man muss hier mit der Sprache und der Denkweise auch sehr aufpassen. Dieser Schritt geschieht, wenn wir sagen, die menschliche Gesellschaft sei ein Organismus, wie es auch lebende Organismen in der Natur gibt. Das ist die Metapher, die Faschisten oder Diktatoren immer wieder verwendet haben. Wir müssen unterscheiden zwischen einem lebenden System und einem lebenden Organismus. Ein Ökosystem ist kein Organismus, ein Sozialsystem ist kein Organismus. Dieser Unterschied ist wichtig, denn in einem Organismus dienen die Zellen dem Ganzen. Im Faschismus und seiner Metapher vom Volkskörper gab es eine heute schon überholte Vorstellung des Gehirns als Leiter dieses Organismus. Und das wurde dann auf faschistische Gesellschaftsformen angewandt: das Volk als Organismus und der Diktator als Kopf oder das Gehirn. Und das ist dann gefährlich.

Sie haben ja mit den Büchern „Wendezeit" und „Tao der Physik" auch einen Prozess ganzheitlicher Wahrnehmung ins Rollen gebracht, der nachher unter dem Begriff des 'New Age' international die Runde gemacht hat. Sind Ihre heutigen Gedanken einfach eine neue Sprache, um die alten Inhalte auf eine neue Art auszudrücken?

Fritjof Capra

●●●●●● Es ist eine neue Sprache. Was in den 70er Jahren die New Age-Bewegung war, war ein Potpourri von Interessen an Mystik, an der neuen Physik, an ganzheitlichen Ansätzen, an Gesundheit, Parapsychologie, Tarot-Karten – ein Sammelsurium. Das war eine aufregende Zeit der intellektuellen Gärung, der Bewusstseinserweiterung. Jetzt sehe ich Tiefenökologie einerseits, grüne Politik andererseits und den Systemansatz zum Verständnis des Lebens als drei Komponenten, die viel geordneter sind und viel gesetzter. Das ist eher eine Evolution der Gedanken, nicht ein Gegensatz.

Was verstehen Sie unter Tiefenökologie?

●●●●●● Die Tiefenökologie sagt: Der Mensch steht nicht außerhalb der Natur. Es steht überhaupt nicht außerhalb von irgendetwas anderem. Sondern es ist alles verknüpft in einem Netzwerk von Beziehungen. Wir Menschen sind zwar eine besondere Faser in diesem Netzwerk, aber doch eben nur ein Faden im Netzwerk des Lebens. In diesem Netz des Lebens ist jedes lebende Wesen in sich und an und für sich wertvoll. Und die tiefste Ebene der Tiefenökologie ist für mich die Spiritualität. Denn da kommt es zum Bewusstsein der Zugehörigkeit und zum Bewusstsein des Eingebettetseins – und damit zu einer ganz wesentlichen Verknüpfung zwischen Mensch und Natur.

Ist das für Sie die Perspektive, die vor uns liegt – eine Evolution von Wahrnehmung?

●●●●●● Ja, das würde ich sagen, aber Voraussagen kann man da nicht machen. Denn das liegt im Wesen der Evolution, dass sie immer kreativ ist. Eine kreative Neuerung kann man nicht vorhersagen, sonst wäre sie nicht neu.

Die Welt als Geliebte

Im Gespräch mit der Ökologin Joanna Macy

Wie würden Sie den Zustand der heutigen Welt beschreiben?

●●●●●● Wir erleben die letzten Jahre eines Wirtschaftswunder-Systems, das enorme Auswirkungen auf den gesamten Planeten hat. Es gibt keine Region und keine Kultur, die dagegen immun ist. Und dieses industrielle Wachstumssystem, basierend auf einer ständigen Ausbeutung der Rohstoffe und auf immer mehr Abfall, zerstört die lebenserhaltenden Systeme dieses Planeten für menschliche wie für nicht-menschliche Wesen. Wir befinden uns also in einem Prozess der völligen Zerstörung unserer Lebensgrundlagen. Unabhängig von dem, was wir an diesem Punkt dagegen tun, ist es sicher, dass künftige Generationen dazu verdammt sein werden, in einer schwer geschädigten Umwelt zu leben.

Wie reagieren wir auf diese Situation?

●●●●●● Mit Angst! Das ist heute so und war schon immer so. Die Menschen merken, dass sich enorm viel verändert und reagieren verstört. Diese Angst äußert sich meist auf zwei Arten. Sie führt zu Panik, zu irrationalem Verhalten, die Menschen werden aggressiver und wollen sich schützen. Die soziale Hysterie wächst und äußert sich in religiösem Fundamentalismus, in Nationalismus und Fremdenfeindlichkeit. Oder sie reagieren auf die Angst in einer anderen oberflächlichen Art und Weise, die ganz eng damit zusammenhängt: Sie fühlen sich gelähmt gegenüber allen politischen und sozialen Problemen. Und das bedeutet: Sie machen dicht!

*Prof. Dr. **Joanna Macy** ist nicht nur eine der Mitbegründerinnen der Tiefenökologie, sondern auch eine der wichtigsten buddhistischen Lehrerinnen der USA. Sie wurde 1929 in New York geboren, studierte Politikwissenschaft und arbeitete zunächst für das amerikanische Außenministerium. In den 60er Jahren begann sie sich in der Bürgerrechtsbewegung gegen Rassismus, Atomwaffen und den Vietnamkrieg zu engagieren, beendete ihre Arbeit für die Regierung und ging mit dem Peace Corp nach Nord-Indien, um tibetische Flüchtlinge zu unterstützen. Die dortige Begegnung mit dem Buddhismus führte dazu, dass sie nach ihrer Rückkehr in die USA Allgemeine Systemtheorie und Vergleichende Religionswissenschaften studierte und über die Parallelen zwischen beiden Fachgebieten promovierte. Parallel engagierte sie sich stark in der Friedens- und Ökologiebewegung und suchte nach Möglichkeiten, die verbreitete Apathie und Verzweiflung angesichts atomarer Bedrohung und ökologischer Zerstörung therapeutisch zu bearbeiten. Daraus entstand zunächst die „Psychologische Friedensarbeit" und später die „Tiefenökologie". Seit Mitte der 80er Jahre arbeitet sie mit Menschen in aller Welt daran, politische Verantwortung, ökologische Aktion, spirituelles Wachstum, ganzheitliche Wissenschaft und psychologische Krisenbewältigung so miteinander zu verbinden, dass daraus neues Engagement für die Zukunft wachsen kann. Ihr jüngstes Buch „Die Reise ins lebendige Leben" erschien im Herbst 2003.*

Das Netz des Lebens

Wo liegen die Wurzeln dieser Krise?

●●●●●●● Ich glaube, dass die Krise, in der wir uns befinden, im Kern geistiger Natur ist. Sie ist wie eine Krankheit, die die Kultur ergriffen hat. Sie führt dazu, dass wir unsere tiefsten Werte völlig in Frage gestellt haben und nicht mehr wissen, woran wir uns orientieren sollen. Man kann auch von einem moralischen Kollaps sprechen, der darauf beruht, dass die Beziehung zwischen uns und den Dingen und Wesenheiten in unserer Mitwelt zusammengebrochen ist. Unsere Gesellschaft krankt an ihrem Anthropozentrismus. Durch ihn verstehen wir uns als Krone der Schöpfung und als Mittelpunkt der Welt. Dabei ist der vielleicht größte Mangel unserer Kultur eine wirklich inspirierende Vision einer gesunden Beziehung zwischen uns und der uns umgebenden Welt.

Worin besteht ihrer Meinung nach heute die größte Gefahr?

●●●●●●● Ich glaube, dass von all den Gefahren die uns drohen – seien es der Militarismus, die Umweltverschmutzung, die Überbevölkerung oder das Artensterben – keine Gefahr so groß ist, wie unsere Verdrängung. Denn dann passiert all das unkontrolliert. Selbstorganisierende Systeme, ob es nun eine Gemeinde, ein Planet oder eine Nation ist, korrigieren Fehlentwicklungen durch Rückkopplung oder Feedback. Und eine Verweigerung blockiert das Feedback. Jedes System, das seine Rückkopplung abblockt, begeht Selbstmord. Jedes System, das sich weigert, die Konsequenzen seines Handelns zu sehen, ist selbstmörderisch.

Wie kommt es zu dieser gefährlichen Verdrängung?

●●●●●●● Wir haben Angst. Wir glauben, so zerbrechlich und klein zu sein, dass es uns in Stücke reißt, wenn wir es uns erlauben, unsere Gefühle über den Zustand der Welt anzuschauen. Wir fürchten eine tiefe Depression oder Lähmung. Das Gegenteil ist der Fall. Wenn wir es aussprechen, merken wir, dass wir nicht isoliert sind, sondern dass dieser Schmerz weit hinausgeht über das kleine Ego und Konsequenzen hat, die jenseits unserer individuellen Bedürfnisse und Wünsche liegen. Wir erfahren dann nämlich eine Art größerer Identität. Wenn wir den Schmerz, den wir für die Welt fühlen, unterdrücken, dann isoliert uns das. Wenn wir ihn akzeptieren, anerkennen und darüber sprechen, dann wird er zum lebendigen Beweis unserer Verbundenheit mit allem Lebendigen. Und er befreit unsere Hilfsbereitschaft. Ich bin in dieser Arbeit zu der Erkenntnis gekommen, dass unser Schmerz um den Zustand der Welt und unsere Liebe für die Welt untrennbar miteinander verbunden sind. Das sind nur zwei Seiten derselben Münze.

Was können wir tun, wenn die herkömmliche Art, die Welt wahrzunehmen und zu verstehen, vor dem Bankrott steht?

●●●●●●● Diese Einsicht ermöglicht gleichzeitig, uns für ein sehr viel größeres Verständnis des Lebens zu öffnen. Der Kern dieser neuen Sichtweise liegt darin, die Welt in einem größeren lebendigen Kontext wahrzunehmen: Unsere Stellung in der Welt verändert sich grundlegend, wenn wir sie als ein lebendiges System verstehen und uns selbst als einen Teil eines im weitesten Sinne lebendigen Erdkörpers definieren. Diese für immer mehr Menschen selbstverständliche Perspektive hat dramatische Folgen für die Art unserer Beziehung zur Welt, für

95

Joanna Macy

unsere Kreativität, für unsere Lebensqualität und für unser inneres und kollektives Wachstum. Sie mag – angesichts der herrschenden Probleme in der Welt – visionär und verträumt wirken, kommt jedoch längst in unseren modernen Kulturen zum Ausdruck.

Wo sehen Sie eine solche Entwicklung?

●●●●●● Auf drei wesentlichen Ebenen: Einerseits hat die Tatsache, dass wir erstmals in der Geschichte der Menschheit mit der selbstverursachten Zerstörung der biologischen Lebensgrundlagen konfrontiert sind, die Chance eines Wandels erhöht. Keine Generation vor uns war mit derartig umfassenden Fragestellungen und Bedrohungen konfrontiert. Als eine Gattung, die – wie alle anderen – darauf programmiert ist, sich fortzupflanzen, kann die „Überlebensfrage" den Druck erhöhen, alte Denk- und Verhaltensmuster in Frage zu stellen und neue Konzepte zu akzeptieren. Zu keiner Zeit der Menschheit war das Wissen um die globalen Konsequenzen eines reduzierten, isolierten und abgetrennten menschlichen Selbstbildes und der Bedarf an neuen „verbundenen" Sichtweisen so groß wie heute.

Zudem versorgt uns die moderne Wissenschaft seit einigen Jahren mit schlüssigen Theorien und konzeptionellen Denkmustern, die uns wie Werkzeuge dabei unterstützen können, die konventionellen Vorstellungen einer klaren Grenzlinie zwischen dem Individuum und der Umwelt aufzubrechen. Die vielen Forschungsansätze in der Biologie, Physik, Chemie und Genetik, die das Geheimnis des Lebens entschlüsseln wollen, kommen ebenso wie die systemtheoretischen Ansätze zu dem Ergebnis, dass die klassische Trennlinie unseres Denkens zwischen der Person einerseits und ihrer Umwelt andererseits künstlich sind und dass es sich beim Leben stattdessen um einen wechselseitigen „interaktiven Prozess" handelt. Zum Dritten haben alle großen religiösen Traditionen damit begonnen, sich wieder mit den Wurzeln einer ganzheitlichen, „nicht-dualistischen" Spiritualität zu beschäftigen, bei der die scharfe Trennlinie zwischen dem individuellen Selbst und der es umgebenden Welt ebenso verschwimmt wie zwischen Gott und Mensch, Innen und Außen, Himmel und Erde.

Fangen wir mit der dritten Ebene an: Welche Wirkung kann eine solche Spiritualität politisch haben?

●●●●●● Statt einer nur nach innen gerichteten Versenkung entsteht damit eine „soziale Mystik", in der Meditation und soziale oder ökologische Aktion eins werden. Diese Ansätze sind ein wesentlicher Zweig im Buddhismus, waren schon immer im islamischen Sufismus vorhanden und tauchen unter dem Begriff der Schöpfungsspiritualität nun auch verstärkt im Christentum auf. Immer mehr Menschen beginnen, sich zudem für die erdverbundenen Weisheiten indigener Völker zu interessieren, weibliche Spiritualität entdeckt in den Traditionen uralter Mutter-Göttinnen fast verlorene ganzheitliche Konzepte. All diese Sichtweisen betonen die lebendige Heiligkeit der Welt. Der Weg geistiger Suche wird hier nicht länger als eine Flucht aus der schlechten Welt in irgendeinen paradiesischen Himmel angesehen. Vielmehr wird hier die Welt selbst zum Kloster, die Welt selbst als Arena einer geistigen Transformation verstanden, die Welt selbst zum geistigen Lehrer oder gar zum heiligen Ort.

Sie sprachen von neuen wissenschaftlichen Theorien, die uns Konzepte für ein neues Weltbild geben könnten. Wo berühren sich die ganzheitlichen Ansätze aus Religion und moderner Naturwissenschaft?

●●●●●●● Die ganzheitlichen Ansätze in Wissenschaft oder Theologie betonen im Kern in immer wieder neuen Ausdrucksformen die wechselseitige Verbundenheit des Menschen mit dem Leben und allem, was existiert. Besonders die wissenschaftlichen Einsichten der modernen Allgemeinen Systemtheorie sind für den westlichen Menschen geeignet, die neuerliche Entdeckung dieses Miteinander-Verbundenseins verständlich zu machen. Bis in unser Jahrhundert war die klassische westliche Wissenschaft von der Annahme ausgegangen, dass man die Welt verstehen und unter Kontrolle bringen kann, indem man sie in immer kleinere Stücke aufspaltet, dabei den Geist von der Materie, die Organe vom Körper, die Pflanzen von ihren ökologischen Systemen trennt und jedes Teilstück für sich untersucht. Wir haben viel dadurch lernen können, aber auch wesentliche Fragen nicht gestellt, nämlich wie die Einzelteile zusammenwirken und kooperieren, um das Leben als Ganzes zu erhalten. Immer mehr Wissenschaftler begannen deshalb damit, mehr das Ganze anstelle der Teile, mehr Prozesse anstelle von isolierten Substanzen zu betrachten. Was sie dabei entdeckten, war, dass dieses Ganze – ob es sich um Zellen, Körper, Ökosysteme oder sogar den Planeten selbst handelt – nicht nur aus einem Haufen einzelner unverbundener Teile besteht, sondern aus dynamischen, kompliziert organisierten und ausgewogenen Systemen, die miteinander in Beziehung stehen und bei jeder Bewegung, jeder Funktion und jedem Energieaustausch wechselseitig voneinander abhängen. Sie stellten fest, dass jedes Element Teil eines größeren Musters ist, das sich aufgrund von erkennbaren Prinzipien verbindet und entwickelt, und fassten diese Regeln in der Allgemeinen Systemtheorie zusammen.

Der Begriff des Systems scheint zum neuen Schlüsselwort zu werden ...

●●●●●●● Diese systemische Betrachtungsweise der Wirklichkeit wird von vielen Denkern zumindest als die größte und weitreichendste kognitive Revolution unserer Zeit angesehen. Der Anthropologe Gregory Bateson nannte sie „den größten Bissen vom Baum der Erkenntnis seit 2000 Jahren". Denn die systemische Sichtweise hat die Linse verändert, durch die wir die Realität sehen. Anstatt beliebige, getrennte Einheiten wahrzunehmen, werden wir uns heute mehr und mehr verbindender Ströme bewusst – den Strömen von Energie, Materie und Information. Und Lebewesen werden in diesen Strömen als dynamische Muster im Netz des Lebens wahrgenommen. Die neue Sichtweise, die die Systemtheorie uns anbietet, trägt der biologischen Tatsache Rechnung, dass wir offene Systeme sind, die in ständigem Austausch mit ihrer Um- und Mitwelt leben und überleben. Durch Interaktionen formen sie Beziehungen, die ihrerseits wieder die Umwelt selbst gestalten.

Diese Sichtweise widerspricht doch aber eigentlich zutiefst unserem individuellen Selbstverständnis!?

●●●●●●● Nur auf den ersten Blick. Tatsächlich hat die moderne westliche Welt jedem ihrer Bewohner durch Erziehung, Schule und die Alltagserfahrung in einer konkurrenzbetonten Welt die Überzeugung mit auf den Weg gegeben, ein abgetrenntes und isoliertes Individuum zu sein. Die Menschen leben in der Wahrnehmung, sich als allein stehende Einzelwesen in einer Welt behaupten zu müssen, stärker sein zu müssen als andere, Macht erringen und ausüben zu müssen und sich gegenüber der Macht und Aggression anderer schützen und verteidigen zu müssen. Anstatt uns selbst als veränderbare, offene Systeme zu begreifen, haben wir uns in unseren privaten Beziehungen, in unserem wirtschaftlichen Verhalten und in unserer zwischenstaatlichen Politik einer entsprechenden Burgmentalität untergeordnet, die in unserem Privatleben zu Verhärtung, im wirtschaftlichen zur Konkurrenz, Macht- und Gewinnsucht und im politischen zum Kalten Krieg geführt hat.

Wie verändert die neue systemische Sichtweise unser Weltbild?

●●●●●● Während wir uns bislang in Isolation und Konkurrenz erlebten und ohne eigentliche Verbindung zueinander, entsteht durch diese Sichtweise ein ganz anderes Bild der Wirklichkeit. Das, was wir bislang als das Wesentliche annahmen – nämlich die einzelnen Individuen, Objekte und Teile – tritt buchstäblich in den Hintergrund, während jene unsichtbaren Prozesse, die wir bisher für unwichtig oder nicht existent hielten, plötzlich in den Vordergrund unserer Wahrnehmung treten. Was vorher als abgetrennte Objekte wirkte, zeigt sich nun als dynamische offene Strukturen in einem größeren System. Statt der Objekte oder Individuen treten nun die Beziehungen in den Vordergrund. Haben wir die Welt bislang in ihrer Aufspaltung in Gegensätzlichkeiten wahrgenommen, in denen die Substanz vom Prozess, das Selbst von den Anderen und der Gedanke vom Gefühl getrennt wurde, so haben diese Zweiteilungen angesichts des Wissens um die miteinander verwobene Interaktion offener Systeme keinen Bestand mehr. Was bisher wie getrennte, für sich allein existierende Einheiten erschien, erweist sich nun in so hohem Maße miteinander verbunden, dass seine Grenzen nur willkürlich gezogen werden können. Was als das „Andere" erschien, kann auch als Erweiterung ein- und desselben Organismus betrachtet werden, wie eine „Mit-Zelle" in einem größeren Körper.

Welche Konsequenzen hat das für unser Selbst- und Menschenbild?

●●●●●● Die Konsequenzen sind nicht nur für unser Selbst- und Weltbild dramatisch, sondern auch für unsere Stellung, Aufgabe und Verantwortung in der Schöpfung als Ganzes. Wir entdecken sie erst nach und nach. Verstehen wir die Welt als ein zusammenhängendes Ganzes und uns als integralen Bestandteil davon, dann springen wir damit auf eine neue Ebene der Erfahrung, des Bewusstseins, der Wahrnehmung von der Natur der Wirklichkeit und unseres Verhaltens in ihr.

Mit diesem neuen Muster für unsere Wahrnehmung haben wir quasi die Möglichkeit, uns als lebender Teil eines lebenden Körpers zu begreifen. Als offene und denkende Systeme schaffen wir, obwohl jedes individuelle Bewusstsein nur einen kleinen Abschnitt erhellt, eine kleine Schlinge im großen Gewebe des Fühlens und Wissens. Als offene Systeme sind wir an der Schöpfung der Welt beteiligt. Wenn unser Bewusstsein und Wissen wächst, so erweitert sich auch das Bewusstsein und Wissen des Netzes. Es scheint, als seien wir Teil eines größeren Bewusstwerdens. Das Netz des Lebens trägt uns und ruft uns dazu auf, weiter an ihm zu knüpfen. Psychologisch bewirkt dieser Perspektivenwechsel einen Wandel vom Gefühl der Isolation und Angst hin zu Vertrauen. Statt das ganze System zu dominieren, um mühsam die Kontrolle zu behalten, kommen wir in dieser Wahrnehmung dazu, wirklich am Ganzen teilzunehmen. Das ermöglicht eine Entwicklung, die weg führt von strikt vorgegebenen Zielen und hin zu einer Freiheit, in der wir unsere Ziele sich mit den immer neu entstehenden Möglichkeiten entfalten lassen können. Es ist ein Wechsel von einer kontrollierenden hin zu einer annehmenden Haltung, die die Vielfalt der Realität begrüßt und zu nutzen weiß. Und es ist ein geistiger Wandel, der uns von einem orthodoxen Glaubenssystem und der Abhängigkeit von fremden Autoritäten zu einer radikalen Offenheit gegenüber der Authentizität der eigenen Erfahrung zurückbringt.

Es handelt sich also um den Wechsel hin zu einem neuen Wahrnehmungsmuster oder einem neuen Code, mit dem wir die Wirklichkeit entschlüsseln. Es ist ein Wandel von dem Gefühl der Isolation zur Wahrnehmung der Teilhabe, also zu einem Gefühl, ein integrierter Bestandteil von etwas Größerem zu sein. Er ermöglicht uns, auch unsere Erfahrungen in einem neuen Kontext verstehen zu lernen. Es ist wie die Befreiung aus einem Käfig. Er ermöglicht uns, die bislang individuell begrenzten Erfahrungen des eigenen Denkens und Handelns als eine Art Durchfluss in einem größeren System zu verstehen. Diese Sichtweise gibt uns auch ein neues Verständnis für die Qualität unserer Emotionen, sinnlichen Erfahrungen und Gefühle. Individuelles Leiden ist dann untrennbar mit dem größeren Körper verbunden, persönliche Freude auch die Freude des größeren Ganzen. Was wir wahrnehmen, erlaubt es dem größeren System wie der Erde, sich selbst wahrzunehmen. Diese Sichtweise ist geeignet, unserer eigenen, ganz persönlichen und einzigartigen Erfahrung einen neuen Wert zu geben, weil sie die eigene Wahrnehmung und Erfahrung in den Dienst des Ganzen stellt.

Wird damit das klassische Bild des Individuums hinfällig oder nur in einen neuen Kontext gestellt?

●●●●●●● Eher das zweite. Arthur Köstler hat für die Doppelexistenz des Menschen den Begriff des „Holons" geprägt. Er stellte fest, dass alle lebenden Systeme – ob sie nun organisch wie eine Zelle oder der menschliche Körper sind oder supraorganisch wie eine Gesellschaft oder Ökosysteme sind – Holone sind. Sie haben eine zweifache Wesensart, denn sie sind sowohl selbst Ganzheiten, gleichzeitig aber Teil einer übergeordneten Ganzheit. Lebende Phänomene erscheinen deshalb als Systeme innerhalb anderer Systeme, Felder innerhalb von Feldern, die wie ein Set russischer Matruschka-Puppen ineinander verschachtelt sind, nur dass sie zudem miteinander in vielfältiger Beziehung stehen. Jedes von ihnen repräsentiert eine Organisationsebene, die von der Interaktion der Systeme auf der vorhergegangenen Ebene herrührt: Die Interaktionen von Atomen bilden die Organisationsgrundlage von Molekülen, die Moleküle die Basis von Zellen, Zellen für Organe, Organe für Organismen, Organismen für Gesellschaften usw. Das Leben ist nach diesem Verständnis in eine hierarchische Struktur aufgeteilt, die jedoch nicht mit hierarchischen Machtstrukturen gleichzusetzen, sondern von gegenseitiger Abhängigkeit gekennzeichnet ist. Statt des konventionellen Herrschaftsbegriffs, in dem wir Macht mit Beherrschung oder „Macht über" etwas gleichsetzen, erkennen wir in dem selbstorganisierten organischen Zusammenspiel der vielen Teile in Systemen eine Synergie, für die am besten der Begriff des „Mit-machens" passt. Lebende Systeme entwickeln ihre Anpassungsfähigkeit und Intelligenz darin nicht durch eine Abschottung von der Umwelt und die Errichtung von Abwehrmauern, sondern durch die ständig größer werdende Öffnung für Ströme von Energie, Materie und Information.

Heißt das nicht auch Rückkehr zum Kollektiv?

●●●●●●● Im Gegenteil! Es kann nicht mehr darum gehen, Individualität aufzugeben und in die Masse des Kollektivs zurückzukehren. Das größere Ganze besteht nicht aus vielen gleichen, sondern aus vielen ungleichen Teilen. Ein uniformer Monolith hat keine innere Intelligenz. Das dynamische, sich selbst organisierende Ganze lebt von der inneren Vielfalt und

Lebendigkeit seiner Teile. Darin liegt das Paradox der Individuation: Je mehr ich werde, was ich bin, desto mehr kann ich zum schöpferischen Teil des Ganzen werden. Das Gemeinsame im Ganzen kann erst lebendig werden, wenn die inneren Unterschiede volle Anerkennung finden. Es geht der Evolution also wohl darum, dass wir werden, was wir sind und so unseren Beitrag leisten.

Welche Rolle spielen die Beziehungen zwischen den Individuen in diesem Weltbild?

●●●●●●● Die alte Vorstellung von Macht als Ausdruck individueller Kraft und Herrschaft hat dann keine Gültigkeit mehr. Macht ist dann kein Privileg des Individuums mehr oder ein isoliertes Phänomen im Kampf um Vorteile. Macht ist dann vielmehr ein Ausdruck und eine Funktion von Beziehung. Sie entsteht zwischen den kooperierenden Individuen. Der Ort des Wandels liegt in der Interaktion, im Austausch, in der Beziehung zwischen den Individuen. Was wir also brauchen, ist ein Quantensprung in unserer Fähigkeit, miteinander in Beziehung zu treten, zu teilen und zu reagieren. In dem verstärkten Aufbau kooperativer Arbeits- und Lebensstrukturen – die wir dringend brauchen – geht es darum, großzügig die eigenen Fähigkeiten und Stärken zu kultivieren und sie mit anderen zu teilen.

Nun sind sich ja die wenigsten Menschen der Folgen bewusst, die das heute noch herrschende Weltbild für den Zustand des Planeten hat. Und die wenigsten werden sich auch bewusst auf ein bestimmtes naturwissenschaftliches Weltbild beziehen. Wie würden Sie die ethischen und emotionalen Grundeinstellungen beschreiben, die aus den unterschiedlichen Weltbildern entstehen?

●●●●●●● Wenn wir über unsere Beziehung zur Erde sprechen, dann gibt es meines Erachtens drei unterschiedliche Bilder dafür, die wir schon in den unterschiedlichen spirituellen Traditionen vorfinden. Die erste und bis heute vorherrschende Sichtweise sieht die Welt als Schlachtfeld. Diese Sichtweise zieht sich von der alten indischen Bagavadgita über die alten Perser bis ins Amerika der Gegenwart: Immer geht es um den Kampf zwischen guten und bösen Mächten, zwischen den Kräften des Lichts und der Dunkelheit. Die ungebrochene Aktualität dieser Sichtweise macht uns deutlich, dass sie in Zeiten großer Veränderung eine ungebrochene Attraktivität besitzt. Wenn alte Strukturen nicht mehr funktionieren, scheint es sehr reizvoll zu sein, so zu denken. Aber es ist letztlich eine Haltung von religiösen Fundamentalisten.

Die andere verbreitete Sichtweise sieht die Welt als große Falle, in die wir tappen, in der wir gefangen sind und aus der wir uns befreien müssen. Das bedeutet aber, dass wir uns nicht in dieser Welt befreien können, sondern uns irgendwie aus all dem Leiden und den Illusionen herauswinden müssen. Diese Sichtweise zieht sich durch viele Religionen: sowohl den Hinduismus mit seinem Konzept der großen Illusion namens 'Maya', als auch das Christentum, das Judentum, den Buddhismus und die ganzen Ansätze des 'New Age'. Immer steht dahinter das tiefe Bedürfnis, dem Leiden zu entfliehen und sich an irgendeinen inneren oder himmlischen Ort zu retten, der 'wahrer', 'wertvoller' und 'freier' sein soll. Ich glaube, beide Sichtweisen haben zu den Schwierigkeiten beigetragen, vor denen wir heute stehen und sich in Denkstrukturen verfestigt, mit denen wir unsere Welt weiter zerstören.

Das Netz des Lebens

Welche Alternativen zum ‚Schlachtfeld' und zur ‚Falle' gibt es?

●●●●●●● Ich sehe die Welt als Geliebte und als Teil meiner selbst. Das entspricht den mystischen Traditionen aller Religionen. In den tantrischen Traditionen des Hinduismus und Buddhismus gibt es diesen tiefen erotischen Kontakt zur Welt. Im Christentum sind es Heilige wie Hildegard von Bingen, die den göttlichen Geliebten überall gesehen hat. Wer die Welt so sieht, macht sie wieder heilig. Und um die Welt als Teil meiner Selbst zu erfahren, haben die mystischen Traditionen in aller Welt zahlreiche Methoden entwickelt. Die gilt es wiederzuentdecken. In unserer Zeit kann der tiefenökologische Ansatz uns dabei behilflich sein.

Was verstehen Sie unter Tiefenökologie?

●●●●●●● Tiefenökologie sieht die Erde als ein lebendes System, in dem alle Dinge miteinander verbunden und voneinander abhängig sind. Tiefenökologie unterscheidet sich von der traditionellen Ökologie dadurch, dass sie über den Anthropozentrismus hinausgeht, der alle ökologischen Probleme immer nur zum Nutzen, zum Vorteil oder zum Profit der Menschen reparieren will. Tiefe Ökologie konzentriert sich statt dessen auf die essenziellen Kreisläufe und Systeme der Natur selbst, um uns selbst dann zum Diener der Gesundheit des größeren Ganzen zu machen. Und das befreit uns dazu, glaube ich, mit mehr Weisheit und Inspiration zu handeln. Dieser Ansatz versorgt uns zudem mit einem Gefühl der Zugehörigkeit zu unserem Universum. Es bringt uns heraus aus dem Gefühl der Isolation, der Entfremdung und Ausbeutung, hin zu einem Gefühl der Gemeinschaft mit dem lebenden Erdkörper und all seinen Manifestationen. Und das hat einen ganz wichtigen Effekt: Es löst unsere Hilfsbereitschaft und unsere Kreativität aus.

Landet der Mensch da nicht wieder in der Rolle des Machers, diesmal als Retter?

●●●●●●● Ich glaube nicht. Ein zentraler Grundgedanke der Tiefenökologie besteht darin, allem einen inneren Wert zuzuerkennen – allen Lebensformen und der Natur selbst als lebendes selbstregulierendes System. All das hat seine innere Schönheit, seine eigene Würde, sein eigenes Existenzrecht. Darin liegt eine verehrende Haltung. Es geht erst mal nicht ums Machen, sondern um die Anerkennung der Tatsache, dass der Regenwald ein Lebensrecht hat und eine wichtige Funktion als Organ im lebenden Erdkörper. Wenn wir das begreifen, empfinden wir Mitgefühl – und das ist die tiefste Form der Liebe und der Verehrung. Gleichzeitig wird uns bei dieser Sichtweise klar, wie eng wir mit diesem Erdkörper verwoben sind, wie er ein Teil von uns und wir ein Teil von ihm sind. In der Tiefenökologie sprechen wir von der Entwicklung unseres 'ökologischen Selbst': Wir erfahren uns als wesentliche und einzigartige Bestandteile dieses größeren lebenden Ganzen. Wir sind keine isolierten Macher. Wir stehen vielmehr in einer ganz persönlichen Beziehung zur Welt und können uns davon tragen und unterstützen lassen.

Wie aber entsteht aus dieser fast mystischen Verbundenheit politische Aktion?

Joanna Macy

●●●●●● Es ist eine Mystik, die in der Aktion deutlich wird, durch zivilen Ungehorsam, Sitzblockaden vor Bulldozern oder durch die Gründung neuer Initiativen. Geschehen kann es nur in der Beziehung. Man kann sich nicht ins Kämmerchen zurückziehen und an sich selbst arbeiten. Dieser Prozess braucht die Interaktion mit der Welt. Unsere Erfahrung des Ganzen ist abhängig von den Beziehungen des Einzelnen, das Ganze wird nur erfahrbar, indem man sich in Beziehung setzt.

Zu Beginn unseres Gesprächs sprachen Sie davon, dass künftige Generationen in einer schwer geschädigten Umwelt leben werden. Wie werden diese Wesen der Zukunft auf uns zurückschauen?

●●●●●● Wenn künftige Generationen auf die letzten Jahre des 20. und den Beginn des 21. Jahrhunderts zurückblicken, werden sie wahrscheinlich von *Der Zeit des großen Wandels* sprechen. Denn jetzt, in dieser Zeit, müssen wir den Wandel von einer industriellen Wachstumsgesellschaft zu einer Gesellschaft schaffen, die das Leben langfristig erhält. Das ist eine enorme Veränderung. Sie erfolgt zur Zeit und wenn diese Veränderung nicht weitergeht, wird das Leben wohl dauerhaft auch nicht weitergehen, weil unser vorherrschender Lebensstil dem widerspricht. *Wenn* künftige Wesen also zurückblicken, werden sie es mit Respekt tun, mit Mitgefühl und Dankbarkeit, für das, was wir in der *'Zeit des großen Wandels'* getan haben.

Wir scheinen unsere Aufmerksamkeit primär auf die Zerstörung der Welt zu richten. Wo findet dieser 'große Wandel' denn heute schon statt?

●●●●●● Ich beobachte die Anzeichen für diesen Wandel auf drei verschiedenen Ebenen, von denen jede äußerst wichtig ist. Die am besten sichtbarste ist die Ebene der Aktionen, die dazu beitragen, die Zerstörung von sozialen und ökologischen Systemen so zu bremsen, dass wir Zeit gewinnen. Das sind die politischen Aktionen, die Demos und Blockaden, die Gesetzesinitiativen, die aktive Einmischung in Bürgerinitiativen und friedlicher Widerstand. Auf dieser Ebene nehmen die Leute die meisten Strafen in Kauf, erreichen die größte Öffentlichkeit und leiden am meisten an dem Gefühl, ausgebrannt zu sein. Die meisten Menschen identifizieren sich mit diesen Aktionen. Darin liegt für sie der soziale Wandel und sie glauben, das sei alles.

Aber es reicht, wie wir sehen, nicht aus ....

●●●●●● Man braucht die zweite Ebene, auf der man sich um die strukturellen Wurzeln der Fehlentwicklung kümmert. Welche Institutionen und Machtfaktoren tragen das System und welche Alternativen können eingebracht und ausprobiert werden, um die Samen für eine lebenserhaltende Gesellschaft zu säen? Das geschieht beispielsweise bei all den Initiativen, die sich mit den Mechanismen der Globalisierung auseinander setzen und nachhaltige, gerechte Wirtschaftsmodelle entwickeln.

Aber auch dieser Ansatz reicht für sich nicht aus...

●●●●●● Wir brauchen die dritte grundsätzliche Ebene, auf der wir nach den eigentlichen Motiven der Menschen fragen. Also: Was wollen wir? Wer sind wir? Was brauchen wir? Das ist die Ebene des Bewusstseinswandels, das ist die Ebene, wo wir unsere Wahrnehmung schulen und unsere Bedürfnisse neu formulieren, unser Selbstbild neu bestimmen und unsere Beziehung zur Welt überdenken und neu gestalten. Da findet eine Revolution in der Wahrnehmung und im Bewusstsein statt. All das ereignet sich in einem ungeheuren Tempo.

Das heißt, wir leben sowohl in einer Zeit der Zerstörung und Desintegration, als auch in einer Zeit des Wandels und der Integration?

●●●●●● Ich nenne es 'positive Desintegration'. Sie findet immer dann statt, wenn ein System unter Stress gerät und sich weiterentwickelt. Das geschieht mit sozialen Systemen genauso wie mit Denksystemen oder Individuen. Der Begriff beschreibt, was mit einem System vor sich geht, wenn alte Richtlinien, Normen und Werte nicht mehr funktionieren und passen. So sind viele der Werte und Ziele der modernen Industriegesellschaft – 'Je größer desto besser' oder 'Wachstum um jeden Preis' – mittlerweile zur Gefahr für unser Überleben geworden. Wenn solche Grundwerte wertlos werden, geraten wir ins Chaos, fühlen uns verloren und glauben, es sei nicht zu überleben. Dabei ist das, was stirbt, nur unsere Sicht- und Handlungsweise. Wir leben weiter und finden neue Formen. Positive Desintegration ähnelt also ein bisschen einem Krebs, dessen enger Panzer beim Wachsen aufbricht und Platz für Neues macht.

Wie sollen sich die Menschen in diesem schmerzhaften Prozess verhalten?

●●●●●● Auf dem Weg dorthin scheint es mir wichtig, nicht den Mitmenschen zu predigen, dass sie nobler, tugendvoller, aufopfernder oder verantwortungsvoller gegenüber der Zukunft sein sollten, sondern ihnen stattdessen Mut zu machen, aus ihrer kleinen Kiste auszubrechen. Es ist, als wären wir gefangen in einer Kiste, die immer kleiner wird, uns abtrennt von Vergangenheit und Zukunft, und drinnen sitzen wir wie Ratten und werden immer hektischer. Dafür sind wir nicht gebaut. Je mehr wir unser ökologisches Selbst entdecken, können wir auch Zeit in ihrer ganzen Tiefe erkennen und jene Handlungen wahrnehmen, mit denen wir die Zukunft zerstören. Und diese Erkenntnisse machen Spaß, lassen das Herz höher schlagen, sind aufregend und können endlich den moralischen Zeigefinger ersetzen.

Gibt es Richtlinien, an denen sich der Einzelne orientieren kann?

●●●●●● Ich ermutige die Leute dazu, sich für die Lösung der Probleme ihre eigenen Richtlinien zusammenzustellen. Ich habe einige, die sich als sehr nützlich erwiesen haben. Die erste ist, dankbar dafür zu sein, in einer Zeit zu leben, die so sehr zur Veränderung herausfordert und diesen sinnlichen, fast erotischen Instinkt in uns weckt, das Leben zu erhalten. Der zweite Ratschlag lautet: Hab' keine Angst vor der Zukunft, die in der Dunkelheit liegt, keine Angst vor Ungewissheit, Stress, Verlorenheit, denn all das gehört zu einem einschneidenden Wandel dazu. Alles Neue reift zuerst im Dunkeln. Und wir können nicht auf fertige Pläne warten, um den nächsten Schritt zu tun. Der dritte Tipp ist: Ärmel hochkrempeln. Engagiere dich politisch, verschaff dir Durchblick, stell' Fragen nach Ziel und Sinn! Jeder kann das! Lehn dich nicht zurück, lass dich nicht entmutigen oder lähmen. Es gibt so viel zu lernen und zu tun in dieser Zeit. Und viertens würde ich sagen: Habe Mut zur Vision. Wenn wir die Psyche mit einem Muskel vergleichen, dann ist die Vorstellungskraft unser am wenigsten entwickelter Muskel. Wir müssen es uns erlauben, positive Visionen der Zukunft in uns erblühen zu lassen. Denn es wird nichts Neues durch uns in die Welt kommen, was nicht vorher in unserem Bewusstsein Gestalt angenommen hat.

Und womit gilt es anzufangen?

●●●●●●● Wir müssen einerseits so etwas sein, wie 'Sterbebegleiter' für die alte Kultur und andererseits 'Hebammen' für die neue Kultur. Beides muss zur gleichen Zeit geschehen. Das war zu allen Zeiten des kulturellen Wandels in unserer Evolution so. Auch politische Arbeit und die Entwicklung unseres Bewusstseins sind Faktoren, die voneinander abhängen. Auch da lässt sich nicht sagen, mach erst dies und dann das. Wir müssen alles zugleich tun. Denn wenn wir unsere Wahrnehmung und unser Denken verändern, werden wir politisch effektiver. Und wenn wir politisch etwas riskieren, dann ändert sich auch unsere Wahrnehmung.

Wir müssen unsere Fürsorge ausdehnen

Im Gespräch mit dem Öko-Philosophen Arne Naess

Brauchen wir eine Öko-Philosophie?

●●●●●●● Die ökologische Wissenschaft allein ist nicht geeignet, uns klare Verhaltensregeln für unseren Umgang mit der Natur zu geben. Ökologie kann uns interessante Daten über die Zahl der Gattungen im Ozean geben. Ökosophie aber kann Normen und Regeln aufstellen, baut auf ethische Überlegungen und nimmt politisch Stellung. Ökosophie wird in der Regel als ökologische Weisheit übersetzt. Mir selbst ist der Begriff der Klugheit lieber. Die ganzheitliche Sicht, die von uns angesichts der ökologischen Krise gefordert wird, ist keine eindimensionale Sache. Wir brauchen viele Ökosophien. Ökosophie ist und bleibt eine persönliche Angelegenheit, selbst wenn Millionen von Menschen sich mit ähnlichen Werten und Normen identifizieren können. An ökologischem Wissen über das, was zu tun ist, fehlt es uns nicht. An Ökosophie schon.

Sie gelten als einer der Väter der Tiefenökologie. Was sind die ethischen Überlegungen und politischen Positionen dieses Ansatzes?

●●●●●●● Der erste Punkt postuliert, dass jedes Lebewesen einen eigenen Wert besitzt, der unabhängig ist von seinem Nutzen für den Menschen. Zweitens meinen wir, dass auch der Reichtum an Vielfalt, also an Lebewesen verschiedener Art in sich wertvoll ist. Der dritte Punkt lautet: Menschen haben nicht das Recht, in den Reichtum und die Vielfalt von Lebensformen mehr einzugreifen, als es ihre unmittelbaren Bedürfnisse fordern. Viertens: Es wäre besser für uns und alle anderen Lebensformen, wenn es weniger Menschen gäbe. Fünftens stellen wir fest, dass der menschliche Eingriff in Ökosysteme zu groß ist und reduziert werden muss. Der sechste Punkt ist die konsequente Forderung nach einer Gesellschaftsveränderung

*Prof. Dr. **Arne Naess** gilt als einer der großen Pioniere moderner Umweltethik und als 'Vater' der Tiefenökologie. Er wurde 1912 in Norwegen geboren und studierte Philosophie in Oslo, der Sorbonne und der University of California. In den 30er Jahren kam er nach Wien und fand geistigen Anschluss bei den berühmten Philosophen des Wiener Kreises. Zurück in Oslo, wurde dem damals 27jährigen Denker der Lehrstuhl für Philosophie angeboten, den er über 30 Jahre bis 1970 innehatte. Als junger Professor war er eine der Schlüsselfiguren des zivilen Widerstands gegen die Besetzung Norwegens durch die Nazis. Beiträge zur Wissenschaftstheorie, die Entwicklung der empirischen Semantik oder die Herausgabe von 27 Büchern wechselten mit Meldungen über die Erstbesteigung eines Siebentausenders im Hindukush, Expeditionen im Himalaya, China oder Australien. Intensive Studien von Mahatma Gandhis Pazifismus, Spinozas ganzheitlicher Sicht, die eigene Schulung in Logik und europäischer Philosophie verbanden sich mit der persönlichen Naturerfahrung. Arne Naess begann mit der Formulierung eines Denkansatzes, für den er heute weltbekannt ist: die Tiefenökologie. Die Bedeutung der Ideen von Arne Naess liegen in der Verbindung von ökologischer Ethik mit menschlichem Wachstum, Philosophie und Psychologie, Selbstverwirklichung und politischer Aktion.*

auf allen Ebenen, um die oben genannten Forderungen zu verwirklichen. Siebtens muss sich alles gesellschaftliche Handeln an einer hohen Lebensqualität orientieren und nicht länger an einem hohen Lebensstandard. Achtens meinen wir, dass jeder, der den vorangegangenen Punkten zustimmt, verpflichtet ist, zu versuchen, die existierenden Verhältnisse zu verändern.

Das sind doch alles Punkte, auf die sich doch eigentlich ein Großteil der Menschen einigen könnten?

●●●●●● Es ist tatsächlich ganz merkwürdig, wie viele Menschen ehrlich sagen können: „Ja, das kann ich unterschreiben!" Aber wenn es ans Wählen geht, dann entscheiden sie sich für die alten Politiker – und nicht für etwas ganz Neues. Aber ich glaube, tief in der Seele der Menschen gibt es eine Sehnsucht, die diesen Prämissen entspricht. Noch aber kommt es nicht an die Oberfläche des politischen und sozialen Verhaltens.

Was ist das 'Tiefe' an der Tiefenökologie?

●●●●●● Die Förderer der tiefenökologischen Bewegung sagen, die Gestaltung einer nachhaltigen Welt ist nicht nur eine Frage der umweltfreundlichen Technik und der möglichst nachhaltigen Ökonomie, sondern es ist auch eine Frage der Lebens- und Weltanschauung. Diejenigen, die die tiefenökologische Bewegung unterstützen, haben eine Lebens- und Weltanschauung, die ganz anders ist, als jene, die in den letzten 300 bis 400 Jahren in der Welt mehr und mehr vorherrscht. Die Prämissen und Fragen sind tiefer. Im Mittelpunkt der Auseinandersetzung steht nicht die Frage der Nützlichkeit für den Menschen. Wir stellen statt dessen die Frage: Was ist ein Leben, das würdig für Menschen ist. Wir stellen solche Fragen, weil wir doch im Inneren so tief mit der Natur zusammenhängen, dass wir nicht die Natur zerstören können, ohne uns selbst zu zerstören. Wenn wir mit dieser tiefsten Frage anfangen, dann verändern sich die Schwerpunkte und Prioritäten.

Man könnte meinen, dass im Begriff der 'Tiefenökologie' automatisch eine Wertung liegt, nach der andere ökologische Ansätze weniger Wert sind ...

●●●●●● Es kann durchaus sinnvoll sein, zwischen 'tiefer' und 'oberflächlicher' Ökologie zu unterscheiden, wenn wir uns mit den wirklich existentiellen Fragen auseinander setzen. Aber das muss trotzdem kein Gegensatz sein. Mir geht es darum, die konventionelle, also politisch reformatorische Ökologie mit der Tiefenökologie zusammenbringen. Denn es gibt Menschen, die wirklich sehr viel auf diesem konventionellen Gebiet machen, um ökologische Probleme zu lösen. Und sie fragen sich dabei nicht: „Was sind unsere Ziele im Leben? Was ist für mich persönlich das Wichtigste?" Davon unterscheiden sich diejenigen, die sich Tiefenökologen nennen. Sie finden: Es ist destruktiv für ihr Selbst, was jetzt geschieht. Sie empfinden: Um ein sinnvolles Leben hier auf diesem Planeten zu leben, müssen wir uns verändern. Sie haben das existentiell gefühlt und haben daher eine spezielle Rolle in der Bewegung. Aber sie agieren zusammen mit denjenigen, die nur an den wissenschaftlichen Fragen interessiert sind oder nur versuchen zu reparieren. Denn das ist natürlich sehr wichtig. Die Unterstützer der tiefenökologischen Bewegung arbeiten zusammen mit denjenigen, die sagen: „Ach nein, diese philosophischen und religiösen Sachen – das ist nicht wichtig." Und ich wiederhole: Sie machen ja sehr viele wichtige Sachen.

Trotzdem scheint die Tiefenökologie mehr zu sein, als nur ein neuer philosophischer Ansatz ...

●●●●●● Tiefenökologie ist mit Sicherheit keine Philosophie. Wenn man zeitgenössische Philosophen nach dem Verhältnis zwischen philosophischer Theorie und Lebenspraxis fragt, dann lachen sie in der Regel und sagen: „Meine alltäglichen Entscheidungen haben nichts mit meinen akademischen Überlegungen zu tun." Aber darum geht es ja gerade: Wir brauchen Menschen, die für etwas einstehen und sagen: „Ich lebe meine tiefsten Überzeugungen und wünsche, dass andere das auch tun!" So eine Haltung meine ich, wenn ich von der 'totalen Sichtweise' spreche. Das hat nichts mit 'Totalitarismus' zu tun. Was ich damit meine, ist das Zusammenspiel von tiefen Grundwerten und dem Umgang mit der Welt. Wenn das funktioniert, dann wirken die Grundwerte in die alltägliche Lebenspraxis mit all ihren vielen Entscheidungen hinein. Das ist es, was man Ganzheitlichkeit nennen kann. Die Unterstützer der tiefenökologischen Ideen haben eine solche 'totale Sichtweise', selbst wenn sie schwierig zu artikulieren ist. Sie leben sie mehr, als von ihr zu sprechen. Und darin unterscheiden sie sich von Vertretern einer oberflächlichen Ökologie, die sagen: „All das braucht es nicht! Wir haben praktische Dinge zu tun!" Da liegt der Unterschied.

Sie erwähnten gerade, dass es neben dem philosophischen auch einen religiösen Aspekt dieses Ansatzes gibt. Kann aus einer solchen Mischung nicht schnell eine Ideologie oder ein ökologischer Fundamentalismus entstehen?

●●●●●● Es gibt keine 'Tiefenökologen', es gibt nur Förderer dieses Ansatzes. Und es gibt keine tiefenökologische Ideologie. Viele, die nach diesen Ideen leben, haben noch nie vom Begriff der 'Tiefenökologie' gehört. Du kannst Christ sein und sagen: Gott existiert und was Gott erschaffen hat, hat Wert in sich – also hat jedes Lebewesen einen Eigenwert. Du kannst ebenso gut Buddhist sein oder irgendeiner Philosophie der Selbstverwirklichung folgen und den tiefenökologischen Ansatz unterstützen. Es geht ja nicht um eine neue ökologische Einfalt. Um in der Zukunft eine große Vielfalt unterschiedlicher grüner Kulturen zu erschaffen – und diese Vielfalt ist wichtig für die weitere Entwicklung des Menschen – sollten wir uns lediglich auf eine gemeinsame Norm einigen, nämlich, dass wir unsere Konflikte gewaltlos lösen.

Versteht sich die tiefenökologische Bewegung als spirituelle Bewegung?

●●●●●● Ich benutze den Ausdruck 'spirituell' nicht so gerne. Ich glaube, die Menschen bauen ihre Grundwerte immer auf philosophische Überzeugungen. Von spirituellen Werten mag man sprechen, wenn es um den Sinn des Lebens geht. Deshalb würde ich sagen: Förderer der tiefenökologischen Idee haben sowohl eine spirituelle als auch eine nicht-spirituelle Botschaft. Einige äußern sich so, als wäre die spirituelle am wichtigsten, andere betonen die politisch-sozialen Aspekte und dritte sprechen die ganze Zeit schlicht über die Schönheit der Natur. Der Fokus kann unterschiedlich sein. Und wenn sich manche Leute an der langen Front auf eine Thematik spezialisieren, dann sollten wir tolerant sein und nicht versuchen, sie auf unsere Seite herüberzuziehen.

Aber viele der Grundgedanken finden sich doch auch in den religiösen Traditionen der Welt?

●●●●●● Da gibt es Wurzeln, die sind 1000 Jahre alt, und Haltungen, die gehen zurück bis in die Eiszeit. All das ist absolut nichts Neues, nein, nein. Es geht um Fürsorge, eine Art erweiterter Anteilnahme, nicht um die Intensität der Sorge, sondern ihre Ausdehnung. Wir haben Respekt vor jedem menschlichen Wesen. Jetzt wenden wir uns nicht-menschlichen Wesen zu. Und wenn wir unsere Fürsorge ausdehnen, bedeutet das natürlich nicht, sich weniger um Menschen zu kümmern.

Wobei man genau das der Tiefenökologie immer wieder vorgeworfen hat: Dass sie einer Ameise oder einem Raubtier den gleichen Wert gibt, wie einem Menschen ...

●●●●●● Ich glaube nicht, dass dieser Vorwurf auf die tiefenökologische Bewegung zutrifft. Denn es ist doch ohne Zweifel so: Was immer wir über die ökologische Krise denken oder sagen, so werden uns andere Menschen immer wichtiger sein als alles andere. Wenn eins unserer Kinder wegen eines Tieres in Gefahr ist, dann würden wir dieses Tier töten, um unser Kind zu schützen. Wir würden auch den letzten Tiger auf Erden töten, wenn wir damit unser Kind vor dem Verhungern retten könnten. Ich glaube, das hat gar nichts mit Ökologie zu tun. Wenn es zu so einem 'Ökologismus' kommt, dann werden einzelne Werte verabsolutiert. Das brauchen wir nicht. Ich bin auch davon überzeugt, dass die meisten notwendigen Grundwerte intuitiv entstehen und die ethischen Maßstäbe eher im zwischenmenschlichen Bereich entstehen, als in der Auseinandersetzung zwischen Mensch und Natur.

Sie sprachen eben von der 'Ausdehnung unserer Anteilnahme für nicht-menschliche Wesen'. Bedeutet das ein größeres Mitgefühl aus der Perspektive des Menschen oder ein neues Verständnis des menschlichen Selbst?

●●●●●● Ich habe zu dieser Frage den Begriff des 'ökologischen Selbst' geprägt. Schon die aristotelische Philosophie spricht vom 'sozialen Selbst' und will damit sagen, dass wir nie nur reine Egos sind. Wir dürfen unser Ego nicht als etwas Begrenztes sehen, das strikt unterschieden werden muss vom sozialen Selbst oder jenem noch viel größeren Selbst, das ich das 'ökologische Selbst' nenne. Es gibt viele Leute, die von der fantastischen Natur ihres Selbst nichts wissen wollen. Ich sage ihnen immer: „Ihr seid viel größer als ihr glaubt!". Wir haben uns daran gewöhnt, unsere Potenziale und unsere Einzigartigkeit enorm zu unterschätzen.

Wie verläuft die Erweiterung unseres Selbstbildes?

●●●●●● Schon in unseren ersten Lebensjahren begreifen wir, dass die Welt aus mehr als nur Mutter und Vater besteht. Da gibt es Spielsachen und Tiere, mit denen wir zu tun haben. Ich verstehe das 'ökologische Selbst' als eine Ausdehnung des 'sozialen Selbst'. Ich bin der Überzeugung, dass das Selbst mehr ist als das persönliche Ego. Es hat auch eine geographische Komponente. Da mag ein Beispiel hilfreich sein. Als Mitglieder vom Volk der 'Samen', die man in Deutschland 'Lappen' nennt, auf einer Demonstration einen ihrer Flüsse mit einer Blockade vor der Verschmutzung bewahren wollten und von der Polizei weggetragen wurden, rief einer von ihnen aus: „Dieser Fluss ist ein Teil von mir!" Und genau diese Ausdehnung unseres Selbst macht tiefen Sinn. Ich glaube, wir durchlaufen als Menschen eine Entwicklung, in der wir, beginnend mit dem Moment der Geburt, den Radius unseres Selbst immer mehr ausweiten. Das kann bis zu einem Maß gehen, wo wir uns auch mit anderen Lebewesen identifizieren können. Wenn man sich aus so einer Haltung heraus ökologisch verhält, dann bezeichne ich das auch als 'Selbstverwirklichung'. Denn das Engagement entsteht aus unserer erweiterten Natur.

Eine Veränderung des Selbstbildes mit radikalen, wenn nicht sogar revolutionären Folgen ...

●●●●●● Revolutionär werden diese Ideen, wenn sie soziale und politische Macht gewinnen. Das Wort „revolutionär" passt, denn diese Ideen wenden sich gegen vieles von dem, was in den letzen vierhundert Jahren westliche Politik und soziales Verhalten bestimmte.

Stimmen die alten Kategorien von 'revolutionär' und 'evolutionär', von 'links' und 'rechts', von 'konservativ' und 'progressiv' da überhaupt noch?

●●●●●● Wir haben eine anti-bürokratische und eine antizentralistische Haltung und damit konservative Ideale, sorgen uns aber nicht nur um menschliches, sondern auch um nichtmenschliches Leben. Aber wir stehen auch ein für Forderungen, die wir aus sozialistischen Bewegungen kennen. Andererseits würden wir sicher den freien Markt beibehalten, dies aber mit einer weitgehenden Möglichkeit für die Regierungen, in den Markt einzugreifen. Aber wir brauchen die Vielfalt. Sicher ist eine gewisse Zentralisierung unumgänglich, aber sie darf nicht nur über den Weltmarkt laufen. Wenn der globale Markt bestimmt, wo es lang geht, dann verlieren wir die kulturellen Unterschiede auf dem Planeten. Also muss der Schwerpunkt auf der Dezentralisierung und der Wahrung der Unterschiede liegen. Wenn wir diese Krise überstehen, dann wird das einzig grundlegende gemeinsame Merkmal grüner Gesellschaften darin bestehen, dass sie langfristig ökologisch lebensfähig sind. Unter 'grünen Gesellschaften' verstehe ich soziale Gemeinschaften, die das Problem von Krieg und Frieden ebenso gelöst haben wie das Problem sozialer Ungerechtigkeit. An einer solchen Zukunft arbeiten die Friedensbewegung, die unterschiedlichen sozialen Bewegungen inklusive die Frauenbewegung und der Umweltbewegung. Denn 'grüne Gesellschaften' müssen nicht nur ökologisch nachhaltig sein, sondern auch sozial und politisch.

In der Auflistung der acht Grundgedanken der Tiefenökologie erwähnten Sie auch die Position, dass wir uns um einen Rückgang der Übervölkerung kümmern müssen. Auch das ist den Tiefenökologen vorgeworfen worden: Dass sie nichts gegen eine Katastrophe hätte, weil sie die Zahl der Menschen reduziere.

Das Netz des Lebens

●●●●●● Das ist völliger Unsinn. Denn das Problem der Überbevölkerung ist primär das Problem der reichen Länder. Dieses Problem ist untrennbar damit verbunden, dass eine kleine Minderheit von vielleicht 500 Millionen Menschen in den reichen Ländern so viel vom Planeten Erde zerstört hat, dass den Menschen der Dritten Welt kein Vorwurf daraus gemacht werden kann, wenn sie auf die Not mit mehr Geburten reagieren. Die Lösung des Problems der Überbevölkerung wird Hunderte von Jahren in Anspruch nehmen, weil es ethisch gelöst werden muss. Sicherlich müssen wir uns mit mehr Verantwortung ethische Fragen stellen, wenn wir neues Leben in die Welt setzen.

Ist die Tiefenökologie in ihrer Betonung des inneren Wertes allen Lebens ein Feind von moderner Technik?

●●●●●● Wir sollten Technologie ernster nehmen, anstatt sie abzulehnen! Denn es geht darum Technologie so weiter zu entwickeln, dass sie uns kulturell und ökologisch nützt. Das Problem ist nicht die Technik an sich, sondern ihre Form und Anwendung. Man kann zehn technische Revolutionen haben, ohne dass das irgendeinen Einfluss auf die ökologische Krise hat, weil der Weg von der Erfindung bis zur praktischen Anwendung so unendlich lang ist, wenn es an der politischen Unterstützung fehlt. Darum müssen wir uns kümmern. In den grünen Gesellschaften der Zukunft werden wir mindestens genauso viel Technologie brauchen wie heute. 'Technologie' darf kein negativer Begriff werden. Wir brauchen Menschen, die sich für Technologie interessieren. Aber eben für eine Technologie, welche die soziale und ökologische Dimension berücksichtigt.

Kann der tiefenökologische Ansatz jemals wirklich mehrheitsfähig werden?

●●●●●● Ich glaube, es wäre unrealistisch, mit so etwas zu rechnen. Aber was bedeutet Mehrheit? Auch beim Kampf gegen die Sklaverei war nur eine Minderheit wirklich aktiv. Wenn eine Minderheit wirklich überzeugt und aktiv für etwas einsteht, dann kann die Mehrheit auch so reagieren, dass sie sagt „Die haben irgendwie Recht" und sie nicht bekämpft. So wird das auch bei der ökologischen Krise sein. Eine Minderheit wird auf die Zerstörungen hinweisen und die Gefahren für uns Menschen aufzeigen. Man wird ihnen nicht wirklich glauben, aber ihr Einfluss wird zunehmen und zu neuen politischen Initiativen führen. Die Mehrheit wird sagen, da ist was dran. Zur Zeit heißt es noch: „Das ist doch alles nicht nötig, eure Voraussagen sind viel zu pessimistisch." Aber sie erinnern sich an das, was wir sagen und bekämpfen uns weniger hartnäckig. Und das ist erst mal genug. Die Zeit für einen tiefen Wandel wird kommen, da habe ich keine Zweifel.

Sind Sie selber also eher ein Optimist als ein Pessimist?

●●●●●● Ich glaube, dass die Situation noch sehr viel schlimmer werden muss, ehe man etwas wirklich Wichtiges macht. Im nächsten Jahrhundert werden vielleicht noch größere Zerstörungen sein. Wenn man mich fragt, ob ich Optimist oder Pessimist bin, sage ich: Ich bin ein großer Optimist – aber erst für das 22. Jahrhundert. Für das 21. Jahrhundert bin ich pessimistisch, denn zur Zeit werden wir immer weniger nachhaltig. Auch wenn ich für das 21. Jahrhundert große Probleme auf uns zukommen sehe, halte ich nichts von diesen Untergangs-

Szenarien. Wir müssen uns klar sein über die Folgen unseres Handelns und die Kosten des Wandels begreifen. Wir sollten heute und morgen dafür arbeiten. Denn je mehr wir das tun, desto weniger Ärger haben wir im 21. Jahrhundert. Aus diesem Grund versteht sich die tiefenökologische Bewegung auch als eine langfristige Bewegung. Wir zielen nicht auf kurzfristige, schnelle Lösungen. Das verringert einerseits den Druck, unter den wir uns stellen, andererseits ist es natürlich schwierig, das politisch umzusetzen. Denn die Aufmerksamkeit der Öffentlichkeit zielt auf die nächsten paar Jahre.

Heißt das, wir müssen in ganz anderen Zeitdimensionen denken und planen?

●●●●●● Ich denke, es ist eine fantastische Perspektive, in großen Zeiträumen denken zu können. Warum sollten wir nicht davon ausgehen, dass wir Millionen von Jahren vor uns haben und die heutige Zeit der Zerstörung nur einige Hundert Jahre betrifft. Ich bin mir sicher, dass wir langfristig unsere Gehirne weit positiver nutzen werden, als in der Gegenwart. Ich selbst werde vielleicht für eine kurze Zeit als einer von denen erinnert werden, die einen solchen langfristigen Ansatz begründeten. Aber insgesamt wird unser Zeitalter einmal nur als eine Ära der Barbarei erinnert werden, in der man jeden Wal, der im Meer herumschwamm, töten durfte, solange man die Gattung nicht ausrottete. Ich stelle mir für die ferne Zukunft einen natürlichen Reichtum und eine biologische Vielfalt vor, in der Seeleute aufpassen müssen, dass ihr Schiff nicht mit einem Wal kollidiert, weil die Meere voll sind mit ihnen.

Wie kommen wir zu dem Punkt, an dem aus Wissen um die notwendige Veränderung die Weisheit der Praxis wird?

●●●●●● Wissen wird nicht leicht zu Weisheit. Weisheit hat eher mit Motivation zu tun. Wenn wir anerkennen, dass wir mit der gegenwärtigen Situation auf dem Planeten unzufrieden sind, dann steht es an, den Schritt von der wissenden Beschreibung zu klaren Richtlinien zu machen, die nicht länger nur deskriptiv sind, sondern klar normativ. Die uns sagen, was wir zu tun haben – jedem von uns, aber auch unserer Gemeinde, unserem Land, unserem Planeten.

Einer Ihrer Ratschläge ist es, radikale Fragen zu stellen. Inwiefern muss das Fragen heute radikaler sein als in den herkömmlichen Philosophien?

●●●●●● Es geht nicht um neue Denkansätze im Rahmen des alten Weltbilds, sondern um eine neue Sichtweise auf die Welt. Wir können nicht einzelne Techniken kritisieren, wir müssen die Art unserer modernen Gesellschaften in Frage stellen. Einer der Punkte, den die Tiefenökologie fordert, ist, statt dem Lebensstandard die Lebensqualität zu verbessern. Was wir Lebensstandard nennen, wird davon bestimmt, was wir haben, aber nicht von dem, was wir sind und was wir fühlen. Um auf diese Ebene zu kommen, müssen wir Fragen stellen, die bis an die Grundlage des Menschseins gehen. Wir müssen neu nach dem Sinn unseres Lebens fragen. Wir müssen herausfinden, mit welchen möglichst einfachen Methoden wir sowohl unsere Grundbedürfnisse, als auch unsere Bedürfnisse nach Luxus befriedigen können. Die Dimensionen der ökologischen Krise, die wir überwinden müssen, sind so groß, dass wir sie durchaus mit einem Kriegszustand vergleichen können. So eine Krise verlangt eine hohe Bereitschaft zur Kooperation, sie verlangt eine neue Hierarchie der Werte. Über kurz oder lang betrifft das jeden. Die Frage nach dem Sinn des Lebens ist nicht neu, die stellt sich jeder von Zeit zu Zeit. Neu ist der Ansatz, diese tiefen Fragen im Zusammenhang mit der ökologischen Krise zu stellen. Das ist etwas komplett Neues und Überraschendes. Und es wird einige Zeit dauern, bis jeder begreift, dass diese Fragen kaum weniger wichtig und kaum weniger persönlich sind als die Frage, ob wir heiraten wollen und ob wir Kinder in die Welt setzen wollen.

Also ist ökologisches Engagement gleichzeitig eine Frage der persönlichen wie der kollektiven Entwicklung?

●●●●●● Es passiert nur in Beziehung. Es ist eine Illusion zu glauben, man könnte sich in sein Kämmerchen zurückziehen und etwas nur aus dem eigenen Ego heraus weiterentwickeln. Dieser ganze Ansatz beruht auf einem Feld-Denken. Dieses Feld hat viele verschiedene Dimensionen. Der einzelne Mensch ähnelt in diesem Feld nur einem kleinen Knoten in einem großen Netz. Im großen Feld ist er eine Unregelmäßigkeit, eine konzentrierte Ansammlung einiger weniger Beziehungsstrukturen. Die Besonderheit besteht darin, dass auf der menschlichen Ebene die Maschen dieses Netzes kleiner sind. Wir sind nichts Absolutes, sondern in Beziehung zu allem anderen. Wenn unsere Selbstverwirklichung weiter gehen soll, müssen wir das anerkennen. Die Wahrscheinlichkeit, frustriert an eigene Grenzen zu stoßen oder die Identität zu verlieren, ist viel größer, wenn wir uns für absolut halten. Das Identitätsproblem des modernen Menschen hängt damit zusammen, dass unsere Gemeinschaften in so einem schlechten Zustand sind. Dabei geht es nicht darum, unsere Identität in einem ganzheitlichen mystischen Brei zu verlieren. Das hat mit Tiefenökologie nichts zu tun. Sie sind einzigartig, ich bin einzigartig und wir werden auch dann einzigartig bleiben, wenn wir uns mit anderen Lebensformen identifizieren. Eine größere Identifikation führt keinesfalls dazu, dass wir unsere individuelle Persönlichkeit verlieren.

Geht eine Identifikation mit anderen Lebensformen über das Mitgefühl mit ihnen hinaus?

●●●●●● Identifikation geht dem Mitgefühl voraus! Mitgefühl kann man nur empfinden, wenn man sich vorher mit etwas identifiziert. Nehmen wir eine Klassengesellschaft: Wenn man beigebracht bekommen hat, die niedrigere Klasse nicht als Teil der Menschheitsfamilie zu sehen, dann fehlt es uns an Identifikation. Wenn man ein Tier im Todeskampf beobachtet – und sei es nur ein Insekt, das mit den Beinen zappelt – dann kann man dabei sich selbst im Moment einer tödlichen Gefahr sehen. Wenn man sich auf diese Weise identifiziert, wird man automatisch bemüht sein, dem Tier zu helfen. Das nenne ich Identifikation. Um Solidarität, diesen so wichtigen Begriff im Sozialismus, zu wecken, muss man den anderen als gleichwertige Person sehen können. Solidarität verlangt also Identifikation. Das ist für mich der Kernbegriff. Manche Leute sehen das anders. Sie reden von Mitgefühl oder Empathie. Heute geht es darum, den Menschen, jung wie alt, dabei zu helfen, ihre Empathie zu entwickeln. Wenn wir den Sprung vom Mitgefühl zur Aktion schaffen, dann ist viel erreicht. Wenn man mitfühlt, ohne ins Handeln zu kommen, dann führt das in die Depression. Die tiefenökologische Bewegung will den Menschen dabei helfen, aus dem Gefühl der Depression angesichts der Verhältnisse zu Mitgefühl und Aktion zu kommen. Dann wird aus Traurigkeit Freude.

Wie also sollten wir mit schlechten Nachrichten und den viel zu langsamen Veränderungen umgehen? Wie kann Engagement von Freude getragen sein?

●●●●●●● Wir müssen aufhören uns vorzustellen, dass der Holocaust und die ökologische Katastrophe gleich hinter der nächsten Ecke lauern. Viele Leute argumentieren immer noch so. Es kann durchaus sein, dass wir das 21. Jahrhundert ohne den großen Zusammenbruch durchstehen, auch wenn sich die Gesamtlage immer weiter verschlechtert. Ich persönlich bin davon überzeugt, dass wir es im 22. Jahrhundert schaffen, immer weniger zerstörerisch zu werden. Aber auch im 21. Jahrhundert können wir in jedem Moment Freude empfinden. Wenn wir aufhören, ständig nur zu beschreiben, was alles verkehrt läuft und statt dessen artikulieren, was wir in unserem kleinen Horizont alles tun – klein im Verhältnis zum ganzen System – dann empfinden wir Freude und genießen den Austausch. Tausende von Seiten mit schlechten Nachrichten werden täglich veröffentlicht. Wir brauchen mehr Aufmerksamkeit für all das, was schon an Gutem passiert. Wir dürfen nicht jeden kleinen Schritt immer nur am großen Ziel messen. Selbst wenn die Auswirkung mikroskopisch ist, müssen wir uns gut dabei fühlen. Förderer der tiefenökologischen Bewegung sollten immer aus einer Haltung der Freude handeln.

Was ist also der nächste Schritt? Persönliche Weiterentwicklung oder politische Aktion?

●●●●●●● Für manche ist es dies, für andere das. Die Front, an der wir kämpfen, ist lang. An manchen Abschnitten kann man vielleicht nicht dabei sein, ohne sich persönlich oder spirituell weiterzuentwickeln. Aber es gibt so viele Abschnitte, wo man unmittelbar handeln kann, ohne zu versuchen, ein anderer zu sein als der, der man ist, oder ein besserer Mensch mit besserer Moral. Der nächste Schritt hängt immer davon ab, wo man gerade steht. Und jeder hat seine Qualifikationen. Man sollte seinen Neigungen folgen und tun, was sich insgesamt gut anfühlt, anstatt angestrengt zu versuchen moralisch oder politisch 'korrekt' zu sein.

Das wirkliche Menschsein wiederentdecken

***Im Gespräch mit der Ökologin und
Kulturforscherin Dolores LaChapelle***

*Dolores LaChapelle, in der tiefenökologischen Bewegung gelten Sie als
jene, die Theorie und Praxis des neuen Ansatzes am besten zusammengebracht hat. Wo liegen die Grenzen der herkömmlichen Ökologie?*

●●●●●● Wir stehen schlicht an einer existentiellen Grenze. Die herkömmliche Ökologie verschließt davor die Augen. Sie geht davon aus, dass es für jedes Problem eine technologische Lösung gibt, durch die das ganze System am Laufen gehalten werden kann. Letztlich beruht das auf dem Glaubenssatz, dass wir mit der Welt machen können, was wir wollen, weil es immer jemanden geben wird, der die Schäden reparieren kann. Tatsache ist, dass es diese Lösungen nicht gibt. Wir haben immer weniger Humus, wir haben keine saubere Luft mehr und das Wasser ist immer öfter so schmutzig, dass Fische aussterben. Es gibt keinen Weg, all das zu reparieren.

Wo liegen die Wurzeln der Fehlentwicklung?

●●●●●● Manche sind der Meinung, dass es mit dem Beginn der Landwirtschaft geschah. Das ist 10.000 Jahre her. Aber während 99% der Geschichte der Menschheit waren wir Jäger und Sammler. Nur während einem Prozent dieser Zeit waren wir sesshafte Bauern. Als Jäger und Sammler mussten die Menschen im Einklang mit dem Ort leben, und sie fanden die Balance zwischen sich und der Natur. Sie wussten beispielsweise: Wenn ihre Geburtenrate steigt, dann ist nicht genug für alle da. Also überwachten sie ihren Bevölkerungszuwachs. All diese Kulturen praktizierten Empfängnisverhütung und schufen so ein Gleichgewicht zwischen der Gemeinschaft und den zur Verfügung stehenden Ressourcen. Unter diesem Ge-

Dolores La Chapelle *ist in Nordamerika eine legendäre Figur. Als Bergsteigerin, Tiefschnee-Fahrerin, Ökologin, Naturphilosophin, moderne Schamanin und Tai-Chi-Lehrerin hat sie das ökologische Denken nachhaltig geprägt. Sie wurde 1926 als Tochter einer weißen Amerikanerin und eines Cherokee-Indianers geboren, studierte Pädagogik und zog sich mit ihrem Mann Ed LaChapelle zur Erforschung von Gletschern und Lawinen ins Hochgebirge der amerikanischen Nordwestküste zurück. Über die Jahre entwickelte sie dort eine Naturphilosophie, die später zum Bestandteil der tiefenökologischen Bewegung wurde. Zu ihren wichtigsten Büchern gehört „Die Weisheit der Erde" (1995) und das dreibändige Monumentalwerk „Heiliges Land, Heiliger Sex" (1997/1998/1999).*

sichtspunkt wird klar, dass unsere Landwirtschaft vielleicht gar nicht der große Fortschritt war, für den sie viele halten.

Über welches Wissen verfügten die traditionellen Kulturen also, um ihre Gesellschaften weitgehend nachhaltig zu gestalten?

●●●●●● Diese Menschen sahen die Natur als ein Geschenk. Alles, was sie von ihr erhielten, wurde als Gabe wahrgenommen. Sie forderten nichts von der Natur und sie entrissen der Natur nichts. Aber mit dem Beginn der Landwirtschaft setzte sich die Idee durch, dass der Mensch die Natur zwingen darf, ihm mehr und immer mehr zu geben. Das war der Grundimpuls für die Überbevölkerung vor der wir heute stehen. Denn weil dafür mehr Arbeitskräfte gebraucht wurden, wuchsen die Familien. Mehr Menschen brauchten dann wieder mehr Nahrungsmittel – und so drehte sich die Spirale immer weiter nach oben.

Wie wurde von unseren Urahnen das Verhältnis zur Natur wahrgenommen?

●●●●●● Die meisten Stammesgesellschaften bauten auf die Überzeugung, dass man dem Land immer etwas zurückzugeben hatte. Solange das geschah, gab die Natur immer genug. Aber es ging um das Geben, nicht um das Nehmen. Man könnte das, was vor der Einführung der Landwirtschaft praktiziert wurde, ein System des wechselseitigen Austauschs von Geschenken zwischen Mensch und Natur nennen. Die Landwirtschaft zerstörte dieses ausgeglichene Beziehungsmuster zwischen Mensch und Natur. Von da an verschlechterte sich die Situation für die Natur.

Und doch kann die Lösung nicht darin bestehen, in die Strukturen der Stammesgesellschaften zurückzukehren?

●●●●●● Aber der wesentliche Punkt ist: Wir sind immer noch dieselben menschlichen Wesen. Die Leute sagen immer: Es gibt keinen Weg zurück und es muss immer vorwärts gehen. Aber seit mindestens 500.0000 Jahren sind wir dieselbe Gattung Mensch. Da liegt unsere wirkliche Natur. Wir müssen nicht zurückgehen, sondern das wirkliche Menschsein wiederentdecken. Und da sind die Bedürfnisse gleich geblieben. Das sieht man schon daran, dass die adligen Schichten in der Feudalzeit ebenso wie die reichen Schichten der Neuzeit es als besonderen Luxus verstanden, was die Jägerkulturen der Urzeit den ganzen Tag taten: Angeln, Jagen, Kommunikation, Tanz und Musik. Das ist es, was der Mensch braucht. Und es ist genau das, was der Mensch schon seit Urzeiten getan hat, lange bevor all diese Probleme auftauchten.

Was bedeutet das für unser Verständnis von Ökologie?

●●●●●● Es gibt zwei Arten von Ökologie. Die eine ist die oberflächliche Ökologie. Sie besteht daraus, dass die entwickelten Länder für ihre Bürger die Luft und das Wasser sauberer machen. Die dritte Welt hatte doch nie die Chance, sich so weit zu entwickeln, dass sie ihre Luft, Gewässer und Böden wieder sauber machen konnten. Das Leiden der Dritten Welt besteht ja gerade in den weltweiten Exzessen der entwickelten Welt. In der sogenannten tiefen Ökologie aber stellen wir die Frage, ob die Gesellschaften der Gegenwart die menschlichen

Grundbedürfnisse erfüllen – Liebe, Sicherheit, Zugang zur Natur. Wir fragen weiter, welche Gesellschaft, welches Erziehungsmodell ist nützlich für das Leben auf dem Planeten als Ganzes. Und dann fragen wir danach, was getan werden muss, um die nötigen Veränderungen in Gang zu bringen. Insofern formuliert die Tiefenökologie besonders das, was eigentlich in und für die Dritte Welt getan werden müsste: Es geht um einen ganz grundlegenden Wandel.

Also zuallererst um einen Wandel in unserem Denken?

●●●●●● Der Mensch ist der Natur nicht überlegen. Er ist vielmehr nur ein Element in der überlegenen Aktivität des gesamten Lebensnetzes. Wir sind nicht diejenigen, die auf diesem Planeten das Wissen und die Weisheit gepachtet haben. Die wirkliche Weisheit liegt in der Natur. Diese Weisheit hat wenig mit Philosophie oder Politik zu tun. Philosophie heißt wörtlich 'Liebe zur Weisheit'. Doch unsere philosophische Erkenntnis ist weitgehend ein Hirngespinst. Die alten Griechen haben sich enorme Gedanken gemacht, sie aufgeschrieben und immer weiter entwickelt, aber sie haben dabei kaum, so wie Stammesgesellschaften, von der Natur gelernt. Für Jäger und Sammler hingegen bestand das Leben ganz selbstverständlich aus einem fortwährenden Lernprozess mit weit offenen Sinnen.

Kann aus so einer Sichtweise eine Art tiefenökologischer Politik entstehen?

●●●●●● Politik ist aus meiner Sicht eher ein Teil des Problems, anstatt die Lösung. Die grünen Parteien haben die Tiefenökologie bislang abgelehnt, weil sie im bestehenden System mitmachen wollen. Tiefenökologie scheint als Programm politisch nur sehr beschränkt möglich zu sein. Denn mit diesen Ideen ist man für die Mehrheit nicht wählbar. Wenn es also weder ein philosophischer noch ein politischer Ansatz ist, was ist es dann? Ich würde sagen: Es ist eine Art und Weise, auf die Welt zu schauen und dabei festzustellen, dass die Probleme und ihre Lösungen tiefgreifender sind, als wir bislang dachten. Man kann sie nicht nur über politische Maßnahmen lösen. Denn politische Maßnahmen bedeuten immer weitgehende Kompromisse mit den bestehenden Strukturen. Machen wir die, wird sich die Lage aber weiter verschlimmern. Also muss der Weg aus der Krise anders sein als alle bisherigen Ansätze.

Welchen Weg sehen Sie dann?

●●●●●● Ich glaube, dass die Lösung in dem besteht, was wir Bioregionalismus nennen, nämlich einer radikalen Dezentralisierung. Menschliche und kulturelle Entwicklung ist gerade in den Stammesgesellschaften immer aus der Aufmerksamkeit für den Ort entstanden, an dem die Menschen lebten. Was kann das für uns heute bedeuten? Es heißt durchaus, weiter seine Steuern zu zahlen. Aber es bedeutet auch, den Zentralregierungen deutlich weniger Macht und Aufmerksamkeit zu geben. Statt dessen müssen wir für das aufmerksam werden, was unser jeweiliger Lebensort von uns braucht, um sich weiter entwickeln zu können: das Land, die Böden, die Bäume. Das wäre die Grundbedingung dafür, dass die Dinge besser werden, anstatt immer schlimmer. Aber das kann man nicht im großen Maßstab von oben verordnen. Man kann das nicht nach hierarchischen Prinzipien durchsetzen, weil jeder Platz anders ist. Deshalb ist Tiefenökologie für mich ein Ansatz, der versucht, uns dabei zu helfen, endlich zu lernen, was die Bedürfnisse des Landes sind, um dann entsprechend zu reagieren.

Steckt das hinter dem Slogan: 'Lokal handeln, global denken'?

●●●●●●● Dieser Slogan hat einen gewaltigen Haken. Den meisten modernen Menschen wäre die sogenannte 'eine Welt' am liebsten, vollkommen gleichgeschaltet und homogen. Ganz so, wie es sich die multinationalen Konzerne wünschen. Aber das wird uns nicht weiterbringen. Der Grund dafür, dass ich das so arrogant sagen kann, liegt in folgender unumstößlicher Tatsache: Menschliche Wesen sind Säugetiere. Und ein Säugetier kann nur eine tiefe Beziehung aufbauen zu etwas, mit dem es direkt konfrontiert ist. Ein Säugetier kann nicht wirklich über den Planeten reden, weil es den Planeten nicht sieht. Diese schönen Slogans von der „Einen Welt" werden nicht funktionieren. Ein Säugetier muss den Ort, über den es läuft, sehen, um sich darum zu kümmern. Die künstliche Idee, dass wir die Erde lieben müssen, ist nur ein weiteres Hirngespinst. Wir können die Erde nicht lieben. Was wir lieben können, ist unser Platz auf dieser Erde. Lebendig zu sein, heißt seit dem Beginn der Menschheit, in völliger Aufmerksamkeit mit dem eigenen Platz verbunden zu sein. Dann wird das Land heilig und wir spüren die Dankbarkeit für die Fülle des Ortes, der uns am Leben hält und von dem wir ein Teil sind. „Wildheit", sagt der Poet Gary Snyder, „ist ein Zustand völliger Aufmerksamkeit". Das ist es, was wir brauchen!

Aber ist nicht gerade in vielen traditionellen Kulturen die 'Mutter Erde' der wesentliche Bezugspunkt?

●●●●●●● Mit diesem Begriff von 'Mutter Erde' ist es dasselbe. Wir meinen, dass alle traditionellen Kulturen diese Vorstellung einer großen Erdmutter gehabt hätten. Aber das ist Unsinn. Es gab viele verschiedene 'Göttinnenfiguren', oder wie immer man sie nennen mag, für den Platz, an dem die Menschen lebten. Und dieser Platz war in Hawaii natürlich ganz anders als an der amerikanischen Nordwest-Küste. Deshalb war die Göttin hier ein Vulkan und dort ein Lachs. Sie war 'Mutter', keine Frage, aber nicht 'Mutter Erde'.

Gleichzeitig wird durch die modernen Transport- und Kommunikationsmittel die Welt immer mehr zu einem globalen Dorf ...

●●●●●●● Aber ein Großteil der Probleme hängt gerade damit zusammen, dass wir in dieser immer mobileren Gesellschaft nicht mehr lange genug an einem Platz bleiben, um spüren zu lernen, was dieser Platz eigentlich wirklich von uns braucht. Was die Natur also jetzt braucht, ist, dass wir herausgehen und mit ihr arbeiten. Und das heißt: Arbeite an dem Platz, an dem du lebst. Reise herum, bis du einen Platz findest, den du so liebst, dass du bereit bist, für ihn zu sterben. Dort beginnst du, die politischen Kämpfe auszutragen, die dieser Platz braucht. Lasse dich nieder, nur so lernst du, was dein Platz braucht.

Wie wissen wir, was der Platz braucht?

●●●●●●● Wir müssen viel verlernen von dem, was wir für so wichtig halten. Und das geht nur, wenn wir unseren Platz finden. Wenn wir uns dort verwurzeln, die lokalen Nahrungsmittel essen, aufmerksam den dort lebenden Menschen zuhören und das nicht-menschliche Leben beobachten, dann erst können wir herausfinden, was dort zu tun ist. Und dann entstehen von alleine die notwendigen Rituale und Ideen.

Heißt das, ein Großteil der konventionellen Umweltpolitik ist für die Katz?

●●●●●●● Wir schmieden dauernd Pläne. In den letzten 40 Jahren sind mehr Pläne zum Schutz der Natur entwickelt worden, als in der ganzen Geschichte der Menschheit. Sie haben uns nichts gebracht, weil diese Pläne Hirngespinste sind. Was die Natur von uns verlangt, ist nicht in neuer Form über sie zu bestimmen, sondern endlich mit ihr zu kooperieren. Und das heißt wiederum: Geh zurück an deinen Platz und tue, was zu tun ist.

Im Mittelpunkt Ihrer Schriften steht das, was Sie 'binding back' nennen. Was verstehen Sie unter dieser 'Rückbindung'?

●●●●●●● Das Gefühl für das, was fließt, gewinnen wir in der Bewegung. Die Rückbindung geschieht im Ritual. Rückbindung kann geschehen beim Klettern, beim Skilaufen, durch gemeinsame Erfahrung in der Natur, in vielen Handlungen. Ich habe in meinem Leben das Ritual nicht gesucht. Es war da, bevor ich den Begriff kannte, und es war dadurch gekennzeichnet, das *Alles* zu enthalten, es zu begreifen, keiner Erklärung zu bedürfen und Himmel, Erde und Menschen in der Gegenwart zu verbinden. Es gibt keine derartigen Rituale in der wachstumsversessenen Industriekultur der Gegenwart. Ich habe damit begonnen, kleine Rituale zu entwickeln. Von der Beobachtung des Mondaufgangs, Feiern des Vollmonds über nächtliche Trancetänze bis zum Tai Chi. Wildheit – dieser Zustand absoluter Wachheit – hat nichts mit den verrückten und destruktiven Handlungen zu tun, mit denen die unterdrückten Menschen der modernen Zivilisation einen Großteil ihrer Zeit verbringen. Die Unterdrückung, die wir uns antun, kommt vom dualistischen Denken, wobei hier das Gesetz und dort die Wildheit ist. Wirkliche Wildheit ist anders, sie enthält die höhere Ordnung aller Wesenheiten eines Platzes, die alle ihre ganze Natur so verwirklichen, dass das gesamte Ökosystem und der Platz als Ganzes blühen.

Wie kamen Sie auf die Tiefenökologie?

●●●●●●● Während all dieser Jahre des Lernens hatte ich nie einen Namen für das, was mir geschah. Es schien mir wie eine schrittweise Vertiefung in etwas, wofür die europäische Kultur keine Worte hatte. Bis ich 1977, auf dem Earth Festival in Kalifornien, auf Arne Naess stieß. Er sagt: „Die tiefe Ökologie stellt die Frage, ob die Gesellschaften der Gegenwart die menschlichen Grundbedürfnisse erfüllen: Liebe, Sicherheit, Zugang zur Natur. Wir müssen fragen, welche Gesellschaft, welches Erziehungsmodell ist nützlich für das Leben auf dem Planeten als Ganzes. Und wir müssen fragen, was getan werden muss, um die nötigen Veränderungen in Gang zu bringen." Was er auf dem Gebiet der Philosophie geleistet hat, holte James Hillman für die Psychologie nach, als er sagte, dass wir uns nicht mehr mit dem Individuum, sondern mit der Seele des Ganzen beschäftigen sollten. Statt „Ich denke, also bin ich" gilt ihm „Ich bin, weil ich teilhabe an der Welt, ihren Mustern, Menschen, Tieren, Bäumen". Die neuen Konzepte des Selbst sind schwer zu begreifen, sie sprengen den Rahmen dessen, was wir für wahr halten. Mein Weg des Erkennens war ganz anders: Mich haben es Pulverschnee, Himmel und Berge gelehrt.

Das Netz des Lebens

Wie kann einem das Skifahren solche Einsichten vermitteln?

●●●●●● Das Fahren im Pulverschnee ermöglicht die absolute Erfahrung der dynamischen Beziehungsmuster zwischen den Mitgliedern einer Gruppe von Menschen, der Energie der Erdanziehung und dem Schnee als Ausdruck des Himmels. Anpassung an die Natur hat nichts damit gemein, sich einem menschengemachten Gesetz zu unterwerfen, das deine Freiheit beschneidet. Wirkliche Anpassung an die Natur hat viel mehr gemein mit einer gemeinsamen Abfahrt. Für jeden erfahrenen Skiläufer gibt es nur einen besten „Weg": Für jede mögliche Position am Hang gibt es nur eine Fall-Linie. Fahren mehrere miteinander, so können alle mit Höchstgeschwindigkeit abfahren und doch miteinander und mit der Erde fließen. Es ist wie beim Flug der Vögel, die durch die Lüfte kreisen, keiner ist Führer, es gibt keine Untertanen, denn alle sind zusammen. Die einen passen sich responsiv der Erde, die anderen dem Himmel, ihrer Welt an, es gibt keine Zusammenstöße. Hier ist jedes menschliche Sein auf seinem eigenen Pfad frei.

Also geht es um einen Zustand absoluter Achtsamkeit?

●●●●●● So kann man das nennen. Die Bewegungen sind minimal, nur die Knie geben nach, reagieren auf den leichten Druck des Schnees. Es ist eine Mischung aus Fliegen und Landen, es hebt und zieht mich, ich gebe der Gravitation nach, geh in die Fersen, spüre, wie der Schnee mich wieder hebt und lenke die Spitzen ein Stück nach links. Die Schwünge sind völlig fließend, denn da ist kein bewusstes Tun, kein Denken. Du siehst es an der Spur im Schnee. Es ist Seligkeit, pure Seligkeit. Es ist ein besonderes Geschenk der Beziehung zwischen Himmel und Erde. Es lässt sich nur erleben an Plätzen, wo alle Bedingungen stimmen, es ereignet sich in besonderen Momenten auf dieser Erde, es dauert manchmal nur Augenblicke, bis das Licht sich verändert und der Wind dreht. Manche Menschen widmen dieser Erfahrung, das Sein im reinen Spiel zu erleben, die besten Jahre ihres Lebens. Um es richtig zu machen, musst du dich dem Schnee hingeben.

Demnach gibt es zahllose Wege zur Erkenntnis?

●●●●●● Sicherlich. Alles, was ich heute weiß, habe ich dabei gelernt, die Hänge heraufzusteigen und herunterzugleiten. Wer in tiefem Pulverschnee Ski läuft, trifft auf keinen Widerstand, trifft auf rein gar nichts. Da ist nicht irgendwas, von dem man sich abstößt, um sich zu drehen, wie beim normalen Skifahren. Wer darauf besteht, sich dort abzustoßen, wo nichts ist, setzt nur den Impuls seiner Bewegung fort und fällt in den bodenlosen Schnee. In unserer Kultur gibt es kein Wort für diese Erfahrung des „Nichts", für den fehlenden Widerstand beim Tiefschneefahren. Im Gegenteil: Die Vorstellung des Nichts, des Nicht-Seins macht uns Angst. Nur in der Lehre des Taoismus gibt es „die Fülle der Leere", aus der alles entsteht. Meine Erfahrungen im Pulverschnee gaben mir eine Ahnung dessen, was meinem Denken vorher nicht zugänglich war.

Dolores La Chapelle

Wie kann eine solche Erfahrung das Bewusstsein oder gar das Weltbild verändern?

●●●●●●● Wenn erst einmal dieser Rhythmus zwischen Schnee und Gravitation entstanden ist, hört das „Ich", der „Berg" und der „Schnee" auf, getrennt voneinander zu existieren. Es fließt zusammen in einen einzigen Strom der Interaktion. Ein fließender Prozess ohne Grenzen. Mein Handeln bildet ein Kontinuum mit der Handlung des Schnees und des Berges. Ich kann nicht mehr genau sagen, wo mein Handeln aufhört und das des Schnees beginnt und wann die Gravitation hereinspielt. Je öfter du das erlebst, desto mehr verliebst du dich darin. Und du lernst, wie schnell du diese komplexe Interaktion zerstörst, sobald du bewusst planst, forderst und deinen Willen durchsetzen willst. Wer einmal diesen Verlust aller Grenzen des Egos erlebt hat, macht einen radikalen Bewusstseinswandel durch, der sich nach und nach ausdehnt und vertieft. Wir sind das Opfer einer Einbildung, hat Allan Watts gesagt, wenn wir an das Paradigma unserer Kultur glauben, dass unser Individuum dort aufhört, wo unsere Haut endet. Dann kommen wir zu einer Wahrnehmung des Individuums, das weder als Ego in seiner Haut eingeschlossen, noch das Zahnrad einer großen Maschine ist, sondern dass es sich dabei um einen gegenseitig beeinflussenden Prozess handelt zwischen allem, was innerhalb und außerhalb der Hauthülle geschieht, ohne Dominanz des einen oder des anderen, gleichberechtigt, wie zwei Seiten einer Münze.

Arne Naess nennt diese Erfahrung das 'ökologische Selbst'. Ist da noch klar spürbar, was wir den 'menschlichen Geist' nennen?

●●●●●●● Wenn das Individuum aus der Begegnung und Beziehung der inneren und der äußeren Welt besteht, was ist dann Geist? Gregory Bateson hat gesagt, dass der Geist, mit dem wir die Informationen verarbeiten, nicht auf den Körper beschränkt ist, auf jenes System, das wir gewöhnlich das „Selbst" nennen. Vielmehr schließt diese Information, die das Selbst verarbeitet, alle Wege ein, die diese Information gegangen ist: Der Weg durch andere Gehirne, durch Licht, Klang, Temperatur und alle anderen Aspekte zwischen Himmel und Erde. Das Individuum, welches wir das Selbst nennen, wählt aus der Fülle der Informationseinheiten das aus, was es gerade braucht und zieht künstliche, fiktive Grenzen zwischen Mensch und Umwelt. Was denkt, ist das ganze System, das sich mit Versuch und Irrtum beschäftigt, mit dem Menschen und der Umwelt. Arne Naess meint nichts anderes, wenn er vom „ökologischen Selbst" spricht. Die kleinen Welten, die wir uns schaffen, sind kleine Kreisläufe eines größeren Kreislaufes, wie Schubladen eines viel größeren Schrankes. Der eigentliche Kreislauf ist der des Ökosystems, wo du nicht mehr trennst zwischen *Input* und *Output*, sondern Teilnehmer des ganzen Geschehens bist. Je größer die Hingabe an den großen Kreislauf, je größer die Ganzheit der Erfahrung, je mehr Wissen und Bewusstheit für alle beteiligten Faktoren, desto größer die Freiheit.

Braucht es für diese fast spirituelle Erfahrung eine Arbeit am menschlichen Bewusstsein?

●●●●●●● Das war doch schon immer ein Teil von uns. Wir brauchen nicht unser Bewusstsein zu verändern, wir müssen vielmehr vieles von dem, was wir in den letzten 2000 Jahren gelernt haben, wieder verlernen. Die wirkliche Bedeutung des Wortes Religion, lateinisch „religio", heißt „Rückbindung". Religiös sind wir seit den Zeiten der Höhlenmalerei. Wir waren uns dieses endlosen Stromes von Leben, der durch uns und die Erde von Anfang an fließt, immer bewusst. Dass es auf der einen Seite etwas Spirituelles gibt und auf der anderen Seite etwas Materiell-Natürliches, ist eine Falle des westlichen Denkens. Spirituelles und Materielles sind beides Teile eines endlosen Kreises. Und im Westen wird die Energie, die durch die Welt fließt, mit der Bezeichnung „spirituell" versehen. Andere Kulturen machen diese Unterscheidung einfach nicht.

Das klingt nach so wenig Anstrengung, dass mir der Begriff des 'Spiels' in den Sinn kommt ...

●●●●●●● Leben muss zu einem Spiel zwischen dir und diesen Kräften werden, dort, wo du lebst. Einsicht und Ort müssen sich in Gegenseitigkeit entfalten, gemeinsam wachsen und voneinander lernen. Ich würde das Verhältnis zwischen Mensch und Natur als einen Prozess der gegenseitigen Zweckbindung (*reciprocal appropriation*) nennen. In so einer Beziehung gibt es keine Trennung mehr zwischen Arbeit und Spiel, Dingen, die man für *sich* tut oder Dingen, die man für *die Welt* tut. Alles wird zu einem Spiel im Spiegel dieser Ganzheit. Je tiefer wir uns einlassen, desto mehr lernen wir. Je mehr wir lernen, desto tiefer lassen wir uns ein. Bis es zu einem fließenden Etwas wird zwischen dir und dem Platz, an dem du lebst, nicht einmal länger beschränkt durch die Zeit. Denn die Zuwendung zur Erde dehnt sich aus in die Zukunft als ein Teil der dort wohnenden Liebe.

Sie haben in all den letzten Jahren einen entsprechenden Erfahrungsprozess angeboten, den sie 'Breaking through' nennen. Ein Durchbruch wohin?

●●●●●●● Wir gehen mit diesen ganz normalen Menschen raus. Wir üben das Klettern an kleinen Felsen, damit sie die Angst verlieren. Dann setzen wir sie zwei Tage lang in Wildwasserflöße. Dort lernen sie das Zusammenhalten, wenn sie nicht über Bord gehen wollen. Und dann gehen wir ins Hochgebirge. Dort haben sie Angst. Aber die Gruppe unterstützt sie – und sie machen Sachen, die sie nie zu träumen wagten. Und sie kommen verändert zurück. Es sind die Berge und der Fluss, die diese Arbeit machen, nicht wir. Das klingt verrückt, aber es ist wahr. Durch die Intensität der Erfahrung können sich Menschen in sieben Tagen sehr verändern. Sie stellen nicht ihr Leben auf den Kopf, aber sie beginnen, aufmerksam zu werden.

Der Kern ist also Achtsamkeit ... ?

●●●●●●● Wenn wir darauf bestehen, arrogant damit fortzufahren, in der engen, auf den Menschen fixierten Welt der modernen Kultur zu leben, dann werden wir nicht nur die Vielfalt der irdischen Lebewesen vernichten, sondern auch das Wasser und die Luft, von denen unser Leben abhängt. Wenn wir aber bei jedem Schritt unseres Lebens achtsam sind für die Erde, den Himmel, die Götter, dann ist die Zerstörung zu Ende.

3

Leben in lebenden Systemen

Wir sind ein Muster
im großen Teich

Im Gespräch mit dem Systemforscher Ervin Laszlo

Herr Laszlo, was zeigen die statistischen Daten über den Zustand der Umwelt einem Systemforscher?

●●●●●●● Die Daten beweisen, dass das System, wie es sich heute zeigt, langfristig nicht erhaltbar ist. Das gilt für den ökologischen, aber auch für den wirtschaftlichen und sozialen Bereich. Dabei sind nicht so sehr die einzelnen Ziffern wichtig, sondern der Trend. Und der Trend entwickelt sich in eine negative Richtung.

Wie ist es zu erklären, dass es kaum zu politischen Korrekturen kommt, obwohl die Datenlage offensichtlich so deutlich ist?

●●●●●●● Es wird heute viel über Dinosaurier gesprochen. Wir wissen, dass sie das Problem hatten, Informationen sehr langsam zu verarbeiten. Wenn so einem Wesen in den Schwanz gebissen wurde, dann kam das Signal erst fünf bis 10 Sekunden später im Kopf an. Trotzdem konnten Dinosaurier ein paar hundert Millionen Jahre überleben. Wir möchten als moderne Zivilisation wenigstens noch ein paar Hundert Jahre überleben und haben eigentlich auch die Möglichkeit, mit unserem Körper Informationen schnell aufzunehmen und schnell zu verarbeiten. Aber wir kommen offenbar nicht an die richtigen und wesentlichen Informationen, weil unsere Gesellschaften noch wie Dinosaurier arbeiten. Die Gesellschaft lernt sehr langsam, wenn es darum geht, Information in Wissen umzuwandeln. Offenbar müssen wir uns noch ein besseres Bild von dem machen, was auf uns zukommt: Wir stehen vor einer Wandlung. Es wird entweder einen Durchbruch in eine neue Welt geben oder einen Zusammenbruch, in jedem Falle aber einen Umbruch. Denn die Datenlage ist eindeutig.

 *Prof. Dr. **Ervin Laszlo** ist einer der bedeutendsten Theoretiker der Allgemeinen Systemtheorie. 1932 in Budapest geboren, wurde er zunächst Konzertpianist, studierte dann Naturwissenschaften und promovierte an der Sorbonne. Danach lehrte er als Professor für Philosophie, Systemwissenschaft und Zukunftsstudien an verschiedenen Universitäten in den USA, Europa und im Fernen Osten. Er ist Mitbegründer des Club of Rome sowie Gründer und Präsident des Club of Budapest, der sich zum Ziel gesetzt hat, die führenden spirituellen Persönlichkeiten auf dem Planeten Erde für gemeinsame friedens- und umweltpolitische Initiativen zusammenzubringen. Er ist Autor von über 60 Büchern, darunter „Systemtheorie als Weltanschauung"(1999).*

Leben in lebenden Systemen

Was kann die Systemtheorie über Umbrüche sagen?

●●●●●●● Wir sprechen von 'Nicht-Linearität'. Dieser Begriff sagt, dass eine Entwicklung, wenn sie die Grenze der Erhaltbarkeit erreicht hat, sich radikal und schnell verändern kann. Es kommt nicht schrittweise anders, sondern zu einem radikalen Umbruch. Wir haben solche Umbrüche am Ende des Zweiten Weltkrieges erlebt, am Ende der Kolonisierung oder bei der Wende in Osteuropa: Wenn ein System so gestresst ist, dass es sich nicht mehr erhalten kann, dann kommt es zu einer radikalen Veränderung. Es kommt dann in das, was wir die 'Bifurkationsphase' nennen. Das ist eine Art Kreuzung, an der sich entscheidet, wie es weitergeht. Entweder das System bricht zusammen und verschwindet oder es reorganisiert und restrukturiert sich auf einer neuen dynamischen Ebene. Wir sind bei so einem Phasenwechsel angelangt. Da wir die Grenzen des quantitativen, wirtschaftlichen, umweltverschmutzenden Wachstums erreicht haben, kommt es heute primär darauf an, den bevorstehenden Umbruch vorauszusehen und in seinen Wirkungen abzumildern.

Welche Dimensionen hat dieser Umbruch?

●●●●●●● Die Lösung liegt in einer Evolution unserer Kultur, unseres Bewusstseins, unserer ganzen Denk- und Handlungsweise. Schlicht gesagt, wir müssen weltweit umdenken und anders handeln. Und das ist in der Regel nur möglich, wenn man sich in einer tiefen Krise befindet. Gleichzeitig ist es aber ein sehr gefährliches Spiel, in eine solche Krise hineinzugeraten. Denn dann kann es durchaus passieren, dass die Energiepreise explodieren, Versorgungsmängel auftreten, Ressourcen ausgehen, die Umweltqualität zurückgeht, dass es zu starken ethnischen und sozialen Konflikten kommt, dass Millionen von Menschen verhungern, dass die Gewalt zunimmt. Noch haben wir einen Spielraum, um auf diese Entwicklung zu reagieren. Aber wir müssen etwas unternehmen, und zwar gleichzeitig in vielen Bereichen. Wir müssen anders und in Kreisläufen mit den Energien und der Materie arbeiten, um aus der Wegwerfgesellschaft herauszufinden.

Was müsste in der modernen Welt geschehen, um diese kulturelle Evolution zu unterstützen?

●●●●●●● Wir müssen uns ein besseres Bild von der Wirklichkeit machen, um einen Kulturwandel zu ermöglichen. Wenn ich ein positives Licht am Ende des Tunnels sehe, dann besteht das in der menschlichen Kreativität und der Wandlungsfähigkeit der Kultur. Denn wir dürfen nicht vergessen, dass die westliche Form des Wirtschaftswachstums und des materiellen Lebensstandards erst ein paar hundert Jahre alt ist. Sie wurde in Europa geboren, weitete sich aus nach Nordamerika, dann nach Ostasien. Aber diese Entwicklung ist nicht typisch für die menschliche Natur. Wir können auch anders leben. Und wenn wir diese Umbruchsituation überleben, dann werden wir sicher auch anders leben und andere Werte haben. Dafür reicht es nicht aus, nach linearer Logik nur eine Sache zu machen. Wer versucht, auf die bestehenden Probleme mit einer Maßnahme oder einer Ideologie zu reagieren, der übersieht, dass eine Aktion immer viele Folgen hat. Man muss also gleichzeitig viele Dinge tun.

Brauchen wir also mehr interdisziplinäre Ansätze?

129

Ervin Laszlo

●●●●●● Man muss querdenken können. Die modernen Naturwissenschaften, besonders die Chaos- und die Komplexitätsforschung, liefern uns viele Ansätze, wie wir mit komplexen Systemen, die instabil werden, umgehen können. Nicht indem man zu überholten Lösungen zurückkehrt, sondern indem man sie auf einer neuen Ebene stabilisieren kann. Was es heute braucht, ist ein Transfer von den Einsichten der Naturwissenschaften auf die Sozial- und Wirtschaftswissenschaften, also zum Beispiel die Anwendung der Komplexitätsforschung auf das Management.

Kann da die Systemtheorie eine Hilfe sein?

●●●●●● Die Systemtheorie ist kein Fachgebiet an sich, sie ist per definitionem interdisziplinär. Es gibt kein System, das nur physikalisch, biologisch, gesellschaftlich oder menschlich wäre. Die Systemtheorie ist eine bestimmte Art und Weise, die Natur zu sehen und ein Konzept bereitzustellen, um das Zusammenspiel der Erscheinungen zu verstehen. Es ist kein starres Modell, sondern ein evolutionäres Muster. Die Systemtheorie geht davon aus, dass sich die ganze Natur – angefangen mit dem Urknall, dann in der biologischen Welt und weiter in der gesellschaftlichen Welt – nie linear und nach festen, aufeinander folgenden Schritten entwickelt hat. Stattdessen vollzog sich die Veränderung von Systemen in kleinen Schritten, die immer in einem engen Zusammenhang mit der Gesamtumgebung standen. Wir haben es hier mit 'offenen Systemen' zu tun.

Was ist ein System?

●●●●●● Ein System ist die Summe von seinen Teilen. Es ist dabei aber mehr als die einfache Summe, nämlich ein zusammengesetztes Ganzes, das sich selbst als System als Ganzes regelt. Das heißt, dass man hier ein Systembild als ein organisiertes, sich selbst entwickelndes Ganzes betrachtet. Und so ein Ganzes gibt es auch in der Physik, in der Kosmologie und natürlich in allen Formen von menschlichen und ökologischen Systemen. Ein Organismus ist ein System. Aber es gibt natürlich Systeme, die keine biologischen Organismen sind. Es gibt Galaxien, die Systeme sind, es gibt molekulare Einheiten, komplexe Moleküle, es gibt die Ökosysteme, die sind nicht Organismen als solche, aber es sind Systeme. Menschliche Kulturen, menschliche Gemeinschaften sind Systeme, die ganze Menschheit, das ganze Gaia-System, die Einheit von Menschheit und Natur auf diesem Planeten bildet ein sich selbst regelndes System. Aber es ist kein Organismus im engsten Sinne des Wortes.

Wie und unter welchen Bedingungen erhält sich ein System wie die Erde?

●●●●●● Jedes System muss sich in diesem Fluss von Energie und Information, der immer und überall gegeben ist, erhalten. Denn es unterliegt dem Prozess im Universum, den man als das 'Zweite Gesetz der Thermodynamik' bezeichnet hat. Es sagt aus, dass ein System mit der Zeit abläuft und die freie Energie verschwindet. Das zweite Gesetz gilt aber nur für geschlossene Systeme. Ein geschlossenes System ist dasjenige, das keine frische Energie, Information oder Materie aus seiner Umgebung aufnimmt und dann wieder zurückgibt, sondern mit den schon gegebenen Inhalten operiert und funktioniert. Solche Systeme sind dem zweiten Gesetz unterworfen.

Was ist ein 'offenes System'?

●●●●●●● Alle Systeme, die sich existentiell behaupten, also auf die Dauer existieren, sind offene Systeme. Diese Systeme können sich nur auf einer Planetenoberfläche entwickeln, wie auf der Erde, wo ein dauernder Strom von Energie gegeben ist. Die Systeme nehmen diese Energie auf, verarbeiten sie, wandeln sie in eigene Strukturen um, lösen sich wieder auf und geben die abgenutzten Teile von Energie und Materie wieder ab. Das sind ganz grundlegende Bedingungen, damit ein System sich in Zeit und Raum erhalten kann.

Wie entsteht Leben in offenen Systemen?

●●●●●●● Leben entsteht in Systemen, die 'energie-offen' und 'materie-geschlossen' sind. Die Energie der Sonne kommt von außen auf uns zu, wird hier genutzt und strömt wieder ab. Aber die Materie, die wir haben, bleibt immer im System. Wir nutzen nicht nur die Energie und wandeln sie um, sondern machen das Gleiche mit der Materie: Wir wandeln sie um in Produkte, nutzen sie und werfen sie weg. Dadurch wird das ganze System immer weniger erneuerbar und kann sich nicht mehr regenerieren.

Ich glaube, der ganze Begriff des Lebens ist aus der Sicht der Systemtheorie etwas überholt. Bei Systemen ist die Trennung zwischen lebendigen und nicht-lebendigen thermodynamischen Systemen eher unscharf. Man weiß nie so genau, wo das Leben anfängt, ob ein Bienenstock wie ein Organismus funktioniert oder nur die einzelnen Lebewesen, aus denen er besteht. Wichtig ist die innere Dynamik des offenen Systems. Und die können wir bei einzelnen Spezies ebenso beobachten wie bei Arten oder der Biosphäre als Ganzem. Das ist eine eher universelle Beschreibungsmöglichkeit. Da geht es nicht um 'Leben', sondern um die Dynamik des selbsterhaltenden, selbstorganisierenden und offenen Systems.

In welcher Beziehung stehen die unterschiedlichen Systeme zueinander?

●●●●●●● Jedes System ist ein Holon. Das muss man sich vorstellen wie einen Januskopf mit zwei Gesichtern. Also in eine Richtung gesehen ist es ein Subsystem, ein Teil von einem größeren System. Von seinem anderen Gesicht aus ist es ein ganzes System, das seine eigenen Subsysteme hat. Natürlich ist der Mensch ein ganzes System, hat aber mit den Organen und Zellen und Molekülen und Atomen seine Subsysteme. Aber er ist gleichzeitig ein Subsystem von der Familie, von den Gemeinschaften, von der Natur, von der Biosphäre und auch vom Kosmos aus gesehen. Das Ganze regelt sich so, dass die Teile eine gewisse Freiheit haben. Aber zusammen fügen sie sich immer so, dass das obere System, also das Supersystem, sich erhält. Das ist die große Herausforderung auch bei dem Konkurrenzkampf, dass man nicht derart konkurrieren darf, dass das ganze System, das man gemeinsam bildet, zugrunde geht.

Wieviel Freiheit ist möglich und wieviel Anpassung nötig?

●●●●●●● Es gibt so etwas wie einen Makrodeterminismus und eine Mikrofreiheit. Das heißt, dass das Ganze als solches einigen Prinzipien unterstellt ist, nach denen sich das System organisiert und manifestiert. Das ist zum Beispiel die Homöostase im Körper, wo diese Grundsatzwerte erhalten werden, die das Leben möglich machen. Wie die aber im Einzelnen erfüllt werden, ist nicht von dem Ganzen determiniert. Verschiedene Zellen des Körpers können sich anpassen oder Arbeit teilen. Also das Ganze ist ein fast determiniertes System als solches, aber seine Teile haben eine bestimmte Bewegungsfreiheit, unter sich selbst die notwendigen Funktionen zu erfüllen.

Geschieht diese Freiheit der Gestaltung in Konkurrenz zu anderen lebenden Systemen?

●●●●●●● Ich glaube, die Evolution ist ein Grundbegriff für das Universum als Ganzes, für den Menschen, für das Leben, für alles, was wir kennen. Das heißt nicht, dass alles gleichzeitig evolviert, aber es gibt große Wellen der Evolution, in denen das Universum selbst an Komplexität zunimmt. Und die Evolution des Menschen auf diesem Planeten ist eine von diesen Wellen. Jede Zelle konkurriert dabei mit anderen Zellen in unserem Körper. Einige gehen ab, andere werden wieder neu geschaffen, aber die Erhaltung des ganzen Systems regelt der ganze Körper kooperativ, solange er lebt und solange die Zellen gesund sind und nicht krebsartig.

Hat das System eine eigene Intelligenz?

●●●●●●● Es gibt eine Intelligenz, die ist systemintern. Jedes System, das sich in der Welt erhalten kann, die von dauernden Fluktuationen und Strömungen beherrscht wird, muss eine gewisse Kreativität und Intelligenz haben. „Intelligenz" in Anführungszeichen, wenn das Äquivalent von Intelligenz als Anpassungsfähigkeit schon bei den einzelnen Zellen da ist. Das ist eine dauernde Herausforderung in einer Welt, in der man sich dauernd selbst erneuern muss, um weiter existieren zu können.

Welche Rolle spielt das Bewusstsein in Systemen?

●●●●●●● Ein Neuron in unserem Gehirn, auch wenn es ein Bewusstsein hätte, wird wahrscheinlich keine Ahnung haben, ob das ganze Gehirn als ein Ganzes ein Bewustein besitzt. Es könnte sich nur auf sein eigenes Bewusstsein oder seine bewußtseinsartige Intelligenz beziehen. Ob jetzt alle Menschen gemeinsam auch ein gemeinsames Bewusstsein und eine kollektive Intelligenz haben, ist für die einzelnen Menschen nicht nachweisbar. Aber indirekt können wir die Schlussfolgerung ziehen, dass die Möglichkeit dazu besteht. So wie komplexe Neuronen zusammen ein Gehirn bilden und ein gemeinsames Gehirnsystem Bewusstsein hat, hat möglicherweise die Menschheit auch ein kollektives Bewusstsein, wie C.G. Jung es schon vorgestellt oder Teilhard de Chardin mit dem Begriff der Noosphäre beschrieben hat. Aber das können wir nicht nachweisen.

Ist die Seele dann so etwas wie ein Produkt des ganzen Systems?

●●●●●●● Naturwissenschaften haben große Mühe mit Begriffen wie 'Seele'. Aber man darf sie deshalb nicht ausklammern und sagen, sie existiert nicht. Sondern man muss eben die Stelle finden, bei der in bestimmten komplexen Systemen Eigenschaften auftreten, die geistig sind, die seelenartig sind. Vielleicht gibt es die Wurzeln dieser Eigenschaften auch schon in einfacheren Systemen. Aber sie treten erst bei einem bestimmten Grad von Komplexität in Erscheinung. Und dort, wo es ein Bewusstsein gibt, gibt es auch diese Elemente der Geistig-

Leben in lebenden Systemen

keit, der Seele und so weiter. Von der naturwissenschaftlichen Seite aus würde ich nicht sagen, dass die Seele etwas völlig Übernatürliches ist, sondern es ist eine Erscheinung, die innerhalb der Evolution in natürlichen Systemen in Erscheinung tritt.

Wie entsteht diese immer größere Komplexität von Systemen?

●●●●●● Das liegt im Gefüge der Naturgesetze. Die Naturgesetze, die universellen Konstanten und ihre Gesetzmäßigkeiten sind so gestaltet, dass sie zusammen immer eine Wechselwirkung hervorrufen, die statistisch meistens zu größeren Komplexitätsgraden führen. Das kann man bei der Entwicklung der Galaxien und auf der metagalaktischen Ebene beobachten, aber genauso bei der Evolution auf Mikroebene auf diesem Planeten.

Wie entsteht in diesem Prozess wachsender Komplexität das Neue?

●●●●●● Die Systemtheorie spricht hier von 'Emergenz'. Man hat verschiedene Emergenzen, radikale und weniger radikale. Radikale Emergenz ist da, wenn etwas völlig Neues entstanden ist. Das, was entsteht, ist meiner Meinung nach die Manifestation einer Potentialität, die schon immer da ist. Die Potentialität ist im Feld schon als Information gegeben. Aus dieser Potentialität wird sich früher oder später etwas verwirklichen. Dafür gibt es interessante Modelle: Man kann eine Computersimulation machen, bei der man eine bestimmte Anzahl von Faktoren hat, die man mit einer gewissen Anzahl von Algorithmen, also Regeln verbindet. Und dann lässt man das System laufen. Wenn es gut programmiert ist, evolviert das System in Richtung wachsender Komplexität, und zwar auf unvorstellbare und unvorhersehbare Art und Weise. Es organisiert sich selbst.

Wie kann das System diese wachsende Komplexität erhalten und sich auf der Basis des bisherigen weiterentwickeln?

●●●●●● Vielleicht muss man sich das vorstellen wie einen Stein, den man in ein Wasser wirft. Er macht Wellen. Dann wirft man einen anderen Stein an einer anderen Stelle hinein, und der macht andere Wellen. Beide treffen sich, interferieren miteinander, und von diesem Interferenzmuster kann man alle Informationen ablesen, mit welchem Gewicht, mit welcher Geschwindigkeit und wo die ursprünglichen Steine hineingeworfen worden sind. Das heißt, ein Interferenzmuster enthält die Information all dessen, was es hervorgerufen hat. Und das ist die Idee, dass dieses Feld immer weiter kodiert wird, also immer mehr Informationen enthält, dadurch, dass das beobachtbare materielle Universum sich dauernd entwickelt. Alles, was dort vor sich geht, wird gespiegelt in diesem Feld. Und dieses Feld wird eine Art universelles Gedächtnis. Dieses Feld ist nicht irgendwo außerhalb. Wir bewegen uns in dieser Energiemenge. Wir sind ein Teil. Und die Teilchen, die unsere Körper ausmachen, sind wellenartige Bewegungen, quasi autonome Wellen. Also sind wir wie ein Fisch im Wasser innerhalb dieser riesigen Energiemenge. In ihr bilden sich immer neue Interferenzmuster, von denen sich manche Muster erhalten, so dass eine Wechselwirkung entstehen kann zwischen dem, was schon früher geschehen ist und dem, was jetzt entsteht.

Ervin Laszlo

*Was verändert sich an unserem Selbstbild, wenn wir uns als lebendes
System in größeren lebenden Systemen begreifen?*

●●●●●●● Wir sind, um im Bild zu bleiben, ein Teil von einem großen Teich. Das ist ein anderes Selbstverständnis, als ein Zufall zu sein in einem mechanistischen Universum oder eine Kreatur, die von einem außerhalb der Welt stehenden Gott erschaffen wurde. Für das menschliche Selbstbild und Naturbild spielt das eine grundlegende Rolle. Dadurch, dass der Mensch ein kulturelles Wesen ist, beeinflusst sein Menschen- und Weltbild alles, was er macht. Wenn man die Natur nur als einen weitgehenden Mechanismus und den ganzen Kosmos nur als Materie in Bewegung betrachtet, kommt dabei natürlich eine andere Art von Kultur heraus als bei einem organischen oder ganzheitlichen Welt- und Menschenbild. Die mechanistische Sichtweise beschreibt lauter 'externe Beziehungen'. Sie sagt im Prinzip: Eine Sache, ein Ding ist, was es ist, unbeeinflusst von seinen Beziehungen. Beziehungen haben nur einen externen Einfluss, bestimmen aber nicht, was ein Ding in sich ist. Das ganzheitliche, systemische Bild spricht von 'internen Beziehungen' und sagt: Ein Ding ist, was es ist, eben durch die Gesamtheit von seinen Beziehungen. Das heißt, jedes Ding kreiert und erneuert sich dauernd durch die Wechselwirkung zwischen sich selbst und der Gesamtheit seiner Beziehungen. Das organistische, ganzheitliche Bild ist meiner Meinung nach besonders für unsere Zeit und kommende Zeitalter von außerordentlicher Bedeutung. Denn hier haben wir ein Modell für die Wechselwirkungen, die auf einer viel höheren Ebene stattfinden als bisher. Wir sehen uns dann nicht nur als einzelne Menschen, einzelne Gemeinschaften oder Nationen, sondern auch als ein Zusammenspiel, welches auf interkultureller Ebene, auf planetarischer Ebene stattfindet. Deshalb müssen wir eine Art planetarisches Bewusstsein entwickeln, das mit der Lehre von Systemen eben auf einer neuen wissenschaftlichen Basis beruhen kann.

*Aber das Zusammenspiel hat trotz der Kooperation auf allen Ebenen
eine hierarchische Struktur?*

●●●●●●● Trotzdem kann man nicht sagen, nur eine Gesellschaft ist ein ganzes System und das Individuum nur ein Teil. Das Individuum ist auch ein ganzes System und seine Organe und Zellen sind die Teile. In diesen komplexen zusammengesetzten Systemen bestimmt immer das höhere System als organisatorische Ebene die Regeln des Zusammenspiels. Dabei ist die Erhaltung des Systems der höchste Wert. Es gibt nicht nur ein Wertsystem, sondern ein ganzes hierarchisches System von Werten. Aber der Mensch ist nicht das höchste System auf dieser Erde. Mensch und Natur bilden zusammen ein hohes System. In diesem System kann sich der Mensch unterschiedlich verhalten. Die Extreme wären einerseits ein Egoismus, der nicht auf seine Umgebungssysteme achtet, dann ist er eine Art Krebs, der nur für sich selbst wachsen kann. Das andere Extrem wäre eine selbstaufopfernde Haltung, die sagt, dass das System alles ist und ich mich opfern muss, wenn das System es so will. Dazwischen liegt das gesunde Verhältnis, in dem man sich selbst verwirklicht, aber innerhalb eines Rahmens, in dem der oder das andere sich auch verwirklichen kann. Und wo das ganze System, das gemeinsam mit den anderen gebildet wird, sich weiterentwickeln kann.

Also ist in das systemische Denken auch das evolutionäre Denken integriert?

●●●●●● Ich gehe von der Systemtheorie schon in die Richtung einer allgemeinen Evolutionstheorie und von der allgemeinen Evolutionstheorie zu allgemeinen Feldtheorien, wo eigentlich alles mit allem verbunden ist und sich das ganze Universum als ein Ganzes weiterentwickelt. Man sieht das Ganze als eine Art lebendiges System, das zusammen wirkt und sich entwickelt. Wenn man diese Auffassung hat, dann ist das natürlich schon fast eine religiöse oder spirituelle Sichtweise. Von dem größeren System kann man auch als 'heilige Gemeinschaft' sprechen.

Schließt sich damit ein Kreis zu der Sicht traditioneller Kulturen?

●●●●●● Das geht sicher zurück zu sehr alten Denkweisen, die vor Tausenden von Jahren da waren und die es immer noch in unserem Unterbewusstsein gibt. Sie sind verdrängt worden durch die mechanistische Sichtweise. Jetzt ist es an der Zeit, auf einer neuen Ebene zu dieser ganzheitlichen Sicht zurückzukehren. Und zwischen den alten Traditionen und den neuen Theorien gibt es sehr viele Verbindungen – eigentlich ist das Neueste eine Art Rückkehr zum Alten. Auch in der östlichen Philosophie und den westlichen mystischen Traditionen finden wir die Anschauung, dass der Ursprung des Kosmos eine Art Strahlung von Energie ist und dass diese Energie sich dann langsam umwandelt und im Physikalischen verkörpert. Die alten Traditionen und die neue Kosmologie sagen: Wenn das alles miteinander verbunden ist, dann gibt es auch einen gemeinsamen Ursprung von allem. Inzwischen lebt in der modernen Physik die Idee, dass der Kosmos als ein Potential schon ewig da war. Er brauchte nur einen ursprünglichen Anstoß. Selbst die mechanistische Sichtweise sieht das so: Laut Newton war es Gott, der dem Mechanismus einen Stoß gegeben hat und dann läuft er ewig, bis alle Energien verbraucht sind. In den neuesten Kosmologien haben wir die Idee, dass der Kosmos einen gemeinsamen Ursprung hat, aber nicht nur einen einzelnen Ursprung, sondern vielleicht mehrere, sich zyklisch wiederholende Ereignisse. Und dass in diesem sich selbst schöpfenden Universum im Laufe der Zeit immer höhere Manifestationen mit immer mehr Komplexität stattfinden, unter anderem Leben, Geist und vielleicht eine Art Spiritualität, die in Richtung Göttlichkeit geht. Also man kann viele Verbindungen zwischen den ganz alten, östlichen und vor allem den mystischen Begriffen und Vorstellungen und den jetzt entstandenen neuen Kosmologien feststellen.

Was wäre das für ein Gottesbegriff, der aus dieser Sicht entsteht?

●●●●●● Das wäre ein immanenter Gott. Immanent heißt, dass das Göttliche im Universum schon als Pozentialität vorhanden ist und sich im Laufe der Zeit immer mehr aktualisiert. Das ist ein Gottesbegriff, der für die Naturwissenschaften noch zugänglich ist. An einen transzendentalen Gott kann man nur glauben – wir haben keine Möglichkeit, diesen Glauben naturwissenschaftlich zu prüfen. Der immanente Gott ließe sich eben als die Fähigkeit dieses Universums verstehen, sich immer weiter in Richtung Leben und Geist zu entwickeln.

Was bedeutet diese Evolution für unsere Kultur?

●●●●●● Das bedarf eines neuen Paradigmas, einer neuen Kultur, einer neuen Zivilisation. Ich sage manchmal, wir sind in einer Übergangsperiode von einer Zivilisation, die auf dem 'Logos' basiert, zu einer, die auf dem 'Holos' basieren sollte. 'Logos' steht für die Logik der linken Gehirnhemisphäre, den Reduktionismus, den mechanistischen Aufbau der Welt. Wir müssen den Sprung schaffen zu einer ganzheitlichen organistischen Empfindung, die dann auch eine wissenschaftliche Grundlage haben kann. Wir sind in dieser Übergangsperiode und man kann sich vorstellen, dass die Menschheit in den nächsten Jahrzehnten wirklich ein holistisches Weltbild mit theologischen, mit wissenschaftlichen, mit humanen Aspekten ausarbeiten wird, wenn alles gut geht.

Von der Natur lernen

Im Gespräch mit dem Atomphysiker und Nobelpreisträger Gerd Binnig

Herr Professor Binnig, Physiker und Biologen sprechen ebenso wie Kosmologen immer häufiger von einem 'schöpferischen Universum'. Manchmal wird das Universum eher mit einem 'großen Gedanken' verglichen statt mit einer 'großen Maschine'. Müssen wir in einem 'kreativen Universum' unsere Vorstellung von Materie und Kreativität ändern?

●●●●●● Ja, ich denke, dass wir das tun müssen. Es ist historisch bedingt, dass wir das vorher nicht getan haben. Wir haben immer geglaubt, die Welt ist statisch. Wenn wir das Universum beobachtet haben, konnten wir sehen: Die Sterne bewegen sich ein bisschen, der Mond kreist um die Erde. Aber letztlich haben wir gedacht, die Welt ist völlig statisch. Dass wir beweglich sind, das konnten wir sehen und wahrnehmen: Unsere Gedanken, die wir heute haben, sind andere als die, die wir noch vor einem Jahr oder sogar zum Teil gestern noch hatten. Also glaubte man: Wir sind beweglich, wir verändern uns relativ rasch, aber die Natur ist eher dumm und bleibt immer stehen. In den letzten hundert Jahren hat sich dieses Bild nun grundlegend verändert. Jetzt wissen wir, dass das Universum unglaublich dynamisch ist. Es hat zwar alles sehr lange gedauert, bis es sich entwickelt hat, aber für eine Zeitlang war es extrem dynamisch und es hat sich wahnsinnig viel verändert. Viel später ist dann das Leben entstanden – auch in einem unglaublich dynamischen Prozess, in dem ungeheuer viel Kreativität steckte. Das war eine Kreativität, die von unseren Fähigkeiten weit entfernt ist. Denn die Natur hat Dinge hervorgebracht, zu denen wir nicht in der Lage sind – zum Beispiel das Leben und uns Menschen. Das sind Leistungen, die wir heute noch nicht einmal zu würdigen wissen, weil wir keine Ahnung haben, wie das in so kurzer Zeit passiert sein kann. Wir haben nur ein bisschen Ahnung, wie wir überhaupt funktionieren – aber wirklich verstehen tun wir es noch nicht.

*Prof. Dr. **Gerd Binnig** erhielt den Physik-Nobelpreis für seine Erfindung des Raster-Elektronen-Mikroskops und steht für neue Generationen von Wissenschaftlern, die versuchen, naturwissenschaftliches Fachwissen und ganzheitliche Weltanschauung in eine anwendungsorientierte, menschenfreundliche Technologie umzusetzen. Er wurde 1947 in Frankfurt geboren und studierte in seiner Geburtsstadt Physik. Neben seinem naturwissenschaftlichen Interesse machte er Musik und spielte Theater und entwickelte damit seine Kreativität auf ganz unterschiedlichen Ebenen. Gemeinsam mit Heinrich Rohrer entwickelte er bei IBM das Raster-Elektronenmikroskop, mit dem einzelne Atome sichtbar gemacht werden konnten und öffnete damit die Tür in die Nano-Welt. Heute arbeitet Gerd Binnig an einer völlig neuen Computer-Generation mit mechanischen Nanospeichern. Neben seinen wissenschaftlichen Arbeiten engagiert sich Binnig auch politisch, besonders auch für ganzheitliche Bildungsansätze zur Förderung der Kreativität. Neben seinen zahlreichen Fachveröffentlichungen erschien 1989 das Buch „Aus dem Nichts. Über die Kreativität von Natur und Mensch".*

Reicht das mechanistische Weltbild nicht mehr aus, um die Welt zu beschreiben? Befinden wir uns in einem 'Paradigmenwechsel'?

●●●●●●● Das kann man so sagen. Wir sehen heute die Welt durch diese Erkenntnisse ein bisschen anders. Das hat den Horizont erweitert und dazu geführt, dass wir heute offener denken. Wir haben einen ganz anderen Bezug zur Natur: Mehr Respekt, weil wir jetzt erkennen, wie kreativ auch die Natur war und ist und dass wir relativ klein sind im Vergleich zur übrigen Natur.

Es gibt ja auch in der Physik eine Hinwendung zu Ganzheitstheorien – ob es nun die Quantenphysik ist, ob es neue Ansätze in der Kosmologie sind oder in der Systemtheorie. Ist das Misstrauen der konventionellen Wissenschaft gegenüber diesen Ganzheitstheorien gerechtfertigt oder überzogen?

●●●●●●● Da gibt es natürlich einige neue Tendenzen. In erster Linie ist es die Öffnung zu anderen Feldern. Im Anfang hat man sich erst mal auf die ganz elementaren physikalischen Probleme beschränkt. Man nahm sich ein Problem, isolierte es von dem Rest der Welt und stellte sich vor, die übrige Welt hätte da gar keinen Einfluss drauf und betrachtete nur diesen Prozess. Das ist das einfachste, was man machen kann, und das hat man am Anfang getan. Nur irgendwann hat man festgestellt: Das kann man in manchen Fällen machen, aber in vielen Fällen ist das wesentlich komplizierter. Heute sind wir aber auch in der Lage dazu, weil wir eben diese elementaren Prozesse ganz gut verstehen, wir können uns jetzt für komplexere Strukturen öffnen wie der Chaos- oder Quantentheorie.

Gehen diese ganzheitlichen Ansätze in die Richtung, dass detailliertes Fachwissen durch ein größeres Kontextwissen ersetzt wird?

●●●●●●● Ich habe eigentlich das Gefühl, dass das schon immer so war. In den wahrhaft guten Entwicklungen und Durchbrüchen der Wissenschaft war schon immer unglaublich viel Intuition dabei. Das ist eine Lüge, dass sich da nur einer hingesetzt hat und eins und eins zusammengezählt hat und dann kam die Relativitätstheorie dabei raus. Ich denke, da wurde immer schon ganzheitlich gedacht und viele haben aus dem Bauch heraus Physik gemacht. Die wirklich guten Physiker haben immer schon den ganzen Körper beim Denken benutzt.

Sie sprechen in Ihren Veröffentlichungen davon, dass die Natur auf allen Ebenen kommuniziert. Ist das so zu verstehen, dass Atome, Moleküle und Materie insgesamt so etwas wie ein Bewusstsein haben, das sie kommunikationsfähig macht?

●●●●●●● Ja, ich denke schon, dass jedes Element einige Eigenschaften hat, die denen anderer Elemente in dieser Welt ganz ähnlich sind. Wenn wir ein Atom nehmen und einen Menschen, kommunizieren beide mit ihren 'Artgenossen': Atome kommunizieren auf verschiedene Arten und Weisen sehr heftig miteinander, wie wir Menschen das auch tun. Wir haben halt unsere Sprache, die Atome benutzen eben eine andere Sprache. Sie schicken sich Lichtteilchen zu, um sich gegenseitig zu verständigen. Sie grenzen sich ab, das tun wir auch: Wir grenzen uns wie sie gegenüber unserer Umwelt ab und versuchen uns zu schützen.

Gerd Binnig

Und sie treten miteinander in Beziehung ...

●●●●●● Wenn ein Atom einem anderen zu nahe kommt, gibt es abstoßende Kräfte, aber sie wechselwirken auch attraktiv miteinander. Also sie ziehen sich gegenseitig an wie wir Menschen auch. Das ist in der Natur einfach so eingebaut, dass es immer etwas Unruhe gibt im System. Diese Unruhe kommt durch die Quantenmechanik herein und durch die überall vorhandene Temperatur. Alles versucht sich immer wieder zu verändern, so wie bei uns auch. Über diese Unruhe bringt die Natur ein spielerisches Element hinein, da ist wirklich nichts statisch. Alles hat die Fähigkeit, sich zu verändern und immer wieder mal neue Kombinationen auszuprobieren und tut das auch. In einem Stern, wo die Materie gekocht wird, ist das extrem heftig. Ohne diese Unruhe gäbe es überhaupt keine Materie, so wie wir sie heute kennen.

Wenn Sie von solchen Dingen wie 'Kommunikation' und 'Spiel' sprechen, kommt da ja auch eine ganz andere Definition von Lebendigkeit rein. Diese Lebendigkeit der Natur erinnert an Theorien von alten Mystikern oder des Animismus, wo die Natur belebt ist. Bewegen wir uns auf eine Art Animismus höherer Qualität zu?

●●●●●● Ja, ich denke schon. Ich glaube, wir brauchten aber in der Moderne für eine gewisse Zeit die Distanz zur Natur. Wir brauchen diese Fähigkeit des Distanzierens, um mal einen eigenen Weg zu gehen. Den gibt es auch in der Natur immer wieder. Ich ziehe mich auch mal in mein stilles Kämmerchen zurück, um ganz ungestört ungewöhnlichen Gedanken nachzugehen, ohne dass mir irgend jemand kritische Fragen stellt und dieses zarte Pflänzlein schon erschlägt. So hat das auch der Mensch in den letzten Jahrtausenden getan, in denen er sich von der Natur distanziert hat, eben um mal sein Menschsein unabhängig von der Natur zu entwickeln. Natürlich geht das nicht ganz, aber ein bisschen mehr Distanz als unsere Vorfahren sie hatten, war möglich. Jetzt geht das nicht mehr weiter. Wir merken, dass wir einen so starken Einfluss und so viel Verantwortung haben, dass wir uns wieder besinnen müssen. Aber es war nützlich: Jetzt haben wir dieses Menschsein entwickelt und sollten genug Selbstbewusstsein haben, um wieder auf die Natur zuzugehen und jetzt sogar von ihr zu lernen.

Sprechen wir noch mal über dieses Bild eines 'neuen Animismus'. Ist das eine Idee, die für Sie Sinn macht?

●●●●●● Ja, in jedem Fall. Ich denke, dass die Leute früher immer schon intuitiv gewusst haben, dass die Natur etwas sehr Lebendiges ist. Und zwar nicht nur die lebendige Natur, sondern auch die 'tote Materie' – dass das eben etwas sehr Lebendiges ist. Nur wurde das dann verteufelt. Eben weil wir uns von dieser Natur für eine Zeitlang distanzieren mussten, um unsere eigenen Gedanken zu entwickeln. Man hat ja dann auch alle natürlichen Prozesse verteufelt, wie zum Beispiel Gefühle. Da wurde dann gesagt „Das ist ja bloß emotional!" oder „Argumentieren sie doch mal sachlich!". Ein anderes Beispiel ist die Sexualität. All das ist verteufelt worden, obwohl es ganz natürliche Dinge sind, die von der Natur erfunden wurden. Plötzlich waren sie eine Erfindung des Teufels. Dieser Schritt mag notwendig gewesen sein. Heute ist er es nicht mehr.

Leben in lebenden Systemen

Kann sich der Mensch überhaupt von dem ihn umgebenden System lösen oder ist er da in größere Zusammenhänge eingebunden?

●●●●●● Natürlich kann er es nicht. Denn der Mensch ist ja nur ein Teil dieser Natur und hängt total von dieser übrigen Natur ab. Er ist eingebettet. Und wenn die übrige Natur verschwindet, dann verschwindet der Mensch auch. Das gilt für die tote wie für die lebende Materie. Ohne die kommen wir nicht aus, aus der sind wir gemacht. Da haben wir keine Chance, wenn wir versuchen, uns darüber zu stellen. Die Natur ist unser Partner. Wir sind eigentlich eine Untereinheit. Wir können uns allenfalls einfügen. Aber ich denke, wir haben auch unser Eigenleben entwickelt, wir haben etwas Neues entwickelt.

Ist diese Fähigkeit das besondere am Menschen?

●●●●●● Nein. Dass wir etwas Neues entwickelt haben, war nicht so neu. Auch die Materie und das Leben waren irgendwann mal was Neues. Vor ein paar Milliarden Jahren gab es keine tote Materie. Die hat sich auch erst entwickelt. Jetzt hat sich das Leben entwickelt, dann hat der Mensch sich entwickelt. Und der menschliche Geist beginnt, sich eben erst zu entwickeln. Ich denke, wir sind erst am Anfang.

Welche Rolle spielt für Sie die Systemtheorie in der neuen Wissenschaft?

●●●●●● Auch die Systemtheorie ist erst am Anfang. Sobald es sich um Systeme handelt, sind es meist sehr komplexe Systeme. Die verstehen wir noch gar nicht – wir beginnen langsam, sie verstehen zu lernen. Dazu braucht es vielleicht auch den Computer, um solche Systeme zu simulieren. Aber da können wir mit unserer Intuition einiges tun, gerade beim Verständnis des Systems Mensch. Ich denke, es gibt gar nichts anderes als Systeme. Auch ein Individuum ist letztlich ein System. Es gibt nichts anderes, weil es eigentlich nur Kollektive gibt. Es gibt nur Systeme, es gibt keine Individuen. Wir selber haben zwar vielleicht manchmal das Gefühl, wir bestehen aus einem Mechanismus oder einer Meinung. Aber ich denke, das ist das falsche Bild. Wir haben sehr viele Meinungen in uns, so wie eine pluralistische Gesellschaft viele Meinungen in sich hat. Manchmal überwiegt die eine, manchmal die andere. Und das Netzwerk spricht dann letztlich mit einer Stimme, obwohl das ganze System extrem heterogen ist und eine unglaubliche Vielfalt an Meinungen aufweist. Ich denke, so muss man sich auch den einzelnen Menschen, das Individuum vorstellen: Eine unglaubliche Vielfalt, die mit einer Stimme spricht. Aber die kann – vor allen Dingen dann, wenn mehrere Stimmen, die sich widersprechen, fast gleichwertig nebeneinander stehen – sogar hin- und herflippen, dass man heute das sagt und morgen etwas anderes. Das ist kein Widerspruch zum Menschsein.

Wenn wir alle Teile eines Systems sind, müssen wir dann auf eine neue Weise durchlässig werden, für das, was im Gesamtsystem passiert?

●●●●●● Ja, aber ich denke, wir tun das. Denn wir haben längst intuitiv begriffen, dass wir nur Teil eines Systems sind, das wir uns auch durchaus wie ein Lebewesen vorstellen können. Wir sind vielleicht ein Organ dieses Lebewesens. Aber wir dürfen uns eben als Leber nicht einbilden, dass wir ohne den gesamten Organismus weiter existieren. Das hat keinen Sinn, das funktioniert nicht. Im Netzwerkdenken ist die Intuition wichtig. Das, was ganz intuitive Leute von sich geben, hat eine innere Logik. Das ist keine lineare Logik nach dem Motto A, B, C. Ein Netzwerk, in dem alles sehr komplex mit allem verbunden ist, besitzt eine Logik und komplexe Regeln, die man vielleicht nur mit intuitiven Bildern beschreiben kann.

Wenn sich alles verändert, entwickeln sich auch die Systeme weiter. Sie sprechen von 'fraktaler Evolution'. Was ist das?

●●●●●● Ich habe gerade den Begriff des Netzwerks erwähnt. Dieses Netzwerk darf man sich nicht so vorstellen wie ein Fischernetz, wo alle Maschen immer gleich groß sind. Sondern das ist ein Netzwerk, wo es große und kleine und noch kleinere Maschen gibt. Man kann sich das gesamte Netzwerk ungefähr wie ein Straßennetz vorstellen. Da gibt es diese großen Verbindungen, die Autobahn, dann gibt es die Bundesbahn, dann die ganzen lokalen Straßennetze. Daneben gibt es Fußwege und wenn man noch weitergeht, kann man auch die Ameisenstraßen hinzuzählen. Die verschiedenen Straßennetze werden auf verschiedenen Skalen immer feiner und feiner, sehen sich dabei aber sehr ähnlich. Wenn wir zum Beispiel das Autobahnnetz mit dem Stift nachfahren und dasselbe mit den Bundesstraßen tun und die zwei nebeneinander legen, können wir nicht sagen, welches das Autobahnnetz ist und welches das Bundesstraßennetz ist. Die sehen sich wahnsinnig ähnlich, nur ist das eine gröber und das andere feiner. Und das ist die Grundidee der Fraktale, dass im Großen und im Kleinen immer wieder ganz ähnliche Strukturen entstehen. Intuitiv haben das manche Leute schon immer gewusst. Heute aber kann man auch mathematisch beweisen, dass das nicht nur für das Straßennetz gilt, sondern auch für die Wurzeln eines Baumes oder die Verzweigung seiner Äste oder für Wolken oder für die Küstenlinie oder für Börsenkurse. Es gibt so viele Dinge, in denen Strukturen existieren, in denen das Kleine dem Großen sehr ähnlich ist. So ist das eben auch für Prozesse. Diese ganze Evolution ist so 'verästelt' und alles ist mit allem irgendwo verbunden – zum Teil in sehr feinen, zum Teil in sehr großen Netzwerken, die sich aber immer sehr ähnlich sind. Eine andere Analogie dafür ist die Kommunikation zwischen Menschen. Wenn eine Gruppe miteinander kommuniziert, ist das ganz ähnlich, als wenn Staaten in einem Völkerbund kommunizieren. Auch da erkennt man Netzwerke, einmal grob, einmal fein, aber immer einander sehr ähnlich.

Was hat diese Selbstähnlichkeit mit Kreativität zu tun?

●●●●●● Ich denke, dass auch Kreativität so funktioniert. Die Netze müssen fraktal sein. Ich spreche von 'fraktalen Netzwerken' bei der Kommunikation, bei der Verantwortung, bei der Veränderung. Die Veränderung muss im Großen, im Kleinen, muss überall stattfinden können. Nur dann kann Kreativität funktionieren. Ein Gegenbeispiel ist das zentralistische System. Das ist kein fraktales Netzwerk, denn da ist die Verantwortung nur an einer Stelle und der Rest des Netzwerks ist nur ausführend. Wenn das Denken nicht fraktal verteilt ist, kann es nicht funktionieren. Man muss alle Qualitäten, die man als Mensch zur Verfügung hat, auf dieses Netzwerk verteilen – Denken, Intelligenz und Entscheidungen müssen verteilt sein. Es kann nicht einer für das ganze System denken. Und auch Information muss über das ganze Netzwerk verteilt fließen, von oben nach unten und von unten nach oben. Das ist die Voraussetzung für fraktale Informationsverarbeitung.

Leben in lebenden Systemen

Das heißt, da stecken auch politische Forderungen drin ...

●●●●●●● Da steckt Politisches, auch Firmenpolitisches drin. In der Politik funktioniert es gerade oft nicht, da fließen Information nicht frei, da wird zentralistisch entschieden, man kann nicht zuhören und nutzt das feine Netzwerk nicht. In der Industrie ist es ganz ähnlich. Da sind wir auch viel zu zentralistisch. Wir bräuchten ein 'fraktales Management', bei dem ein großer Konzern in die Weltwirtschaft eingebettet ist, aber aus Subsystemen besteht, die eigene Entscheidungen fällen können. In diesen Subsystemen sind wieder Unterbereiche, die eigenständig und in Eigenverantwortung handeln können. Das wird versucht, aber wir sind erst am Anfang.

Lässt sich aus dieser Perspektive die ganze Evolution als großes fraktales Spiel verstehen?

●●●●●●● Ja, genauso verstehe ich es! Es ist ein großes Spiel. Allerdings muss man vorsichtig sein, weil der Begriff des 'Spiels' oft falsch verstanden wird. 'Spiel' wird oft gleichgesetzt mit 'Spaß haben'. So ist Spiel natürlich nicht. Wenn man Kindern beim Spielen zuschaut, dann fließen da auch Tränen, da werden Sachen ausprobiert, die schief gehen können. Mal tut es weh, mal streiten sie sich. All das gehört zum 'Spiel' auch dazu. Es ist in dem Sinne ein Spiel, dass auch die Auslese eine Rolle spielt, dass man etwas falsch machen kann, wobei man Kritik einstecken muss und dabei bestimmte Dinge wehtun, die man dann in Zukunft lieber sein lässt. Wenn man Spiel so versteht, wie ein Kind spielt, also die Schmerzen mit eingeschlossen sind, dann würde ich das voll unterschreiben.

Aber es ist kein zufälliges, sondern ein intelligentes Spiel ...?

●●●●●●● Absolut! Ich denke, wir müssen die Natur als intelligent und spielerisch begreifen. Sie ist ungeheuer anpassungsfähig und findet immer wieder neue Lösungen für Probleme. Das weiß man, weil sie diese immer gefunden hat in der Geschichte der Evolution. Es gab riesige Probleme bei der Entwicklung von Lebewesen und wahnsinnige Umweltkatastrophen. In der Entwicklung des Lebens entstand irgendwann einmal die Photosynthese, bei der sehr viel Sauerstoff frei wird. Sauerstoff ist ein Zellgift, dass zu der Zeit für die meisten Organismen und Einzeller absolut tödlich war. Die Welt war drauf und dran, sich selbst zu vernichten – ungefähr so wie heute. Aber die Natur war intelligent genug, sich gegen den Sauerstoff zu schützen und hat eine Lösung gefunden, wie sie ihn nutzt. Heute liegt diese Verantwortung, Lösungen für unsere Umweltprobleme zu finden, bei uns Menschen.

Aber dafür müssen wir uns von einem anthropozentrischen Weltbild verabschieden, wo wir uns als Herrscher und Benutzer von Natur verstehen ...?

●●●●●●● Dieses alte Bild ist sicher noch in vielen Köpfen drin, weil wir so lange genauso gedacht haben. Es ist eine Folge der notwendigen Distanzierung von der Natur. Nur hat der Mensch den Fehler gemacht, sich aus diesem Abstand zur Natur selbst zu überschätzen. Er hat geglaubt, etwas ganz besonderes zu sein und darüber zu stehen. Er entwickelte ein Allmachtsgefühl. Aber die Natur hat ganz andere Mechanismen, um sich zu wehren. Wenn wir uns da

143

nicht ändern, sind wir die Dummen. Es fällt auf uns zurück. Die Natur braucht uns nicht, wir brauchen die Natur. Wenn wir das missachten, wird sich das bitter rächen. Die Signale sind da. Mein Gefühl ist, dass wir sie hören können und uns schnell genug ändern müssen. Wir sind natürlich noch lange nicht da, wo wir hinmüssen. Wir müssen uns weiter verändern und noch mehr auf die Natur zu bewegen.

Ob es nun um 'fraktale Evolution', um Quanten- oder Komplexitätstheorien geht – von all den Sachen ist in unseren Schulen nie die Rede. Warum nicht?

●●●●●● Die Schulen hinken meistens mit dem, was gelehrt wird, ein gutes Stück hinterher. Genauso hinken die Politiker und die Industrie dem hinterher. Große Systeme sind oft sehr träge. Und unser Schulsystem ist ein ziemlich großes System, das zudem auch noch zentralistisch gesteuert wird und deshalb besonders langsam ist. Denn diese Steuerung führt dazu, dass die Beteiligten in so einem Netzwerk gar nicht mehr darüber nachdenken, etwas Neues zu entwickeln, weil sie glauben, da machen welche, ohne zu fragen, sowieso das, was sie wollen. Die Information muss von unten nach oben fließen, denn die Lehrer erfahren ja, was verändert werden muss.

Wenn Sie sagen, dass schöpferische Kreativität durch Kommunikation auf allen Ebenen entsteht, so etwas wie ein großes Spiel ist und in fraktalen Mustern entsteht, was bedeutet das dann für unser Bildungssystem? Ist Kreativität da möglich?

●●●●●● Dieses neue Bild der Welt spiegelt sich im heutigen Unterricht nicht wider. Schule ist in diesem Sinne kein lebendes System. Eigentlich sollte die Schule genau das widerspiegeln, was im täglichen Leben passiert. Eigentlich sollte Schule noch spielerischer sein als das Leben, weil Kinder einen viel größeren Spieltrieb haben. Das ist aber nicht der Fall. In der Schule wird sogar weniger spielerischer gearbeitet als in der Industrie. Das ist ein unmöglicher Zustand, der eigentlich alles auf den Kopf stellt. In der Schule spielen die Kinder weniger, als man nachher im Beruf spielen muss – da muss man spielen und eigene Wege gehen. Die Schule verlangt, dass man das nachkaut, was man vorgekaut kriegt. Wir brauchen nur in die Natur zu schauen – da ist es genau umgekehrt. Daran müssen wir uns orientieren, das müssen wir wieder finden. Wir müssen das Fraktal wieder finden, müssen erreichen, dass auch das System Klasse zu einer Art Lebewesen wird und zum Teil als Einheit funktioniert. Von all dem sind wir weit entfernt – die Schüler machen ja selten etwas miteinander, z.B. dass sie als Ganzheit auftreten, indem sie gemeinsam komponieren, ein Gedicht schreiben oder versuchen, ein Problem zu lösen.

Wie lernt denn die Natur?

●●●●●● Was die Schule anbelangt, macht uns die Natur das vor. Man kann sich da auf eine intellektuelle Ebene begeben, wenn man fragt „Wie hat die Natur gelernt?" oder „Welche Mechanismen braucht es zur Evolution?" Da braucht es wiedergebende Erbanlagen. Das ist festgeschrieben in unseren DNS-Strängen, die wir in jeder Zelle haben. Das ist die Reproduktion, bei der Wissen weitergegeben wird – das gibt es in der Natur und in der Schule. Aber dann gibt es noch viele andere Elemente, die in der Schule weniger vorhanden sind: Die Mutation, also das Spiel mit diesen Erbanlagen, die Selektion, bei der die neuen Abwandlungen kritisch betrachtet und geprüft werden, ob sie denn in dieser Welt überhaupt bestehen können. Das gibt es in der heutigen Schule sehr wenig, dass Schüler angehalten werden, kritisch zu sein. Und es ist ja auch schwierig, kritisch zu sein, wenn nur etabliertes Wissen weitergegeben wird. Man muss neue Wege finden. Und das kann man von der Natur lernen. Die Natur betreibt ständig diese Selektion, sie wandelt etwas ab und schaut nach: War das jetzt sinnvoll oder nicht? Es ginge darum, selber Dinge zu entwickeln und dann kritisch zu betrachten.

Welche Position sollten wir dann einnehmen zu dieser ständig wachsenden Quantität an Wissen, das da vermittelt wird?

●●●●●●● Damit kann man nur so umgehen, dass man sich auf das Wesentliche konzentriert. Das genügt in den meisten Fällen. Denn, wenn man das Wissen dann später mal wirklich braucht, kann man sich diese feineren Verästelungen sehr gut selbst aneignen. Der andere Weg ist das exemplarische Lernen, wo man an manchen Stellen in die Tiefe geht, nur um mal zu zeigen, wie das geht. Es bleibt einem ja sowieso nichts anderes übrig. Ich kann ja selbst als Wissenschaftler nicht mehr alle Artikel lesen, die mein Spezialgebiet betreffen. Die Beschränkung auf das Wesentliche ist unumgänglich. Aber man muss das noch ein bisschen weitertreiben, um Freiraum für das Spielen und interdisziplinäres Wissen zu erhalten. Wenn man sich den verbaut, dann macht man einen Riesenfehler. Dann wird Schule zum 'Nürnberger Trichter' und der Schüler zur Mastgans. Man braucht sich nur die Welt anschauen, dann weiß man, wie die Schule zu sein hat. Und eigentlich sollte die Schule der Welt voraus sein. Der erste Schritt wäre, sie dahin zu bringen, wo die Welt heute ist. Es wird uns in der nächsten Zeit kräftig schütteln. Da haben wir dann Zeit zum Nachdenken!

Jeder ist eingebunden
in ein größeres Ganzes

Im Gespräch mit dem Psychologen Bert Hellinger

Herr Hellinger, lässt sich ein Patient oder Klient, wenn er zu Ihnen kommt, in seiner individuellen Struktur überhaupt behandeln? Oder muss man immer das System berücksichtigen, aus dem er kommt?

●●●●●● Meistens, wenn jemand kommt, hat er irgendetwas, das ihn belastet. Und dann unterscheide ich: Ist es etwas, was mit seinen Beziehungen zu tun hat, oder hat es etwas zu tun mit einem frühen Erlebnis. Wenn es mit Beziehungen zu tun hat, dann versuche ich, das auf systemische Weise zu lösen. Zum Beispiel: Jemand sagt mir, er hat Schwierigkeiten mit seinem Partner. Dann frage ich nur ganz kurz: Ist etwas passiert? Und dann bekomme ich vielleicht eine Antwort, die deutlich macht, ob es eine Lösung gibt, so dass sie zusammen bleiben können, oder ob die Beziehung eigentlich vorbei ist, so dass eine Trennung angebracht ist. Und das sage ich dann so. Die meisten Therapien mache ich eigentlich am Telefon.

Sie sprachen jetzt eben den Begriff des Systems an. Wie würden Sie kurz zusammengefasst diese 'systemische Familientherapie' definieren?

●●●●●● Es wird deutlich, dass jeder eingebunden ist in ein größeres Ganzes, auf das er bezogen ist. Das ist einmal die Kernfamilie, also die Eltern und die Geschwister. Aber es zeigt sich, dass er auch noch in einen größeren Verband eingebunden ist. Das ist das, was wir gewöhnlich die Sippe nennen. Und dennoch ist es ein ganz klar umschriebener Kreis von Personen, der zu dem System gehört. Und 'systemisch' ist insofern nur ein Begriff, der sagt: Innerhalb einer bestimmten Gruppe von Leuten gibt es so etwas wie Wiederholungen von früheren Schicksalen. Oder es gibt so etwas wie ein Bedürfnis, jemandem der gegangen ist, nachzufolgen. Oder es gibt das Bedürfnis, jemanden aufzuhalten, der gehen will. Über diesen Kreis

Dr. **Bert Hellinger** gilt als Pionier der Systemischen Familientherapie und Systemischen Aufstellungsarbeit, die bis heute weite Teile der modernen Psychotherapie und Humanistischen Psychologie beeinflusst. Er wurde 1925 geboren und studierte Philosophie, Theologie und Pädagogik. Nach Abschluss seines Studiums ging er als Mitglied eines katholischen Missionsordens nach Afrika, wo er im Stamm der Zulus verschiedene höhere Missionsschulen leitete. Später wurde er Psychoanalytiker und kam nach längeren Studienaufenthalten in den USA über die Gruppendynamik, die Transaktionsanalyse, die Primärtherapie und verschiedene hypnotherapeutische Verfahren zu der ihm eigenen System- und Familientherapie. Bekannt wurde er durch seine grundlegenden Einsichten in die Gesetzmäßigkeiten, nach denen Familienmitglieder sich tragisch verstricken, sowie durch seine konzentrierte, auf Lösungen hinzielende Art, Familien 'aufzustellen'. Die Aufstellungsarbeit wird heute nicht nur angewandt, um Familiensysteme bearbeiten zu können, sondern auch zur Lösung interkultureller, interreligiöser und zwischenstaatlicher Konflikte eingesetzt. Zu den wichtigsten Büchern Bert Hellingers gehören „Ordnungen der Liebe" (1994), „Mitte und Maß" (1996), „Die Mitte fühlt sich leicht an" (1998), „Anerkennen, was ist" (2002) und „Ordnungen des Helfens" (2003).

hinaus gibt es das nicht. Man kann also sehen, dass bestimmte Wirkungen nur zwischen bestimmten Personen vorkommen. Und das ist für mich das System. Und dazu gehören – wenn man es genau definiert – die Kinder, die Eltern und ihre Geschwister und die Großeltern. Das ist das normale System. Und jetzt kommt etwas hinzu, was sehr wichtig ist: Es gehören auch Nicht-Verwandte zu dem System, nämlich alle, die Platz gemacht haben für einen, der da ist. Zum Beispiel eine frühere Frau oder ein früherer Mann von Vater und Mutter oder von Mann und Frau – der gehört immer zum System, weil er Platz gemacht hat. Und so gibt es noch andere, die, weil sie weggegangen sind, einen Vorteil für diese Gruppe ermöglicht haben.

Sie definieren diesen systemischen Ansatz doch nicht nur als ein Muster, in dem sich Beziehungen ordnen, sondern Sie sehen das ja auch als einen historischen Prozess. Das heißt, dass Muster einer Ursprungsfamilie weitergegeben werden in die folgenden Familien ...

●●●●●● In dem System herrscht so etwas wie eine gemeinsame Seele. Das heißt, alle haben Teil an etwas, das sie gleich fühlen lässt oder Gleiches wollen lässt. Man kann es noch genauer sagen: Sie haben ein gemeinsames Gewissen. Und Gewissen in diesem Sinn ist ein Organ, das auf Ausgleich von Gewinn und Verlust hinwirkt. Wenn es also in einem System jemanden gibt, der einen Nachteil hat – zum Beispiel es gibt unter den Kindern ein behindertes – dann haben die anderen Geschwister ein Bedürfnis nach Ausgleich. Das heißt, sie wagen es nicht, dass es ihnen besser geht als dem behinderten Kind. Und das Gleiche gilt, wenn in der Generation vorher jemand ein schweres Schicksal hatte oder früh gestorben ist oder ausgeklammert wurde – dann wird dessen Schicksal später noch einmal nachgeahmt, wenn es nicht gewürdigt wurde. Also, wenn zum Beispiel der Vater der Mutter früh starb und es ist nicht getrauert worden um ihn, dann wird er von einem Sohn der Mutter, also von einem Enkel, für die Mutter noch einmal repräsentiert. Niemand weiß das, es ist ein unbewusster Vorgang. Das ist also eine gemeinsame Instanz, die bewirkt, dass es über Generationen hinweg einen Ausgleich gibt. Das ist wie Magie. Und deswegen ist es wichtig, so dass diese ausgeklammerte Person in den Blick kommt. Bei einer Familienkonstellation heißt das zum Beispiel, dass man sie sichtbar mit hinein nimmt, denn dann sind die Späteren entlastet. Da gibt es nämlich einen Ausgleich und der geschieht nur durch Anerkennung.

Sie sprachen jetzt eben den Begriff der Familienkonstellation an, der einen ganz wesentlichen Teil in Ihrer Arbeit ausmacht. Könnten Sie den erläutern?

●●●●●● Durch die Familienkonstellation kann man überhaupt erst herausfinden, ob es so etwas gibt wie Verstrickungen oder Wiederholung von früheren Schicksalen. Eine Familienkonstellation bedeutet, dass jemand in einer Gruppe die wichtigen Mitglieder seines Systems aufstellt. Er tut dies durch Stellvertreter, also durch Leute, die die Familienmitglieder gar nicht kennen. Er wählt also jemanden aus für seinen Vater, wenn er das Ursprungssystem aufstellt, jemanden für seine Mutter und einzelne für seine Geschwister, einschließlich für ihn selbst – jemanden, der ihn vertritt. Und dann stellt er die aus dem inneren Gefühl in Beziehung zueinander. Und dann sieht man: So ist das System. Und jetzt frage ich dann jeden einzelnen, wie er sich fühlt, und daraus kann ich ablesen – auch aus der Haltung, die er hat –, ob etwas in Unordnung ist in diesem System. Zum Beispiel wenn sie alle in eine Richtung schauen, dann ist klar, dass vor ihnen jemand stehen muss, der nicht in den Blick kommt. Oft ist das ein Verstorbener. Und dann stelle ich den vor sie hin und plötzlich fühlen sich alle besser. Jetzt kann ich also aus dieser Konstellation ablesen, ob jemand fehlt, ich kann ihn reinbringen, kann den Kreis dann um ihn herum neu ordnen und dann ist die Identifizierung von einem Mitglied mit diesem Früheren aufgelöst.

Wenn man diese Familienkonstellation so einfach aufstellen kann, steckt dahinter doch die Einsicht, dass in jedem von uns die Struktur des Systems ganz klar präsent ist.

●●●●●●● Ja, sie ist in jedem präsent, aber nicht im Bewusstsein. Es kann sich zum Beispiel keiner vorstellen, wie sein System aussieht. Was man sich vorstellt, erweist sich meistens als falsch. Ich habe noch nie erlebt, dass es sich jemand richtig vorstellen konnte. Wenn man jetzt anfängt, Leute auszuwählen und sie in Beziehung stellt, dann taucht dieses verborgene Bild in dem Vollzug auf. Und man ist meistens selbst überrascht, wenn man auf einmal sieht, wie das ist.

Genauso überraschend ist doch, dass die Stellvertreter für ihn empfinden können!?

●●●●●●● Ja, das ist ein Geheimnis, das ich nicht durchschauen kann. Es wird nämlich ganz deutlich, dass jeder, sobald man in so einer Konstellation aufgestellt ist, wie die Person fühlt, die er darstellt, ohne sie zu kennen. Und das geht soweit, dass zum Beispiel ein Epileptiker, wenn er dargestellt wird, bei dem, der ihn in der Aufstellung darstellt, einen epileptischen Anfall auslösen kann. So weit kann das gehen. Allerdings muss man diese Person dann ganz schnell herausnehmen, damit sie nicht leidet. So kraftvoll wirkt da etwas hinein. Und das sind Kräfte, die kann ich nicht durchschauen, die sehe ich nur an der Wirkung. Man kann aber, wenn man mit diesen Kräften arbeitet, erkennen, was da ist. Man kann sie zum Besseren kanalisieren und am Ende eine Lösung finden. Die Lösungen sieht man, wenn es allen in dieser Gruppe, die aufgestellt wurden, gut geht. Dann weiß man: Das ist jetzt das richtige Bild. Und dieses neue Bild, das der Aufstellende sieht, nimmt er jetzt in sich hinein. Jetzt wird durch das neue Bild das alte unschädlich gemacht oder neutralisiert und dieses neue Bild wirkt dann zum Guten.

Sie sprachen jetzt eben schon von den körperlichen Symptomen, die deutlich werden können in so einer Aufstellung und nennen Ihren Ansatz auch 'systemische Psychosomatik'. Bedeutet das, dass diese Konstellation des Systems, wie sie sich bei jedem Einzelnen ausprägt, eine wichtige Grundlage für Krankheitsentstehung sein kann?

●●●●●●● Zum Beispiel erzählt ein Mann, dass er mit fünf Jahren Asthma bekam. Ganz plötzlich. Und als wir dann nachgeforscht haben, haben wir gesehen, dass, als er fünf Jahre alt war, die Eltern noch ein Kind bekommen hatten, das wenige Tage nach der Geburt gestorben war. Und er wusste das nicht. Das hat er erst sehr viel später erfahren, als er schon erwachsen war. Und weil dieses Kind nicht angenommen und nicht anerkannt wurde, dass es da ist, weil es verschwiegen wurde, bekam das fünfjährige Kind jetzt Asthma. Ich würde davon ausgehen, dass, wenn seine tote Schwester jetzt in den Blick kommt, er sich hinwenden kann. Asthma wird ja so erlebt, dass das Ausatmen schwer fällt. Und Ausatmen ist wie ein Symbol für die Hinbewegung zu etwas. Er müsste sich eigentlich zu dieser toten Schwester hinbewegen können. Das konnte er nie, weil es ihm nicht gesagt wurde. Wenn er das jetzt kann, dann erlebt er eine Erleichterung seines Asthmas. Wenn ich mit jemandem systemisch arbeite, dann geht es mir aber nicht darum, dass er von einer Krankheit geheilt wird. Sondern ich bringe etwas in seiner Familie in Ordnung. Oder ich bringe jemanden ins Spiel, von dem heilende Kräfte ausgehen, der vorher ausgeklammert war und jetzt, weil er hineinkommt, etwas Wohltuendes hat. Wenn ich das jetzt auf die Krankheit fokussieren bzw. nur auf die Krankheit schauen würde, würde ich diese systemische Sicht wieder verlieren.

Aber umgekehrt kann man sagen: Es gibt krankmachende Familien!?

●●●●●● Da hüte ich mich sehr, das zu sagen. Es gibt Kräfte, die machen krank. Aber es ist nicht so, dass einer 'böse' ist, so dass man jetzt sagen kann: Der ist schuld! Sondern es ist eine Dynamik, der alle auf verschiedene Weise ausgeliefert sind. Und die Auslöser dieser Dynamik sind alle unbewusst. Und es ist auch so, dass der Einzelne für seine Heilung nicht von der Familie abhängt, sondern wenn er bei so einer Familienaufstellung zum Beispiel lernt, das neu zu sehen und dieses Bild in sich aufnimmt, dann wirkt das heilend, ohne dass sich irgendein anderer im System verändert oder dass irgendeiner etwas anderes tun muss als das, was er bisher getan hat. Die Lösung liegt also bei einem selbst, weil man das Ganze sieht.

Eins Ihrer Bücher heißt 'Finden, was wirkt'. Heißt dieser Titel, dass Sie ein Heilungspragmatiker sind?

●●●●●● Ich schildere im Vorwort dieses Buches den Vorgang des 'Findens, was wirkt'. Das ist Teil einer Geschichte. Da fragt einer einen alten Lehrer: „Wie machst du das denn, wenn du anderen hilfst? Denn oft kommen zu dir Leute und fragen dich um Rat in Dingen, von denen du nur wenig weißt. Doch nachher geht es ihnen besser!" Der Lehrer sagt ihm: „Nicht am Wissen liegt es, wenn einer auf dem Wege stehen bleibt und nicht mehr weiter will. Er sucht Sicherheit, wo Mut verlangt wird, und Freiheit, wo das Richtige ihm keine Wahl mehr lässt. Und so dreht er sich im Kreis." – Und jetzt kommt das, worauf es ankommt: „Der Lehrer aber widersteht dem Vorwand und dem Schein. Er sucht die Mitte. Und dort gesammelt wartet er, ob ihn vielleicht ein Wort erreicht, das wirkt. Er geht auf niemanden zu. Wenn der andere kommt, findet er ihn bereits gesammelt. Und sie hören beide. Und auf einmal taucht die Lösung auf wie ein Geschenk. Und beide nehmen sie zugleich wahr." Nur solche Bilder, die da hochkommen, nur solche Worte wirken. Und das ist „finden, was wirkt".

Ein anderes Ihrer Werke trägt den Titel 'Ordnungen der Liebe'. Das ist ja ein Titel, der einerseits wahrscheinlich viele Leute interessiert und andererseits viele Leute verwirren wird, allein wegen der Frage nach den Ordnungen, die hinter der Liebe sein sollen. Was war da Ihr Ansatz?

●●●●●● Die Illusion, die weit verbreitet ist, ist, dass Liebe alles überwindet und dass durch Liebe alles gelingt. So meinen zum Beispiel viele Eltern, wenn sie ihre Kinder nur genug lieben, dann müssen sie sich gut entwickeln. Es zeigt sich aber, dass die Liebe Teil einer

Ordnung ist. Und die Liebe kann sich nur entfalten, wenn sie diese Ordnung anerkennt. Also die Ordnung ist der Liebe vorgegeben und die Liebe ist ein Teil der Ordnung. Ich gebe mal ein paar Beispiele, was zu dieser Ordnung gehört: Das ist, dass Eltern immer Vorrang haben vor den Kindern. Eltern sind immer wichtiger als die Kinder. Wenn Eltern sich zum Beispiel den Kindern opfern, dann geht es den Kindern sehr schlecht. Wenn Eltern sich einander zuwenden als Paar, finden sich die Kinder wunderbar befreit. Denn die Paarbeziehung ist früher als das Elternsein, deshalb hat die Paarbeziehung immer Vorrang vor dem Elternsein. Wenn jetzt Eltern das Elternsein wichtiger nehmen als die Paarbeziehung, dann leiden die Kinder darunter. Das ist ein Beispiel für Ordnungen. Da gibt es andere Ordnungen dieser Art: Zum Beispiel, wenn ein Mann und eine Frau sich liebend begegnen und es kommt zum Vollzug, dann entsteht eine Bindung. Das kann man ablesen an der Wirkung. Denn wenn sie sich dann trennen, erleben das beide als Schuld. Wenn jeder von denen später einen anderen Partner findet, dann wird die zweite Bindung geringer als die erste. Also eine Ordnung heißt hier: Die erste Bindung hat Vorrang vor der zweiten, in dem Sinn, dass sie stärker ist. Dennoch – und das ist ein anderer Teil der Ordnung – kann eine zweite Bindung Vorrang vor der ersten haben. Zum Beispiel ein Mann, der verheiratet war und viele Kinder hat; wenn der jetzt eine andere Frau kennen lernt und die wird schwanger von ihm, dann ist die Ordnung, dass dieses neue System Vorrang hat vor dem alten. Dann muss er seine frühere Familie verlassen und zu dieser neuen Frau ziehen und zu diesem Kind. Jede andere Lösung erweist sich als schlimmer. Das sind Ordnungen, die kann man aus dem Vollzug sehen. Wenn man aber jetzt sagen würde „So muss es gemacht werden!", dann ginge es nicht. Diese Ordnungen sind etwas Lebendiges und etwas Geistiges – die lassen sich nicht in feste Regeln formulieren. Aber wenn man so arbeitet, sieht man, dass solche Ordnungen plötzlich ans Licht kommen. Und in diesem Buch zeige ich viele Beispiele, wie solche Ordnungen wirken, was die Missachtung von Ordnungen bewirkt und wie man sie dann wieder in Ordnung bringt.

Aber es ist etwas, das individuell erkannt werden muss – das nicht vorgegeben werden kann als Funktionsmuster gesunder Beziehungen?

●●●●●● Es ist schon so: Wenn ich um diese Ordnungen weiß, dann kann ich mich in Beziehungen eher zurecht finden, als wenn ich nicht darum weiß. Und wenn ich sie beachte, dann geht es mir leichter. Deshalb hilft es schon, wenn ich etwas darum weiß. Was aber im konkreten Fall dann genau gemacht werden muss, das muss immer noch einmal aus dem gesamten Kontext neu erdacht werden. Also die persönliche Verantwortung und das persönliche Risiko wird einem nicht abgenommen.

Sehen Sie eigentlich die Möglichkeit für den Einzelnen, sich außerhalb einer therapeutischen Auseinandersetzung diesen Systemkomponenten, diesem Eingebundensein in etwas Größeres bewusst zu werden – im Sinne eines persönlichen kulturellen Prozesses? Oder ist dazu immer die Hilfe eines Therapeuten oder Lehrers notwendig?

●●●●●● Überhaupt nicht! Das ist ja so was Grundlegendes, etwas ganz allgemein Menschliches, das jedem auch ganz leicht zugänglich ist, wenn er nur hinschaut. Als Therapeut arbeite ich nur damit, wenn es eine Störung gibt. Aber viele erleben ganz instinktiv, was richtig ist. Zum Beispiel sieht man, dass viele Mütter nicht konsequent mit ihren Kindern sind. Das Kind lässt sich was zu Schulden kommen und die Mutter sagt: Jetzt musst du eine Stunde lang alleine in deinem Zimmer spielen. Dann wäre sie gerecht. Aber die meisten Mütter spüren, dass das nicht geht. Sie müssen die Gerechtigkeit der Liebe opfern – in gewisser Hinsicht. Die Mutter wird zum Beispiel spätestens nach einer halben Stunde dem Kind sagen: Jetzt darfst du wieder kommen. Dann ist sowohl der Gerechtigkeit genüge getan, als auch der Liebe. Die Liebe hat eine Ordnung, die Gerechtigkeit hat eine Ordnung – aber sie müssen sich aneinander anpassen. Die Mütter machen das ganz automatisch so. Nur, wenn eine Mutter ganz fanatisch ist und meint, sie müsste die Ordnung festhalten, macht sie es falsch. Wenn sie so ihr Kind erzieht, wird ihr das Kind böse – und zwar ein Leben lang.

Gibt es für Sie einen Grundsatz-Katalog von Regeln für die Lösung von familiären Konflikten?

●●●●●● Also, das erste ist, dass alle Schwierigkeiten oder Störungen, die auftreten, zutiefst motiviert sind durch Liebe. Das erste, was ich als Therapeut mache: Ich untersuche, wer liebt wo? Wenn ich das ans Licht bringe, kommen auch die Lösungen ans Licht. Die Frage ist nur: Wie liebt man richtig? Viele Formen der Liebe führen zu Störungen. Ein Beispiel, das ich im 'Spiegel' gelesen habe: Da gab's einen Bootsrennfahrer namens Campell und eines Tages hat das Boot abgehoben, sich überschlagen und er starb. Was hat seine Tochter gemacht? Sie hat solche Powerboot-Rennen gefahren. Eines Tages hob sich das Boot ab, überschlug sich – sie hat es aber überlebt. Dann hat sie jemand gefragt, was sie denn gedacht hat in diesem Augenblick. Sie hatte nur einen Gedanken: „Papa, ich komme!" Das ist Liebe. Wenn es aber ihr Vater gewusst hätte, was sie tut, wäre es für ihn schlimm gewesen. Wenn ich so eine Liebe also ans Licht bringe und ich sie mit dem eigenen Vater konfrontiere und sie ihm dann in die Augen schaut, dann kann sie nicht mehr auf diese Weise lieben. Dann würde vielleicht die Liebe von ihr verlangen, dass sie sagt: „Papa, segne mich, wenn ich bleibe." Das Problem entsteht durch Liebe. Und die Lösung entsteht durch die gleiche Liebe, die zum Problem führt, nur auf eine noch höhere und bessere Weise. Das ist ein schöner Grundsatz für eine Therapie.

4

Ancient Futures – Aus der Vergangenheit lernen

"Was wir brauchen, ist Vielfalt!"

Im Gespräch mit der Kulturwissenschaftlerin
Helena Norberg-Hodge

Frau Norberg-Hodge, brauchen wir den Blick zurück, um nach vorne gehen zu können?

●●●●●●● Ich glaube, wir müssen die Vergangenheit besser verstehen, um überleben zu können. Denn unser Wirtschaftssystem, das schon vor 500 Jahren sich über die ganze Welt verbreitete, hat so viel zerstört, dass es sehr schwierig für uns ist, einen Blick, eine Vision zu bekommen für eine Zukunft, die wirklich das Leben und die weitere Evolution erlaubt. Damit will ich sagen, dass die Vielfalt ein zentrales Prinzip des Lebens ist. Und das Wirtschaftssystem, das wir aufgebaut haben, zerstört schon seit 500 Jahren systematisch Vielfalt – biologische und kulturelle Vielfalt. Früher war das, was wir Kultur nannten, ein ausbalanciertes Verhältnis zwischen Mensch und Natur und es hat auf der Welt eine Vielfalt von Kulturen gegeben. Dann vor 500 Jahren haben die Europäer angefangen, die Welt zu erobern. Sie haben systematisch verschiedene Kulturen zerstört. Das daraus entstandene Wirtschaftssystem lebt aber immer noch weiter. Was sich geändert hat, ist, dass die Mehrheit im Westen nicht länger andere Kulturen und die natürliche Vielfalt zerstören will. Um zu verstehen, wie es war, bevor wir ein Wirtschaftssystem hatten, das Vielfalt und Kulturen zerstört, müssen wir zurückblicken. Dann können wir verstehen: Das Problem in der Welt sind nicht die Verschiedenheit und Vielfalt. Das Problem ist die Monokultur.

Die Umweltbewegung hat uns deutlich gemacht, dass unser jetziges Wirtschaftssystem die Artenvielfalt zerstört. Sie sprechen aber jetzt nicht nur von Artenvielfalt, sondern auch von kultureller Vielfalt.

Helena Norberg-Hodge ist eine der führenden Aktivisten im Kampf um eine nachhaltige Entwicklung und die Erhaltung traditioneller angepasster Kulturen. Geboren 1950 in Schweden, studierte sie in Deutschland, England, Österreich, Amerika und Frankreich Linguistik und verschiedene Sprachen und ging 1974 als Mitglied eines Forscherteams ins Himalaja-Land Ladakh, um die Legenden und Sagen der buddhistischen Kultur zu sammeln. Während ihres Aufenthaltes beobachtete sie die zerstörerischen Folgen des zunehmenden westlichen Einflusses und gründete 1978 das 'Ladakh Project', eine kleine internationale Organisation für die Erforschung nachhaltiger und kleinräumiger Wirtschafts- und Lebensformen. In England etablierte sie die 'International Society for Ecology and Culture' und ist Mitherausgeberin der Zeitschrift 'The Ecologist'. 1986 wurde Helena Norberg-Hodge mit dem Alternativen Nobelpreis ausgezeichnet. Heute liegt einer ihrer Schwerpunkte auf dem Widerstand gegen die zerstörerischen Folgen der Globalisierung. Sie ist Gründungsmitglied des 'International Forum on Globalization'. Auf Deutsch liegt von ihr das Buch „Leben in Ladakh"(1993) vor.

Ancient Futures - Aus der Vergangenheit lernen

●●●●●● Ich glaube, dass Vielfalt notwendig für das Überleben ist. Von der Biologie wissen wir das. Aber es gilt auch für Kulturen. In dieser Situation, in der wir mit unseren Technologien und unseren Gedankenstrukturen Vielfalt so schnell vernichten, ist das von zentraler Bedeutung. Die Zusammenhänge zwischen biologischer und kultureller Vielfalt sind noch nicht wirklich verstanden worden. In der hoch urbanisierten Industriekultur glauben wir, eine große Vielfalt zu haben. Und das ist auch verständlich. Wenn man in München lebt, dann hat man italienisches Essen und französischen Käse. Auf den Straßen trifft man Inder und Chinesen. Es scheint eine gute Mischung von Kulturen zu sein. Man vergisst dabei aber, dass sie alle mit derselben Technologie, denselben Massenmedien und Transportmitteln leben, die eine wirkliche Vielfalt zerstören. Wir halten die breiten Angebote in den Kaufhäusern für Vielfalt, während es sich da nur um eine Vielfalt der Verpackungen handelt. Ich sage, dass die kulturelle Vielfalt mit der biologischen Vielfalt zusammenhängt und auch für die Zukunft zusammenhängen muss. Wenn wir ein Wirtschaftssystem und eine Lebensweise erschaffen, bei der wir uns an die Natur anpassen, werden wir auch wieder mehr kulturelle Vielfalt herstellen. Das passiert automatisch, wenn der Mensch sich mehr an die Natur anpasst.

Was ist unter dieser Anpassung zu verstehen?

●●●●●● Wenn wir zu einer Balance mit der Natur zurückkommen, heißt das zum Beispiel, dass wir hauptsächlich das essen, was in unserer Gegend angebaut werden kann und dass unsere Kleidung auch das eigene Klima widerspiegelt. Es wird heißen, dass man sich nicht mehr mit Erdöl und Energie von der Natur abschirmt und seine Nahrung nicht mehr von der anderen Seite der Welt bezieht. Was heute passiert, ist doch folgendes: Damit wir Erdbeeren im Winter essen können, kommen die Nahrungsmittel von immer entfernteren Orten zu uns. Wir glaubten, dass damit unser Leben verbessert würde. Jetzt stellen wir fest, dass diese Nahrungsmittel, die von der anderen Seite der Welt kommen, so produziert worden sind, dass sie kaum Geschmack und sehr wenig Nährwert haben.

Wohin führen uns der moderne Fortschrittsbegriff und die globalisierte Wirtschaft?

●●●●●● Das moderne Wirtschaftssystem drängt Menschen in die Städte, wo sie um das Leben kämpfen müssen. Wenn wir der Dritten Welt diese Wirtschaftsstrukturen aufzwingen, dann werden Millionen von Chinesen und Indern in die Großstädte gezwungen und dort in eine Situation kommen, wo der Überlebenskampf, die Gewalt und ethnische Konflikte zunehmen. Wenn wir so weitermachen, werden wir irgendwann fast 100% der Menschen in den Großstädten haben. Das würde unter anderem heißen, dass jeder Mensch für seine Ernährung drei mal am Tag von Transport abhängig ist. Allein das zeigt uns: Diese Art von sogenannter Entwicklung, von Fortschritt kann einfach nicht funktionieren. Globalisierung heißt, dass man systematisch Bauern kaputtmacht. Es gibt einen eindeutigen Zusammenhang zwischen der sogenannten Globalisierung und der Urbanisierung. Heute müsste man genau das Gegenteil tun. Wir brauchen eine dezentralisierende Entwicklung.

Gibt es eine Chance für die Rückkehr zu lokalen Märkten und lokalen Wirtschaftskreisläufen?

Helena Norberg-Hodge

●●●●●●● Was wir heute beobachten können, ist eine weltweite Bewegung für lokale Nahrungsmittel und die lokale Vermarktung der Produkte von Kleinbauern. Und diese lokale Vermarktung verändert das Wirtschaftssystem dramatisch. Wenn ein Bauer lokal verkauft, kann er plötzlich wieder auf seinem Hof das produzieren, was die Konsumenten haben wollen. Das bedeutet, dass ganze Gemeinschaften von einem System wegkommen können, was schon seit vielen Jahren Kleinbauern gezwungen hat, immer größere Monokulturen herzustellen. Man hat ihnen mit Subventionen eine Landwirtschaft aufgedrängt, die nicht nur die Böden zerstört, sondern auch die ökonomische Selbstständigkeit der Bauern. Sie mussten immer größere Monokulturen für den Export anlegen, sind dabei immer ärmer geworden und haben den Boden kaputtgemacht. Aber die Erde und der Boden ertragen auf Dauer keine Monokultur, selbst wenn man Chemikalien und Gentechnologie einsetzt. Die Natur zeigt uns immer wieder: So geht es nicht! Die Bauernhöfe müssen mit der Vielfalt von Pflanzen, Gemüse, Getreide, Bäumen, Büschen und Tieren zusammen ein ganzes System bilden, das funktioniert. Dann essen die Tiere das, was übrigbleibt, bringen den Dünger für den Boden und das ganze System funktioniert ökologisch ohne teure Inputs von außen. Diese Vielfalt der Produktion kann überleben, wenn der Bauer auf einem lokalen Markt verkaufen kann. Deshalb setze ich große Hoffnung in diese neue Bewegung.

Heißt das, der Bauer ist in der industrialisierten Welt in der gleichen Rolle, wie die traditionellen Kulturen in der Dritten Welt?

●●●●●●● Genau! Er ist in unseren Industrieländern das, was dort die „tribals" sind. Die Kleinbauern sind es, die gerettet werden müssen. Gesundes Essen ist zudem eine Notwendigkeit, die wir nicht vernachlässigen können. Bauern haben die Möglichkeit, auf eine ökologische und nachhaltige Weise dieses Essen zu produzieren. Was es dafür braucht, ist Vielfalt. Dafür muss man von diesem Monokulturzwang weg. Vielfalt entsteht, wenn Kleinbauern klein bleiben und verschiedene Produkte an nahe Märkte liefern können. Wenn ein Bauer seine Milch und sein Gemüse nicht Tausende von Kilometern transportieren muss, sondern in der Nähe verkaufen kann, dann hat er automatisch ganz andere Möglichkeiten, als wenn er die riesiggroßen Supermärkte beliefern muss. Die Politik hat bis jetzt die Bauern gezwungen, immer mehr in Monokulturen zu produzieren und die Distanzen für Transporte immer größer werden zu lassen.

Welche Alternativen gibt es für das Wirtschaftssystem als Ganzes?

●●●●●●● Die Probleme in der Landwirtschaft sind tatsächlich nur ein Aspekt in dem System. Landwirtschaft und Transporte sind ein Element einer neuen Infrastruktur, die dieses Wachstumssystem stützen soll. Dazu gehört das ganze Bildungssystem mit seinen Schulen, der ganze Straßenbau, die Nutzung der Energiequellen. All das wird zur Zeit globalisiert und standardisiert, weil man hofft, dann immer weiter zu wachsen. Diese ganze Entwicklung schafft aber mehr Abhängigkeiten und mehr Arbeitslosigkeit. Sie führt zu einer gesteigerten Kriminalität, und erniedrigt und entwürdigt den einzelnen Menschen. Was diese Ideologie antreibt, ist die Angst. Angst vor Wirtschaftskrisen und steigender Arbeitslosigkeit. Die heutige Politik ist das genaue Gegenteil von dem, was gemacht werden müsste, um in einer nachhaltigen Wirtschaft mehr Arbeitsplätze zu schaffen. Man müsste in eine Infrastruktur investieren, die in den kleineren Städten und auf dem Lande Arbeitsplätze schafft.

Ancient Futures - Aus der Vergangenheit lernen

Unser bisheriges Verständnis von Fortschritt verlangt, dass es uns immer besser geht. Was sie jetzt sagen, läuft ja eigentlich darauf hinaus, dass das, was wir für Fortschritt halten, letztlich ein Rückschritt ist und wir unsere Lebensqualität abbauen. Wo liegt der Kern dieser völligen Fehleinschätzung von Fortschritt?

●●●●●●● Vor 20 oder 30 Jahren hat man geglaubt, mit Hilfe der Technologie alles von überall her einführen zu können. Man glaubte, das Leben verbesserte sich, wenn man die Möglichkeit hätte, sich schneller fortzubewegen. Aber schon seit 25 Jahren ist klar: Wenn das Bruttosozialprodukt steigt, bedeutet das nicht, dass es uns besser geht. Wir haben heute pro Kopf weniger Geld, um das zu kaufen, was wir brauchen. In jeder Familie in England, Deutschland, Amerika, Schweden muss man heute länger pro Jahr arbeiten. Der Kaufwert des Geldes ist geringer geworden. Hinzu kommt, dass überall eine Beschleunigung und mehr Stress herrschen. Wenn man Arzt ist, muss man mehr Patienten pro Tag behandeln, wenn man ein Bauer ist, muss man mehr pro Tag produzieren. Und zur selben Zeit steigt die Arbeitsunsicherheit. Das produziert einen körperlichen und psychologischen Stress, wie es ihn noch nie gegeben hat. Gleichzeitig nehmen die Krankheiten zu, weil das Immunsystem von allen möglichen Toxinen „under attack" steht. Ich glaube, es ist sehr wichtig, zu verstehen, dass das, was wir heute als Fortschritt bezeichnen, unser Leben nicht verbessert hat.

Was kann dagegen getan werden? Was muss geschehen?

●●●●●●● Es ist wichtig zu sehen, dass es andere Möglichkeiten und auch Leute gibt, die schon heute mit diesen Alternativen anfangen. Und dass sie, sobald sie anfangen, sich für alternative Wege zu entscheiden, andere Menschen finden, die genauso denken und Lebensweisen finden, die das Leben reicher machen. Aber das heißt, man muss weg von der „mainstream culture". Heute kann man erkennen, dass sich die Welt in zwei verschiedene Richtungen bewegt. Die eine kommt – fast wie ein Zwang – von den großen Konzernen, Finanzmaklern und von unseren Regierungen: Überall auf der ganzen Welt wird uns ein Wirtschaftssystem aufgezwungen, das sich „Globalisierung" nennt und mittels einer sogenannten „Liberalisierung" funktionieren soll. Was wir damit aber erhalten, ist eine Beschleunigung, ein Wettbewerb und ein Stress, der Menschen und Natur kaputt macht. Gleichzeitig gibt es eine andere Entwicklung, die von unten kommt. Und das ist eine wunderschöne, hoffnungsvolle und inspirierende Richtung, die auch funktioniert, obwohl das System von oben versucht, uns in die andere Richtung zu zwingen. Aber Mensch und Natur, die zusammen in ihrer Gemeinde auf lokaler Ebene etwas aufbauen, haben Erfolg. Für mich ist das ein Wunder, weil der Stress und der Zwang von oben so stark sind. Wenn Menschen unter solchen Bedingungen etwas anderes einfällt, dann zeigt das doch, dass nicht 'die Menschen' oder irgendeine tiefe Gier oder eine evolutionäre Entwicklung das Problem sind. Genau das Gegenteil ist wahr. Die wirtschaftlichen Interessen selbst sind so unnatürlich und gehen so gegen die menschliche Natur, dass es auf die Dauer nicht funktionieren kann.

Das Ziel ist also Dezentralisierung?

●●●●●●● Ja, denn wir brauchen eine Anpassung an die jeweils lokalen Bedingungen. Das war bis zur Industrialisierung ja auch normal. Erst in den letzten 100 Jahren ging es immer

Helena Norberg-Hodge

weiter von der lokalen Natur weg. Das gilt für die Wirtschaft ebenso wie für das Bildungssystem. Wenn man heute in Bayern zum Beispiel Bauingenieur wird, lernt man aufgrund der globalen Standardisierung dasselbe wie ein Student auf der tibetanischen Hochebene oder in Neumexiko. Tatsächlich ist es aber so, dass die natürlichen Bedingungen, das Klima, die Rohstoffe und das Wissen, welche Materialien am besten angepasst sind, völlig unterschiedlich sind und all das eine Rolle spielen müsste. Statt dessen lernt man, wie man weltweit identisch mit Beton und Stahl und Plastikmaterialien umgehen soll. Das ist ineffizient und verschwenderisch. Dazu gehört auch der Transport. Auf die tibetanische Hochebene wird jetzt von Indien, Tausende von Meilen über die Himalaja-Berge, Beton hoch geschleppt, um dort Häuser zu bauen. Und diese Betonhäuser verfallen bald wieder, weil sie überhaupt nicht so gut an das Klima angepasst sind, wie die traditionellen Häuser, die aus Lehm gebaut wurden.

Was braucht es, damit sich mehr Menschen dafür einsetzen, diese Fehlentwicklungen zu korrigieren?

●●●●●● Wir müssen das System, welches das Leben und die Vielfalt und die Natur zerstört, besser verstehen. Denn das ist ein Prozess, in dem Technologie, Wissenschaft und Geld, große Konzerne, Regierungen und Finanzmärkte eine sich gegenseitig verstärkende Rückkopplungsschleife bilden. Wir müssen das besser durchschauen, damit wir uns verweigern, damit wir uns besser ausdrücken, damit wir uns besser verständlich machen können, wie tödlich das ist. Auf der anderen Seite können wir gleich heute damit anfangen, andere Kulturen aufzubauen. Und das passiert auf dem Land und in den Großstädten in Deutschland ebenso, wie in England und anderswo. Die Alternativen haben viele verschiedene Formen, aber immer geht es darum: Respekt vor Vielfalt, Respekt für Mensch und Natur, den Aufbau lokaler Beziehungen und Netzwerke. Auf Englisch sagen wir: „reweaving the local fabric". Das schafft eine neue Kultur. Das bedeutet, dass man die Wirtschaftsprozesse verkleinern muss. Eben deshalb sind die Initiativen, Bauer und Konsument zusammenzubringen, so zentral wichtig.

Muss dieses Engagement global oder lokal ansetzen?

●●●●●● Ich glaube, dass die Probleme auf einer globalen Ebene bekämpft werden müssen. Eine Internationalisierung in diesem Sinne ist dringend notwendig. Aber hier gibt es eine sehr wichtige Einschränkung: Wir haben heute unglaublich viele globale Probleme. Ich glaube aber nicht, dass die Lösungen letztlich global sein können. Ich glaube, dass die Probleme durch diese Distanz von der Vielfalt der Natur zu Stande gekommen sind. Sie stammen aus einer Standardisierung, die Vielfalt nicht erlauben kann. Und auch dadurch, dass wir technische und sogar Gedankensysteme aufgebaut haben, die so weit von den spezifischen Konditionen entfernt sind. Das ist eine der größten Ursachen unserer Probleme. Letztlich hängen Lösungen damit zusammen, dass wir wieder näher an die kontextuelle Vielfalt und den lebendigen Prozess der Natur zurückkommen. Das heißt, viel mehr spontan, viel mehr flexibel und viel mehr ganzheitlich sein und denken. Auf der anderen Seite sind die Probleme heute global. Um gegen diese Probleme zu kämpfen, müssen wir auch global denken können und handeln. Ich nenne das auf Englisch „counter development". Im Kampf gegen Standardisierung und Internationalisierung müssen wir auch zentralisierte und internationale Gruppen haben, um die Menschen informieren zu können. Aber die Aktionen und Projekte, die notwendig sind, müssen mehr lokal und angepasst sein.

Ancient Futures – Aus der Vergangenheit lernen

Es scheint fast absurd, dass Sie Ihr neues Verständnis von Fortschritt in einem Land bekommen haben, das auf der Liste der Entwicklungsländer ganz hinten steht, nämlich in Ladakh. Wie kam es dazu?

●●●●●● Es überrascht mich selbst, wenn ich daran denke. Als ich als Linguistin nach Ladakh oder 'Klein-Tibet' kam, fand ich dort Menschen, die fast alle so strahlend waren, wie der Dalai Lama selbst. Und es war spannend, mit ihnen zu leben: Es gab eine enorme Vitalität und Humor und viel Spaß. Das Leben war so lebendig, ich fühlte mich wohler als zu Hause. Später, als mein Mann mit mir dahinzog, entdeckten wir, dass wir uns dort viel besser verstanden, während unser Verhältnis damit verbunden gelitten hat, wenn wir wieder in den Westen mit all dem Stress kamen. Als ich versucht habe, das besser zu verstehen, brach gleichzeitig die 'Modernisierung' in das bis dahin fast völlig isolierte Ladakh ein. Was ich in dieser ersten Zeit begriffen habe, war: Wenn man Wirtschaftsstrukturen hat, die der Natur nahe sind, dann ist das Leben ganz anders. Um das bei uns zu entdecken, muss man ein paar Hundert Jahre zurückgehen.

Hier herrscht die Überzeugung vor, dass in traditionellen Kulturen nicht nur die Lebensqualität, sondern auch die persönlicher Freiheit deutlich geringer war als bei uns ...

●●●●●● Was ich von traditionellen Kulturen gelernt habe, zeigt mir, dass – und das ist schwer zu glauben für die modernen Menschen – die traditionellen Lebensformen letztlich zu einem tieferen und echteren Individualismus führen. Eine echte Individualität besteht darin, dass man sich so entwickeln kann, wie man ist, viel freier, ohne Zwänge, Druck und ohne Angst, ob man jetzt die richtigen Nike-Schuhe anhat und sich der globalen Monokultur richtig angepasst hat. Für mich hängt kulturelle Vielfalt mit einem echten Individualismus zusammen, der von da aus in konzentrischen Kreisen zu Unterschieden in der Gemeinschaft führt, die dann auch die Natur vor Ort spiegeln. Dann führt das weiter zu regionalen und dann noch breiteren nationalen Unterschieden. Wir müssen nicht nur Unterschiede erhalten, sondern diese Unterschiede fördern. Ein „mutual support of differences" ist heute lebensnotwendig.

Im Englischen heißt ihr Buch „Ancient Futures". Wenn man das frei übersetzt, heißt es „Uralte Zukünfte". Wie ist dieses Verhältnis zwischen altem Wissen, alter Vielfalt, Dezentralität, kleinräumigem Wirtschaften und dieser ungeheuer dynamischen wirtschaftlichen Entwicklung der Gegenwart?

●●●●●● Die 'ancient futures' haben schon angefangen. In den Herzen der meisten Menschen in der westlichen Welt ist das längst ein Modell. Es bedeutet, dass wir als Individuen uns gegen dieses Wirtschaftssystem und den sogenannten Fortschritt wenden. Wenn ein Vater mal nicht in ein wichtiges Business-Meeting geht, sondern lieber bei seinem Kind bleibt, ist das schon 'ancient futures'. Es gibt jetzt immer mehr Leute, die sagen: „Lieber Zeit für meine Freunde, die Familie und in der Natur, als für die Karriere". Dieser Prozess ist in unserem Privatleben schon im Gange. Was noch fehlt, sind die dazugehörenden gesellschaftlichen Strukturen. Die großen Institutionen, die aufgebaut worden sind – die Weltbank, der Internationale Währungsfond, unsere Regierungen und großen Konzerne – drängen immer noch in dieselbe

Helena Norberg-Hodge

alte Richtung. Das können und müssen wir stoppen. Es ist auch schon passiert. Es hat eine ganz kleine Gruppe von Aktivisten gegeben, die gegen das 'MAI', das 'Multilateral Agreement on Investment' vorgegangen ist. Und denen ist es gelungen, diese ganzen Verhandlungen zum Scheitern zu bringen. Es gibt viele dieser Initiativen, die in den Herzen der Individuen anfangen und jetzt in Projekte umgesetzt werden. Diese neue Entwicklung gibt es schon. Man muss nur wegkommen von den konventionellen Massenmedien und alternative Informationsquellen nutzen, um zu sehen, was alles passiert.

Sie haben den alternativen Nobelpreis für Ihr Ladakh-Projekt bekommen. Hat dieses Projekt etwas bewegen können in diesem Land? Ist ein Wandel zu sehen?

●●●●●● Wir haben eine einheimische Organisation, die „Ökologische Entwicklungsgruppe" aufgebaut. Sie hat mittlerweile viel Einfluss und arbeitet mit 100 Angestellten und 3000 aktiven Frauen, die in vielen verschiedenen Bereichen daran arbeiten, den kulturellen Selbstrespekt und das ökonomische Selbstvertrauen zu erhalten. Wir arbeiten mit einer Reihe von angepassten Technologien, Solar-, Wind- und kleinen Wasserkraftwerken. Wir arbeiten auch in der Landwirtschaft, hauptsächlich, um gegen die neue industrielle Landwirtschaftspolitik der Regierung zu kämpfen. Ich habe zudem dabei geholfen, in Ladakh und in England verschiedene Organisationen aufzubauen, die in aller Welt Informationen sammeln, um deutlich zu machen, wie destruktiv die konventionelle Entwicklung ist. In Ladakh vollzieht sich die Arbeit in kleinen, aber wichtigen Schritten. Aber auch dort gibt es jetzt diese zwei Richtungen. Die zentralisierten Mächte erzwingen von oben immer noch eine sehr destruktive Entwicklung. Aber auf der anderen Seite wächst das kritische Bewusstsein sehr schnell. Es wird viel gemacht, was dieser Hauptentwicklung entgegenläuft. Die Menschen werden selbstbewusster. Wir unterstützen sie mit Informationen, die zeigen, dass das Lokale – was man isst, wie man aussieht, was man denkt und glaubt – schön und richtig ist, dass man sich nicht diesen Rollenmodellen anpassen muss und sich selber respektieren und lieben kann. Dieser Selbstrespekt ist eine notwendige Voraussetzung, um andere lieben zu können. Es ist so tragisch, dass die globale Konsumkultur bei allen diesen Menschen den Selbstrespekt und diese Selbstliebe bedroht. Dass sie zu einem Selbsthass führt und in einen Teufelskreis der Gewalt. Wenn man das Gegenteil fördert – den Selbstrespekt und die daraus entstehende Möglichkeit, andere lieben zu können – dann ist das sehr viel wert. Wir haben gesehen, dass diese Arbeit in Ladakh geholfen hat. Ich arbeite auch mit einer Gruppe, die sich ECOROPA, also 'ökologisches Europa' nennt und lokale Wirtschaftssysteme fördert: Warum sollen Kartoffeln aus Chile oder Neuseeland kommen, wenn man sie in Deutschland anbauen kann? Warum soll Wolle aus China oder der Mongolei kommen, wenn man sie hier auch hat? Handel ist nützlich, wenn man selber lokal nicht produzieren kann. Was wir aber wieder brauchen ist eine Balance zwischen lokaler Produktion und Handel. Und zwar allein schon, um den Transport zu reduzieren.

Was ist Ihr zentraler Ratschlag für derartige Initiativen?

●●●●●●● 'Versucht nicht alles als Einzelindividuum zu machen'. 'Versucht, eine echte Gemeinschaft zu gründen, um eine neue Kultur aufzubauen'. Die Tragödie ist, dass diese Konsumkultur jeden von uns in kleine isolierte Ecken treibt. Und wir müssen versuchen, wieder zusammen zu kommen. Nicht in Massen, aber als Gruppe, die eine echte Unterstützung sein kann und in der man sich gegenseitig respektieren und lieben kann. Ich meine damit nicht eine 'Kommune'. Ich meine einfach echte Freunde, echte Gruppen, echte Solidarität. Solidarität, das bedeutet z.B., dass man mir Essen bringt, wenn ich krank bin, eine Solidarität, die nicht über Internet geht, sondern wo man sich wirklich umarmen und helfen kann, wenn man es braucht.

Enge heißt Krankheit und Weite heißt heil sein

Im Gespräch mit dem Ethnologen Holger Kalweit

Herr Kalweit, welche Möglichkeit hat der moderne Mensch, sich dem archaischen Wissen traditioneller Völker anzunähern?

●●●●●●● Die beste Möglichkeit ist natürlich die eigene Erfahrung und nicht ein Literaturwerk. Und das ist immer das, was ich den Leuten vorschlage: Zu den Völkern hinfahren, Schamanen, Medizinleute und Heiler kennen lernen und es am eigenen Leib erfahren. Aber die meisten haben davor Angst.

Was ist Schamanismus?

●●●●●●● Wir wollen ja in Westeuropa immer alles definieren. Und das ist beim Schamanentum ein bisschen schwierig, weil es so ein weites Feld ist. Denn das ist quasi die Frage: Was ist Psyche? Oder: Was ist das Universum? Ich habe angefangen, mich mit Schamanentum zu beschäftigen, weil ich wissen wollte: Was ist das Dasein? Was ist Menschsein? Woher kommen wir, wohin gehen wir? Was ist Leben, was ist Tod? Da bin ich auf Schamanen gestoßen, also auf Menschen, die sich ganz intensiv mit den Grundfragen des Daseins beschäftigen, aber nicht intellektuell, wie ein europäischer Philosoph, sondern durch Erfahrung am eigenen Leib. Ich denke, diese sogenannten Schamanen sind Menschen, die wie ein Nadelöhr wirken, durch das man hindurch muss, um in eine wahrere Welt zu kommen, das heißt hinter die Oberflächenstruktur der Dinge. Und das ist eigentlich ein Grundbedürfnis der Menschen, in die Tiefe zu stoßen. Das ist es, was Schamanen uns vermitteln können.

Wie wird man zum Schamanen?

*Dr. **Holger Kalweit** ist einer der führenden Ethnopsychologen und Spezialist für schamanische Kulturen. 1947 in Erfurt geboren, studierte er Ethnologie und Psychologie. Seine Feldforschungen führten ihn unter anderem nach Tibet, Nepal, Indien, Hawaii und in den Südwesten der USA. Durch seine zahlreichen Veröffentlichungen hat er sich auch international einen Namen gemacht. Aus seinen Forschungen entwickelte er den eigenen Ansatz der 'Naturtherapie'. Kalweit lebt und arbeitet heute als freier Autor und Psychotherapeut im Hochschwarzwald. Zu seinen wichtigsten Veröffentlichungen gehört das Buch „Traumzeit und innerer Raum. Die Welt der Schamanen" (2000).*

●●●●●● Man kann kein Schamane werden, so wie man Medizin studiert. Die traditionellen Kulturen sind der Meinung, man muss als Schamane geboren werden, man muss quasi die genetischen Voraussetzungen dazu haben. Schamanen sind Menschen, die – ob sie wollen oder nicht, ob sie es schön finden oder nicht – in der Kindheit erkennen, dass sie Zugang zu anderen Daseinsstrukturen haben bzw. dass sie durch die Dinge hindurch sehen können. Im Allgemeinen finden es diese Leute überhaupt nicht gut, dass sie solche Fähigkeit haben. Sie leiden, sie wollen flüchten, aber sie können nicht aus sich heraus. Sie machen Zeremonien, um das Hellsehen, das zweite Sehen in sich selbst, aus sich herausgezogen zu bekommen. Wer Schamane wird, der leidet. Niemand *will* Schamane werden.

Was ist mit all jenen, die sich bei uns heute 'Schamanen' nennen?

●●●●●● Ich sage denen immer: „Ihr könnt keine Schamanen werden, das hat nichts mit Intellekt zu tun. Das ist in deinen Genen drin und dadurch sind deine Fähigkeiten anders, wie einer, der mathematikbegabt ist. Man hat es oder man hat es nicht. Und so wird man auch Schamane." Aber das wollen die Leute nicht hören. In dieser ganzen New-Age Bewegung will man alles als Instant-Suppe vorgesetzt bekommen. Das geht so nicht. Schamanentum ist eine sehr harte Sache.

Viele Schamanen berichten von einer Art 'innerem Ruf'. Was kann man sich darunter vorstellen?

●●●●●● Ein schwerer Schicksalsschlag, der unsere Physis und unsere Psyche total umkrempelt, ein totales Trauma, ein Schock, der dazu führt, dass die Menschen danach nicht mehr die gleichen sind: Ein Nah-Tod-Erlebnis, eine außerkörperliche Erfahrung, ein totaler finanzieller und sozialer Ruin. Also die Erfahrung, hart am Rande des Todes zu stehen: Das ist die Voraussetzung. Also: Nahe dem Tode sein oder genetisch angeborene Strukturen, das sind die ersten beiden Voraussetzungen. Die dritte Möglichkeit ist – daraus erwachsen dann nur die sogenannten 'kleinen Schamanen': Man lernt bei einem Schamanen bestimmte Zeremonien, die man dann rein mechanisch nachvollzieht. Man ist dann gewissermaßen ein kleiner Psychotherapeut in unserem Sinne, welcher Zeremonien veranstaltet. Das mag auch seine Wirkung haben. Aber das sind die 'kleinen Schamanen' oder auch die 'weißen Schamanen'. Die großen Schamanen nennt man in Asien die 'schwarzen Schamanen'.

Welche Fähigkeiten zeichnen einen Schamanen aus?

●●●●●● In verschiedenen Kulturen spricht man vom 'zweifachen Sehen', das irgendwie anders ist als das Normalsehen – mehr durch die Dinge hindurch. Schamanen können das, was wir als Fühlen empfinden, in Bewegung umsetzen, sie können Dinge von außen bewegen und sie sagen, sie sehen Energiestrukturen. Sie sagen nicht: 'Ich sehe deine Psyche', sondern 'Ich sehe ein Energiemuster, bestehend aus Gedanken und Energie, und das kann ich beeinflussen.' Wenn ich aber bitte: 'Erkläre es mir', kann es mir keiner erklären.

Gibt es Schamanen nur in archaischen Kulturen?

Holger Kalweit

●●●●●●● Nun denken wir natürlich im Allgemeinen, Schamanentum sei ein exotisches Phänomen anderer Kulturen. Aber das stimmt ja gar nicht. Es laufen in München, Berlin oder Hamburg genauso viele Schamanen herum, wie sonstwo in anderen Kulturen. Aber es gibt einen großen kulturellen Unterschied. In anderen Kulturen werden Kinder, die schon früh außergewöhnliche Fähigkeiten zeigen, verehrt und gefördert. Hier schickt man sie zum Psychiater. Die Psychiater und Psychologen kennen diese Phänomene meistens nicht. Deshalb werden solche Fähigkeiten hier kaputt therapiert. In anderen Kulturen wird das gefördert. Zum Beispiel bei den Lakota, bei denen ich gearbeitet habe. Kinder, die diese Fähigkeit zeigen, werden vor den Schulbehörden versteckt, die schickt man in die Einsamkeit, die lernen nicht Schreiben, weil das ihre Fähigkeiten korrumpiert. Es gibt auch hier Leute mit diesen Begabungen, aber unsere Kultur gesteht das niemandem zu. Wir brauchen eine neue Psychologie, wir brauchen neue Psychiater, wo die Eltern auch Anleitung bekommen: „Ah, ich habe ein seltsames Kind, wir müssen das fördern."

Also gilt das, was woanders 'heilig' ist, bei uns als 'krank'?

●●●●●●● Hier wird es pathologisiert, in anderen Kulturen wird es – und das ist auch ein Problem – in den Himmel gehoben. In den anderen Kulturen werden meines Erachtens die Schamanen zu sehr verehrt, sie werden zu sehr auf einen Thron gehoben. Das ist auch ein Problem für solche Menschen, die dann gar nicht mehr normal leben können. Ringsrum bildet sich eine Kultgemeinde um sie, die sehr schwer erträglich ist für viele, aber sie können aus ihrer Rolle, die ihnen aufgezwängt ist, nun nicht mehr hinaus. Deswegen sagen die meisten: „Schamane zu sein ist ein Alptraum."

Sind die Fähigkeiten der Schamanen etwas 'paranormales'?

●●●●●●● Hier im Westen unterscheiden wir immer krass: ja - Nein, hell - dunkel, normal - anormal. Ich habe mir sehr viele Gedanken dazu gemacht und meine Schlussfolgerung ist sehr einfach: Es gibt weder normal noch anormal. Sondern das ganze Leben, alle psychischen Fähigkeiten, rangieren auf einem Kontinuum, einer Skala, und die sieht etwa so aus: Wir, die wir hier ein Gespräch führen, befinden uns so einigermaßen in einem Normalbewusstseinszustand. Der besteht aus Denken und Fühlen, drittens aus körperlichen Empfindungen und dann haben wir ein allgemeines Gefühl eines Ichs: Ich meine... Ich bin Holger Kalweit. Diese vier Grundstrukturen, welche die Essenz unseres Wesens ausmachen: Denken, Fühlen, Empfinden, Ich – die kann man intensivieren. Wenn Sie jetzt emotional erregt sind, weil ich vielleicht etwas Dummes sage, steigt Ihr Ich-Grad – Ihr Denken, Ihr Fühlen wird intensiver. Wenn Sie tanzen oder euphorisch sind oder verliebt, werden diese vier Phänomene noch intensiver. Und das kann sich immer weiter steigern. Da kommen wir dann langsam in die sogenannten pathologischen oder anormalen Zustände. Wenn unser Bewusstsein ganz stark intensiviert ist, dann kommt irgendwann ein Bruch. Dann kippt das um und wir verlassen unseren Körper. Diese Phänomene kennen wir: die Leute haben einen Unfall, sehen sich plötzlich von außen. Und das kann sich noch weiter steigern, wenn die Angst, die Panik, der Schock, das Trauma noch intensiver werden, dann haben wir ein Nah-Tod-Erlebnis. Und so gibt es eine Steigerung. Eine außerkörperliche Erfahrung, wie es Schamanen oft haben, die ja diese sogenannten Jenseitsreisen machen, ihren Körper verlassen. Das ist nicht anormal, das ist eine Steigerung

Ancient Futures – Aus der Vergangenheit lernen

unseres Normalzustandes, in dem wir uns alle befinden. Von daher hat jeder das Potential, in Extremzustände reinzugehen. Aber es braucht starke Reize.

Welche Wirklichkeiten betreten Menschen in solchen Zuständen?

●●●●●● Wenn wir unser Bewusstsein intensivieren, tritt manchmal ein merkwürdiges Gefühl auf: Nämlich dass alle Dinge, die wir sehen – sagen wir der Aschenbecher hier auf dem Tisch – kein Aschenbecher mehr, sondern eine wunderbare Struktur ist. Und in dem Moment empfinden wir den Aschenbecher als heilig, als etwas Besonderes. 'Heil' kommt ja von 'ganz'. Den Aschenbecher empfinden wir dann als eine Ganzheit, nämlich dass er alles ist. Er ist das Ganze. Daraus resultiert dann die Essenz der schamanischen Philosophie.

Wie lässt sich die beschreiben?

●●●●●● Jedes Ding ist alles, alles kristallisiert sich in einem Ding. Das ist die alte Philosophie des Schamanentums, im Gegensatz zu der modernen Philosophie, die die Welt zerstückkelt in Einzelteile, die dann gegeneinandergestellt werden. Jedes Ding ist alles, ist die Einheit von Mikro- und Makrokosmos – das ist die Essenz der schamanischen Philosophie. Deswegen ist dann alles heil und heilig. Wenn man in diesem Zustand des Heiligen ist, dann wird man heil und gesund. Im schamanischen Ritual geht es darum, die Menschen in diesen heiligen Zustand, wo alles eins ist, zurückzuversetzen. 'Eine ganz unspezifische Therapie!' würden wir sagen. Aber dadurch lösen sich alle Probleme, die durch Dualismus, durch Zerteilung und Zersplitterung entstehen, in Wohlgefallen auf. Das ist die elementare, simple Psychologie des Schamanentums.

Lässt sich dieses alte Wissen für heute nutzen?

●●●●●● Ich glaube schon, dass man davon etwas übernehmen kann. Schon, wenn man sich intellektuell damit beschäftigt, verändert sich ja unsere Denkstruktur. Ich glaube, was sich heute entwickelt, ist, dass wir jenseits des Intellekts gehen und dass immer mehr Leute ein Verständnis der Funktionsweise unserer Psyche bekommen. Und dazu dient das Schamanentum nur als Anregung. Das ist eine Facette von vielen. Und dadurch wird sich unser wissenschaftliches Weltbild umkrempeln. Denn die jungen Leute, die sich heute auf solche Erfahrungen einlassen, werden auch irgendwann Professoren und so wird unser Weltbild langsam unterwandert, auch vom Schamanentum. Ich habe vor 35 Jahren damit angefangen. Wenn ich zurückdenke: Damals wusste niemand, was das Wort Schamane bedeutet. Heute wird es immer bekannter. Und es wird sich noch mehr durchsetzen und zu einer neuen Psychologie führen.

Welche schamanischen Erfahrungsräume gibt es?

●●●●●● Man geht z. B. lange in die Dunkelheit oder in die Einsamkeit der Natur. Und dann läuft das Bewusstsein leer. Wenn man mal hinschaut, woraus bestehe ich – da sind nur Denkstrukturen und Gefühlsstrukturen. Aber die sind nicht notwendigerweise da. Wenn ich lang genug in der Einsamkeit bin, laufe ich leer, plötzlich sind keine Gedanken und Gefühle mehr da. Da ist dann auch keine Zeit mehr da, auch kein Raum mehr. Ich bin leer. Und wenn ich leer bin, komme ich zu meinem wahren Wesen. Das ist eine zentrale Idee des Schamanentums:

Leerlaufen der Psyche. Wenn die Psyche nicht mehr da ist, bin ich wirklich da. Dazu hat das Schamanentum Tausende von Techniken entwickelt, die alle zu dem gleichen Ziel führen. Und die kann die moderne Psychologie übernehmen.

Wie heilen Schamanen?

●●●●●●● In anderen Kulturen zeigt der Schamane dem Patienten, dass seine Vorstellung von Psyche zu eng ist. Er will sie erweitern, er will die weitesten Horizonte dem Patienten vorführen, dass er ins Todesreich gehen kann, dass es andere Dimensionen gibt, also dass die Psyche ein sehr weites Feld ist. Dieses Wissen versucht er im Patienten wieder zu stimulieren. Und dadurch sieht sich der Patient jetzt nur als eine kleine Fliege im Universum, sieht, wie relativ seine Probleme sind und wie groß und wunderbar die Möglichkeiten in unserer Welt sind. Und das öffnet ihn und das lässt seine psychische Enge beiseite treten. Er erweitert sich und damit verschwinden automatisch die Probleme. Das ist im Grunde also eine ganz simple Therapie und Idee, die dahinter steckt, aber äußerst wirksam ist. In einem Satz gesagt: Der Mensch muss sich erweitern zu den Grenzen der Möglichkeiten und dann verschwinden alle Probleme. Enge heißt Krankheit und Weite heißt heil sein.

Dann braucht Heilsein also die Überschreitung von Grenzen?

●●●●●●● Für jede Form von Psychotherapie oder auch physischer Heilung muss man die engen Grenzen, in denen man lebt, radikal überschreiten. Das Problem dabei: es tut weh. Da niemand leiden will in unserer modernen, weichen, hochzivilisierten Software-Kultur, will niemand Schmerzen auf sich nehmen – er will sich also nicht transformieren. Und das ist unser kulturelles Problem: Wir sind nicht bereit, einfach zu leben, spartanisch zu sein und Leiden auf uns zu nehmen. In den Stammeskulturen, wo man natürlich sehr nah an der Natur lebt und auch sehr leiden muss – man hat keine technologischen Hilfsmittel –, da ist man automatisch auf die rohe Natur zurückgeworfen und dadurch wird man automatisch transformiert. Uns fehlt die Natur. Wir haben uns die Natur zu sehr Untertan gemacht.

Wie ist die Bewegung des 'Neo-Schamanismus' zu bewerten?

●●●●●●● Viele Gruppen wollen heute das germanische und keltische Wissen wiederbeleben oder sie gehen zu Indianergruppen. Es gibt Europäer, die sich wie Indianer kleiden und versuchen, entsprechend zu fühlen und zu denken. Das ist ja alles ganz schön, aber es wirft sehr viele Probleme auf und es entstehen unglaubliche Missverständnisse. Das ist ein riesiges Problemfeld. Alle Spiritualität führt in ihrem Kielwasser ein Heer von pathologischen Verhaltensweisen, von falschen Träumen, falschem Prophetentum mit sich. Und daraus besteht ja, wie wir wissen, ein großer Teil unseres 'New Age': falsche Vorstellungen von der Wirklichkeit zu haben. Wir hatten vorher falsche, jetzt übernehmen wir eine neue Ideologie und haben auch wieder nur falsche Vorstellungen. Also im Grunde kommen wir vom Regen in die Traufe.

Das klingt sehr pessimistisch ...

●●●●●● Religion, Spiritualität zu praktizieren, ist einfach furchtbar schwierig. Wir leben in einer Welt der Illusionen. Ich meine die materielle Welt, so wie wir sie wahrnehmen, ist in sich selbst ein totaler Trugschluss: Das ist nicht die Realität, die wir sehen. Das ist eine vollkommene Illusion. Ich würde so sagen: Es ist gut, wenn die Leute versuchen, die keltischen, germanischen, indianischen Riten in irgendeiner Weise nachzuvollziehen, das ist positiv. Aber die meisten Gruppen und Individuen sind sich der Gefahr nicht bewusst, dass sie nur eine neue Ideologie – statt Christentum indianische Rituale – übernehmen. Aber es ist ein positiver Ansatz. Es wird weitergehen. Nehmen wir als Beispiel die christliche Religion. Sie wurde aus Palästina hierher gebracht, sie war uns völlig fremd. Jetzt haben wir sie scheinbar ganz integriert. Es wurde um eine Person, um einen Schamanen namens Jesus, ein gigantischer Kult entwickelt. Der ist so gefährlich dogmatisiert worden, dass er die Politik und Wirtschaft ganzer Länder und Kontinente überrollt hat, und so ist das Christentum die oberste Macht in unseren Ländern geworden und so ist es gar keine Spiritualität mehr. Das Gleiche geschieht jetzt auch mit den germanischen, indianischen und keltischen Kulten. Wir brauchen heutzutage Menschen, die über diese Missverständnisse aufklären, damit die jungen Leute, die sich damit beschäftigen, nicht immer in diese Fallen hineinrutschen.

Heißt das, wirkliches Schamanentum ist frei von Ideologie?

●●●●●● Es ist voller Widersprüche, vielfältig, paradox. Das erste Mal, als ich real mit dem Paradox konfrontiert wurde, war bei den Zuni-Indianern im US-Staat Neumexiko. Die Zuni sind nur ein kleines Volk und die haben diese berühmten heiligen Clowns. Im Reservat gibt es Pfarrer und Priester. Wenn die Feste stattfinden, äffen die Clowns die Priester mit sexuellen Zoten und bösen Worten nach, um die heilige Atmosphäre, die der Priester versucht in den Leuten zu erzeugen, umzukehren. Nicht ohne Grund: Jeder kennt das Phänomen, dass man nach einer halben Stunde auf der harten Kirchenbank nicht mehr zuhören kann. Die Spiritualität verschwindet. Wenn es jetzt aber eine kleine Einlage von Clowns in der Kirche gibt, wo sie mal ganz profan drüber lachen und sich entspannen können, dann können sie hinterher dem Pfarrer wieder besser zuhören. Man braucht also paradoxe Pausen zwischen der Heiligkeit, um sich zu entspannen, um dann wieder zurückzukommen zur heiligen Situation. In allen Zeremonien müssen paradoxe Einlagen gemacht werden, durch die wieder der krasse Alltag zurückgeholt wird. Viele Beobachter waren entsetzt über das banale oder zotige Wesen vieler Schamanen und haben gesagt: „Das ist doch keine heilige Person!". Ich sage: „Das ist eine heilige Person: Der versucht, dich herauszuholen aus deinem Zwang, ernsthaft zu sein und heilig zu sein und permanent zu beten und in dich zu gehen, weil das nur ein Krampf ist, in dem du lebst!"

Also demontiert der Schamanismus konventionelle Vorstellungen?

●●●●●● Wenn einer Schamane wird, muss er Transformationen durchlaufen. Nehmen wir als Beispiel einen Mann, einen richtigen Macho. Der klebt ja an seinem Bild von Männlichkeit, und das ist zu eng. Also wird ihm sein Schamanenlehrer vermutlich empfehlen, nun eine Frau zu sein, um die andere Seite zu sehen. Also muss er Frauenkleider tragen, muss wie eine Frau sprechen, sich wie eine Frau verhalten, wie eine Frau essen und vielleicht sollte er auch Kinder bekommen... zumindest sollte er sich da mal hineinfühlen. Deshalb haben wir viele Transvestiten oder „Umgekehrte" bei den Schamanen. Und man sagt sogar, die stärksten, die bedeutendsten Schamanen sind die, die als Frau ein Männerleben und umgekehrt führen, was nicht sehr einfach ist. Also, die Verwandlung ins Gegenteil ist sehr wichtig und wird ganz bewusst als Psychotherapie praktiziert. Davon könnten unsere Therapeuten etwas lernen.

Geht der Schamanismus denn dann von mehreren Wirklichkeiten aus?

●●●●●● Das ist genau die Problematik für uns Europäer, was das Schamanentum anbelangt, nämlich die schamanische Theorie, dass es mehrere Welten gibt, mehrere Daseinsebenen. Es gibt die materielle Welt, wie wir sie kennen. Zweitens: Eine rein energetische Welt, Energie, die die Vorform der Materie ist. Und das ist das Paradox des Schamanentums: Diese Energie besteht aus Gedanken und Gefühlen. Es ist Gefühlsenergie. Und diese Energie erzeugt Materie. Deswegen sagen die Schamanen: Der Mensch erzeugt die Materie. Das ist was ganz Schwieriges und schwer nachzuvollziehen, außer vielleicht für moderne Physiker. Das ist die Energiewelt, die psychische Welt, das ist die Psyche. Psyche ist in der schamanischen Welt eine Energiestruktur, aufgeladen mit Gedanken und Gefühlen, die zweite Welt. Dann gibt es die dritte Welt. Das ist unser wirkliches, wahres Wesen, da gibt es keine Gedanken und Gefühle mehr, das ist Geist pur, ohne Inhalt.

Das sind die berühmten drei Welten, die in sehr vielen Kulturen an Hand eines Baumes dargestellt werden. Unser wahres Wesen, der reine Geist, ist in der Baumkrone, der Stamm ist unsere Psyche und die Wurzeln sind unsere materielle Welt. Das ist der Weltenbaum, an dem sich die drei Welten auffädeln. Das ist die Essenz der schamanischen Kosmologie und Philosophie.

Lassen sich derartige Erfahrungen und Weltbilder wissenschaftlich nachvollziehen oder 'beweisen'?

●●●●●● Die Europäer versuchen das immer wissenschaftlich zu qualifizieren, das geht nicht, das kann man machen, aber das ist wertlos. Die ganze parapsychologische Forschung ist nutzlos, weil sie nichts gebracht hat, außer höchst banalen Theorien. Der Grund dafür ist, dass die Leute nicht selbst in das Phänomen hineingegangen sind. Dann hätten sie festgestellt, da gibt es gar nicht viel zu erzählen. Wenn man drinnen ist, ist es banal. Denn es heißt einfach: Sich ablösen von Denken und Fühlen. Hellsehen heißt ja, ich sehe „hell", das heißt nichts anderes als eine Bewusstseinsintensivierung. Je intensiver unser Bewusstsein wird, desto mehr kommen wir zu 'paranormalen' Phänomenen. Wenn man es selbst erfahren hat, sieht man, dass es nur an unserem eigenen Bewusstsein hängt.

Wird durch diese Intensivierung die Welt 'eins'?

●●●●●● Wir leben in einer sehr dualistischen Welt. Wir unterscheiden permanent zwischen Ich und Nicht-Ich. Schamanentum auf eine Formel gebracht ist eben nicht zu unterscheiden zwischen Ich und Nicht-Ich. Der ganze Buddhismus besteht nur aus diesem einen Satz: Aufzuhören, Ich zu sein und den anderen als Nicht-Ich zu verstehen, sondern erkennen, dass wir, zwei Wesen, eins sind. Aber das kriegen wir nur hin, wenn sich das Denken und das Fühlen auflösen, wenn die Konzepte verfallen, wir beide leer sind. Dann sehen wir, wir sind eine Person. Das ist das Urwesen des Schamanischen. Es gibt keinen Menschen auf diesem Planeten, der diese Erfahrung des Ich-Verlustes und die dabei auftretenden paranormalen Phänomene nicht einmal in seinem Leben erfahren hat. Paranormalität, Auflösung der Dualität ist das banalste und gewöhnlichste Phänomen in der Menschheit. Nur in unserer Kultur wird es intellektuell überspielt und verdrängt – aber im Grunde kennen es alle Menschen. Wir leben in einer vollkommenen schamanischen Welt, ohne es zu merken. Wir müssen unsere Kultur ändern, ein wenig das Betttuch des Intellekts wegziehen, dann leben wir völlig in der schamanischen Welt. Es ist nur ein Hauch von Betttuch, was wegzuziehen ist. Wir leben nicht in dieser mechanistischen Welt, mit der würde das Dasein nicht funktionieren. Materialistische Philosophie kann nicht funktionieren, sie ist eine Krankheit.

Wie lassen sich heute derartige Einsichten zurückgewinnen?

●●●●●● Ich sage, wenn Ihr am Phänomen des Schamanentums interessiert seid, dann macht doch folgendes: Warum nehmt Ihr Euch nicht ein bisschen frei und geht in die Natur. Allein und ohne Koffer und Gepäck und Rucksack und bleibt einfach alleine dort. Ganz alleine, nur in einer Höhle in den Alpen in irgendeinem Wald, in irgendeiner Schlucht an irgendeinem See. Ihr habt keine Idee vom Schamanentum, ihr habt keine Philosophie, ihr habt keine Übung und keine Praxis und gar nichts. Ihr seid einfach nur da: einen Tag, zwei Tage, eine Woche. Ihr habt nichts gemacht und es wird unheimlich viel passieren. Schon nach einer Stunde erzählen die Leute die wunderbarsten Dinge. Alle haben die Natureinheit, die Auflösung der Dualität und des Ichs in einem gewissen, wenn auch kleinen Ausmaß, erfahren. Schamanentum ist simpel: Einfach da sein und dann passieren die Dinge von selbst. Nämlich erstens: Auflösung der Zeitempfindung, Auflösung des Phänomens „Wer bin ich", Auflösung des Gefühls für Raum. Plötzlich verschieben sich die Raumgrenzen, mein Körper wird größer oder kleiner. Dann treten die Lichtphänomene auf. Das Licht wird einfach intensiver. Man wundert sich darüber, aber es wird einfach schön. Dann das Phänomen der Schönheit insgesamt. Was immer sie anschauen, wird plötzlich alles sehr schön. Auch unser Leben und unsere Biographie wird schön. Tiere kommen uns entgegen, die Naturkräfte in personifizierter Form, die Blume als eine Gestalt tritt uns gegenüber. Das sind die Anfänge psychologischer Phänomene, wenn wir lange allein sind. Und Schamentum heißt, immer nur am Anfang alleine zu sein.

Heißt das mit anderen Worten, dass die zivilisatorische Schicht, die wir mit uns tragen, eigentlich nicht dicker ist als drei Tage.

●●●●●● Die ist nicht dicker als drei oder vier Tage, diese zivilisatorische Schicht. Und ganz gleich, welcher Philosophie einer huldigt und wie naturwissenschaftlich gebildet er ist, er wird die zivilisatorische Schicht verlieren, früher oder später, und dann in diesen Prozess eintauchen. Er kann sich dagegen nicht wehren. Die Einsamkeit schleift diese Prozesse einfach ab. Das haben die alten Kulturen erkannt und haben diesen Prozess verwendet. Das ist die älteste und tiefste Psychologie, die wir haben. Und jetzt in unserer Kultur, kommt dieses alte einfache Wissen wieder zum Vorschein. Wir gehen weg von diesen differenzierten, immer auf Probleme orientierten Psychotherapien, wo immer nur gesprochen wird im schnieken Therapeutenzimmer. Stattdessen gehen wir einfach raus und lassen das dort geschehen.

Brauchen wir das alte Wissen, um heutige Probleme zu lösen?

Holger Kalweit

●●●●●●● Man kann keine Ökologie machen, ohne die Geistigkeit zu verstehen. Wir brauchen, was heute Schlagwort ist, eine 'Tiefenökologie'. Und das heißt einfach: Verbindung von Natur und Geist. Solange die grüne Politik nur grün ist, ist sie eine reaktionäre Politik, da man das Grüne, die Natur, nicht verstehen kann, ohne das gesamte Spektrum an Geistigkeit zu verstehen. Und das ist das Problem unserer grünen Politik heute. Wir brauchen heute die Auseinandersetzung bzw. das 'Tiefer hineinfallen' in die Natur, um sie wirklich zu verstehen. Deshalb führt diese Form von Geistigkeit, über die wir geredet haben, überhaupt nicht zum Rückzug aus der Politik, dieser ist höchstens eine notwendige Phase der Inneneinkehr. Erst wenn man tiefer eingedrungen ist in die Tiefe der eigenen Psyche, kann man wahres Naturverständnis entwickeln – und dann erst kann man grüne Politik machen.

Vision Quest –
Sinnsuche in der Wildnis

Im Gespräch mit den Visionssucheleitern
Steven Foster und Meredith Little

In Amerika und in Europa stehen wir vor einer sozialen Situation, in der die Gewalt zunimmt, Erwachsene sich wie unreife Kinder benehmen und die ganze Kultur von einer diffusen Angst vor der Zukunft geprägt ist. Was ist Ihrer Meinung nach die Wurzel dieser Entwicklung?

●●●●●● *Steven Foster*: Mir scheint, dass ein wesentlicher Teil unserer Probleme in der modernen Welt damit zusammenhängt, dass wir vor einiger Zeit die alten Methoden über Bord geworfen haben, mit denen aus Kindern Erwachsene gemacht werden. Zumindest in Amerika ist es heute so, dass ein Jugendlicher nur ein bestimmtes Alter erreichen muss, um offiziell als Erwachsener zu gelten. Diese Altersgrenze bedeutet natürlich gar nichts, wenn derjenige innerlich ein Kind bleibt. Und oft ist es sogar so, dass die sogenannten Erwachsenen bis zur Mitte ihres Lebens Kinder bleiben. Wir haben die Fähigkeit verloren, wirklich sicher zu erkennen, ob unsere Mitmenschen reife Erwachsene sind. Wahrscheinlich ist es sogar so, dass wir überhaupt nicht mehr wissen, was Erwachsensein eigentlich heißt.

Welche Möglichkeiten sehen Sie, diesen Mangel zu beheben?

●●●●●● *Steven Foster:* Unsere Arbeit besteht darin, den modernen Menschen ein Übergangsritual anzubieten. Das heißt, wir führen sie durch eine Prüfung, die in vielen Aspekten den alten Initiationsriten entspricht, die zu allen Zeiten angewendet wurden, um Menschen von einer Phase ihres Lebens in die nächste zu führen. Auf diese Prüfung bereiten wir sie vor. Wir stellen sicher, dass sie in dieser Zeit der Prüfung keiner Gefahr ausgesetzt sind. Wenn sie

 *Dr. **Steven Foster** und **Meredith Little** haben 30 Jahre daran gearbeitet, die uralte Tradition der Übergangsriten wiederzubeleben. Sie begründeten in Big Pine, Kalifornien, die 'School of Lost Borders', in der hunderte von Menschen aus aller Welt dazu ausgebildet wurden, Menschen in Lebenskrisen und Übergängen in die Wildnis zu begleiten. Sie wurden damit zu den Begründern der modernen 'Visionssuche'. Steven Foster studierte Psychologie, bevor er zu seiner Lebensaufgabe fand. Meredith Little arbeitete in einem Interventionszentrum für psychische Krisen. Heute wird ihr Ansatz in zahlreichen Ländern rund um den Globus praktiziert. Gemeinsam veröffentlichten sie zahlreiche Bücher von denen die Bände: „Vision Quest. Sinnsuche und Selbstheilung in der Wildnis" (1991 u. 2002) und „Die vier Schilde" (2001) auch auf Deutsch erschienen sind. Steven Foster starb nach langer Krankheit im Frühjahr 2003.*

nach dieser Prüfung wieder in die Gemeinschaft zurückkehren, helfen wir ihnen, ihre Erfahrungen zu verstehen und in ihr Leben zu integrieren. Und wir teilen ihnen mit, welche Elemente dieser Erfahrung sie erwachsen gemacht haben. Dieses Angebot wendet sich besonders an junge Leute. Wir dürfen nicht vergessen: Die Antwort für die Fragen der Gegenwart liegt bei der Jugend. Wenn wir mit der Hilfe von anerkannten Übergangsriten wieder sicherstellen könnten, dass unsere Jugend wirklich erwachsen wird, dann hätten wir auch eine Antwort auf viele der Fragen, vor denen die moderne Welt steht.

Welche Konsequenzen hat es, dass es derartige Angebote für Jugendliche in der Regel kaum gibt?

●●●●●● *Meredith Little*: Jugendliche suchen immer nach einer Herausforderung, in der sie sich und ihr Erwachsensein beweisen können. Oftmals wird ihnen diese Herausforderung in den Straßengangs geboten, auch wenn das selbstzerstörerische Herausforderungen sind. Sie versuchen damit etwas auszugleichen, was in ihren sozialen Gemeinschaften verloren gegangen ist: Eine Prüfung, die ihnen beweist, dass sie bereit sind, ihre Stellung als Erwachsene einzunehmen. Das Problem bei vielen dieser selbstgemachten Prüfungen liegt darin, dass es dabei an Erwachsenen fehlt, die sie dabei begleiten und den Wandel anerkennen können. Da initiieren Kinder andere Kinder. Und um einen solch wichtigen Wandel wirklich zu meistern, brauchen sie einfach den Kreis der Älteren, der ihnen dabei hilft.

●●●●●● *Steven Foster*: Denn die meisten dieser Prüfungen, denen sie sich selbst unterziehen, sind illegal und initiieren sie eher in die Kriminalität als sie erwachsen zu machen. In den alten Tagen wurden sie in dieser Zeit ihres Lebens aus der Gemeinschaft herausgenommen. Das war eine Zeit, in der die Ältesten ihr Wissen weitergaben, die Regeln der Gemeinschaft lehrten und sie durch einen Prozess führten, der sicherstellte, dass sie nach dieser Prüfungszeit wirklich erwachsen sein würden. Erst dann war die Gemeinschaft bereit, sie wieder aufzunehmen. Und die jungen Erwachsenen waren bereit, den Platz der Ältesten einzunehmen, wenn die Zeit reif war.

Für viele moderne Menschen klingen Begriffe wie 'Übergangsrituale' oder 'Kreis der Älteren' sehr fremd. Das klingt nach Steinzeit-Ritualen, bei denen junge Menschen verrückten Prüfungen ausgesetzt werden. Wie lässt sich dieses Vorurteil überwinden, damit die Weisheit dieser alten Traditionen uns auch heute nutzen kann?

●●●●●● *Steven Foster:* Da müssen wir gar nicht in die Steinzeit zurückkehren. Diese alten Methoden sind erst in den letzten paar hundert Jahren in Vergessenheit geraten. Natürlich geht es nicht darum, sie genauso wie früher zu praktizieren. Tatsache aber ist, dass die Erwachsenen immer öfter feststellen müssen, dass die Jugendlichen mehr und mehr außer Kontrolle geraten und sich darüber aufregen. Sie übersehen dabei, dass sich die Menschheit über Zehntausende von Jahren nur deshalb erhalten hat und ihre Kulturen weiterentwickeln konnte, weil sie über die entsprechenden Übergangs- und Initiationsrituale verfügte. Und es waren die Erwachsenen, die diese Rituale weitergaben. Sie halten nach wie vor den Schlüssel in ihren Händen. Deshalb denke ich, sie sollten sich ihrer Aufgabe besinnen und sich an die Arbeit machen, anstatt den Jugendlichen zu erlauben, sich selbst zu initiieren!

Was könnte die Ursache dafür sein, dass fast alle modernen Kulturen dieses Wissen verloren haben?

●●●●●●● *Steven Foster:* Darüber gibt es eine Menge Theorien. Eine der naheliegendsten stammt von einem Anthropologen namens Paul Shepard. Er ist der Meinung, dass der Zerfall dieser Riten schon begann, als wir aufhörten, als Jäger und Sammler zu leben. Also zu einer Zeit, in der die Menschen begannen, an einem festen Platz zu leben, anstatt herumzuziehen. Nomaden waren im Sommer in den Bergregionen, im Winter in den Tälern. Und während die Männer und Frauen herumzogen, mussten sie sicherstellen, dass ihre Kinder erwachsen werden konnten, damit sie ihren Platz so einnehmen konnten, dass die Gemeinschaft überlebt. Paul Shepard wies darauf hin, dass mit der Sesshaftigkeit auch die Besitztümer zunahmen. Dazu gehörte Vieh, Land, Saatgut und vieles mehr. Wir begannen damit, den Besitztümern mehr Aufmerksamkeit zu schenken als der Erhaltung der kulturellen Traditionen und des Stammes. Die jungen Menschen wurden gebraucht, um die Höfe zu schützen und zu bearbeiten. Damit gingen die Übergangsriten immer mehr zurück und die Probleme in den sozialen Gemeinschaften begannen.

Sind Übergangsriten heute vollständig ausgestorben?

●●●●●●● *Meredith Little*: Ich denke, wir haben immer noch Übergangsriten: Den Schulabschluss, Hochzeiten und manches andere. Aber wir haben den Kontext verloren, in dem sie ursprünglich standen und haben vergessen, sie mit Bedeutung aufzuladen. Viele der verbliebenen Übergangsriten scheinen den Menschen, die sie erlebt haben, hohl und unwichtig. Also geht es darum, diesen Zeremonien eine zeitgemäße Bedeutung zu geben.

In der modernen Welt herrscht die Überzeugung, dass die Psychologie eine westliche Wissenschaft ist, die vor rund 100 Jahren mit Siegmund Freud begann. Gab es tatsächlich vorher keine Psychologie? Oder war das entsprechende Wissen 'primitiv'?

●●●●●●● *Steven Foster*: Mit Sicherheit gab es schon viel früher eine Psychologie und ich weiß nicht, ob man sie primitiv nennen sollte. Seit jeher haben die Menschen gewusst, wie unerhört wichtig es ist, anzuerkennen, dass Menschen sich im Laufe ihres Lebens stufenweise verändern und diese Übergänge dann auch mit einem Ritual zu markieren. Das begann mit der Geburt, schloss den Übergang von der Kindheit zum Erwachsenwerden ein, die Heirat, Elternschaft, die mittleren Lebensjahre, den Eintritt in den Lebensabend und die Rolle des Ältesten, schließlich den Tod. All diese Abschnitte wurden in alten Zeiten mit verschiedenen Zeremonien gefeiert – als Durchgang, Kreuzweg, Veränderung, Schwelle – , um so einer neuen Lebensform mit neuen Rollen, Verantwortungen und Privilegien Raum zu geben. Sie vermittelten, wie sich jede dieser Lebensphasen von der anderen unterschied und wie wichtig für die menschliche Entwicklung der Übergang zwischen ihnen war. Es gab zahllose Lehrer zu allen Zeiten, die Legenden und Regeln weitergaben, in denen die Geschichte und Sitten enthalten waren. Und diese Legenden waren voller Psychologie. All diese Riten und Lehren hatten mit menschlicher Ganzheit zu tun und damit, wie man sie verwirklicht, auf dass die Gemeinschaft überleben konnte. Vieles davon haben wir mit der modernen Psychologie und der 'Entdeckung' des sogenannten Unterbewussten verloren. Dabei ist das menschliche Unterbewusstsein schon viel früher verstanden worden. Man hat es als die uns innewohnende 'Weisheit der Ahnen' begriffen. Und dieses Verständnis ist viel älter als Freud – ich würde sagen rund 50.000 Jahre älter.

Wie kam es zu dieser Spaltung psychologischen Wissens?

●●●●●● *Meredith Little*: Die moderne Psychologie entstand aus der Beobachtung von Menschen, die von der natürlichen Welt weitgehend abgetrennt waren. Die archaische Psychologie hatte demgegenüber rund um den Planeten die gleichen Grundprinzipien. Obwohl sich die Menschen unterschiedlicher Regionen wahrscheinlich nie begegnet sind, hatten sie alle ein sehr ähnliches psychologisches Verständnis über sich selbst, die Natur und die Ahnen. Diese Weisheit entstand aus einer sehr tiefen Beziehung zum Land.

Was war der kulturübergreifende Kern dieses Wissens?

●●●●●● *Steven Foster:* Im Mittelpunkt des Wissens der archaischen Menschen stand das Symbol des Kreises. Noch heutzutage teilen wir den Kreis beim Kompass oder der Uhr in vier Grundrichtungen. Schon in alten Zeiten hatte der Kreis wie der Kompass vier Richtungen. Diesen Kreis kann man auch als den Kreis des Selbst verstehen. Die vier 'Richtungen' einer Person schlossen auch die vier Grundrichtungen der Persönlichkeit oder die vier Grundrichtungen des Lebens mit ein. Diese Sicht war eng mit dem Geschehen in der natürlichen Welt verbunden. Die vier Himmelsrichtungen waren eng verbunden mit den vier Jahreszeiten: Sommer, Herbst, Winter und Frühling spiegelten für diese Menschen die menschliche Entwicklung und die unterschiedlichen Phasen ihres Verhaltens. Sommer wurde mit Kindheit und Jugend verbunden, Herbst mit der Pubertät und der Zeit der Initiation, Winter stand für das Erwachsensein, der gereiften *Persona*. Und nur die wirklich Erwachsenen waren in der Lage, für die harten Winter so vorzusorgen, dass die Gemeinschaft überlebte. Der Frühling schließlich, in dem alles neu erblüht, stand für den regenerativen Aspekt des menschlichen Lebens und der ganzen Natur. Der Sommer stand für das volle Leben, der Winter für die Strenge des Lebens. Der Herbst war der Übergang von der Fülle zur Strenge, während der Frühling den Übergang von der Strenge zur Fülle symbolisierte. Und man kann die gleiche Dynamik beim Menschen sehen. Das mag als eine 'primitive Psychologie' erscheinen. Aber wenn man wirklich untersucht, und besonders wenn man sich anschaut, wie die Medizinmänner und Medizinfrauen sogenannter 'primitiver' Kulturen heute noch damit arbeiten, dann begreift man, dass dieses Konzept dieses gevierteilten Kreises eine sehr hoch entwickelte Psychologie enthält.

Was könnte man nach diesem Konzept der vier Himmelsrichtungen über unsere Gegenwartskultur sagen?

●●●●●● *Meredith Little*: Grundlage dieser Sichtweise ist die Vorstellung, dass wir uns immer durch dieses Rad bewegen und zu gewissen Zeiten in der einen oder anderen Himmelsrichtung stecken bleiben. Aus dieser Perspektive könnte man sagen, dass das heutige Amerika im Süden fest steckt: Die Kultur ist geprägt von kindlichen Bedürfnissen, die unmittelbar befriedigt werden sollen. Es geht ums Gutaussehen, sofortige Bedürfnisbefriedigung, Spiel. Vielleicht hängt das damit zusammen, dass wir kaum Krieg in unserem Land erlebt haben.

Andere Länder, die Kriege unmittelbar erlebt haben, kennen den Westen, den Herbst des Lebens besser. Im Westschild, so wie wir es nennen, schauen wir nach Innen, sind selbstreflektiv, beschäftigen uns mit unseren Schatten, mit Schuld, Scham und Schmerz. Wir stellen uns selbst in Frage und gewinnen ein tiefes Verständnis für unsere Werte. Wenn man sich anschaut, in welchem Zustand unsere Welt heute ist, dann erscheint es sehr wichtig, dass sich unsere Kultur eben diesem dunklen Westschild stellt und damit beginnt, sich mit ihren Schatten zu beschäftigen – eben mit den Monstern, die ganz real sind, den Ängsten, dass wir nicht überleben, mit der Gewalt, die überall auf dem Planeten herrscht.

Wie gehen die Menschen mit der Verdrängung des 'Schattens' um?

●●●●●● *Meredith Little*: In Amerika wird das hauptsächlich von den Teenagern übernommen. Sie schreien uns ihren Schmerz und ihre Ängste entgegen und fordern uns auf, damit umzugehen. Aber die Kultur drückt sich davor. Sie behauptet: „Alles ist wunderbar, denkt positiv, lasst uns jetzt nicht über die schlechten Dinge reden! Das machen wir morgen." Und da müssen die Jugendlichen den Eindruck bekommen, dass sie mit ihren enormen Ängsten vor der Zukunft und dem absehbaren Desaster die Verrückten sind. Und so benehmen sie sich dann.

Also scheint die gesamte Kultur durch eine Art von Übergangsritual zum Erwachsensein gehen zu müssen. Dann ist das gar nicht nur eine individuelle Angelegenheit?

●●●●●● *Meredith Little*: Ganz genau. Und es gibt so viele Menschen, die in ihren 30ern, 40ern oder 50ern sind und zu uns kommen, um ihren Übergang zum Erwachsensein zu begehen. Einfach, weil man ihnen nie im Leben dazu Gelegenheit gegeben hat.

Aber die modernen Menschen leben ja meist völlig abgetrennt von der Natur. Können Übergangsriten diese Trennung von der Natur so einfach heilen?

●●●●●● *Steven Foster:* Nein, dieses Abgetrenntsein lässt sich nicht von jetzt auf gleich überwinden. Ich glaube, das dauert Jahre. Die typische Form des Übergangs, die wir anbieten, besteht darin, dass Menschen für vier Tage und Nächte fastend und allein in die Wildnis gehen. Wir haben immer wieder festgestellt, dass sie ein grundsätzlich neues Verständnis ihrer Beziehung zur Erde haben, wenn sie zurückkommen. Die Erfahrung bewirkt, dass sie sich der Erde zugehörig fühlen. Und ich bin mir sicher: Wenn wir die Chance hätten, jeden Menschen auf der Welt für drei oder vier Tage ohne Essen allein in die Wildnis zu schicken, um einfach nur dort zu sein, dann würden sich die Verhältnisse auf diesem Planeten enorm verändern.

Sie sprechen angesichts der Trennung zwischen Mensch und Natur von der 'großen Lüge' ...

●●●●●● *Steven Foster:* Ja, denn es scheint, als ob die moderne Kultur in den allermeisten Ländern der Erde nach wie vor an die Lüge glaubt, dass Mensch und Natur etwas Unterschiedliches seien. Entweder glaubt man daran, dass der Mensch wichtiger sei als die Natur und leitet daraus das Recht ab, sie nach Gutdünken auszuplündern. Oder man denkt einfach überhaupt nicht über diese Frage nach, weil man völlig in den Anforderungen der 'Zivilisation', ihrer Technologie und ihren Konsumgütern gefangen ist. Uns muss grundsätzlich klar werden: Ohne die Natur hätten wir auch keine Zivilisation. So einfach ist das! Man kann die hochentwickeltsten Produkte nehmen: Wenn man zurückverfolgt, woher sie kommen, landet man früher oder später immer bei der Natur.

Genauso beim Menschen: Es ist unzweifelhaft so, dass wir geboren werden und sterben, wie jedes andere Leben auf der Erde. Wir sind unauflösbar mit der Natur verbunden und für uns gelten die gleichen Regeln, wie für alle anderen Lebensformen. Es ist vollkommen lächerlich, dass wir so tun, als wäre das nicht so. Besonders, weil diese Ignoranz nicht nur zu einem immensen Leiden unter uns Menschen, sondern auch bei allen anderen Gattungen führt.

Man spricht ja in diesem Zusammenhang auch von der 'Entheiligung der Erde'. Wir vermuten das Göttliche ja eigentlich nur im Himmel ...

●●●●●●● *Meredith Little*: Das ist nur ein anderer Ausdruck dieser Spaltung. Man hat uns beigebracht, dass es einen Unterschied zwischen dem 'Heiligen' und dem 'Profanen' gibt. Damit vertiefen wir nicht nur die Spaltung zwischen Mensch und Natur, sondern auch den wahren Ausdruck unserer selbst. Wenn wir beispielsweise unseren Kirchenbesuch als etwas Heiliges ansehen, aber unser Leben zu Hause für profan halten und diese beiden Dinge damit voneinander trennen, dann werden die sozialen Gemeinschaften krank. Wenn wir aber lernen, das wunderschöne Profane an der Natur als etwas Heiliges zu sehen, beginnen wir, die natürliche Welt zu respektieren und in einem gesunden Verhältnis mit ihr zu leben. Wenn wir es aber trennen und die Natur für etwas Profanes halten, folgert daraus fast automatisch das Recht, sie nach dem Motto „Ich bin der Stärkere" auch zu kontrollieren. Und wir sehen ja, was dabei herauskommt: Wir missbrauchen und verschmutzen nicht nur unser Land, sondern auch unsere spirituelle Gesundheit. Dabei brauchen wir beides, um ganze und gesunde Menschen zu sein.

Alle Übergangsriten haben als Grundmuster eine Phase der Einsamkeit, bei der die Initianten die Gemeinschaft verlassen. Was passiert psychologisch, wenn der Mensch allein in die Wildnis geht?

●●●●●●● *Steven Foster*: Dazu kann man eine alte Geschichte erzählen. Und wenn ich sie zitiere, wird jeder, der sie hört, sagen: 'Ja, diese Geschichte kenne ich!' Manche Leute wundern sich vielleicht, sie zu kennen, obwohl sie sie noch nie gehört haben. Aber sie haben sie schon oft durch die Botschaften dessen gehört, was C.G. Jung das 'kollektive Unbewusste' nennt. Es ist die Weisheit unserer Ahnen. Die Geschichte geht so: „Es gibt Zeiten in deinem Leben, da ist es nötig, alles hinter dir zu lassen. Zeit, hinauszugehen und mit Gott alleine zu sein, mit der Natur und ihren Wesen. Und an diesem einsamen Platz ist der Held oder die Heldin, der Suchende oder Pilger allein mit den Wesen der Natur. Und an diesem einsamen Ort geht der Mensch auf Innenschau, erhält wie ein Geschenk Antworten, Klarheit, eine Vision, die er mit zurücknimmt zu seiner Gemeinschaft, auf dass sie weiter bestehen kann und blüht und damit das Leben weitergeht." Wenn es diese alte Geschichte nicht im menschlichen Bewusstsein gegeben hätte, dann wären wir wahrscheinlich schon lange von diesem Planeten verschwunden.

Das klingt wie das Grundmuster aller Märchen und Legenden! Ist das so?

●●●●●● *Steven Foster:* Ganz ohne Zweifel. In den alten Legenden ist es meist ein Kind, ein junger Mann oder eine junge Frau, die in den Wald gehen, die Orientierung verlieren und dort draußen im dunklen Wald der bösen Hexe begegnen oder irgendetwas, was verhext wurde, oder sie werden selbst verhext. Sie müssen das Puzzle ihres Lebens neu zusammensetzen, ein Rätsel lösen, dessen Lösung ein Leben voll innerem und materiellem Wohlstand ist. Und geht die Geschichte immer gut aus? Selbstverständlich! Denn am Ende einer solchen Geschichte ist das Neue da, das menschliche Bewusstsein und die Achtsamkeit sind wie aufgefrischt. Es sind immer Geschichten von einem Gewinn an Reichtum. Es gibt zahllose Märchen und Legenden, die eigentlich immer wieder dieselbe Geschichte erzählen: Immer geht es zunächst um eine Ablösung von der gewohnten Welt. Dann kommt eine Zeit der Prüfungen, die fast immer in der Natur stattfinden und bei denen es zu einem Kampf zwischen dieser verirrten Person und irgendwelchen dunklen Kräften kommt, die man auch 'Zweifel' oder 'Angst' nennen kann. Am Ende dieses Kampfes steht immer eine Regeneration, eine Art Wiedergeburt, eine Erneuerung des Lebens. Meiner Ansicht nach beschreibt diese Geschichte den Weg durch das Rad des Lebens. Man beginnt den Weg als Kind und dann verirrt man sich in dem heiligen Übergang, der zum Erwachsensein führt. Und aus dem Erwachsensein erwächst im Alter die Einsicht und Erneuerung, im besten Fall die Erleuchtung.

Heißt das, man kann sich Übergangsriten aus dem alten Griechenland, den Indianern oder alten Asiaten nehmen und trifft überall auf das gleiche Muster?

●●●●●● *Meredith Little*: Joseph Campell nannte das den 'Monomythos'. Er entdeckte dieses Grundmuster in vielen unterschiedlichen Kulturen, die nie miteinander Kontakt hatten. Dieses Muster scheint in unserer Natur angelegt zu sein. Irgendetwas in unserer Psyche scheint dieses Muster als Grundlage für seelisches Wachstum zu brauchen. Deshalb finden wir den Monomythos in den Märchen und Mythologien, in den Zeremonien und Geschichten aus aller Welt.

In all diesen Geschichten gehen die Menschen über eine Schwelle und begegnen Angst oder Unsicherheit. Was passiert heute, wenn jemand alleine hinausgeht?

●●●●●● *Steven Foster:* Wir untersuchen die Beziehung zwischen Mensch und Natur jetzt schon sehr viele Jahre und sind dabei zu der Überzeugung gekommen, dass die Natur ein Spiegel der menschlichen Seele ist. Da gibt es für uns überhaupt keinen Zweifel. Und es lässt sich ja auch am Zustand der heutigen Welt ablesen. Die verbreitete Verachtung gegenüber dem Natürlichen spiegelt sich im Zustand der Welt. Wir sehen ja den ganzen Müll und die Verwundung der Natur. Was wir mit dieser Erkenntnis machen, ist folgendes: Wir schicken die Menschen, die zu uns kommen, allein und ohne die Ablenkung durch Essen und menschliche Kommunikation an einen wunderschönen Platz in der Natur. Und in diesem Zustand des Rückzugs passiert eine Art wechselseitiger Prozess zwischen dem Menschen und der natürlichen Welt.

Wie ist dieser wechselseitige Prozess zu verstehen?

●●●●●● *Steven Foster:* Ich kann da nur ein Beispiel geben, um eine Ahnung von der Komplexität dieses Prozesses zu vermitteln. Ein Mann, der von seinem Leben zutiefst enttäuscht ist, geht allein hinaus. In der Einsamkeit erkennt er, dass die ganze natürliche Welt voller Ebenbilder dessen ist, was in seinem Bewusstsein stattfindet. Gerade bei depressiven Menschen, die in die Wildnis gehen, wird das sehr deutlich. Weil die Natur ihnen das reflektiert, was in ihnen ist, sind das, was sie dort draußen sehen, eben deprimierende Bilder. Nachdem sie eine Zeitlang in diesem depressiven Zustand sind und sich von Symbolen des Zerfalls, des Stillstands oder des Todes umgeben sehen, passiert zwischen dem menschlichen Bewusstsein und der natürlichen Welt eine Art Synthese oder wechselseitiger Prozess des Wandels. Die Psyche erkennt den natürlichen Rhythmus der Veränderung, die Wiederkehr des Lichts am Morgen, das Dunkelwerden am Abend, wenn im Westen die Sonne verschwindet, das Aufscheinen der Sterne, den erneuten Morgen, das Kommen und Gehen der Tiere. Und in dieser wunderbaren Mischung aus menschlichem Bewusstsein und Natur entstehen neue Bilder und Lebensmuster, ganz ohne dass irgendwer von außen therapeutisch dabei hilft. Es passiert einfach dort an diesem Platz, wo Mensch und Natur eins sind. Es entstehen innere Bilder der Erneuerung, die dem Menschen Antworten geben und die Dunkelheit seines bisherigen depressiven Lebens erhellen. Und es tauchen neue Fragen auf: „Was kann ich tun mit meinem Leben?" oder besser noch „Wie kann ich lieben?" Und es ist wirklich so – egal wie depressiv sie hinausgehen, sie kehren immer mit einer großen Liebe zu den Menschen zurück.

Ist das ein rationaler oder eher magischer Prozess?

●●●●●● *Steven Foster:* Das ist eine gute Frage. Ich glaube, für die 'primitiven' Kulturen war es Magie. Für uns, die wir im Westen aufgewachsen sind, mag es ein 'psychologisches Phänomen' sein. Je länger wir diesen Prozess beobachten, desto mehr nähern wir uns allerdings der 'primitiven' Überzeugung an, dass es etwas Magisches ist, was da passiert. Es hängt davon ab, wie man diesen Begriff der Magie definiert. Das muss ja nicht immer bedeuten, dass es wie in dieser alten Fernsehserie plötzlich 'Pffft' macht und mitten in einer Wolke steht die 'Bezaubernde Jeannie'. Ich glaube, Magie ist etwas ganz anderes. Magie hat etwas zu tun mit unserer zellulären Struktur, mit unseren Knochen und Nervenbahnen, mit Fleisch und Blut. Dass es etwas zu tun hat mit dem Prozess, bei dem aus sinnlicher Erfahrung erst Erinnerung, dann Gedachtes, dann Einsicht und schließlich so etwas wie Erleuchtung wird. Das ist ein magischer Prozess, über dessen Ablauf wir auch wissenschaftlich so gut wie nichts wissen. Alles, was man dazu sagen kann, ist, dass er eine biologische, eine physiologische und psychologische Grundlage hat, die wir zweifellos erleben und beobachten können.

Wie kommt es zu diesem Wandlungsprozess in der Wildnis?

●●●●●● *Meredith Little*: Wandel kann ein Ergebnis sein. In der Einsamkeit erhöht sich die Chance zu erkennen, was in unserem Leben wirklich wichtig ist. Wir bekommen Klarheit über unsere wirklichen Werte und das, was uns tatsächlich ruft. Diese Klarheit kann den Wandel anstoßen. Wir kehren nach Hause zurück und legen den Fokus auf das wirklich Wichtige – und das kann zu enormem Wandel führen. Außerdem hilft so ein Übergangsritus unserer Psyche dabei, anzuerkennen, dass eine neue Lebensphase begonnen hat. Wenn so ein Wandel rituell markiert und bestätigt ist, dann kann sich das ganze System bewusst und unbewusst drehen und uns in ein neues und bedeutungsvolleres Leben führen. Dabei ist das Ergebnis einer solchen Zeremonie nicht notwendigerweise ein einfacheres, immer aber ein bedeutungsvolleres Leben.

Wo liegt der Unterschied zwischen dieser Arbeit und der Psychotherapie? Ist letzteres ein individueller Prozess, während Übergangsriten eher ein sozialer Prozess sind, der der Gemeinschaft dient?

●●●●●●● *Meredith Little*: Unsere Vorfahren haben das sicher so gesehen, dass man nicht nur für sich selbst hinausgeht in die Wildnis, sondern für die Gemeinschaft. In dem Sinn, dass man sich selbst stärkt und dieses Potential der Gemeinschaft nutzt, in die man zurückkehrt. Ein anderer Unterschied zur Psychotherapie besteht darin, dass in den Therapien sehr viel geredet wird, wodurch Prozesse intellektuell bewusst gemacht werden. Demgegenüber ist ein Übergangsritual eine ganzkörperliche Erfahrung, die uns – oft ohne die mühsame Aufarbeitung und Veränderung unserer traumatischen Wunden – bewusst oder unbewusst zu einer neuen Wahrnehmung unseres Lebens bringt. Damit möchte ich die Therapie gar nicht abwerten. Das ist ein wichtiges Werkzeug in unserer Kultur. Aber es reicht allein nicht aus. Es gibt einfach etwas in der menschlichen Psyche, das verlangt, dass wir einen Wandel, eine Heilung oder einen neuen Schritt im Leben formal markieren und bestätigen. Wir erleben das immer wieder, dass Menschen zu uns kommen die schon Jahre psychotherapeutischer Behandlung hinter sich haben und über ein enormes Wissen über sich verfügen, ohne dass es wirklich wirkt. Dann gehen sie hinaus und markieren auf oft einfachste Weise die neuen Einsichten, zu denen sie in der Therapie gekommen sind – und plötzlich wandelt sich ihr Leben!

Diese Erfahrung läuft bei uns unter dem Begriff der 'Visionssuche'. Wie ist dieser enorm vielfältige Begriff der 'Vision' zu verstehen?

●●●●●●● *Steven Foster:* Der Begriff hat wirklich eine enorme Spannbreite. Meistens wird er im Zusammenhang mit religiösen und spirituellen Erkenntnissen benutzt, wie sie die Heiligen und die Erlöser unserer Tradition hatten. Aber auch die Visionen von Heiligen vieler anderer Religionen lassen sich auf eine Zeit des Fastens und der Einsamkeit in der Wüste zurückführen. Diese Visionen vermittelten immer wichtige Werte für die Erhaltung der jeweiligen Kulturen. Aber sie waren nutzlos, solange sie nicht umgesetzt und vorgemacht wurden. Nur wenn das geschah, konnte die Gemeinschaft etwas erkennen und glauben, was die Leben und die soziale Struktur der Gemeinschaften änderte. Diese Visionen waren mehr als eine persönliche Einsicht. Solche 'persönliche Visionen' hatten doch viele von uns in den 60er Jahren, als wir alle möglichen Pillen wie LSD schluckten. Da hatte ich auch 'Visionen'. Aber solange sie nicht zu einer sichtbaren Veränderung des Lebens führen, haben sie keinen Wert und sind nur eine Art spirituelle Selbstbefriedigung. Vision ist für uns also etwas, was man aus der Wildnis mitbringt und in der Gemeinschaft umsetzt. Das ist harte Arbeit. Wer seine Wahrheit lebt, stößt auch den Wandel in seiner Gemeinschaft an. Das geschieht nicht auf Knopfdruck, macht Mühe und dauert lang. Die Überlieferungen berichten uns nichts anderes. Keiner der Heiligen kam vom Berg herunter und alle glaubten ihm. Es war vielmehr eine Lebensaufgabe, es umzusetzen und glaubhaft zu machen.

Diese ganze Zeremonie vollzieht sich als Ritual, in das der Mensch eintritt. Wie wird dieser rituelle Raum betreten?

●●●●●●● *Steven Foster:* Unsere Vorfahren haben immer zwischen dem Leben innerhalb des Dorfes und dem Leben, welches während der Initiation erfahren wird, unterschieden. Letzteres galt als heilig, ganz so wie bei uns der Raum der Kirche. Man kann das wirklich vergleichen mit der Schwelle, die wir übertreten, wenn wir, von der Straße kommend, in eine Kirche eintreten. Man öffnet die Tür, das Licht fällt durch die Bleiglasfenster, die Orgeltöne füllen das Kirchenschiff und wir bekommen das Gefühl, hier vielleicht Gott begegnen zu können. In den alten Zeiten wurde genau die gleiche Schwelle in dem Moment übertreten, als man für einen heiligen Ritus allein in die Natur ging. Immer gab es markierte und abgetrennte Bereiche, die als heilig galten und Schauplatz der Initiationen waren. Wer das Dorf verließ, die Schwelle überschritt und alleine nach draußen ging, verbrachte eine wichtige Zeit mit Gott, den 'Spirits', der Göttin, dem Allmächtigen, dem Schöpfer der natürlichen Welt. Alles, was in dieser Zeit passierte, galt als heilig. Die Initianten konnten auf- und abspringen oder sich auf den Kopf stellen – alles, was sie taten, war heilig. Über Tausende von Jahren wurden so jene, die hinausgingen, 'geheiligt'. Und wer mit diesem heiligen Glanz in den Augen zurückkehrte, brachte die heilige Wahrheit mit ins Dorf zurück, von der alle profitieren konnten. Wir müssen uns an diese alte Wahrnehmung einer heiligen Welt erinnern und den Menschen helfen, sie wahrzunehmen. Und für uns besteht der Weg darin, sie ohne Essen und Begleitung in die Kathedrale der Natur zu schicken. Ihre Gebete und Einsichten dürften die gleichen sein, wie die unserer Ahnen vor vielen tausend Jahren.

Welche Rolle spielte die Begleitung der Initianten?

●●●●●●● *Steven Foster:* Dafür waren immer die Ältesten, die Weisesten und Erfahrensten verantwortlich. Sie schufen den Rahmen für diese Erfahrung und wachten über den sicheren Verlauf. Sie empfingen die Rückkehrer, die wie neu geboren aus der Wildnis zurückkamen. Ihre Aufgabe war die von Hebammen. Und dann hörten sie sich die Geschichten der 'Neugeborenen' an, halfen ihnen, ihre Erfahrungen zu verstehen und forderten sie auf, sie im Leben umzusetzen. Das ist eine Rolle, die unsere Alten heute nicht mehr wahrnehmen.

Welche Rolle spielte das 'Wissen der Wildnis' für die Gemeinschaft?

●●●●●●● *Meredith Little*: Das Anhören der Geschichten, welche die Menschen aus dem heiligen Raum und der heiligen Zeit zurückbrachten, war für das Individuum genauso wichtig wie für die Gemeinschaft. Die Geschichten waren für die Gemeinschaften wie Nahrung. Sie brauchten sie, denn das Erzählte galt als Möglichkeit, auf diese Weise etwas von Gott oder den 'Spirits' zu erfahren. Den Geschichten derjenigen zu lauschen, die in der Wildnis gewesen waren, bedeutete, aus dieser Sphäre Informationen darüber zu erhalten, wie man ein gesundes, ganzes Leben führt. Die Ältesten hörten die Geschichte, identifizierten die Geschenke, die sie enthielt und erläuterten sie den Initianten und der anwesenden Gemeinschaft. Sie bestätigten, dass der Initiant eine neue Phase seines Lebens erreicht hatte. Dann konnte die Gemeinschaft demjenigen auch den Platz einräumen, der ihm in der neuen Rolle gebührte.

Steven Foster & Meredith Little

Welchen Wert kann eine Initiation heute noch haben, wo die Gemeinschaften ganz anders organisiert sind?

●●●●●● *Steven Foster:* Tatsächlich vermitteln die Bruchstücke von Initiationen, die es heute noch gibt, oft nur noch Informationen, die für die heutige Welt wenig relevant sind. Es war aber immer die Aufgabe von Übergangsriten, genau jene Qualitäten bei jedem einzelnen Individuum zu stärken, die für die Gesundheit und das Überleben der Gemeinschaften wichtig waren. Wir müssen uns also heute fragen: Welche Fähigkeiten könnten mit Übergangsriten beim modernen Menschen geweckt und gestärkt werden, die der heutigen Welt nutzen?

●●●●●● *Meredith Little*: Wir sind der Meinung, dass der moderne Mensch darin unterstützt werden muss, die Verantwortung für seine eigene Lebensaufgabe wieder zu gewinnen, seine eigenen Werte zu entwickeln und zu seiner eigenen Kraft zu finden. Wer seine eigene Kraft heute in die Hände irgendeines Gurus gibt, der behauptet, es gäbe nur einen Weg zu Gott oder zur Erleuchtung, der dient der Welt nicht. Wir verstehen unsere Rolle als Begleiter anders. Wenn Menschen zu uns kommen, machen wir ihnen klar, dass wir weder Gurus sind noch Priester oder Medizinleute und erst recht keine Schamanen. Wir sind nichts weiter als Hebammen. Unsere Aufgabe besteht darin, den Menschen, die hinausgehen, einen sicheren Rahmen zu bieten. Wir unterstützen sie dabei, Klarheit zu gewinnen, welche Veränderung in ihrem Leben sie bestätigen wollen. Wir bieten den Raum für ihre ureigene Erfahrung, empfangen sie nach ihrer Rückkehr und lauschen ihrer Geschichte. Aber es geht um *ihre* Geschichte und *ihre* Fähigkeit, Kontakt mit dem größeren Ganzen aufzunehmen, mit *ihrer* eigenen Sehnsucht und *ihrem* persönlichen Mythos. Es gibt heute viel zu viele Leute, die sich als Schamanen bezeichnen und den Menschen mit engen Ideologien Kraft nehmen, anstatt ihnen dabei zu helfen, sie zurückzugewinnen. Wir schicken sie hinaus in die Natur, damit sie erkennen, dass sie selbst die Fähigkeit haben, ihrem Leben Sinn zu geben und herausfinden, was es heißt, ihrem eigenen Ruf zu folgen. Ich glaube, es war Martin Luther, der einmal gesagt hat: „Es gibt keine Mittler zwischen Mensch und Gott." Das erscheint uns als eine tiefe Wahrheit.

"Anima Mundi"
Denken wie ein Berg

Im Gespräch mit dem Archäologen
und Bewusstseinsforscher Paul Devereux

Paul Devereux, Sie haben als Archäologe mit ungewöhnlichen Bewusstseinszuständen experimentiert und dabei Standorte prähistorischer Kultbauten aufspüren können. Wie war das möglich?

●●●●●●● Das Experiment bestand darin, heilige Natur-Plätze alter Kulturen aufzusuchen und mit ihnen in Beziehung zu treten. Wir begannen mit der Anlage von Aveboury in Südengland, die nicht weit von Stonehenge entfernt, aber viel größer ist. Wir wollten herausfinden, ob es möglich ist, mit der physischen Landschaft buchstäblich zu kommunizieren. Um das möglich zu machen, muss man sich in einen anderen Bewusstseinszustand versetzen, in eine andere geistige Haltung. Und wir hatten Erfolg damit. Wir fanden Dinge in dieser und über diese Landschaft heraus, die heute zum archäologischen Grundlagenwissen gehören und angewandt werden – es waren Dinge, die uns die Landschaft 'mitteilte'.

Wie funktioniert diese Kommunikation zwischen Mensch und Landschaft?

●●●●●●● Ich kann das am Beispiel von Aveboury erklären, einem Ort, den ich in den letzten 20 Jahren sehr häufig aufgesucht habe. Man findet dort eine natürliche Landschaft mit sehr vielen alten Monumenten, die vor vier- bis fünftausend Jahren errichtet wurden und völlig in diese Landschaft integriert sind. Landschaft und Monumente erscheinen dort fast wie miteinander verheiratet. Ich habe herumprobiert. Ich hatte das Gefühl, dass es in dieser perfekt erhaltenen neolithischen Landschaft möglich sein müsse, so ein Verständnis zu entwickeln, wie es die Menschen in diesen Kulturen hatten. Und es dauerte trotzdem viele Jahre. Den Prozess kann man sich vielleicht so vorstellen: Wenn man sich auf diese Art mit der Landschaft aus-

Dr. **Paul Devereux** wurde 1947 in Leicester, England geboren. Nach interdisziplinären Studien gab er für 20 Jahre die Zeitschrift 'The Ley Hunter' heraus, die sich der wiederentdeckten Wissenschaft der Geomantie widmete. Seitdem beschäftigt er sich mit zahlreichen fächerübergreifenden Themen rund um die Archäologie und Bewusstseinsforschung, ist aber auch als Künstler und Photograph tätig. Als Begründer und Direktor des 'Dragon Project Trust' erforschte er zahlreiche alte heilige Plätze in England und experimentierte in seiner archäologischen Arbeit mit außergewöhnlichen Bewusstseinszuständen. Neben seiner journalistischen und publizistischen Arbeit – er beteiligte sich an der Veröffentlichung von über 30 Büchern – arbeitet er als geomantischer Berater, Seminarleiter und Vortragsredner. Auf Deutsch erschien zuletzt „Die Seele der Erde entdecken" (2001).

einandersetzen will, muss man zunächst sehr still werden, horchen und schauen und wirklich bereit sein, Informationen aufzunehmen, anstatt sie die ganze Zeit zu interpretieren. Nach einiger Zeit entsteht dann eine Empfindung, dass man an einem kommunikativen Prozess teilhat, der sich nicht genau beschreiben lässt. Es ist unterhalb der sprachlichen Ebene. Aber je weiter man sich einlässt, je wacher man wird für diese ungewöhnliche Beziehung zur Landschaft, die für uns Westler so fremd ist, desto mehr beginnt man, Dinge zu lernen, desto mehr beginnen die Augen, die Aufmerksamkeit auf bestimmte Dinge zu lenken, und man beginnt – wie bei Puzzlesteinen –, visuelle Informationen stückchenweise zu erkennen. Mir ist es einmal passiert, dass ich an einem bestimmten Platz, auf den ich mich eingestimmt hatte, sogar Stimmen halluzinierte. Da wurde diese Information in meinem Kopf also tatsächlich in Sprache umgesetzt. Und am Ende lernten meine Kollegen und ich eine Menge darüber, wo, wie und warum diese Monumente in die Landschaft gesetzt worden waren. Einige der großen Geheimnisse dieser prähistorischen Anlage konnten gelüftet werden. Aber eben nicht durch meine Interpretation, sondern durch die Informationen, welche die Landschaft uns gab. In den letzten Jahren ist diese Information dann wieder in die akademische Sprache übersetzt worden und zum Bestandteil der archäologischen Literatur geworden. Studenten, die das jetzt in irgendeinem Grundlagenkurs für Archäologie lesen, haben natürlich keine Ahnung, dass dieses Wissen uns der Ort und die Landschaft selbst gaben.

Also ist Kommunikation auch eine Metapher für den Informationsaustausch zwischen physischer Außenwelt und psychischer Innenwelt?

●●●●●●● Das ist nicht nur eine simple, poetische Idee, keine Metapher, wie wir sie aus der Dichtung kennen. Ich spreche wirklich von einem kommunikativen Prozess. Wir Westler müssen da erst einmal einen Unglauben überwinden: „Mit der Landschaft reden? Landschaft ist etwas lebloses und geistloses! Wir sind die einzigen mit Bewusstsein!" Aber meine Erfahrung und all das Wissen über die Wahrnehmung in traditionellen Kulturen zeigen mir, dass es einen Weg gibt, Umwelt und Natur so gegenüberzutreten, als hätte sie Geist, als wäre sie intelligent und als könnten wir interagieren. Unsere gegenwärtige Kultur schließt das einfach aus, erklärt die Natur für tot und erschafft damit ihre eigene Wirklichkeit. Kultur ist ja nichts anderes als die äußere Form dessen, was Menschen für wahr halten. Und wir haben uns auf eine bestimmte Illusion geeinigt. Und die westliche Version schließt den Kontakt mit der Natur eben weitgehend aus.

Also gibt es jenseits des rationalen Bewusstseins unserer Kultur Formen der Kontaktaufnahme mit der Natur, die wir verloren haben?

●●●●●●● Ja! In Herz und Seele können wir das fühlen. Heute ist es so, dass immer mehr Menschen diese Trips in die Wildnis machen wollen. Sie wollen irgendwie in Kontakt sein mit der Natur. Es gibt da eine enorme Sehnsucht. Wir haben eine ökologische Bewegung, sprechen von Tiefenökologie und anderem mehr. Worum es da geht, ist, dass wir nach einer innigen Beziehung zur Natur suchen. Aber wir haben die Sprache und die Denkformen dafür völlig verlernt. Deshalb ist es so enorm wichtig, eine Sprache wiederzuentdecken, die uns daran erinnert, wie wir uns mit der Natur in Beziehung setzen könnten. Denn wenn wir das tun, wird diese Form von Beziehung grundsätzlich anders sein, als alle Formen, die uns vertraut sind.

Paul Devereux

Ist diese Form der Beziehung lernbar?

●●●●●●● Der erste Schritt besteht darin, aufnahmebereit in die Natur zu gehen. Suchen Sie sich einen Platz, der so wild ist, wie es nur geht, oder zumindest einen Platz, an dem die Menschen alter Kulturen ihre Monumente hinterließen. Denn so etwas kann wie ein Schlüssel zur Landschaft wirken. Dann sitzt man dort, so still wie möglich. Man beobachtet, man geht herum. Alles, was man tun kann, ist offen zu sein. Dann taucht vielleicht ein visueller Anhaltspunkt auf: Sie beginnen Verbindungen in der Landschaft zu sehen, die bislang verborgen waren, vielleicht hören Sie bestimmte Sachen, vielleicht denken Sie auch bestimmte Sachen, die Sie gewöhnlich nicht denken. Und Stück für Stück entsteht das Gefühl, dass es da etwas gibt, was mit Ihnen kommuniziert. Aber es ist eine völlig andere Form von Geist. Es ist buchstäblich die Natur selbst.

Aber in unserem Verständnis kann Kommunikation doch nur zwischen bewussten Individuen stattfinden ...

●●●●●●● Es ist eher so, dass die Beziehung zwischen der Natur außerhalb von uns und der Natur in uns, dieser Wildnis des Unbewussten, noch sehr unerforscht ist. Die Grundmuster, die wir in unserer westlichen Kultur wahrnehmen, prägen unser Wachbewusstsein und haben die Grenzen unseres Ich-Bewusstseins mehr und mehr verhärtet. Wir haben in unserer kulturellen Wahrnehmung immer weniger zarte oder poetische Gefühle für die Natur. Und je mehr sich unser Bewusstsein zu dem verhärtete, was wir heute Realität nennen, desto mehr hat diese Wahrnehmung auch unsere kulturelle Identität geprägt, unseren Umgang mit dem Land, unsere Erfindung von Grenzen, von Abgrenzung zur Natur oder von Landbesitz. Diese Entwicklung von Wahrnehmung ist tatsächlich ablesbar in der Form unserer Landnutzung: Sie spiegelt den Zustand unseres Geistes, der unsere heutige Kultur erst geschaffen hat.

Wie hängen denn Landschaft und menschliches Bewusstsein dann Ihrer Meinung nach zusammen?

●●●●●●● Es gibt so etwas wie einen Abdruck der äußeren Natur auf die Struktur unseres inneren Bewusstseins. Diese beiden Dinge – innen und außen – hängen sehr eng zusammen. Wenn wir uns also wieder in die Natur begeben, in die Wildnis gehen, machen wir gleichzeitig eine Reise in unsere geistige Innenwelt. Denn das Bewusstsein in unseren Köpfen und die physische Natur sind ja aufs Engste miteinander verbunden. Und es scheint so, als ob – um es einfach auszudrücken – unsere Vorfahren diesen Zusammenhang besser verstanden haben, als wir das heute tun. Wir denken: Wir haben unsere Gehirne hier in uns drin und draußen ist die tote, unbewusste Natur. Aber das ist nur die Sichtweise unserer Kultur. Und unsere Kultur ist sogar die einzige Kultur, die sich darauf so versteift hat. Alle anderen Kulturen haben in den unterschiedlichsten Phasen ihrer Entwicklung an ein viel größeres Maß von Durchlässigkeit zwischen Geist, Bewusstsein und der äußeren Natur geglaubt.

In was für einer Beziehung stehen Kultur und Landschaft zueinander?

●●●●●●● Kultur ist so etwas wie eine kollektive geistige Struktur, die eine Gruppe entwickelt hat. In einer Stammeskultur, die klein ist und sehr abhängig von ihrer natürlichen Umwelt, entwickelt sich Kultur als ein Konsens: Man einigt sich auf einen bestimmten Gott, bestimmte Rituale, eine festgelegte Organisation des Dorfes, auf ein Glaubenssystem. Das ist Kultur. Wenn das eine kleine Gesellschaft ist, ein Stamm, der im Regenwald lebt, dann wird diese Kultur in enger Beziehung stehen zur umgebenden Natur. Unsere Gegenwartskultur hingegen ist riesig und wir sind längst so etwas wie ein globaler Stamm. Wir sind sehr komplex strukturiert, mit Milliarden von Menschen, wenn man die westlich beeinflussten Kulturen zusammenzählt. Und wir haben uns in hohem Maße von der Natur entfernt. Wir gehen nicht mehr raus in die Wälder und sie sind auch nicht mehr vor der Tür. Der Wald, der uns heute umgibt, ist der gesamte Planet. Also müssen wir intensiv andere Formen von Wahrnehmung und Verständnis entwickeln, um aus dieser Kultur herauszukommen.

Warum sollte dieser Ausbruch nötig sein?

●●●●●● Unsere gegenwärtige Kultur existiert wie unter einer Käseglocke, sie ist eine Luftspiegelung. So, als lebten wir auf der Mondbasis, umgeben von einer lebensfeindlichen Welt. Aber wir haben diese geistige Käseglocke über unsere Kultur gestülpt, als ob wir auf einem feindlichen Planeten leben würden. Und konsequenter Weise nimmt deshalb unsere Beziehung zur natürlichen Welt dort draußen immer mehr ab. Deshalb kommt es auch dazu, dass wir falsch mit dieser Welt umgehen. Ganz nach dem Motto: „Lasst uns hier ein bisschen Uran abbauen, da einen Berg schleifen, hier das Öl hochpumpen oder diese Mineralien dort auswaschen." Manche unserer Technologien und manche unserer Verhaltensweisen sind schlicht ungeeignet für unser Überleben auf diesem Planeten. Wir vergessen ständig die enormen Folgen, die unsere Kultur für den Planeten als Ganzes hat. Also müssen wir diese Kultur neu gestalten!

Also plädieren Sie für eine neue Sicht der Welt, für einen größeren Rahmen des Weltbildes?

●●●●●● Ich rede nicht von Weltbildern. Es ist keine Metapher. Ich spreche von einem praktischen Prozess. Aber wir müssen den Ablauf dieses Prozesses neu erlernen, ihn viel besser verstehen. Natürlich werden wir nicht wieder in Stammeskulturen oder wie die Nomaden leben. Diese Lebensform ist ausgestorben und ihre letzten Reste verschwinden gerade von diesem Planeten. Wir haben nur unsere gegenwärtige Kultur. Aber gerade deshalb sollten wir manche dieser früheren Formen der Wahrnehmung von Landschaft und Beziehung zur Natur wiederentdecken, um sie für uns und unsere Zeit zu nutzen. Diese Wiederentdeckung hat begonnen, auch wenn sie noch am Anfang steht.

Neue Physik, Chaostheorie und Kosmologie sprechen alle von einem entstehenden organischen Weltbild. Wie würden Sie die Beziehung zwischen uns Menschen und so einem organischen Universum beschreiben?

●●●●●● Wenn wir mit diesem Planeten so direkt in Beziehung treten können, dann sind wir auch in Beziehung mit dem Ganzen und Teil einer universellen Ökologie. Wir befinden uns auf der terrestrischen Ebene, aber die Erde bewegt sich in einem größeren System, die Sonne und die Sterne in einem noch größeren. Diese Systeme sind alle verbunden und durchdringen sich gegenseitig. Wenn wir mit einer Ebene verbunden sind, sind wir mit allen verbunden. Unser Problem ist, dass unsere Kultur an überhaupt nichts angeschlossen ist. Also müssen wir Wege finden, um diese Verbindung wieder herzustellen, eine Verbindung zur physischen Natur. Unsere Vorfahren hatten dafür einen sehr schönen Begriff: „Anima Mundi", die Welt-Seele. Wir müssen wieder lernen, was Seele eigentlich heißt. Das ist kein Gespenst, was irgendwo rumschwebt. Nein! Es bezeichnet eine Umwelt, in der sowohl die physische Welt, als auch die mentale Welt des Geistes zu einer interagierenden, organischen Form werden.

Wenn Menschen nach wie vor Plätze besuchen, die faszinierend sind oder eine magische Anziehungskraft haben, dann scheinen wir ja den Sinn für diese Wahrnehmung noch nicht ganz verloren zu haben. Ist dann der Tourismus ein Zeichen dafür, dass wir die seelische Qualität von Natur zwar erleben, aber anders bewerten?

●●●●●● Touristische Marktforschung hat ergeben, dass Reisen zu den kulturellen Plätzen früherer Kulturen zu den Hauptmotiven aller Touristen gehören. Wir wollen Tempel sehen, alte Städte oder Monumente. Immer mehr Menschen wollen das. Sie haben Recht: es ist kein bewusst artikuliertes Bedürfnis. Aber es ist ein Grundbedürfnis nach Kontakt mit dem eigenen Fundament in Natur und Kultur. Ein Bedürfnis, etwas zu berühren, was älter ist, als wir es sind, was aus einer anderen Welt kam, die mehr mit der Natur verbunden war, die wir aus unserem Leben ausgeschlossen haben. Und wohin gehen wir, wenn wir alte Tempel und Steine berühren wollen? Meistens in die wilden Plätze dieser Welt! Bei uns in England in die Hochmoore, woanders in die wilden Ebenen, in die Berge, in die Wüsten. Das ist sicherlich nichts Bewusstes. Aber es ist ein tiefes menschliches Bedürfnis. Es ist ein Weg der Kontaktaufnahme. Denn der Tourismus bringt seine eigenen Probleme. Aber er ist ein hoffnungsvolles Zeichen dafür, dass unsere Kultur diese Sehnsucht noch nicht getötet hat. Da ist immer noch dieses unartikulierte Bedürfnis, zu etwas zurückzukehren, was wir verloren haben. So wie ein Mensch mit Gedächtnisschwund, der versucht, sich zu erinnern.

Ihre Art, die Welt zu sehen, dürfte nach den geltenden allgemeinen Überzeugungen wahrscheinlich als 'verrückt' gelten. Wie können wir in der kulturell definierten Realität leben und uns trotzdem für die von Ihnen beschriebenen Wahrnehmungen öffnen?

●●●●●● Das ist ein zentrales Problem. Wenn ich mich in dieser beschriebenen Form in der Landschaft bewege, dann bemühe ich mich um einen anderen Bewusstseinszustand. Ebenso bemühe ich mich, wieder auf den rationalen westlichen Geisteszustand umzuschalten, wenn ich aus dieser Wahrnehmung heraustrete. Was wir also brauchen, sind Lernprozesse, die uns helfen, derartige Fähigkeiten zu kultivieren und anzuwenden. Dazu gehört, über das zu reden, was wir entdecken. In unserer Kultur sind die Medien sehr mächtig. Ideen können sich relativ schnell herumsprechen und immer weniger merkwürdig und ungewöhnlich erscheinen. Und dann bestünde die Möglichkeit, dass immer mehr Menschen begreifen, dass – mit dieser Kultur, die dabei ist, sich selbst zu töten – wir die wirklich Verrückten sind. Aber auch, dass es alte Weisheiten gibt, die Menschen in unserer Kultur heute für unsere Zeit wiederentdecken. Je mehr man darüber spricht, desto mehr verbreitet sich dieses Wissen, desto intensiver wird die Forschung daran werden und die Kultur sich umso mehr beeinflussen lassen. Aber natürlich wird es immer Menschen geben, die das alles völlig verrückt finden. Es gibt auch Menschen, die ein Engagement für bedrohte Völker und ihre Kultur völlig verrückt finden. Wir müssen diesen Vorwurf, die Verrückten zu sein, aushalten. Wir müssen unsere Kultur immer wieder in Frage stellen und dürfen keine Angst vor der Reaktion haben.

Traditionelles Wissen
für den Bau des globalen Dorfs

Im Gespräch mit dem Heiler
und Anthropologen Malidoma Somé

Bei uns herrscht die Meinung vor, dass Afrika von der modernen westlichen Welt lernen muss, um seine Probleme zu bewältigen. Was kann Ihrer Meinung nach umgekehrt Europa von Afrika lernen? Und glauben Sie, dass die Europäer dazu bereit sind?

●●●●●●● Wir können heutzutage nicht mehr darauf bauen, dass ein einziges kulturelles Paradigma ausreicht, um alle Bedürfnisse der Menschen zu befriedigen. Die Welt der Technik, mit all ihren mechanistischen Modellen, kann nicht ausreichend sein, um so etwas wie ein globales Bewusstsein zu bilden. Mir scheint, dass es da ein großes Bedürfnis gibt, verschiedene Kulturen an einen Tisch zu bringen, um gemeinsam nach Lösungen zu suchen. Eines der Dinge, die Afrika dem Westen geben kann, ist die Erfahrung dessen, was ich hier einfach 'Spiritualität' nennen möchte. Dabei geht es im Kern um etwas, was mit der Erfahrung der Transformation zu tun hat: Das, was das Herz, die Seele und den Geist eines Menschen berührt. Das hat nicht notwendigerweise mit 'Religion' zu tun. Es hat mit dem zu tun, was sich hinter der Natur, so wie der westliche Mensch sie zu sehen gewohnt ist, auf der anderen Seite versteckt. Das, was unsere Seele glauben lässt, dass es solche Dinge wie Feen oder Wesenheiten aus anderen Dimensionen gibt. Und bei diesem Thema hat Afrika der modernen Welt einiges zu bieten. Wenn es einen runden Tisch gäbe, an dem jeder sein Wissen teilt, könnte genau das eingebracht werden.

Wie kann ein solcher 'runder Tisch' gebildet werden?

*Prof. Dr. **Malidoma Somé** ist ein Wanderer zwischen den traditionellen Welten Westafrikas und der modernen westlichen Welt. Nachdem er als kleiner Junge von christlichen Missionaren aus dem Stamm der Dagara in Burkina-Faso entführt und in einem Kloster nach westlichen Maßstäben ausgebildet wurde, entschloss er sich als junger Mann, zu seinem Stamm zurückzukehren. Als Fremdling in der eigenen Kultur durchlief er die traditionellen Initiationsriten, wurde dann aber zum Schamanen seines Volkes ernannt und bekam die Aufgabe, den Kontakt zur modernen Welt aufzubauen und zu erhalten. Heute arbeitet Malidoma Somé sowohl als Wissenschaftler, als auch als Schamane. Er besitzt drei Master Degrees und zwei Doktorate, lebt in Burkina-Faso und Kalifornien und veranstaltet in zahlreichen Ländern Seminare zur afrikanischen Spiritualität, in letzter Zeit vorwiegend mit Männern. Seine Bücher „Vom Geist Afrikas" (2000) und „Die Kraft des Rituals" (2000) wurden in zahlreiche Sprachen übersetzt.*

●●●●●● Ich glaube, das beginnt schon langsam. Es beginnt durch alle möglichen Formen von künstlerischem Austausch. Denn die Psyche des Menschen ist tief mit der Kunst verbunden. Daneben gibt es das, was ich und andere Leute machen, indem wir unsere Erfahrung mit Ritualen, Initiationsriten und anderen Formen des Heilens teilen und weitergeben. Ich glaube, dass dies nach und nach das Bewusstsein vieler Menschen erreichen und in der westlichen Kultur an Glaubwürdigkeit gewinnen wird.

Also sind Sie nicht der Meinung, dass der so unterschiedliche kulturelle Hintergrund von Afrika und Europa diesen Prozess behindern wird. Dass Sie beispielsweise eine Erfahrung beschreiben, die hier dann völlig anders verstanden wird...?

●●●●●● Ich habe den Eindruck, was die Menschen von einander trennt, sind ihre Schattenseiten, die dunklen Seiten, die sie zu dem machten, was sie sind. Weil wir die nicht voneinander kennen, sind wir misstrauisch. Misstrauen aber schafft das Bedürfnis nach einer sicheren Basis. In diesem Sinne haben wir es eher mit einem energetischen Prozess zu tun, bei dem es darum geht, die Augen, die Herzen und den Geist der Menschen zu öffnen, um sich dann erst begegnen zu können. Und da bin ich wirklich optimistisch. Ich habe das Gefühl, dass das moderne Bewusstsein sich der Möglichkeit mehr und mehr öffnet, solche uralten Sichtweisen zu akzeptieren, auch wenn sie nicht das gegenwärtige Bedürfnis nach 'Fortschritt' bedienen. Es gibt diese Bereitschaft, das traditionelle Wissen beim Bau des globalen Dorfes und der Entwicklung eines globalen Bewusstseins zu nutzen. Was dieses traditionelle Wissen bietet, ist ein anderer Umgang mit der menschlichen Seele, zum Beispiel durch Initiationsriten, rituelle Praxis oder die Wiederentdeckung von Ritualen.

Sie selbst sind erst zu einem relativ späten Zeitpunkt Ihres Lebens durch den in Ihrer Kultur überlieferten Initiationsprozess gegangen, was mit Ihrer sehr ungewöhnlichen Lebensgeschichte zu tun hatte. Können Sie beschreiben, warum es für Sie so wichtig war, durch diese Initiation zu gehen, nachdem Sie so viele Jahre in der Missionsschule eines christlichen Klosters gelebt hatten?

●●●●●● Diese Erfahrung war der Kern all dessen, was ich heute bin. Die Erfahrung der Initiation war das Herzstück der Transformation, die ich heute in meinem Leben zum Ausdruck bringe. Wenn Sie wissen wollen, warum mich diese Erfahrung so veränderte, dann kann ich das beschreiben, indem ich über den Paradigmenwechsel vom Klosterleben zum Dorfleben spreche. Im Kloster war ich mit einem Weltbild konfrontiert, das zutiefst europäisch war. Ich habe mich im Kloster unwohl dabei gefühlt, zu Menschen zu gehören, die ein Weltbild besaßen, das für mich keine Glaubwürdigkeit besaß. Das war sehr bedrohlich und führte zu einer tiefen Identitätskrise. Die Initiation zeigte mir dann wie in einem Film all die Dinge, die von diesem Weltbild übersehen werden. Und während ich durch diese Erfahrung ging und dabei Angst, Schmerz und widrige Bedingungen aushalten musste, wurde mir plötzlich klar, dass es sich dabei um eine Tür in andere Bewusstseinsräume handelte, die in der modernen Sprache des Westens noch nie beschrieben worden waren. Was ich da erlebte, ließ mich erkennen, dass ich genau das wollte. Da war die Nahrung, nach der meine Seele hungerte. Nach der Intensität dieser Erfahrung und all dem, was sich darin gezeigt hatte, war ich nicht mehr in der

Lage, in mein normales Leben zurückzukehren. Stellen Sie sich vor, Sie schauen sich einen Film an, der Sie so fasziniert, dass Sie die ganze Zeit angespannt vorne auf der Stuhlkante herumrutschen. Dann brauchen Sie einige Zeit, um sich davon wieder zu erholen. Ich erhole mich immer noch von dem Film, der da ablief. Und ich habe den Eindruck, dass diese Erholungszeit mein ganzes Leben lang dauern wird. Und je mehr ich mich damit beschäftige, um so aufregender wird es. Denn ich begreife mehr und mehr, dass es sich dabei um wunderbare Werkzeuge handelt – nicht nur für Afrikaner, sondern auch für die Menschen im Westen, die bereit sind, sich auf andere Erfahrungen der Realität einzulassen, um zu lernen und zu wachsen.

Warum finden Initiationen fast immer draußen in der Wildnis statt? Und warum ist es dabei so wichtig, dass die Initianten alleine sind?

●●●●●● Ein Anthropologe hat genau das, was ich während der Initiation gelernt habe, einmal so ausgedrückt: Es braucht die Trennung vom Gewohnten und die Erfahrung einer Prüfung, um der Psyche und der Seele die Möglichkeit zur Transformation zu geben. Am Ende der Prüfung kehren die Initianten in ihre Gemeinschaft zurück, die sie feiert und die Integration vollständig macht. Ich erinnere mich daran, dass sich der Weg durch diese Initiationsprüfung für mich so anfühlte, als ginge ich in den Tod. Und das ist auch die Absicht des Ganzen: Es ist tatsächlich so, dass man sterben muss, um jemand anderes zu werden. Im Leben einer jeden Person gibt es einen Zeitpunkt, an dem man einen kleinen Tod zulassen muss. Bei der Initiation ist das der wichtigste Teil: Wenn ein Junge zum Teenager wird, dann ist es notwendig, dass der Junge stirbt, um zum Erwachsenen zu werden. Um diesen symbolischen Tod erfahrbar zu machen, ist es unumgänglich, dass er von allem, was ihm vertraut ist, getrennt wird. Ich bin mir sicher, dass in mir kein Wandel stattgefunden hätte, wenn ich bei meiner Familie geblieben wäre. Eine Initiation, die auf eine Trennung vom Gewohnten verzichtet, mag zwar so bezeichnet werden, aber sie erfüllt nicht den eigentlichen Zweck.

Ist eine Initiation so etwas wie eine Heldenreise ins eigene Unterbewusste?

●●●●●● Ganz sicher! Es ist eine suchende Reise ins Unterbewusste. Warum? Weil das Unterbewusstsein über die innere Stimme ständig klar, deutlich und laut mit uns spricht. Es verlangt von uns, Dinge zu tun, die unser Tagesbewusstsein nicht so ohne weiteres erklären kann. Indem die Initiation so etwas ist wie eine Reise ins Unbewusste, zeigt sie uns, dass es Zeiten im Leben gibt, in denen das psychische Selbst – also der Teil in uns, den wir das Unbewusste nennen – außergewöhnliche Erfahrungen sucht und sich danach sehnt, in einer natürlichen Umgebung eine Heimat zu finden, in der es blühen und sich entwickeln kann. Das ist der Grund, warum das Unbewusste in unserem Leben einen ebenso wichtigen Platz einnimmt wie das Tagesbewusstsein.

Die afrikanischen Traditionen sind sehr eng mit dem Ahnenkult verbunden. Würden Sie sagen, dass ihr Begriff der 'Ahnen' Ähnlichkeit hat mit dem westlichen Begriff des 'Unterbewussten'?

Ancient Futures – Aus der Vergangenheit lernen

●●●●●● Das ist tatsächlich so! Wenn Afrikaner von den Ahnen reden, dann sprechen sie vom Unterbewussten. Afrika hat kein Wort für das 'Unterbewusste', Europa hat diesen Begriff. In diesem Sinne liegt in dem Fokus und der Konzentration, den afrikanische Kulturen der Beziehung zu den Ahnen geben, nichts anderes als die Anerkennung der Bedeutung, die das Unterbewusste und die Vergangenheit für unser gegenwärtiges Leben haben. Das Unterbewusste ist – um es mal mit anderen Worten zu beschreiben – nichts anderes als eine Art Aufnahmegerät, das die Erfahrungen von Tausenden von Jahren kultureller Erfahrungen aufgezeichnet hat. In Afrika nennen wir das die 'Verbindung zu den Ahnen', in Europa spricht man von der 'Macht des Unterbewussten'. Der Bezugsrahmen mag ein anderer sein, doch das Objekt, um das es geht, ist das Gleiche.

Aber die Werkzeuge, um mit dieser Ebene Kontakt aufzunehmen, scheinen sich in den jeweiligen Kulturen doch sehr zu unterscheiden. Denn in Afrika arbeitet man ja viel mit Ritualen ...

●●●●●● Das hat natürlich viel mit der Landschaft und ihren Bedingungen zu tun. Im dörflichen Lebensraum Afrikas wird der Rhythmus dieser Anerkennung des Unbewussten von den Ritualen bestimmt. Das ist auch der Grund, weshalb man sagt, dass die afrikanische Dorfbevölkerung 75% ihrer Zeit damit verbringt, Rituale vorzubereiten oder sich von ihnen zu erholen. Im Westen ist die Situation zwar anders, aber ich glaube, dass die ganze Psychologie und all die Lebensberatung, diese ganze Lebenshilfe, die sich die Menschen hier gegenseitig geben, um mit emotionalen Krisen oder persönlichen Schwierigkeiten klarzukommen, nichts anderes ist als der Versuch, sich wieder mit einem rituellen Raum rückzuverbinden: letztlich mit etwas Heiligem, das eine Verbindung herstellt, in der ein anderer Mensch seine innersten persönlichen Probleme zum Ausdruck bringen kann – oder das, was wir für persönlich halten.

Würden Sie sagen, dass Rituale etwas zutiefst Menschliches sind, etwas, das es in allen Kulturen gibt?

●●●●●● Ich würde sogar soweit gehen zu sagen, Rituale sind universell. Jede Kultur wird erst zur Kultur, weil sie unbewusst oder bewusst Rituale praktiziert. In der Liebe zwischen den Menschen, in ihren Begegnungen, in der Choreographie ihres Verhaltens, mit dem sie sich auf etwas Symbolisches beziehen, das größer ist als sie selbst und sie verbindet. Das ist in jedem Land sichtbar. Was ist eine Fahne? Sie ist ein symbolisches Objekt von etwas Heiligem, das größer ist als jedes Individuum in seinem isolierten Leben. Je primitiver, oder besser, je 'einfacher' eine Kultur ist, desto organischer ist ihre rituelle Antwort auf das Leben. Je organisierter und moderner eine Kultur wird, desto mehr hat sie die Tendenz, sicherzustellen, dass dabei nicht zu viel Überraschendes passiert.

Aber der große Unterschied zwischen Afrika und der modernen westlichen Welt scheint doch zu sein, dass Rituale dort bewusst gefeiert werden, während sie hier eher unbewusst vollzogen werden. Braucht ein Ritual eine bewusste Absicht, um zu wirken?

●●●●●● Ich muss zugeben, dass dieser Punkt ein offenes Glied in meiner Argumentationskette ist. Denn es ist tatsächlich so, dass ein Ritual, wenn es seine ganze Wirkung entfalten soll, einen bewusst gestalteten Anfang und ein bewusst gestaltetes Ende braucht. Das Unterbewusste kann den Zweck eines Rituals nicht ohne die Hilfe des Bewusstseins erreichen. Insoweit haben sie Recht. Weil die Menschen in Afrika zur Problembewältigung gar nichts anderes als Rituale kennen, ist es für sie viel leichter, sich ein Ritual auszudenken, in den rituellen Raum einzutreten und den ganzen Prozess zu durchleben. Sie kämen gar nicht auf den Gedanken, dass es auch andere Methoden gäbe. Wenn man das auf die Lebensbedingungen im Westen überträgt, dann steht man in der Regel vor der Herausforderung, dass die Menschen hier Rituale mit Zeremonien verwechseln. Zeremonien finden lediglich in einem Rahmen statt, in dem alles, was passiert, vorhersagbar ist. Die Menschen nehmen an einer Zeremonie teil und wissen: Dies und jenes wird in einer festgelegten Reihenfolge passieren. Zeremonien sind so gestaltet, dass die menschliche Kontrolle über die ganze Situation gesichert ist und auch immer wieder bestätigt wird. Der *Mensch* hat die Kontrolle und nicht die Geister und Spirits, denn wenn sie die Führung übernehmen, ist völlig offen, was als nächstes passiert. Und da liegt der Unterschied zwischen Zeremonien und Ritualen. Das Unbewusste kann mit dem Lebensgeist und den Spirits kooperieren, während das Bewusstsein auf all die Erfahrungen baut, mit denen sicher gestellt werden kann, dass die Dinge genauso passieren wie erwartet und ein bestimmtes Ergebnis haben.

> *Wenn, wie Sie sagen, Rituale etwas Universelles sind, was passiert dann mit einer Kultur, die ihre Verbindung zu Ritual und Initiation verloren hat?*

●●●●●● Eine Kultur, die zu ihren Ritualen keine Verbindung mehr hat, ist eine Kultur in der Krise. Der Verlust von Ritualen ist aber selbst das Ergebnis eines noch tieferen Abgetrenntseins. Eine solche Kultur ist von ihrem eigenen Unterbewussten abgetrennt. Man kann auch sagen, sie hat die Verbindung zu ihren Ahnen verloren. Denn wenn es zu den Ahnen eine lebendige Beziehung gibt, dann gibt es in einer Kultur auch einen beständigen Impuls, Rituale bewusst zu feiern und als eine Art roten Faden zu verstehen, der aus den Tiefen der Vergangenheit in die Tiefen der Zukunft führt. Ohne diese Verbindung ist eine Kultur isoliert und kämpft ständig damit, sich ihrer eigenen Existenzberechtigung zu versichern. Besonders deutlich wird dieses Abgetrenntsein in der Trennung von der eigenen kulturellen Vergangenheit. Ich möchte es einmal so ausdrücken: Man kann auf der runden Erde einen Ort im Westen erreichen, wenn man nur lange genug Richtung Osten läuft. Und mir scheint, die ganze westliche Welt hat diesen Weg eingeschlagen, den Westen zu suchen, indem sie Richtung Osten wandert. Doch dieser Umweg macht müde und führt zur Erschöpfung. Und es wird deutlich, dass trotz der erstaunlichsten wissenschaftlichen Durchbrüche und Erkenntnisse immer noch mehr existentielle Fragen existieren als Antworten. Ich glaube, dass all die Leiden und Probleme, die aus diesem Abgetrenntsein entstehen, ein deutliches Zeichen dafür sind, dass es der westlichen Welt an Demut fehlt. Dabei ist das etwas, was gerade von den westlichen Religionen, besonders dem Christentum eingefordert wird: demütig zu sein und so zur Weisheit zu gelangen. Ich glaube, dieser Mangel ist das eigentliche Problem in der modernen Welt. Er bremst den Prozess einer geistigen Aufklärung, der passieren muss und den ich als die 'spirituelle Renaissance' des Westens bezeichnen möchte.

> *Neben der Arbeit für Ihren Stamm in Burkina Faso und ihrer schriftstellerischen Tätigkeit arbeiten Sie ja auch überall in der Welt mit Rat su-*

chenden Menschen. Inwieweit benutzen Sie dabei Rituale und welche Wirkung haben diese?

●●●●●●● Rituale sind das wichtigste Werkzeug meiner Arbeit und sie kommen besonders bei dieser Arbeit mit Menschen in aller Welt zum Einsatz. Sehen Sie: Man kann sich zusammensetzen und aus dem Kopf heraus zahllose Argumente für oder gegen ein Problem finden, wie es besser sein könnte und welche Bedeutung es hat. Aber wenn wir wirklich an den Kern der Sache kommen, dann fangen wir an, auf einer gänzlich anderen Ebene miteinander umzugehen. Dann tritt die Kommunikation zwischen den Intellekten in den Hintergrund. Denn dann geht es um etwas anderes: Um das, was uns in den Knochen sitzt, was wir auf dem Herzen haben, dann werden unsere Seelengeister frei, sich wirklich zu umarmen. Und das ist das Schöne und Lustige an dieser Arbeit. Denn jedes Mal, wenn ich hier rituell mit Menschen arbeite und sie dann frage: „Wie war das für Euch?", stelle ich an ihren Antworten fest, dass sie genauso wie die Menschen in meinem Dorf in Burkina-Faso reagieren. Früher war ich der Überzeugung, die Menschen im Westen bräuchten keine Rituale. Ich dachte, nur Menschen, die arm an materiellen Gütern sind, bräuchten Rituale, um sich ihres Selbstwertes zu versichern. Und dann habe ich begriffen: Das ist etwas Universelles, was jeder braucht, ganz unabhängig davon, wie angenehm seine Lebensbedingungen sind. Und dass wir zum Wohlfühlen viel eher den Trost in der Seele und ein offenes Herz brauchen und das tief in unseren Knochen sitzende Wissen, dass wir verbunden sind.

In den letzten Jahren haben Sie sich besonders der Geschlechterproblematik zugewendet und viel mit Männergruppen gearbeitet. Warum hat dieses Thema für Sie eine solche Bedeutung?

●●●●●●● Eins der Dinge, die ich in der modernen Kultur beobachtet habe, ist die Krise im Umgang zwischen den Geschlechtern. Männer und Frauen wissen oft überhaupt nicht mehr, warum sie eigentlich zusammen sind oder wieso sie bestimmten Beziehungsmustern folgen und wieso ihre Gefühle und Neigungen so unterschiedlich sind. Wenn ich mit beiden Geschlechtern arbeite, wird mir sehr deutlich, woran es dieser Kultur fehlt: Männer ehren Frauen zu wenig und Frauen ehren Männer zuwenig, es mangelt an gegenseitiger Aufmerksamkeit zwischen den Geschlechtern. Vor kurzem habe ich mit einer gemischten Gruppe deshalb ein Ritual gestaltet, indem es im Wesentlichen darum ging, dem anderen Geschlecht das Ausmaß der Gefühle deutlich zu machen, die man in sich trägt, die Liebe, die Sorge, die Aufmerksamkeit. Ich habe die Männer aufgefordert, selbst ein Ritual zu entwickeln, das die Frauen ehrt und die Frauen gebeten, ihrerseits ein Ritual auszuarbeiten, in dem sie die Männer ehren. Was dabei herauskam, war wunderschön und wirklich lieblich. Die Wahrheit ist, es mangelt dieser Welt an eben dieser Süße.

Wenn Sie Initiation und Ritual benutzen, um den Menschen deutlich zu machen, dass sie sich auf einem Zeitpfeil befinden, der aus der Vergangenheit über die Gegenwart bis in die Zukunft reicht, dann werden Traditionen etwas sehr Wichtiges. Unser westlicher Umgang mit Traditionen aber ist sehr zwiespältig, denn die meisten Menschen sind der Meinung, das Alte müsse überwunden werden. Sie leben in diesen zwei unterschiedlichen Welten. Wie gehen Sie mit dem Thema um?

Malidoma Somé

●●●●●●● In der westlichen Welt hat sich die Überzeugung breitgemacht, dass Traditionen einer Geschichte entstammen, die nicht immer nur glänzend war und dass die Traditionen im Verlauf ihrer Überlieferungen so manche Fallgrube haben entstehen lassen. Das führte dazu, dass das moderne Selbst sich mit Vorfahren konfrontiert sah, die sie lieber gar nicht gehabt hätten. Das hatte seine Wurzeln in einer sehr natürlichen anklagenden Haltung, die lautete: „Was ihr getan habt, war falsch! Weil ihr euch falsch verhalten habt, will ich nichts mit euch zu tun haben!" Das ist einerseits eine natürliche Reaktion, wenn man etwas korrigieren will, was in der Vergangenheit verkehrt gemacht wurde. Viel wichtiger aber ist zu realisieren, dass es nicht das einzelne Individuum ist, das für die Verwirklichung einer blühenden Zukunft verantwortlich ist, sondern dass in der eigenen kulturellen Vergangenheit, die durchaus teilweise in Frage gestellt werden kann, zahllose Schätze verborgen sind, die dazu beitragen können, die Gegenwart zu verbessern und die Zukunft blühen zu lassen. Und diese Tatsache ist dem Bewusstsein der Gegenwart entgangen. In meiner Kultur gibt es das Sprichwort: 'Die Wunden, die du erhalten hast, sind die Hülle für das Gold, dass Du in Dir trägst'. Um an das Gold zu kommen, muss man also in die Wunde stechen. Das, was weh tut, ist gleichzeitig das, was man braucht, um zu den Schätzen zu gelangen, die einen stolz auf sich selbst machen. Das heißt, um etwas in sich zu finden, auf das man stolz sein kann, muss man durch eine schmerzvolle Erfahrung gehen – und das ist Initiation.

Bleiben wir bei der Frage des Schmerzes: Wenn man in seine Vergangenheit zurückblickt oder während eines einsamen Initiationsprozesses mit Gefahren und Verlassenheit zu kämpfen hat und durch die Dunkelheit und ungewöhnliche Erfahrungen geht, dann erlebt man Schmerz und Angst. Aber das ist gleichzeitig etwas, was wir eigentlich nicht erleben wollen. Gibt es eine direkte Verbindung zwischen Ritualen, Initiation und Schmerz einerseits und dem menschlichen Wachstum andererseits?

●●●●●●● Natürlich! Diese Dinge lassen sich gar nicht voneinander trennen, sie gehören zusammen. Wachstum besteht daraus, Schmerzen zu erfahren. Auf die eine oder andere Art. Die erste Erfahrung, am Leben zu sein, ist schmerzvoll. Wenn wir unseren Weg durch den Geburtskanal suchen müssen, dann ist das kein Vergnügen, was man gerne wiederholen möchte. Und der erste Versuch die Luft in die Lungen zu ziehen, ist genauso wenig ein Spaß. Er führt vielmehr zu einem Schrei, der aus den Eingeweiden zu kommen scheint. Also kann man nicht erwarten, dass radikale Veränderungen in unserem Leben uns auf dem Silbertablett serviert werden. Das gibt es nicht. Also müssen wir uns an den Momenten orientieren, die uns herausfordern, wo wir bedroht sind, in denen wir Angst haben, um zu erkennen, dass wir auf dem richtigen Weg sind und das Richtige tun. Das ist für mich der Zusammenhang, in dem die Initiation steht. Warum sonst würde man jemanden bei 40 Grad im Schatten nackt in die Sonne setzen, um einen Baum anzustarren? Das ist alles andere als ein Vergnügen. Da beginnt man schließlich zu realisieren, dass ein Wachstum ohne Schmerzen tatsächlich Stagnation bedeutet: Das ist dann lediglich eine Illusion von Wachstum. Und ebenso muss man sich darüber klar werden, dass die moderne Welt immer danach schielt, möglichst viel Wachstum ohne Schmerzen zu erreichen. Deshalb werden all diese Betäubungsmittel, Reinigungslösungen und antiseptischen Mittel erfunden, um die ganze Welt steril zu halten. Auf diese Weise passiert gar nichts. Der Energieaufwand, den wir in der modernen Welt betreiben, damit nichts passiert, ist riesig. Und dennoch wissen wir: Was unsere Psyche eigentlich will, ist die Konfrontation mit dem Unbekannten. Wir wissen, dass wir den ganzen dunklen Tunnel der Transformation durchschreiten müssen, um am Ausgang wirklich zu wissen, dass wir uns die Veränderung verdient haben. Das ist auch der Grund dafür, dass wir oft gar nicht wissen, wie wir eine Veränderung umsetzen und erhalten sollen, wenn sie sich ohne Schmerzen vollzieht. Erst wenn wir gelitten haben, wenn wir für etwas geschwitzt und Blut gelassen haben, wissen wir, wie sehr wir der Veränderung verpflichtet sind. Das erscheint mir wie ein universelles Prinzip.

Heißt das, alle transformative Arbeit im Prozess des persönlichen Wachstums ist schmerzvoll, Trauerarbeit, Sterben und eine Konfrontation mit dem Unbekannten?

●●●●●● Leider ist es genau so. In der modernen Welt erschaffen wir eine Menge sogenannter 'Unterhaltung', um uns davon abzulenken, dass der Tag schmerzvoll war. Aber in Wirklichkeit ist es so, dass alles, was uns auf unserem Weg eine Stufe weiter nach oben bringen soll, gleichzeitig als ein essentieller Verlust anerkannt werden muss. Denn was wir dabei aufgeben, ist unser bisheriges Selbstbild. In diesem Sinne müssen wir immer etwas verlieren, um etwas zu gewinnen. Wenn man sich also auf radikale Arbeit einlässt, dann ist es nur gesund, sich auf Kummer, Trauer und Schmerz einzustellen. Aber gleichzeitig demütig genug zu sein, in all diesen Dingen nicht nur etwas Negatives zu sehen, sondern etwas Heiliges, durch das man hindurch gehen muss, um den leuchtenden Ort der Wandlung zu erreichen. Statt darauf zu setzen, dass dieser Prozess mit allen möglichen Sicherheitsvorkehrungen verkleidet werden könnte. Wir investieren soviel Kraft, um zu verhindern, dass wir im Leben irgendwo hinkommen. Orte zum Trauern, Räume des Kummers, die wir für unsere eigene Heilung brauchen, sind fast vollständig verschwunden. Im Westen gilt es als unpassend, wenn ein Mann weint. Das ist völlig lächerlich. Dieser Ausdruck der Trauer, der aus der Anerkennung eines Verlustes entsteht, ist zugleich eine Ehrung für den Schmerz, den man empfindet. Warum werden solche Beschränkungen akzeptiert? Denn eigentlich ist das doch genau der Weg, den wir einschlagen müssen, wenn wir irgendwo hinkommen wollen.

In ihrem Buch „Vom Geist Afrikas" beschreiben Sie diese Situation, in der Sie während ihres Initiationsprozesses vor diesem Baum sitzen und stundenlang nichts passiert und plötzlich das Unerwartete geschieht und Ihnen eine 'grüne Göttin' erscheint. In Ihren Büchern trifft man immer wieder auf derartige Beschreibungen von außergewöhnlichen Bewusstseinszuständen, die manchen Lesern hier vielleicht auch Angst einjagen, weil sie unserer Kultur so fremd sind. Wie würden Sie diese Ebene der „Anderswelt" beschreiben, die uns so fasziniert und schreckt? Wir sind weit von einem wirklichen Verstehen dieser Erscheinungen entfernt, Ihnen sind sie sehr vertraut ...

●●●●●● Die Entfernung davon ist nicht das, was die eigentliche Rolle spielt. Was wichtig ist, ist vielmehr die Erkenntnis, wie weit wir uns von etwas abgetrennt haben, was uns eigentlich so nah ist. Diese Welt ist nicht irgendwo da draußen, während wir hier sind. Sie ist in uns. Und es gibt einen Weg, in dem wir diesen unendlichen Kosmos in uns selbst umschließen. Das mag bedrohlich sein. Wir wissen nicht, wie wir es kontrollieren sollen. Was passiert, wenn es plötzlich in unsere Welt einbricht? Was passiert, wenn die Grüne Göttin plötzlich aus dem

Malidoma Somé

Baum heraustritt und wie ein wirkliches Wesen vor uns steht? Stellen Sie sich vor, was das für unser Weltbild bedeutet! Können wir dann jemals wieder einen Baum fällen? Können wir jemals wieder einen Baum sehen und denken, er wäre einfach nur Baum? Wir haben eine große Angst vor einer Veränderung der Realität jenseits der definierten Begriffe und Konzepte. Deshalb ist es alles andere als in Ordnung, wenn ein Baum aufhört aus festem Holz zu bestehen und sich uns plötzlich als eine ganz andere Wesenheit zeigt. So, wie wir die Realität auf eine bestimmte Weise definiert haben, entspricht sie dem Bedürfnis nach Kontrolle und Vorhersagbarkeit. Alles, was das in Frage stellt, fordert uns dazu auf, zurück ans Zeichenbrett zu gehen und uns eine andere Realität auszudenken. Die Geschichte hat uns immer wieder gezeigt, dass Kulturen an einen Punkt kommen können, an dem Realität neu definiert werden muss. Das griechische und das christliche Weltbild waren geozentrisch bis plötzlich Galileo behauptete, wir bräuchten ein heliozentrisches Weltbild, in dessen Mittelpunkt die Sonne ist. So etwas geschah nie, ohne gewaltige Illusionen zu zerstören. Wenn wir also heute unser Weltbild verändern wollen, muss etwas in uns sterben. Das ist der Grund, weshalb es so enorm schwierig und schwer ist, ein anderes Bild der Wirklichkeit zu akzeptieren, auch wenn der Wandel unvermeidlich ist. Wir können dagegen anschreien und kämpfen und protestieren, aber der Prozess ist unvermeidlich. Denn daraus besteht die menschliche Evolution. Vor ein paar Millionen Jahren sahen weder Sie noch ich so aus, wie wir es heute tun. Das gilt auch für diesen Punkt: Vielleicht brauchen wir eine weitere Million Jahre, aber wir werden dorthin kommen. Vielleicht ist es leichter, diese Tatsache zu akzeptieren wie sie ist und sich ihr zu ergeben und hinzugeben. Vielleicht passiert dann etwas Großartiges. Oder man geht – um den langen Weg einzuschlagen – Richtung Osten, um den Westen zu erreichen. Und das ist alles, was ich sagen kann.

"Wir sind ein Pünktchen in dem großen Runden"

Im Gespräch mit dem Literaten und Schamanen Galsan Tschinag

Vor wenigen Jahren schienen die traditionellen Kulturen der Welt noch dem Untergang geweiht. Heute lässt sich ein großes Interesse an traditionellen Völkern feststellen. Wie beurteilen Sie diese Entwicklung aus Ihrer Perspektive?

●●●●●●● Unten, eigentlich da oben in meiner Nomadenwelt sitzend, beobachte ich eine Nostalgie in Europa, die immer stärker wird. Diese Nostalgie kann man auch verkürzend 'Ostalgie' nennen. Die europäische Welt interessiert sich wieder für Asien und ich glaube, das hat seine Berechtigung. Denn die europäisch-amerikanische Art von Zivilisation hat ihre Möglichkeiten weitgehend erschöpft. Ich habe seit langem die Horizonte gesehen. Wann die Industrienationen vor den endgültigen Schranken stehen werden, ist nur eine Zeitfrage. Vielleicht in 10 Jahren, vielleicht in 25 Jahren. 100 Jahre kann kein Mensch ihnen geben. Die Zeit eilt und die Industrienationen müssen recht bald Halt machen. Sie müssen sich besinnen, sie müssen einen Neuanfang machen. Und dieser Anfang kann nur dann stattfinden, wenn sie unseren traditionellen Kulturen begegnen.

Wie erklären Sie sich diese 'Ostalgie'?

●●●●●●● Der Osten ist ja eine Welt, die aus der Perspektive des Westens noch einheitlich ist – im Unterschied zum Westen. Das Abendland hat die Wurzeln abgeschnitten und hängt im Augenblick so ein bisschen in der Luft. Ich glaube nicht, dass irgendein Abendländer ein sehr starkes Heimatgefühl hat. Als Deutscher würde man auch woanders leben können. Für uns im Osten ist so ein Leben bis jetzt unvorstellbar. Wir brauchen zwar Brot und Wasser für das

Galsan Tschinag *ist ein Wanderer zwischen den Welten: als Schamane und Stammesfürst lebt er in der einen Hälfte des Jahres in seiner nomadischen Steppenkultur im Nordwesten der Mongolei, als Schriftsteller den Rest des Jahres in Deutschland und der Schweiz. Geboren 1943 im Hochaltai der Mongolei wächst er in der Kultur der Tuwiner auf und wird schon als Kind in die schamanischen Traditionen seines Volkes eingeführt. Galsan Tschinag studierte erst mongolische Sprache und Literatur in der Hauptstadt Ulan-Bator. 1962 reiste er als erster Germanist seines Landes nach Leipzig. Dort lernte er die deutsche Sprache. 1969 kehrte Galsan Tschinag als kritischer Intellektueller nach Ulan-Bator zurück und begann an der Universität zu unterrichten und journalistisch zu arbeiten. 1976 arbeitete er als Journalist und Lektor bei einer mongolischen Gewerkschaftszeitung und ist seit 1991 Leiter eines Reisebüros in Ulan-Bator. Dies ermöglichte ihm eine einzigartige Hilfsaktion: 4000 ausgewanderte Tuwa führte er im Sommer 1995, fünfzig Jahre nach der Völkerumsiedlung, mit einer biblisch anmutenden Karawane von 300 Pferden und 130 schwerbeladenen Kamelen 2000 Kilometer zurück in ihre ursprüngliche Heimat im Altai-Gebirge. Zu seinen wichtigsten Büchern gehören „Der blaue Himmel" (1994), „Die graue Erde" (1999), „Der Wolf und die Hündin" (1999), „Sonnenrote Orakelsteine" (1999), „Alle Pfade und eine Jurte" (2000), „Der weiße Berg" (2000), „Dojnaa" (2001) und „Der Steinmensch von Ak-Hem" (2002).*

tägliche Leben, aber mehr brauchen wir unsere Heimat, unsere Umgebung, unsere Tradition, in der wir tagtäglich leben. Der Magen ist zwar für uns ein wichtiger Körperteil, aber wichtiger sind der Kopf und das Herz. Und der Mensch braucht jeden Tag eine Portion Licht für den Kopf und Wärme für das Herz. Das sind die Werte, die der Abendländer seit langem abgelegt hat. Der Mensch im Westen ist heute an den Ohren taub und an den Augen blind geworden. Das Europa des 20. Jahrhunderts ist so selbstgefällig geworden, dass es das Dasein vieler Völker negiert hat, es hat sich angewöhnt, andere Völker einfach nicht mehr zu sehen. Aber das Komische ist, dass sie glauben, sie würden alles wissen. Die wollen immer glänzen und uns überrumpeln mit ihrem Wissen. Aber was ist das europäische Wissen? Das ist ein wenig Fertigkeit, mit dem Computer und sonstiger Haushaltstechnik umzugehen. Das ist ja nicht das Wissen. Das Wissen ist für uns etwas völlig anderes. Europa ist ja, wenn man das so will, ein halbes Museum, das ist ein musealer Kontinent. Alles wurde museal gemacht. Bei uns besteht diese Notwendigkeit noch nicht, dass wir aus unserem Leben, aus unserer Kultur so ein Museum machen müssten. Das Zuhause ist noch in der Jurte.

Was bedeutet 'Wissen' in Ihrer Kultur?

●●●●●● Zum Wissen gehören wenige Sachen. Das sind wenige aber wichtige Sachen, die man nicht vergessen darf. Lebenskultur: Die Reinheit des Geistes, die Reinheit der Seele, Liebe zur Nachwelt, Achtung vor der Vorwelt. Im Klartext: Achtung vor den Eltern, vor alternden Menschen. Europa ist ein Kontinent, wo der Mensch, wie jeder andere Gegenstand auch, z.B. wie ein Auto, an Werten verliert. Ein alternder Mensch ist ein Mensch der an Werten verliert. Und ein ganz alter Mensch ist ein ganz wertloser Mensch. Da gilt bei uns genau das Gegenteil: Jeder Mensch nimmt mit jedem Jahr, das er verlebt, an Werten zu. Ein alter Mensch, ein weißköpfiger Mensch ist bei uns immer ein sehr teurer ehrwürdiger Mensch. So hat der Mensch noch seine Würde. Bei uns würde der alte Vater oder die alte Mutter viel mehr bedeuten als das neueste Auto oder das schönste Haus. Man kann auf ein Auto und auf ein Haus verzichten, aber man kann niemals auf die Achtung vor den eigenen Eltern verzichten. Und genauso steht es mit dem Nachwuchs. Wenn ich in das sogenannte reiche Europa komme, dann werde ich von vielen Menschen so behandelt, als wäre ich der Nehmer, als würden die mir was geben. Ich bin natürlich Nehmer – jeder ist Nehmer, aber ich fühle mich gleichzeitig auch als Geber, als Spender. Ich habe mein Licht im Kopf und meine Wärme im Herzen in der Brust. Das sind zwei Werte, mit denen ich umzugehen verstehe und die vielen Europäern völlig fehlen.

Dabei ist der moderne Westen mächtig stolz auf sein Wissen, seine modernen Kommunikationsmittel ...

●●●●●● Bei uns wird alles mündlich weitergegeben. Das ist nur möglich, weil wir dieses alte Kulturdenken noch in uns haben. Das heißt im Klartext: Der Mensch hat zwei Ohren und einen Mund. Und das wird von den Tuwinern wirklich wörtlich genommen. Man hat die Fähigkeit noch nicht verlernt, die Ohren wach und offen zu halten. Wer hört heute in Europa dem anderen zu? Zwar redet jeder, aber keiner hört einem zu. Das sind ja Monologe. Bei uns wird zugehört und die Folge davon ist, dass man alles gut aufnehmen kann. Wenn der Nomade es will, kann er beim ersten Mal, wenn er einer Sache zuhört, auch alles aufnehmen. Aber andererseits besteht – wenn man diese Fähigkeit besitzt – auch die Möglichkeit, dass man viele Sachen gar nicht an sich herankommen lässt.

Sie beschreiben in Ihren Romanen auf Deutsch die Kultur der Nomaden. Schreiben Sie für uns?

●●●●●●● Ich schreibe für mein Volk. Ich sehe mich im Dienste meines Volkes. Ich lebe für mein Volk – so bilde ich es mir zumindest ein. Aber das soll nicht heißen, dass die Sachen, die von mir geschrieben sind, unmittelbar von meinen eigenen Leuten gelesen werden sollten. Ich schreibe Bücher, die meinem Volk insofern dienen, weil wir durch diese Bücher von der Außenwelt gesehen werden und – wenn es geht – auch verstanden werden. Das ist als geistige Brücke zwischen Ost und West, zwischen zwei Kulturen, zwischen zwei Zeitaltern und zwischen verschiedenen Einzelmenschen gedacht.

Wie kann man zwischen Kulturen und Zeitaltern leben?

●●●●●●● Ich lebe in drei Welten: Sagen wir im ausgehenden zwanzigsten Jahrhundert, wenn ich nach Europa komme. Dann gehe ich in die mongolische Hauptstadt, wo ich eine Wohnung habe und wo meine Familie lebt – und das ist vielleicht eine ein halbes Jahrhundert zurückliegende Welt. Und wenn ich dann zu meiner Sippe gehe, das ist dann wieder eine andere Welt, die Jahrhunderte zurückliegt. Aber dass ich am Leben bin, ist ein Zeichen dafür, dass ich diesen Unterschied ganz gut vertrage. Aber ich muss zugeben, in mir stecken viele Menschen in einer Haut. Ich bin wahrscheinlich der Mensch, der in der Welt das längste Leben hat. Jedes Mal, wenn ich aus meiner Sippe, die zumindest mit dem einen Bein in der Urgesellschaft steht, nach Europa komme, muss ich eine Entfernung von 1½ Jahrtausenden zurücklegen. Das ist bei mir nicht nur Raumwechsel, sondern auch Zeitwechsel, Kulturwechsel.

Die tuwinische Kultur ist tief in der schamanischen Urgesellschaft verwurzelt. Wir erleben hier eine Renaissance des Schamanismus. Was halten sie davon?

●●●●●●● Schamane wird man nicht, Schamane ist man. So gesehen, es geht um das Talent, um die besonderen Fähigkeiten des Menschen, um den sechsten Sinn. Der Schamane ist ein Mensch, der Sachen hören und sehen kann, die andere nicht hören und sehen können. Es geht um eine Gabe der Natur, um eine versteckte Fähigkeit, die so wertvoll ist, wie ein Edelstein. Und das Tragische in der europäischen Kultur ist, dass jeder Mensch, der sich mit so einer Fähigkeit zunächst meldet, von vornherein als geistesgestört, verrückt, wahnsinnig, minderwertig, unverschämt abgetan wird. Die Menschen belächeln ihn, entmutigen ihn und er muss sich dann verstecken, entweder sich das Leben nehmen oder wie Hölderlin, wie Nietzsche in eine Verrücktenanstalt gehen und dort das Leben abschließen. Bei uns wissen die Menschen, dass es sich hier um eine wertvolle Eigenschaft, eine ganz edle Fähigkeit handelt. Und dann kommt ein jeder demjenigen entgegen und versucht, ihn auf den Händen zu halten – so richtig auf den Handflächen. Und dann versucht ein jeder, seine Fähigkeiten zu entwickeln.

Welche Rolle spielt in Ihrer Kultur die Beziehung zur Natur?

●●●●●●● Die Natur ist unser A und O. Wir betrachten uns als einen Teil der großen Ganzheit des Alls. Wir sprechen von 'Vater Himmel' und 'Mutter Erde', 'Bruder Baum' und 'Schwester Fluss'. Wir haben keinen personifizierten Gott, wir sind Naturverehrer. Wenn wir einen Stein sehen, dann ist das für uns nicht nur schlechthin ein Stein. Natürlich ist das ein Stein – das wissen wir – aber in dem Stein steckt ein Geist. Und das kann der Freundesgeist sein, das kann auch der Feindesgeist sein. Wir reden von guten Steinen, von schlechten, bösen Steinen. Und wir reden auch von Steinen, die man in Ruhe lassen soll. Das ist heutzutage sehr wichtig, wo man von Steinen weiß – von Uran zum Beispiel – die schädlich sind. In jedem Gegenstand sehen wir immer einen Geist. Und Europa ist für unseren Begriff jetzt ein Kontinent ohne Geister geworden. Das finden wir schade. Der Mensch besteht für uns aus Körper, aus Seele und aus Geist – aus drei Komponenten. Der Körper ist sterblich und vergänglich, die Seele überträgt sich auf andere. Wenn ich sterbe, wird meine Seele zu einem Künftigen gehen, der kommt. Meine Seele wird weiterwandern und mein Geist ist ewig – der bleibt oder wird Teil des Universums. Mit dieser beseelten Natur sind wir immer in Kontakt. Wenn ich frühmorgens rausgehe, opfere ich den Geistern der Vorfahren etwas von der Milch, die ich trinke. Die Ahnen sind Teil des Himmels, Teil des Universums. Auch ich weiß, dass ich irgendwann sterben werde. Aber ich habe absolut keine Angst, weil es für mich ein erhabenes Gefühl ist, dass ich eines Tages Teilhimmel sein werde, ein Stern, Teil-Luft, Teil-Wind, Teil-Licht. Wir sind ein Pünktchen in dem großen Runden. Unsere Vorstellung ist rund. Wie mein Kopf rund ist, wie meine Jurte, meine Behausung rund ist. Wenn wir denken, denken wir immer in runden Punkten. Und da brauche ich nichts von nichts zu zertrennen.

Wie wirkt sich diese enge Beziehung zur belebten Natur aus?

●●●●●●● Wer so die Natur sieht, für den ist es selbstverständlich, die Natur nie als Hintergrund zu betrachten, sondern als die eigentlich handelnde Person. Da kann ich nicht gedankenlos einen Baum fällen. Ich kann nicht einfach einen Pflock in die Erde schlagen. Ich kann nicht grundlos einen Stein bewegen. Wir sagen: Ein Stein, den du bewegt hast, findet seinen Liegeplatz drei Jahre lang nicht. Wir reden von Steinen, die weinen vor Heimweh. Wir sehen in einem Berg nicht nur einen Berg, sondern auch einen Großvater. Und die Steine sind die Kinder des Berges. Also soll der Stein dort liegen bleiben, wo er gelegen hat. Das sind ja die Kinder der Berge. Wenn jemand anfängt, Steine zu zerschlagen oder grundlos Steine zu bewegen, ist das gegen das Gesetz der Natur, gegen die Lage der Dinge. Die Natur ist für uns gut und weise genug, dass sie nicht unser Zutun braucht. Der europäische Mensch ist ständig der Meinung, er muss die Natur verändern, er muss der Natur helfen, besser zu werden – aber die Natur braucht das gar nicht.

Welche Rolle spielt in Ihrer Kultur die Gemeinschaft?

●●●●●●● In der europäischen Kultur ist der Mensch sich sehr wichtig. Das Ego ist das Zentrum des Lebens, der Welt. Da herrscht ein Ego-Kult, ein Ich-Kult, eine Ich-Sucht. Der große Albert Einstein oder der letzte Dummkopf, die sind sich selber wichtig, alle. Wir hingegen sehen, auch der Fürst, der Häuptling, der Schamane: „Ich bin wichtig für meinen Stamm, für die Nachwelt." Ich werde als Schriftsteller und Schamane bestimmt in der Geschichte meines Volkes lange erinnert werden – diese Gewissheit habe ich. Trotzdem weiß ich, dass ich überhaupt nicht wichtig bin für die große Natur. Ich bin vergänglich, ich bin nur zeitweise da. Ich bin gekommen, ich werde gehen. Ich brauche keine Reichtümer für hundert Jahre anzuhäufen. Wenn man zum Leben so steht, dann ist es sehr viel leichter und schöner, weil man jede Minute der Lebenszeit bewusst genießt.

Galsan Tschinag

Sie sind nicht nur Dichter, sondern auch Fürst und Schamane ihres Volkes. Wie lassen sich diese Rollen vereinen?

●●●●●●● Schamanentum ist ebenso wie die Schriftstellerei eine Krankheit. Man wird geboren, um sich so auszudrücken. Ich bin ein Schamane der neuen Welt. Schamanentum ist ja die Quersumme einer Vielheit. Ein Schamane muss alles können. Er ist vor allem ein Dichter. Vor allem der Tuwa-Schamane muss ein großer Dichter sein. Es ist ja das Wort, das er hat als Waffe. Je größer ein Schamane, desto weniger Hilfsgegenstände braucht er. Die Hilfsgegenstände wie Trommel, Wedel, Glocke benutzt man in den Anfängen. Und je größer ein Schamane desto ärmer wird er nach außen. Am Ende ist er nur der Mensch, der von sich heraus den Schamanen zur Schau stellt. Er muss sich selbst aufbauen.

Welche Rolle spielt die Sprache beim schamanischen Heilen?

●●●●●●● Durch meine Gedichte geht ja ein Windessturm. Das ist das, was den Schamanen ausmacht. Der Schamane ist der Ausdruck der Naturgewalten. Die Naturgewalten sind seine Elemente. Die Natur kann sich sehr zahm gebärden, die Natur kann sich sehr schön gebärden. Und der heutige Mensch, der die Welt bereist, um die Schönheit der Natur zu erleben, sucht ja nur die Sonnenseiten. Aber wir, die dieser Natur ausgeliefert sind, wissen, was Natur heißt: Natur ist sehr streng, Natur bedeutet Gewalt. Die Brise, die für den Erholungssuchenden schön ist, kann schnell zu einem Wind und zu einem Orkan wachsen. Der Schamane ist Ausdruck dieser Gewalten, deshalb ist er gewaltig, deshalb darf er manchmal auch gewalttätig werden. Es ist die Naturgewalt, die aus dem Schamanen heraus spricht. Ich soll der Heiler mit Worten sein. Wenn ich meiner Funktion treu bleiben soll, dann muss ich, bevor ich heile, zerstören. Die Naturgewalten, die in mir liegen, müssen zum Zuge kommen, und die kommen in Form von Worten. Die Worte sind nicht die zahmen streichelnden Worte eines christlichen Pfarrers, meine Worte sind hart, wild, gerade, direkt heraus. Oft bewerfe ich meinen Patienten mit Worten. Denn in dem Menschen ist etwas erstarrt. Bevor ich diesen Menschen heil bekomme, muss ich erst mal die Erstarrung kaputt schießen und zerschlagen, dann erst kommen die anderen Worte.

Also heilt nicht die individuelle Person des Schamanen, sondern die Natur in der Person des Schamanen?

●●●●●●● Ich verbünde mich ganz mit der Natur. Wenn ich auf einem Berg sitze, dann bin ich Stein, ich ruhe. Wenn ich durch die Steppe gehe, dann bin ich Gras. Ich wachse, ich raschle, ich verdorre. Wenn ich durch einen Fluss gehe, fließe ich. Diesen Gedanken kann ich weiterverfolgen: Ich bin einfach ein Teilchen der großen Natur. Ich identifiziere mich vollkommen mit der Natur und in dem Augenblick habe ich keine andere Aufgabe. Wenn ich Stein bin, dann bin ich einfach Stein, in Ruhe. Das ist alles. Ich kann mich völlig weglegen: Die Person wird weggelegt, ich fühle mich wirklich nur wie ein Stein. Eine andere Aufgabe und Funktion habe ich dann nicht. Wenn du diese Fähigkeit erreicht hast, dann steht dir die Natur zur Verfügung. Sobald du den Himmel herbeibeschwörst, ist der Vater da. Manchmal ist er missmutig da, manchmal ist er auch gutmeinend da. Mal ist er der strenge Vater, mal der gütige Vater. Wenn ich von der Natur so ehrfürchtig rede, dann muss die Ehrfurcht aber bei mir selbst beginnen. So ist es. Der große Kult muss bei mir selber beginnen.

Ancient Futures - Aus der Vergangenheit lernen

Gibt es die Möglichkeit des wirklichen Verständnisses zwischen so unterschiedlichen Kulturen wie Ihrer und unserer?

●●●●●● Sobald ich bei den Menschen hier ankomme, versuche ich klar zu machen: Ich bin nicht der Exot, den du meinst. Ich bin ein genauso anfälliger, intelligenter und wohlmeinender, aber leidender und sich freuender Mensch wie du. Das, was uns trennt, ist nur die Haut, die Hülle. Wenn die Hüllen abgezogen sind, dann sind wir alle gleich. Unsere Kulturen können sich voneinander unterscheiden, aber das Wesen, das Fleisch unter dieser Hülle ist das gleiche.

Können wir den schamanischen Blick auf die Wirklichkeit nachvollziehen?

●●●●●● Eigentlich ist ja jeder Mensch in der Lage zu verstehen, auch wenn er diese Künste nicht selber beherrschen kann. Der westliche Mensch hat sich ja in eine unglückselige Ecke des Lebens gestellt. Für ihn ist nur wahr, was die Medien ihm vorservieren. Er hat aufgehört, das Leben selbst zu meistern. Er lässt alles vormachen. Genauso wie er eine Reise buchen lässt: Service, immer Service. Und diese Gewohnheit ist jetzt zu einer Sucht geworden: Der Mensch hat aufgehört, für sich selber zu denken. Er denkt nur das, was die Medien ihm servieren und glaubt, was die Zeitungen schreiben, ist wahr. Aber das ist nicht alles.

Fasst man Ihre Analyse der westlichen Welt zusammen, dann scheint die Diagnose des Schamanen zu lauten: 'Ihr lebt in einer kranken Gesellschaft!'

●●●●●● Krankheit ist ja die Vorhalle zur Weisheit. Zur Weisheit gelangt man nur durch Leiden. Glück kann den Menschen sehr schnell blenden, betäuben, während man durch Leiden immer zur Hellsicht kommt. Wir müssen uns fragen: Was ist Leben? Was ist der Sinn des Lebens? Der Sinn des Lebens ist nicht nur Genießen, nicht nur Glück, nicht nur Essen und Trinken und Schlafen. Zum wahren Leben gehören alle Erscheinungen des Lebens: Wenn man glücklich ist, darauf unglücklich, weinen und lachen muss, gesund ist und darauf krank, seine Schmerzen empfinden darf. Und wenn man die Quersumme von diesem Kreis nimmt, den das Leben anzubieten hat, dann sagen wir: „Das ist das Leben gewesen!"

5

Die Kunst des Haushaltens: Die Versöhnung von Ökologie und Ökonomie

Nachhaltigkeit ist das, was wir daraus machen

Im Gespräch mit der Zukunftsforscherin Donella Maedows

Sie warnen seit ungefähr 30 Jahren vor dem möglichen globalen Kollaps. Stimmt es, dass die lautesten Warner in Wirklichkeit die größten Optimisten sind?

●●●●●●● Also, wenn sie mich persönlich meinen und ich nicht für alle Warner sprechen soll, muss ich sagen: Für die unmittelbare Zukunft bin ich ein Pessimist, langfristig aber ein Optimist. Wenn sie aber zum Beispiel das Team nehmen, das vor 25 Jahren gemeinsam mit mir den Bericht „Grenzen des Wachstums" geschrieben hat, dann muss ich zugeben, dass wir uns um diese Frage seitdem streiten. „Glaubst du," fragen wir uns, „dass unser Szenario des globalen Zusammenbruchs sich erfüllen wird? Oder glaubst du, wir schaffen den Wandel in eine nachhaltige Gesellschaft?" Und dann geht es heiß her. Ich für meinen Teil bin davon überzeugt, dass die Wende zur Nachhaltigkeit nicht nur bei weitem der einfachste Weg in die Zukunft ist, sondern auch der schönste und dass wir es deshalb schaffen werden. Aber all die anderen sind ganz anderer Meinung. Sie glauben, es ist längst zu spät und alles vorbei und dass die Systeme bereits am Zusammenbrechen sind und es keine Hoffnung gibt.

Wie nachhaltig ist die Welt, in der wir leben?

●●●●●●● Wir leben in einer Welt, die sich größtenteils nicht um Nachhaltigkeit kümmert. Das bedeutet: Wir kappen die Wurzeln, die uns am Leben erhalten. So kann's nicht weitergehen. Das ist wirklich so, als befänden wir uns mitten in einem Zusammenbruch, der in Zeitlupe abläuft. Aber wir müssen ja nicht in diesem Zustand bleiben. Ich glaube nicht, dass wir so dumm sind.

*Professorin Dr. **Donella H. Meadows** hat die Bewegung für eine nachhaltige Zukunft wie kaum eine andere geprägt. Sie wurde 1972 als Hauptautorin des Buches „Die Grenzen des Wachstums. Bericht des Club of Rome zur Lage der Menschheit" weltbekannt. Sie brachte die ökologische Krise ins Bewusstsein der westlichen Kulturen und führte letztlich zu dem, was wir heute als 'Umweltpolitik' verstehen. 1992 veröffentlichte sie das Buch „Die neuen Grenzen des Wachstums", in dem sie zu dem Ergebnis kam, dass ihre Prognosen im Wesentlichen eingetroffen seien: Das ökonomische System war nicht steuerungs- und anpassungsfähig, die Grenzen der ökologischen Belastbarkeit waren in vielen Bereichen überschritten worden. Donella H. Meadows war eine maßgebliche Stimme im globalen Nachhaltigkeitsdiskurs, besonders durch ihre wöchentliche Kolumne „The Global Citizen", die seit 1985 regelmäßig erschien und vielfach abgedruckt wurde. Zugleich war sie eine vielseitige lokale Aktivistin: 27 Jahre lang hat sie einen organischen Bauernhof geführt, ein Öko-Dorf und ein „Sustainability Institute" gegründet und ökologische Modellprojekte in aller Welt besucht und gefördert. Zuletzt erschien von ihr der Band „Wenn die Welt ein kleines Dorf mit nur 1001 Einwohnern wär..." (2002). Am 20. Februar 2001 starb Professorin Donella H. Meadows an bakterieller Meningitis in New Hampshire im Alter von nur 59 Jahren.*

Die Kunst des Haushaltens: Die Versöhnung von Ökologie und Ökonomie

Was ist denn Nachhaltigkeit? Ist dieser Begriff nicht furchtbar überladen mit allen möglichen Werten?

●●●●●●● Nachhaltigkeit ist das, was wir daraus machen. Wir können es so definieren, dass wir einfach so weitermachen wie bisher. Ich will das nicht! Und ich glaube, dass niemand das will. Wenn ich diesen Begriff benutze, heißt das: Natürlich müssen wir Natur schützen, die natürlichen Lebensgrundlagen erhalten und anderen Lebensformen helfen. Aber ich meine damit auch: Wir müssen dafür sorgen, dass es keine Menschen mehr gibt, die in Armut und Elend leben und andere, die stattdessen zuviel Zeug haben und zu wenig Zeit. Wir müssen dafür sorgen, dass wir Zeit haben für unsere Familien und für's draußen sein, dass wir geistig wachsen, statt immer nur materiell. Das ist die Welt, die ich will. Warum soll ich das nicht „nachhaltig" nennen? Die Lösungen der Probleme hängen doch eh miteinander zusammen. Und das Bewusstsein, das uns dazu bringt, den Planeten nicht mehr zu missbrauchen, wird auch dabei helfen, uns gegenseitig und uns selbst nicht mehr zu missbrauchen!

Wenn man sich die menschliche Geschichte anschaut, dann hat unsere Spezies der Natur wenig gegeben. Statt dessen haben wir uns mehr oder weniger wie Parasiten verhalten. Müssen wir nicht, um nachhaltige Lebensformen zu etablieren, unser ganzes Selbstbild ändern?

●●●●●●● Wenn Sie das glauben, dann schauen sie nicht sehr weit zurück – vielleicht gerade mal auf die letzten 250 Jahre industrieller Revolution. Ja, in diesem Zeitraum haben wir uns gegenüber der Natur wie Eroberer verhalten und sie nur als Rohstofflager gesehen, mit dem unsere Wünsche befriedigt werden können. Das ist das Weltbild von Mensch und Natur, das in den industrialisierten Gesellschaften vorherrscht. Aber es ist nicht das Weltbild von Menschen, die in Gesellschaften leben, an denen die Industrialisierung vorbei gegangen ist. Und es war nie das Weltbild der Menschen vor – sagen wir mal – dem Beginn des 19. Jahrhunderts. Ich glaube, dieses herrschende Weltbild ist schlicht falsch. Es wurde in einem Bruchteil der menschlichen Geschichte von einem Bruchteil der Menschheit angewandt. Und ich glaube, dass wir heute eingestehen müssen: „Es war ein interessantes Experiment, aber es funktioniert nicht. Also lasst uns Ausschau halten nach einem neuen Selbstverständnis!" Und tatsächlich sind die neuen Sichtweisen ja auch eine Kombination aus sehr alten Traditionen und ganz neuen Ansätzen aus der modernen Wissenschaft und Technik, die es uns erlauben, uns ganz anders zu begreifen: Nämlich als ein Produkt einer erstaunlichen und geheimnisvollen Evolution des Lebens auf der Erde. Folgt man dieser Sichtweise, dann rücken ganz von selbst die Bereiche in den Mittelpunkt, wo wir uns selbst beschränken müssen: Beschränken in einer Art, die Fortschritt und Entwicklung ebenso wenig ausschließt wie ein gutes Leben.

Es scheint ein großes Bedürfnis zu geben, nachhaltig zu leben. Man braucht sich nur den Eifer anzuschauen, mit dem wir alle Müll trennen. Doch die meisten Menschen wissen nicht, was sie sonst noch tun sollen. Was sind die wichtigsten Schritte zur Nachhaltigkeit?

●●●●●●● Da gibt es kein Rezept mit dem Titel „Zehn Schritte zur Nachhaltigkeit". Wir alle wissen nicht, wie man nachhaltig lebt und die Gesellschaft und Wirtschaft, in der wir leben, unterstützt uns auch nicht dabei. Also müssen wir experimentieren und Wege ausprobieren.

Und die meisten Leute, die ich kenne, machen überaus interessante Erfahrungen dabei. Das können ganz konkrete Sachen sein von der chemiefreien Landwirtschaft über die Sonnenenergie und den Aufbau besserer menschlicher Gemeinschaften bis hin zu Lebensstilen, in denen der Einzelne mit sich und der Natur in Harmonie ist. Es betrifft alles, von den albernen Kleinigkeiten bis zu den tiefsten Fragen, vom Lächerlichen bis zum Heiligen, es betrifft unseren Müll ebenso wie unsere Kirchen. Die grobe Richtung ist bekannt: Wir müssen weniger Zeug verbrauchen, unsere Sachen besser nutzen und sie wiederverwerten. Wir müssen erneuerbare Energien benutzen und müssen die Finger lassen von fossilen Brennstoffen und Atomkraft. Wir müssen respektvoller und wirkungsvoller mit Wasser umgehen. Wir müssen die Schlucht zwischen den Armen und Reichen überbrücken. All das wissen wir. Und wir wissen genug, um damit zu beginnen, all das besser zu machen.

All diese Themen berühren auch unsere Gefühle. Welche Bedeutung haben die Gefühle für Sie?

●●●●●● Ich gebe ihnen einen immer größeren Stellenwert und siedle die Gefühle zwischen dem Wissen und dem Handeln an. Wir erlauben uns nicht wirklich zu fühlen. Das mag auch der Grund dafür sein, dass wir trotz unseres Wissens nicht entsprechend handeln. Wir leben in einer Kultur, die uns dauernd vermittelt, dass alles, was wir in der materiellen Welt messen können, wahrer sei als das, was wir in uns fühlen. Das ist ohne Frage völlig verrückt. Aber es ist mit Sicherheit die Botschaft, mit der wir alle aufgewachsen sind. Nur Wissenschaft und Objektivität gelten etwas bei uns, Werte und Subjektivität fast nichts. Es ist höchste Zeit, dass wir sagen: Das sind zwei verschiedene Aspekte unserer Wahrnehmung, die gleichermaßen wertvoll sind. Wenn wir fühlen, dass ein gerodeter Wald hässlich und scheußlich ist, selbst wenn die Rodung wirtschaftlich erscheint, dann vermittelt uns dieses Gefühl nichtsdestotrotz eine wichtige Information. Und die lautet: „Das ist der falsche Weg, mit dem Land und dem Wald umzugehen!" Und wenn uns angesichts der Tatsache, dass viele andere Lebensformen bereits ausgestorben sind oder dabei sind, von der Erde zu verschwinden, von Trauer überwältigt werden, dann ist das ein überaus wichtiges Gefühl. Das sollten wir anerkennen, zum Ausdruck bringen und dann auch danach handeln.

Sie sprachen über die Freude am Wandel. In Deutschland gibt es diesen Trend des Öko-Optimismus nach dem Motto: Macht Euch keine Sorgen, es wird alles wieder gut ... Was ist dran an dieser Haltung angesichts der Probleme?

●●●●●● Es gibt zwei Formen des Öko-Optimismus. Natürlich gibt es ein paar Verbesserungen, die wir auch feiern sollten. Es passiert viel Gutes, aber deshalb zu sagen: „Das war's, jetzt sind wir nachhaltig" wäre einfach verrückt. Wir haben bislang lediglich die einfachsten und naheliegendsten Sachen gemacht – die Japaner nennen das „die Ernte der tiefhängenden Früchte". Die Art von Öko-Optimismus, die predigt: „Macht Euch keine Sorgen, macht weiter wie bisher und werdet reich", ist nur ein Spiegel der herrschenden Überzeugungen. Aber es gibt noch eine andere Art des Öko-Optimismus, an die ich mich halte. Die besteht darin, immer wieder was anderes zu verändern, dabei zu lernen und sich auf die weiteren Veränderungen zu freuen. Das reicht von der Herstellung unserer Lebensmittel bis zur Erziehung unserer Kinder. Wir lernen das nur, indem wir es tun. Das Leben wird dadurch vielleicht 'einfacher',

Die Kunst des Haushaltens: Die Versöhnung von Ökologie und Ökonomie

vielleicht auch weniger wohlhabend, wenn man es in Geld bemisst. Aber auf der Ebene der Beziehungen zu anderen Menschen und zur Natur wird es deutlich besser, selbst die Qualität der Dinge, mit denen man sich umgibt, wird besser. Das ist genau der Grund für meinen Optimismus. Ich glaube, eine nachhaltige Welt ist eine bessere Welt. Sie verlangt Wandel, aber keine Opfer.

Wie ist Ihr Weg zur Nachhaltigkeit? Welche Schritte haben Sie gemacht?

●●●●●● Ich will meinen Weg gar nicht unbedingt weiterempfehlen. Jeder sollte da sein eigenes Experiment wagen. Manches ist naheliegend: Recycling. Dann angefangen mit alternativen Energien, besserer energiesparender Technologie im Haushalt. Ich bin auf's Land gezogen, habe einen Hof gekauft, baue meine Lebensmittel ohne Chemie an, versuche mich in nachhaltigem Forsten, heize meine Räume mit Holz von meinem Land. Ich lebe auf meiner Farm in einer Gemeinschaft, weil ich gemeinschaftliches Leben lernen möchte und die Praxis uns lernen hilft, Dinge zu teilen, Rohstoffe besser zu nutzen und unsere sozialen Beziehungen zu vertiefen. Das sind nur ein paar von den Dingen, die ich ausprobiere. Aber jeder der erwähnten Punkte hat mein Leben bereichert, hat meine Ausgaben verringert und mich von viel unnötigem Zeug befreit.

Haben Sie heute das Gefühl, dass „Die Grenzen des Wachstums" missverstanden wurden? Denn dieses Zukunftsszenario wurde ja so verstanden, dass es Fortschritt und das Wachstum bremsen wollte. Wachstum ist ja immer noch der herrschende Mythos für Erfolg und Lebensqualität.

●●●●●● Zuerst hat man uns als 'Propheten des Untergangs' diffamiert, dann hat man uns vorgeworfen, wir würden alles viel zu schwarz sehen. Diese Idee des physischen Wachstums sitzt uns durch die ganze industrielle Revolution so tief in den Knochen, dass die meisten sich gar keine andere Art des Wachstums vorstellen können, als immer größer zu werden, immer mehr zu transportieren, mehr Energie zu brauchen und mehr zu besitzen. Und eine Menge Medienleute, die gerne vereinfachen, tun heute so, als sei das Gegenteil von Wachstum eine Art Gefängnis. Ich glaube, das Gegenteil ist der Fall. Wir sind doch viel mehr gefangen, wenn wir zuviel haben, es uns nicht zufrieden stellt und wir dabei sogar noch unsere eigenen Lebensgrundlagen zerstören. Wer 'Freiheit' will, sollte über eine andere Art des Wachstums nachdenken. Über persönliches und menschliches Wachstum – das wäre eine Entwicklung, bei der es nicht um's Größerwerden geht, sondern um's Besserwerden, um mehr Lebensqualität, um ein gutes Leben innerhalb der planetaren Grenzen. Dann könnten wir entdecken, wie wunderbar ein Leben sein kann, indem wir nicht ständig größer werden müssen.

Können Sie Ihre Vision einer Welt von Morgen in Beispielen beschreiben? Denn solange wir Nachhaltigkeit nur als Gegenteil vom Heute erleben, macht sie uns Angst.

●●●●●● Ich glaube die Vision einer nachhaltigen Welt muss von ganz verschiedenen Leuten entwickelt werden. Die Kernfrage, die ich an alle richte, lautet: „Was für eine Welt willst du?" und dann: „Wie kann das zusammenpassen mit den Naturgesetzen?" Die Antworten auf diese beiden Fragen geben uns die Vision einer nachhaltigen Welt. Ich habe eine Vision und ich habe lange darüber nachgedacht. Es ist die Vision einer Welt, in der die Menschen langsamer leben und arbeiten und mehr Zeit für die wichtigen Dinge des Lebens haben: für Kinder, Familie, Natur, für Stille und Spiritualität. Jeder hat genug, es gibt keine Armut und auch keinen absurden Überfluss. Ich seh' eine Welt mit Zeit und Raum für Einfachheit, mit schöner Technologie und elegantem Design. Es wird viel weniger Reisen geben, weil jeder schon dort ist, wo er sein will. Ich sehe eine Welt vor mir, in der wir keine häßlichen Orte mehr erschaffen und wissen, wie man in guter Nachbarschaft gemeinschaftlich lebt. Es wird eine produktive Welt sein mit guter Arbeit, die die Menschen seelisch erfüllt, weil sie Qualitätsprodukte herstellen, die wirklich gebraucht werden statt Kram, den eigentlich niemand braucht. Ich sehe große Mengen an Information und Wissen. Und ich habe die Vision von mehr Demokratie: Menschen, die sich um die Art und Weise kümmern, wie sie regiert werden und gut informiert sind.

Woran mangelt es uns auf dem Weg dorthin am meisten?

●●●●●● An Zeit! Durch unsere verschwenderische Lebensweise fressen wir die Zeit und die Ressourcen unserer Kinder auf. Zeit ist die am meisten begrenzte Ressource. Was wir da machen sollen? Wir müssen uns auf all diese Sachen zu bewegen: ein neues Energiesystem, ein neues Bildungssystem, eine neue Landwirtschaft, andere Medien, neues Wirtschaften. Das wird immer noch eine Marktwirtschaft sein, aber eine andere! Wenn ich wüsste, was der entscheidende Wendepunkt sein kann, würde ich versuchen es umzusetzen. Ich arbeite in den Medien, ich lehre, ich praktiziere eine andere Landwirtschaft. Ich tue, was ich kann. Das ist es, worum es geht: Jeder muss machen, was er kann.

Ist dieser Weg in eine nachhaltige Zukunft Ihrer Meinung nach primär ein persönlicher Prozess jedes Einzelnen? Etwas, das sich individuell entwickeln muss und nichts zu tun hat mit Parteiprogrammen, Regierungen und internationalen Organisationen, die irgendetwas von oben verordnen?

●●●●●● Auch die Regierungen und die vereinten Nationen bestehen nur aus Menschen. Alle Veränderungen gehen doch immer nur von den Menschen aus. Und wenn diese Menschen, sei es in den Regierungen, den Parteien oder der UNO, Möglichkeiten für mehr Nachhaltigkeit sehen, dann müssen und sollten sie die entsprechenden Gesetze formulieren: Seien es Steuern auf CO_2 oder Gesetze gegen den Missbrauch von Rohstoffen. Wir brauchen solche Gesetze ebenso wie die sozialen Organisationen, die sie erlassen. Offensichtlich funktioniert der Wandel nicht ohne Gesetze und Organisationen. Aber sie werden nichts ändern, solange sich die Menschen nicht ändern. Wir haben keine Wahl: Es geht um die einzelnen Menschen. Aber diese einzelnen Menschen formen gemeinsam eine Gesellschaft und ein Wirtschaftssystem. Und das wird sich verändern, wenn wir uns ändern.

Gibt es Regeln, denen wir auf dem Weg zur nachhaltigen Gesellschaft folgen müssen?

Die Kunst des Haushaltens: Die Versöhnung von Ökologie und Ökonomie

●●●●●● Natürlich, da gibt es viele. Manche davon akzeptieren wir schon. Wenn wir eine Regel wirklich begreifen – und Naturgesetze kann man nicht brechen – dann bleibt uns gar nichts anderes übrig als zu lernen, sie zu akzeptieren. Wir akzeptieren das Gesetz der Schwerkraft und dass es kein Perpetuum mobile gibt. Und es gibt planetare Gesetze, die lauten: Wenn du einen Rohstoff schneller verbrauchst als er nachwächst, wirst du ihn in Zukunft nicht mehr haben. Wenn du mehr Fische fängst als neue geboren werden, wird es keinen Fisch mehr geben. Das *sind* die Gesetze des Planeten! Wenn wir Wälder schneller abholzen als sie nachwachsen, gibt es keinen Wald mehr. Wenn wir den Lebensraum einer Gattung zerstören, stirbt sie aus. Das sind planetare Gesetze. Wir haben die Tendenz, nur die physikalischen Gesetze zu akzeptieren, nicht aber die Gesetze der Biologie. Dabei gelten sie genauso wie die physikalischen Naturgesetze. Trotzdem versuchen wir ständig, sie zu brechen. Eins dieser Gesetze lautet: Eine Bevölkerung kann in einem begrenzten Lebensraum nicht ewig weiter wachsen, auch nicht auf einem begrenzten Planeten. Diese Gesetze sind einfach nicht zu umgehen. Und sie werden unsere menschlichen Gesetze auch brechen, wenn wir sie nicht mit den Grundgesetzen in Übereinstimmung bringen.

Es scheint, als würde dieser ganze nicht-nachhaltige Ansatz von ebenso vielen Glaubenssätzen und Werten getragen, wie die Vision einer nachhaltig zukunftsfähigen Welt. Es geht also um eine neue Ethik. Inwieweit hat die Idee der Nachhaltigkeit – diese Vision vom „guten Erden-Menschen" – auch eine religiöse Qualität?

●●●●●● Wenn man über „Religion" spricht, meint man das immer etwas negativ, wie etwas, was man zwar respektiert, aber nicht ganz ernst nimmt. „Nur" ein Glaube, den man haben oder auch nicht haben kann. Ich glaube, die tiefen Werte und die natürliche Ethik sind universal, sie haben sich nicht verändert und sollten sehr, sehr ernst genommen werden. Ganz im Gegensatz zu den Religionen, die ja eigentlich nur aus vielen Ritualen bestehen, die sich um die grundsätzlichen Werte drehen. Unterschiedliche Rituale gibt es massenweise, aber die Werte haben sich eigentlich nicht verändert. Sie bleiben gleich. Ohne dass ich sagen könnte warum, haben Menschen diesen Sinn für Liebe, Ehrlichkeit und Verpflichtung gegenüber ihren Kindern und Familien, diese Sehnsucht nach Harmonie mit ihrer Umwelt und eine Liebe für die Pflanzen und Tiere, die sie umgeben. Wir sind mit dieser Ahnung geboren worden, dass es einen höheren Sinn und eine höhere Macht gibt, die wir – unabhängig davon, wie wir sie benennen – nicht verstehen können. Wir wurden auch mit einem Gerechtigkeitsgefühl geboren, das sich rührt, wenn es an Fairness mangelt, wenn Menschen leiden oder unterdrückt werden. Wir wurden mit einer Sehnsucht nach Freiheit und der Fähigkeit geboren, so zu werden, wie wir sind und auf diese Weise der Gemeinschaft zu dienen. Ebenso kommen wir mit dem Bedürfnis nach Gemeinschaft und gegenseitiger Unterstützung auf die Welt. All das sind zeitlose menschliche Werte. Und die Frage ist: Haben wir eine Gesellschaft, die diese Werte anerkennt? Mit der Industriegesellschaft haben wir manche davon verwirklicht, andere nicht. Gemeinschaft, Liebe, Harmonie mit der Welt sind Mangelware. Also geht es darum, neue Gesellschaften für diese Werte zu erschaffen. Die Werte sind dieselben. Was sich verändert, sind unsere Überlegungen, wie sich die Werte verwirklichen lassen.

Donella Maedows

Sie wissen weit mehr über die Gefahren der Zukunft als die meisten Menschen. Wie schaffen Sie es trotzdem, die Vision einer positiven Zukunft zu haben?

●●●●●●● Ich glaube, wir haben gar nicht die Wahl. Die Alternative lautet nicht 'Optimismus oder Pessimismus'. Beides sind zu simple Wege, um auf eine komplexe Welt zu reagieren. Manches entwickelt sich gut, manches entwickelt sich katastrophal. Ich bin wie ich bin und verbringe meine Zeit mit den Leuten und an den Orten, die sich in eine gute Richtung entwikkeln.

Also sind die Lösungen genauso miteinander verwoben wie die Probleme?

●●●●●●● Ich glaube schon. Das ist eine kleine Welt, noch nicht sehr sichtbar und erst recht nicht in den Medien. Aber es gibt sie überall auf der Welt. Überall wird mit Nachhaltigkeit experimentiert. Im Energiebereich, in der Landwirtschaft, in den Städten, mit dem Wasserverbrauch, im gemeinschaftlichen Leben. Manche dieser Experimente sind winzig, andere wirklich gewaltig. Ich verbringe dort meine Zeit, weil ich selber experimentiere und wir voneinander lernen können. Und wenn man das macht und sieht, dass eine nachhaltige Welt nicht nur möglich, sondern sogar besser ist, wenn man sieht, dass sie bereits umgesetzt wird und sich die Menschen enorm schnell umstellen können: Wie soll man denn da etwas anderes sein als ein Optimist?

Alles Globale hat lokale Wurzeln

Im Gespräch mit der Quantenphysikerin und Aktivistin Vandana Shiva

Vandana Shiva, wie lautet aus der Sicht der Dritten Welt die Kritik am industriellen Wachstumssystem?

●●●●●● Zuallererst sollte die westliche Welt anerkennen, wo ihr Reichtum herstammt und sich nicht länger selbst belügen. Aus der Sicht der ersten Welt ist ihr Reichtum das Produkt einer fast magischen Technologie und hoher Intelligenz. Für uns in der Dritten Welt ist der Reichtum des Westens die Folge der Kolonisierung, der Kontrolle über unsere Wirtschaft und der Sklaverei, bei der man die Bevölkerung eines halben Kontinents einfing, um sie auf Baumwollfeldern in Amerika arbeiten zu lassen. Das sind die Wurzeln dieses 'magischen Erfolgs'. Wir zahlen heute noch die wirtschaftliche, menschliche, soziale und ökologische Zeche.

Welche wirtschaftliche Alternative schlagen Sie vor?

●●●●●● Der größte Fehler im westlichen Konzept sowohl des Wirtschaftens als auch in Wissenschaft und Technologie, ist die Fragmentierung und Zersplitterung, bei der immer nur ein Teil des Gesamtbildes angeschaut wird. Was wir in Indien und die gesamte globalisierungskritische Bewegung heute ablehnen, ist ein Wachstum, das auf Zerstörung baut. Wir wollen ein Wachstum, das sich klar darüber ist, was es zerstört. Und wenn es dann ein wirkliches Wachstum sein soll, wird es so wenig wie möglich zerstören, weil es auf das baut, was existiert und nicht auf den Ruinen dessen, was einmal war.

Heißt das, unser westliches kulturelles Verständnis von 'Wachstum' beruht auf einem Irrtum?

*Dr. **Vandana Shiva** ist eine der wichtigsten Aktivistinnen im weltweiten Kampf gegen Globalisierung, Gen-Technologie und Neo-Kolonialismus. Geboren in Indien, studierte sie Physik und arbeitete als Quantenphysikerin, bevor sie ihre* Research Foundation for Science, Technology and Ecology *gründete. Sie gilt als eine der wichtigsten Vorkämpferinnen des Öko-Feminismus, der die Anliegen der Frauenbewegung und der Ökologiebewegung miteinander kombiniert. Mit verschiedenen von ihr mitbegründeten Massenbewegungen engagiert sie sich besonders für die Bauern der Dritten Welt und ihr Recht auf eine selbstbestimmte Entwicklung. In den letzten Jahren konzentrierte sich ihr Engagement besonders auf den Kampf gegen die Monopolisierung und gentechnische Manipulation des Saatgutes. Vandana Shiva wurde 1993 mit dem Alternativen Nobelpreis ausgezeichnet.*

Die Kunst des Haushaltens: Die Versöhnung von Ökologie und Ökonomie

●●●●●● Es gibt zwei Ebenen der Definition des Wachstumsbegriffes. Und beide sind aus einem sehr patriarchalen Verständnis von Kapital entstanden. Zunächst einmal werden alle Tätigkeiten, die Menschen für ihre Selbstversorgung tun, vom Wachstumsbegriff ausgeschlossen. Das hat wesentlich zur Zerstörung sozialer Gemeinschaften beigetragen. Denn es bedeutet, dass der größte Teil der außerordentlich produktiven Frauenarbeit einfach für unproduktiv erklärt wurde. Das Gleiche gilt für all die Kleinbauern, die frei von irgendwelchen staatlichen Fördermitteln und ohne große Unternehmen im Rücken Subsistenzwirtschaft betreiben – sie tauchen in den Wachstumsstatistiken einfach nicht auf. Mit der Globalisierung ist eine Ebene entstanden, in der diese Sichtweise noch ausgeweitet wird. Denn nun will man uns glauben machen, dass Gesellschaften, deren Wirtschaftssysteme vorwiegend für die Bedürfnisse der eigenen Nation produzieren, nicht produktiv genug sind. 'Wachstum' findet nach dieser Definition dann statt, wenn wir unsere Produkte auf dem internationalen Markt verkaufen und alles, was wir brauchen, aus anderen Nationen importieren. Damit wird letztlich das Gesetz des Marktes über das Gesetz des Lebens gestellt.

Welche Absicht steckt hinter dieser Mischung aus weltanschaulicher Fragmentierung und wirtschaftlicher Globalisierung, von der Sie sprechen?

●●●●●● Kontrolle! Die Absicht, alles zu kontrollieren, ist zugleich das, was am meisten zerstört. Das ist umso absurder, weil wirkliche Kontrolle völlig unmöglich ist. Man kann durch Manipulation keine Kontrolle erlangen. Die Ökologie hat uns lernen lassen, dass der einzige Weg zur Kontrolle über die Selbstkontrolle führt. Das heißt, dass die Gesellschaften in die Lage versetzt werden müssen, ihre Lebensbedingungen zu kontrollieren. Wenn man ihnen diese Möglichkeiten nimmt, verändert sich die ganze demokratische Struktur. Ein gutes Beispiel ist die Geburtenkontrolle: Da ist Selbstkontrolle und individuelle Entscheidungsfreiheit der einzige Weg. Aber sie ist nicht möglich, solange die Menschen nicht die freie Verfügungsgewalt über ihr Land und ihre Lebensbedingungen haben. Man kann den Menschen keine Selbstkontrolle über die Fortpflanzung geben, wenn man sie ihnen auf dem Gebiet ihrer lokalen Ökonomie und der Warenproduktion verweigert. Denn was in einem Gesellschaftssystem reproduziert wird, sind ja nicht nur biologische Organismen, sondern soziale Strukturen, die ganze Gesellschaft wird reproduziert. Und wenn ein großer Teil einer Gesellschaft in unsicheren Verhältnissen lebt, dann entstehen automatisch alle möglichen demographischen Probleme. In den Ländern des Nordens haben wir zu wenig Kinder für die gesellschaftliche Produktion, in den Ländern des Südens zu viele. Gäbe es Sicherheit, würde sich das in der Mitte einpendeln. Deshalb bin ich mir ganz sicher, dass die bisherige Politik der Geburtenkontrolle zu nichts führt. All die Millionen Dollars, die man dafür ausgibt, werden in den Sand gesetzt, weil sie das zentrale Problem übersehen. Und das ist die Freiheit der Individuen, Gesellschaften und sozialen Gruppen, sich selbst zu organisieren.

Auf welchen Mythos baut das gegenwärtige System?

●●●●●● Ich glaube, der grundlegende Mythos ist immer der Schöpfungsmythos. Der Schöpfungsmythos, dem wir heute folgen, erkennt nicht an, dass Schöpfung eine Eigenschaft der Natur ist und dass sie sich im Rahmen einer viel größeren Ordnung als der menschlichen vollzieht. Er verneint letztlich auch, dass es die Frauen sind, die das Leben geben. Er hat zutiefst patriarchale Wurzeln und behauptet, dass es sich bei allen zerstörerischen Handlungen einer patriarchalen Gesellschaft um kreative, schöpferische Akte handelt. Sei es die Bombardierung anderer Länder, das Versprühen von Insektiziden, die Erfindung neuer Pestizide oder die Erschaffung neuer genmanipulierter Organismen, die letztlich die biologische Vielfalt gefährden. All diese zerstörerischen Akte werden als schöpferische Taten gefeiert. Das ist eine zutiefst partiarchale Verhaltensweise, die im sozialen Alltag in dieser Form kaum gelebt werden kann. Aber im Zusammenhang mit der Kontrolle über Geldströme und Kapital wird sie möglich. Deshalb geht sie Hand in Hand mit dem Kapitalismus. Der partiarchale Kapitalismus ist aus meiner Sicht der grundlegende Mythos der Gegenwart. Mit seiner Hilfe wird nicht nur die Natur kontrolliert, sondern auch das weibliche Geschlecht und der menschliche Geist.

Wenn Sie von der Kontrolle durch einen patriarchalen Kapitalismus reden, klingt das nach einem durch und durch kolonialistischen Prinzip. Haben wir den Kolonialismus noch nicht überwunden?

●●●●●● Der Kolonialismus ist alles andere als überwunden. Wir sind heute Zeugen einer neuen Kolonialisierung durch die Globalisierung. Nur die Begriffe haben sich geändert. Denn die Grundmuster der Dominanz westlicher Mächte über nichtwestliche Mächte sind die gleichen. Was hinzu kam, ist die Kolonisierung des Lebens selbst. Das konnte der alte Kolonialismus noch nicht, weil er noch nicht über die Technologie der modernen genetischen Manipulation des Lebens verfügte. Was damit heute kolonisiert wird, sind die inneren Räume aller Lebewesen – der Menschen, der Tiere, der Pflanzen. Neben all den Methoden des alten Kolonialismus handelt es sich bei dieser neuen Form zusätzlich noch um die Kolonisierung der evolutionären Zukunft. Diese Kolonialisierung verwehrt uns Zukunft!

Auf welchen Ebenen muss der Wandel stattfinden?

●●●●●● Aus meiner Sicht geht es um die Auseinandersetzung mit drei Formen der Kolonisierung. Das ist zunächst die Kolonisierung der Natur, die zur ökologischen Krise geführt hat, das ist zweitens die Kolonisierung der Frauen, die zum Geschlechterkrieg und der Unterdrückung der Frauen geführt hat. Und drittens geht es natürlich um die Überwindung der fortgesetzten Kolonisierung nicht-westlicher Kulturen, die zum 'Dritte-Welt-Problem' geführt haben. Diese drei Probleme können nur gemeinsam gelöst werden. Wir müssen begreifen, dass wir Teil einer größeren evolutionären Familie sind und keine privilegierte Spezies. Wenn wir aufhören, die Natur zu kolonisieren, beenden wir auch die ökologische Krise. Das Gleiche gilt für die Kolonisierung der Frauen. Wenn Männer in Industriesystemen die Werte vorgeben und Frauen zum untergeordneten Geschlecht erklären, wird jede kreative Form weiblicher Produktivität und Selbstversorgung für unproduktiv erklärt. Dieses Muster wendet man dann genauso auf ländliche Gesellschaften an. Selbst wenn Frauen auf dem Land 20 Stunden am Tag arbeiten, wird ihre Leistung für die Gemeinschaft nicht ins Sozialprodukt einbezogen und sie gelten als unproduktiv, einfach weil sie nicht den Kriterien des Kapitals genügen. Und all das basiert auf den traditionellen Formen der Kolonialisierung über ganze Kulturen, Land, Bodenschätze und biologische Ressourcen, die wir nach wie vor haben.

Die Kunst des Haushaltens: Die Versöhnung von Ökologie und Ökonomie

Diese Verbindung von feministischen und ökologischen Ansätzen hat Sie zu einer der wichtigsten Vertreterinnen des 'Ökofeminismus' gemacht. Was ist das für Sie?

●●●●●●● Ökofeminismus ist das Ergebnis meiner ganz persönlichen Geschichte als Frau und Aktivistin. Im Feminismus geht es darum, dafür zu kämpfen, dass Frauen nicht länger weniger gelten als Männer. In der ökologischen Bewegung geht es darum, die Natur und ihre Rechte ernst zu nehmen und ihre Bedeutung nicht mehr länger daran zu bemessen, welchen finanziellen Wert sie für ein paar industrialisierte Männer hat. Diese Einsichten sind Teil meiner persönlichen Geschichte, sie sind die Basis dessen, was ich heute bin und tue. Deshalb nehme ich es auch sehr ernst, dass eine große Zahl ökologischer Aktivisten Frauen sind, während die Führungspositionen der Bewegung primär von Männern besetzt sind. Da stimmt etwas nicht, ebenso wie in der Frauenbewegung: Ein Feminismus, der nicht ökologisch ist, reicht mir genauso wenig wie eine Ökologie, die nicht radikal genug ist, die Strukturen der menschlichen Beziehungen zu verändern. Da muss beides Hand in Hand gehen.

Heißt das, dass Engagement für den Wandel gleichermaßen auf der persönlichen wie der politisch- gesellschaftlichen Ebene erbracht werden muss?

●●●●●●● Wir können nur erschaffen, was wir selber sind. Was in dieser globalen Widerstands-Bewegung aber bereits zu erkennen ist, ist ein ganz anderes Verständnis von Macht und Kraft. Die alte Definition von Macht nenne ich patriarchale Macht. Das heißt nicht, dass jeder Mann sie in sich trägt, sondern dass sich die Gesellschaftsstruktur an einem bestimmten Männerbild orientiert hat, dessen zentrale Werte Überlegenheit und Dominanz sind und daraus das Recht ableitet, alle zu unterwerfen, die nicht aggressiv, zerstörerisch und dominierend sein wollen. Wir müssen den Begriff der Macht also kulturell neu definieren: Wirkliche Macht kommt von innen. Wirkliche Macht wendet sich gegen jede Form von Unterdrückung. Wirkliche Macht stärkt den anderen und stärkt einen selbst, anstatt auf die Vernichtung anderer zu bauen. In der indischen Tradition haben wir dafür den Begriff der 'Shakti' – eine Metapher für die kooperative Kraft, die das ganze Universum hervorgebracht hat. Das ist die Energie, die wir in den Wandel hereinbringen müssen.

Wofür genau steht der Begriff der 'Shakti'?

●●●●●●● Für das weibliche, kreative Prinzip in der Natur und im Kosmos. Unsere Kosmologie erkennt die Natur als kreative Kraft an. Bäume entstehen aus Samen und erneuern sich selbst. Gras wächst jedes Jahr neu. Flüsse füllen sich immer wieder neu und der Wasserkreislauf funktioniert ohne jedes menschliche Zutun von alleine. Diese enorme Aktivität ist die kreative Kraft der Natur. In Indien gilt sie als *das* feminine Prinzip des Lebens. Wir finden sie aber nicht nur irgendwo da draußen in der Natur. Denn die Natur ist nicht nur dort draußen, wir selbst sind auch Natur. Also findet sie sich in Männern wie Frauen. Es ist da, es entsteht nicht erst, indem wir es anerkennen. Aber eine Menge moderner Kulturen leugnen diese ursprüngliche kreative Kraft. Die Anerkennung dieses weiblichen kosmischen Prinzips ist gleichbedeutend mit der Anerkennung des Wunders des Lebensatems, der uns erst zu Menschen macht. Es macht uns dem Leben gegenüber demütig und lässt uns erkennen, dass wir nicht sein Meister sind.

Vandana Shiva

Wie könnte die Vision einer Gesellschaft aussehen, die sich von einer patriarchalen Struktur abwendet und dem femininen Prinzip zuwendet?

●●●●●●● Wenn das weibliche Prinzip wieder zum Tragen käme, würden wir zu einem neuen Verständnis von Wachstum kommen. Es würde den Wäldern die Möglichkeit geben, zu wachsen. Es würde die Rückkehr der biologischen Vielfalt auf die Bauernhöfe ermöglichen. Es würde dafür sorgen, dass Selbstversorgung, Selbstvertrauen und Selbstbestimmung ganz oben auf der politischen Tagesordnung stünden. Und daraus würde ein reales Wachstum entstehen. Denn mit der Natur würden auch die Menschen und Gesellschaften aufblühen. Das wäre etwas ganz anderes als diese völlig fiktiven Zahlenreihen in den Geschäftsberichten der multinationalen Konzerne, die heute täglich völlig virtuelle 3 Billionen US-Dollar durch die Welt bewegen.

Das heißt, alte Mythen und Traditionen wie die des femininen Prinzips 'Shakti' können uns bei der Suche nach einer neuen Ethik durchaus unterstützen?

●●●●●●● Ich persönlich bin der Meinung, dass jede neue Form von Ethik zwei Bedingungen erfüllen muss. Erstens muss sie in einer gesunden Beziehung zu traditionellen ethischen Werten stehen. Denn nur die sehr alten Formen menschlicher Organisation können uns lehren, wie ein nachhaltiges Überleben möglich ist. Wir müssen also das Rad der Ethik nicht neu erfinden. Wir müssen lediglich anerkennen, dass Menschlichkeit viele Gesichter und Geschichten hat und schon viel Gutes, Verantwortliches und Nachhaltiges hervorgebracht hat. Natürlich hat es auch viel Zerstörerisches und Gewalttätiges hervorgebracht. Aber es liegt an uns zu entscheiden, welchen Teil dieses Erbes des menschlichen Geistes wir übernehmen wollen. Und die zweite Vorbedingung für eine neue Ethik besteht darin, dass ihre Theorie und Praxis sich Hand in Hand entwickeln müssen. Eine ökologische Ethik, die aus der Praxis auf der Basis der Solidarität zwischen Umwelt-, Frauen- und Dritte-Welt-Bewegungen entsteht, wird eine solche Balance zwischen Theorie und Praxis aufweisen. Wenn eine Theorie isoliert ist und nur aus Kopfgeburten besteht, dann wird sie in der Praxis zu negativen Extremen führen. Solche Teillösungen, welche die Wirklichkeit aufspalten, führen zu nichts. Und eine Sache, vor der wir uns besonders in Acht nehmen müssen, sind jede Art ultimativer Theorien, die behaupten, eine Lösung für alle Probleme zu haben. Das gibt es nicht. Wir müssen vielmehr die Vielfalt feiern. Aber um sie zu feiern, müssen wir anerkennen, dass die einen anders leben als die anderen. Der Wandel funktioniert nur, wenn wir neben der eigenen Theorie den Respekt für die Theorie der anderen haben. In diesem Sinne ist auch der Ökofeminismus keine Ideologie, denn er schließt andere Ansätze nicht aus. Das ist nur *ein* Name, *ein* Orientierungspunkt in einer vielfältigen Landschaft.

Wie unterscheidet sich das alte, ideologische Utopia von der heutigen Vision einer harmonischen, zukunftsfähigen Welt?

●●●●●●● Die alten Utopias führten zu künstlichen Modellen einer Zukunft, für deren Verwirklichung man das Vorhandene zerstören musste. Künstliche Utopias schaffen immer ihre eigene Form von Gewalt, auch wenn ihre Absichten noch so gut sind. Für mich aber entsteht Hoffnung, wenn ich sage, ich lebe diesen eigenen Weg, dieses eigene Leben mit all seiner

Komplexität und Vielfalt. Für mich liegt die Hoffnung in der Kontinuität des Lebens und seiner Prozesse. Und eben nicht in einem theoretischen Idealbild, das irgendwo da draußen im intellektuellen Raum ist und mich anzieht. Diese Lebensprozesse, die wir sehen und von denen wir ein Teil sind, verpflichten uns dazu, sie und ihren Reichtum zu verteidigen. In ihnen liegen alle Möglichkeiten, unseren persönlichen Handlungsspielraum zu vergrößern und positive Werte zu entwickeln: Werte des Teilens, des Gebens, der Pflege. Die westliche Zivilisation kann sich wandeln. Sie kann es schaffen, wenn sie als Ganzes ihren Sinn für Demut wiederentdeckt.

All diese Werte scheinen im Zeitalter der Globalisierung auf dem Rückzug zu sein ....

●●●●●●● Im Prozess der Globalisierung liegen gleichzeitig aber enorme Möglichkeiten, gerade weil er das System so enorm destabilisiert. Die Wut darüber, dass jede produktive Handlung irgendwo auf dem Planeten in das globale Wirtschaftssystem hineinpassen soll, um einen Wert zu bekommen, wächst. Denn diese Politik macht so viele Menschen überflüssig, im Norden wie im Süden. Deshalb müssen wir Wege finden, auf lokaler Ebene wieder die Kontrolle über unsere Entscheidungen und unser Wirtschaften zu gewinnen. Die lokale Kontrolle über Entscheidungsprozesse – also die freie Entscheidung über Jobs, Lebensbedingungen und die natürlichen Ressourcen – ist zum Imperativ für das Überleben geworden. Das ist längst kein Luxus mehr. Früher war es nur im Süden eine Frage des Überlebens. Deshalb haben die Menschen in der Dritten Welt im Kampf auch immer wieder ihr Leben aufs Spiel gesetzt. Wenn in Indien gegen ein Staudammprojekt gekämpft wird, dann heißt es oft: Ich sterbe lieber, als dass ich diesen Staudamm zulasse. Als die Chipko-Bewegung die Rodungen im Himalaya stoppen wollte, haben die Frauen die Bäume umarmt und gesagt: Köpft mich, bevor ihr den Baum köpft. Hier also war es immer eine Frage des Überlebens. Mit der Globalisierung und der Deregulierung des Handels wird das aber ein globales Phänomen.

Welche Folgen hat die Deregulierung für die lokale Autonomie?

●●●●●●● Die Deregulierung des Handels heißt eigentlich etwas sehr Simples. Sie bedeutet einfach das Ende jeglicher Verantwortung einer Regierung oder eines Unternehmens, Sorge für ihre Leute zu tragen. Und es bedeutet das Ende der Kontrolle über die eigene Gesellschaft. Wenn große Teile der Gesellschaft in eine machtlose Position gedrängt werden, dann haben sie nur die Möglichkeit, ihre Lebensbedingungen nach ihren eigenen Maßstäben neu zu gestalten und dafür zu kämpfen. Sonst haben sie keine Chance.

Können aber lokale Lösungen globale Probleme lösen?

●●●●●●● Der einzige Weg zur Lösung eines globalen Problems sind weltweite lokale Lösungen. Ich glaube, es gibt eigentlich überhaupt nichts, was ausschließlich global wäre. Alles Globale hat vielmehr lokale Wurzeln. Die globale Umweltverschmutzung entsteht im Lokalen. Und selbst die internationalen Manager, die den GATT-Vertrag und die Weltbank schufen, haben im Endeffekt alle Merkmale einer kleinen lokalen Gruppe. Diese 'Elite' ist ein machtvoller Männerverein europäischer Herkunft. Wenn man sich das unter ethnologischen Kriterien ansieht, dann ist das ein sehr kleiner Stamm, der sich so verhält, als sei er der globale

Stamm, der jeden anderen Stamm als lokal abwerten darf. Es wird Zeit, dass die Menschen begreifen, dass es sich bei diesen machtvollen Managern auch nur um eine kleine, lokale Gruppe handelt, die nur im weltweiten Maßstab aktiv ist – eine kleine Gruppe mit bürokratischer Mentalität, sehr begrenzten Interessen und Visionen, die gar nicht in der Lage ist, eine nachhaltige Zukunft für den Planeten und seine Lebewesen zu garantieren. Die Lösungen müssen deshalb notwendigerweise lokal sein. Die Leute denken immer: 'Lokal heißt, nur vor meiner Haustür!' Nein! Lokal heißt, die Kontrolle über das eigene Leben haben. Und das muss überall geschehen. Wenn es überall geschieht, wird es zur globalen Lösung.

Ist diese Regionalisierung primär in der sogenannten 'Dritten Welt' nötig oder ein globaler Imperativ fürs Überleben?

●●●●●● Sicherlich sind durch die Globalisierung besonders die ehemaligen Kolonialgebiete gefährdet, neu und noch tiefer kolonialisiert und abhängig zu werden. Aber heute sind wir soweit, dass auch die privilegierte westliche Welt ihre Zukunft und ihre kommenden Generationen gefährdet, mit Arbeitslosigkeit, Hoffnungslosigkeit und wenig Perspektiven für ein Leben jenseits von Geld und Profit. Damit werden ein Großteil der Menschen überflüssig und erkennen keinen Sinn in ihrem Leben. Und eigentlich ist es doch die edelste Aufgabe einer Gesellschaft, einen Raum für die Sinnfindung ihrer Mitglieder bereitzustellen! Was also die erste Welt – und da kann sie von der 3. Welt lernen – dringend braucht, ist ein neues Denken. Es kann nicht länger darum gehen, darauf zu warten, dass die Konzerne Arbeitsplätze schaffen. Wir müssen vielmehr in Selbsthilfe und gegenseitiger Unterstützung eigenständig unsere sozialen Gemeinschaften wieder aufbauen und selbst für unseren Lebensunterhalt sorgen. Und dabei allen Gesetzen und Vereinbarungen widerstehen, mit denen die Konzerne heute versuchen, Selbsthilfe, Selbstversorgung und Kooperation für illegal zu erklären.

Welche Schritte sind dafür nötig?

●●●●●● Ich glaube, ein wesentlicher Teil des Wandels kann erreicht werden, indem wir lernen, die Wirklichkeit anders wahrzunehmen. Wir müssten zum Beispiel lediglich lernen, wahrzunehmen, dass wirkliches Wachstum eigentlich nur dort geschieht, wo Menschen aus Naturprodukten handfeste Produkte erschaffen, wirkliche Dinge, Nahrungsmittel, gute Materialien, stabile Häuser. Und zwar in all der Vielfalt. Dann würden wir erkennen, dass die Menschen, die von unserem Wirtschaftssystem für 'arm' erklärt werden, in Wirklichkeit gar nicht arm sind. Und dann würden wir vielleicht damit aufhören, ihnen im Namen der 'Entwicklung' alle möglichen Dinge anzudrehen, die ihre Kultur zerstören und ihr Überleben in Frage stellen. Wir würden dann möglicherweise auch begreifen, dass tatsächlich drei Viertel der menschlichen Bevölkerung wirtschaftlich 'wachsen', während ein Viertel damit beschäftigt ist, sich selbst und den Rest zu zerstören. Und es könnte uns ermutigen, zu erkennen, dass diese produktiven drei Viertel der Menschheit durchaus in der Lage sind, für sich selbst zu sorgen und die eigentliche Herausforderung darin liegt, dass der zerstörerische Rest der Menschheit sich verändern muss. Diese Veränderung muss primär in den Ländern des Westens geschehen. Denn die Gehirne der Menschen im Westen sind es, die am stärksten und längsten kolonisiert wurden. Sie werden seit 500 Jahren zu diesem Verhalten erzogen, lernen es aus ihren Schulbüchern und erleben dieses Verhalten in ihrem Alltag. Deshalb sind es besonders

Die Kunst des Haushaltens: Die Versöhnung von Ökologie und Ökonomie

die jungen Menschen der westlichen Welt, die in dem Mythos des patriarchalen Kapitalismus leben und ihn fortsetzen.

Muss das eine revolutionäre Veränderung sein oder kann sie sich auch evolutionär vollziehen?

●●●●●● Ich glaube, die Unterscheidung zwischen 'evolutionär' und 'revolutionär' ist das Ergebnis einer Spaltung im europäischen Denken. Revolution bedeutet immer drastischen, dramatischen und oft gewalttätigen Wandel, während Evolution für langsame Veränderungen in kleinen Schritten steht. Wenn es um die Geschwindigkeit des notwendigen Wandels geht, glaube ich nicht, dass wir uns einen langsamen, evolutionären Prozess leisten können. Es muss sich um eine radikale Transformation handeln. In diesem Sinne muss sie revolutionär sein. Wenn die Zerstörungen so revolutionär, so radikal und schnell sind, dann muss jede Eindämmung der Zerstörung ebenso schnell sein, sonst greift sie nicht. Wenn es aber um die Frage der Gewaltlosigkeit und der politischen Methoden geht, dann müssen sie einerseits sehr dramatisch und dringend sein, aber zugleich absolut friedlich und evolutionär, so dass es zu keiner direkten Gewalt gegen irgendeinen anderen Menschen kommt.

Sie haben lange als Quantenphysikerin in der Wissenschaft gearbeitet, bevor sie zur ökologischen Aktivistin wurden. Kann uns die neue Wissenschaft Konzepte an die Hand geben, die einen solchen Wandel möglich erscheinen lassen?

●●●●●● Einiges von dem, was ich bei meiner Karriere als Quantenphysikerin gelernt habe, kommt mir bei der Entwicklung eines neuen ökologischen Welt- und Menschenbilds sehr zu Gute. Denn die beiden Hauptbotschaften der Quantentheorie bestehen darin, dass die mechanistische Weltsicht einerseits falsch ist, weil die Welt nicht aus einander identischen Atomen zusammengesetzt ist und weil sie andererseits keine Erklärung anbieten kann für die nachweisbaren nicht-lokalen Zusammenhänge im Universum. Das alte, mechanistische Weltbild bestand darin, dass Atome wie Billardkugeln zusammenstoßen mussten, damit sich etwas im Universum bewegt. Geschah dies nicht, herrschte demnach Stillstand. Diese Grundüberzeugung findet sich genauso auch in den politischen und ökonomischen Konzepten. Die Quantentheorie beschreibt uns die Welt aber ganz anders. Sie sagt uns nicht nur, dass nichts mit etwas anderem identisch ist, sondern sogar, dass es nicht einmal sicher ist, dass es überhaupt 'ist'. Denn manchmal kann etwas eine Welle sein und manchmal ein Teilchen, je nach dem, auf welche Weise man es betrachtet. Mehr noch: Ob es als Welle oder Teilchen erscheint, hängt davon ab, mit was es in Beziehung steht. Und es kann auch eine Beziehung über sehr weite Entfernungen sein. Das ist das große Thema der 'nicht-lokalen Zusammenhänge', die dadurch entstehen, dass jedes Teilchen ein Teil der Information aller Teilchen erinnert, denen es schon begegnet ist. Da existiert eine organische Verbindung zur Geschichte jedes Teilchens, jedes Organismus', jedes Systems. Es ist immer mehr als das, was wir heute von ihm wahrnehmen, weil es die Erinnerung dessen in sich trägt, wo es herkommt und alle seine Verhaltensweisen aus diesem inneren Gedächtnis entstehen. Diese fundamentalen Erkenntnisse der Quantentheorie sind ja auch die Grundannahmen der modernen Ökologie, dass nämlich alle Dinge miteinander in Beziehung stehen und dass alles, was man dem Netz des Lebens antut, sich der Mensch letztlich selber antut. Deshalb war es für mich auch immer sehr einfach, zwischen den

Denksystemen der Quantentheorie und der Ökologie zu wechseln. Wenn man von den gemeinsamen Prinzipien ausgeht, kann man die jeweiligen Details je nach Bedarf daraus entwickeln. Die meisten Wissenschaftler tun das nicht. Sie betreiben ihre Profession wie ein isoliertes Ritual des Macht- und Geldgewinns – sie sehen nur das Detail und eben nicht das größere Prinzip.

Brauchen wir das Verständnis dieser komplexen Theorien für den kulturellen Wandel?

●●●●●●● Ich glaube, es ist absolut entscheidend, dass wir die mechanistische Sichtweise hinter uns lassen. Dafür brauchen wir aber nicht notwendigerweise die Quantentheorie. Wir müssen nur sensibler werden für die Welt, die uns tagtäglich umgibt. Wir müssen sehen, dass unsere bisherige reduktionistische Sichtweise der Fragmentierung und Zersplitterung eine ökologische Schweinerei und Zerstörung zur Folge hatte. Wenn uns diese Einsicht verunsichert, dann können wir auf die neuen Wissenschaften zurückgreifen, die uns genau das bestätigt und deutlich machen, dass wir nicht spinnen. Aber wenn wir genug Vertrauen in unsere Wahrnehmung und unseren gesunden Menschenverstand haben, dann brauchen wir die Absicherung durch die Quantentheorie oder neue Biologie überhaupt nicht.

Wo in diesem Prozess des kulturellen Wandels stehen wir heute also?

●●●●●●● Wir haben 500 Jahre Kolonialismus hinter uns, in denen man an die Überlegenheit weißer Männer glaubte, damit Diebstahl und Gewalt legitimierte und alle anderen Rassen die Zeche zahlen ließ. Dann hatten wir ein halbes Jahrhundert 'Entwicklungspolitik', in denen uns die Länder des Westens Technik und Fortschritt versprachen und statt dessen eine Plastik- und Rohöl-Kultur brachten, die den Planeten zerstört. Ich glaube, heute stehen wir an der Schwelle zu einem neuen Denken, bei dem 'Entwicklung' nicht mehr länger verstanden wird als die Globalisierung von nicht-nachhaltigen Produktionsmethoden und Konsummustern. Wir beginnen zu begreifen, dass wirkliches Wachstum pluralistisch ist: Es handelt sich um eine Interaktion einerseits zwischen unterschiedlichen Gesellschaften und andererseits zwischen Gesellschaften und der Natur auf der Basis gegenseitigen Respekts. Und dieser gegenseitige Respekt gilt sowohl für die unterschiedlichen Spezies im Ökosystem als auch für die unterschiedlichen menschlichen Kulturen.

Wenn wir von neuer Ethik, neuen Werten, neuen Weltbildern sprechen, dann berührt das auch die tiefste Ebene im Menschen – seine Religiosität. Brauchen wir an der Basis des Wandels auch eine neue Spiritualität?

●●●●●●● Wenn wir realisieren, dass es in der Natur und in uns so etwas gibt, wie eine innere Selbstorganisation und eigene Entwicklungsdynamik, dann gewinnen wir die Fähigkeit, die Propaganda des Wirtschaftswachstums, die Regeln der Kontrolle durch Staat und Wirtschaft in Frage zu stellen und über die Dummheit der Werbestrategien, die unsere Hirne kolonisieren wollen, zu lachen. Und das ist dann tatsächlich auch eine 'spirituelle Revolution'. Denn was ist Spiritualität? Sie bezeichnet nichts anderes als unsere Fähigkeit, innere Ressourcen zu entwickeln und uns seelisch gegen alle Formen von Gewalt und Einschränkungen zu stärken, die sonst zu Apathie, Lähmung und Angst führen. Spiritualität war in vielen Gesellschaften immer schon ein Werkzeug, um das zu erreichen. Deshalb können uns auch alle spirituellen Mythen heute dabei helfen.

Wege zum Ökokapitalismus

Im Gespräch mit dem Mathematiker und Ökonom Amory Lovins

Grüne Parteigänger und Umweltschützer haben häufig ein sehr kritisches Verhältnis zur Technologie. Sie aber sehen auch viel Gutes, was aus der modernen Technik entstehen kann. Ist es möglich, viele der heutigen ökologischen Probleme und den Mangel an Ressourcen durch einen anderen Umgang mit der Technik zu lösen?

●●●●●●● Mit Hilfe der modernen Technik kann unser Umgang mit den natürlichen Ressourcen sehr viel produktiver werden, was sowohl der Wirtschaft als auch der Umwelt zu Gute kommt. Es wäre einfach dumm, eine solche Technologie nicht anzunehmen und im großen Maßstab zu nutzen. Firmen, die sie nicht anwenden, werden schon bald nicht mehr im Geschäft sein. Der ehemalige Chef des Chemieunternehmens Dupont hatte ganz Recht, als er bemerkte, dass ein Unternehmen, das sich mit der Umwelt versöhnt, florieren wird. Diejenigen, die es nicht tun, sagte er weiter, wären deshalb kein Problem, weil es sie nicht mehr lange geben wird. Natürlich gibt es auch Technologien, die idiotisch sind, unökonomisch und zerstörerisch. Von denen sollten wir natürlich die Finger lassen. Mit der Technologie ist es so wie mit allen anderen Dingen: Wir müssen unseren gesunden Menschenverstand benutzen und differenzieren und nur das verwenden, was uns wirklich nutzt.

Sie haben den Begriff 'natural capitalism' geprägt, was sich in Deutsch am ehesten als 'Naturkapitalismus' oder 'Ökokapitalismus' übersetzen lässt. Wir kennen den Begriff 'Naturschätze'. Naturkapitalismus klingt nach einer sehr neuen Sichtweise. Ist sie das?

*Prof. Dr. **Amory Lovins** gilt als der führende Spezialist auf dem Gebiet nachhaltigen Wirtschaftens. Die Zeitschrift 'Newsweek' nannte ihn einen „der einflussreichsten Energie-Denker der westlichen Welt". Der studierte Physiker gründete gemeinsam mit seiner Frau das Rocky Mountain Institute, das seit 1982 Konzepte für ressourcenschonende Wirtschafts- und Produktionsweisen realisiert. Er berät in über 30 Ländern Regierungen und zahllose Unternehmen bei der Umstellung auf nachhaltige Konzepte. Dabei legt er großen Wert darauf, nicht nur theoretische Konzepte zu entwickeln, sondern Strategien zur Umsetzung zu bringen, die bereits in der Praxis erprobt wurden und erfolgreich waren. Amory Lovins wurde 1983 mit dem Alternativen Nobelpreis ausgezeichnet. Zu seinen wichtigsten Veröffentlichungen zählt „Sanfte Energie" (1987), „Faktor Vier. Doppelter Wohlstand, halbierter Verbrauch" (1997), „Voller Energie" (1999), „Ökokapitalismus. Die industrielle Revolution des 21. Jahrhunderts" (2000).*

Die Kunst des Haushaltens: Die Versöhnung von Ökologie und Ökonomie

●●●●●● Die innere Logik eines Öko-Kapitalismus ist eigentlich sehr alt. Es ist der gleiche Ansatz, der die industrielle Revolution hervorbrachte. Damals war der Mangel an Arbeitskräften die natürliche Grenze bei der Ausbeutung einer scheinbar grenzenlosen Natur. Die Wirtschaftswissenschaften lehren uns, mit der knappsten Ressource sparsam umzugehen, weil die Ressourcenknappheit die natürliche Grenze des Wachstums ist. Dieses Gesetz der Knappheit gilt auch heute noch, nur die Mängel liegen woanders. Heute haben wir einen zunehmenden Überfluß an Arbeitskräften und abnehmende Bodenschätze. Also macht es Sinn, die vorhandenen Ressourcen hundert mal so ökonomisch einzusetzen, um ihre Knappheit zu umschiffen. Ein Naturkapitalismus ist mehr als nur ein 'ismus' hinter dem Begriff 'Naturkapital', eher das Gegenteil. Durch diesen Ansatz lernt der Kapitalismus, die Naturschätze in ihrem Wert für das Ökosystem und die ganze belebte Biosphäre, von der wir profitieren, endlich anzuerkennen. Das Ökosystem versorgt uns mit Nahrung, Luft und Wasser, es stabilisiert das Klima, garantiert die Fruchtbarkeit der biologischen Welt usw. Wissenschaftler haben errechnet, dass diese Leistungen unter wirtschaftlichen Gesichtspunkten wahrscheinlich mehr wert sind als alle Gewinne der Weltwirtschaft. Eigentlich sind diese Leistungen unbezahlbar, denn sie geben uns, was wir selbst nicht herstellen können und ohne das wir nicht leben können. Aus der Perspektive eines Ökokapitalismus lässt sich konstatieren, dass der konventionelle Kapitalismus unnatürlich ist. Denn er baut darauf auf, das Naturkapital zu zerstören und seinen Wert zu ignorieren, obwohl es nicht nur die Grundlage allen Lebens darstellt, sondern auch aller ökonomischer Aktivitäten!

Was sind die Grundpfeiler des 'Ökokapitalismus'?

●●●●●● Ökokapitalismus wartet nicht länger darauf, dass wir irgendwann in den nächsten Jahrzehnten den tatsächlichen Wert der Natur begreifen und ihn bei unseren Produkten in Rechnung stellen. Stattdessen will er durch vier Grundgedanken dazu beitragen, dass wir uns heute schon so verhalten, als wenn wir den Wert der natürlichen Ressourcen anerkennen würden. Das muss aber immer noch wirtschaftlich sein, denn heute taucht die Natur in den Bilanzen in der Regel nicht auf. Das erste und wichtigste Prinzip besteht darin, die Ressourcen radikal sparsamer zu nutzen, am besten um einen Faktor zwischen 10 und 100. Tatsächlich können wir heute diese magische Kostengrenze durch ein neues Design und innovative Produktionsmethoden untertunneln und dadurch kostengünstiger und mit guten Profiten in großem Umfang Ressourcen sparen.

Lassen Sie uns diese vier Grundgedanken, einen nach dem anderen, durchgehen ...

●●●●●● Das zweite Prinzip des Ökokapitalismus besteht darin, die Produktion nach biologischen Richtlinien neu zu gestalten, also wie in der Natur, in kleinen Kreisläufen, ohne Abfall und chemische Gifte. Drittens müssen wir den Handel so umgestalten, dass er lösungsorientiert wird. Statt gelegentlich Produkte zu verkaufen, muss statt dessen ein stetiger Fluss an wertvollen Dienstleistungen angeboten werden. Die Beziehung zwischen Hersteller und Verbraucher muss dabei so gestaltet sein, dass beide durch eine ständige Verbesserung der Ressourcennutzung, der Produktivität und durch geschlossene Kreisläufe profitieren. Schließlich müssen wir viertens einen Teil der Gewinne aus den ersten drei sehr lukrativen Ansätzen

Amory Lovins

zur Reinvestierung verwenden, und zwar in die Erneuerung, die Erhaltung und die Steigerung der natürlichen Ressourcen. So können wir die Leistungen, die das Ökosystem mit seinen biologischen Reichtümern für uns bereit hält, noch reicher machen. Und dabei stellt sich immer mehr heraus, dass auch diese Maßnahme sehr profitträchtig ist, weil es letztlich der ‚Liebe Gott' ist, der sich um die Produktion kümmert. Alles, was wir zu tun haben, ist, zur Seite zu treten und das Leben blühen zu lassen.

Das klingt erstmal nach sehr trockenen Lehrsätzen. Können wir uns jedes dieser Prinzipien etwas genauer anschauen. Um beim ersten Punkt, dem sparsameren Umgang mit Ressourcen, anzufangen: Welche realistischen Möglichkeiten gibt es da bereits?

●●●●●●● Alles, was ich vorschlage, stammt tatsächlich aus direkter geschäftlicher Erfahrung. Das sind keine theoretischen Hirngespinste, sondern alles Dinge, die in der Geschäftswelt passieren, um die Profite zu verbessern und auf dem Markt konkurrenzfähiger zu werden. Die einleuchtendsten Beispiele stammen aus dem Alltag. Man kann mittlerweile leichte Häuser bauen, die keine Heizung oder Klimaanlagen mehr brauchen und in denen man sich wohlfühlt, auch wenn draußen Temperaturen zwischen 40 Grad minus und 40 Grad plus herrschen. Und das bei sinkenden Baukosten. Auch in Bürogebäuden sind finanzielle oder sogar größere Einsparungen möglich. Quer durch die ganze Industrie und bei der Landwirtschaft sind Einsparpotentiale um den Faktor 10 möglich. Die größten Überraschungen finden wir bei den Fahrzeugen: Wir wissen heute, wie man Familien-Autos herstellt, die ein oder zwei Liter auf hundert Kilometern verbrauchen, ohne an Qualität zu verlieren. Tatsächlich sind sie oft auf allen Gebieten herkömmlichen Fahrzeugen überlegen. Das heißt, sie werden nicht klein und träge und unsicherer, weil sie effizient sind. Das Gegenteil trifft zu.

Ist das Zukunftsmusik? Oder wird so etwas schon in den Fabriken produziert?

●●●●●●● Na ja, Honda bringt auf dem amerikanischen Markt ein Fahrzeug heraus, das zu zwei Dritteln dem entspricht, was ich ein Hyper-Auto nenne. Sie bauen auf einem Motor auf, wie ihn Porsche vor fast hundert Jahren erfunden hat, der aber ein Drittel leichter und ein Drittel windschnittiger ist als konventionelle Fahrzeuge. Wenn dieses Drittel auf zwei Drittel wächst – etwa indem man ihn aus neuesten Polymeren wie Carbonfieberglas herstellt statt aus Aluminium, dann wäre es ein Hyper-Auto. Es gibt bei den Autoherstellern riesige Anstrengungen, da weiter zu kommen. Bis Ende 1998 hat man bereits 5 Milliarden Dollar da hineingesteckt. Und die Investitionen verdoppeln sich zur Zeit alle 1 ½ Jahre. Diese Autogeneration wird soviel Öl einsparen wie die OPEC zur Zeit pro Jahr verkauft. Mehr noch: Sie wird das Ende der bisherigen Auto-, Öl-, Stahl-, Aluminium-, Energie- und Kohle-Unternehmen sein und der Anfang von Unternehmen, die sparsamer sind und dabei mehr als bisher verdienen.

Kommen wir zu Ihrem zweiten Vorschlag: Sie schlagen vor, die Produktion am Vorbild der Natur auszurichten, Kreisläufe zu etablieren. Können Sie das näher erklären?

Die Kunst des Haushaltens: Die Versöhnung von Ökologie und Ökonomie

●●●●●● Dem deutschen Publikum ist dieser Ansatz wohl bekannt, denn hier hat man ja aus dem Abfallgesetz ein Kreislaufgesetz gemacht – eine sehr gute Idee übrigens. Dieser Ansatz ist auch im kleinen Maßstab sehr effektiv: An der Universität Zürich haben zum Beispiel die Chemie-Professoren Fischer und Oixter irgendwann gemerkt, dass in ihrem Labor jedes Jahr Chemikalien im Wert von 6000 $ in giftigen Abfall verwandelt werden und Kosten von 16.000 $ für die Entsorgung verursachen. Sie hatten die brilliante Idee, die Übungen in ihrem Labor rückwärts laufen zu lassen. Ganz nach dem Motto: 'Vermittle das gleiche Fachwissen, aber zeige ihnen, wie sie das üble giftige Gebräu in seine ursprünglichen Bestandteile zurückverwandeln'. Also machten sie es und reduzierten nicht nur ihren Abfall um 92 %, sondern lehrten auch das Kreislauf-Denken und stellen jetzt der chemischen Industrie auch Absolventen zur Verfügung, die einen ganzen Industriezweig retten können. Das einzige Problem bestand darin, dass die Studenten Tag und Nacht daran herumexperimentierten und bald keinen Sondermüll mehr hatten, mit dem sie arbeiten konnten. Aber das ist eigentlich ein Problem, was man gerne hat.

Beim Müll leuchtet das ein. Funktioniert das auch bei neuen Produkten?

●●●●●● Ein anderes Beispiel stammt von dem deutschen Umweltchemiker Michael Braungardt und seinem amerikanischen Partner Bill McDonnor, die beauftragt wurden, einen neuen Stoff zu entwickeln, mit dem man Bürostühle beziehen kann. Der Stoff wurde in der Schweiz hergestellt, wo die Regierung die gummierten Nahtstellen zu Sondermüll erklärt hatte. Wenn der Besatz giftig war, konnte der Stoff, auf dem wir sitzen, nicht viel besser sein. Also nahmen Braungardt und McDonnor alle 8.000 Chemikalien unter die Lupe, die zur Herstellung von Stoff gebraucht werden. Sie sortierten alle Substanzen aus, die krebserregend sind, Mutationen, Geburtsfehler oder Frühgeburten auslösen, Allergene sind oder in der Nahrungskette landen können. Übrig blieben 38 sichere Chemikalien. Aus diesen 38 Substanzen konnten sie Stoffe jeder Farbe herstellen, die länger haltbar waren und sich besser anfühlten. Die Herstellung war billiger und es gab nicht länger Sorgen um die Gesundheit der Arbeiter und Anwohner, weil keine Gifte mehr benutzt wurden. Das ist ein schönes Beispiel dafür, wie viele Vorteile man haben kann, wenn, wie McDonnor es ausdrückte, „man die Filter aus den Rohren herausnimmt und sie dort platziert, wo sie hingehören: In den Kopf des Erfinders".

Bleibt die Natur immer nur Analogie oder können wir auch direkt von ihr lernen?

●●●●●● In Bezug auf diese zweite Grundregel des Öko-Kapitalismus kann man auch Lösungen direkt aus der Natur übernehmen. Man braucht sich bloß umzuschauen, um zu sehen, was für ein Potential darin liegt. Vielleicht entdeckt man eine Spinne; Spinnen stellen einen Seidenfaden her, der so stark ist wie das Polyamid, aus dem schusssichere Westen hergestellt werden und dabei noch zäher. Spinnen stellen dieses Material bei ganz normalen Temperaturen her. Sie brauchen dafür keine chemischen Anlagen, in denen Säuren unter Hochdruck gekocht werden. Ein anderes Beispiel sind Muscheln. Sie schützen ihre Innenschale mit einem Stoff, der härter ist als unsere beste Keramik. Sie brauchen dazu nur Meerwasser. Bäume stellen einen Zucker namens Zellulose her, der haltbarer als Nylon ist, aber weniger dicht und können dieses Material umwandeln in ein Naturprodukt, das wir 'Holz' nennen und das letztlich stärker und stabiler ist als Stahl, Aluminium oder Beton. Wenn wir also so geschickt sein könnten wie Spinnen, Muscheln oder Bäume, dann hätten wir längst elegante lebensfreundliche Technologien statt unserer mittelalterlichen Praktiken des Verheizens, Draufhauens und Zerstörens.

Der dritte Punkt, den Sie ansprachen, fasziniert mich am meisten, weil unser ganzes Wirtschaftssystem in der Regel ja darauf ausgerichtet ist, zu verkaufen und zu konsumieren. Wenn Sie davon reden, dass die Wirtschaft so umgestaltet werden muss, dass man Dienstleistungen statt Produkte verkauft, dann verändert das unser ganzes wirtschaftliches Denken. Wie kann sowas funktionieren?

●●●●●● Oft wollen wir gar nicht das Produkt, sondern die Dienstleistung haben, die das Produkt leistet. Deshalb hat sich die Schweizer Aufzug-Fabrik Schindler entschlossen, in Zukunft vertikale Transporte zu vermieten, statt Aufzüge zu verkaufen. Weil ihre Aufzüge sehr zuverlässig und effizient sind, können sie so an den Vorteilen ihres Qualitätserzeugnisses selber verdienen, wenn es lange in Betrieb ist und nur gewartet werden muss. Die Reinigungsmittel-Firma Dow & Safety bietet mittlerweile Firmenreinigungen an, statt Lösungsmittel zu verkaufen. So kann sie ihre hochentwickelten Reinigungsmittel 50 oder 100 Mal benutzen, bis die Moleküle gesättigt sind, spart Rohstoffe und verdient mehr dabei. Carrier, der größte Hersteller von Klimaanlagen, hat sich darauf verlegt, den Service eines guten Raumklimas zu vermieten. Wenn sie es schaffen, ihren Raum während heißer Tage angenehm zu klimatisieren, ohne ihre Anlagen zu benutzen und trotzdem daran verdienen, ist das gut für beide. Und solche Beispiele gibt es ohne Ende. Eins, was ich am faszinierendsten finde, weil es die ersten drei Prinzipien des Öko-Kapitalismus bündelt, wurde von der Firma Interface umgesetzt, dem weltweit größten Hersteller von Teppichböden. Sie kamen zu der Einsicht, dass die Kunden eigentlich keinen Teppich wollen, sondern nur auf einem Teppich laufen und ihn anschauen wollen. Was sie nun anbieten, ist das Leasing einer Dienstleistung, Böden zu bedecken. Sie kommen einmal im Monat bei ihren Kunden vorbei, checken nachts den Zustand der Böden, entfernen abgetretene Teile und ersetzen sie durch neue. Weil sie nur die verbrauchten Teile auswechseln, brauchen sie nur ein Fünftel des Teppichs und haben trotzdem ein garantiert fließendes Einkommen. Hinzu kommt, dass sie ein neues Produkt entwickelt haben, das besser als alle konventionellen Teppichböden ist: Es braucht zwei Fünftel weniger Rohmaterialien, aber hält viermal so lang. Damit sinkt der Grammverbrauch pro Quadratmeter um den Faktor Sieben. Wenn man das mit der fünffachen Sparrate kombiniert, die dadurch zustande kommt, dass nur die verbrauchten Teppichteile ausgewechselt werden, ist man schon bei einer 35fachen Einsparung von Rohstoffen pro Quadratmeter. Außerdem ist der Teppich nie fleckig, sieht besser aus, hat hervorragende akustische Werte und ist ohne Giftstoffe produziert. Er kann als das gleiche Produkt völlig recycled werden und sogar als Erstprodukt aus wiederverwerteten Rohmaterialien hergestellt werden. Wenn man diese Vorteile für den Verbraucher mit einer 35fachen Einsparung beim Materialfluss kombiniert, dann wird es ziemlich schwierig sich vorzustellen, wie irgend jemand mit so einer Geschäftsidee konkurrieren will. Ich glaube, wir bewegen uns auf eine Wirtschaft zu, in der jeder, der versucht, eine Serviceleistung zu *verkaufen*, gefragt werden wird: „Warum verkaufst du mir dieses Ding? Wenn es tatsächlich all die Vorteile hat, warum verdienst du dann nicht selbst daran und versorgst mich nur mit der optimalen Dienstleistung? Wenn du es mir verkaufen willst, muss irgendein Haken daran sein".

Die Kunst des Haushaltens: Die Versöhnung von Ökologie und Ökonomie

Also bewegen wir uns auf eine Dienstleistungs-Wirtschaft zu?

●●●●●● Ja, aber nicht in dem Sinn, dass wir irgendwann alle in Schnellrestaurants arbeiten, statt in Stahlwerken, sondern in dem Sinn, dass statt eines Produktes eine Dienstleistung angeboten wird und das Verhältnis zum Verbraucher so gestaltet wird, dass sowohl der Anbieter wie der Nutzer von den gleichen Vorteilen profitiert. Und das heißt in der Regel: Besserer Service bei geringeren Kosten. Diese Ergänzung der Interessen ist gut für's Geschäft, denn es stärkt die Verbindung zum Verbraucher, steigert die Gewinne, verbessert den Service, kostet den Verbraucher weniger und macht jeden zufriedener. Außerdem verhindert es Instabilitäten in den Bilanzen, weil keine überraschenden Riesensummen ausgegeben werden müssen und es die Hersteller dabei unterstützt, langlebige Produkte zu verwenden, die sie selbst davor bewahren, alles rauszureißen und zu ersetzen.

Jede Definition von Nachhaltigkeit lässt auf die Einsicht verdichten, dass wir der Natur genau soviel zurückgeben müssen, wie wir von ihr nehmen. Das vierte Prinzip des Ökokapitalismus scheint mir in diese Richtung zu deuten. Sie fordern, dass Gewinne wieder in natürliche Ressourcen, in 'Naturkapital' reinvestiert werden sollten. Welche Möglichkeiten gibt es da?

●●●●●● Wir entdecken mehr und mehr, dass Unternehmen, die direkt vom Reichtum der Natur abhängen, zur Umsetzung dessen viele Möglichkeiten haben, die gut funktionieren und wenig kosten. Da gibt es viele Ansätze auf dem Gebiet der ökologischen Landwirtschaft oder bei der Viehhaltung, wo das natürliche Grasen der Rinder im Freien das Land fruchtbarer macht, wenn man die Standorte je nach Klimaverhältnissen im richtigen Rhythmus wechselt. Das ist gut für den Wasserkreislauf, erneuert die Böden, nimmt Kohlendioxid aus der Luft und bringt es zurück in die Erde, wo es hingehört. Wir wissen heute auch, wie man schwieriges industrielles Schmutzwasser wieder zu exzellentem Trinkwasser macht, indem man es durch bestimmte Pflanzen biologisch klärt. Im amerikanischen Mittelwesten pflanzt man heute vor Geschäftshäusern ganz normales Präriegrass an, dessen Pflanzung kaum etwas kostet, das völlig dem Klima angepasst ist und weder künstliche Bewässerung, noch irgendwelche Pflanzenschutzmittel braucht. Ich glaube, dass viele Unternehmen, die sich heute noch sehr wenig mit der Natur verbunden fühlen, ihr sehr viel näher kommen werden, wenn sie erst beginnen, biologische Produktionsformen, Prozesse und Materialien in Betracht zu ziehen.

Gleichzeitig gibt es gegenüber all diesen technischen Formen des Umweltschutzes die oft berechtigte Kritik, dass dieser Ansatz zu oberflächlich sei, weil er unser gespaltenes und ausbeuterisches Verhältnis zur Natur nicht grundsätzlich verändert. Halten Sie es für möglich, dass wir auch aus einer technologischen Perspektive die Natur als einen Lehrer und als Vorbild für die moderne Technik sehen könnten und sich auf diese Weise unser Verhältnis zur Natur auf einer grundsätzliche Art ändern kann?

Amory Lovins

●●●●●●● Ja, genau das glaube ich! Wir fangen an zu begreifen, dass die Natur über 3,8 Milliarden Jahre Erfahrung in der Herstellung und dem Design von Dingen besitzt und dass es sich um ein sehr robustes Design handelt, welches unter extremen Bedingungen erprobt wurde und, weil es da ist, bewiesen hat, dass es funktioniert. Alles, was nicht funktioniert hat, wurde quasi vom Hersteller wieder vom Markt genommen. Wir wären wahrscheinlich ein gutes Stück weiter, wenn wir die Natur als Vorbild und Ratgeber nutzen würden, anstatt ihr auszuweichen oder sie zu manipulieren.

All diese Vorschläge und Ideen beziehen sich eher auf das, was die Industrie durch neue Ansätze und Produktionsformen leisten könnte. Welche Möglichkeiten sehen Sie auf der individuellen Ebene? Nehmen wir doch als Beispiel mal das Stromsparen. Hat das Verhalten eines Einzelnen da eigentlich überhaupt eine Bedeutung?

●●●●●●● Mein eigenes Haus, das 372 Quadratmeter groß ist und 1993 gebaut wurde, verbraucht z.B. ein Zehntel des amerikanischen Durchschnitts oder drei bis fünf Mal weniger, als es deutschen Vorschriften entspricht. Das ist möglich und es kann auch im großen Maßstab umgesetzt werden. Ich verbrauche mit meiner elektrischen Anlage durchschnittlich 110 Watt, ungefähr soviel wie für eine Glühbirne, um alles zu betreiben. Wir brauchen durch gute Isolation keine Heizung mehr und das funktioniert auch in den kältesten Wintern bestens. Durch effektive Nutzung sowie passive und aktive Sonnenenergie sparen wir außerdem 99% der Energie zum Erwärmen des Wassers. Zusammengenommen spart man da soviel, dass die notwendigen Investitionen sich nach zehn Monaten amortisiert haben. Ich denke, das illustriert, welche Einsparpotentiale es heute bereits gibt. Das Gleiche gilt für die Wirtschaft, den Transport, das Bauwesen – überall sind die Effektivitätssteigerungen trotz Sparsamkeit viel größer als wir bislang angenommen haben. Leider berücksichtigen die offiziellen Energiespar-Studien noch nicht die hochvernetzten Designformen, die man dafür braucht. Sie rechnen immer noch mit Einzeltechnologien und summieren die Wirkungen, statt sie zu vernetzen.

Gibt es schon Statistiken, die Aussagen darüber machen, wie viel weniger fossile Brennstoffe oder wie viel weniger Plutonium gebraucht würde, wenn in privaten Haushalten in dieser Form Energie gespart würde? Viele Leute denken ja immer noch, dass es kaum etwas bewirkt, wenn sie Energiesparlampen benutzen.

●●●●●●● Wolfgang Feist aus dem Darmstätter Klima-Institut hat errechnet, dass 85% der Energie, die in deutschen Haushalten verbraucht wird, durch recht einfache Methoden eingespart werden kann. Dafür braucht man sich gar nicht die hochmodernen Null-Energiehäuser als Vorbild nehmen. Viel interessanter sind die Möglichkeiten, Altbauten so zu sanieren, dass sie sparsam werden. Und da gibt es Methoden, sie mit einer neuen Außenhaut zu versehen, die in Skandinavien und Kanada erprobt wurden. Sie verlängern die Lebensspanne des Gebäudes, reduzieren die Heizkosten und erhöhen den Wohnkomfort.

Die Kunst des Haushaltens: Die Versöhnung von Ökologie und Ökonomie

In Deutschland wird zur Zeit viel von einer Energiewende gesprochen. Ihre Vorschläge könnten ja auch in der Form missverstanden werden, dass man bei optimierten Einsparungsmöglichkeiten bei den bisherigen Formen der Energiegewinnung bleiben kann. Stimmt das oder ist das Energiesparen der Schlüssel für den Eintritt in das Solarzeitalter?

●●●●●● Energiesparen und erneuerbare Energieformen ergänzen sich gegenseitig. Sparsamkeit kann die Einführung erneuerbarer Energieformen beschleunigen und kostengünstiger machen. Wenn man zum Beispiel moderne Duschköpfe zusammen mit hochentwickelten Kollektoren benutzt, kann auch in Deutschland die Wärmeenergie von der Sonne völlig ausreichen. Weil mein Haus nur ein Zehntel der üblicherweise nötigen Energie verbraucht, schaffe ich das mit ein paar Quadratmetern Solarzellen auf dem Dach. Es geht wirklich darum, die verschiedenen Ansätze und Erkenntnisse miteinander zu kombinieren, sowohl auf der Nachfrage- als auch auf der Angebotsseite. Wir müssen lediglich darauf achten, dass wir die richtigen Schritte in der richtigen Reihenfolge machen.

So ein sparsames Haus zu bauen, scheint teuer zu sein. Glauben Sie, dass das in Zukunft billiger wird? Oder ist der Grund für die hohen Preise, dass die Hersteller diesen integrierten Ansatz noch nicht wirklich verstanden haben?

●●●●●● Es gibt mittlerweile bei solchen Gebäuden in den unterschiedlichsten Klimazonen Hunderte von Fallbeispielen, die zeigen, dass mit einem integrierten Design in hohem Maße Rohstoffe gespart, die Natur bewahrt, die Lebensqualität verbessert und Kosten gesenkt werden können, wodurch die Gebäude oftmals lukrativer und auf dem Markt überlegen sind. Unter diesem Gesichtspunkt wird es sehr interessant sein, ob zum Beispiel das Passiv-Energiehaus in Darmstadt nur ein Experiment bleibt oder wie solche Häuser langfristig ankommen, die im Zusammenhang mit der EXPO in Hannover vorgestellt wurden. All diese Projekte brauchen fast keine Heizenergie, aber kosten nicht mehr als Häuser herkömmlicher Bauweise. All das ist absolut machbar: Man spart so viel beim Heizen, dass man leicht zusätzlich etwas für Wärmetauscher oder ähnliche Maßnahmen ausgeben kann. Der Glaube, dass Effektivität teurer ist, ist wirklich überholt.

Das Natürliche ist zu kooperieren

Im Gespräch mit dem Ökonom Manfred Max-Neef

Sie haben als Professor für Wirtschaftswissenschaften eines Tages alles, was Sie wussten und lehrten, in Frage gestellt. Wie kam es dazu?

●●●●●●● Ja, das war ein ganz entscheidender Tag in meinem Leben. Ich bin ein Ökonom und habe in verschiedenen wichtigen Universitäten der Welt Ökonomie gelehrt, aber es kam ein Moment, in dem ich fühlte, dass mir etwas fehlte. Ich begriff plötzlich, dass ich als Ökonom eigentlich einer Berufsgattung angehöre, die den Fortbestand einer gesunden Biosphäre unmittelbar gefährdet und den angehenden Managern vermitteln soll, wie sie möglichst erfolgreich in unserem System wirtschaften. Da habe ich mich entschieden, erst einmal für eine Zeitlang ins 'Feld' zu gehen, also in die Armengemeinschaften, zu den landlosen Saisonarbeitern in die chilenischen Sierras, in den Dschungel und auch in Großstadt-Armenviertel. Da habe ich gelebt und gearbeitet, für insgesamt 12 Jahre. Und natürlich habe ich da entdeckt, dass sämtliche Wirtschaftstheorien, die ich kannte und für richtig hielt, absolut wertlos sind, wenn man der Armut ins Gesicht schaut. Die Armut hatte plötzlich einen Namen. Sie hieß zum Beispiel Hans Müller. Wenn ich mit so jemandem, der in sozialer Not lebte, zusammen war, dann machten die ökonomischen Konzepte, mit denen ich lebte, keinen Sinn mehr. Denn was bringt ihm das, wenn ich ihm – wenn er arbeitslos ist und in großer Armut lebt – sage: „Aber hör mal, das Bruttosozialprodukt ist 5% gewachsen."

Was entstand aus dem Leben mit jenen Bevölkerungsteilen, die längst durch die Maschen einer neoliberalen Weltwirtschaft gefallen sind?

Prof. Dr. **Manfred Max-Neef** *ist eine der großen ökonomischen Pioniere auf dem Gebiet des nachhaltigen, kleinräumigen Wirtschaftens. Er studierte Wirtschaftswissenschaften, um nach 1953 im internationalen Shell-Konzern rasch in führende Position aufzusteigen. 1957 verließ er den Konzern und begann, sich entwicklungspolitischen Fragen zu widmen. Ab 1961 lehrte er an der Universität Berkeley, einem der Zentren des Widerstands gegen den Vietnam-Krieg. Er arbeitete als Berater für die Vereinten Nationen und Organisation Amerikanischer Staaten (OAS), bevor er 1973 kurz nach Chile zurückkehrte, aber nach dem Putsch gegen Allende bald ins Exil gehen musste. Max-Neef entschloss sich, den konventionellen Wirtschaftswissenschaften den Rücken zu kehren und siedelte in die Slums und Landarbeitersiedlungen um, um von den Armen praktische Ansätze kooperativer Ökonomie zu lernen. Daraus entstand die 'Barfuß-Ökonomie', für die er 1983 mit dem Alternativen Nobelpreis ausgezeichnet wurde. In seinen theoretischen Arbeiten beschäftigte er sich mit der „Entwicklung nach menschlichem Maß"* (Human Scale Development). *1993 kandidierte er für die Grünen bei den chilenischen Präsidentschaftswahlen als unabhängiger Kandidat. Heute führt Max-Neef die Privatuniversität* Universidad Austral *in Valdivia im Süden von Chile.*

Die Kunst des Haushaltens: Die Versöhnung von Ökologie und Ökonomie

●●●●●● Da entwickelte sich so langsam etwas, was andere später als „Barfuß-Ökonomie" bezeichnet haben. Barfuß-Ökonomie heißt, die Probleme zusammen mit den Leuten zu lösen, die sie erleiden, mit ihnen zu arbeiten und gemeinsam herauszufinden, wie man ihre Lebensbedingungen verbessern kann. Und nicht durch Theoretisieren, weit weg im Elfenbeinturm eines schönen Büros, sondern direkt da, wo die Armut und das Leiden sind. Ich glaube, es wäre ungeheuer gut für sämtliche Ökonomen, wenn sie, bevor sie promovieren, lernten, ohne einen Pfennig für sechs Monate oder ein Jahr in einem Armenviertel zu überleben. Einfach, um zu erfahren, was man in so einer Situation macht, um da zu überleben. Was man da lernt und sieht, das ist ganz unglaublich. Das kann keine Universität auf dieser Welt lehren.

Armutsgebiete gelten uns bislang nicht als Schule. Wir gehen ja normalerweise davon aus, dass die am wenigsten entwickelten Länder die Hilfe der entwickelten Länder brauchen, wir es also besser wüssten. Was haben Sie dort gelernt, über was für Potentiale verfügen die Menschen?

●●●●●● Hauptsächlich lernt man Solidarität. In einer solchen Lebenssituation gibt es keine Konkurrenz, sonst wären die Überlebensmöglichkeiten absolut Null. Viele Spezialisten gehen mit vorgefertigten Lösungen im Kopf dorthin und wollen den Leuten Sachen beibringen. Aber es gibt in solch einer Umgebung viel mehr zu lernen, als man lehren könnte. Ich habe in Indianergesellschaften ungeheuer viel gelernt: Da gibt es statt formellem Wissen viel mehr Weisheit. Und das ist etwas, was ein Ökonom erleben sollte. Dann würde er seine Theorien menschlicher gestalten und nicht mehr so absolut kalt und theoretisch und kalkulierend von Humankapital reden.

Was sind das für Weisheiten? Und was läuft in unser Zivilisation dieser Weisheit entgegen?

●●●●●● Hauptsächlich die Gier. Was uns fehlt, ist die Solidarität. Wir haben sie durch Individualismus ersetzt, ganz nach dem Motto: „Wenn ich es schaffe, ist es gut; was dir geschieht, ist mir ganz egal." Daraus entstehen wirtschaftliche Konzepte, die das wirklich Menschliche zerschmettern und zerstören. In diesen anderen sozialen Welten gibt es viel mehr Harmonie. Ich will nicht sagen, dass es dort keine Krisen in der Gemeinschaft oder Probleme zwischen den Personen gibt. Aber es gibt eine Kultur des Umgangs miteinander, die Probleme mit einer Vielzahl von Möglichkeiten zu überwinden und zu lösen. Es gibt auch, zum Beispiel in den Indianergemeinschaften, in denen ich gelebt habe, eine viel größere Harmonie mit der Natur. Man weiß, dass wir ein Teil von etwas Größerem sind und nicht diejenigen, die machen können, was sie wollen. Was bei uns schief geht, ist diese Obsession, dass Konkurrenz im ökonomischen Sinn immer gut ist. Wir haben völlig vergessen, dass wir Menschen sind, die aus Kulturen stammen, die nur überleben konnten, weil sie Solidarität entwickelt haben. Die Gier und Konkurrenz ist das, was wir später gelernt haben. Das ist nicht das Natürliche im Menschen. Das Natürliche im Menschen ist zu kooperieren. Diese Fähigkeit verschwindet mit der neoliberalen Ökonomie und ihren ganzen Obsessionen viel zu schnell.

Werte wie Kooperation und Solidarität finden sich sonst mehr im Vokabular von Theologen und Moralphilosophen ...

●●●●●● Das ist kein Zufall. Historisch betrachtet ist die Ökonomie die Tochter der Moralphilosophie. Erst seit den Neoklassikern haben die Ökonomen den Komplex entwickelt, Physiker zu sein und wollten eine exakte Wissenschaft entwickeln. Sie haben begonnen, die Ökonomie vollkommen zu mathematisieren und dann so langsam vergessen, wessen Kind diese Disziplin eigentlich wirklich ist. Die ersten großen Ökonomen waren alle Moralphilosophen. Und die Ökonomie entwickelte sich als ein Wissen, das im aristotelischen Sinn für den menschlichen *summum bonum* nützlich sein sollte, also für das menschliche Glück. Aber das hat man heutzutage vollkommen vergessen.

Wie aber lassen sich diese philosophischen, moralischen und ethischen Ansätze in unser Wirtschaftssystem wieder hereintragen, von dem immer mehr Leute glauben, es wäre kaum noch zu stoppen. Wie können wir Barfuß-Ökonomie verwirklichen?

●●●●●● Man kann nicht einfach die eine Sache mit der anderen auswechseln. Eine Koexistenz im Prozess des Wirtschaftens ist möglich und nötig. Aber dann muss hinter diesem Wirtschaften eine Philosophie stehen, die nicht, wie die neoliberale Philosophie, hauptsächlich durch die Gier lebt. Es ist nur eine Frage der Zeit, bis sich dieses System zu Tode siegt. Das heißt, wir müssen uns Schritt für Schritt darauf vorbereiten, dass die ganze Sache kollabiert. Denn das System, das wir jetzt im finanziellen Sinn auf der Welt haben, dieses neoliberale Modell, ist vollkommen verrückt. Kein Mensch kontrolliert es, keine Zentralbank kann es wirklich lenken. Es lebt von der Spekulation von Abermilliarden Dollars jeden Tag. Das ist selbstverständlich nicht nachhaltig. Das wird – und ich glaube ziemlich schnell – kollabieren, vielleicht schon innerhalb von wenigen Jahren. Und darauf müssen wir uns vorbereiten.

Was kommt dann?

●●●●●● Eine Ökonomie im menschlichen Maß, wie es schon Leopold Kohr gesagt hat, also die Ökonomie vom Kleinen. Die Ökonomie der Gemeinschaft, der Klein-Gesellschaft. Eine Ökonomie, wo der Mensch noch eine Identität hat, wo Menschen nicht bloß eine statistische Ziffer, sondern noch jemand sind.

Heißt das: radikale Dezentralisierung? Zurück in die Dörfer?

●●●●●● Dezentralisierung ist selbstverständlich! Ich würde nicht sagen „zurück". Zurück klingt immer nach „Zurück zu den Primitiven". Nein, man kann ultramodern sein mit den heutigen Kommunikationssystemen. Da spielt es überhaupt keine Rolle, ob ich inmitten einer Großstadt bin oder in einer Kleinstadt. Wir können in Verbindung sein, wir können uns sogar in Telekonferenzen gegenseitig anschauen und was weiß ich. Worum es geht, ist das Kleine, das Lokale zu stimulieren und nicht bloß das Große. Wenn Sie sich heutzutage die makroökonomischen Ziffern anschauen, mag es wunderbar aussehen, dass ein Land – zum Beispiel mein Land Chile – schon über zehn Jahre lang sieben Prozent Wachstum hatte. Das schaut natürlich fantastisch aus. Aber was steckt wirklich dahinter? Was die sieben Prozent nicht

Die Kunst des Haushaltens: Die Versöhnung von Ökologie und Ökonomie

zeigen, ist die Armut und die Konzentration des Geldes in der Hand weniger. Wir wissen, dass es auf der Welt heute mehr und mehr Konzentration gibt. 228 Menschen, Individuen, deren Namen wir kennen, haben ein Vermögen, was so groß ist, wie das Geld, über das zweieinhalb Milliarden Menschen verfügen. Das ist doch ungeheuerlich. Wie kann ein System existieren, in dem so etwas möglich ist? Ein Mensch wie Bill Gates ist in fünf Jahren, wenn man die Tendenz seiner Gewinne fortschreitet, so reich, wie das ganze Bruttosozialprodukt von England. Ein Mensch, eine Person! Das ist heller Wahnsinn. Das ist absurd, das kann so nicht weitergehen. Und niemand kontrolliert das. Jeden Tag werden Tausende von Milliarden Dollars in die Wechselkurse spekuliert. Das kann für arme Länder eine Tragödie bedeuten. Und wer profitiert davon? Nur die Spekulanten!

Gehen Sie davon aus, dass das System erst kollabieren muss, bevor etwas anderes entstehen kann?

●●●●●● Leider Gottes ja. Ich meine nicht, dass es kollabieren muss. Aber meine Intuition sagt mir, dass so etwas passieren wird. Und anstatt den großen Riesen direkt zu bekämpfen, müssen wir uns vorbereiten auf den Kollaps. Auf das, was dann zu tun ist. Denn dann muss man natürlich das Lokale, die lokale Wirtschaft stimulieren, die lokalen und regionalen Märkte. Das ist die einzige Möglichkeit, die Sache nach einem Kollaps dezent zu überleben.

Sie sprachen vorhin bereits von dem Potential, das Sie in Armutsgegenden, in den Slums erlebt haben. Kann man davon ausgehen, dass in diesen Regionen, in denen heute eigentlich das Wirtschaftssystem schon zusammengebrochen ist, die Lehren für die Zukunft gezogen werden? Also zum Beispiel in den Gegenden in Russland, wo seit Jahren vielleicht keine Löhne mehr gezahlt werden und die Menschen trotzdem überleben. Sind das wirtschaftliche Experimente für die Zukunft?

●●●●●● Es sind nicht *die* Kerne, aber darin gibt es Kerne. Nicht alles ist gut. Es gibt da auch viel Schlimmes. Ich möchte nicht die Armut idealisieren. Aber wenn Sie sich fragen, wie es möglich ist, dass die Menschen unter den Bedingungen in Russland vielleicht schon mehrere Jahre überleben, dann wird klar, dass sich unter solchen Bedingungen eine fantastische Kreativität und Imagination entwickeln kann, die das möglich macht. Und davon kann man viel lernen. Und das kann man perfekt in ein anderes System einbringen.

Sie sprachen von der 'Rückkehr zum menschlichen Maß'. Wo ist diese Grenze, innerhalb derer ein Wirtschaftssystem gesund bleibt? Ich glaube, Sie haben einmal eine 'Grenzenhypothese' entwickelt ...

●●●●●● Ich habe einmal eine sogenannte Grenzhypothese entwickelt, die auf Studien in einer Menge reicher Länder des Nordens beruhte – Deutschland, England, Schottland, Dänemark, Österreich und die Vereinigten Staaten. Wenn man in einem Zeitraum von 40 Jahren, also ungefähr seit 1960, das Wachstum des Bruttosozialproduktes mit einem anderen Index, dem „Index of Sustainable Economic Welfare", vergleicht – er wurde von Herman Daly und John Cobb entwickelt, um die tatsächliche Lebensqualität zu messen – dann sieht man, dass es in praktisch jedem dieser Länder einen 'Kipp-Punkt' gibt. Mindestens zwanzig Jahre lang wachsen beide Indices parallel. Je mehr konventionelles Wachstum es gibt, desto besser ist auch die Lebensqualität. Aber da gibt es keinen Kipp-Punkt, wo Wachstum weiter steigt und die Lebensqualität runter geht. Und das passiert in allen diesen Ländern. Bei mir in Chile passiert es genauso. Es gibt auch noch andere Kipp-Punkte, die mit der Größe eines Wirtschaftssystems zu tun haben. Wenn man sich ein lebendiges System wie einen Wald in der Natur anguckt, dann wird deutlich, dass ein Baum nicht ewig wächst. Er kann sich von einem gewissen Punkt an weiter entwickeln, aber nicht mehr größer werden. Das Gleiche gilt für einen erwachsenen Menschen: Irgendwann ist er ausgewachsen und 'erwachsen', er wird nicht weiter wachsen, kann sich aber weiter entwickeln. Alles hat eine Grenze im Wachstum. Das Einzige, was keine Grenze im Wachstum kennt, sind Krebs und die Ideen der Ökonomen. Die glauben, dass man ewig wachsen kann. Und das ist Unsinn. Dazu kommt noch ein sozialpsychologischer Aspekt. Wenn Sie das System einer menschlichen Gesellschaft, die immer größer und größer wird, sehen, dann bedeuten Sie als Einzelner plötzlich überhaupt nichts mehr. Da sind Sie mitten in einer riesengroßen Masse vollkommen allein. Und das ist ein schlimmes Paradox. Dann möchten Sie wieder kleiner werden, wo Sie wieder jemand sind. Je kleiner desto besser. Selbst unsere nationale Identität als Chilene, Deutscher oder Österreicher ist doch eine metaphysische Abstraktion. Letzten Endes sind Sie aus dem und dem Dorf oder aus jener Stadt. Da haben Sie plötzlich wieder Ihre soziale Identität, da fühlen Sie sich wie Jemand. Die Geräusche und Gerüche sind vertraut, Sie wissen, wie die Leute rumlaufen. Nur da spürt man, dass man eine Identität hat. Das andere sind riesengroße Abstraktionen. Und leider Gottes leben wir heute in diesen riesengroßen Abstraktionen. Und wir werden weniger menschlich.

Ich möchte noch einmal zurückgehen zur Metapher des „Barfuß-Ökonomen". Allein vom Bild her berührt er die Erde mit seinen Füßen. Der Barfuß-Ökonom hat keine Schuhe – also ist er in einem sozialen Kontext, der schwierig ist. Der Barfuß-Ökonom ist eigentlich alles andere als ein Ökonom. Fordern Sie nicht eigentlich eine interdisziplinäre Ökonomie, die Ökologie ebenso mit einbezieht, wie das Soziale und die Menschenrechte?

●●●●●● Ein moderner Ökonom muss heute trans- und interdisziplinär sein. Absolut richtig! Denn die Folgen seiner Modelle, die Effekte der Umsetzung in der Gesellschaft, sind mehr als ökonomische Effekte. Viel mehr! Diese Effekte muss er verstehen können. Wenn durch eine gewisse Wirtschaftspolitik die Arbeitslosigkeit wächst, dann muss ich als Ökonom verstehen, was das psychologisch bedeutet, politisch bedeutet, soziologisch bedeutet. Denn es ist die Folge einer Politik, die ich im Modell entwickelt habe. Das muss ich verstehen. Ich kann nicht als Ökonom sagen, das hat nichts mit Ökonomie zu tun, das ist ein Problem von Psychologen und Soziologen. Nein, wenn mein Modell solche Effekte hat, dann muss ich das mit einrechnen. Und das heißt: Über die Disziplin hinaus denken! Ein moderner Ökonom kann heute nicht bloß Ökonomie studieren. Er muss eine Menge von anderen Sachen verstehen.

Ist der Barfuß-Ökonom, so wie Sie ihn sehen, ein Ökonom, der sich eigentlich erst nach dem Kollaps, nach der Krise entfalten kann? Oder gibt es für dieses wild gewordene, globalisierte Wirtschaftssystem heute

Die Kunst des Haushaltens: Die Versöhnung von Ökologie und Ökonomie

eine Therapie, die praktisch die Rückkehr zum menschlichen Maß evolutionär ermöglicht?

●●●●●● Ich glaube an das Zweite. Eine Sache muss man klar machen: Barfuß-Ökonom ist man nicht für immer. Die Barfuß-Ökonomie ist eine Erfahrung, die man als Ökonom meiner Ansicht nach machen muss. Aber wenn man ewig im Armenviertel lebt, kann das nur ganz lokale Veränderungen bewirken. Das ist ein Lernprozess für einen Ökonom. Nachdem er Barfuß-Ökonom gewesen ist, kann er wieder zurückkommen in die Uni oder den Betrieb. Doch die Modelle, die er dann dort entwickelt, werden ganz anders sein. Er würde nach so einer Erfahrung nie so eine verrückte Ökonomie entwickeln, wie die neoliberale Ökonomie, die heute auf der ganzen Welt herrscht.

Können Sie ein paar Grundpfeiler nennen, die ein Wirtschaftssystem nach menschlichen Maß Ihrer Meinung nach braucht?

●●●●●● Die Ökonomie muss sich daran orientieren, ob sie die menschlichen Grundbedürfnisse befriedigt. Und die Grundbedürfnisse sind Selbstversorgung, Schutz und Liebe, Teilhabe und Partizipation, Identität und Kreativität, Muße und Freiheit. Ein ökonomisches System wirkt sich immer auf das System der menschlichen Grundbedürfnisse aus. Man muss es also so entwickeln, dass man sie richtig und harmonisch befriedigen kann. Und das kann man bloß im menschlichen Maß machen. Das kann man bloß im lokalen oder regionalen Maß machen, sonst geht es nicht. Das kann man nur zu Hause machen, in der Schule, in der Gemeinschaft, in der kleinen Gesellschaft.

Wir sind ziemlich weit entfernt von diesem Ideal, was Sie da eben beschrieben haben. Sie haben mal davon gesprochen, dass die Wissenschaft eine Fähigkeit zum Träumen brauche. Welches Potential liegt darin?

●●●●●● Das Potential ist nicht kalkulierbar, aber es kann ungeheuer groß werden. Meine Allegorie ist: Jeder Mensch lebt gleichzeitig in mehr als einer Welt, mindestens in zwei parallelen Welten. Eine ist die Welt, wo wir sagen können, man muss sehen, um zu glauben. Aber es gibt noch eine andere Welt, wo man glauben muss, um zu sehen. Und jeder Mensch kann Beziehungen zu dieser letztgenannten Welt haben, aber wenige entwickeln diese Beziehungen wirklich. Kinder leben ganz natürlich in parallelen Welten. Die Kinder hören und sehen Sachen, die Erwachsene nicht mehr hören und nicht mehr sehen. Kreative Menschen – ob es ein Wissenschaftler ist, ein Poet oder Musiker – sind Menschen, die noch Kontakt mit den Parallelwelten haben. Man kann sie nicht mit Wörtern beschreiben. Man erlebt sie, man weiß, sie sind da, man kann Kontakt mit ihnen haben und kann Inspiration aus ihnen bekommen, wenn man behutsam mit ihnen umgeht. Solche Kontakte sind das, was ich „Traumfähigkeit" nenne. Aber es ist mehr als Träumen, was daraus entsteht, es sind Lebensalternativen. „Lebensalternativen" heißt, Sie können mehr als ein Leben leben – und das ist wunderbar. Es ist eine andere Realität – und die kann man entdecken. Wir aber laufen auf der Welt und im Leben rum und sehen Sachen, ohne sie wirklich anzugucken. Wir kapieren nicht, was dahinter steckt.

Heißt das, wir brauchen so etwas wie eine Vision, die uns zieht, anstatt der Angst, dass wir in eine dunkle Zukunft gehen?

●●●●●● Ja, das könnte man so sagen. Eine Vision, die man entdecken kann. Man weiß, die ist da. Und ich muss meine Fähigkeit entwickeln, sie zu entdecken. Es gibt eine andere Wirklichkeit. Und die ist überall zu finden. Und das ist ein schönes Leben für mich, wenn ich wirklich immer als ein Entdecker lebe. Für mich ist das eine tiefe menschliche Erfahrung. Dabei ist es nicht so, dass ich die parallele Welt in meine Theorien reinbringe, sondern umgekehrt: Weil ich Beziehungen mit einer parallelen Welt habe, sehe ich diese Welt anders und fühle sie anders und handle anders. Und das macht es möglich, dass ich eine andere Ökonomie entwickeln kann.

Das heißt, Ökonomie muss zuerst ins Herz gehen, dann ins Hirn und erst zum Abschluß in die Hand?

●●●●●● Genau, so kann man das sagen.

6

Erdpolitik:
Auf dem Weg in eine zukunfts-
fähige Gesellschaft

Wir brauchen eine demokratische Erdpolitik

Im Gespräch mit dem Ökologen Ernst-Ulrich v. Weizsäcker

Herr v. Weizäcker, Sie sprechen immer wieder davon, dass wir noch in einem Jahrhundert der Ökonomie leben, dass aber ein Jahrhundert der Ökologie bevorsteht. Was macht Sie da so optimistisch?

●●●●●●● Ich halte die gegenwärtige Kultur für eine ökonomische Kultur. Wenn einer Realist ist, dann bezieht er sein Tun und Lassen, seine Politik auf Ökonomie. Aus ökonomischen Gründen werden Wahlen gewonnen und verloren oder stürzen Gebäude zusammen, wie das DDR-Gebäude. Nun sage ich aber, diese Sorte von Ökonomie, die eine Kurzzeit-Ökonomie ist, ruiniert die Natur. Wir verlieren gegenwärtig circa 3000 Quadratmeter Wald pro Sekunde und heizen das Klima auf, rotten Arten aus, vielleicht 10 bis 20 pro Tag. Wenn diese Trends sich fortsetzen oder – wie man befürchten muss – sich noch weiter beschleunigen, dann muss es höchste Priorität haben, das, was noch geblieben ist, zu retten. Es ist gar kein Optimismus, wenn ich sage, dass das 21. Jahrhundert ein Jahrhundert der Umweltrettung sein muss.

Sie haben gefordert, dass wir auf diese Entwicklung mit einer 'Erdpolitik' reagieren müssten. Was ist Erdpolitik?

●●●●●●● Unter Erdpolitik stelle ich mir einerseits eine weltweite Umweltpolitik vor, statt bloß eine regionale oder nationale Kirchturms-Umweltpolitik. Andererseits schien mir dieser Begriff eine ganz glückliche Verbindung zwischen sehr erdverbundenen und erdweiten Gedanken. Immerhin ist 'die Erde' das, aus der wir sind und zu der wir wieder werden.

*Prof. Dr. **Ernst-Ulrich v. Weizsäcker** ist der führende Klimaforscher in Deutschland. Geboren 1939 in Zürich, studierte er Physik und Biologie und arbeitete als Professor für Biologie in Essen, bevor er Präsident der Gesamthochschule Kassel wurde. Von 1980 bis 1984 ging er als Direktor am UNO Zentrum für Wissenschaft und Technologie nach New York. Danach, von 1984 bis 1991, arbeitete er als Direktor am Institut für Europäische Umweltpolitik in Bonn, London und Paris. Ab 1991 bis 2000 war er Präsident des Wuppertaler Instituts für Klima, Umwelt und Energie. Seit 1998 ist Ernst-Ulrich v. Weizsäcker für die SPD Mitglied des Deutschen Bundestages, seit 1999 Vorsitzender der Enquete-Kommission 'Globalisierung der Weltwirtschaft' und seit 2001 Mitglied im Ausschuss für Umwelt, Naturschutz und Reaktorsicherheit des Deutschen Bundestages. Zu seinen wichtigsten Veröffentlichungen gehören die Bücher „Erd-politik" (1989), „Faktor Vier. Doppelter Wohlstand, halbierter Naturverbrauch" (1995) und „Politik für die Erde" (1999).*

Erdpolitik: Auf dem Weg in eine zukunftsfähige Gesellschaft

Was sind aus der Sicht des Forschers, der sich mit Klima, Umwelt und Energie auseinandersetzt, die Folgen, wenn wir weitermachen wie bisher und zu keiner 'Erdpolitik' kommen?

●●●●●● Das *Intergovernmental Panel on Climate Change* – also die Vereinigung der besten Klimaforscher und die für Klimafragen zuständigen Politiker – ist da folgender Meinung: Wenn die Klimaentwicklung so weitergeht wie jetzt, kriegen wir eine Erwärmung der Erdatmosphäre von circa drei Grad bis zum Ende des Jahrhunderts. Das ist so praktisch der Unterschied zwischen Warmzeit und Eiszeit, nur aufgesattelt auf eine Warmzeit. Und es kann sehr wohl sein, dass das über die Jahrhunderte zu absolut gigantischen Überschwemmungen führt: Es kann sein, dass nicht nur die Gletscher von Alaska, sondern auch von Grönland und der Antarktis anfangen, abzurutschen. Da ist theoretisch noch ein Meeresspiegel-Erhöhungspotential von 30 bis 60 Metern möglich. Das wäre natürlich ein ungeheures Desaster. So weit wird es wohl nicht kommen in absehbarer Zeit. Aber schon die Verschiebung von Klimazonen bedeutet ein Unfruchtbarwerden weiter Landstriche, vielleicht des gesamten Mittelmeer-Raums, weil das, was heute Sahara ist, nach Norden wandert. Ferner kann es sein, dass sich die Vernichtung der Arten durch einen Klimawandel noch mehr beschleunigt. Und im Übrigen ist auch die direkte Zerstörung von Lebensräumen, von Tieren und Pflanzen in Sibirien, ebenso wie in Brasilien oder Indonesien oder Kamerun so verheerend, dass wir befürchten müssen, dass schon unsere Enkelgeneration so gut wie kein intaktes Stück Natur mehr kennt.

Als langjähriger Direktor des Wuppertaler Instituts für Klima, Umwelt und Energie haben Sie eine Art Schnittstelle zwischen Forschung und Wissenschaft gebildet. Wie stehen die Chancen der Umsetzbarkeit für eine ökologische 'Erdpolitik' in dem Spannungsfeld zwischen Ökonomie und Ökologie?

●●●●●● Solange der bisherige Zustand in der Industrie bleibt, dass man immer erst hinterher – also am Ende eines Prozesses – eine Schadstoff-Kontrolle macht und deswegen jeder Umweltschutz zusätzliches Geld kostet, sehe ich außerordentlich schwarz. Denn dann sagt man doch, sobald man ein bisschen Rezession hat: 'Wir können uns den Umweltschutz nicht mehr leisten!' Wir brauchen scheinbar eine Atempause, um unseren Standort neu zu bestimmen: Aus den öffentlichen Umfragen ist das Thema Umwelt weitgehend verschwunden. Auch die internationale Politik tut sich schwer. Wenn westliche Politiker Entwicklungsländer auffordern, etwas für die Umwelt zu tun, antworten die uns: 'Ihr sagt doch immer, man muss eine leistungsfähige Wirtschaft haben und wohlhabend sein, um sich den teuren Umweltschutz leisten zu können. Also wollen wir erst mal wohlhabend werden, bevor wir uns um den Umweltschutz kümmern.' Das heißt: Solange der Umweltschutz prinzipiell etwas Teures ist, wird er nicht mit der notwendigen Konsequenz durchgeführt. Also ist es von großer Wichtigkeit, dass man den Umweltschutz zum Nutzfaktor macht.

Wie könnte das funktionieren?

●●●●●● Das geht im Prinzip auf zwei Wegen: der eine ist ein technologischer, der andere ein psychologischer. Auf der technischen Ebene geht es darum, eine Effizienz-Revolution im Umgang mit den knappen natürlichen Ressourcen zu entfesseln. Das ist technisch ohne weite-

Ernst-Ulrich v. Weizäcker

res möglich. Wir können aus einer Kilowattstunde oder einem Kubikmeter Wasser gut und gerne viermal so viel Wohlstand herausholen. Wir haben ja auch gelernt, aus einer menschlichen Arbeitsstunde zehn- bis zwanzigmal so viel Wohlstand herauszuholen wie vor 150 Jahren. Diese Effizienz-Revolution können wir auslösen, indem wir sie rentabel machen: Wir müssten die Wirtschaftsakteure, die sich darum kümmern, besser profitieren lassen als diejenigen, die sich nicht darum kümmern. Und daneben gibt es eben die psychologische Seite. Wir werden eines Tages mit Sicherheit erkennen, dass unsere heutige Devise von 'Höher, Schneller, Stärker' eigentlich absolut kindisch ist. So ähnlich, wie wir heute wissen, dass die Devise unserer Großväter 'Der Schornstein muss rauchen' kindisch war. Heute wissen wir: Es ist gut, wenn die Schornsteine nicht rauchen. Wir fangen also an zu entdecken, dass in manchen Hinsichten 'mehr Geschwindigkeit', 'größere Mobilität' oder noch 'stärkere Maschinen' überhaupt nichts mit technischem Fortschritt zu tun haben. Wir müssen lernen, dass ein menschlicher Fortschritt im Wohlstand dem heute noch herrschenden Trend in der Technik eher entgegengesetzt ist. Und je mehr Menschen das begreifen, desto eher besteht dann auch eine Chance, kommunale und wirtschaftspolitische Entscheidungen so zu treffen, dass die Wirkungen nicht mehr so zerstörerisch sind.

Unser politisches Verhalten ist doch aber sehr an extrem kurzen Zeitspannen von Legislaturperioden ausgerichtet, so dass wir zum Beispiel Atomkraftwerke gebaut haben, die strahlenden Müll für 250.000 Jahre hinterlassen. Sehen Sie denn einen Ansatz, Zukunft wirklich politikfähig zu machen?

●●●●●● Ja, und der wichtigste realpolitische Ansatz ist das, was einmal als 'ökologische Steuerreform' erdacht worden ist. Das hat wenig zu tun mit dem, was heute darunter verstanden wird, gilt aber immer noch. Es geht darum, die wünschenswerten Dinge des Lebens, also insbesondere den Faktor Arbeit und auch die Schaffung von Mehrwert steuerlich zu entlasten und gleichzeitig das, was wir nicht so wünschenswert finden, nämlich den Verbrauch von Energie – von Wasser und Rohstoffen – steuerlich zu belasten. Insgesamt wird der Wirtschaft dabei überhaupt kein Geld abgenommen, wenn sie richtig darauf reagiert. Es geht nur darum, die Rentabilität zu verschieben, indem man nicht länger Menschen, sondern Kilowattstunden arbeitslos macht. Dann werden auf einmal viele Menschen entdecken, dass das viel besser ist: Dann haben wir erstens das Problem der Arbeitslosigkeit nicht mehr in der Schärfe wie bisher und zweitens haben wir dann auch das Problem der Naturzerstörung nicht mehr im bisherigen Umfang. Also werden wir insgesamt reicher und nicht ärmer. Das ist eben der große Unterschied dieser Art von Umweltpolitik im Gegensatz zu einem Ansatz der Schadstoffkontrolle, der die Unternehmen in rein betriebswirtschaftlicher Hinsicht immer ärmer macht.

Trifft eine höhere Besteuerung von Energie aber nicht gerade die ärmeren Bevölkerungsschichten besonders stark?

●●●●●● Nicht, wenn eine ökologische Steuerreform konsequent und richtig angelegt ist. Wenn die Verteuerung der Energiekosten, des Wassers und der Rohstoffe pro Jahr 5 % beträgt, dann wird dadurch kein einziger Haushalt, auch kein Rentner-Haushalt, in finanzielle Schwierigkeiten kommen. Denn gleichzeitig würde die eben erwähnte Effizienz-Revolution angestoßen werden, die zum Beispiel dazu führt, dass man in 15 Jahren doppelt so viele treibstoffeffiziente Autos, Häuser oder Industrieanlagen hätte. Und das hieße, die Effizienz-Revolution würde die Teuerung durch eine ökologische Steuerreform vollständig oder zumindest zum allergrößten Teil kompensieren. Zudem würden ja gleichzeitig andere Dinge – und besonders die menschliche Arbeit – billiger werden. Das heißt, diejenigen, denen es heute ganz besonders schlecht geht, nämlich den Arbeitslosen, hätten einen großen wirtschaftlichen Vorteil, weil sie wieder Arbeit finden. Also sind wahrscheinlich gerade die ärmsten Teile der Bevölkerung diejenigen, die den größten ökonomischen Vorteil von der ökologischen Steuerreform hätten. Und sollte es tatsächlich für ein paar Rentner-Haushalte zu einer finanziellen Verschlechterung führen, kann man das immer noch durch eine entsprechende Kurskorrektur bei den Renten kompensieren.

Welche Rolle spielt bei diesem Zukunftskonzept das, was wir gemeinhin 'Bewusstsein' nennen? Ist das nur ein anderes Wort für 'Wachheit' oder heißt das, dass wir auf eine ganz neue Art mit der 'Umwelt' oder mit der 'Mitwelt' umgehen müssen?

●●●●●● Ich sehe das Bewusstsein als etwas, das sich nicht von heute auf morgen verändert. Es wird eher eine Veränderung sein, die sich über die Verschiebung des Preisgefüges zwischen Arbeit und Energie laufend ergibt. Wenn heute eine Aluminiumdose auf der Straße liegt, dann ist in unserem Bewusstsein diese Dose immer noch 'Müll'. Und wenn wir besonders umweltbewusst sind, heben wir sie auf und werfen sie in die Mülltonne. Jetzt stellen wir uns mal vor, die Energie und andere Primär-Rohstoffe würden langsam immer teurer werden. Wenn wir dann eine Aluminiumdose auf der Straße liegen sehen, assoziieren wir nicht mehr 'Müll', sondern 'Taschengeld'. Also heben wir die Dose auf und 'versilbern' sie. Die Frage, ob wir dabei jetzt ein besseres Umweltbewusstsein haben, ist bei diesem ‚nutzenorientierten Ansatz' gar nicht mehr so wichtig. Die Hauptsache ist, dass diese Dose nicht mehr auf der Straße liegt, sondern ins Recycling wandert. Wenn es sich für uns ökonomisch lohnt, die Umwelt zu schonen, dann fällt es uns unvergleichlich viel leichter. Aber um eine solche ökologische Steuerreform politisch umzusetzen, brauchen wir natürlich trotzdem eine bewusstseinsmäßige Erkenntnis, dass diese politische Richtung jetzt dringend dran ist.

Trotzdem hat das Wort 'Umweltpolitik' immer noch den Beigeschmack von mangelnder Mach- und Finanzierbarkeit. Man hat Sie einen 'Propheten des Machbaren' genannt, aber immer auch dafür kritisiert, dass Sie prinzipiell auf eine Fortsetzung des Wohlstand-Modells setzen. Haben Sie Ihre Utopien dem Primat des Machbaren untergeordnet?

●●●●●● Ja und nein. Ich mache Vorschläge immer gerne dann, wenn ich eine gewisse Chance sehe, dass sie die heutige Wirklichkeit verändern. Das heißt aber nicht notwendigerweise, dass sie genau in dieser Form machbar sind, sondern dass sie den Horizont öffnen für das, was nötig wäre. Die sehr weitgehende Utopie einer ökologischen Steuerreform ist dafür ein gutes Beispiel. Erste Anfänge in diese Richtung sind gemacht. Und ich bin davon überzeugt, dass eine Politik, die sich in diese Richtung bewegt, für die Menschen, die in unserem Land oder in Europa leben, mehr Wohlstand produziert, als wenn man sie unterlässt oder wieder zurückschraubt. Und von dieser großen Utopie ist ein Teil schon Wirklichkeit geworden.

Ernst-Ulrich v. Weizäcker

Sehen Sie denn die Möglichkeit, auf diesem Weg langfristig ein Wirtschaftsmodell, das wirklich ökologischen Prinzipien folgt, mehr und mehr zu realisieren?

●●●●●●● Ein neues Wirtschaftsmodell ist unbedingt erforderlich. Unser heutiges Wirtschaftsmodell ist durch einen Naturverbrauch charakterisiert, der pro Kopf ungefähr zehnmal so hoch ist, wie in den Entwicklungsländern. Es wäre ein absolutes Desaster, wenn unser heutiger Wohlstand sich weltweit ausbreiten würde. Dann wäre die Erde sehr schnell kaputt. Also ist es ein absoluter Imperativ, zu neuen Wohlstandsvorstellungen zu kommen. Meine Bemühungen gingen immer dahin, dass diese ökologisch angepasste Wohlstandsentwicklung nicht zurück ins Mittelalter oder in eine unzumutbare Askese führt, sondern in neue Formen von Wohlstand. Dazu nenne ich noch einmal die wichtigsten Komponenten: Das eine ist die technische Effizienz-Revolution, die uns gestattet, mit einem Drittel oder einem Viertel des Naturverbrauchs trotzdem eine sehr angenehme Qualität von Wohlstand, Mobilität, Wohnen, Essen und Kleidung zu haben. Und andererseits geht es um eine Einstellungsveränderung, eine psychologische Einsicht, die dazu führt, dass wir über bestimmte Dinge, die wir heute noch als Wohlstand und Lebensqualität definieren, eines Tages lachen werden. Zum Beispiel die Idee, dass jemand übers Wochenende zum Skilaufen mit dem Privatauto von Duisburg nach Garmisch fährt. So etwas ist einfach grotesk. Wenn das überhaupt nötig ist, dann wird man das in Zukunft mit einer neuen Generation von Zügen und einer neuen Verkehrspolitik kostengünstig, energie-effizient, umweltverträglich und mit geringem Nervenaufwand tun. Derjenige, der dann noch sagt, mein Wohlstand besteht im Porschefahren, der wird dann mehr und mehr zum kulturellen Dinosaurier.

Sie sagten, dass uns die Umstände dazu zwingen werden, das 21. Jahrhundert zum 'Jahrhundert der Umwelt' zu machen. Besteht bei einer Verschärfung der Krise das Risiko einer Öko-Diktatur?

●●●●●●● Das Wichtigste scheint mir zu sein, dass man eine Umweltpolitik gestaltet, die mit freiheitlichen und demokratischen Instrumenten arbeitet. Wenn man also den Energieeinsatz beim Verzehr von Grillhähnchen reduzieren will, würde man das mit einem ökodiktatorischen Ansatz so regeln, dass man einen 'Grillhähnchen-Maximal-Fremdenergie-Grenzwert' festlegt und den mit Polizeikräften durchsetzt. Dann wäre vom Bauernhof über die Kühlkette und den Supermarkt bis zur Küche alles straff durchreguliert. Ein freiheitlicher Ansatz wäre es, langsam die Transporte, den Energie- und Wasserverbrauch immer teurer werden zu lassen. Dann würden die Hersteller automatisch Tiere züchten und Fleisch bereitstellen, das am kostengünstigsten ist und den Wohlstand trotzdem nicht reduzieren. Oder die Verbraucher würden auf bestimmtes Fleisch verzichten. All das würde passieren, ohne dass ein Polizist involviert wäre. Das mag dauern. Und wenn irgendjemand mir einen schnelleren Weg vorführen kann, wie man zu den gewünschten ökologischen Zielen kommen kann, dann trete er vor, ich schließe mich ihm sofort an. Ich sehe nur vorläufig nichts Realpolitisches dieser Art.

Von der Umwelt zur Mitwelt

Im Gespräch mit dem Kulturwissenschaftler
Prof Dr. Klaus Michael Meyer-Abich

Herr Meyer-Abich, der Wissenschaft werden Museen gebaut und ihre Werte und Normen haben längst den Charakter von Religionen angenommen. Sie stellen der Wissenschaft den Begriff der „Mitwissenschaft" gegenüber. Was ist das?

●●●●●●● Die herrschende Wissenschaft, wie sie ja auch in unseren Museen zelebriert wird, ist so anthropozentrisch, wie unsere ganze Gesellschaft organisiert ist. Das heißt, vom Menschen aus wird überlegt und gefragt, wie wir über die übrige Welt verfügen können. Das wiederum heißt, die übrige Welt wird nicht aufgefasst als unsere natürliche Mitwelt, was sie meines Erachtens ist. Und eine Mitwissenschaft hätte die übrige Welt dann auch als das, was sie eben ist, aufzufassen, als Mitwelt.

Nun beruft und begründet sich Wissenschaft ja auch in ihrer sehr emotionslosen Sachlichkeit. Würden Sie denn sagen, dass es ein Handeln ohne Gefühl gibt oder müsste man eigentlich sagen, dass sich die Wissenschaft da selbst in die Tasche lügt?

●●●●●●● Es gibt weder ein Erkennen noch ein Handeln ohne Gefühle. Von 'Lügen' würde ich so ohne weiteres nicht sprechen. Sondern die herrschende Wissenschaft ist so angelegt, dass die Emotionen, die selbstverständlich dahinter stecken, hinter einer bestimmten Art von Sachlichkeit verborgen werden, die aber nun mal sehr gefühlsbezogen getragen ist. Die herrschende Wissenschaft, wie jede andere Wissenschaft auch, folgt, wie ich es sagen möchte, erkenntnisleitenden Gefühlen. Und das Grundgefühl ist, die Verfügung über die übrige Welt

*Prof. Dr. **Klaus Michael Meyer-Abich**, geboren 1936 in Hamburg, ist Professor für Naturphilosophie und einer der bekanntesten deutschen Wegweiser einer geistigen Erneuerung der Industriegesellschaft. Von 1984 bis 1987 war er Senator für Wissenschaft und Forschung in Hamburg. Er hat zahlreiche Veröffentlichungen vorgelegt, darunter „Wissenschaft für die Zukunft. Holistisches Denken in ökologischer und gesellschaftlicher Verantwortung" (1988) und „Praktische Naturphilosophie. Erinnerung an einen vergessenen Traum" (1997).*

zu erringen, und da ist diese Wissenschaft auch sehr erfolgreich. Ich sage überhaupt nichts gegen Gefühle, man soll nur nicht behaupten, dass irgendein bestimmtes Interesse leben kann in irgendeinem Menschen, ohne dass ein Gefühl dahinter steckt. Das ist selbstverständlich auch in der herrschenden Wissenschaft so und natürlich in der Mitwissenschaft, für die ich gleichermaßen eintrete.

Welche Gefühle sollten denn dann Grundlage moderner Wissenschaft sein?

●●●●●● Ich meine, wir machen einen Grundfehler, wenn wir uns selber für eine Hauptsache im Kosmos halten und meinen, der Rest der Welt sei für nichts als für uns da. Die Naturgeschichte hat uns in die Welt gestellt mit vielen anderen Lebewesen zusammen. Mit anderen also und ich meine, es gibt keinerlei Anlaß zu sagen, alle anderen seien nur für uns da, sondern wir sollten genauso gut fragen, wozu *wir* da sind. Wozu wir da sind in dieser Gemeinschaft der Natur. Dann sind schon andere Fragen zu beantworten als nur: 'Wie kann ich mir den Rest der Welt möglichst gut zu eigen machen, um meine Bedürfnisse zu befriedigen?'

Dieses Mitwelt-Bewusstsein klingt sehr logisch und sympathisch, aber auch immer sehr philosophisch und akademisch. Wie ist das auf der praktischen Ebene umzusetzen? Welche Möglichkeiten sehen Sie, dass diese Ökoethik wirklich handfeste Konsequenzen hat?

●●●●●● Jede Wissenschaft hat in der Philosophie angefangen und ist letztlich religiös und gefühlsmäßig fundiert. Die herrschende Wissenschaft, die wir heute haben, hat hier mindestens ein halbes Jahrtausend und eigentlich insgesamt sogar zwei Jahrtausende hinter sich. Und ehe es uns gelingt, hier neue Ansätze zu finden und eine so fundamentale Grundeinstellung zu ändern wie die anthropozentrische bisher, da müssen schon ziemlich viele Leute kommen und auch miteinander nachdenken. Ich kann dazu einen philosophischen Anstoß geben. Aber wenn Sie mich fragen, was gibt das dann nachher praktisch und was bedeutet das beispielsweise für die ökologische Landwirtschaft, dann bin ich ziemlich sicher: Es wird etwas bedeuten für alle Arten und Weisen, in denen wir mit der übrigen Welt umgehen. Aber die Mitwissenschaft wird genauso eine Gemeinschaftsleistung sein, wie es die herrschende Wissenschaft auch ist.

Welche Schritte müssten vollzogen werden, damit wir da überhaupt hinkommen?

●●●●●● Wir müssten nicht nur andere Fragen stellen, sondern auch anders fragen. Nämlich fragen: Wozu sind wir da? Was ist unsere Aufgabe in der Welt? Wie kann eine Welt mit Menschen schöner und besser sein als eine Welt ohne Menschen? Das sind andere Fragen als die, welche die herrschende Wissenschaft stellt. Wenn wir diese anderen Fragen stellen, dann denke ich, wird dabei weniger Zerstörungs-Wissen herauskommen, das wir ja nun in der herrschenden Wissenschaft in einem Übermaß angesammelt haben, sondern mehr Erhaltungswissen. Und worauf käme es mehr an, als dass wir endlich lernten und besser wüßten, worauf es ankäme in unserem Erkennen und Handeln, um die Welt mehr zu erhalten und weniger zu zerstören.

Klaus Michael Meyer-Abich

Sie haben ja auch als Wissenschaftssenator politische Verantwortung übernommen. Sehen Sie eine Möglichkeit auf breiterer Ebene, ökoethische Ansätze in die Politik mit einzubringen oder bedarf es da erst großer Katastrophen, bis man dazu kommt, in dieser Richtung weiterzudenken?

●●●●●● Also, die Katastrophen wollen wir ja gerade verhindern, indem wir möglichst besser nachdenken. Wer hat da nun die besseren Chancen, ein Minister oder ein Professor? Da neige ich doch eher zu der Antwort, dass es für die Verwandlung der Wissenschaft sicher darauf ankommt, dass politisch auch die richtigen Ansätze gefördert werden – und darum habe ich mich bemüht in meiner Zeit als Minister. Entscheidend ist doch aber, dass überhaupt neue wissenschaftliche Ansätze verfolgt werden. Und da entsteht Wissenschaft immer nur dort, wo Wissenschaftler arbeiten. Aber ich möchte doch gleich dazusagen: Auch Wissenschaftler arbeiten in einer Gesellschaft, in der es bestimmte Bedürfnisse, bestimmte Gefühle und bestimmte Interessen gibt. Und es gibt ja immer mehr Wissenschaftler, die diese sich heute doch allmählich verbreitende Grundstimmung aufnehmen, dass wir bisher falsch gelebt haben und dass es darauf ankommt, in Zukunft anders zu leben.

Würden Sie denn sagen, dass ein Wissen um die Mitwelt als Synthese zwischen wissenschaftlicher Rationalität und menschlicher Emotion ein Korrektiv sein kann, um Wissenschaft weniger zerstörerisch zu machen?

●●●●●● Die herrschende Wissenschaft beruht mit dieser Grundaussage „Seien Sie doch nicht so emotional, wir wollen hier sachlich sein" auf einem Vermeiden von Gefühlen. Das ist aber ein Trugschluss, denn in Wirklichkeit ist es natürlich falsch. Ich fände es aber besser, wenn eine Wissenschaft sich möglichst ausdrücklich klar werden würde über die Gefühle, die sie trägt und die erkenntnisleitenden Gefühle, denen sie folgt. Die zu vermeiden und so zu tun, als hätte man keine, ist allemal die zweitbeste Lösung gegenüber der eigenen Reflexion. Sie muss sich fragen: Was sind das für Gefühle, denen ich hier folge und wie stehen sie in meiner Gesellschaft und wie finden andere Menschen das, wenn ich hier die und die Ziele verfolge? Das, meine ich, ist schon die ehrlichere und bessere Haltung, die dann auch mehr Zukunft haben wird.

Bleibt unser Verhältnis zur Mitwelt nicht doch geprägt vom Anthropozentrismus, bleibt unser Denken nicht biologisch bedingt notwendigerweise anthropomorph?

●●●●●● Ja, anthropomorph bleibt es, aber es gibt einen ganz großen Unterschied zwischen Anthropomorphie und Anthropozentrismus. Anthropomorphie ist die Grundtatsache, dass wir in allem, was wir tun, immer Menschen bleiben. Es geht ja schließlich darum, wie wir uns als Menschen richtig verhalten und nicht als Kaninchen oder als Schildkröten. Menschen wollen wir ja schon bleiben. Aber nicht alle Menschen sind notwendigerweise Egoisten. Und die Anthropozentrik ist ein Egoismus der Gattung Mensch in der Gemeinschaft der Natur. Egoist muss man ja nicht sein und kann trotzdem Mensch bleiben. Das meine ich mit dem Respekt vor dem Mitsein der Anderen.

Erdpolitik: Auf dem Weg in eine zukunftsfähige Gesellschaft

Hat das Mitsein etwas mit 'Mitfühlen' und 'Mitgefühl' zu tun, also mit Begriffen, die wir gewöhnlich in die Schublade 'Religion' stecken?

●●●●●● Ja, ganz gewiss. Alle Wissenschaft ist gefühlsmäßig fundiert. Wenn das auf einem einigermaßen höheren Reflexionsniveau geschieht, diese gefühlsmäßige Fundierung, dann nennt man das eine Religion.

Sehen Sie da nicht eine große Schwierigkeit gegenüber unserem herrschenden Wissenschaftsparadigma, das sich ja auch historisch sehr angestrengt hat, sich von Religion abzugrenzen und eine andere Ebene des Erkennens zu suchen?

●●●●●● Aber das ist ein Missverständnis. Die herrschende Wissenschaft hat sich durchgesetzt gegen die Kirche, aber doch in einer ganz bestimmten religiösen oder quasireligiösen Haltung. Die liegt doch auch der heutigen Wissenschaft zugrunde! Was ist denn das anderes als ein religiöses Dogma, wenn man eine Wissenschaft entwickelt, die dem primären Interesse folgt, die übrige Welt so verfügbar zu machen, wie es irgend geht für menschliche Bedürfnisse oder das, was wir dafür halten. Dem liegt doch eine ganz bestimmte Auffassung der Rolle des Menschen in der Welt, also eines Grundverständnisses des Daseins der Menschen in der Natur und in der Welt insgesamt zugrunde. Und das ist nun mal ein Grundthema jeder Religion. Also, die selben Fragen werden auch in der Wissenschaft beantwortet, nur anders.

Nun scheint ja Mitwelt-Bewusstsein nur möglich zu sein über die Sinne. Was würde das für unsere Bildung bedeuten?

●●●●●● Jedes Bewusstsein ist natürlich über die Sinne vermittelt. Und in der Wahrnehmung der übrigen Welt als Mitwelt kommt es darauf an, unsere Sinne in neuer Weise zu üben. So, wie wir bisher die übrige Welt in der herrschenden Wissenschaft sinnlich wahrnehmen, geschieht das ja immer gleich in dem Interesse, herauszukriegen: Wie verhalten sich die Dinge? Wie kann ich bestimmte Ziele erreichen? An welche Handlungsformen und Naturgesetze müsste ich mich halten, um bestimmte Ziele zu erreichen? Das ist eine bestimmte Art der Wahrnehmung. Demgegenüber wäre es eine völlig andere Haltung, zunächst einmal abzuwarten, wie die Dinge sich uns von sich her zeigen! Eben nicht gleich wissen zu wollen, „Was kann ich damit anfangen?", sondern zunächst einmal wissen zu wollen, „Was ist das eigentlich, was mir da gegenüber ist? Was ist das, dieses Lebewesen Baum oder dieses Lebewesen Katze? Wie zeigt sich dieses Lebewesen von sich aus, ohne dass ich da gleich über irgend etwas verfüge?" Vergleichen Sie das mit dem verschiedenen Blick, mit dem man durch einen Wald gehen kann. Das ist ein altes Bild des Verhaltensforschers Jakob v. Uexküll, der diese Dinge ja zum guten Teil mit aufgebracht hat. Da gibt es den Festmeterblick des Försters, der gleich abschätzt, wieviel Holz bringt das. Dann gibt es den Blick des Jägers oder des Pilzsammlers, die auf irgendwas aus sind. Es gibt aber auch den unbefangenen Blick, in dem man sich selber freihält, aber auch den Bäumen erst einmal ihre Freiheit lässt. 'Wart ich doch erst einmal ab, wie die sich mir zeigen, und bin ich doch erst mal ganz still'.

Das hieße aber eine Umorganisation von Wissen und von Wissensvermittlung, die wirklich bis in die tiefsten Wurzeln runtergeht. Weil wir doch daran gewöhnt sind, alles nur nach dem zu beurteilen, welchen Nutzen es für uns hat.

●●●●●● Ja, leider. Und vor allen Dingen die Schule müsste natürlich von Grund auf anders angelegt werden und nicht so wie jetzt, wo 98% kognitives Wissen vermittelt wird, weitgehend in einem Nutzungsinteresse und ziemlich wenig in einem Bildungsinteresse. Die emotionale Bildung in der Schule wird ja völlig vernachlässigt. Und mit diesen gerade mal zwei Stunden Musik und Kunst, die dann auch leider wieder möglichst wissenschaftlich aufgezogen werden, ist ja wirklich nicht all zu viel anzufangen. Es käme wirklich darauf an, auch in der Schule sinnliche Wahrnehmung völlig neu zu üben. Was sage ich, völlig neu zu üben: überhaupt zu üben. Sinnbildung und Gefühlsbildung findet ja in der Schule praktisch nicht statt. Und was soll man denn erwarten? Wenn die Kinder auf die Hochschule kommen oder in den Beruf gehen, wenn sie 20 Jahre lang in nichts geübt und dann noch vom Fernsehen geprägt worden sind, was soll man da erwarten an Fähigkeiten, sich emotional zu öffnen für die übrige Welt? Das ist doch alles völlig unterentwickelt.

Verstehe ich Sie da richtig, dass Sie Mitweltbewusstsein in gewisser Weise gleichsetzen mit dem Aspekt der Selbstverwirklichung von Schöpfung, sowohl bei Menschen, aber auch bei Bäumen, Bergen, der Erde?

●●●●●● Ja, das kann man sagen. Eben nicht nur unsere eigene Selbstverwirklichung, sondern auch die der anderen. Und wenn man die Selbstverwirklichung der anderen immer mitbedenkt, dann ist man auch gleich weg von dieser leichten Schieflage, die die Selbstverwirklichung sonst hat, wenn man nur an die eigene denkt. Hier geht es um die Selbstverwirklichung von allen in unserer Gemeinschaft der Natur, in der Gemeinschaft, zu der wir gehören. Aus der wir uns etwas nehmen dürfen, der wir doch aber auch etwas geben können. Es gibt doch wirklich vieles, was Menschen in die Welt bringen können und um das es doch schade wäre, wenn es nicht in die Welt käme.

Heißt das, unsere Selbstverwirklichung erhöht sich, wenn wir die der Schöpfung respektieren?

●●●●●● Ich denke, wenn wir Kunst in die Welt bringen oder wenn wir reine Naturlandschaften mindestens teilweise verwandeln in Kulturlandschaften, Parklandschaften, dann bringen wir etwas in die Welt, was es ohne uns nicht gäbe. Was soll denn Selbstverwirklichung heißen, wenn nicht, dass man irgendeine Aufgabe erfüllt.

Wie können wir der Natur ihre Selbstverwirklichung ermöglichen, wie können wir sie garantieren?

●●●●●● Naja, wie können wir sie jedenfalls nicht verletzen oder was müssen wir tun, um uns hinreichend vorzusehen, dass wir sie nicht verletzen? Da gibt es einen etwas altmodischen Ausdruck dafür: das ist der der Würde. Wir wissen ja, die Menschenwürde ist unantastbar, aber auch dies würde nicht in unserer Verfassung stehen, wenn sie wirklich unantastbar wäre, denn man will sie ja schützen davor, dass sie angetastet wird. Und ich denke, es ist auch eine Frage der Menschenwürde, wie wir mit Tieren und Pflanzen umgehen. Wer ein Tier quält, verletzt nicht nur die Würde des Tieres, von der ich meine, dass es sie auch gibt, sondern er verletzt auch die eigene. Jedenfalls aber sollten wir lernen, die Würde der anderen Lebewesen zu achten – das wird nun vielen Menschen sehr paradox vorkommen. Ich meine natürlich nicht die Menschenwürde. Einer Katze so etwas wie Menschenwürde zuzumuten, das wäre doch geradezu eine Missachtung ihrer eigenen Würde: Wie Katzen sich verhalten, wenn man sie sich selber so zeigen lässt, wie sie sind, haben sie eine Würde. Manche Menschen können das vielleicht am ehesten noch an einem Baum wahrnehmen, was Würde ist, oder gewiss bei Bergen, vielleicht auch am Meer. Vielleicht doch besonders gut dadurch, dass Bäume in einer Welt stehen, in einer Weise verwurzelt in ihrem würdigen Dasein, wie das manche Menschen auch haben, denen man ihre Würde gleich anmerkt. Jedenfalls, denke ich, kann man wahrnehmen, dass die Würde eines Baumes eigentlich etwas viel Augenfälligeres ist als die Würde der meisten Menschen.

Wieso ist all das in unserer Kultur so weit weg? Ich glaube, Sie haben sinngemäß einmal gesagt: Wir wissen alles, wir kennen die Alternativen und trotzdem passiert nichts. Woran liegt das?

●●●●●● Ich glaube, das liegt an einer Grundeinstellung. Ich glaube, es hat noch nie eine menschliche Gesellschaft gegeben, die so ausschließlich wie die unsere gefragt hat, was die Welt uns zu bieten hat – und das ist ja nun wahrhaftig eine ganze Menge, wie der industriegesellschaftliche Wohlstand uns zeigt. Wir haben gefragt, was die Welt uns zu bieten hat, ohne umgekehrt auch nur einmal daran zu denken, was haben wir denn eigentlich der Welt zu bieten, mit welchem Recht bedienen wir uns eigentlich, ist das alles nur für uns da? Das ist doch eine ganz hochmütige, völlig unberechtigte Annahme, dass wir eine derartig ausgezeichnete Rolle spielen in der Gemeinschaft der Natur. Aber diese Grundhaltung – der Rest der Welt ist für uns da, wir stehen hier im Mittelpunkt –, die hat sich durchgesetzt in der Neuzeit. Und das ist der eigentliche Fehler: dass wir nie fragen, was sollte denn eigentlich durch uns Gutes in die Welt kommen. Es gibt doch viel Gutes, was Menschen in die Welt bringen könnten. Wir sollten vielmehr überlegen, was können wir Gutes tun in der Welt?

Was für Mechanismen, meinen Sie, spielen da eine Rolle, dass wir – obwohl wir sehen, dass wir uns auf sehr krisenhafte Situationen zubewegen – trotzdem so wenig tun, so relativ wenig unserem Begreifen nach handeln?

●●●●●● Die Grundsituation in unserem bisherigen Verhältnis zur übrigen Welt kann man doch etwa in einem Dreisatz zusammenfassen: 1. So geht es nicht weiter, so darf es nicht weitergehen. 2. Was geschehen müsste, ist im Wesentlichen bekannt. 3. Trotzdem geschieht es nicht! Das ist es auch nicht nach 20 Jahren Bilanz sogenannter Umweltpolitik. Nun ist die Frage, warum geschieht es nicht? Es geschieht deswegen nichts, weil die Ansätze einfach zu kurz greifen. Der allerkürzeste ist der, dass man meint, es müssten nur technische Lösungen gewählt werden. Wenn man fragt, warum werden diese Wege nicht eingeschlagen, dann ist die Antwort immer, das kostet eine ganze Menge und niemand bezahlt es. Aber wenn man sich dann überlegt, was in unserer Gesellschaft alles bezahlt wird und wofür alles Geld ausgegeben wird, dann fragt man sich, warum für so vieles andere. Und dann ist man letztlich bei der Einsicht, dass auch die Entscheidung, wofür wir etwas tun, dass die einem ganz bestimmten

Klaus Michael Meyer-Abich

Interesse folgt, das heißt gefühlsgeprägt ist, wie all unser Erkennen und Handeln. Und wenn dabei das Grundgefühl immer noch ist, uns die Welt so anzueignen, dass wir sie möglichst weiter so verwirtschaften können, dann hat sich in der Haltung nichts geändert. Und weil sich in der Haltung nichts geändert hat, beginnt die Umweltzerstörung in den Köpfen und in den Herzen. Und solange sich in den Herzen nichts ändert, wird sich auch in der Umweltzerstörung nichts ändern.

Das heißt aber letztlich, dass Sie sagen würden, dass die Umweltkrise grundsätzlich erst einmal eine Krise unserer Wahrnehmung von der Welt ist?

●●●●●● Ja, genau das meine ich. Die Umweltkrise ist eine Wahrnehmungskrise in diesem weiten Sinne. Also nicht nur so, dass man nur anders hinschauen müsste und dann wäre schon alles in Ordnung. So würden das ja gerne die Werbeleute verstehen. Es ist eine Krise der Wahrnehmung, in dem Sinne, den Wahrnehmung ja auch praktisch hat. Wir sprechen ja davon, dass wir eine Gelegenheit wahrnehmen oder eine Pflicht wahrnehmen oder sonst etwas tun in der Wahrnehmung. Und darauf kommt es an. In diesem Sinne ist wirklich die Umwelt- oder Mitweltkrise eine Wahrnehmungskrise in unserem Verhältnis zur Natur, von der Sinnesbildung bis hin zur praktischen Wahrnehmung.

Nun gibt es ja gegenüber der Technikfaszination, die die letzten Jahrzehnte und vielleicht Jahrhunderte beherrscht hat, eine zunehmende Technikkritik, Technikfeindlichkeit. Ist die so einfach austauschbar mit einer Naturfreundlichkeit?

●●●●●● Was es jedenfalls gibt, ist eine sehr ausgeprägte Technikkritik, die sich manchmal auch versteht als eine Kritik an aller Technik überhaupt. Aber jedenfalls ist ein kritisches Denken über die Rolle der Technik in unserem Leben in Gang gekommen und das finde ich erst einmal einen ganz großen Fortschritt.

Dazu gehört ja erst einmal vor allem auch, sich klarzumachen, dass durch technische Entwicklungen immer Lebensverhältnisse geprägt werden. Also letztlich wird durch technische Innovationen immer auch die Frage beantwortet, wie wir in Zukunft leben werden, also eigentlich eine politische Frage. Und über die muss man viel mehr nachdenken als bisher. Und in diesem Sinne finde ich Technikkritik eine sehr gute Entwicklung. Damit verbindet sich dann manchmal auch so etwas wie eine fundamentale Feindschaft und ein 'Ganz auf alles verzichten wollen', so als gäbe es nicht auch technische Entwicklungen, denen wir weiter nachgehen könnten und sollten. Aber das sind Fehler, die in jeder kritischen Wendung gemacht werden. Auch die Zurückwendung zur Natur, die versteht ja manchmal dann die Natur oder die natürliche Mitwelt sozusagen als eine Idylle. Und das ist ja nun derselbe Grundfehler, als wenn man nur über sie verfügen wollte. Eine Idylle ist die Natur nun wahrhaftig nicht. Vielleicht darf ich so sagen, die Natur ist so wenig eine Idylle, wie Gott lieb ist.

Würden Sie denn sagen, dass diese Möglichkeit, auf dieses Thema anders zu schauen, sich erhöht hat, seitdem wir ein bisschen weggekommen sind von dieser bipolaren Welt, die sich aufgeteilt hat in kapitalistische und kommunistische Sichtweisen?

####### Da fürchte ich, ist das Gegenteil der Fall. Bei uns fühlen sich all jene noch als Sieger, die die Fehler gemacht haben und weiter machen, von denen wir hier reden. Dass die nun nicht mal mehr in Frage gestellt werden durch ein vermutlich noch dümmeres System wie wir es im Osten gehabt haben, das ist wirklich schlimm für die weitere Entwicklung. Ich finde in diesem Sinne – so gut es ist, dass die internationale Spannung abgenommen hat – für einen Bewusstseinswandel und vor allem für einen Gefühlsbewusstseinswandel, auf den es mir ankommt, war es schon ein großer Rückschlag, dass alle diese Industrialisten, die uns hier in den Abgrund führen und begleitet werden von Umweltpolitikern, die dazu immer noch das bessere Schuhwerk liefern, damit es weiter in den Abgrund geht, dass sich alle jetzt auch noch als Gewinner fühlen können – also etwas Schlimmeres hätte uns wirklich nicht passieren können ...

Das heißt, wir siegen uns zu Tode?

####### Wir siegen uns zu Tode, wir verlieren uns zu Tode, ja ...

Ist denn andererseits die Wissenschaft, die ja doch sehr viel mehr in systemischen Ansätzen denkt, da ein positiver Schimmer am Horizont?

####### Ich bin ja selbst Wissenschaftler und was ich mache, geschieht in diesem Gesamtlebewesen Wissenschaft. Und da gibt es einen Haufen von Ansätzen, die kritisch sind und wegweisend für andere Entwicklungen. Ich hoffe, dass wir irgendwann das Gesicht der Wissenschaft vielleicht in unser aller Interesse ein bisschen stärker prägen können, als es bisher der Fall war.

Politik aus Ehrfurcht und Liebe

Im Gespräch mit dem Ökologen José Lutzenberger

Herr Lutzenberger, die Welt scheint im Zuge der Globalisierung immer kleiner zu werden. Braucht diese Globalisierung eigentlich auch ein globales Bewusstsein, was wir noch gar nicht haben?

●●●●●●● Die Welt wird ja nicht kleiner, wir Menschen werden nur immer verrückter und zerstörerischer. Und es geht nicht um den Mangel an globalem Denken, sondern um die Qualität dieses Denkens. Diese globale industrialistische Kultur, die wir heute in ihrem letzten Auswuchs erleben, der Konsumgesellschaft, ist ja im Grunde eine fanatische Religion. Und der ist inzwischen gelungen, was Christentum, Islam und Kommunismus nicht gelungen ist. All diese drei Bewegungen wollten ja den ganzen Planeten erreichen. Zum Glück ist es keiner von ihnen gelungen. Aber die moderne Industriegesellschaft hat in ihrer jetzigen Form praktisch den ganzen Planeten erreicht. Wenn irgendwo noch kleine Gruppen von Menschen in ihren eigenen Kulturen leben, sind sie auch schon alle erfasst. Und in Kürze werden sie ihre alten Kulturen aufgeben müssen. Das ist heute überall der Fall. Diese globale industrialistische Kultur hat ein Wirtschaftssystem aufgebaut, das einfach nicht nachhaltig ist. Wir können so nicht lange weitermachen.

Verkauft sich da also eine Ideologie als Modell für die ganze Welt, ohne ihre Versprechen halten zu können?

●●●●●●● Machen wir nur einmal ein ganz einfaches Gedankenexperiment. Wir haben heute weltweit schon an die 600 Millionen PKW's. Hier in Europa, in den anderen Erste-Welt-Ländern, USA und Japan kommen zum Teil schon ein Wagen auf 1,5 bis 1,7 Menschen. Wenn die 6 Milliarden Menschen, die wir heute sind, eine derartige Dichte von Automobilen hätten,

Dr. **José Lutzenberger** war für viele Jahrzehnte eine Symbolfigur der internationalen Ökologiebewegung. 1926 in Puerto Alegre, Brasilien, als Sohn deutscher Auswanderer geboren, studierte er Landwirtschaft, Bodenkunde und Agrarchemie. Aufgrund seiner enormen Sprachkenntnisse wurde er vom Chemie-Riesen BASF als internationaler Düngemittelverkäufer abgestellt und bereiste die ganze Welt. Je mehr er jedoch chemische Düngemittel und Pestizide verkaufen sollte, desto mehr wurde in ihm der Widerstand wach. Er beobachtete wiederholt die katastrophalen Auswirkungen der Mittel auf das gesunde Ökosystem und quittierte seinen Job. 1971 kehrte er nach Brasilien zurück, dort gründete er verschiedene Initiativen und wurde – mitten in der Militärdiktatur – zum Vater der brasilianischen Umweltbewegung. Nach Ende der Diktatur ernannte ihn der Reformpräsident Collor de Mello zum brasilianischen Umweltminister. José Lutzenberger engagierte sich für ökologische Reformen, den Erhalt des Regenwaldes und bereitete die internationale Umweltkonferenz von Rio 1992 vor, verließ später dann aber die immer korrupter werdende Regierung. Seine Farm 'Fundaciao Gaia' wurde zum Vorzeigeobjekt ökologischer Landwirtschaft. 1988 wurde er mit dem Alternativen Nobelpreis ausgezeichnet. Über ihn erschien das Buch von Siegfried Prater „José Lutzenberger. Das grüne Gewissen Brasiliens" (1994), von ihm selbst liegt vor: „Wege aus der Ernährungskrise" (1999). José Lutzenberger starb im Mai 2002.

Erdpolitik: Auf dem Weg in eine zukunftsfähige Gesellschaft

dann hätten wir schon über vier Milliarden Wagen. Das kann der Planet nicht verkraften. Da sind wir alle tot. Und es ist auch gar nicht möglich – so viele Ressourcen haben wir nicht. Aber das ist das deklarierte Ziel der modernen Wirtschaftspolitik, besonders des Fachgebietes, was wir Entwicklungspolitik nennen. Wir wollen die ganze Welt dahin bringen, wo wir hier in Zentraleuropa oder in den USA sind – nämlich in diese absurde Verschwendung und Materialschlachten. Man braucht sich ja bloß die großen Staus auf unseren Autobahnen anzusehen. Wir müssen uns also bewusst werden, dass die Ziele, die wir verfolgen, falsch sind. Nicht der Chinese ist nicht in Ordnung, weil er so wenig Autos hat. Sondern wir sind nicht in Ordnung, weil wir zu viele haben. Und wir müssen eigentlich sogar die übliche Sprachregelung ändern. Es geht nicht um entwickelte und unterentwickelte Länder. Ich würde eher sagen, wir haben die zerwickelten Länder, die sich in eine Situation begeben haben, die selbstmörderisch ist, und die anderen, die noch nicht ganz kaputt sind und die wir auch noch kaputt machen.

Nun ist ja die Art, wie wir in der Regel in modernen Industriegesellschaften mit Problemen umgehen, oftmals von dem Motto bestimmt: „Mehr vom Gleichen!" Also noch mehr Entwicklung, noch mehr neue Erfindungen, um die Probleme auf technologische Art und Weise zu lösen. Was für Lösungswege sehen Sie grundsätzlich? Kann es mehr vom Gleichen sein?

●●●●●● Das ist ja die große Illusion, die uns heute in den Abgrund führt. Selbst Menschen, die sich Gedanken machen, gehen zum Teil immer noch davon aus, dass wir mehr wirtschaftliches Wachstum brauchen, damit wir die Mittel haben, um die Schäden, die wir bereits angerichtet haben, wieder reparieren zu können. Aber das ist doch genauso, wie wenn ich bei Lawinengefahr mehr Schnee und mehr Hang bestellen würde: Dann wird es nur noch schlimmer. Denn es ist ja gerade diese Art Wachstum, die uns in die jetzt unmögliche Situation gebracht hat. Die Priester des wirtschaftlichen Denkens heute, also die Ökonomen, die unsere Regierungen beraten – die gehen alle von dem absurden Dogma aus, eine Wirtschaft ist nur gesund, wenn sie wächst. Und es muss exponentielles Wachstum sein. Wenn sie voriges Jahr um 5% gewachsen ist, dann muss sie dieses Jahr mindestens wieder um 5% auf die 105% wachsen. Aber es weiß doch jeder, der sich schon in der Grundschule mit Arithmetik befasst hat, dass jedes exponentielle Wachstum sehr schnell zu absurden Größenordnungen führt. Also schon aus dieser Sicht ist das absurd. Wir können nicht ewig wachsen.

Was steht hinter dem Wachstumsbegriff, dem die moderne Industriegesellschaft wie ein Glaubensbekenntnis folgt?

●●●●●● Die Art, wie dieses Wachstum gemessen wird, ist purer Wahnsinn. Die Ökonomen messen das wirtschaftliche Wachstum an einem Index, der sich Bruttosozialprodukt nennt, oder internes Sozialprodukt. So, wie das gehandhabt wird, misst das aber eher Abbau als Wachstum. Denn es wird ja nur der Geldfluss innerhalb Wirtschaft aufaddiert. Dabei wird alles aufaddiert, weil die Ökonomen wissen wollen, was das Einkommen dieses Volkes ist. Der Grundgedanke ist durchaus logisch: Wenn jemand was ausgibt, hat jemand anderes ein Einkommen. Folglich addieren sie allen Geldfluss auf und kommen dann zum Bruttosozialprodukt. Und das wird geteilt durch die Zahl der Einwohner. Dann heißt es, schaut euch an, die Deutschen und die Schweden, die haben heute ein Bruttosozialprodukt von 28.000 $ im

José Lutzenberger

Jahr pro Kopf. Bei den Brasilianern sind es 3,5. Da sind die Deutschen ja achtmal so fortschrittlich und die armen Inder, die zum Teil nur 50 $ haben, sind ganz da unten. Aber was ist dann mit dem Indianer, der ein Bruttosozialprodukt von 0 hat, weil er Geld gar nicht kennt? Der Laie macht sich häufig keine Gedanken, was das Bruttosozialprodukt, so wie es von den Regierungen gehandhabt wird, eigentlich bedeutet. Es ist ein Index, der eigentlich nur für den Banker interessant ist. Denn dem Banker ist es egal, in welche Richtung das Geld fließt, er hat immer seinen Gewinn. Aber für uns Menschen ist es doch eine Katastrophe: Wir müssen doch wissen, wofür dieses Einkommen ist. Und das Bruttosozialprodukt, so wie es da gerechnet wird, führt dazu, dass schlimme Kosten, wie ein großer Unfall, das Wachstum fördern: Wenn eine Boing 747 abstürzt, dann wächst das Bruttosozialprodukt zweimal 200 Millionen Dollar. Einmal, wenn die Versicherung der Luftlinie die Entschädigung zahlt und zum anderen Mal, wenn die ein neues Flugzeug kaufen. Also je mehr Flugzeuge abstürzen, desto besser, nach dieser Rechnung. Das ist doch eine absurde Rechnung.

Man kann ja wahrscheinlich die Absurdität unseres gegenwärtigen Systems ziemlich schnell darstellen. Aber es ist um so schwieriger, die Alternativen darzustellen, weil die sehr viel komplexer sind. Müssen wir unser Bild von der Erde völlig ändern?

●●●●●● Wir müssen von dem Bild abkommen, das heute die Wirtschaft macht. Die Wirtschaftswissenschaftler, sie sind ja im Grunde Priester in dieser Religion: Sie sehen auf der einen Seite unendliche Ressourcen und auf der anderen Seite ein unendlich großes Loch, wo wir unseren Abfall reinschmeißen können. Natürlich sehen sie ein, dass der eine oder andere Rohstoff und Energie eines Tages weg sind. Aber sie postulieren, dass wir immer neue Ersatzformen finden werden. Und auf der anderen Seite sehen sie dieses große Loch, in das wir alles reinschmeißen, was wir nicht mehr haben wollen. Wenn ich davon überzeugt bin, einen Fluss zu haben, der in einer einzigen Richtung zwischen zwei Unendlichkeiten fließt, dann kann der natürlich immer dicker und breiter werden. Aber die Welt ist doch nicht so. Wir sitzen heute hier, 3 ½ Milliarden Jahre nach Beginn dieser phantastischen Sinfonie der organischen Evolution, weil alle lebenden Systeme eben nicht linear in eine Richtung geflossen sind, sondern immer in geschlossenen Kreisläufen funktioniert haben. Die Abfälle, die Leichen und die Exkremente der einen sind immer die Rohstoffe der anderen. Es ist ein geschlossener Kreis, in dem die Ressourcen immer wieder verwendet werden. Da gibt es keine Verschwendung. Und dieser Kreislauf muss sich auch immer nach den vorhandenen Ressourcen begrenzen. Dieser Fluss in den offenen Systemen wird angetrieben von einem offenen Strom, dem Strom der Sonnenenergie. Der ist zwar offen, er ist aber unendlich in der Zeit.

Kann die Sonne unser Energieproblem lösen?

●●●●●● Die Sonnenenergie ist nur interessant, wenn wir sie dezentral nutzen. Die Technokratie will zwar riesige Sonnenfarmen machen, aber das hat keinen Sinn. Natürlich ist die Sonne interessant und wir haben genug. Jedes Gebäude könnte auf seinem Dach genug Energie aufnehmen, um den Bedarf einer modernen Wohnung zu decken. Aber die Technokratie mag ja zentralistische Lösungen. Und deshalb interessieren sie sich nicht richtig für die Sonnenenergie, weil da jeder sein eigenes System haben würde. Das Wesentliche ist: Die Sonnen-

Erdpolitik: Auf dem Weg in eine zukunftsfähige Gesellschaft

energie können wir nehmen oder lassen. Wir können der Sonne nicht heute klauen, was unseren Kindern und den zukünftigen Generationen gehört, wie wir es mit dem Petroleum machen und bei allen anderen Rohstoffen, die begrenzt sind.

Die Dezentralisierung scheint im Mittelpunkt zu stehen. Welche anderen Glieder braucht diese Kette, die uns in eine nachhaltige Zukunft führen könnte?

●●●●●● Also Dezentralisierung ist fundamental. Was wir heute in der Globalisierung machen, ist doch absurd. In Australien wird holländisches Bier getrunken und in Holland australisches und Butter marschiert von einem Kontinent zum anderen – das ist doch alles absurd. Die Globalisierung will ja nun gerade diesen Austausch noch um ein Vielfaches erhöhen. Selbst wenn das sonst wirtschaftlich wäre: Man denke nur an die Verschmutzung der Meere durch diesen übertriebenen Seetransport – jeder Tanker schmeißt doch seinen ganzen Dreck ins Meer. Wir müssen also völlig anders denken. Wir brauchen lokale Märkte, lokale und regionale Märkte. Heute wird die Kuh hier im gemeinsamen Markt ernährt mit Futter, das unten am La Plata wächst. 12.000 Kilometer hat das zurückgelegt. Das ist doch totaler Blödsinn. Und das funktioniert ja auch alles nur, weil das alles absurd subventioniert wird. Wir müssen also wieder biologisch denken lernen: biologisch, lokal und in geschlossenen Kreisläufen.

Wir müssen doch wahrscheinlich auch global in einer Weise denken, dass wir den ganzen Planeten als eine Einheit sehen. Sie haben sich ja in Ihrer Zeit als Umweltminister Brasiliens sehr stark für den Erhalt des Regenwaldes als „grüner Lunge" der Erde eingesetzt.

●●●●●● Aber der Ausdruck „grüne Lunge" ist falsch. Der wurde, glaube ich, von unseren Feinden in Umlauf gesetzt, weil man sofort beweisen kann, dass der Regenwald nicht eine Lunge der Erde ist, also als Herstellung von Sauerstoff. Eine Lunge produziert ja Kohlendioxid und konsumiert Sauerstoff. Aber der Regenwald ist, wenn wir es gesamt-global sehen wollen, keine Sauerstofffabrik – der konsumiert genauso viel Sauerstoff wie er produziert. Der Regenwald ist eher eine Klimaanlage. Er pumpt Wärme aus den Tropen über die Luftströme in die Breitengrade von Zentral- und Nordeuropa. Er ist eine Klimaanlage für den Planeten. Wir müssen wirklich lernen, den Planeten als ein lebendiges System zu sehen. Und da gibt es ja den schönen Sprachgebrauch von der Gaia-Hypothese, die eigentlich gar keine Hypothese ist, sondern eine Weltsicht: Die Erde ist ein lebendiges System. Unter den Biologen herrscht leider immer noch zum großen Teil die Vorstellung: Das Leben auf diesem Planeten, das 3 ½ Milliarden Jahre alt ist, habe nur deswegen so lange überleben und sich vervielfältigen können, weil dieser Planet rein zufällig durch seine richtige Position im Sonnensystem die richtigen Umweltbedingungen für das Leben hat. Also man geht davon aus, das Leben hat hier solange überleben können, weil die Bedingungen stimmten. Es ist aber umgekehrt: Das Leben sorgt dafür, dass diese Bedingungen stimmen. Genauso wie in meinem Körper, solange ich gesund bin. Ob ich jetzt hier in diesem Raum sitze bei 20 Grad oder in der heißen Wüste spazieren gehe oder auf einem Gletscher – meine Körpertemperatur ist immer gleich. Ungefähr 37 Grad. Der Körper findet eine Homöostase für seine Temperatur. Homöostase heißt

José Lutzenberger

„selbstreguliertes Gleichgewicht". Wir müssen die Erde sehen als Ganzes, als lebendes System. Und das Leben verstehen als gekoppelt mit Atmosphäre und Lithosphäre, also mit dem Gestein. Es ist ein homöostatisches System, ein System, das sich selbst reguliert. Wir wissen heute aus kosmologischen Überlegungen, dass die Sonne heute zwischen 20 und 30 Prozent wärmer ist, als sie es war, als das Leben hier begonnen hat vor 3 ½ Milliarden Jahren. Warum ist dann hier nicht passiert, was auf der Venus passiert ist? Auf der Venus hat es einen unkontrollierten Treibhauseffekt gegeben. Die Ozeane sind verdunstet, es sind alle chemischen Reaktionen abgelaufen, die ablaufen konnten. Es ist alles oxidiert. Venus hat eine Atmosphäre, die besteht zu fast 100% aus CO_2, ist zweihundert Mal so schwer wie unsere, hat eine dichte Wolkendecke von 40 Kilometer Dicke, die sich nie öffnet, Schwefelsäure-Regen, der unten gar nicht ankommt, weil die Durchschnittstemperatur bei 450 Grad liegt. Wenn es hier nicht zum Leben gekommen wäre, dann wäre es auf unserem Planeten sehr ähnlich. Es wären nicht 450 Grad, aber es wären bestimmt so um die 200 Grad – wir sind ja etwas weiter weg von der Sonne. Es ist nicht dazu gekommen, weil das Leben von Anfang an die Atmosphäre so manipuliert hat, dass der Treibhauseffekt immer abgebaut wurde, in demselben Maße, wie die Sonne wärmer wurde. Wenn wir heute sagen, Petroleum, Erdgas, Steinkohle usw., das seien fossile Brennstoffe, als ob sie nur dazu da wären, dass wir sie in unseren Energieorgien benutzen können – wie wir das heute machen – dann wissen wir nicht, wie absurd diese Behauptung überhaupt ist. Das Petroleum, die Kohle, Torf und all diese Formen von fossilem Kohlenstoff sind da unten in der Erde gespeichert worden, damit wir leben können. Das Leben als Ganzes hat das im Laufe der Jahrmilliarden aus der Atmosphäre herausgeholt. Nicht nur in Form von dem, was wir heute fossile Brennstoffe nennen, sondern auch in Form von Karbonaten. Wenn man sich in den Alpen diese Berge anschaut – diese großen Ablagerungen von Kalk – das wurde auch von Lebewesen gemacht, zum Teil mikroskopisch kleinen, zum Teil von Muscheln und anderen Organismen.

Herr Lutzenberger, Sie haben mit diesem Wissen politisch sehr unterschiedliche Wege beschritten. Sie waren Vater der Umweltbewegung in Brasilien, dann Umweltminister, haben in Bürgerinitiativen und Parlamenten agiert. Brauchen wir beide Strategien? Parlamentarisch und außerparlamentarisch?

●●●●●● Natürlich brauchen wir beides. Vor allem appelliere ich an die Jugend: Lasst euch nicht zum Fachidioten ausbilden! Das ist eine der schlimmsten Katastrophen, die wir heute in unserer globalen industrialisierten Kultur haben. Diese Kultur, die wir heute leben, die Konsumgesellschaft, basiert auf immer komplexerer Technik, die ihrerseits immer komplizierte Wissenschaft voraussetzt. Der Durchschnittsmensch heute – und gerade jene, die sich gebildet nennen – ist totaler Analphabet in Naturwissenschaften und Technik. Und die wenigen, die was wissen, sind meistens Fachidioten. Dadurch können die Menschen gar nicht durchschauen, wo heute die Machtstrukturen sind. Im mittelalterlichen Feudalismus war das ganz anders. Da hat der Fürst von den Leibeigenen gefordert: „Du gibst mir zwei Drittel von deiner Ernte oder ich lass dir den Kopf abschneiden." Das war ja sogar ganz aufrichtig. Das war ja nicht gelogen. Heute macht man das ganz anders und viel subtiler. Heute versucht die Technokratie uns in immer komplexere techno-bürokratische Strukturen einzubetten, aus denen es kein Entweichen mehr gibt.

Erdpolitik: Auf dem Weg in eine zukunftsfähige Gesellschaft

Das heißt, die Umweltfrage lässt sich gar nicht trennen von der sozialen Frage, von der Menschenrechtsfrage – es ist alles ein großer Komplex ...

●●●●●● Heute ist es ja meistens so, dass nur Flickwerk vorgeschlagen wird. Ich gebe mal ein konkretes Beispiel. Als ich in der Regierung war, kam eines Tages eine Gruppe von Militärs in eine Kabinettsitzung. Sie nagelten eine enorme Karte von Amazonien an die Wand. Da waren viele grüne Flecken eingezeichnet. Und dann schauten sie mich ganz scharf an und sagten: 'Was wollt ihr Ökologen? Schaut euch an, wir geben euch all diese Naturreservate, ökologische Reserven!' Dann benutzten sie einen Ausdruck, den ich für fast obszön halte: „Genetische Banken". Dann habe ich die Karte angeschaut und habe gesagt: „Wenn Sie glauben, dass das die Lösung ist, dann kann ich das nicht akzeptieren. Wenn ich das unterschreibe, dann habe ich doch unterschrieben, dass sie die 90 %, die auf dieser Karte weiß sind, vernichten werden!" Und das geht doch nicht.

Ist das ein Plädoyer gegen den 'Naturschutz'?

●●●●●● Natürlich brauchen wir in dieser Phase Naturschutzgebiete. Aber wir müssen doch darüber hinaus einen Weg finden, in Harmonie mit dem großen Ganzen zu leben, sonst haben auch diese Reserven keinen Sinn mehr. Und Naturschutzgebiete – so wie das heute gemacht wird, so notwendig, wie sie auch sind – sind eigentlich nur Flickwerk. Wie auch bessere und effizientere Kläranlagen. Das ist alles notwendig, muss sein. Aber wenn wir nicht zu einer Wirtschaftsform übergehen können, die nachhaltig ist, die in Harmonie mit den Gesetzen der lebendigen Systeme ist und sich in diese hinein integriert, dann haben wir keine Zukunft. Das Flickwerk wird zu nichts führen. Im Gegenteil: Wenn man sich hier in Europa, in München und in Wien die großen Messen für Umwelttechnologie anschaut, wo nur äußerst komplexes und teures Zeug und zentralistische Lösungen angeboten werden, da haben wir genau wieder das Schneeballdenken. Wir müssen total umdenken. Nicht, dass wir das nicht brauchen, aber das muss einfach sein. Und wir müssen vor allem eine Wirtschaftsform finden, die unsere Wirtschaft mit der Wirtschaft der Natur integriert. Es muss durchsickern, dass Ökologie keine Externalität der Ökonomie ist – wie das von den Ökonomen behauptet wird –, sondern umgekehrt: Ökonomie ist nur ein Kapitel der Ökologie. Ökologie befasst sich mit den Geschäften der Natur als Ganzes und Ökonomie nur mit den Geschäften der Menschheit. Wir sind aber ein Teil der Natur. Also ist Ökonomie ein Teil der Ökologie. Wenn es uns nicht gelingt, das so zu sehen, dann haben wir keine Zukunft.

Wie kommt es, dass Sie die Welt so wahrnehmen können?

●●●●●● Vielleicht ist das der ausschlaggebende Punkt, wo ich hinschaue. Ob ich auf einen Rasen schaue, in einen Wald, auf eine einsame Orchidee auf dem Felsen da oben, ich sehe immer den gesamten Prozess der organischen Evolution vor mir und das Großartige, Phantastische dieser Sache. Davor muss man doch Ehrfurcht haben und da tut es einem weh, wenn man sieht, wie etwas kaputt gemacht wird. Und was mir so besonders weh tut, ist, wenn ich sehe, dass das den meisten Menschen eben nicht wehtut, weil sie es nicht einmal sehen.

José Lutzenberger

Müssen wir unterscheiden lernen zwischen der Wissenschaft, die uns Staunen hilft und der Technik, die das Wissen missbraucht?

●●●●●●● Da ich ja in der großen Technokratie drin war, verstehe ich auch viel besser, was heute läuft. Der Durchschnittsmensch heute unterscheidet ja nicht einmal zwischen Wissenschaft und Technik. Die beiden Definitionen werden ja verwechselt. Deshalb haben wir ja überall 'Ministerien für Wissenschaft *und* Technik'. Dabei sind das doch grundverschiedene Sachen. Die Wissenschaft ist ein sauberer, ehrlicher Dialog mit dem großen Geheimnis. Ob wir das nun 'Universum' nennen, 'Natur' oder die 'Göttlichkeit', ist völlig belanglos. Unser Leben ist doch eine unglaubliche Sache! Was ist das? Was ist mein Bewusstsein? Da muss man sich doch wundern! Und Wissenschaft ist eben der Dialog mit diesem großen Geheimnis. Wenn ich zwischen Leuten sitze, die sagen, Wissenschaft sei wertfrei und die keine emotionalen Ausdrücke mögen, dann definiere ich Wissenschaft als das 'Schauen der göttlichen Schönheit des Universums'. Und das ist es. Für mich ist Wissenschaft Religion, das ist *die* Religion überhaupt. Das ist der aufrichtige Dialog mit diesem großen Geheimnis. In der Wissenschaft muss ich bescheiden sein, muss ich jederzeit gewillt sein, meine liebsten Gedanken und Ideen aufzugeben, in der Wissenschaft gibt es keinen Betrug, keinen Beschiss.

Also braucht Wissenschaft Werte, Gefühle, Emotionen ...

●●●●●●● Die Technokratie geht davon aus – Technokratie sage ich, weil ja die Macht heute über Technik ausgeübt wird –, die Wissenschaft sei wertfrei, habe nichts mit Emotionen, mit Moral, mit Ethik, mit Religion zu tun. Und dann sollen wir alle Wissenschaft mit Technik verwechseln. Aber wenn wir Wissenschaft mit Technik verwechseln und alle annehmen, Wissenschaft sei wertfrei, dann ist auch die Technik wertfrei. Dann darf ich mich dagegen nicht stemmen. Dann ist die Technik das unwiderstehliche Ergebnis des Fortschritts des menschlichen Geistes. Aber weder ist die Technik wertfrei, noch ist die Wissenschaft wertfrei. Die Wissenschaft ist ein Wert an sich. Sie basiert auf einer ethischen Entscheidung, der Entscheidung, einen sauberen, absolut aufrichtigen Dialog mit der Natur zu führen. Die Technik aber nutzt das Wissen aus, das die Wissenschaft in ihrem sauberen Dialog mit dem Universum erarbeitet hat, um Instrumente zu machen. Eigentlich ist nichts dagegen einzuwenden. Aber ein Instrument ist doch immer auch eine politische Sache. Es geht doch um die Ausführung eines Willens. Ob das um den Willen des Erfinders, seines Vorgesetzten oder seiner Regierung geht, spielt doch keine Rolle: Technik ist immer politisch, also nicht wertfrei. Und deshalb sollen wir nicht länger dieses blöde Dogma akzeptieren, Wissenschaft sei wertfrei. Und das wird in unserer heutigen Kultur allgemein immer noch akzeptiert.

Wie unterscheidet sich die wissenschaftliche von der technokratischen Weltsicht?

●●●●●●● Ich versuche es mit einem Beispiel: Ein Wissenschaftler und ein Technokrat stehen vor einem großen Naturereignis, meinetwegen vor dem Zuckerhut in Rio de Janeiro. Ein Riesenfelsblock, Monolith, 600 Meter hoch, er hat nur einen Riss auf einer Seite, wunderschön geformt, dahinter der Christusberg, 900 Meter, wieder ein gewaltiger Monolith. Der Wissenschaftler schaut sich das an und sagt: „Mein Gott, ist das toll! Wie ist denn das entstanden? Das sind die Überbleibsel von einem gewaltigen Gebirge, das hier stand." Da muss ich aber immer weiter zurückgehen. Dann sehe ich die Entstehung des Sonnensystems vor mir.

Erdpolitik: Auf dem Weg in eine zukunftsfähige Gesellschaft

Und dann muss ich sogar noch viel weiter zurückgehen, denn die Tatsache, dass es so einen Berg gibt, ist ja nur möglich, weil es hier Elemente wie Eisen, Kalzium und Magnesium gibt. Die wären in unserer Sonne nicht entstanden. Es muss also einige Milliarden Jahre vorher eine Supernova gegeben haben, deren Aschen von unserem Sonnensystem aufgefangen worden sind. Also je mehr ich über das alles nachdenke, desto faszinierender ist das doch. Und dann schaue ich mir den grünen Wald an und all die eigenartigen Lebewesen, die darin leben – die Eidechsen und Insekten. Und ich sehe das große Bild der organischen Evolution vor mir. Der Technokrat guckt sich den Berg an und sagt: Was kann ich damit machen? Ist da ein Erz drin, mit dem ich Geld machen kann? Kann ich da vielleicht Uran herausholen? Oder wenn in dem Berg nichts drin ist: Wenn ich den abbaue und die Bucht hier damit aufschütte, wie viel kann ich an der Bodenspekulation verdienen. Beides sind höchst emotionale Einstellungen entgegengesetzten Zeichens: Das eine ist Ehrfurcht, Liebe, Freude, Mitgefühl. Das andere ist Herrschaft. Ich bin nicht gegen Technik. Wir müssen uns aber in jedem Fall fragen: Wohin führt eine Technik, wer hat sie konzipiert, mit welchem Ziel im Auge, wer hat einen Nutzen davon, wer muss das bezahlen und was kostet das die Schöpfung? Diese Fragen werden heute nicht gestellt, sie müssten in unseren Parlamenten aber gestellt werden, jeden Tag.

Vor aller Politik steht also eine Ethik?

●●●●●●● Wenn wir zu einer Ethik der Ehrfurcht, nicht nur vor dem Leben, sondern überhaupt vor dem Kosmos kommen, dann können wir sehr wohl eine fantastische Zivilisation entwickeln. An der Basis dieser Ethik steht die Einsicht, dass die Erde ein lebendiges System ist. Sie ist zwar kein Lebewesen so wie wir, die wie wir geboren werden, wachsen altern und sterben. Aber sie ist ein lebendiges System, wie ein Wald. Im Wald leben, wachsen und sterben die einzelnen Individuen, aber der Wald als Ganzes ist ein dynamisches, sich selbst regulierendes System. Und wir müssen die Erde als Ganzes so sehen. Selbst, wenn wir die Erde, wie das heute oft der Fall ist, als Raumschiff betrachten, ist das zwar ein besseres Bild als das Bild, was die Technokraten sehen, welche die Welt nur als Lagerhaus von Ressourcen sehen, aber auch das Bild der Erde als Raumschiff ist ein schlechtes Bild. Ein Gefährt hat Passagiere. Ein Organismus hat doch keine Passagiere. Mein Herz ist doch nicht mein Passagier. Wir sind keine Passagiere! Wir sind ein Teil dieses Systems, dieses fantastischen Prozesses. Nur, indem uns dies bewusst wird, werden wir uns soweit eingliedern, dass wir der Sache vielleicht sogar förderlich sein können – oder zumindest lernen, nicht zu sehr zu stören.

Herr Lutzenberger, Sie haben ja selber einen Entwicklungsweg gemacht, der lang und widersprüchlich war. Sie haben für BASF Pflanzenschutzmittel verkauft, bis Sie dort ausgestiegen sind. Jeder Mensch ist konfrontiert mit seiner persönlichen Verantwortung. Was ist Ihr Impuls an jeden Einzelnen?

●●●●●●● Erst einmal sich bilden, lernen, was überhaupt los ist. Die meisten Menschen sehen es ja gar nicht. Vor allem die Jugend muss sich einen möglichst breiten naturwissenschaftlichen Horizont und ein gutes Verständnis für die Technik aneignen und sich auch mit Philosophie und Ethik befassen. Und dann muss jeder innerhalb seiner Möglichkeiten tun, was er kann. Und sei es nur, seine Bekannten und Freunde, die Menschen, mit denen er zusammenlebt, auch noch aufzuklären.

Gegen die globalisierte Wirtschaft kämpfen

Im Gespräch mit dem Ökologen und Philosophen Edward Goldsmith

Sie sind seit 1970 Herausgeber der Zeitschrift 'The Ecologist' und haben sich in der jüngsten Vergangenheit an die Spitze der Globalisierungskritiker gesetzt. Welche zentrale Einsicht prägte dieses halbe Leben Öko-Aktivismus?

●●●●●●● Mir wurde in den späten 60er Jahren klar, dass wir modernen Menschen mit hoher Geschwindigkeit dabei sind, unseren Planeten zu zerstören. Die Zerstörungen, die in den letzten 50 Jahren angerichtet wurden, sind größer als alles, was der Mensch getan hat, seit er auf der Erde aufgetaucht ist. Ich glaube, das Leben auf diesem Planeten übersteht nicht noch einmal 50 solcher Jahre. Das darf sich nicht wiederholen. Nach fünfzig weiteren solchen Jahren wird der Planet nicht mehr in der Lage sein, die menschliche Gattung zu erhalten. Ich bin mir ziemlich sicher, dass wir als Gattung aussterben werden, wenn wir so weitermachen. Aber Trends können sich auch verändern, ein Trend ist kein Schicksal, zumal wir wissen, was verkehrt läuft. Denn es ist absolut eindeutig, dass die Wurzel der Zerstörung das ist, was wir „wirtschaftliches Wachstum" nennen und mit „Fortschritt" gleichsetzen. Wirtschaftliches Wachstum ist eine absolut zerstörerische Ideologie.

Hat sich diese Einsicht in der Welt schon verbreitet?

●●●●●●● Heute wächst zumindest in den Ländern der Dritten Welt eine massive Oppositionsbewegung gegen alle möglichen großen 'Entwicklungsprojekte'. Menschen kämpfen gegen riesige Zementfabriken, Stahlkonzerne, riesige Staudämme, weil sie begriffen haben, dass mit jedem solcher Monster Menschen von ihrem Land vertrieben und in die Slums gezwungen

*Dr. **Edward Goldsmith** ist ein langjähriger Vorkämpfer für eine holistische und ökologisch geprägte Weltanschauung und einer der führenden Aktivisten unter den Globalisierungskritikern. Er wurde 1928 in Paris geboren. Auf die Ökologiebewegung wirkte er besonders durch seine Tätigkeit als Verleger und Herausgeber der Zeitschrift „The Ecologist", die er seit 1969 herausgibt. Als Autor und Co-Autor zahlreicher Bücher beschäftigte er sich mit Zukunftsstudien, Entwicklungspolitik, umweltschadlichen Mammutprojekten und den Folgen der Globalisierung. Er ist leitendes Mitglied verschiedener Organisationen, darunter Ecoropa und die Akademie für Zukunftsstudien in Wien. 1991 wurde Edward Goldsmith mit dem Alternativen Nobelpreis ausgezeichnet. Auf Deutsch ist von ihm das Grundlagenwerk „Der Weg. Ein ökologisches Manifest" (1996) und das „Schwarzbuch Globalisierung" (2002) erschienen.*

Erdpolitik: Auf dem Weg in eine zukunftsfähige Gesellschaft

werden. Allein in Indien wurden durch die moderne Entwicklungspolitik 20 Millionen Menschen von ihrem Land vertrieben, 14 Millionen allein wegen der großen Staudämme. Mit dem GATT-Vertrag hat sich diese Tendenz jetzt erst einmal noch verschlimmert. Dieses Vertragswerk ist die größte Katastrophe von allen. Die Globalisierung der Wirtschaft ist die wohl besorgniserregendste Entwicklung überhaupt. Denn sie verstärkt all die negativen Trends. Als die deutsche Regierung den GATT-Vertrag unterschrieb, hat sie buchstäblich ihre eigene arbeitende Bevölkerung abgeschrieben. Sie tötet damit schrittweise die deutsche Arbeiterschaft, denn sie vermittelt ihr damit: „Werte Leute, wir brauchen Euch nicht länger als Produktivkräfte, denn in China und Indien ist die Produktion viel billiger. Und wir brauchen Euch auch nicht mehr als Konsumenten, weil wir jedes Produkt auch in Japan oder Amerika los werden. Weil ihr eigentlich überflüssig seid, können wir uns auch den Sozialstaat nicht mehr länger leisten. Denn könnten wir dann mit einem so teuren Sozialsystem noch mit den Chinesen konkurrieren, die zwanzigmal weniger verdienen." Also muss der Sozialstaat abgebaut werden. Menschen verlieren ihre Arbeit und werden keinen Sozialstaat mehr haben, der sie auffängt. Das wird nicht nur die Arbeiter treffen, sondern auch die Kleinbauern, den Mittelstand, die kleinen Ladenbesitzer. Und das kann nicht gut gehen. Es ist nicht straflos möglich, einen so großen Teil der Gesellschaft an den Rand zu drängen.

Welche Konsequenzen befürchten Sie?

●●●●●● Das wird zu schrecklichen sozialen Problemen führen bis hin zu bürgerkriegsähnlichen Zuständen. Man kann so etwas nicht machen und damit rechnen, dass nichts passiert! In China und Indien ist es ja noch schlimmer. Wenn dort eine 'moderne' industrielle Landwirtschaft eingeführt wird, vertreibt man gleich Milliarden von Leuten von ihrem Land und in die Slums. Das geht nicht! In Indien leben rund 600 Millionen Menschen als Kleinbauern. Das führt geradewegs ins Chaos. Was die Politiker da machen, ist der pure Wahnsinn. Sie verhalten sich wie ahnungslose Kinder. Sie haben nicht die geringste Ahnung, was diese Verträge, unter die sie ihre Unterschrift setzten, anrichten. Nicht die geringste Ahnung!!

Was wäre Ihrer Meinung nach die Lösung?

●●●●●● Wir müssten genau in die entgegengesetzte Richtung gehen. Wir müssen den Schwerpunkt auf die lokale Ökonomie legen, statt auf die globalisierte Wirtschaft. Wir müssen die Dinge, die wir brauchen, im eigenen Land herstellen. Es darf keine Rolle spielen, dass sie woanders möglicherweise billiger zu kriegen sind. Die Wirtschaft selbst muss diversifiziert werden, nicht nur irgendwelche Spezialfirmen, die sich die billigsten Produktionsorte suchen. Wir brauchen eine gesunde lokale Ökonomie. Denn nur sie ist in der Lage, die Arbeitsplätze, die gebraucht werden, zu erhalten. Wenn wir zulassen, dass kleinere Unternehmen verschwinden, damit die großen kapitalintensiven Unternehmen ihren Platz einnehmen, dann zerstören wir damit immer mehr Arbeitsplätze. Gleichzeitig verlagern die großen Unternehmen ihre Produktion immer öfter ins Ausland. Wir werden bald nur noch ein paar Mega-Konzerne haben, die verzweifelt auf dem ganzen Globus nach billigen Arbeitskräften und laschen Umweltgesetzen suchen, um dort billig zu produzieren und den Weltmarkt mit Gütern zu überschwemmen, die unter letztlich unfairen Bedingungen hergestellt worden sind. All das führt dazu, dass immer größere Teile der Gesellschaft ausgegrenzt werden.

Edward Goldsmith

Was sind die wesentlichen Merkmale und Vorteile lokaler Wirtschaftskreisläufe?

●●●●●●● Nur die lokale Wirtschaft ist wirklich in der Lage, sichere Arbeitsplätze zu bieten. Sie schafft auch die eigentliche Grundlage für den Zusammenhalt der lokalen Gemeinschaft. Sie stärkt die sozialen Bindungen in den Gemeinden. Und es ist enorm wichtig, dass wir die lokalen Gemeinschaften wiederherstellen. Denn was wir heute beobachten können, ist die völlige Zerstörung von gesunden Familienstrukturen und Gemeinschaften. Daraus entsteht Kriminalität, Drogenabhängigkeit, massenhafter Alkoholismus – all diese negativen Entwicklungen, die in Amerika schon an der Tagesordnung sind und sich wie eine Krankheit auf dem ganzen Planeten ausbreiten. All diese üblen Entwicklungen sind Konsequenzen der Zerstörung von sozialen Strukturen. Um die Gesellschaft wieder herzustellen, muss man die lokale Wirtschaft wiederbeleben, die dann die Gemeinschaften erneuert.

Welche politischen Schritte müssten wir dafür tun?

●●●●●●● Um eine funktionierende lokale Wirtschaft zu haben, muss man ihr Chancen geben. Zur Zeit tun wir ja alles, um sie weiter zu zerstören. Wir bauen Autobahnen, die ein integraler Bestandteil der globalisierten Wirtschaft sind, Schnellzüge, die uns in kürzester Zeit von einer Großstadt zur nächsten bringen, einen Tunnel unter dem Ärmelkanal – all das dient im Wesentlichen der globalisierten Weltwirtschaft. All das kostet eine Menge öffentlicher Gelder. Und gleichzeitig wird damit alles getan, um das soziale Überleben kleiner Familien immer mehr zu erschweren. Was wir also brauchen, ist eine Rückkehr zum lokalen Maßstab. Wir müssen die Vereinbarungen von Maastricht, den GATT-Vertrag und all die anderen Verträge für einen 'freien' Welthandel zurückweisen.

Gibt es funktionierende Beispiele eines solchen wirtschaftlich und organisatorisch dezentralisierten Gesellschaftsmodells?

●●●●●●● Ich glaube, ein wirklich gutes Modell dafür war bis vor kurzem die Schweiz. Dort hatte die Zentralregierung immer noch sehr wenig Macht und wurde nur für die Dauer eines Jahres gewählt. Die Zusammensetzung der Regierung musste immer die Kräfteverhältnisse im Parlament widerspiegeln, so dass man gleichzeitig konservative, liberale und linke Kräfte in die politische Verantwortung einband. Das führte um so mehr dazu, dass die Regierung keine starke zentralistische Macht bekam und nur ein paar Entscheidungen treffen konnte. Und das ist es, was wir eigentlich brauchen. Denn erfahrungsgemäß treffen zentralistische Regierungen immer die falschen Entscheidungen, weil sie den Verhältnissen vor Ort nie angepasst sein können. Die Schweiz hatte damit ein hoch dezentralisiertes Regierungssystem, in dem die meisten wichtigen Entscheidungen auf lokaler Ebene gefällt wurden. Das ist für mich die eigentliche Definition von Demokratie: Eine Gemeinschaft, in der die Menschen auf allen Ebenen des Zusammenlebens die Entscheidungen treffen können, die ihr Leben und das ihrer Kinder betreffen. Demokratie muss ihre Grundlage in den sozialen Gemeinschaften haben. Das ist bei uns nicht mehr so. Gemeinden sind weitgehend hilflos, wenn die Zentralregierung entscheidet, eine Schnellstraße durch den Ort zu bauen oder ein Atomkraftwerk in der Nachbarschaft hochzuziehen. Sie haben wenig Einfluss auf das, was ihr Leben bestimmen wird. Sie können sich zwar beschweren, aber die Regierung kann diese Proteste völlig igno-

Erdpolitik: Auf dem Weg in eine zukunftsfähige Gesellschaft

rieren. In England geht das so weit, dass sich die Regierung wie eine gewählte Diktatur aufführt. Und so verhält es sich in den meisten Ländern der Welt. Es scheint ein demokratisches System zu sein, aber es ist in Wirklichkeit etwas anderes.

Ob Schweiz oder Amerika – die Dritte Welt orientiert sich nach wie vor noch im Wesentlichen am westlichen Paradigma der 'Entwicklung'...

●●●●●● Aber 'Entwicklung' ist das Problem, nicht die Lösung. Dieser ganze Begriff macht nur wenig Sinn für jemanden, der das Weltbild der Moderne durchschaut hat, das ja nichts anderes spiegelt als die wissenschaftlichen und technologischen Paradigmen moderner Ökonomie. Dieses Weltbild selbst macht keinen Sinn. Und warum? Weil alle Vorteile und aller Nutzen dieser Welt als menschengemacht gesehen werden, als Errungenschaften der Wissenschaft, als Produkte der Technologie und Waren der Industrie. Nur ein paar Beispiele: Wir sehen Gesundheit als eine Leistung von Krankenhäusern und der pharmazeutischen Industrie, die uns mit Pillen versorgt. Wir verstehen soziale Sicherheit als etwas, was die Polizei, die Gerichte und die Gefängnisse für uns herstellen. Wir verstehen Geburtenkontrolle als ein Ergebnis von Verhütungsmitteln. Das ist auf fast allen Gebieten so: Wir glauben, alle Lösungen seien technische Lösungen. Und um zu diesen Lösungen zu kommen, glauben wir, wirtschaftliches Wachstum zu brauchen, um die entsprechenden Forschungen finanzieren zu können. Wenn man in diesem Glauben gefangen ist, macht das, was ich zuvor als einzige Lösung beschrieben habe, natürlich überhaupt keinen Sinn. Im Licht dieser Weltsicht wäre es völlig daneben, zu einer lokalen Wirtschaft zurückzukehren, in der weniger Geld als heute vorhanden ist. Was wir also als Grundbedingung brauchen, ist eine andere Weltsicht, in der die Lösungen, die ich und andere vorschlagen, Sinn machen.

Welche Lösungen ergeben sich aus einer Weltsicht, bei der das Wachstum nicht im Mittelpunkt steht?

●●●●●● Die Probleme selbst lassen sich durch eine ganze Reihe von Faktoren lösen. Wenn Menschen krank werden, dann hat das eine Menge Gründe: Sie ernähren sich von vergiftetem und völlig leblosem Junkfood, das in Fabriken hergestellt wird. Sie trinken hoch belastetes Wasser, atmen verschmutzte Luft, sind einem enormen Stress ausgesetzt und bewegen sich kaum. Das sind völlig offensichtliche Gründe, über die jedoch kaum jemand zu reden wagt. Und die Gründe für den Stress werden weiter zunehmen, die Qualität der Nahrungsmittel wird weiter abnehmen, das Wasser wird immer mehr vergiftet, wenn wir uns weiterhin in dieser Richtung 'entwickeln'. Wenn wir die Probleme wirklich auf eine neue Art lösen wollen, dann müssen wir sie aus der Perspektive eines anderen Weltbildes anschauen und verstehen lernen.

All die Fehlentwicklungen, die Sie kritisieren, haben ja offenbar damit zu tun, dass Systeme aus dem Gleichgewicht geraten sind und wir mit den falschen Methoden versuchen, sie wieder auszubalancieren. Nach welchem 'richtigen' Maßstab müsste das geschehen?

●●●●●● Das Weltbild, welches man heute 'ökologisch' nennt, hat sehr viele Parallelen zu der Art von Weltsicht, die traditionelle Kulturen seit jeher hatten, besonders die ganz alten Kulturen. Es ist das Weltbild der Stammeskulturen, das in den ältesten Schriften über die

287

archaischen Kulturen festgehalten wurde – den indischen Veden, den Avestas aus Persien. In all diesen Texten entsteht der 'Nutzen' nicht aus Menschengemachtem und ökonomischer Entwicklung. Sondern die unterstützende Basis sind immer naturgegebene Dinge: ein stabiles und angenehmes Klima, fruchtbare Erde, sauberes Wasser – alles Dinge, die sich aus einer gesunden Biosphäre in einer lebendigen Welt ergeben. Aber diese Dinge werden uns nach diesen alten Weltbildern immer nur dann zur Verfügung gestellt, wenn wir die labile Struktur dieser lebendigen Welt und ihre Integrität respektieren. Wenn wir die Struktur der natürlichen Welt zerstören, die Wälder abholzen, die Flüsse verschmutzen, das Grundwasser abschöpfen, das Klima destabilisieren, dann wird diese Biosphäre uns nicht länger diesen natürlichen Nutzen bieten. Die Natur entzieht uns dann zwangsläufig das, was unser eigentlicher Reichtum ist. Das ist die Perspektive des ökologischen Weltbildes und der traditionellen Kulturen. Und das gilt nach wie vor.

Das heißt, wir bräuchten eine neue 'Philosophie des Gleichgewichts'?

●●●●●● Alle traditionellen Gesellschaften glaubten daran, dass man einem bestimmten Weg folgen müsse, um die kritische Balance der Welt zu erhalten. In China sprach man vom 'Tao', in den indischen Veden vom 'Rita', bei den alten Persern nannte man es 'Asha'. Und es gab einen Begriff für den entgegengesetzten Weg, der zur Zerstörung der kosmischen Balance führt in den Veden das 'Umrita'. Wenn also eine schwierige Situation auftrat – sei es eine große Flut oder Epidemie – dann fragten sich die Menschen, wie es zu diesem Ungleichgewicht hatte kommen können und inwieweit sie von dem ausgeglichenen Weg abgekommen waren, mit dem die kritische Balance hätte erhalten werden können. Und die einzige Lösung bestand immer darin, wieder auf den Weg des Ausgleichs zurückzukehren. Der wissenschaftliche Mensch von heute mag über so eine Sicht der Dinge lächeln. Nichtsdestotrotz ist sie im Grunde richtig und die wissenschaftliche Interpretation ist falsch. Wenn wir heute riesige Überflutungen in Bangladesh haben, dann liegt das daran, dass man zuvor die Wälder im Himalaja und anderswo abgeholzt hat. Die Folge jeden Kahlschlags ist die Erosion der Böden, die Erde wird in die Flüsse geschwemmt, wo sie das Flussbett erhöht und dann logischerweise Überflutungen auslöst. Natürlich wäre die technologisch und wissenschaftliche Antwort auf dieses Problem der Bau von Dämmen. Aber das funktioniert nicht, es macht die Situation im Gegenteil nur noch schlimmer. Die einzige mögliche Lösung für dieses Problem wäre die Wiederaufforstung der Himalaja-Wälder. Bei anderen Problemen ist es ähnlich: Wenn wir vor einer epidemischen Zunahme von Kriminalität stehen, liegt das an der vorangehenden Zerstörung von Familien und sozialen Gemeinschaften. Die einzige Antwort auf das Problem ist also die Wiederherstellung von gesunden Familien und Dorfstrukturen. Also war die traditionelle Sichtweise ganz richtig: Wer das labile Gleichgewicht des Kosmos nicht respektierte, musste sein Handeln entsprechend korrigieren, um die auftauchenden Probleme zu beheben. Das ist das einzig Sinnvolle, was wir tun können.

Entspricht nicht die moderne systemische Sichtweise den alten Auffassungen?

●●●●●● Ohne Zweifel! Die Struktur der Biosphäre ist mit der Erhaltung ihrer Stabilität kompatibel. Gaia, als ein natürliches, lebendes System, ist in der Lage, seine eigene Stabilität zu bewahren. Diese Fähigkeit zur Homöostase sorgt dafür, dass es nicht zu dauernden Ungleichgewichten kommt. Wenn ein natürliches System aber immer instabiler wird, nehmen die Ungleichgewichte immer mehr zu. Wenn man einen Wald rodet und alle Pflanzen verbrennt, schafft man eine Situation maximalen Ungleichgewichts: Einige Arten werden explosionsartig zunehmen, andere werden völlig verschwinden, kaum etwas verläuft wie vorher. Aber wenn der Wald sich wieder regeneriert und die Pflanzen sich schrittweise wieder ausbreiten, bis die gesamte Lebens-Gemeinschaft Wald wieder hergestellt ist, dann ist das Ungleichgewicht auf einem Minimum. Ökosysteme sind also dann in einem stabilen Gleichgewicht, wenn sie voll entfaltet sind.

> *Konventionelle Wissenschaft scheint sich diesen Einsichten zu verschließen ...*

●●●●●● Aus der Perspektive des wissenschaftlichen Paradigmas der Moderne ist es auch sehr schwierig, ein ökologisches Weltbild zu entwickeln. Aber ich glaube, dass die Wissenschaft uns auch gar kein befriedigendes Denkmodell für das Verständnis der Welt anzubieten hat. Wissenschaft ermöglich es dem Menschen, Dinge zu verändern und Antibiotika oder Pestizide herzustellen. Aber es befähigt die Wissenschaftler nicht dazu, all die Folgewirkungen der von ihnen ausgelösten Veränderungen zu begreifen. Diese Entwicklung ist unvermeidlich: Wenn man Menschen daran hindern will, die Welt, in der sie leben, zu verstehen, dann besteht der beste Weg dorthin darin, das Wissen in lauter kleine Schubladen aufzuteilen und für jede Schublade Fachidioten auszubilden. Denn das macht die Menschen völlig ignorant gegenüber dem, was außerhalb ihrer kleinen Welt passiert. Sie sind zwangsläufig weder in der Lage, die Welt zu verstehen noch den Einfluss zu begreifen, den ihr isoliertes Handeln auf all die Nachbarschubläden hat. Und weil sie zudem auch noch völlig unterschiedliche Sprachen sprechen, scheint eine multidisziplinäre Forschung ziemlich illusionär: Wegen der unterschiedlichen Methoden und dem Vokabular lassen sie sich meist nicht in Einklang miteinander bringen.

> *Sie nennen das 'Tao', das 'Rita' oder 'Asha' als frühe Modelle für Nachhaltigkeit. Diese Philosophien hatten doch immer auch eine religiöse Komponente. Brauchen wir religiöse Werte? Ist es das, was dem wissenschaftlichen Paradigma fehlt?*

●●●●●● Auch die Wissenschaft ist ganz ohne Frage eine Religion. Und der Mensch ist ein religiöses Wesen. Karl Marx lag völlig daneben, als er sagte: Religion sei Opium für das Volk. Der Materialismus ist das Opium für das Volk. Er bringt die Menschen sogar dazu, die Zerstörung ihrer Familien und Gemeinschaften zu akzeptieren, ihre Identität zu verlieren und in einer Massengesellschaft zu leben, die keine ihrer wirklichen psychologischen Bedürfnisse befriedigen kann. Stattdessen werden die Löcher im Lebenssinn mit Waschmaschinen und neuen Autos gestopft. Weil Menschen religiöse Wesen sind, schaffen sie neue Religionen. Heute ist die Wissenschaft die Religion und Wissenschaftler sind ihre Priester. Sie tragen ihre eigenen Kostüme, mit denen sie sich von anderen Menschen abgrenzen, sie sprechen eine Sprache, die niemand versteht, so wie die katholischen Priester Latein sprachen. Sie leben in ihren eigenen Werten und vollziehen ihre Experimente wie einen Gottesdienst. All das wird akzeptiert, weil es auf scheinbar 'objektiv wissenschaftlichen' Einsichten beruht, die aber letztlich alle religiöser Natur sind.

Edward Goldsmith

Aber Religion ist nicht notwendigerweise etwas Schlechtes ...!?

●●●●●●● Die ökologische Sichtweise, die ich vorschlage, hat sicher auch etwas Religiöses. Aber ich fordere nicht, dass alle Menschen die gleiche Religion haben sollten. Ich glaube vielmehr, dass alle Religionen auf den gleichen Grundlagen aufbauen, genauso, wie es in den verschiedenen traditionellen Gesellschaften der Fall war. Es ist auch gar nicht überraschend, dass sich die Religionen ähneln. Auch alle lebenden Dinge ähneln sich. Man glaubt, ein Käfer und ein Mensch wären extrem unterschiedlich. Aber das eigentlich überraschende ist ihre Ähnlichkeit. Sie bestehen aus exakt den gleichen Rohmaterialien, ihre Proteine und ihre DNA sind fast gleich, die Art, wie ihre Informationen organisiert sind, ist identisch und sie haben beide das Ziel, ihre Selbstschaffung oder 'Homöostase' im Kontext mit der lebenden Welt zu erhalten, die sie umgibt. Man kann eine riesige Vielfalt von unterschiedlichen lebenden Wesen haben und sie sind sich trotzdem grundsätzlich sehr ähnlich. Das gleiche gilt für die Grundsätze der Religionen und der traditionellen Weltbilder.

Sind wir denn überhaupt in der Lage, für so hoch komplexe Ökosysteme zu denken?

●●●●●●● Der Mensch kann nicht wie ein Ökosystem denken, sondern immer nur wie ein Mensch. Der Unterschied liegt darin, das traditionell lebende Menschen nicht isoliert waren. Unser gegenwärtiges Problem ist genau dieser abgetrennte, von der Natur entfremdete, atomisierte 'denkende' Mensch. Menschen, die Teil einer Familie und Teil einer Gemeinschaft waren, denken auf eine andere Art und Weise. Wenn er Teil einer größeren Gemeinschaft ist, dann ist er auch in der Lage, seine Umwelt zu bewahren. In dem Weltbild des isolierten Menschen ist das nicht möglich, es funktioniert nicht.

Aber es scheint illusionär, zu dem Bewusstsein von Stammeskulturen zurückzukehren ...

●●●●●●● Die Stammeskulturen gingen davon aus, dass wir in Harmonie mit der natürlichen Welt leben. Dabei ist das Wort 'Stamm' ein weiter Begriff. Es beschreibt Gesellschaften, die auf einer Art erweiterter Familie aufbauten, der Gemeinschaft des Lebendigen. Das ist eine durchaus konservative Botschaft und ich würde mich auch als einen konservativen Denker bezeichnen. Ich glaube an den Wert der Familie in der Gemeinschaft, ich glaube an den Wert von Religion und Tradition. Aber die Leute, die sich heute 'konservativ' nennen, sind das überhaupt nicht. Sie wollen unsere gesamte Welt wie mit einem Bulldozer platt machen, Wälder roden, die 100 Millionen Jahre alt sind, ganze Landstriche vernichten. Sie zerstören mit ihrer globalisierten Wirtschaft Familien und Gemeinschaften, die sich gegen diese Entwicklungen nicht zur Wehr setzen können. Sie sind keine 'Konservativen', sondern fundamentalistische Radikale. Ronald Reagan und Margret Thatcher waren extrem Radikale.

Wie lassen sich Werte wie Gemeinschaft und Tradition in einer sich immer schneller ändernden Welt bewahren und weitergeben?

Erdpolitik: Auf dem Weg in eine zukunftsfähige Gesellschaft

●●●●●●● Wenn ich von dem Weg rede, den es heute einzuschlagen gilt, dann betone ich immer, dass es darum geht, das kritische Gleichgewicht des Kosmos zu bewahren. Damit meine ich die Summe unseres kulturellen Verhaltens und das schließt alle kulturellen Rituale und Zeremonien mit ein. Ich denke, es gibt guten Grund anzunehmen, dass alle wichtigen Rituale in traditionellen Gesellschaften die primäre Funktion hatten, eben genau dieses kritische Gleichgewicht der natürlichen Welt so aufrecht zu erhalten, wie diese Menschen es wahrnahmen. Und es gab eine Menge Rituale zur ständigen Erneuerung des Kosmos: All die Schöpfungsmythen sollten die Welt immer wieder neu so erschaffen, wie Gott sie einst erschuf. Traditionelle Gesellschaften glaubten daran, dass die Ordnung des Kosmos von ihren kulturellen Aktivitäten abhing – ihre Kultur war Ritual! Und alle Rituale hatten die Aufgabe, die Ordnung des Kosmos zu erhalten. Wenn man die Welt so wahrnahm, bedeutete das, sich ständig in Beziehung zu ihr zu setzen. Alles, was man tat, hatte Bedeutung und trug dazu bei, das Ganze zu erhalten und ein Teil davon zu sein. Was wir heute tun, ist im Verhältnis dazu sinnlos. Was für einen Sinn macht es, in der Fabrik irgendwelche Bolzen herzustellen?

Brauchen wir also eine Gesellschaft, die ihre innere Ordnung an den Gesetzmäßigkeiten der Natur orientiert?

●●●●●●● Absolut! Das Verrückte ist doch, dass wir den Planeten zerstören, die Wälder vernichten, die Flüsse kaputt machen, die Arten vernichten und die Erde unbewohnbar machen können, ohne dabei ein einziges 'Gesetz' zu brechen. Es mag zwar kriminell sein, irgendjemandem die Handtasche zu klauen, aber es ist völlig legal, den Planeten unbewohnbar zu machen und Arten zu vernichten. Wenn das möglich ist, dann stimmt etwas nicht mit unserem 'Recht'. Wir brauchen ein völlig neues 'biosphärisches Recht'. Wir müssen zurückkehren zu einem Rechtsverständnis, das die Gesellschaft, die natürliche Welt und den gesamten Kosmos mit einschließt.

Was ist in diesem Knäuel von Problemen der rote Faden, an dem wir uns durch die Krise bewegen können?

●●●●●●● Der erste Schritt ist der Kampf gegen die globalisierte Wirtschaft, während gleichzeitig die lokalen Wirtschaftskreisläufe gestärkt werden müssen. Das ist nicht nur wegen der ökologischen Probleme unumgänglich. Das brauchen wir auch, um wieder Arbeitsplätze zu schaffen, die in einem System des globalen Wettbewerbs hier immer weniger werden. Bedenkt man, dass heute der Sozialstaat immer mehr abgebaut wird, dann geht es dabei langfristig auch um den Kampf gegen Armut und Verelendung. Wir *müssen* zurück zur lokalen Wirtschaft und Arbeitsplätze schaffen! Das ist drittens auch deshalb so wichtig, weil nur stabile lokale Wirtschaftssysteme die Grundlage schaffen für gesunde Familien und soziale Gemeinschaften, die dem Leben einen Sinn geben. Wenn wir den Zerfall der Gesellschaft und der Familien stoppen und wirklich etwas tun wollen gegen zunehmende Kriminalität und Drogensucht, dann muss etwas für die Familien und Gemeinschaften getan werden. Der wichtigste Schritt dabei ist und bleibt eine gesunde lokale Wirtschaft, denn sie hält die Gemeinschaft zusammen. Da liegt unsere Aufgabe. Und wir kämpfen dafür auf vielen Ebenen, politisch, wirtschaftlich, lokal. Da gibt es zahllose Möglichkeiten, sich zu engagieren.

Was schlagen Sie dem einzelnen Menschen vor, der sich in der modernen Welt immer mehr als kleines Zahnrad erlebt?

●●●●●●● Der einzelne Bürger kann sich durchaus sinnvoll einbringen, indem er lokale Gruppen organisiert und mit anderen sinnvolle Sachen tut. Solche Gruppen haben sich zum Beispiel gegründet, um kleinere Farmen zu erhalten. Wenn die kleinbäuerlichen Strukturen zerstört werden, zerfällt die Grundlage ländlicher Gemeinschaften. Das zersetzt sozusagen das Rückgrat der ganzen Gesellschaft. Und das ist eine einzige Katastrophe. Denn wir zerstören diese Strukturen, um den Forderungen einer globalisierten Wirtschaft Genüge zu tun. Aber es wurden heute auch schon Initiativen gegründet, die eine 'kommunale Landwirtschaft' unterstützen, indem sie dem Kleinbauern die Abnahme all seiner Produkte zu einem fairen Preis garantieren und ihn bei der Ernte unterstützen. Dann gibt es die lokalen Tauschsysteme mit regionalen Währungen. Das sind zwar kleine, aber enorm wichtige Initiativen. Und natürlich kann man bei Greenpeace oder anderen Umweltgruppen mitmachen. Da gibt es heute Hunderte von Möglichkeiten

Welche Chance sehen Sie, die Krise zu überstehen?

●●●●●●● Ich bin ziemlich optimistisch, dass die gegenwärtige Politik zu so viel Elend und Arbeitslosigkeit führen wird, dass es zu einer massiven Gegenreaktion kommt. Und diese Reaktion wird in verschiedenen Ländern unterschiedliche Formen annehmen. Für mich steht es außer Frage, dass die Menschen dann vermehrt Fragen stellen werden und dabei die bisherigen Grundannahmen in Frage stellen werden. Aber heute sind nur wenige Menschen in unseren Regierungen und im wissenschaftlichen Establishment dazu wirklich bereit. Das muss und wird sich ändern.

Eine Bewegung mit "Einem Nein und vielen Ja's"

Im Gespräch mit der Globalisierungskritikerin Naomi Klein

Naomi Klein, im Vorwort Ihres Buches 'No Logo' zitieren Sie einen indonesischen Aktivisten mit den Worten: 'An der Oberfläche sieht man nichts, aber unter der Oberfläche brennt längst ein Feuer des Widerstands!' Stehen wir am Beginn einer neuen sozialen Bewegung? Einer Bewegung gegen die Macht der Markennamen?

●●●●●●● Ich glaube, es ist keine Bewegung gegen die Logos, die da entsteht. Die Bewegung hat keinen Namen und das ist eine ihrer großen Stärken. Es ist eine Bewegung, die sich mit der Tatsache auseinandersetzt, dass die Unternehmen immer mächtiger werden, es ist eine Bewegung zum Schutz der Demokratie. Ich habe dieses Buch aber tatsächlich geschrieben, weil ich uns am Beginn einer neuen Bewegung sehe. Während der Recherche wuchs die Bewegung. Überall gab es diese kleinen Widerstandsnester, Kampagnen und Initiativen, die gerade ihre Ähnlichkeit zu begreifen begannen und sich zu sagen schienen: 'Moment mal, vielleicht machen wir da ja was ganz ähnliches!' und begriffen, dass sie Teil einer Bewegung mit einem gemeinsamen Ziel waren. Als mein Buch in Druck war, fand die große Demonstration von Seattle statt. Das war eigentlich der Moment, in dem all diese Vernetzung unter der Oberfläche plötzlich ins gesellschaftliche Rampenlicht trat.

Bislang war unser Wirtschaftssystem für die meisten ein undurchschaubarer Mythos, der uns ein gutes Leben zu bescheren schien. Niemand, der sich Nike-Schuhe und Calvin Klein-Hemden anzog, dachte darüber nach, welche sozialen Bedingungen und ökologischen Zerstörungen er damit unterstützte. Das scheint sich geändert zu haben. Warum?

Naomi Klein *gilt als eine der wichtigsten Vertreterinnen der Antiglobalisierungsbewegung. Sie wurde 1971 in Montreal geboren, nachdem ihre Eltern aus Protest gegen den Vietnamkrieg die Vereinigten Staaten verlassen hatten. Ihre Jugend war geprägt von den Problemen hoher Arbeitslosigkeit. Nach ihrem Studium an der Universität von Toronto, wo sie Chefredakteurin der Campus-Zeitung war, schrieb sie fünf Jahre lang eine Kolumne für den „Toronto-Star". Sie war Chefredakteurin der linksgerichteten Zeitschrift „This Magazine" und ist als freischaffende Chefredakteurin für das Magazin „Saturday Night" tätig. Außerdem erschienen ihre Artikel in zahlreichen Publikationen wie den Magazinen „Elm Street", „The Globe and Mail", „Toronto Life" und „The Village Voice". In ihrem in 29 Sprachen übersetzten Weltbestseller „No Logo!" (2001) setzte sie sich kritisch mit dem Versuch transnationaler Konzerne auseinander, über die Werbestrategie der Logos, statt Produkten Lebensstile zu verkaufen. In den letzten Jahren engagierte sie sich stark in der internationalen hierarchiefreien Bewegung der 'Sozialforen'. Die Londoner „Times" erklärte sie zur „wohl einflussreichsten Person unter 35 Jahren". Ihr neuestes Buch „Über Zäune und Mauern. Berichte von der Globalisierungsfront" erschien 2003.*

●●●●●● Das hängt, glaube ich, mit dem Ehrgeiz der Markenunternehmen zusammen. Der wurde so grell und auffallend, dass man es nicht länger ignorieren konnte. Wenn so jemand wie Michael Jordan 20 Million US-Dollar bekommt, weil er für Nike Modell steht und der indonesische Arbeiter in der Schuhfabrik 2 Dollar am Tag bekommt, dann muss man aufhorchen. Dann stellt sich die Frage der wirklichen Prioritäten. Deshalb sah man immer mehr Aktivisten, die sich damit auseinander setzten, was die kraftvollen und fast schon spirituellen Werbe-Botschaften der großen Markenfirmen zu tun hatten mit den realen Produktionsbedingungen in ihren Betrieben. Denn wenn man an Bennetton oder den Body Shop denkt, dann geht es da um hohe, innere Werte, Anti-Rassismus und andere hohe Ansprüche. Die Logos der Marken haben in der wirtschaftlichen Prioritätenliste einen immer höheren Stellenwert bekommen, während die Bedeutung der Arbeit selbst immer weiter zurückgeht. Viele Unternehmen gliedern Produktionsbereiche aus, produzieren billig im Ausland. Die Praxis und der schöne Schein passten einfach nicht mehr zusammen. Das hat die Menschen geärgert, deshalb begannen sie, sich zu wehren. Hinzu kam die Arroganz der transnationalen Unternehmen, die meinten, Globalisierung wäre etwas, was sie für sich gepachtet hätten und glaubten, sie könnten mit ihrer Heuchelei durchkommen, ohne dass jemand etwas mitbekommt. All das führte dazu, dass eine 'Globalisierung von unten' entstand, in der Arbeiter und Konsumenten, Studenten und Angestellte ihre eigene globale Allianz zu formen begannen, Informationen austauschten und die Infrastruktur dieser internationalen Marken nutzten, um einen internationalen Widerstand zu schaffen. Sie schufen die Kehrseite der Globalisierung, eine Art ‚Volks-Globalisierung'.

Der weltweite Werbeetat, mit dem die Markenunternehmen ihre Produkte unter dieses Volk bringen wollen, ist ungefähr so hoch, wie die globalen Militärausgaben. Könnte man von einem globalen Krieg sprechen, der unsere Gehirne bedroht, unsere Werte besetzt und unsere Sehnsüchte und Träume kolonisieren will?

●●●●●● Genauso sehe ich das! Auch wenn die Werbetexter nie von Krieg reden würden. Sie glauben wahrscheinlich eher, dass sie Liebe in die Welt bringen. Denn sie fördern ja vordergründig unsere wertvollsten Errungenschaften. Ihre Absicht ist es, ihr Unternehmen mit den wichtigsten positiven Werten unserer Kultur verschwimmen zu lassen – Werten wie Demokratie, Freiheit, Widerstand. Diese Werte werden vordergründig anerkannt, aber die Wirkung ist ein Krieg gegen die Vielfalt und die freie Wahl. In Wirklichkeit ist das doch eine Tyrannei der kleinen Entscheidungen, der man uns da unterwirft – 'Halbfett' oder 'Fett', 'Koffeinfrei', 'Halbkoffeinfrei' und so weiter. In Amerika kann man Kaffee in 50 verschiedenen Arten bekommen. Supermärkte wie WalMart bieten uns 70.000 verschiedene Produkte an. Wir scheinen von 'freier Auswahl' umzingelt zu sein. Dabei nimmt aber die Wahlmöglichkeit zwischen Privatem und Öffentlichem immer mehr ab. Es gibt kaum mehr einen konsumfreien, öffentlichen Raum. Deshalb entsteht auch dieser Widerstand. Es ist ein Krieg um den öffentlichen Raum. Die Markenfirmen wollen unsere Träume für sich privatisieren und sie zu Gebrauchsartikeln machen. Sie wollen unsere Wahrnehmung von uns selbst privatisieren und erreichen, dass wir uns nur noch als isolierte Konsumenten und Investoren begreifen, aber nicht mehr als kritische Bürger und Mitglieder sozialer Gemeinschaften. Die Globalisierung will alles privatisieren. Am deutlichsten wird das in der Eroberung des öffentlichen Raums durch die Marken und ihre Logos. Die Firmen brauchen dauernd neue Flächen, auf denen sie ihre Markenideen unterbringen können. Öffentliche Einrichtungen wie Schulen, Büchereien und städtische Plätze werden immer mehr zu Einkaufszentren umgeformt. Wir erleben eine zunehmende Verschmelzung des Öffentlichen mit dem Privaten. Am weitesten geht das bei der Privatisierung des Saatguts und der Gene des Lebens und ihrer gentechnischen Manipulation oder auch bei der Privatisierung der Trinkwasser-Ressourcen. Das ist der Grund dafür, dass sich sowohl bei den landlosen Bauern in Brasilien, als auch bei den indischen Kleinbauern Widerstand gegen genveränderte Nahrung regt, amerikanische Studenten sich gegen die Kommerzialisierung ihrer Unis wehren und junge Umweltschützer in Europa unter dem Slogan *Reclaim the Streets* Straßenkreuzungen blockieren und dort Feten feiern. Es geht um die Rückeroberung des öffentlichen Raums und dem, was wir früher mal mit dem altertümlichen Wort des Gemeinguts belegt haben. Das Gemeingut zurückzufordern, heißt zu sagen: Das ist öffentlicher Raum, kein kommerzieller Raum!

Die Markenfirmen arbeiten häufig mit Symbolen, die unsere tiefsten Sehnsüchte ansprechen, zum Beispiel ein harmonischer Bezug zur Natur, die reine Wildnis etc. Was ist die psychologische Absicht dieser Strategie?

●●●●●● Es ist eine opportunistische Strategie, bei der uns quasi spirituelle Werte von Gemeinschaft, Natur, Harmonie und Vielfalt zum Kauf angeboten werden. Als ich mit dem Werbechef von IKEA sprach und ihn nach der Botschaft seiner Werbestrategie fragte, sagte er lächelnd: „Demokratie!" Das ist eine unserer kraftvollsten und gefeiertsten Werte! Dabei glaube ich nicht einmal, dass es sich bei dieser Unternehmensstrategie um eine Verschwörung oder so etwas handelt. Sie füllen einfach nur ein Vakuum, das durch die Schrumpfung von Staat und Kirche sowie durch den Zerfall von Gemeinschaften entstanden ist. Sie können dieses Vakuum füllen, weil wir eben mehr sind und mehr sein wollen als Käufer, Konsumenten und Investoren. Wir haben eine tiefe Sehnsucht nach bedeutenden Werten und Gemeinschaft. Und die Logos füllen diese Lücke.

Welche Werte sind es, die von den Unternehmen besetzt werden wollen?

●●●●●● Ich sprach einmal mit einem Werbechef, der meinte, jedes wichtige Markenunternehmen müsste auf dem Markt eine grundlegende menschliche Emotion besetzen. Das stimmt natürlich nur zur Hälfte, denn es geht ihnen nur um die positiven Emotionen: Es geht um Freude, aber nicht Traurigkeit. Keiner würde seine Marke mit dem Gefühl der Verzweiflung verbinden wollen. Hinter dieser Strategie steckt eine enorme wissenschaftliche Marktforschung, die aber längst nicht mehr nach Marktchancen sucht, sondern zu einer anthropologischen und psychologischen Erforschung dessen geworden ist, was uns Menschen am allerwichtigsten ist. Das ist verrückt, aber gerade das macht mich so optimistisch. Es gibt mir eigentlich viel Hoffnung, dass sie dabei herausgefunden haben, dass wir uns nach Freiheit sehnen, nach einem Leben im Gleichgewicht mit der Natur, nach Demokratie und Gemeinschaft. Denn wir bekommen all das eben nicht durch die Produkte, die man uns bietet. Das ist der Grund dafür, dass wir in der Konsumgesellschaft in einem permanenten Zustand der unerfüllten Sehnsucht leben. Deshalb kaufen wir ja weiter wie die Blöden, weil einem der Kaffee eben keine Gemeinschaft gibt und die Turnschuhe keine neue Kraft. Und wir werden mit Sicherheit durch Shell oder BP kein harmonisches Verhältnis zur Natur bekommen, obwohl sie genau diesen Eindruck vermitteln, damit wir öfter bei ihnen tanken. Was wir bekommen, ist genau das

Gegenteil. Wir sollten all die 'Marktforschung' anders nutzen, jetzt, wo wir wissen, was die Leute wirklich wollen. Und das ist es, was die Aktivisten machen. Sie sagen: 'Okay, lasst uns daran gehen, die Sehnsüchte wirklich zu erfüllen' – „Let's have the real thing", um den Slogan von Coca Cola zu zitieren.

Es scheint sich da um die existentiellen Grundwerte zu handeln: Glück, Natur, Selbstausdruck, Spiritualität. Nutzen sie alles, was uns verloren zu gehen scheint?

●●●●●● Sie nutzen das, was verloren geht und an dessen Verlust sie maßgeblich beteiligt sind. Das sollten wir sehr ernst nehmen. Diese Firmen huldigen vordergründig höheren Werten und nutzen dann das Bedürfnis nach Vielfalt und Individualität, um die Menschen rund um den Globus in die gleiche modische Uniform zu stecken. Das führt dann dazu, dass der Markt für diese Bedürfnisse noch größer wird. Denn wir haben dann mit gutem Grund das Gefühl, Teil einer verschwommenen Masse zu sein und sehnen uns umso mehr nach Vielfalt, Individualität und Selbstausdruck.

Also versuchen wir unsere Sehnsüchte zu erfüllen, indem wir Produkte kaufen, die den ersehnten Wert zerstören?

●●●●●● Genau! Wir kaufen ein Teil dieser Markenidentität, die Produkte anbietet, die oft die gegenteilige Wirkung haben von dem, was sie zu repräsentieren scheinen. Aber ich habe dieses Buch ja geschrieben, weil ich sah, dass es Leute gibt, die das verstanden haben und den öffentlichen Raum und die Gemeingüter zurückfordern. Noch sind die Widerstandsnester klein, aber sie wachsen kontinuierlich, sie explodieren regelrecht. Das sieht man bei all den Diskussionen um genveränderte Lebensmittel. Und selbst an so etwas wie Nabster, was nun wirklich keine politische Bewegung ist. Trotzdem sieht man da, wie eine ganze Generation junger Leute, die in einer Gesellschaft groß geworden sind, in der alles zur Ware wurde, eine Art freien Gemeinplatz im Internet erschaffen, dessen Kultur aus Handel und Tausch besteht, anstatt aus Ein- und Verkauf. Da entsteht eine ganz neue Bewegung.

Warum gehen wir diesen Unternehmen so einfach auf den Leim? Wie kommt es, dass sie unsere Gehirne entern und uns zu Konsumenten machen?

●●●●●● Ich glaube gar nicht, dass *sie* unsere Gehirne entern. Ich glaube, wir werden von ihnen angezogen, wie die Motten vom Licht, weil sie für unsere Ideale einzustehen scheinen, weil sie ihnen wunderschöne Tempel errichten, die enorm verführerisch sind, in wunderschönem Design, alles ausgedacht von ungeheuer kreativen Werbetextern und Autoren. Und die Frage ist: Wer, außer diesen Markenunternehmen, spricht uns heute denn noch kollektiv in dieser Sprache der Ideale und Inspirationen an? Die Intellektuellen? Die Politiker? Die religiösen Führer? Die Bürgermeister? Nein! Die Unternehmen haben diese Lücke besetzt. Und das ist unsere eigene Schuld. Statt uns also selbst für blöd zu erklären, weil wir darauf reinfallen und uns manipulieren lassen, sollten wir besser begreifen, dass sie uns unsere wichtigsten Ideale abnehmen und dann vorgeben, sie wieder an uns zu verkaufen. Eine Art, darauf zu reagieren, ist, uns diese Ideale wieder zurückzuholen und dann über sie so zu sprechen, das es einen wirklichen Zusammenhang gibt zwischen den Ideen, der Handlung und dem Aufbau einer besseren Welt, statt sie zur Ware zu machen. Denn wir hungern nach Sinn und Bedeutung. Und wenn wir das nicht bekommen, bleiben wir ständig bei Ersatzbefriedigungen!

Und dann werden Produkte zum Ersatz für Identität?

●●●●●● Genau! Immer öfter konstruieren wir unsere Identität mit den Produkten, die wir kaufen. Denn die Unternehmen haben eine Beziehung zu uns aufgebaut, in der es darum geht, wie wir uns gerne selber sehen, anstatt darum, welches Produkt wir haben wollen.

Das Ganze wirkt wie ein großer Schwindel, eine Kultur der Fassaden ...

●●●●●● Es ist eine Kultur der Fassaden, der zunehmend leuchtend polierten, verführerischen Fassaden. Sie sind der Grund für die Proteste auf den Straßen und im Internet, bei denen es hauptsächlich darum geht, die Fassade der Marke den Realitäten der Produktion gegenüberzustellen, ob es nun die Arbeit in irgendwelchen dunklen Baracken der Dritten Welt, Gen-Manipulation, Menschenrechts-Verletzungen oder die schonungslose Ausbeutung von Rohstoffen betrifft. Darum ging es in den Kampagnen gegen Shell, Monsanto, Nike und McDonalds – eine Klarheit über das Verhältnis.

Inwieweit gibt es überhaupt einen Bezug zwischen dem Produkt und dem Logo oder zwischen dem Produkt und der Botschaft des Logos?

●●●●●● Das hängt von dem Unternehmen ab und auch von dem Industriezweig. In Deutschland ist die Situation zum Beispiel ein bisschen anders. Der Stolz der Deutschen ist die Qualität ihrer Produkte, deshalb hat die deutsche Industrie die ursprüngliche Idee des Markenprodukts nur sehr langsam aufgegeben – man denke an Mercedes, BMW, Siemens. Die moderne Idee ist das krasse Gegenteil davon, das klassische Beispiel dafür ist die Firma 'Virgin'. Dort ist der Markenname nur noch eine Idee, eine Haltung, die das Produkt als Medium benutzt, um die Ideen der Marke zu verkaufen. Der Chef von 'Virgin' ist stolz darauf, dass praktisch alles unter seinem Markennamen zu verkaufen ist. Und tatsächlich handelt 'Virgin' mit Zügen, Flugzeugen, einer 'Virgin'-Cola und mit Musik. Er besitzt Supermärkte, Banken, handelt mit Aktienpaketen, verkauft Hochzeitskleider und Mobiltelefone. Was 'Virgin' da aufbaut, ist ein eigener Lebensstil im Kokon einer Marke. Der wirkliche Unterschied ist der: Früher wurden die Marken nur mit einem bestimmten Lifestyle in Verbindung gebracht. Jetzt ist es immer öfter so, dass die Marken einen Lebensstil in allen drei Dimensionen erschaffen. Ich bin ein Fan von Werbung. Aber das ist keine Werbung mehr. Hier wird versucht, eine neue Kultur zu schaffen. Es geht nicht mehr um Assoziationen, sondern um ein Leben in einer eigenen Markenwelt.

Welche Rolle spielen dabei überhaupt die Symbole?

●●●●●● Es ist wichtig, sich zu erinnern, dass es bei der Erschaffung einer Marke im Kern immer darum geht, ein Symbol mit Bedeutung zu laden. In der modernen Welt der Logos – und das ist das Tragische –, wird das Symbol mit einer Bedeutung geladen, die nichts mit dem Produkt zu tun hat, das damit verkauft werden soll. Dadurch werden Marken letztlich zu einer endlosen Reihe gebrochener Versprechungen, durch die wiederum die Sehnsucht nach der Erfüllung der Ideen Nahrung erhält, die mit dem Produkt fälschlicherweise verbunden wird und unbefriedigt bleibt. Also konsumieren wir aus Mangel an Alternativen immer weiter.

Ist die Idee des Logos überhaupt etwas Neues?

●●●●●● Man muss sehen, dass Menschen schon seit Urzeiten bestimmte Dinge mit Bedeutung geladen haben. Schon die alten, totemistischen Kulturen haben sich einer Art Logo zugeordnet. So etwas gab es in allen Stammeskulturen, jede Religion hat das praktiziert, auch jede politische Partei. Jeder Staat macht es mit seinen Fahnen und Sternenbannern. Man kann voller Ernst sagen, dass das kirchliche Symbol des Kreuzes ein unvergleichlich machtvolleres Markenzeichen ist als beispielsweise Coca Cola und es wahrscheinlich auch bleiben wird.

Ist die moderne Nutzung von Symbolen das, was sie 'semiotischen Terrorismus' nennen?

●●●●●● Vielleicht ist 'Terrorismus' dafür heute nicht mehr ganz der treffende Begriff. Außerdem werden die Symbole der Marken heute auch von immer mehr Aktivisten ganz bewusst genutzt, um die wahre Politik der Unternehmen bloßzustellen. Denn da sind die Markenfirmen am besten verletzbar. Und das hat einen einfachen Grund: Sobald man sich dazu entscheidet, alle eigenen Werte ins Image zu stecken, statt sie über das Produkt zu transportieren, dann trifft jeder Versuch, das Image in Frage zu stellen, das Herz des Unternehmens. Das ist der Hintergrund all dieser Protestformen, die man 'Culture Jamming' oder 'Art Busting' nennt. Deshalb versuchen die Unternehmen mit aller Kraft, die Integrität ihrer Logos zu schützen und wollen jetzt jede negative Nutzung zum kriminellen Akt erklären lassen. Damit soll verhindert werden, was die europäischen und amerikanischen Aktivisten mit 'Nike' machten, als sie indonesische Arbeiter in die 'Nike'-Läden in der Ersten Welt brachten und sie dabei filmten, wie sie fassungslos vor den Regalen standen, in denen die von ihnen für 2 Dollar produzierten Schuhe für 120 Dollar standen. Damit werden die Logos unterwandert – und das nehmen diese Unternehmen sehr ernst.

Wie ist es dazu gekommen, dass die Werbung der Unternehmen den öffentlichen Raum so sehr besetzen konnte?

●●●●●● Die Rolle der Werbung hat sich immer mehr verändert. Bis dahin, dass das Logo die ursprüngliche Werbung dahingehend transzendiert hat, dass man heute versucht, ein 'Markenleben' zu verkaufen. Das beste Beispiel ist 'Celebration, Florida', eine Stadt im Südosten der USA, die völlig dem Unternehmen 'Disney' gehört – das ist die erste Markenstadt in der Wirtschaftsgeschichte. Es gab zwar schon Städte, die sich um Firmen herum gebildet haben, hier aber geht es um den allumfassenden Konsum der Firmenprodukte: Da gibt es Disney-Schulen, ein Disney-Rathaus. Da geht es nicht mehr um Werbung, sondern um die Erschaffung einer Walt-Disney-Kultur. In anderer Form sehen wir das in allen großen Städten der modernen Welt: Früher gab es diese großen Plakatflächen an den Häuserwänden. Heute werden ganze Gebäude zu Werbeflächen. Man muss nur an diese gigantischen Venyl-Stoffe denken, in die Calvin Klein in Manhattan ganze Hochhäuser einhüllen lässt und die selbst die Fenster bedecken – da leben und arbeiten Menschen buchstäblich *in* einer Werbung. Ein anderes Beispiel sind die Taxis, die nicht mehr nur eine kleine Werbung auf dem Dach spazieren fahren, sondern zu rollenden Werbekokons werden. Da wird die Infrastruktur einer Gesellschaft zur Werbefläche und wir als Kultur, als Individuen, als Volk leben und bewegen uns in dieser Werbung. Ich denke, das ist eine sehr deutliche Metapher für das, was mit uns durch die Logos gemacht wird. Auch das Sponsoring von Kulturveranstaltungen geht in diese Richtung. Früher lief das unter dem Motto „Wir fördern diese wunderbare Veranstaltung und hängen unser Logo in der Ecke des Saales auf!" Der nächste Schritt war, die ganze Veranstaltung nach der Firmenmarke oder dem Logo zu benennen. Heute ist es im Sponsorship die Regel, nicht mehr zu fördern, sondern gleich die ganze Veranstaltung zu kaufen. Auch wird die Marke zur Infrastruktur, in der die Kultur existiert. Da werden die alten Regeln auf den Kopf gestellt – denn wer sponsert da eigentlich wen?

Nun behaupten ja viele Firmen, eine sogenannte 'globale Kultur' fördern zu wollen. Wird so etwas tatsächlich gefördert oder nicht eher kulturelle Vielfalt dabei zerstört?

●●●●●● Früher hieß Globalisierung Amerikanisierung und es ging um ein Schönheitsideal, das blond, weiß und blauäugig war. Damit wurden ganz offensichtlich andere Kulturen entwertet. Heute macht man das viel geschickter. Globale Marken verkaufen das Ideal kultureller Vielfalt an sich. Sie nutzen multikulturelle Symbole verschiedener Religionen, verschiedene Sprachen, ein ganzes Kaleidoskop von Unterschieden, das scheinbar gefeiert wird. Das führt zu der absurden Situation, dass uns eine nie da gewesene kulturelle Vielfalt vorgegaukelt wird, während die Unternehmen, die das tun, durch ihre schiere Größe tatsächlich kulturelle Eigenarten an den Rand drängen, kleine und unterschiedliche Läden zum Aufgeben zwingen. Und diese Politik der Übernahmen geschieht hinter der Maske der Vielfalt.

Gibt es einen Zusammenhang zwischen kultureller Vielfalt und biologischer Vielfalt? Wird durch wirtschaftliche Einfalt biologische Vielfalt gefährdet?

●●●●●● Diese großen Unternehmen, die durch Zusammenschlüsse immer größer und transnationaler werden, werden immer unangreifbarer, denn das ist ihr eigentlicher Vorteil gegenüber der Konkurrenz. Und es ist immer billiger, große Massen zu produzieren, als wirkliche, echte Vielfalt herzustellen. Ich glaube, das gegenwärtige Modell der Globalisierung kommt einer Kriegserklärung gegen die Vielfalt sehr nahe. Es ist ein Krieg gegen kulturelle Vielfalt und – in anderen Sektoren – auch ein Krieg gegen die Biodiversität und die landwirtschaftliche Vielfalt

Auch Politiker und Parteien verkaufen sich mit Logos. Gefährden die Logos unsere Demokratie?

●●●●●● Jede politische Partei in der Geschichte hatte ein Logo und bewusst mit ihrem Image gespielt. Die entscheidende Frage ist doch: Ist es ein leeres Image? Hat es eine Integrität, spiegelt es das, was die Partei wirklich ist? Logos und Symbole sind nicht schlecht per se. Sie können sogar wunderschön und inspirierend sein. Ein klares Beispiel für den Missbrauch ist Tony Blairs New Labour-Partei. Da wird das alte Image als Marketing-Plattform benutzt und hat praktisch nichts mehr mit den Wurzeln der Arbeiterbewegung zu tun. Das ist ein Beispiel dafür, wie aus Politik eine Ware werden kann. Es geht nur um das Image und die Frage, was in der Öffentlichkeit gut ankommt. Man prüft die öffentliche Meinung, findet raus, was gefragt ist, gibt sich eine neue Verpackung, lässt die richtigen Schlüsselwörter fallen, spielt die richtige Melodie – und macht dabei genauso weiter wie bisher, ohne sich um die gemachten Versprechen zu kümmern. Das Gleiche passierte während der letzten amerikanischen Präsidentenwahl, als Al Gore sich zum Gegner übermächtiger Unternehmen aufschwang und auf die Ölmultis ebenso schimpfte, wie auf die großen Versicherungsunternehmen. Dieser Typ war völlig abhängig vom Big Business, aber es war seine Verkaufsstrategie. In solchen Fällen kann man sehen, wie der Ansatz der Markenfirmen die Politik infiltrieren kann. Aber wir sollten trotzdem nicht vergessen, dass der Gebrauch von Symbolen und einem eigenen Image nichts grundsätzlich Falsches ist, solange man tut, was man sagt.

> *Der Slogan der Opposition auf der Straße lautet 'Reclaim the Streets'. Warum dieses 'Logo'?*

●●●●●● Es ist die Antwort auf die Privatisierung von allem – die Privatisierung des Lebens, der Politik, aber auch auf die Politik solcher Organisationen wie der Weltbank und des Internationalen Währungsfonds, die immer mehr zu so einer Art Regierung im Hintergrund werden. Ich bin nicht gegen Handel und auch nicht gegen Globalisierung. Wogegen ich bin, sind diese Bedingungen, denen der Handel unterworfen wird und die Tatsache, dass jeder, der mitmachen will, diesem rigiden Modell der Senkung von Unternehmenssteuern, der Privatisierung und Liberalisierung von allem und jedem folgen soll. Und dass dann angeblich die Regeln des Marktes alles von alleine regeln und klären sollen, einschließlich der ökologischen Probleme, obwohl längst bewiesen ist, dass dann genau das Gegenteil passiert. Deshalb ist der erste Schritt gegen diese Privatisierung die Forderung, das Verfügungsrecht über den Ort, an dem wir leben, über die Demokratie, über unsere Identität und über unsere Ideale zurück zu gewinnen – und das heißt 'Reclaiming the Streets'. Das ist der rote Faden, der all diese Initiativen verbindet und zu einer Bewegung macht. Es ist ein guter, erster Schritt und mit Sicherheit erst der Anfang.

> *Die großen Demos in Seattle, Washington und anderswo haben viele überrascht, weil da eine neue Koalition aus Globalisierungskritikern, Dritte-Welt-Gruppen und Umweltschützern sichtbar wurde. Hat diese Bewegung ein gemeinsames Ziel oder Programm? Oder ist es nur ein unkontrollierbarer Prozess zwischen vielen, einzelnen Zellen, die unabhängig voneinander agieren?*

●●●●●● Es gibt ein großes Maß an Kommunikation zwischen all diesen unterschiedlichen Gruppen. Das ist dem Internet zu verdanken, denn dieses Medium ermöglicht ein Höchstmaß an Informationsaustausch bei einem Minimum an Bürokratie und Zentralismus. Es ist einfach ein hervorragendes Werkzeug für hierarchiefreie Organisation. Aber natürlich steht dahinter eine klare Strategie. All das entsteht nicht wie Zauberei aus dem blauen Himmel heraus!

> *Gibt es so etwas wie eine gemeinsame Vision oder realistisches Alternativprogramm?*

●●●●●●● Ich glaube, diese Bewegung ist viel zu vielfältig, um gemeinsam sagen zu können, was sie will. Was sie verbindet, ist die gemeinsame Opposition. Was all diese Gruppen zudem gemeinsam haben, ist die Überzeugung, dass die ökonomische Tagesordnung, die unter dem Oberbegriff des 'freien Welthandels' durchgedrückt werden soll, sich auf alle Industriebereiche negativ auswirkt: dass sie die Arbeits- und Umweltbedingungen verschlechtert, dass sie einen wirtschaftlichen Krieg führt gegen kulturelle Vielfalt, Biodiversität und gesunde Landwirtschaft. Damit gibt es ein gemeinsames, oppositionelles Fundament, auf dem man sich zusammenschließen kann. Und damit war man bislang auch durchaus erfolgreich. Immerhin konnte die Verhandlungsrunde der Welthandelsorganisation zum Jahrtausendwechsel gestoppt werden. Das ist ein wichtiges Signal, denn die neuen Verhandlungen über ein internationales Abkommen zu Dienstleistungen (GATTS) soll noch weitgehendere Privatisierungen ermöglichen. Da geht es um die Privatisierung des Gesundheitswesens, des Ausbildungssektors und der Wasser-Ressourcen. Dann plant man mit TRIPS Verträge über geistiges Copyright mit dramatischen Konsequenzen für die Dritte Welt. Die Widerstands-Bewegung der Zapatistas im mexikanischen Chiapas hat einmal erklärt, es handle sich hier um eine Bewegung mit „Einem Nein und vielen Ja's". Sie sagten auch, es gehe der Protestbewegung um eine Welt, in der viele, unterschiedliche Welten Platz haben. Wenn man sich gegen ein System stellt, das einen Krieg gegen die Vielfalt entfesselt, dann kann man das nicht machen, indem man dem mit einer eigenen wirtschaftlichen Theorie entgegentritt, die weltweite Gültigkeit beansprucht. Stattdessen geht es darum, die Vielfalt der weltweiten Unterschiede, die lokale Selbstbestimmung und die Rechte der sozialen Gemeinschaften zu verteidigen, um ihre Umwelt nach ihren Vorstellungen zu gestalten und ihre Ressourcen eigenständig so zu nutzen, dass es ihrer Vorstellung von Entwicklung dient. Für mich ist dieses Bestehen auf die Vielfalt und die netzwerkartige Struktur das bessere Modell und mit Sicherheit der beste Weg, um auf Gleichmacherei, Konzentration und Zentralisation angemessen zu reagieren.

Im Namen der Natur

Ein Gespräch mit dem Umweltjuristen Klaus Bosselmann

Herr Bosselmann, Umweltschutz ist seit fast 30 Jahren ein Schlagwort, das in keiner Politiker-Rede fehlen darf – geändert hat sich trotzdem wenig. Ist der Ansatz, der hinter dem 'Umweltschutz' steht, überhaupt der richtige?

●●●●●●● Umweltschutz – das Wort deutet es ja schon an, bedeutet Schutz der Umwelt im Sinne einer von uns abgegrenzten Umwelt. Das ist eine Vorstellung, die mit dem heute vorherrschenden, naturwissenschaftlichen Verständnis schon nicht mehr deckungsgleich ist. Heute geht man von einem einheitlichen Naturbegriff aus. Und unser Problem heute – nach 30 Jahren Umweltschutz – ist, dass wesentliche Grundannahmen des Schutzes der Natur und der Landschaft philosophisch und auch wissenschaftstheoretisch möglicherweise falsch gelegt worden sind. Die Gegenthese zum Umweltschutz wäre das Konzept der Ökologie oder des 'Mitweltschutzes'. Wenn man den Begriff 'Umwelt' mit dem Begriff 'Mitwelt' vergleicht, wird deutlich, dass eine als Mitwelt empfundene Natur, nicht das 'ganz Andere' dort draußen, sondern das von mir auch Miterlebte und umgekehrt auch das ich selbst in der Natur Seiende ist.

Wie kam es zu einem Weltbild, das die Natur nur als das 'Äußere' definierte?

●●●●●●● Über große Teile unserer europäischen Geschichte – man kann einen Zeitraum von 2000 Jahren nennen – ist das Phänomen dieses auf den Menschen zentrierten Weltbildes überhaupt nicht gesehen worden. Erst im Zeitalter der Umweltkrise, in der Auseinandersetzung darüber, welche bewusstseinsmäßigen Veränderung wir durchlaufen müssen, um erfolgreich

*Prof. Dr. **Klaus Bosselmann** gilt als einer der wichtigsten Denker einer ökologischen Rechtsordnung, die den inneren Wert aller Lebensformen auch verfassungsrechtlich garantieren soll. Er wurde 1951 in Soltau geboren, studierte Rechtswissenschaften und arbeitete zunächst als Anwalt, bevor er 1987 das Institut für Umweltrecht mitbegründete. Seit 1988 arbeitet er als Professor für Internationales Recht und Umweltrecht an der Universität von Auckland, Neuseeland. Die Bedeutung seiner Forschung liegt vor allem darin, an der gesellschaftlichen, politischen und juristischen Umsetzung des tiefenökologischen Ansatzes zu arbeiten und die Grundlage für eine zukünftige ökologische Verfassung zu schaffen. Zu seinen wichtigsten Veröffentlichungen gehören „Im Namen der Natur" (1989), „Ökologische Grundrechte" (1995) und „Umwelt und Gerechtigkeit. Leitlinien einer ökologischen Gesetzgebung" (2002).*

Erdpolitik: Auf dem Weg in eine zukunftsfähige Gesellschaft

die ökologische Krise bewältigen zu können, hat sich immer mehr herausgestellt, dass eine Vorstellung, die den Menschen im Mittelpunkt des Universums und der Welt sieht, nicht ausreicht, um ökologische Zusammenhänge erstens wahrzunehmen und zweitens auch anders zu bewerten. Das kann erst die Grundlage dafür sein, dass wir der Natur einen Wert zugestehen, der möglicherweise völlig unabhängig ist von dem, was wir gegenüber der Natur als nützlich und wichtig empfinden.

Was wäre die Alternative zu der anthropozentrischen Haltung?

●●●●●● Der Unterschied zwischen einer Anthropozentrik und einer 'Ökozentrik' ist, dass jemand, der anthropozentrisch denkt, in der Natur eine Funktion erkennt, z. B. als Ressource oder auch als Ort der seelischen Erbauung, während der Ökozentriker von einem sogenannten Eigenwert der Natur ausgeht. Er hat eher die Vorstellung, dass der Mensch als integrierter Teil der Natur auch nicht das Zentrum der Welt ist und es in seinem Bewusstsein schaffen muss, für die Natur mitzudenken. Man darf dabei natürlich nicht übersehen, dass die Maßstäbe, nach denen heute Politik und Wirtschaft betrieben werden, westliche Maßstäbe sind, also anthropozentrische. Es wird immer klarer, dass die Mehrheit der heute lebenden Menschen eigentlich eine nicht-anthropozentrische Sicht auf die Natur hat. Natürlich ist es so, dass anthropozentrisches Denken ein speziell europäisches Denken ist, das heute im Weltmaßstab dominiert, nichtsdestotrotz aber den Erfahrungen vieler anderer Kulturkreise und übrigens auch unserem eigenen vorchristlichen Zeitalter widerspricht. Wir stehen also heute vor der Möglichkeit, unsere eigenen philosophischen Grundlagen insofern zu überdenken, weil wir die Chance haben, die ökologische Krise als Anlass zu nehmen, eine weiter ausgedehnte naturphilosophische Haltung zur Natur einzunehmen. Das wäre dann eine Sicht, die sich auch in anderen Kulturkreisen findet. Die Hoffnung ist also da, dass wir am Beginn einer Zeit stehen, in der Ökologie nicht mehr als naturwissenschaftliche Kategorie gesehen wird, sondern als eine Erfahrung, die uns möglicherweise in die Lage versetzen kann, dann auch unsere politischen Instrumente zu verändern.

Welche Politik müsste aus so einer neuen ökologischen Ethik entstehen?

●●●●●● Ethisch wäre aus meiner Sicht eine nachhaltige Entwicklung: Eine Entwicklung, die Ressourcen aus der Natur und aus der Erde so nutzt, dass nicht mehr verbraucht wird, als auch wieder eingeführt wird in den natürlichen Kreislauf. Stichwort wäre also eine ‚Kreislaufwirtschaft' und damit eine Wirtschaftsweise, die der ausbeuterischen Wirtschaftsweise von heute diametral entgegengesetzt ist. Man sieht daran: Ethik ist nicht nur etwas für Philosophen, sondern kann zu sehr politischen Konsequenzen führen.

Wie aber wird eine neue Ethik zur Politik?

●●●●●● Keine Ethik könnte es sich leisten, einer Gesellschaft neue Werte und Wertigkeiten aufzuzwingen. Eine Ethik hat nur dann eine Chance, wenn sie schon gelebt wird oder zumindest als richtig empfunden wird. Die Frage wäre also, ob eine Ethik, die der Natur einen Eigenwert zumisst – eingeschlossen sind dann Tiere, Pflanzen, ganze Ökosysteme –, ob eine solche Ethik in unseren Herzen und Köpfen schon verankert ist, so dass sie auch gesellschaftlich und politisch tragfähig wird. Wenn wir mal davon ausgehen, dass eine ökologische Ethik heute schon in großen Teilen der Gesellschaft – übrigens herkommend von den Alternativbewegungen, vom Feminismus, der Friedensbewegung und dann erst von der Ökologiebewegung – relevante Strömungen sind, dann werden sich politische Institutionen entsprechend darauf einzustellen haben.

Seit 1994 ist der Schutz der natürlichen Lebensgrundlagen zwar im Grundgesetz verankert, ein Recht auf Schutz und Erhaltung einer sauberen Umwelt aber ließ sich nicht durchsetzen. Ist es denkbar, dass wir die Mitwelt auch in den Mittelpunkt unserer Verfassung stellen?

●●●●●●● Wir haben die Chance für eine neue deutsche Verfassung. Die Ökologisierung der Grundgesetze wird seit vielen Jahren von Verfassungsjuristen diskutiert. Die Initiativen zielen darauf ab, unser Grundrechtsverständnis zu verändern und die individuellen Grundrechte so zu formulieren, dass sie ihre Schranken nicht nur in den Grundrechten anderer Menschen finden, sondern ihre Schranken auch in den Interessen der natürlichen Mitwelt. Dahinter steht die Absicht, der sozialen Dimension der Grundrechte eine ökologische hinzuzufügen.

Was muss man sich unter einem Grundrecht der Mitwelt vorstellen?

●●●●●●● Vielleicht kann man es verdeutlichen, indem man sich anschaut, wie sich unser Grundrechtskatalog aus der Sicht der betroffenen Natur lesen würde. Wie würde denn vielleicht ein Tier auf diese Kataloge, auf die wir Menschen so stolz sind, reagieren? Aus der Sicht der betroffenen Natur würde sich der Grundrechtskatalog eher so lesen wie die Satzung eines Sklavenhaltervereins, in dem einzelne Regularien stehen über die Aufteilung von Sklaven und der Marktpreis von Sklaven bestimmt wird – aber natürlich überhaupt nicht gefragt wird, ob die Sklaven eine Würde und ein eigenes Recht auf Leben haben. Dann wird deutlich, dass unsere Verfassungsordnung und unser Grund- und Menschenrechtsverständnis so stark anthropozentrisch ist, dass die Kategorie der Natur oder eine Rücksichtnahme auf Natur und Umwelt überhaupt nicht vorkommen. Der Begriff der ökologischen Grundrechte soll darauf hinweisen, dass unser bestehendes Verständnis von Grundrechten in einem ganz bestimmten Punkt vielleicht zu kurz greift. Wir stehen nicht nur in einem sozialen Kontext, aus dem sich bestimmte Freiheitsbeschränkungen ergeben, sondern auch in einem natürlichen Kontext, also in einem ökologischen Kontext, in dem wir uns im Austausch mit einer ökologischen Umwelt verwirklichen. Die Frage, die sich uns im Zusammenhang mit der fortgeschrittenen, ökologischen Krise stellt, ist, ob nicht grundsätzlich unser Freiheitsverständnis in einem bestimmten Punkt revidiert werden muss.

Schränken wir die Würde des Menschen ein, wenn wir der Natur Würde zusprechen?

●●●●●●● Ich glaube nicht: Die Würde des Menschen wäre zukünftig zu verstehen als eine Würde, die sich auch in einem wahrhaft 'menschlichen' Umgang mit der Natur zeigt. Es gibt so etwas wie eine Erfahrung des 'Natürlichen' oder der Natur, die zum Menschsein gehört, so dass man also eher folgern könnte, dass die Menschenwürde dann verletzt wird, wenn die Natur ausgebeutet und nur als Ressource betrachtet wird.

Erdpolitik: Auf dem Weg in eine zukunftsfähige Gesellschaft

Wie steht es dann mit dem Recht auf Eigentum?

●●●●●●● Zur Zeit beinhaltet der Eigentumsbegriff die volle Verfügbarkeit über Ressourcen. Das heißt, die Nutzung der Ressourcen ist vom Recht auf Eigentum gedeckt, ohne dass der Eigentümer das zu rechtfertigen hat. Die Kosten der Umweltbeeinträchtigung gelten als soziale Kosten, die nicht ich als Eigentümer zu tragen habe, sondern die Gemeinschaft. Künftig ließe sich dem gegenüber ein Eigentumsbegriff entwickeln, der nicht mehr automatisch ein Recht auf freie Nutzung der Natur, des Bodens, des Grundwassers und der Luft einschließt. Stattdessen müsste im Einzelfall entschieden werden, inwieweit die Nutzung von Landeigentum auch die Nutzung von Ressourcen mit einschließt.

Geraten nicht gerade da Ökologie und Ökonomie in Konflikt miteinander?

●●●●●●● Ob Ökonomie und Ökologie sich ausschließen, hängt ganz davon ab, was ich unter Ökologie und Ökonomie verstehe. Nach meinem Verständnis ist die Ökonomie nur ein Untersystem der Ökologie. Sie können sich schon deswegen nicht ausschließen, weil die Ökonomie sozusagen das kleinere System ist, die Ökologie aber das größere System. Ähnlich verhält es sich vielleicht auch mit den Begriffen 'Ganzheitlichkeit' und 'Demokratie'. Es ist heute allgemein akzeptiert, dass wir – wenn wir unsere Lebensweise und Wirtschaftsweise so beibehalten, wie bisher – die Zeit eines Überlebens der Zivilisation, wie wir sie heute kennen, sehr rasch abläuft, vielleicht schon innerhalb von 20 oder 30 Jahren. Es kann ein großes Chaos ausbrechen. Das ist eine sehr reale Gefahr, die auch von vielen Politikern gesehen wird. Wir müssen daran gehen, das neue Denken, ein erweitertes Menschenbild und ein neues Verständnis zwischen Mensch und Natur, bei jeder sich bietenden Gelegenheit in die Gesellschaft einzubringen. Konkret kann ich mir das so vorstellen, dass unser demokratisches Regierungssystem für die bisher nicht vertretene Mitwelt bestimmte Gremien oder Organe schafft, zum Beispiel über einen 'ökologischen Rat', der als dritte Kammer neben dem Bundesrat angesiedelt ist. Die Mitglieder eines solchen Rates könnten die Befugnis haben, ähnlich wie der Bundesrat, über Gesetze mitzuentscheiden, die in diesem Fall dann nicht die Länder, sondern die Mitwelt betreffen.

Wo liegt dann der Fokus: Müssen wir nur die Gesetze ändern oder muss sich nicht eher das Bewusstsein der Menschen ändern?

●●●●●●● Grundsätzlich gilt: Wir dürfen keine Zeit verlieren, denn die ökologische Krise ist schon weit fortgeschritten. Wenn man jetzt aber sagen würde, wir haben keine Zeit, auf den 'neuen Menschen' zu warten, dann macht man sicherlich etwas falsch. Man tut so, als ob unser bisheriges System es sich leisten könnte, ökologieverträglich zu werden. Man vergisst dabei, dass die Umweltkrise eine lange Vorgeschichte hat: Staat, Recht und all diese Dinge sind Institutionen, die Teil der Krise sind! Sie müssen also in sich selber verwandelt werden. Und das geht nur über einen langsamen Prozess. Wir haben es also mit einer Erziehungsaufgabe zu tun, mit einem Lernprozess. Wichtig ist, dass wir damit beginnen und Ernst machen.

Führt sich denn der Staat nicht selbst ad absurdum, wenn er als eine Institution des Wirtschaftswachstums jetzt ökologische Grundrechte proklamiert und damit eigentlich die unbegrenzte Freiheit des auf Wachstum orientierten Wirtschaftens erst einmal einschränkt?

●●●●●● Die Definition des Staates ist die, dass er eine Institution darstellt zur Verwirklichung bestimmter Freiheiten und in einem weiteren Sinne auch zur Verwirklichung des Glückes von Individuen in einer Gesellschaft. Die tatsächliche historische Entwicklung des modernen Staatsgedankens in den letzten zwei bis dreihundert Jahren war sehr stark tatsächlich von ökonomischen Entwicklungen geprägt. Es gibt bis heute die Tradition, Verantwortung für die Allgemeinheit schlechthin mit ökonomischem Erfolg gleichzusetzen. Wenn wir aber davon ausgehen, dass die Ökonomie gewissermaßen gezwungen ist, sich ökologischer zu entwickeln, dann stellt sich für den Staat auch eine Frage des Selbstverständnisses. Und insofern haben wir es natürlich mit einem Problem zu tun, wenn wir davon ausgehen, dass die ökologische Krise im Wesentlichen von Institutionen wie Ökonomie und Staat verursacht wurde. Wie kann man dann ausgerechnet den Bösewicht wieder zum Hoffnungsträger machen, also daran glauben, dass sich die Ökonomie entscheidend verändert? Das ist sicher nicht anders möglich, als dass man den Gesamtrahmen verändert. Was wir brauchen, ist ökologischer Ordnungsrahmen. Er ist ja auch schon ansatzweise in der Verfassung dokumentiert, aber eben nur ansatzweise. In viel stärkerem Maße orientiert sich dieser Ordnungsrahmen aber an dem, wovon wir uns angesprochen fühlen. Damit meine ich den Bereich der Ethik, der Moral oder auch des alltäglichen Bewusstseins. In dem Maße, wie sich die Mitglieder der Gesellschaft verändern und auch bestimmten neuen Wertüberzeugungen folgen, in dem Maße wird sich auch die Verfassung verändern. Bevor wir den Verfassungstext umschreiben, muss sich die Interpretation der Grundrechte verändern. In dem Maße, wie sich diese Vorstellungen in unseren Köpfen und Herzen verankern und auch unser alltägliches Leben bestimmen wird, in dem Maße wird sich auch die Interpretation von Grundrechten verändern.

Ein neues Rechtsverständnis muss also auf einer neuen Ethik beruhen. Was ist für Sie 'ökologische Ethik'?

●●●●●● Ökologische Ethik konsequent betrachtet heißt: weg von der Wachstums- und Wegwerfgesellschaft. Was also ist die Alternative? Das Gegenteil einer Wachstumsgesellschaft ist eine Gesellschaft, die nachhaltig ökologisch ist. Um sie zu verwirklichen, müssen wir erkennen, dass unser Wachstumsbegriff in Wirklichkeit eine Wachstums-Illusion ist. Regierungen und Ökonomen machen bislang den Fehler, Wachstum einseitig auf die Bewegung von Geldmengen zu reduzieren und nur solche Transaktionen als ‚Wachstum' zu verstehen, die eine hohe Produktivität mit sich bringen. Dabei bleiben aber die Folgekosten im Sozialen und der Umwelt unberücksichtigt. Wenn man die langfristigen ökologischen Reparaturkosten – und das sind heute oft schon mehr als 20 % des Bruttosozialprodukts mit einbezieht – dann handelt es sich in Wirklichkeit nur um eine Wachstumsillusion. In Wirklichkeit bekommen wir immer weniger, Frustration und Unbehagen steigen, so dass man insgesamt sagen kann: Wir erleben kein Wachstum, sondern das Gegenteil – eine Schrumpfungsgesellschaft.

Erdpolitik: Auf dem Weg in eine zukunftsfähige Gesellschaft

Welche politischen Konzepte könnten aus dieser Einsicht entstehen?

●●●●●●● Hier sind die Begriffe der 'Dezentralisierung' und des *Small is beautiful* sehr aktuell und hoch politisch, weil nur so eine langfristige ökologische Zukunft erreichbar wird. Wir müssen wegkommen von diesen Massenproduktionsstätten und der Zentralisierung von Arbeit und Kapital. Was wir statt dessen brauchen, sind kleinere, überschaubare Einheiten. Den Föderalismus, den wir in der Bundesrepublik haben, müssen wir noch viel weiter entwickeln, bis hin zu kleinen regionalen Einheiten, in denen – dort wo die Menschen leben – die Entscheidungen zu treffen sind, die sie betreffen. Wir müssen also sozusagen die Globalität, in der wir unsere politischen Probleme heute immer definieren, übersetzen einerseits in einen Machtzuwachs an demokratisch kontrollierte, übernationale Gremien und andererseits in einen Machtabbau innerhalb bestehender Staaten – hin zu einer Machtverlagerung zu kleinen, regionalen Einheiten. So können Menschen in die Lage versetzt werden, das, was sie berührt, dort, wo sie leben, auch in ihre eigene Hand zu nehmen und nicht weiter nur mit Entscheidungen konfrontiert zu werden, die völlig woanders und in Unkenntnis der Verhältnisse vor Ort getroffen werden.

Heißt das, es geht nach einem Jahrhundert der ideologischen Auseinandersetzungen heute um einen dritten, einen dezentral ökologischen Weg?

●●●●●●● Das ist kein dritter Weg, weil beide Gesellschaftsformen, der Sozialismus wie der Kapitalismus, auf denselben Prinzipien beruhen: Nämlich darauf, dass Wirtschaft die Akkumulation von Kapital und Arbeit bedeutet und Ökonomie begriffen wird als die Vergrößerung des gesellschaftlichen Glücks, unabhängig davon, ob das persönliche Glück auch vergrößert wird. Beide Ideologien beruhen auf einem materialistischen Denken. Eine ökologische Ethik oder eine ökologisch nachhaltige Gesellschaft wäre eine Gesellschaft, die nun nicht völlig unmaterialistisch ist, aber wegkommt von der Vorstellung, dass unser persönliches Glück und auch das Glück der Gesellschaft sich über das Bruttosozialprodukt und über Geldbewegung verwirklicht. Insofern ist die Kritik aus der Ökologie am Kapitalismus sehr viel radikaler, als es sozialistische Kritik je hätte sein können.

Auf welcher Ebene geht sie tiefer?

●●●●●●● Bei dieser Frage nach der 'Tiefe' will ich auf die 'Tiefenökologie' verweisen, denn das ist so ein Sammelbegriff für etwas, wofür die Naturwissenschaft noch keinen rechten Begriff hat. Die Naturwissenschaft hat die Ökologie als eine Teildisziplin der Biologie hervorgebracht. Und diese Ökologie geht erst einmal nur davon aus, dass ökologische Zusammenhänge in Ökosystemen für uns wichtig sind und versucht, mehr über dieses Zusammenspiel zwischen Tieren und Pflanzen zu erfahren. *Deep Ecology* oder – vielleicht etwas missverständlich übersetzt – 'Tiefenökologie' nimmt die Tatsache, dass in so einem System alles mit allem zusammenhängt, ernst und dehnt sie auf das Erfahrungsfeld des Menschen aus, der ja ein Teil der Natur ist. In der Konsequenz bedeutet das, ein ökologisches Bewusstsein zu propagieren, das über die reine wissenschaftliche Rationalität hinausgeht. Die Tiefenökologie setzt dem klassischen Ökologieverständnis eine Sicht entgegen, die den Menschen als ganzheitlich begreift: Eben als Menschen, der rational denkt und sich rational ausdrückt, der aber auch emotional ist und Gefühle hat – ein Mensch also, der beides braucht. Sie stellt Mensch und Natur nicht mehr als prinzipiell getrennte und gegenläufige Kategorien dar. Stattdessen propagiert sie ein Verständnis, in dem sich Menschlichkeit und Natürlichkeit begegnen zunächst einmal in unserem Kopf und unseren Gefühlen und dann in Folge auch in unserem gesellschaftlichen Handeln. Tiefenökologie hat, wenn man so will, zwei Dimensionen: Eine psychologische, eine persönlich-individuelle, in der ich mich zum Beispiel durch Meditation oder durch bestimmte andere Techniken, Erfahrungen, die man machen kann, als Teil der Natur empfinden kann. Aber eben auch eine gesellschaftlich-politische, in der dieses Ganzheitsempfinden auch seine Ausdrucksform findet. Nämlich in der Anerkennung eines Eigenwertes der Natur, zusätzlich zu dem bisher nur geltenden Eigenwert des Menschen.

Welche Chancen hat eine so gegründete ökologische Ethik bei uns?

●●●●●● Es ist interessant, dass dieser Ansatz in den USA, in Australien und Neuseeland sehr erfolgreich ist und politisch auch radikaler auftritt, als bei uns hier in Deutschland. Aber wir dürfen folgendes nicht übersehen: Wir leben in einem Land, das unter dem Missbrauch von Gefühlen – speziell in der Zeit des Nationalsozialismus – gelitten hat, wo auch schon die Rede vom 'neuen Menschen' war. Dieser Missbrauch entbindet uns aber nicht von der Verpflichtung, darüber nachzudenken, was ökologisches Bewusstsein tatsächlich auch für uns persönlich heißt. Obwohl wir erst am Anfang stehen und es zahlenmäßig vielleicht nur wenige Leute sind, die tiefenökologisch denken und versuchen, dies auch gesellschaftlich und politisch zu propagieren, glaube ich, dass es von all den sozialen Bewegungen der letzten 200 Jahre, die von einem ganzheitlichen Menschenbild ausgingen, die politisch tragfähigste und interessanteste ist. Die große Stärke dieser neuen ökologischen Sichtweise sehe ich darin, dass sie von allen Menschen auf der Welt verstanden wird. Jeder, egal welchem Kulturkreis wir angehören, weiß im Grunde, worum es geht, wenn es heißt, die Natur um ihrer selbst Willen zu schützen. Und von daher glaube ich, dass sich uns mit einem solchen Denken ein größeres Potential an neuen Ideen und Lösungsmöglichkeiten auch für umweltpolitische Fragen eröffnet.

Erwächst dieser tiefenökologische Ansatz aus der politischen Vergangenheit oder ist er etwas radikal Neues?

●●●●●● Das Menschenbild des Grundgesetzes ist in gewisser Hinsicht christlich und ökonomisch organisiert. Es baut auf einen bestimmten Zeitgeist und ist damit veränderlich. Es kommt also darauf an, diesem Wandel, dem wir unterliegen, eine Richtung zu geben, die von uns auch erwünscht ist. Die große politische Strömung der letzten Jahrhunderte seit der Aufklärung war zunächst der Liberalismus, der historisch mit den Menschenrechten und dem modernen Freiheitsverständnis verknüpft war. Das wurde dann durch das soziale Verständnis, durch den Sozialismus ergänzt, so dass unser liberales Verständnis von Freiheit durch ein soziales Verständnis von Freiheit ergänzt wurde. Heute aber – unter dem Eindruck einer globalen ökologischen Krise – können wir davon sprechen, dass eine dritte große politische und geistige Strömung sich entwickelt hat, nämlich die der Ökologie. Zwar baut da eins aufs andere, was aber grundsätzlich neu ist, ist die philosophische Dimension einer Verantwortung gegenüber der Natur, die wir so in der Philosophie und auch im Recht nicht kennen. Eine Verantwortung, die sich so ausdrückt, dass wir der natürlichen Mitwelt und all ihren Aspekten, also Tieren, Pflanzen, Ökosystemen einen Eigenwert zuerkennen müssen. Eine Anerkennung, die dazu führt, dass wir bei all unserem Tun als Individuen und auch als Gesellschaft gewisse Rücksichtnahmen üben müssen. Nur dann, wenn wir es in unserem menschlichen Dasein verinnerlichen, dass die Natur ein Recht auf Existenz hat, ganz unabhängig davon, ob wir als Menschen davon etwas haben, dann tun wir etwas sehr Entscheidendes, meiner Ansicht nach. Dann erkennen wir an, dass wir tatsächlich Teil der Natur sind, etwas, was in unserer europäischen Tradition ja relativ fremd ist. Denn die These vom Eigenwert der natürlichen Mitwelt versucht daran zu erinnern, dass der Mensch nicht nur Kulturwesen ist, sondern auch Naturwesen.

Das hieße, dass wir nicht etwa am Ende einer Ökologiebewegung stehen, sondern eigentlich noch ihre Geburtswehen erleben ...

●●●●●● Wir stehen erst am Anfang. Meine These ist die: Die Frustration, die wir hier in Deutschland besonders stark empfinden, ist eine Frustration gegenüber einem System, das sich nur über kapitalistische Prinzipien zu definieren weiß. Die Politiker sind geradezu geblendet von der Vorstellung, Wachstumszahlen zu produzieren und haben überhaupt kein Gefühl dafür, was die Menschen denn wirklich bewegt. Sie begreifen nicht, dass es eine Sinnkrise ist, die tiefer geht als eine Frustration über die schwierige Wirtschaftlage. Die Sinnkrise hat damit zu tun, dass die Ohnmacht der Politik immer stärker erfahren wird, wir aber noch nicht wissen, wie wir auf diese, zunächst einmal als negativ erlebten, Veränderungen reagieren sollen. Ich glaube also, dass wir tatsächlich am Beginn einer Zeit stehen, in der ökologische Inhalte überhaupt erst erfahrbar werden. Erst in Folge werden sie zu Wirtschafts- und Gesellschaftsformen führen, für die wir noch keine Begriffe haben. Wir haben ja letztlich nur die Wahl, dazusitzen, nichts zu tun und den Materialismus sich weiter entwickeln zu lassen oder dem Materialismus gewisse Grenzen zu setzen, ihm etwas entgegen zu setzten. Und von daher gibt es auch die Möglichkeit, dass wir aus der ökologischen Krise die entscheidenden Schlüsse ziehen und verstehen, dass wir die Umweltprobleme selbst geschaffen haben. Wir haben sie in unseren Köpfen, in unseren Selbstvorstellungen geschaffen, dort müsste also auch der Schlüssel liegen, sie zu lösen.

Ist die Sinnkrise groß genug, um als Motivation für so einen inneren Wandel zu dienen?

●●●●●● Für etwas zu sein, für etwas einzutreten, drückt sich allemal in einem besseren Lebensgefühl aus, als wenn ich gegen etwas bin. Und ich glaube, dass die Stärke der Ökologiebewegung gerade darin liegt, dass wir auch Sinnfragen ansprechen können. Wir können der Gesellschaft einen Spiegel vorhalten, indem wir fragen, ob denn die materiellen Werte, die in der Gesellschaft so dominant sind, wirklich die Werte sind, die wir wollen. Oder ob es nicht ein höherer Wert ist, Gemeinsamkeit mit anderen Menschen und mit der Natur zu haben. Eine

Ökologiebewegung, die erfolgreich sein will, sollte auch selbstbewusst genug auftreten und sagen, dass ein Interesse an der Ökologie oder ein 'Umweltbewusstsein' zunächst einmal persönliches Wachstum bedeutet. Ich glaube, dass man das auch propagieren sollte. Nicht zufällig reicht eine der Wurzeln der Ökologiebewegung in den Feminismus, also eine Bewegung, die dafür eintritt, das Gefühl und den Verstand gleichermaßen zu benutzen. Die Erfahrung der Weiblichkeit ist sicher eine Erfahrung, die auch Ökologen machen. Als Mann kann ich mir meine eigene Weiblichkeit viel besser erklären, wenn ich mich ökologischen Themen zuwende. Die Natur verstehen wir nicht grundlos als etwas Weibliches. Die Natur ist nicht der Rivale, der mir in meiner Männlichkeit entgegensteht, sondern – als Pflanzen und Tiere – der Partner, mit dem ich zusammenleben möchte, und zwar im wörtlichen Sinne: zusammen leben mag. Dann kann sich die Erfahrung einstellen, dass Leben ein einheitliches Prinzip ist und sich artikuliert in menschlichem und nicht-menschlichem Leben.

"Dem inneren Impuls folgen!"

Im Gespräch mit der Aktivistin und Baumschützerin Julia Butterfly Hill

Sie sind eine Person, die das Leben eines 1000 Jahre alten Lebewesens gerettet hat – eines Baumes, den man 'Luna' genannt hat. Ist die Arbeit getan?

●●●●●● Keinesfalls! Ich glaube, dass 'mein Job' – und ich stelle das in Anführungszeichen – erst begonnen hat. Was ich nach dieser Erfahrung mit diesem Baum weiß, ist, dass ich mein Leben dem Dienen widmen möchte: Ich will etwas für Bäume tun und der Erhaltung des Lebens dienen. Die Baumbesetzung machte mir klar, dass es dabei nicht um eine Aktion, sondern um den Lebensstil geht. Dass dieser eine Baum vielleicht überlebt, ist nur ein Puzzlestein im großen Bild, das wir wieder zusammenfügen müssen. Weltweit sind Wälder bedroht, die Regenwälder schwinden, die Luft wird weiter verschmutzt und der nukleare Müll wird noch unsere Ur-Ur-Ur-Ur-Enkel bedrohen. Mir geht es deshalb um weit mehr als den Umweltschutz. Im Kern geht es um einen Bewusstseinswandel in der Art, wie die Leute die Welt wahrnehmen und mit ihr in Beziehung treten.

Nun liegt ja Ihre Popularität eigentlich gerade darin begründet, dass Sie etwas taten, was so noch niemand durchgezogen hat, obwohl fast jeder das Gefühl hat, er sollte etwas Ähnliches tun. Können Sie einen Blick zurück auf Ihr Leben werfen und erzählen, warum gerade Sie in der Lage waren, so eine Herausforderung zu bewältigen. Was sind die Wurzeln Ihrer Beharrlichkeit?

Julia 'Butterfly' Hill ist nach der mehr als zweijährigen Besetzung eines über 60 Meter hohen Redwood-Baums an der kalifornischen Westküste eine der Symbolgestalten der internationalen Ökologiebewegung. Geboren 1974, entschied sie im Alter von 23 Jahren, sich für die Erhaltung der uralten Mammutbäume einzusetzen. Als unbekannte Aktivistin nahm sie an einer Baumbesetzung teil und harrte unter häufiger Lebensgefahr über zwei Jahre auf einer kleinen Plattform in schwindelnder Höhe aus. Als sie Im Dezember 1999 hinunterstieg hatte sie nicht nur die Bewahrung des Redwood-Waldes erreicht, sondern auch die Erhaltung der Wälder auf die internationale politische Tagesordnung gesetzt. Während dieser Zeit wurde sie weltweit zu einem Symbol für den friedlichen Widerstand gegen die Zerstörung der natürlichen Lebensgrundlagen. Sie begründete die 'Circle of Life Foundation' und veröffentlichet das Buch „Die Baumfrau" (2001).*

●●●●●● Ich war als Kind ein widerspenstiger Sturkopf und das kam mir jetzt sehr zu gute. Ich hatte als Mädchen ständig Ärger. Aber was ich mir in den Kopf gesetzt hatte, wollte ich durchsetzten, kostete es, was es wolle. Das ist sicher eine der stärksten Wurzeln. Und dann die religiöse Erziehung durch meinen Vater, einen Pfarrer. Seine Botschaft lautete: Stehe zu deinem Glauben, selbst wenn man sich über dich lustig macht. Diese Dinge aus meiner Kindheit haben sicherlich geholfen.

Die meisten politischen Aktivisten handeln auf der Basis einer starken Ideologie. Als Sie Ihren Kampf für den Baum 'Luna' antraten, waren Sie eine sehr unpolitische Person. Was war die eigentliche Motivation? Mitgefühl?

●●●●●● Der eigentliche Grund, alles was ich in meinem Leben hatte, aufzugeben – meine Freunde, meine Arbeit, meine Klamotten, mich umzudrehen, alles zu verkaufen und in den Wald zu gehen – war der atemberaubende Anblick dieses riesigen uralten Redwood-Baums, dessen Leben unmittelbar bedroht war. Wenn man so ein Wesen auf einem Foto sieht, kann es einen sehr berühren, aber wenn man davor steht, dann haut es einen einfach um. Dieser Wirklichkeitsschock jenseits der Medienwelt – diese Wirklichkeit unmittelbar zu erleben – das fühlte sich für mich so an, als würde eine Hand meine Eingeweide und mein Herz rausreißen, mich am Nacken packen und mich ins Geschehen stoßen. Es war einfach ein tiefes, körperliches Gefühl, nichts Politisches, nichts Wissenschaftliches, einfach etwas anderes: Ich glaube, es gibt diese Momente im Leben, wo wir etwas erkennen und ohne jeden Zweifel wissen, dass es falsch läuft und wir etwas unternehmen müssen. Das ist so, versuche ich immer zu erklären, als wenn du neben jemandem stehst, den du liebst und dann kommt jemand, der ihn töten will. Da fragt man nicht lange, ob man helfen darf oder ob Gerichte die Zustimmung geben. Man handelt instinktiv und tut alles Menschenmögliche, um diese Person zu schützen. Man folgt einem inneren Impuls. Und das ist mit mir in diesem Wald passiert.

Wie begann diese besondere Beziehung zu dem Baum namens Luna?

●●●●●● Als ich Luna zum ersten Mal sah, war ich noch knapp 3 Kilometer weit von ihr entfernt. Jemand zeigte auf den Berg und sagte: „Julia, siehst du diesen Ast, der aussieht wie ein Kricket-Schläger?" „Ja", sagte ich und er meinte: „Siehst du den Baum daneben, den mit der flachen Krone?" "Ja", antwortete ich und er meinte: „Das ist Luna!" Ich sagte: „Aha, und wer ist Luna?" Er meinte nur: „Der Baum, den wir besetzt haben!" Und ich sagte: „Großartig, aber was ist eigentlich eine Baumbesetzung?" Er erklärte: „Das ist eine Protestform, wo Leute auf Bäume steigen, um sie zu schützen!" „Aha", sagte ich. „Gut." Das war meine erste Begegnung mit Luna. Und das war alles, was ich von 'Baumbesetzungen' wusste. Als ich dann in diesem Lager der Aktivisten war, hieß es, wir brauchen dringend jemanden, der die Besetzung von Luna übernimmt. Ich hab mir gedacht: 'Du bist mit deinen zwei Brüdern aufgewachsen und bist mit ihnen ziemlich viel in Bäumen rumgeklettert. Das wirst du schon schaffen'. Also meldete ich mich. Erst wollten sie mich gar nicht, weil ich keine Erfahrung hatte. Aber weil sich sonst niemand gemeldet hatte und die bisherigen Besetzer runter wollten, gab es außer mir niemanden, der die Sicherheit des Baumes gewährleisten konnte. Sie mussten mich nehmen. Ja, und dann kam die zweite Erfahrung mit Luna: Wir marschierten nachts auf den Berg rauf, an dessen Steilhang Luna steht. Wer es tagsüber versucht, wird verhaftet oder von den

Holzfällern verprügelt. Der Name 'Luna' kam ja zustande, weil uns der Mond nachts den Weg zum Baum wies. Wir sind also bei nassem Wetter durch diesen nordischen Regenwald hochgeschlichen mit 50 Kilo auf dem Rücken und bei jedem Schritt 30 Zentimeter im Schlamm eingesunken. Ich dachte, ich überleb' es nicht. Aber ich wollte kein Schwächling sein vor all diesen harten Ökoaktivisten, obwohl ich kurz vorm Kollaps stand. Und dann sagte einer von ihnen: „Siehst du das Blinklicht da oben?" „Ja", sagte ich und er meinte: „Das ist Lunas Positionslicht. Solange es leuchtet, wissen wir, dass alles in Ordnung ist." Und ich wusste, wenn ich das Licht sehe, schaffe ich es. Und die dritte Erfahrung war, nachts dort oben anzukommen und vor diesem gigantischen Stamm zu stehen, der rund 70 Meter in den Himmel ragt. Man braucht 10 erwachsene Menschen, die sich mit ausgebreiteten Armen an den Händen halten, um den Stamm zu umschließen. Es ist einfach ein unglaublicher Baum. Und ich verhielt mich wie ein typischer Baumumarmer: Ich ging zu ihm hin, streckte meine Arme aus, um mich an diesen Riesen zu lehnen und diese Kraft zu spüren, die so ein uralter Baum ausstrahlt.

Dieser Baum muss ungefähr so groß sein wie ein 15-stöckiges Hochhaus ...

●●●●●● Das reicht nicht. Er ist zwischen 18 und zwanzig Stockwerke hoch ...

Wie war der Aufstieg? Was passiert da in einem?

●●●●●● Zuerst war ich halbverrückt vor Angst. Wir kletterten mit Seilen und Geschirren, wie beim Bergsteigen. Aber das Zeug war uralt. Und mein Geschirr war mit Klebeband repariert worden. Das Seil war beängstigend dünn und ich war sicher, es würde reißen. Ich hatte furchtbare Angst. Dann habe ich die Augen geschlossen und die Hände und die nackten Füße an den Baum gehalten und versucht, den Baum zu spüren, die Angst loszulassen und durch den Stamm ins Wurzelwerk zu gelangen. Ich hatte das Gefühl, die Kraft dieser Wurzeln zu spüren. Und dann konnte ich weiterklettern. Trotzdem hat es einen Monat oder länger gedauert bis ich von der Plattform bis ganz nach oben in die Krone klettern wollte. Als ich das erste Mal da oben war, standen mir die Haare zu Berge und ich hatte Gänsehaut am ganzen Körper, weil das so gewaltig war. Ich kann dieses Gefühl nur mit einem Vergleich aus der Naturheilkunde beschreiben. Oben auf so einem Baum zu stehen, fühlt sich an wie eine Ganzkörper-Akupunktur. Und im Laufe der Zeit hatte ich wirklich das Gefühl, Bäume sind so etwas wie Akupunkturnadeln in der Erde. Und ihre Äste sind wie Akupunkturnadeln in den Himmel hinein. Und ich glaube auch, dass es in der Welt immer um die Balance dazwischen geht ...

Wie sind Sie mit der Angst umgegangen, da oben ohne jedes Geländer auf einer schwankenden Plattform zu leben, wo jeder Fehltritt tödlich gewesen wäre?

●●●●●● Ich sag den Leuten immer, man braucht drei Zutaten, um das Leben zu bewältigen: Lachen, Liebe und Gebet. Alles drei in ausreichender Menge. Lachen ist das Wichtigste. Wenn man über Dinge lachen kann, wirken sie nicht mehr so groß und beängstigend. Und so lange ich über mich lachen konnte, hatte ich immer was zu lachen. Liebe ist das Zweitwichtigste. Die Kraft der Liebe dort oben neu zu begreifen, hat wirklich viel für mich verändert, zu kapieren, dass es nicht darum geht, nur auf dem Baum zu sitzen und es sich gut gehen zu lassen. Sondern dass es, koste es, was es wolle, darum geht, seine Überzeugungen mit reinem Herzen zu vertreten, statt aus Wut und Hass zu handeln. Das war es, was mich wirklich verändert hat und aus mir das gemacht hat, was ich heute bin. Und drittens das Beten. Egal, ob man einer Religion folgt oder nicht, ich glaube, dass es etwas Größeres gibt als uns Menschen. Ich glaube, dass wir alle von diesem Größeren ein Teil sind. Und wenn wir uns gedanklich damit verbinden, können wir lernen und wachsen und eine Kraft bekommen, die wir nie für möglich halten. Und ich *habe* gebetet.

Wenn das einzige Wesen, mit dem man über zwei Jahre zusammen ist, ein Baum ist, dann entsteht da ja eine ungeheuer tiefe Beziehung. Gab es da das Gefühl einer Kommunikation?

●●●●●● Natürlich war es nicht so, dass der Baum oder die Vögel mir mit magischen Stimmen geantwortet hätten. Trotzdem habe ich gelernt zuzuhören, was sie mir zu sagen hatten. In diesem einen Sturm, der mich fast heruntergeschleudert hätte, zeigte mir der Baum, wie er die Stürme bewältigt. Nur wenn er sich biegen lässt und mit dem Wind geht, schafft er es. Weil er es so schaffte, habe ich es genauso gemacht. Ich musste es schaffen, diese ganze panische Erstarrung loszulassen und mich nicht länger an meine Ängste zu klammern. Und ich war halbverrückt vor Angst. Meine Fäuste waren verkrampft, mein Kiefer war verkrampft, ich glaube, sogar mein Haar war verkrampft. Ich dachte immer nur: „Wenn du dich fest genug hältst, stirbst du nicht". Als der Baum mir zeigte, wie er es macht, habe ich zuerst die Hände losgelassen, dann die Muskeln entspannt, den Kiefer losgelassen, die Haare losgelassen. Ich wusste: „Ich schaffe es nur, wenn ich kapiere, dass ich hier in diesem Sturm bin und mich in ihm biegen und wiegen muss." Dieser Sturm dauerte 16 Stunden und hatte Windgeschwindigkeiten von bis zu 130 Stundenkilometern. Ich wäre verrückt geworden oder vor Angst gestorben ohne diese Lektion des Baumes. Das war eine der vielen Lehren dort oben.

Ihr Leben dort oben hatte ja eine gewisse Ähnlichkeit mit dem eines indischen Shaddu's, der irgendwo in einer Höhle des Himalaya Jahre verbringt. Haben Sie jemals diese Zeit auf Luna in dieser Art gesehen: Als eine Art persönliche Initiationsprüfung oder als spirituelles Retreat?

●●●●●● Also, das war mit Sicherheit nicht meine Absicht. Ich bin da rauf, um den Wald zu schützen und den Leuten klar zu machen, was für ein Wahnsinn da passiert. Und trotzdem ist da was dran. Ich will versuchen, es zu erklären: Physisch war ich die allermeiste Zeit dort oben alleine. Aber ich hatte ein solarbetriebenes Radiotelefon, mit dem ich täglich so viele Interviews gab, Eingaben formulierte und Reden hielt, wie andere Leute in einer Woche. Ich hielt von da oben Vorträge in Schulen, und das reichte von Kinder-Vorschulen bis zur Princeton University und Unis in aller Welt. Ich reichte Petitionen bei den verschiedensten Organisationen ein, bis hin zu den Vereinten Nationen. Ich eröffnete Konzerte und Festivals und hielt Reden auf Demonstrationen und Parteitagen. Ich war dort oben rund um die Uhr beschäftigt. Ich machte Lobbyarbeit bei der Staats- und Bundesregierung, all das, was es für eine Kampagne braucht. Ob man nun für die Kinder oder die Alten oder den Wald kämpft – das kostet immer viel Zeit und Energie und ist ein Haufen Arbeit, wenn man Erfolg haben will.

Die Baumbesetzung von Luna war also kein Erfolg, weil ich da oben ein spirituelles Retreat abgehalten habe, sondern weil ich und meine Freunde in dieser Zeit härter gearbeitet haben als je zuvor in unserem Leben. Und trotzdem war es interessanterweise beides: Denn dieses lange Alleinsein wirkte wie ein Rückzug in die Klause eines Klosters, obwohl ich gleichzeitig als Aktivistin von morgens bis abends wie unter Strom stand. Zusammen war das wie ein verrückter, interessanter Tanz. Schließlich war ich ganz für mich da oben und hatte keine Möglichkeit, mich irgendwie abzulenken: kein Kino, kein Essengehen, kein Rockkonzert. Und dieses Immer-am-gleichen-Platz-sein war sicher so etwas wie ein Retreat.

Also war das, was den inneren Wandel bewirkte, die Einsamkeit und die Tatsache, an einem Platz zu sein, der anders war, als alles, was Sie bis dahin kannten ...

●●●●●● Ja, und dadurch die Welt aus einer anderen Perspektive sehen zu können. Ich glaube, dass so ein Perspektivenwechsel uns wirklich helfen kann. Nicht, dass ich danach gesucht hätte, aber es hat sich so ergeben. Ich konnte von da oben wirklich meilenweit schauen. Und die Welt änderte sich jeden Tag. Die Natur veränderte sich im Wandel der Jahreszeiten und natürlich auch durch den Einfluss der Menschen. Indem ich all dies sehen konnte und solche Dinge erlebte, wie diesen gewaltigen Sturm, ohne einfach runterstelgen und in ein Haus gehen zu können, wo es sicher und trocken gewesen wäre, oder Hunger zu haben, ohne einfach in einen Laden gehen zu können – also all diese Dinge, die für die meisten Menschen selbstverständlich sind – all das nicht zu können, zwang mich, innerlich, tiefer zu gehen. An der Oberfläche heißt es immer: Unmittelbare Befriedigung! Wenn was weh tut, soll es gleich wieder gut sein. Wenn man Hunger hat, soll Essen her. Wenn man friert, soll es warm sein. Unsere ganze Gesellschaft lebt mit diesem 'jetzt sofort'. Und alle Bedürfnisse sollen immer so leicht wie möglich befriedigt werden, egal, ob es einen anderen Menschen oder die Natur schädigt. Dass ich da oben auf meiner Plattform dieses Spiel nicht mehr mitspielen konnte, machte es zu einem spirituellen Retreat und zwang mich, tiefer nach meinen wirklichen Bedürfnissen zu schauen. Aber eigentlich geschah das als ein Ergebnis all der anderen Aspekte dieser ganzen Erfahrung.

In gewisser Weise lebten Sie ja wirklich wie in einem Kloster. Aber anstatt sich bei der inneren Suche von der Welt abzuwenden, war Ihre spirituelle Disziplin der Kampf für das Leben. Sehen Sie in dieser Verbindung von innerem Wachstum und politischer Aktion ein Modell?

●●●●●● Ja, ganz sicher! Weil es wieder damit zu tun hat, dass wir in der Welt den Wandel, den wir uns wünschen, nicht sehen können, bevor wir selber dieser Wandel *sind*. Wenn ich mir die ökologischen Wunden auf diesem Planeten anschaue, weiß ich, dass es diese Wunden gibt, weil die Menschen verwundet sind. Die Welt zerstört sich nicht selbst. Die Waldbrände haben ihren Grund, die Stürme haben einen Grund, all diese Dinge passieren, weil sie gebraucht werden. Aber die Natur sitzt nicht da und praktiziert Selbstzerstörung. Wir Menschen hingegen tun seit geraumer Zeit genau das: Wir zerstören Dinge. Und das passiert sogar in der Umweltbewegung und anderen sozialen Bewegungen: Die Leute gehen aufeinander los und reißen sich in Stücke. Anders gesagt: Wenn wir mit anderen Menschen liebevoll verbunden sind, bauen wir ihnen doch keinen Atomreaktor in den Hinterhof oder entwalden ihre Wasserscheide oder vergiften das Wasser, was sie trinken. Wir haben schlicht vergessen, dass alles in der Natur voneinander abhängt. Tatsächlich sind wir so etwas wie ein großer funktionierender Körper. Wenn ein Teil dieses Körpers verletzt wird, dann wollen wir seine Heilung, aber doch nicht, dass man ihn abschneidet. Wir müssen es schaffen, die Bäume, die Vögel, die Flüsse und Pflanzen wie einen Teil unseres eigenen Körpers zu sehen.

Wir sind so an unseren Komfort und an viel Platz gewöhnt, dass es schwer fällt, sich vorzustellen, wie Sie das Leben auf ein oder zwei Quadratmetern organisierten, die zudem mehr einem Schaukelstuhl ähnelten als einem Haus ...?

●●●●●● Als ich zum ersten Mal raufkletterte, war die Plattform wirklich winzig. Denn bis dahin war in Kalifornien noch nie ein Baum den ganzen Winter hindurch besetzt worden oder ein ganzes Jahr gehalten worden. Baumbesetzungen waren ein Mittel gewesen, eine Region solange vor der Rodung zu bewahren bis andere Umweltschützer innerhalb des Systems in den Gerichten oder durch neue Gesetze Erfolg hatten. Es war zu oft passiert, dass die Rodungen einfach fortgesetzt wurden, während vor Gericht verhandelt wurde und wenn der Sieg dann errungen war, gab es nichts mehr zum Schützen. Das waren immer spontane Aktionen gewesen, um die Kettensägen kurzfristig auf Distanz zu halten. Deshalb waren sie meist schlecht organisiert, kaum durchdacht oder wirklich geplant. Das waren so Leute wie ich, mit wenig Erfahrung und viel Leidenschaft. Als ich da hoch kam, gab es auf dieser Plattform ein paar Plastiktüten mit Reis und Haferflocken und so was. Es gab ein paar zerrissene Kunststoffplanen als Wände und Dach und eine Hängematte, die zwischen zwei Äste gespannt war. Das war so ziemlich alles, was es gab. Als ich dann länger und immer länger blieb, fand ich nach und nach heraus, was gebraucht wurde und was funktionierte. Ich fing an zu basteln und zu reparieren, bis das Dach ein Trichter war und die Wände wie Schalen, so dass ich das Regen- und Kondenswasser sammeln konnte. Immerhin war ich in einem nordischen Regenwald und es gab eine ganze Menge Wasser. Das habe ich zum Saubermachen und Kochen heiß gemacht. Dann hatte ich so ein Radio mit einer Kurbel dran. Wenn ich die genug drehte, dann lief das Ding für eine halbe Stunde und ich erfuhr, was in der Welt da unten passierte. Ich hatte einen Schlafsack. Um mich beweglich zu halten, kletterte ich im Baum rum, wenn das Wetter schlecht war, machte ich Liegestützen auf der Plattform. Und ich hatte ein fantastisches Team von Unterstützern am Boden, die ich für den Rest meines Lebens als meine Brüder und Schwestern sehe. Sie wanderten diesen verdammt steilen Berg rauf und runter, um mich mit Essen und Material zu versorgen. Ich ließ am Seil einen Korb runter, sie taten das Zeug rein und ich zog ihn wieder hoch.

Sie waren ja fast vom ersten Tag Ihrer Baumbesetzung an mit einer enorm feindlich gesonnenen Umwelt konfrontiert. Denn 'Pacific Lumber', die den Wald abholzen wollten, sahen Sie als ihren größten Feind. Wie ist das, wenn man sein Leben für ein nicht-menschliches Wesen einsetzt und dabei derartig viel menschlicher Aggression ausgesetzt ist?

●●●●●● Für mich war das enorm schwer, denn ich war wirklich naiv, als ich den Baum zum ersten Mal bestieg. Erst einmal war ich darüber entrüstet, dass unsere Regierung es erlaubt, diese uralten Redwoods zu fällen. Als ich dann oben war und sie damit begannen, mich zu bedrohen, hatte ich buchstäblich das Gefühl, dass es ihnen völlig egal war, ob ich dabei ums Leben komme – sie wollten mich unten haben. Ich war einfach nur ein Störenfried für sie, den man wegräumen musste, um den Baum zu fällen und daraus Fußbodenbretter oder eine Sauna oder Gartenmöbel zu machen. Ich begann zu begreifen, dass sie weder mich noch den Baum als etwas sahen, was einen inneren Wert hat. Den Baum sahen sie als Geld. Und mich sahen sie als etwas, was ihren Profit oder Lohn in Frage stellte.

Wie haben sie versucht, Sie herunterzuholen?

●●●●●● In den ersten Tagen sägten sie zwei Bäume um, die zu Luna's Wurzelsystem gehörten und drohten mir, auch den Hauptstamm zu fällen. Als das nichts nutzte, bedrohten sie mich mit einem dieser riesigen Armeehubschrauber, der bei seinen Flugmanövern rund um den Baum Aufwinde mit einer Geschwindigkeit von 400 Stundenkilometern verursachte. Später platzierten sie Tag und Nacht Wachposten rund um den Baum und installierten Flutlichter, um mich auszuhungern. Sie ließen acht Nächte in Folge Nebelhörner dröhnen, um mich durch Schlafentzug zu zermürben. Ich begann, meinen Verstand zu verlieren, aber ich kam nicht runter. All das passierte in dem härtesten Winter, der jemals in Kalifornien registriert worden war. Aber mit der Halsstarrigkeit meiner Kindertage habe ich mir immer wieder gesagt: „Ich komme nicht runter!" Als sie merkten, dass sie das mit mir auch nicht aussitzen konnten, entschieden sie sich schließlich, mit mir zu verhandeln.

Welche Erfahrungen haben Sie mit der destruktiven Kraft der Natur gemacht? Wie sind Sie mit der Tatsache umgegangen, Stürmen, Schnee, Gewittern und eisiger Kälte fast ungeschützt ausgesetzt gewesen zu sein?

●●●●●● Der Umgang mit der Kraft der Natur, selbst wenn sie sich von ihrer brutalen Seite zeigte, war einfacher als der Umgang mit der Brutalität von Menschen. Wenn Menschen sich gegen mich richteten, war es ihre bewusste Wahl. Sie entschieden sich zur Gewalt. Und das hat mir wirklich Angst gemacht. Denn wenn das eigene Leben von der Entscheidung von jemand abhängt, der seine Wahl im Zustand der Wut fällt, wird es sehr schwierig. Wenn die Gewalt aber von der Natur ausging, war es eher ein Gefühl der Akzeptanz: „So ist eben die Natur". In dem einen Winter zum Beispiel, ich glaube es war der zweite, hatte ich sieben Schichten übereinander an und war wahrscheinlich genauso breit wie hoch. Ich vergrub mich in meinem Schlafsack und konnte hören, wie meine Zähne aufeinander schlugen. Ich saß nur da und sagte: „Mein Gott, ich werde erfrieren hier oben!" Und plötzlich kippte das und ich dachte: „Was für ein Wunder. Ich bin ein Mensch und ich lebe!" Und ich fing an zu lachen. Und plötzlich war aus dem Leiden an der Kälte eine Einsicht in das Wunder des Lebens geworden. Und so gibt es viele Erfahrungen in unserem Leben, bei denen wir glauben, wir würden sie nicht überleben und wo wir aufgeben wollen. Aber wenn wir dann tiefer gehen und uns dazu entscheiden, zu leben, und mit allem, was wir in uns haben zu lieben, dann trägt uns das auf eine andere Stufe unseres Seins und wir werden vollständiger, schöner und freier.

Erdpolitik: Auf dem Weg in eine zukunftsfähige Gesellschaft

Auf eine Art klingt diese ganze Geschichte wie ein Märchen: Da zieht ein junges Mädchen ziemlich orientierungslos auf der Suche nach Sinn hinaus in die Welt, geht alleine durch eine schwierige Prüfung und kehrt als internationaler Medienstar und symbolische Heldin im Kampf für das Leben zurück. Wie gehen Sie mit dieser Verwandlung von einem unbekannten Teenager zu einem modernen weiblichen Robin Hood um?

●●●●●● Meine Selbstwahrnehmung hat sich nicht sehr verändert. Es ist die Gesellschaft, die sich Helden und Vorbilder schafft und sich damit oft selbst schwächt. Sehen Sie, das ist ja der wesentliche Teil meiner Botschaft: In jeder Entscheidung, die wir treffen, liegt Kraft, in jeder einzelnen Entscheidung. Bewusst oder unbewusst. Und dafür müssen wir lernen, die Verantwortung zu übernehmen. Stattdessen geben wir irgendwelchen Helden und Vorbildern unsere eigene Kraft und lassen sie die Verantwortung übernehmen. Das ist für die Welt alles andere als gesund. Wenn Sie mich fragen, wie ich mit dieser Vorbildrolle als Märchenheldin umgehe, kann ich nur sagen: Ich tue alles, was in meiner Kraft steht, um den Menschen einen Spiegel vorzuhalten, damit sie erkennen, wer sie sind und welche Kraft *sie* haben. Und ich hoffe, dass sie, wenn sie meine Geschichte hören, sich entscheiden, das Gleiche zu tun.

Sie sind nach zwei Jahren Baumbesetzung im letzten Frühjahr von Luna abgestiegen, nachdem Sie diese Vereinbarung durchgesetzt hatten, die Luna und ein paar Bäume im Umkreis für immer vor der Motorsäge bewahren, während die Rodungen insgesamt aber weitergehen. War dieses Ergebnis der Mühe wert?

●●●●●● Es war der Mühe absolut wert. Erstens: Mit zwei Jahren meines Lebens habe ich einem Baum weitere 1000 Jahre Leben ermöglicht. Zwei Jahre meines Lebens sind dafür nur ein kleines Opfer. Zweitens: Ja, natürlich gehen diese Rodungen weiter. Aber doch nur solange, wie die Menschen es zulassen. Und von Tag zu Tag stehen mehr Leute auf und sagen: „So nicht! Ich bin bereit, etwas gegen den Kahlschlag zu unternehmen, mich für die Sauberkeit der Flüsse oder der Luft zu engagieren." Ich kann die Welt nicht alleine retten. Ich bin kein weiblicher Supermann mit wehendem Cape. Ich kann nur meinen Teil tun. Und ich glaube, das wichtigste Ergebnis meiner Baumbesetzung ist nicht der Schutz dieses kleinen Waldstücks oder gar mein innerer Wachstumsprozess. Das wichtigste ist, dass viele Menschen in der Welt – und ich glaube jeder, der mit mir persönlichen Kontakt aufgenommen hat, steht für viele Hundert andere, von denen ich nie etwas gehört habe – durch diese Aktion etwas verstehen konnten: Dass jedes Mal, wenn wir aus einem bewussten inneren Raum und aus wirklicher Betroffenheit und Sorge handeln, wir eine kleine Welle ins Gewebe der Welt schicken, die sich viel weiter ausbreiten kann, als unser Horizont reicht. Und dass das der Weg ist, wie wir wieder eine gesunde Welt im Gleichgewicht erschaffen können.

7

Wachstum ins Undenkbare: Die innere Evolution

Krise als Chance zum Wachstum

Im Gespräch mit dem Arzt und Psychotherapeuten Wolf Büntig

In welcher inneren Verfassung ist der Mensch der Postmoderne?

●●●●●●● In unserer Zeit sind wir von unseren Wurzeln entfremdet, wie es so schön heißt. Wir wissen ja oft noch nicht einmal, worum es in einem menschlichen Leben geht. Wo wir herkommen, wo wir hingehen, wofür wir auf der Welt sind – das sind die grundlegenden philosophischen Fragen. Die sind für die Bevölkerung aus dem Blickwinkel geraten. Erst in Krisenzeiten geraten sie wieder in den Blick. Da fehlt uns hierzulande die Orientierung. Wir hätten sie von den Kirchen haben können. Aber die wenigsten Leute hören auf die Kirchen oder gehen in die Kirche oder fühlen sich noch dort gebunden. Die Grundproblematik, vor der die Menschen heute stehen, ist Selbstbestimmung gegenüber Fremdbestimmung. Wir vergessen mehr und mehr, dass wir Menschen sind, halten uns für Überlebensroboter, unterwerfen uns sogenannten Sachzwängen, die es überhaupt nicht gibt, vergessen, dass wir diese Sachzwänge freiwillig auf uns genommen haben und gehen da nur aus Gewohnheit nicht raus. In die Therapie kommen immer mehr Menschen, die sich nicht willkommen fühlen auf der Welt; Menschen, die ihr Dasein nicht als Geschenk nehmen können, weil sie nicht erlebt haben, dass sich jemand freut, wenn sie da sind. Menschen, die glauben, man könnte sich die Daseinsberechtigung verdienen und die sich daran zu Tode arbeiten mit gut sein, brav sein, alles richtig machen, es allen anderen Leuten recht machen. Das ist eine Dynamik, die ich an der Basis aller psychosomatischen Krankheiten sehe bis hin zum Krebs. Dieses Nicht-beheimatet sein – das nimmt radikal zu.

Sie haben für diesen psychischen Zustand mal den Begriff der 'normalen Depression' geprägt. Was verstehen Sie genau darunter?

Dr. **Wolf Büntig** gehört in Deutschland zu den wichtigen Vertretern der Humanistischen Psychologie. Geboren 1937, studierte er Medizin und arbeitete als Psychotherapeut. Er gründete das 'Zentrum für Individual und Sozialtherapie', kurz ZIST – eines der ersten Zentren für Selbsterfahrung in Deutschland. ZIST wurde zu einem internationalen Begegnungs- und Ausbildungszentrum für zahlreiche neue Methoden der humanistischen, transpersonalen und anderen, am menschlichen Potential orientierten Formen der Psychotherapie. ZIST wurde zudem auch zu einem Begegnungszentrum zwischen traditionellen und modernen Heilweisen. Dieser Ansatz wurde besonders durch die von Wolf Büntig initiierten 'Konferenzen Humanistische Medizin' gefördert, auf denen sich schamanische Heiler aus vielen Kulturen mit modernen Psychotherapeuten und ganzheitlich-systemisch arbeitenden Naturwissenschaftlern trafen und der Öffentlichkeit vorstellten. Zudem ist Wolf Büntig ein genauer Beobachter und scharfzüngiger Kritiker der Gegenwartskultur. Von ihm sind zahlreiche Vortragskassetten und Einzelbeiträge erschienen.

●●●●●● Wo der Einzelne resigniert vor der Aufgabe, sein Wesen zu persönlicher Eigenart zu entfalten, lebt er die normale Depression. Überall da, wo wir uns Sachzwängen unterwerfen, statt unser Leben persönlich zu gestalten, wo wir in lustloser Routine guten Zwecken dienen, statt unserem Leben einen Sinn zu geben, wo wir vor lauter manipuliertem Bedarf keine persönlichen Bedürfnisse mehr erkennen, überall da finden wir Anzeichen der normalen Depression. Wir gelten deshalb beileibe nicht als krank. Solange wir nämlich mitmachen und konsumieren, anstatt zu genießen, produzieren, anstatt wachsen zu lassen, Spaß haben, anstatt uns zu freuen und wehleiden, anstatt wirklich zu leiden, das Leben aushalten, anstatt uns darauf einzulassen – solange gehören wir dazu und gelten als normal. Der Normale atmet nicht frei, er hält die Luft an, er lässt sich nicht gehen, sondern reißt sich zusammen. Er hält den Kopf oben, er ist bei Verstand, aber weitgehend von Sinnen.

Sie beschreiben damit eine Normalität, die alles andere als gesund ist ...

●●●●●● Wir müssen immer unterscheiden, zwischen dem, was normal ist und dem, was gesund ist. Der durchschnittliche Grad an körperlicher und geistiger Behinderung, der ist normal, aber gesund ist er bestimmt nicht. Es ist normal, mit unglücklichen Gesichtern herumzulaufen, ziemlich steif auf etwas hin zu zielen, was noch gar nicht ist – all das ist normal, aber nicht gesund. Gesund zu sein, heißt, anwesend zu sein, zu sehen was ist, zu schmecken was ist, zu fühlen was ist, was einem gut tut, was einem nicht gut tut, was einen erfüllt, was einen schal lässt – das ist gesund, aber das ist nicht normal. Wirklich mit etwas in Beziehung zu sein, hingegeben zu sein an den Augenblick, das gegenwärtige Leben im beständigen Wandel ganz zu erfahren, das ist nicht normal, aber sehr gesund.

Wie ist es zu dieser Orientierungslosigkeit gekommen, nicht mehr zu wissen, wozu wir leben?

●●●●●● Ich glaube, es hat mit dem allgemeinen Autoritätsverfall zu tun. Ich glaube, es hat mit der Illusion zu tun, dass jeder sein eigener König sein kann. Ich glaube, es hat zu tun mit dem Verlust des Ansehens väterlicher Autorität und es hat zu tun mit dem Verfall der Traditionen, so dass Mangels kompetenter und glaubwürdiger Führung durch einen Lehrer, durch einen Guru oder Meister innerhalb der eigenen Tradition die Kriterien beliebig werden und die Menschen orientierungslos sind. Es gab in den alten Traditionen ganz klare Richtlinien dafür, wann wer wohin geschickt wird, um den nächsten Schritt zu lernen. In der Sufiliteratur gibt es zum Beispiel unzählige Hinweise darauf, dass Meister immer darauf bestanden haben, dass Menschen erst mal lernen sollten, befriedigend einen Alltag zu leben, dass sie lernen, wie man gut isst, trinkt, schläft und beischläft, bevor sie überhaupt das Meditieren anfangen dürfen. Da ist eine große Orientierungslosigkeit hier in unserer Kultur.

Ist das ein kulturelles Phänomen?

●●●●●● Das ist ganz sicher ein Preis für Zivilisation. Ich glaube, je mehr Zivilisation wir haben, umso weniger Kultur, weil in der Zivilisation kaum noch etwas kultiviert wird und es keinen Kult mehr gibt, um das Kultivierte nach seiner Ernte zu feiern. Das sind die beiden Grundsäulen von Kultur. Die Kultivierung des Bodens und der Kult. Und beides gibt es nicht mehr. Wir kultivieren nichts mehr, sondern wir fabrizieren. Da, wo es sich hauptsächlich um das Menschengemachte und nicht um die Kultivierung des Gott- oder Naturgegebenen dreht, da haben wir keine Kultur mehr.

Plädieren Sie dafür, zu früheren Verhältnissen zurückzukehren?

●●●●●● Wir sind gezwungen, uns zu besinnen. Wir können nicht irgendwohin zurückkehren. Aber wir könnten uns zum Beispiel besinnen, ob wir mit den unglaublichen Möglichkeiten, die wir mit unserer Verstandeskraft entwickelt haben, nicht anderen Zielen dienen können, als der Füllung von Portemonnaies, die sowieso schon so voll sind, dass deren Besitzer nicht wissen, was sie damit anfangen sollen – wo die Füllung von Portemonnaies zum Selbstzweck geworden ist. Ich plädiere für die Besinnung: 'Wofür sind wir auf der Welt?' und: 'Welchen Sinn macht es in unserem Schaffen, Quantitäten zu vermehren, anstatt Qualitäten zu vertiefen.'?

Führt also dieses Vakuum an tiefen Werten zwangsläufig zur Suche nach Werten in anderen Kulturen?

●●●●●● Die Menschen haben zum Teil in unserem Kulturkreis keine Antwort auf diese Frage gefunden. Und da finde ich es legitim, wenn sie weiter auf die Suche gehen. Wir sind ja so weit fortgeschritten oder heruntergekommen, dass wir sehr häufig Kultur mit Zivilisation verwechseln. Wir vergessen dabei, dass die Fortentwicklung von Zivilisation, so, wie wir sie materialistisch verstehen, meistens viel Arbeit und Material kostet und dass uns das fehlt bei der kulturellen Beschäftigung des Nachdenkens und des Betrachtens und Beschauens des Lebens. Es gibt von Indianern beredte Zeugnisse schon vor 200 Jahren, dass sie uns auf einem gefährlichen Wege sehen und uns bedauern und sagen: „Ihr entfernt euch immer mehr von der Schöpfung. Wo habt ihr eigentlich eure Wurzeln?" und neurotische Entwicklungen voraussagen. Diese Kulturmenschen, die wir die Wilden nennen, sind viel mehr in Verbindung mit der Schöpfung, mit der Natur, einschließlich der eigenen und haben viel mehr Zeit, diese Verbindung zu studieren, sich ihre Gedanken darüber zu machen und diese Bilder einzuordnen in ihre Kultur.

Kann eine Orientierung an solcher Weltsicht und solchen Werten Modell sein für uns?

●●●●●● Dass bei Übernahme von geistigen Praktiken aus fremden Kulturen viel Irrtum geschieht, ist klar. Denn die Esoterik ist sinnlos ohne die Exoterik. Also wir meditieren jetzt zum Beispiel alle, aber wir reißen die Praxis der Meditation raus aus dem traditionellen Rahmen, dem exoterischen Rahmen, und vergessen alle Regeln dafür, wann meditiert werden soll, wann man überhaupt erst damit anfangen soll und auch wann man wieder damit aufhören soll. Meditation wird zum Selbstzweck und kann natürlich genauso in die Sackgasse führen wie alles andere, was nicht unter sorgfältiger Anleitung geschieht.

Heißt das, wir brauchen Lehrer?

●●●●●● Ich glaube, man kann Weisheit nicht lehren. Man kann Weisheit vorleben und man kann Weisheit entwickeln in der Auseinandersetzung mit dem Leben, in der bewussten Hingabe an das Leben. Diese Entwicklung hat eine gewisse Konsequenz. Und so, wie das Gehen nach dem Krabbeln kommt, gibt es dort auch hierarchische Stufen der Entwicklung. Diese Stufen sind in den Traditionen beschrieben und die Lehrer sind diese Stufen selbst gegangen und sehen den Schüler hinsichtlich der Stufen – wie weit er ist – und können dann auch sagen, welcher der nächste Schritt ist. Es gibt sicher Menschen, die eine hohe Entwicklung durchgemacht haben, auch ohne die Begleitung eines Lehrers. Das erkennen alle Religionen an. Und sie sagen zugleich: Es ist der mühsamere und der mit sehr viel mehr Irrtümern behaftete Weg. Dann gibt es die Dogmen, die geben die Bilder vor, die einen begleiten auf diesem Stufenweg. Aber die in diesen Bildern vermittelten Inhalte wollen natürlich von jedem persönlich erfahren werden, sonst haben wir Kirchenfrömmigkeit und die Entwicklung stagniert. Ja, ich glaube, wir brauchen Lehrer.

Was ist die Aufgabe eines Lehrers auf dem Weg der persönlichen Entwicklung?

●●●●●● Jeder Mensch hat ein inneres Wissen um das Menschsein. Es ist ein inneres Wissen um die Entfaltungsmöglichkeiten und um den Auftrag, den wir ins Leben mitbringen, und dieser Auftrag wird geweckt durch Leben. Wir leben mit dem Vertrauten bis das Vertraute langweilig oder schmerzlich wird. Das heißt, wir wachen auf durch das Leiden an den Begebenheiten und Bedingungen. Und dann suchen wir nach außen etwas, was als eingeborenes Wissen eigentlich in uns ist. Manchmal stolpern wir zufällig hinein und sagen: „Ach, das ist es, wonach ich mich die ganze Zeit gesehnt habe." Die Aufgabe eines Lehrers wäre es, uns an Erfahrungen heranzuführen, die uns an das erinnern, was wir wissen, ohne es zu wissen. Graf Dürckheim nannte dieses innere Wissen 'inbildhaft' – wir haben innere Bilder von dem, was menschengemäß ist. Wir brauchen für die Entfaltung dieser inneren Bilder Vorbilder, Menschen, an denen wir das verwirklicht sehen, um überhaupt zu wissen: 'Ah, was ich da drin habe, das gibt es!' Um es wiederzuerkennen und uns dann der Disziplin zu unterwerfen, das selbst zu verwirklichen.

Suchen sich deshalb Menschen 'Gurus'?

●●●●●● Es gibt unglaublich viele Motivationen, sich einen Lehrer zu suchen. Es gibt in der Astrologie eine „Guru-Konstellation". Das ist eine Konstellation, die deutlich macht, dass der Betreffende Schwierigkeiten hat, seinen Vater anzunehmen. Und solange er seinen Vater nicht angenommen hat, seinen leiblichen Vater, wird er immer auf der Suche bleiben nach einem Übervater. Ich glaube, dass diese Konstellation – ob sie jetzt astrologisch oder psychodynamisch ist – verantwortlich ist dafür, dass sehr viele Menschen einen Guru suchen. Das ist aber nicht das, wozu der Guru in den alten Traditionen da ist. Es gibt in verschiedenen Traditionen klare Warnungen vor der Verwechselung dieses Bedürfnisses nach irdischer Orientierung mit der Gottsuche. Das Bedürfnis nach Orientierung und Richtungsweisung und Einweisung in den Unterschied zwischen Gut und Böse sollte eigentlich der Vater abdecken.

329

Wolf Büntig

Die Grenze zwischen einem 'Meister' und einem 'Scharlatan' ist von außen nur schwer zu bestimmen. Welche Kriterien sollte man an einen Lehrer oder Guru anlegen?

●●●●●●● Guru heißt im Indischen einfach 'Lehrer'. Mögliche Kriterien sind: Steht der Betreffende in seiner eigenen Tradition fest verwurzelt? Hat er einen Lehrer gehabt, der einen Lehrer hatte, der einen Lehrer hatte? Hält er sich an die Grenzen seiner eigenen Kultur und genießt er hohes Ansehen innerhalb der Tradition dieser Kultur? Das ist für mich eine Gewähr, dass wir nicht irgendeinem Self-made-Guru auf den Leim gehen. Und auch der Schüler muss Kriterien erfüllen: Motivation, Sehnsucht nach und Liebe zur Wahrheit, Disziplin und Hingabe. Hingabe ist etwas anderes als Selbstaufgabe. Es gibt in unterschiedlichen Traditionen Geschichten von Lehrern, die unorthodoxe Methoden anwandten, um Schüler zu korrigieren, die sich in diesem Sinne selbst aufgaben – dem 'Meister' zuliebe oder weil es so toll war, diesen Lehrer zu haben – mit dem Ziel, auf die eine oder andere Weise diejenigen zu enttäuschen, die für diese Welt, in der wir überleben, einen Papa suchten, auf den sie stolz sein konnten, statt einen Lehrmeister auf der Suche nach jener Welt, aus der wir kommen.

Gelten die gleichen Kriterien für Therapeuten?

●●●●●●● Auch im Therapiebereich gibt's falsche und stimmige Lehrer. Es gibt Therapeuten, die wollen ihren Patienten, Klienten, Schülern weismachen, was richtig ist. Die binden. Und es gibt Therapeuten, deren Anliegen ist es, dass ihre Patienten, Schüler, Klienten sich darauf besinnen, welche Entwicklungs- und Heilungsmöglichkeiten sie in sich selbst tragen, und sie so zu ihrer Autonomie hinführen. Autonomie heißt nicht, ich kann machen, was ich will, sondern es heißt, ich kenne mein inneres Gesetz. Ich weiß, was ich hier in diesem Leben soll. In diesem Sinne kann man den Therapeuten einen Lehrer nennen. Er hilft dem Schüler, sich seiner in der Frühzeit ehrlich erworbenen und in der Gegenwart hinderlichen Gewohnheiten bewusst zu werden. Er lädt ihn ein, sich aufs Wesentliche zu besinnen, er fordert ihn heraus, sich auf die eigenen Beine zu stellen und zu dem zu stehen, was er tut und was er nicht tut, statt die Verantwortung an andere zu delegieren, und aus seinem Leben selbst Sinn zu machen. Vielleicht könnte man es so formulieren: Der mindere Guru bindet, der wirkliche Lehrer setzt frei.

Lässt sich die Weisheit aus anderen Traditionen übernehmen ohne das kulturelle Gefäß, aus der sie stammt?

●●●●●●● Mein Bild dafür ist: Ein Viertelliter Milch ohne eine Tasse ist eine Pfütze – das heißt, wir brauchen, um die Milch genießen zu können, das Gefäß. Ohne Gefäß wird der Inhalt flach und weitläufig. Das Gefäß für die Esoterik ist die Exoterik, die Tradition. Wir müssen also auch den sozio-kulturellen Hintergrund einer Lehre bedenken, wenn wir eine esoterische Praxis wie die Meditation zur Selbstfindung nutzen wollen.

Dabei scheint doch an der Wurzel aller Traditionen die Überwindung des Egos zu stehen?

Wachstum ins Undenkbare: Die innere Evolution

●●●●●● Es gibt eine Selbstlosigkeit, die besteht in der Entfremdung dem eigenen Selbst gegenüber. Und das ist das, was hierzulande passiert durch die wirtschaftlichen Bedingungen und durch den Normfaschismus, dem wir unterworfen sind: Man muss groß sein, stark sein, tüchtig sein und so weiter. Diese Entfremdung geschieht durch Gehirnwäsche – ob es durch Werbung geschieht oder durch Indoktrination ist völlig egal. Aber es gibt eine andere Selbstlosigkeit, die meint: die Lösung von der Ich-Haftigkeit. Und die unterscheidet sich nicht von dem Gebot der Nächstenliebe: 'Du sollst den Nächsten lieben, wie dich selbst'. Das heißt, du sollst dich selbst lieben und den anderen wie dich selbst. Aber ich habe gehört, dass es auch Übersetzungen gibt, die sagen: Du sollst den Nächsten mehr lieben als dich selbst. Und da ist die grundlegende Einheit im Menschlichen beschworen, wo der Unterschied zwischen Ich und den Anderen aufgeweicht und daran erinnert wird, dass wir in Gott eins sind. Das ist eine völlig andere Selbstlosigkeit und ich denke, die täte uns genau so gut wie den Buddhisten. Und das hat nichts mit Individualitätsverlust zu tun. Da bleibt jeder ein unverwechselbares Individuum. Aber in der Hingabe an den gemeinsamen Grund verschmilzt er mit dem anderen und mit der gesamten Schöpfung und ist dann im wahrsten Sinn allein – 'all-ein', wie das Wort sagt. Das hat nichts mit Individualitätsverlust zu tun, sondern mit sich verlieren und neu finden, auf einer neuen Ebene.

Entsteht inneres Wachstum aus Krisen?

●●●●●● Viele Punkte, an denen wir uns in der Krise wähnen, sind Wendepunkte. Und an solchen Wendepunkten können wir ein bestimmtes Muster erkennen. Wendepunkte sind Phasen in unserem Leben, an denen aus dem Alten das Neue geboren wird, in denen wir gewordene Form verlieren und neue Gestalt finden, in denen wir Bekanntes in Frage stellen und uns öffnen für das Unbekannte. Und das Unbekannte ist auch das, wozu wir uns noch nicht bekannt haben. An Wendepunkten geben wir den Halt auf, den wir am Gewohnten hatten, um dem zu begegnen, was werden will. An Wendepunkten nehmen wir Abschied von der Persönlichkeit, die wir waren und begrüßen die Person, die wir gerade werden. Lebenskrisen sind eine Chance, aus dem Tiefschlaf aufzuwachen, sie rütteln uns auf, stellen das Gewohnte in Frage und fordern uns zu Übergängen heraus. Die Ängste, die wir in solchen Momenten haben, entsprechen der Angst vor dem Sterben. Wann immer an Wendepunkten gewohnte Ordnung erschüttert wird, wird gebundene Lebenskraft frei und ordnet sich zu neuer Form. Wo immer hingegen wir diese Chance nicht wahrnehmen, vor dem Unbekannten zurückschrecken, uns vor der Verantwortung für das Neue drücken, zögernd den nächsten Schritt zu machen, deprimieren wir die Person, die wir werden, zugunsten der Persönlichkeit, die wir waren.

Wenn die Krise ein Rückzug ist, in dem sich Wandel vollziehen kann, kehrt der gereifte Mensch dann mit neuer Identität in die Gemeinschaft zurück?

●●●●●● Unser Bewusstsein für unsere Identität ist meist nur teilweise entwickelt. Wir verwechseln Identität – wer wir sind – mit der Identifikation mit Bildern von uns selbst. Der Weg zu Identität führt immer über die Selbsterfahrung. Nur, wenn wir durch Erfahrung herausfinden, wer wir eigentlich sind – jenseits dieser Bilder wer wir zu sein vorgeben –, nur wenn wir aufgeben, danach zu schielen, was die anderen von uns vermeintlich erwarten, können wir erfahren, wer wir sind, als wer wir gemeint sind, wofür wir auf die Welt gekommen sind. Und ich glaube, dass wir nur in dem Maße beziehungsfähig sind, wie wir identisch sind mit denen, die wir sind und nicht mehr verhaftet sind in Bildern davon, wie wir hätten sein sollen, wie wir gerne wären, wie wir glauben, sein zu müssen, um akzeptiert zu sein. Ich glaube, dass wir nur in dem Maße, in dem wir mit uns eins, d.h. identisch sind, indem wir wissen, wer wir sind, uns auch dem anderen zeigen und zumuten und dadurch Beziehungen eingehen können. Und auch nur in dem Maße, in dem wir unserer eigenen Identität sicher sind, in dem wir dieselben sind, die wir sind, können wir auch andere so sein lassen, wie sie sind. Und das ist immer ein Weg und kein Ziel. Wer nicht autonom ist, kann keine Beziehung eingehen und nur in Beziehung kann ich autonom werden. Die beiden gehören zusammen. Nur der Selbstständige kann Abhängigkeit ertragen. Und nur indem ich meine Abhängigkeit von den Mitmenschen anerkenne, kann ich werden, wer ich bin. Sonst werde ich nur ein isolierter Zombie, der irgendwo im Weltall herumschwirrt und seine Gedanken über sich selbst für sich selbst hält, ohne fürchten zu müssen, dass jemand seine Selbsttäuschung in Frage stellt, denn es ist ja sonst niemand da.

Heißt das, es geht eigentlich darum, zu werden, was wir schon sind?

●●●●●● Das Ziel ist, wieder dort anzuknüpfen, wo wir vor den Erfahrungen von Mangel und Trauma waren, bevor wir geprägt und konditioniert wurden. Das heißt, am Wesen der Person anzuknüpfen, an ihrem Dasein, an ihrem Interesse, an ihrer Wahrnehmung, an ihrer eigenen Würde, an ihrem Mitgefühl, am Gefühl für den eigenen Wert als Geschöpf, an der Aufrichtigkeit – so wie Kinder sind, bevor sie anfangen zu schauen, wem sie es recht machen können.

Im kreativen Muster der Schöpfung

Im Gespräch mit dem Kreativitätsforscher Mihaly Csikszentmihalyi

Herr Chikszentmihalyi, in was für einer Welt würden wir leben, wenn es Kreativität nicht gäbe?

●●●●●● Es wäre wahrscheinlich eine Welt wie jene, in der die großen Menschenaffen leben – einer Welt, die sehr stark von dem genetischen Erbe geprägt ist. Es wäre keine so sehr interessante Welt, sehr geprägt von immer den gleichen Dingen und ohne jene Zutaten, die das Leben so schön machen – gute Musik, gute Kunst, gutes Essen. All das würde nicht existieren, denn es ist ein Ergebnis von Kreativität.

Wo entsteht Kreativität?

●●●●●● Es ist gar nicht so sehr der Kopf einer Person, wo das meiste passiert von dem, was wir Kreativität nennen. Was im Kopf eines Individuums passiert, ist nur ein kleiner Teil davon. Kreativität selbst ist Bestandteil einer Kultur, die durch Symbolsysteme wie beispielsweise Musik oder Mathematik den Austausch und Fluss von Informationen ermöglicht. Und diese Symbolsysteme wiederum sind etwas, was im Verlauf der menschlichen und kulturellen Evolution entstanden ist. Ohne diese Systeme kann ein Mensch vielleicht ein ganz origineller Denker sein, aber solange eine Person nicht von diesen kulturellen Domänen lernen kann, solange ist auch Kreativität Mangelware. Und was es dafür außer Kopf und Domäne noch braucht, ist ein Feld. Es besteht aus Leuten, die Einblick haben in das, was in einem spezifischen Fachbereich vor sich geht und die beurteilen können, welche der neuen Ideen interessant sind oder wirklich gut und brauchbar und die dann sagen: Das müssen wir fördern und zum Bestandteil des Fachs oder der Domäne machen. Also besteht Kreativität aus der Interak-

*Prof. Dr. **Mihaly Csikszentmihalyi** hat den größten Teil seiner Forschungstätigkeit dem Phänomen der 'Kreativität' in Natur, Kultur und Gesellschaft gewidmet. Er prägte in diesem Zusammenhang den Begriff des 'Flow'. Er wurde 1934 als Kind einer ungarischen Familie in Italien geboren, studierte Psychologie in Chicago. Nach verschiedenen Gastprofessuren in aller Welt leitet er heute das Institut für Psychologie an der Universität von Chicago. Von seinen 13 Büchern sind auf Deutsch „Das Flow-Erlebnis", „Der Sinn der Dinge", „Eine Psychologie für das Dritte Jahrtausend" und „Kreativität" erschienen.*

tion dieser drei Faktoren: dem Individuum, der Domäne und dem Feld. Das Feld – also die Leute, die neue Erkenntnisse bewerten – dieses Feld also ist die Instanz, die entscheidet, ob die neue Idee oder das neue Produkt zum Teil der Kultur wird. Es ist ein kreisförmiges, dynamisches Muster, das von der Domäne zum Individuum zum Feld und wieder zurück zum Fach fließt. Und dann beginnt für eine Person, die das anerkannte Wissen einer Domäne verändern will, der Kreislauf von vorne.

Wenn, wie Sie sagen, Kreativität wie eine Art Energie durch die kulturelle Evolution fließt, dann muss sie doch immer aufbauen auf traditionellem, vorhandenem Wissen. Gibt es so etwas wie Gene auch auf dem Sektor der kulturellen Evolution?

●●●●●● Das gibt es schon. Und der Begriff, den ich dafür verwende, heißt „Meme" und wurde von dem britischen Biologen Richard Dawkins geprägt. „Meme" sind den Genen ganz ähnlich. Ein Mem ist eine Art Lerneinheit, ein Maß für die Imitation, sei es bei einem Lied, das wir lernen, bei einer mathematischen Formel, einem Rezept für Sauerbraten oder woraus auch immer so eine Informationseinheit besteht, die uns lehrt, wie wir etwas tun sollen oder wie wir denken sollen. Meme werden im Lauf der Zeit auch weitergegeben, aber anders als Gene. Sie werden durch menschliche Interaktion übertragen, durch Lehren und Lernen. Und die Meme sind auch das, was wir letztlich ändern, wenn irgendwo neue Kreativität auftaucht.

Wenn wir jetzt einmal zurückblicken auf den Prozess der kulturellen Evolution, dann ist in bestimmten historischen Abschnitten Kreativität sehr konzentriert aufgetreten. Warum?

●●●●●● Ich glaube, wir sind uns einig darüber, dass es zum Beispiel in Westeuropa verschiedene Zeiten gab, in denen sehr grundsätzliche Veränderungen die ganze Zukunft beeinflussten. Das war so im alten Athen 500 Jahre vor Christus oder im Florenz der Renaissance oder in Paris des 19. Jahrhunderts. Oder in Deutschland in solchen Orten wie Weimar, wo Goethe arbeitete. Wenn Neues so konzentriert auftritt, dann liegt das meistens aber nicht daran, dass sich an so einem Ort besonders viele kreative Menschen getroffen haben. Denn es sind gar nicht so sehr die neuen Ideen, die an diesen Orten zu dieser Zeit entwickelt wurden. Vielmehr waren das Zeiten, in denen die damals existierenden Gesellschaften in der Lage waren, viele neue Ideen aufzunehmen, sie zu integrieren und anzuerkennen. Eben indem man die Bilder malen ließ und nach der neuen Architektur bauen ließ. Und das bedeutete meist, dass sich die ganze Gesellschaft diesen neuen Dingen widmete: Von den Bankiers über die Bischöfe bis zu den Handelsgesellschaften und den Arbeitern wollte jeder, dass diese Sachen passierten. Und sie waren bereit, diese Veränderungen zu unterstützen. Außerdem waren das meistens Orte, an denen sich Ideenströme trafen. Das alte Griechenland war ein Handelsplatz, wo russische Ideen mit dem Handel über das Schwarze Meer ägyptischen Impulsen begegneten, wo sich Persien und der Westen berührten. Und diese Ideen gingen ineinander auf und ließen neue Denkkonzepte entstehen. Das gleiche passierte während der Renaissance. Florenz war ein Handelszentrum, wo sich Ideenströme vermischen konnten. Und wenn sich das System verändert, steigt auch die Kreativität an, ohne dass es unbedingt mehr kreative Menschen braucht.

Das klingt so, als wäre Kreativität nicht die Sache eines Augenblicks, sondern eher ein Prozess. Was sind seine wichtigsten Schritte?

●●●●●● Man unterscheidet in dem Prozess vier bis fünf Phasen. Es beginnt mit der Vorbereitungsphase, wenn jemand ein Problem erfasst hat, sich dafür interessiert und recherchiert, ohne aktiv daran zu arbeiten. Die zweite Phase ist dann die Inkubationsphase, während der das Bewusstsein nicht aktiv an dem Problem arbeitet, aber das Unterbewusstsein Querverbindungen herstellt, die nicht möglich wären mit dem linearen bewussten Denken. Das kann während einer gut durchschlafenen Nacht passieren. Typisch ist, dass Menschen mitten in der Nacht aufwachen und ein Lösung für ihr Problem haben, bei manchen dauert diese Phase aber auch Jahre, Darwin brauchte 15 Jahre. Die dritte Phase ist der sogenannte Geistesblitz, die plötzliche Einsicht. Das ist es, was die meisten Menschen mit Kreativität verbinden – wenn einem plötzlich die Lösung einfällt. Aber sie fällt einem ohne die Vorbereitung und ohne die Inkubation nicht zu. Und nach der eigentlichen Erkenntnis kommt dann noch eine lange Phase der Ausarbeitung, der Formulierung oder der praktischen Umsetzung der Erfindung oder der Anmeldung des Patents. Das dauert, gehört aber ebenso zur Kreativität. Es ist also weit mehr als nur der Moment der Erleuchtung.

Der Gedankenblitz und die Inkubation scheinen doch aber das Wichtigste zu sein. Und daran hängen ja auch all die mystischen und spirituellen Erklärungsmuster für die Kreativität. Was wissen wir tatsächlich darüber?

●●●●●● Inkubation und Erkenntnis sind die offensichtlichsten Phasen, aber nicht die wichtigsten. Sie sind alle gleich wichtig und gehen auch ineinander über. Ein Schriftsteller hat beim Schreiben viele kleine Erleuchtungen, dann wieder arbeitet das Unterbewusste. Es ist ein rekursiver Prozess, der wieder und wieder passiert. Und es ist ja gerade diese Kette von kleinen Gedankenblitzen, die das so interessant macht. Die meiste kreative Arbeit entsteht ja in der Auseinandersetzung mit dem vorhandenen Material. Sie passiert nicht nur im Kopf. Da geschieht vielleicht nur der erste Schritt.

Sie beschreiben da etwas sehr Intuitives. Ist Kreativität so etwas wie das Kind einer Ehe zwischen Intellekt und Gefühl?

●●●●●● Das ist ein schönes Bild. Tatsächlich hat einer meiner Gesprächspartner mal gesagt: Kreativität entsteht, wenn mein Intellekt mit meiner Intuition schläft. Im Austausch, in der Synthese dieser beiden Qualitäten entsteht das Neue.

Wenn Kreativität fließt, dann vermittelt sie uns ja auch ganz tiefe Erfahrungen von Sinnhaftigkeit und Glück!?

●●●●●● Ich nenne dieses Gefühl den 'Flow' oder das 'Fließen'. Dieses Phänomen ist ein wesentlicher Teil des kreativen Prozesses.

Was ist 'Flow'?

●●●●●●● Flow bezeichnet die Erfahrung, die eine Person macht, wenn sie völlig in ihrem Tun aufgeht, wenn sie sich selbst dabei vergisst, das Gefühl für Zeit verliert, ihre Probleme vergisst. Und das geschieht nur durch die Konzentration und Fokussierung auf den Gegenstand des Interesses. Zum Beispiel ein Skiläufer am Hang, ein Musiker in Aktion, ein Kind mit einem neuen Spielzeug. Bei ihnen tritt alles in den Hintergrund, außer dem aktuellen Tun. Man vergisst Vergangenheit und Zukunft und ist vollständig im Jetzt, im Fluss. Für viele Leute sind das die besten Momente ihres Lebens, jene, an die man sich erinnert und von denen man sagt: So sollte es immer sein. Und es ist genau das, was auftritt, wenn Menschen kreativ sind. Ich glaube, wenn es diese Gipfel-Erfahrung des Flow nicht gäbe, würden sich die Menschen nicht die Mühe machen, in die Räume jenseits des Bekannten vorzustoßen. Sie würden sich mit dem zufrieden geben, was da ist.

> *Unsere Trennung von der Welt gilt ja als ganz zentrales psychologisches und philosophisches Problem. Wenn wir im 'Flow' Einheitserfahrungen machen können, hat das ja große philosophische Implikationen!?*

●●●●●●● Ja, auch wenn es nur mit einem kleinen Teil der Welt geschieht. Ein Felskletterer mag sich eins fühlen mit dem Fels, dem Wetter und dem Himmel, aber nicht mit den Slumbewohnern in Brasilien. Ein Schachspieler kann sich eins fühlen mit den Kräften des Universums, wenn er eine Figur verschiebt, aber es beschränkt sich auf die kleine Kunstwelt des Schachs. Ein Musiker kann vielleicht die Harmonie der Sphären hören, aber das ist ein sehr abstraktes Gefühl kosmischer Ordnungen. Entscheidend dabei ist, dass es ein Weg ist, aus unserem beschränkten Selbstbild eines abgetrennten Individuums herauszutreten. Auch wenn diese Erfahrung uns nicht gleich Antworten auf die Fragen nach der Einheit mit dem Universum gibt, gehört sie doch zu den erfüllendsten Prozessen eines Lebens.

> *Heißt das, dass ein wesentlicher Teil der Kreativität aus Freude besteht?*

●●●●●●● Es gibt eine Menge Leute, die sagen: Die meisten kreativen Menschen sind Alkoholiker, Selbstmordkandidaten, große Schriftsteller und Maler, unglückliche Leute. Das ist zeitweilig sicher wahr, denn so, wie die Gesellschaft das Feld behandelt, fühlen sich Künstler oft wertlos, wenn sie nicht kreativ sind. Sind sie es aber, dann sind sie sehr glücklich. Für viele ist die Kreativität die Flucht aus einem unglücklichen Leben. Denn im kreativen Prozess erfährt man in der Regel dieses volle Glück.

> *Kann man das bewusst aktivieren oder kommt es plötzlich über uns?*

●●●●●●● Ich glaube, die meisten kreativen Menschen entwickeln Gewohnheiten, um in eine kreative Stimmung zu kommen. Nehmen wir einen Schriftsteller. In der Regel ist der Anfang das Schwierigste und jeder Autor versucht, diesen Moment irgendwie zu bewältigen. Von Immanuel Kant wissen wir, dass er immer den goldenen Ball auf der Kirchturmspitze fixierte, die er von seinem Schreibtisch aus sah. Er ließ sich von den Lichtreflexionen dieser Kugel hypnotisieren, bis er von der Alltagsrealität so weit weg war, dass er sich seinem philosophischen Problem widmen konnte. Rousseau nahm immer seine Perücke ab und setzte sich in die pralle Sonne, bis ihm ganz schummrig wurde. Dann ging er hinein und konnte sich völlig auf seine Arbeit konzentrieren. Man kann also Rituale und Methoden entwickeln, aber letztlich kann man es nicht erzwingen, sondern lediglich möglichst gute Voraussetzungen dafür schaffen.

Kreative Menschen erfahren ihre Kreativität ja oft so, als wären sie das Werkzeug einer höheren Macht. Welche Erklärung haben Sie dafür? Ist das nur ein hilfloser Erklärungsversuch?

●●●●●●● Als Wissenschaftler kann ich nur wenig dazu sagen, ob es eine übergeordnete Macht gibt, die Einfluss auf uns hat. Ich weiß es nicht. Es ist möglich. Als Agnostiker kann ich es nicht beurteilen. Aber ich weiß, dass diese Erfahrung sehr real ist. Ich glaube, die betroffenen Menschen glauben an diese Erfahrung. Ich möchte es mal so beschreiben: Wenn man etwas erlebt, was jenseits der Alltagserfahrung liegt, wenn man etwas ganz Neues entdeckt, wenn wir völlig mit dem verschmelzen, was wir gerade tun, dann kann dieses Gefühl so überwältigend und befremdlich sein, dass man schlicht annimmt, da müsse eine höhere Macht im Spiel sein. Tatsächlich aber hat man nur die Grenzen seiner Erfahrung erweitert.

Im Deutschen benutzen wir die Begriffe „Ein-fall" oder „In-tuition", in denen immer dieses Bild mitschwingt, als käme von außen etwas in uns herein. Ist es nicht in der Kreativität auch so, dass ihre wesentlichen Bestandteile uns als Information von außen zufließen?

●●●●●●● Ja, es kommt von außen, aber daran ist nichts Mystisches. Es ist, wie sie sagen, die Information. Es ist Information, die von einem aufmerksamen Geist so gefiltert aufgenommen wird, dass die betreffende Person Querverbindungen mit anderen Informationen herstellt, die bislang niemand gemacht hat. Und wenn es diese Verknüpfung vorher nicht gab, kann man sagen: Es ist was Neues. Es geht also um die Wahrnehmung der Verknüpfungen. Die nötigen Informationsstränge kommen von Außen. Aber nicht so, glaube ich, dass irgendjemand sie uns gibt, sondern sie kommen aus einem Raum, wo jeder sie kennt, aber in ihrer Bedeutung nicht wahrgenommen hat.

Aus der Perspektive der Allgemeinen Systemtheorie fließt ja ein konstanter Strom von Informationen durch unsere Körper. Lässt sich aus dieser Perspektive Kreativität als eine Art Knotenpunkt erklären, an dem unterschiedliche Informationsströme sich im Menschen verbinden?

●●●●●●● Ganz richtig! Das ist auch der Grund dafür, dass unkreative Perioden meist nicht darauf zurückzuführen sind, dass die Menschen unkreativ sind oder die Knotenpunkte weniger Ideen hervorbrächten. Vielmehr werden die Ideen dann eben nicht akzeptiert, nicht erkannt und auch nicht in die Gesellschaft der Gegenwart eingebaut. Der Fehler für einen Mangel an Kreativität liegt also nicht am mangelnden kreativen Potential des Individuums, sondern am Rest des Systems – also dem Feld und der Domäne – die das Neue nicht wahrnehmen wollen.

Wachstum ins Undenkbare: Die innere Evolution

Also ist die Kreativität ein Teil des evolutionären Prozesses?

●●●●●● Genau so ist es. Wir sind ein Teil eines fortlaufenden Prozesses der Weitergabe und Verwandlung von Informations-Memen. In diesem Sinne sind wir Teile eines enormen Stroms oder Flusses von menschlichen Gedanken und Erfahrungen über die Zeiten.

Ist unsere Kreativität nur Teil einer viel größeren 'kosmischen' Kreativität?

●●●●●● Es gibt Denker, die behaupten, dass all das, was sich in unserer Spezies als Kreativität manifestiert, eigentlich nur einen Aspekt eines universellen kreativen Prozesses darstellt, der auf eine größere Komplexität des Ganzen oder die Einheit mit einem Höheren Wesen abzielt. Ihrer Ansicht nach ist das ganze Universum von kreativer Energie durchdrungen und wir nehmen nur die Aspekte dieser Energie wahr, die wir verstehen können. Das mag wahr sein. Aber es erscheint mir sinnvoller, dass wir eher von den Dingen sprechen, die wir kennen und mit denen wir etwas anfangen können, anstatt über Möglichkeiten zu spekulieren, die in unserem gegenwärtigen Entwicklungsstadium unser Verständnis übersteigen.

Aber Kreativität ist kein rein menschliches Phänomen?

●●●●●● Es gibt Überlegungen zur Kreativität, die ich den 'visionären Ansatz' nenne. Er gründet sich auf eine intuitiv angenommene Verbindung und grundsätzliche Einheit von persönlichen kreativen Prozessen des Individuums mit der sich kreativ entfaltenden kosmischen Kreativität. Dieser Ansatz betont die Harmonie zwischen allen Daseinsformen und versucht, unser Verständnis menschlichen Denkens und Fühlens in Einklang zu bringen mit den der Evolution zugrunde liegenden Gesetzen. Man nimmt an, dass alle Lebensformen, ja sogar anorganische Materie, eine Art Bewusstsein haben, das ihrer materiellen Struktur entspricht. In letzter Zeit hat der visionäre Ansatz durch neue wissenschaftliche Entwicklungen starken Auftrieb erhalten. Zum Beispiel durch die Beobachtung, dass chemische Komponenten, biologische Organismen und sogar mathematische Vorgänge in Computern dazu neigen, spontan zu neuen und komplexeren Verhaltensweisen überzugehen, wenn ihre Organisationsstruktur eine gewisse Komplexitätsstufe überschritten hat. Die Chaostheorie, die Komplexitätstheorie und die fraktale Geometrie sind Versuche, diese Einsichten zu erklären. Diese Ideen haben für immer und alle Zeit unser Verständnis von der Architektur und Dynamik des Kosmos verändert. Anstelle eines mechanischen Universums, das aus kalten, voneinander getrennten und unveränderlichen Bestandteilen besteht, beginnen wir, die Welt um uns herum wie eine umfangreiche musikalische Komposition zu sehen, bei der sich Stimmen in verschiedenen Tonarten und Oktaven vermischen, ein gegenseitiges Echo abgeben und so auf verschiedenen Saiten eine komplexe Harmonie immer wieder wiederholen.

Welche Konsequenzen hätte eine solche Sichtweise von Kreativität für den Menschen?

●●●●●● Eine Schlussfolgerung des visionären Ansatzes lautet, dass Kreativität ein Prozess ist, bei dem das Individuum, wenn es erst einmal ein gewisses intellektuelles und emotionales Komplexitätsniveau erreicht hat, in eine Phase neuer Selbstorganisation eintritt. Aus dieser

Aktivität kann dann ein neues intellektuelles oder emotionales Produkt entstehen – ein Gedicht, eine Theorie, eine Maschine, eine soziale oder politische Organisationsform. Dieses Produkt wiederum beeinflusst das Bewusstsein anderer und hebt so die intellektuelle und emotionale Organisation der Kultur auf eine neue Stufe. Aus dieser Sicht ist Kreativität kein rein individuelles Phänomen. Sie ist dann eher eine Eigenschaft von kulturellen Systemen oder eine Form, die die Evolution auf kultureller Ebene annimmt.

Halten Sie es – angesichts all dieser gegenwärtigen Probleme einer Sinnkrise, einer wirtschaftlichen und einer sozialen Krise – für möglich, dass wir unsere kreativen Fähigkeiten soweit verbessern können, dass ein Wandel möglich wird?

●●●●●● Bislang sind wir nur im mikroskopischen Bereich der Kreativität – also mit kleinen Veränderungen und technologischen Innovationen – wirklich erfolgreich. Aber die wirklich kreativen Ideen für eine Lösung der Sinnfrage und dazu, was wir wirklich auf der Welt wollen und wie wir sie uns vorstellen, die fehlen noch.

Gibt es eigentlich so etwas wie eine „kreative Persönlichkeit" oder sind alle Menschen gleichermaßen kreativ?

●●●●●● Ich glaube, dass wir alle mit einem kreativen Potential auf die Welt kommen. Aber dann werden die Kinder durch das, was in den Schulen und Familien passiert, in ihren Interessen immer engstirniger, verlieren ihre Neugierde und verabschieden sich von der Vielfalt der Möglichkeiten, die wir eigentlich in uns hatten, wenn man uns nicht nach Schubladen sortieren würde. Tatsächlich sind kreative Menschen in ihrer Begeisterung, ihren Interessen und ihrer Neugierde wie Kinder geblieben. Und ebenso wie Kinder verfügen sie über die ganze Palette von Persönlichkeitsmerkmalen: männliche *und* weibliche, introvertierte *und* extrovertierte, sie sind verspielt *und* verantwortungsvoll, leidenschaftlich *und* selbstkritisch. Eigentlich sollte jeder so sein, aber die Bedingungen, unter denen wir aufwachsen, zwingen uns meist dazu, das eine *oder* das andere zu sein, wodurch unser Verständnis der Welt enorm eingeschränkt wird. Menschen, die so verschiedene Merkmale haben, die sich Neugier und Interesse und die Komplexität ihrer Persönlichkeit erhalten haben, sind eher kreativ, vorausgesetzt, das Feld und die Domäne ermöglichen es ihnen.

Um eine Persönlichkeit kreativ zu machen, scheint es dann ja einige Paradoxe zu brauchen!

●●●●●● Vielleicht ist der Eindruck der Paradoxie nur ein Zeichen für unseren Mangel an Kreativität. Vielleicht ist es gar nicht paradox, introvertiert und extrovertiert zu sein, vielleicht ist es normal. Und wir sind es, die es zum Paradox erklären. Statt einer Dialektik, die normal wäre, konstruieren wir Dualitäten und Gegensätze. Vielleicht liegt die Paradoxie in Wirklichkeit darin, sich immer nur auf *eine* der vielen Möglichkeiten des Daseins zu konzentrieren.

Wachstum ins Undenkbare: Die innere Evolution

Haben Sie Tipps, wie sich persönliche Kreativität verbessern lässt oder gibt es da keine Gebrauchsanweisungen?

●●●●●● Ich gebe nicht gerne solche Tipps, weil Sie schlecht sind für die Kreativität derer, die sie lesen oder hören. Um wirklich kreativ zu sein, braucht man seine eigene „Gebrauchsanweisung". Der beste Weg zur kreativen Persönlichkeit ist es, persönlich kreativ zu werden. Und das muss jeder für sich entdecken.

Das heißt also, es ist ein Prozess der Selbsterkenntnis, der Erforschung unseres Bewusstseins?

●●●●●● Sie müssen herausfinden, woran Sie interessiert sind. Die meisten Menschen wachsen auf und denken, ihre Art zu leben sei die einzig mögliche, weil sie dran gewöhnt sind und weil die Gene, die Eltern und die Schule sie dazu gezwungen hätten. Und sie akzeptieren den Status quo, akzeptieren ihre Bedingungen. Die Philosophen nennen das ein „falsches Bewusstsein". Ich glaube, dass wir alle so ein falsches Bewusstsein überwinden müssen, indem wir herausfinden, was wir am besten können, was uns wirklich interessiert und dann den Mut haben, mehr davon in unser Leben hereinzubringen, selbst wenn es schwierig scheint oder es an Zeit dafür mangelt. Aber Kreativität ist auch nichts Einfaches. Sie ist hart und verlangt Mut und Verpflichtung. Aber sie ist etwas, was unser Leben sehr viel reicher und glücklicher macht.

Was wäre dann das 'richtige Bewusstsein'?

●●●●●● Es besteht letztlich darin, sich selbst gegenüber aufrichtig zu sein. Gegenüber den strukturellen Fähigkeiten des eigenen Körpers und Geistes, gegenüber dem Geschenk unserer Gene, gegenüber der einmaligen Geschichte unserer Kindheit, unserer Kultur und unserer Erfahrungen. Alle diese Aspekte und Erfahrungen müssen wir anerkennen, akzeptieren und integrieren, soweit unsere psychische Energie das zulässt. Gleichzeitig bedeutet es, dass wir uns bewusst werden müssen, dass dieser einzigartige Bewusstseinspunkt, der als 'individueller Geist' einen Teil unseres Wesens darstellt, gleichzeitig Teil einer viel größeren Realität ist, von der das meiste noch jenseits unseres menschlichen Verständnisses liegt. Dieses Unbekannte formt unser Bewusstsein ebenso, wie das Bewusstsein dem Unbekannten Form verleiht. Und dieser kosmische Tanz, diese gegenseitige Schöpfung führt in die Zukunft der menschlichen Evolution.

Aufbruch in die transpersonale Realität

Im Gespräch mit dem Bewusstseinsforscher Stanislav Grof

Sie gelten als einer der Begründer der transpersonalen Psychologie. Wo setzen Sie sich von der konventionellen Psychologie ab?

●●●●●●●● Ich glaube, dass die traditionelle Auffassung der Psyche sehr oberflächlich ist. Es existiert viel mehr als die postnatale Biographie und das Freud'sche individuelle Unbewusste. Wir arbeiten mit zwei weiteren Ebenen der Psyche, einmal der perinatalen Ebene, die etwas mit dem Trauma der Geburt zu tun hat, und andererseits mit einem sehr umfangreichen Bereich, den man heute 'transpersonal' nennt. Dazu gehören mystische Erfahrungen, mythologische archetypische Erfahrungen, die Begegnung mit mythologischen Gestalten, die Erinnerung an frühere Leben, Erfahrungen von Tod, Geburt und Wiedergeburt. Man arbeitet da also mit sehr starken Emotionen, sehr intensiven Körperzuständen und mit sehr ungewöhnlichen Erfahrungen, die im Alltagsleben meist als etwas Bizarres angesehen werden. Wir sehen solche Erfahrungen eher als einen Ausdruck psychischen Wachstums und sprechen von 'spiritual emergencies' oder 'psycho-spirituellen Krisen'.

Welche Erfahrungen würden Sie als 'transpersonal' bezeichnen?

●●●●●●●● Das Transpersonale ist alles, was über das Persönliche hinausgeht oder das Persönliche transzendiert. Unter dem Persönlichen verstehen wir das, was auf unseren Körper beschränkt ist, einen Körper, der im Sinne der klassischen Physik ein Objekt ist, in einem normalen Bewusstseinszustand funktioniert und sich im Wesentlichen auf einen Aspekt unserer Psyche konzentrierten lässt, nämlich das, was wir das 'Ego' nennen. Die Erfahrungen, die wir normalerweise mit diesem Ego machen, scheinen die Vorstellung zu stützen, dass dies unsere wirkliche und vollständige Identität bildet. In ungewöhnlichen Bewusstseinszuständen hinge-

Dr. Dr. **Stanislav Grof** gilt als Vater der Transpersonalen Psychologie. Er wurde 1931 in Prag geboren, studierte dort Medizin und Medizinphilosophie und spezialisierte sich auf Psychiatrie. Kurz nach der Erfindung von LSD leitete er ein Programm zur Erforschung des Potentials psychedelischer Therapie am Psychiatrischen Forschungskrankenhaus in Prag. 1967 wanderte er in die USA aus und wurde Mitglied der klinischen und Forschungsabteilung der John Hopkins University und der Forschungsstelle des Spring Grove State Hospitals, Baltimore. Ab 1969 war er Leiter der psychiatrischen Forschung am Maryland Psychiatric Research Center. 1973 zog er nach Kalifornien um und arbeitet seitdem im Esalen Insitut, Big Sur. Er ist Mitbegründer und von 1978 bis 1982 Präsident der International Transpersonal Association (ITA).

Im Zuge der restriktiveren Gesetzgebung in den USA bezüglich der psychedelischen Forschung entwickelte Grof seit 1973 zusammen mit seiner Frau Christina die sog. Holotrope Therapie als eine Methode der Selbsterforschung.

Zu seinen wichtigsten Büchern gehören „Geburt, Tod, Transzendenz" (1985), „Alte Weisheit und modernes Denken. Spirituelle Traditionen in Ost und West im Dialog mit der neuen Wissenschaft" (1986), „Die Welt der Psyche. Neue Erkenntnisse aus Psychologie und Bewusstseinsforschung" (1992), „Kosmos und Psyche. An den Grenzen menschlichen Bewusstseins" (1997) und „Die Bewußtseinsrevolution".

gen ist die Situation eine ganz andere: Denn dort können wir Erfahrungen haben, in denen wir nicht mehr durch die Grenzen unseres Körpers begrenzt sind. Da können wir Wesen sein, die nicht länger nur in ihre Haut eingeschlossen sind oder eine beschränkte Wahrnehmung haben und deren Sinne nur beschränkte Teile der Wirklichkeit erfassen können. Die transpersonale Psychologie widmet sich dem ganzen Spektrum menschlicher Erfahrungen, also auch den Dimensionen, die in der alten Psychologie eigentlich gar nicht existieren. Dazu gehören mystische Zustände, Trancezustände, das Phänomen künstlerischer Inspiration, das Phänomen der Liebe und vieles mehr. In transpersonalen Erfahrungen transzendiert man also die übliche Identität, also den Körper und das Ego und öffnet sich einer größeren, trans-personalen Identität. Da öffnen sich dann auch die Kanäle der Inspiration, die von höheren Dimensionen kommt. Ich glaube, dass jede wirklich tiefe schöpferische Kraft aus den transpersonalen Gebieten kommt. Wenn wir die schöpferische Kraft von Mozart studieren oder von Beethoven – das ist nicht etwas, was von alltäglichem Bemühen kommen könnte, das ist der göttliche Funke.

Wie ist denn unserer 'normaler Bewusstseinszustand'?

●●●●●●● Er vermittelt uns mit Sicherheit nur einen sehr beschränkten Ausschnitt der Realität. Selbst in der konventionellen Wissenschaft ist es so, dass wir mit Hilfe eines Mikroskops einen Teil der Wirklichkeit sehen können, der uns normalerweise nicht zugänglich ist, genauso ist es, wenn wir ein Fernrohr benutzen. Wir wissen, dass es ein ganzes Spektrum von elektromagnetischen Wellen und akustischen Signalen gibt, von denen wir jeweils nur einen winzigen Bereich als sichtbare oder hörbare Welt wahrnehmen. Ein Hund hört die Welt anders als wir, eine Biene nimmt ultraviolette Strahlung wahr, die wir nicht sehen – ihre Welt ist eine völlig andere als die unsere. Was ich mit diesen Beispielen sagen möchte, ist Folgendes: Die moderne Bewusstseinsforschung ist zu dem Ergebnis gekommen, dass es Realitätsebenen gibt, die mit dem 'normalen Bewusstseinszustand' nicht erfahrbar sind, aber nichtsdestotrotz existieren.

Was verstehen Sie unter veränderten Bewusstseinszuständen?

●●●●●●● Das können Erfahrungen mit psychedelischen Drogen sein, sie können in systematischer Meditation und bei verschiedenen schamanischen Ritualen auftreten. Zum Beispiel in schamanischen Ritualen, wo man mit Trommeln arbeitet, mit Tanzen und mit Gesängen usw. Sie treten aber auch bei erfahrungsorientierter psychotherapeutischer Arbeit auf. Meine Frau und ich haben eine Methode entwickelt, welche wir 'Holotropes Atmen' nennen – mit dieser Technik eines speziellen und beschleunigten Atmens, evokativer Musik und einer Art von Körperarbeit kann man das ganze Spektrum dieser Erfahrungen hervorrufen. Solche Erfahrungen können aber auch durch Hypnose hervorgerufen werden. Es gibt viele Leute, die diese Erfahrungen ganz spontan im täglichen Leben haben, ohne etwas dafür zu tun. Auch wenn sie sich gegen diese Erfahrungen wehren, kommen sie gegen ihren Widerstand. Von der westlichen Psychologie sind solche Episoden von veränderten Bewusstseinszuständen pauschal als Psychosen, also als Manifestationen von Geisteskrankheiten, bezeichnet worden. Wir verstehen sie als Krisen der Wandlung.

Stanislav Grof

Die Erfahrungen, die Sie beschreiben, scheinen zwar bei uns weitgehend in den Hintergrund gerückt zu sein, sind doch aber wesentlicher Bestandteil des Lebens in traditionellen Kulturen?

●●●●●●● Richtig! Fast alle traditionellen Kulturen haben einen wesentlichen Teil ihrer Zeit darauf verwandt, veränderte Bewusstseinszustände zu erforschen. Unsere Kultur hingegen hat nicht nur die Praxis der veränderten Bewusstseinszustände ignoriert, sondern sie zudem pathologisiert. Wir haben in der Psychologie überhaupt keine Differenzierung zwischen einer mystischen Erfahrung und einer psychotischen Erfahrung. Den einzigen veränderten Bewusstseinszustand, den wir systematisch untersucht haben, ist der Traumzustand. Alle anderen Formen veränderten Bewusstseins werden ganz automatisch als krankhaft bezeichnet. Und die einzige Form, auf sie zu reagieren, besteht darin, pharmakologische Mittel zu entwickeln, um sie zu unterdrücken. Die traditionelle Psychiatrie und Psychologie basieren auf einer materialistischen Weltanschauung und in dem Rahmen kann man diese Erfahrungen gar nicht erklären.

Wie geht die transpersonale Psychologie mit klinischen Symptomen um, bei denen die traditionelle Psychologie und Psychiatrie zu Psychopharmaka greift?

●●●●●●● Wir glauben, dass es in der Psyche und im Körper eine heilende Intelligenz gibt, die besonders in veränderten Bewusstseinszuständen aktiviert wird. Wenn man das richtig unterstützt und fördert, kann man tatsächlich Heilungsvorgänge beobachten. Wenn jemand in einer Krise zu uns kommt, versuchen wir, so etwas zu schaffen, wie eine unterstützende Mitte und eine vertrauensvolle Beziehung, wo der Klient voll ausdrücken und erfahren kann, was in ihm passiert. Statt ihnen ein beruhigendes Mittel zu geben, wenn sie aggressiv sind, schaffen wir eine Situation, wo wir den Klienten darin unterstützen, seine Aggression auszudrücken. Wenn es sich um eine Angst handelt oder eine Depression, geht es darum, dass sie wirklich tief in diese Erfahrung hineingehen, dass wirklich alles, was im Unbewussten ist, voll ins Bewusstsein kommt und ausgedrückt wird. Das Konzept der spirituellen Krise sagt, dass nicht alle außergewöhnlichen Zustände – auch die, die ganz intensiv sind – einer Gehirnpathologie zuzuschreiben sind, sondern dass es sich um normale Zustände handelt. Und dass, wenn diese Zustände richtig verstanden werden, sie wirklich zu psychosomatischer und emotionaler Heilung führen können, zu tiefer persönlicher Wandlung in einem positiven Sinn und auch zu Bewusstseinsentwicklung.

Wieso sind Erfahrungen mit außergewöhnlichen Bewusstseinszuständen, die scheinbar bei vielen Menschen auftreten, trotzdem so wenig Bestandteil öffentlicher Diskussion?

●●●●●●● Viele Leute, die diese Erfahrungen haben, sprechen nicht darüber, weil sie denken, dass das töricht ist und wissen, dass man sie dann möglicherweise als geisteskrank bezeichnen würde. Es gibt viele Leute, die diese Erfahrungen gehabt haben und nicht über sie gesprochen haben. Derartige Erfahrungen bringen diese Leute weit jenseits der Grenzen, die für unsere Kultur in der westlichen industriellen Zivilisation Wirklichkeit darstellen, in die Welt, die man in der traditionellen Psychose als die Welt der Halluzinationen, der Phantasien bezeichnen wird. Deshalb ist es wichtig, mit diesen Leuten zu arbeiten und ihnen zu zeigen, dass es sich dabei um ganz normale menschliche Erfahrungen handelt, und ihnen zu helfen, diese Erfahrungen in ihr ganz alltägliches Leben zu integrieren. Auch Leute, die für sich selber diese Erfahrungen integrieren, können große Probleme haben, wenn sie darüber mit Leuten – inklusive der traditionellen Psychiater – sprechen, die das nicht verstehen können.

Lässt sich eine 'spirituelle Krise' deutlich von einer Psychose unterscheiden?

●●●●●● Es ist nicht möglich, das ganz klar zu unterscheiden und zu sagen: Das ist eine psychospirituelle Krise und das ist Psychose. Denn die Psychose ist ein Begriff, der nicht gut definiert ist. Psychiatrie ist ein Zweig der Medizin, aber wir haben kein medizinisches Mittel, um Psychosen wirklich zu diagnostizieren. Das lässt sich nicht in Laboren wie ein Virus identifizieren, sondern wir machen diese Diagnose aufgrund von ungewöhnlichen Erfahrungen und dann auch ungewöhnlichen Benehmens. Wenn wir diese Situationen sehen und wir haben keine natürliche Erklärung für diese Erfahrungen in unserem Begriffsrahmen, dann denken wir, dass da eine Pathologie vorliegt, die etwas mit dem Gehirn macht. Aber die Arbeit mit geänderten Bewusstseinszuständen zeigt, dass die menschliche Psyche unter ziemlich normalen Zuständen das ganze Spektrum von Erfahrungen produzieren kann und die Person trotzdem ganz normal 'funktionieren' kann. Wir müssen offensichtlich unsere Topographie der Psyche sehr ausdehnen, um diese Zustände erklären zu können. Beim „holotropen Atmen" können durch ein bisschen beschleunigtes Atmen und evokativer Musik Erfahrungen von Tod und Wiedergeburt oder Reinkarnationserfahrungen entstehen, es können mythologische Figuren und Gottheiten auftreten und das, was Jung als archetypische Erfahrungen bezeichnet hat. Es gibt mystische Erfahrungen mit anderen Leuten, mit der Natur, mit dem Meer, mit dem Kosmos, Erfahrungen des göttlichen Lichtes – das sind alles Erfahrungen, welche die menschliche Psyche unter ziemlich normalen Umständen erleben kann.

Das können aber doch auch sehr beunruhigende Erfahrungen sein, die das gesamte bisherige Weltbild in Frage stellen?

●●●●●● Dass solche Erfahrungen von der gesunden Psyche hervorgebracht werden können, heißt nicht, dass die Leute keine Probleme haben, wenn diese Erfahrungen auftauchen. Es ist wichtig, dass wir für transpersonale Erfahrungen die richtige Umgebung schaffen. In den vorindustriellen und alten Kulturen gab es dafür einen speziellen Rahmen in Zeremonien und Ritualen.

Aus der Perspektive der konventionellen Psychiatrie ist also jede spirituelle Erfahrung ein Krankheitssymptom?

●●●●●● Es ist wichtig zu betonen, dass in der traditionellen Psychiatrie überhaupt kein Begriff wie 'spirituelle Erfahrung' oder 'mystische Erfahrung' existiert. Alle Erfahrungen geänderter Bewusstseinszustände hat man ganz automatisch als psychotisch bezeichnet und in den meisten Fällen routinemäßig mit unterdrückenden Pharmakotherapien behandelt. Das heißt, wir haben praktisch die gesamte spirituelle Geschichte der Menschheit pathologisiert. Alle großen Religionen begannen mit visionären Erfahrungen, mit transpersonalen Erfahrungen. Man kann zum Beispiel an Buddha denken, wie er unter dem Bohdibaum saß und Erfahrungen von früheren Inkarnationen und seiner Erleuchtung hatte. In der Bibel haben wir viele Beispiele von solchen Erfahrungen: Moses, der durch den brennenden Busch mit Jahwe spricht, oder Jesus, der in der Wüste der Versuchung durch den Teufel widersteht, oder die blendende Vision von Paulus auf dem Weg nach Damaskus – das sind alles visionäre Erfahrungen. Die islamische Literatur berichtet über die mystische Reise des Mohamed: Er hatte die Erfahrung von Erzengel Gabriel, der ihn auf diese Reise genommen hat durch die sieben Himmel, ins Paradies und in die Hölle und das war die zentrale Inspiration für den Koran. All diese Erfahrungen werden in der traditionellen Psychiatrie als schizophrene oder psychotische Erfahrungen beschrieben. Es gibt bis heute unter den Anthropologen Diskussionen darüber, ob die Schamanen in traditionellen Kulturen ambulante Psychotiker oder Schizophrene und schwere Hysteriker sind. Es existiert eine Studie von Franz Alexander, einem sehr berühmten Psychoanalytiker über buddhistische Meditation, wo eine Überschrift „Das buddhistische Training als künstliche Kathatonie" lautet. Man benutzt also psychologische Sprache auch für etwas wie Meditation. Das ist die Einstellung der traditionellen Psychiatrie.

Welche Form von Religiosität entsteht aus der Erfahrung veränderter Bewusstseinszustände?

●●●●●● Die großen Religionen haben alle mit der direkten Erfahrung dieser Dimensionen begonnen, aber wenn eine Religion organisiert ist, dann verliert sie sehr oft die Verbindung mit dieser lebendigen Quelle, d.h. mit den spirituellen Erfahrungen. Und dann entsteht eine religiöse Auffassung, wo Gott etwas ist, das außen existiert, wo der Kontakt mit Gott durch Priester vermittelt werden muss und jede religiöse Aktivität an einem speziellen Ort passieren muss, also in einer Kirche. Für die Mystiker hingegen ist der Tempel ihr Körper und die Natur. Denn man kann mystische spirituelle Erfahrungen überall haben, man braucht nicht eine bestimmte Stelle und man braucht nicht Vermittler, besonders nicht Vermittler, die selbst diese Erfahrung gar nicht hatten. Viele der organisierten Religionen haben den Zugang zu spirituellen Erfahrungen verloren. Es existiert also Religion ohne Spiritualität und es existiert Spiritualität ohne Religion. In der transpersonalen Psychologie interessiert uns nicht die Religion, was uns interessiert, ist Spiritualität. Das heißt, die direkten Erfahrungen der numinosen Dimensionen der Welt, wie Jung es bezeichnet hat, Erfahrungen, die uns ganz neue, ungewöhnliche Aspekte der Wirklichkeit zeigen.

Heißt das, wir müssen unterscheiden zwischen einer individuellen mystischen Erfahrung und dem, was wir konventionell unter Religiosität verstehen?

●●●●●● Mystiker brauchen die Kirche nicht wirklich. Die haben einen direkten Zugang zu den spirituellen Dimensionen. Die brauchen vielmehr ein Netzwerk von Leuten, die auch auf der Suche sind und die sich gegenseitig unterstützen können. In einer Welt, die sich nur materiell definiert, gibt es keinen wirklichen Platz für Spiritualität. Die Leute, die spirituell sind, werden als Abergläubige bezeichnet oder man wirft ihnen vor, sie hätten ein primitives magisches Denken. Wenn es sich um intelligente Leute handelt, dann sagt man in der Psychoanalyse, sie projizieren ihre infantilen Bilder von ihren Eltern auf den Himmel und es handle sich um emotionale Unreife. Und wenn Leute direkte spirituelle Erfahrungen haben, dann kriegen sie eine pathologische Diagnose. Wenn man das näher studiert, dann ist es ganz anders. Dann zeigt sich eine enorme Naivität der westlichen Kultur in Bezug auf geänderte Bewusstseinszustände.

Welche Rolle spielen veränderte Bewusstseinszustände demgegenüber in traditionellen Kulturen?

●●●●●● Alle alten und vorindustriellen Kulturen hatten vor diesen Zuständen eine große Hochachtung. Sie verbrachten sehr viel Energie und Zeit, damit wirksame Methoden zu entwickeln, mit denen man diese Zustände hervorrufen kann, und hatten spezielle Zeiten und spezielle Plätze, wo sie Rituale machten. Während ihres Lebens haben die Leute in diesen Kulturen oftmals tiefe veränderte Bewusstseinszustände erfahren. Ihre Weltanschauung reflektiert nicht nur die Wahrnehmungen der äußeren Welt im alltäglichen Bewusstsein. Im Mittelpunkt steht – gerade in schamanischen Kulturen – meist die Erfahrung von Tod und Wiedergeburt. Die Karriere vieler Schamanen beginnt häufig mit einem Zustand eines spontan veränderten Bewusstseins. Oft hat so etwas die Form einer visionären Reise in die Unterwelt, wo der spätere Heiler dem Tod intensiv begegnet, von bösen Geistern angegriffen, getötet und vielleicht sogar zerteilt wird. Nach dieser Vernichtung erfährt er eine Art Wiedergeburt, bei der er einen neuen Körper, neues Blut, neue Augen erhält. Dann erlebt er eine Himmelfahrt mit verschiedenen archetypischen Bildern – er besteigt einen Regenbogen oder den Weltenbaum. Menschen, die solche Erfahrungen hatten und sie gut integrieren konnten, werden dann zu praktizierenden Schamanen. Etwas ähnliches findet man in traditionellen Kulturen in den weit verbreiteten Übergangsriten. Das sind ganz starke Rituale, die man zur Zeit wichtiger biologischer und sozialer Übergänge regelrecht inszeniert. Die Geburt eines Kindes gehört dazu, die Beschneidung, die Pubertät, die Heirat, das Sterben. In diesen Ritualen werden Methoden benutzt, die das Bewusstsein stark ändern. Das sind Methoden, die in vielen Kulturen ein breites Spektrum haben: Schlafentzug, Fasten, sozialer und sensorischer Reizentzug, Isolation, aber auch Trommeln, Tanzen, Rasseln, Singen, intensives Atmen bis hin zu extremen Formen, wo das Bewusstsein durch Schmerzen oder psychedelische pflanzliche Substanzen verändert wird.

Was wird durch diese Methoden erreicht?

●●●●●● Man erreicht durch diese Methoden eine Veränderung des Bewusstseins und erlebt Erfahrungen von Tod und Wiedergeburt. Nach dieser Periode der Wandlung findet eine Reintegration in die soziale Gruppe statt. Nach der Separation und dem Übergang folgt also eine Phase der Reintegration in eine neue Lebensform. In den Übergangsriten wird das so interpretiert, dass die Eingeweihten während des Rituals in der alten Rolle gestorben sind und in eine neue Rolle hineingeboren werden. In einem Pubertätsritus heißt das: Man wird als Knabe oder Mädchen sterben und als Mann oder Frau wiedergeboren. Und in all diesen Prozeduren sehen wir, dass es sich um ein Sterben vor dem eigentlichen Sterben handelt: Man hat eine tiefe Erfahrung eines psychologischen Todes. In Folge dieser Erfahrung verliert man die Furcht vor dem Tod und das Alltagsleben wird auf eine grundsätzliche Weise gewandelt – die Hierarchie der Werte organisiert sich neu.

Sie sprachen von der großen Bedeutung, die das Thema Tod und Wiedergeburt, in traditionellen Kulturen einnimmt. Wie zeigt sich dieses Thema in der transpersonalen Psychologie?

●●●●●● Ein extremer Fall einer transpersonalen Erfahrung, von der fast jeder schon einmal gehört hat, ist die Nahtod-Erfahrung. Wir haben zahlreiche Berichte von solchen Erfahrungen: So ist es möglich, dass eine Person im Zustand des klinischen Todes liegt, das chirurgische Team Wiederbelebungsversuche macht und sich das Bewusstsein der Person in dieser Zeit vom Körper trennt, ganz frei in dem Operationssaal bewegt und möglicherweise von der Decke aus die ganze Situation beobachtet, also alle Fähigkeiten sinnlicher Wahrnehmung dabei erhalten bleiben. So eine Person kann aber zum Bespiel auch etwas in einem anderen Zimmer desselben Gebäudes wahrnehmen oder auch etwas, das zweitausend Meilen davon entfernt ist. Und wenn man dann diese Person zurück ins Leben holt und die Schilderung solcher außerkörperlichen Beobachtungen überprüft, kann man feststellen, dass alle diese Beobachtungen wirklich passiert sind und von realen Ereignissen berichten. Allein dieses Phänomen, das wiederholt bestätigt wurde, wäre genug, um die traditionelle Weltanschauung über den Haufen zu werfen. Die Physiker brauchten am Anfang dieses Jahrhunderts viel weniger, um von einer Newton'schen Physik zu einer ganz anderen Auffassung der physischen Welt zu kommen. Wir haben eine ungeheure Menge von ähnlichen Beobachtungen in der transpersonalen Psychologie und beim Studium veränderter Bewusstseinszustände. Die traditionelle Psychologie hat all das ausgeklammert.

Auf welcher weltanschaulichen Basis steht die konventionelle Psychologie?

●●●●●● Da haben wir eigentlich immer noch ein Denken, das aus dem 17. Jahrhundert kommt. Unsere Wissenschaft baut auf das von Newton und Descartes geschaffene Paradigma, welches das Universum als mechanistisches, rein materielles System begreift. Von den meisten Wissenschaftlern wird diese Sicht sehr fundamentalistisch vertreten – sie sind nicht offen für eine Diskussion. Man glaubt einfach daran, dass die Geschichte des Weltalls eine Geschichte der sich entwickelnden Materie ist. Und die Materie ist das einzige, was existiert. Leben, Bewusstsein und Intelligenz sind in dieser Weltsicht zufällige Nebenprodukte der Entwicklung der Materie in einem ganz winzigen Teil eines riesigen Universums. Zu dieser Sicht gehört, dass wir als Menschen Resultate und Produkte eines evolutionären Zufalls sind. Diese Sicht geht davon aus, dass das Universum eigentlich ohne Bewusstsein und Intelligenz ist, aber irgendwo auf einer sehr hohen Entwicklungsstufe etwas Merkwürdiges passiert, was keiner so recht erklären kann: Die Materie, die bis zu diesem Zeitpunkt ganz blind und passiv war, wird sich plötzlich ihrer selbst bewusst. Aber unsere Wissenschaft hat keine Idee dazu, wie so etwas passieren kann. Es ist mehr eine metaphysische Annahme, weil alles von dem Paradigma abgeleitet werden muss, dass das Grundsätzliche im Universum die Materie ist. Demnach sind wir nicht mehr als hochentwickelte Tiere, biologische Maschinen, die denken können. Und wenn wir sterben, stirbt der Körper und das Gehirn und das Bewusstsein. Das ist eine Weltanschauung, die weder den Lebenden noch den Sterbenden hilft.

Lässt sich denn das Phänomen des Bewusstseins überhaupt aus der Wissenschaft ausgrenzen?

●●●●●●● Nein, es ist unmöglich, das Bewusstsein aus der Wissenschaft auszuschließen. Die Astronomie zum Beispiel ist nicht die Wissenschaft über die Sterne, das ist Unsinn. Die Astronomie ist eine Wissenschaft, die sich mit menschlichen Erfahrungen beschäftigt, von dem, was wir Sterne nennen. Mineralogie ist die Wissenschaft der menschlichen Erfahrungen mit dem, was wir Steine nennen. Aber wie die Dinge uns erscheinen, ist nicht das, was die Dinge sind. Man kann also sagen, dass die Psychologie den anderen Disziplinen übergeordnet ist: Alles, was wir sehen und erfahren, wird durch die Psyche vermittelt. Es macht also keinen Sinn, wenn ein Physiker glaubt, einem Psychologen sagen zu müssen, was er beobachten kann oder sollte. Die Wissenschaft des Bewusstseins ist die eigentliche Grundlage von allem, was wir von der Welt wahrnehmen.

Wissenschaft aber beschäftigt sich mit sogenannten objektiven Tatsachen ...

●●●●●●● Aus der Psychologie haben wir die Decartes'sche Idee, dass die Welt objektiv ist und dass ein Beobachter die Realität ziemlich akkurat reflektiert und eine Wissenschaft die objektive Welt studiert. Unter der neuen Perspektive ist das aber Unsinn. Es gibt keine Objekte in der Welt. Es existieren nur Erfahrungen, die uns sagen, dass da Objekte sind. Wir wissen ganz klar, dass unsere Erfahrungen der 'objektiven Welt' mit der neuen Wissenschaft gar nicht übereinstimmen. Das Buch, das der Leser in der Hand hält, hat in unserer Alltagserfahrung eine solide Struktur. Für die modernen Physiker aber hat es keine solide Struktur. Sie sehen darin Bewegung und energetische Prozesse. Und je tiefer man geht, desto weniger solide Struktur findet man. Am Ende findet man nur Leere und etwas, was sich zu bewegen scheint. Es ist eine Bewegung, ein Prozess, aber keine Struktur und erst recht kein Objekt.

Heißt das, das alte Paradigma hat auch wissenschaftlich keine Grundlage mehr?

●●●●●●● Man kann sagen, dass die moderne Wissenschaft in den letzten 300 Jahren durch ein Paradigma geprägt war, das sich ausschnittweise bei Newton und Descartes bediente und das Ganze in eine materialistische Verpackung steckte. Dann haben eine ganze Reihe von Wissenschaftlern den Fehler gemacht, dieses theoretische Modell der Realität mit der Wirklichkeit zu verwechseln. Wir glauben heute an die Karte, die wir von der Realität angefertigt haben, und sehen darüber nicht mehr die eigentliche Wirklichkeit. Ich bin davon überzeugt, dass die Philosophie unserer Kultur nicht wirklich vermittelt, was wir sind. Sie beschreibt nur Fragmente dessen. Wenn man aber an ein Paradigma glaubt, dessen Fundament auf falschen Grundannahmen beruht, dann bewegt sich die Kultur, die darauf baut, auf einem extrem gefährlichen Pfad.

Was also ist die wesentliche Schlussfolgerung aus der modernen Bewusstseinsforschung?

●●●●●● Wir müssen lernen, zwischen der tatsächlichen Landschaft des Bewusstseins und den Karten, die wir davon erstellt haben, zu unterscheiden. Mit der modernen Bewusstseinsforschung haben wir ganz neue Landschaften betreten. Nachdem wir die veränderten Zustände des Bewusstseins beobachtet oder selbst erlebt haben, haben wir versucht, bessere Landkarten herzustellen. Denn es wurde deutlich, dass der mechanistische Ansatz von Newton und Descartes nicht länger ausreicht. Viele waren fasziniert von einem holographischen Modell des Bewusstseins, weil man da ein Modell hatte, das erklärte, wie die Informationen über das Ganze in jedem einzelnen Teil enthalten waren. Und das ist ja genau das, was man in mystischen und psychedelischen Erfahrungen erlebt. Aber wir dürfen nicht vergessen, dass auch das holographische Modell nur ein Modell ist. Das Bewusstsein selbst bleibt das absolute Geheimnis. Wir können nicht exakt beschreiben, was es ist, aber wir haben heute eine bessere Ahnung von dem, was es sein könnte: Es ist sicher richtig, dass jeder von uns nur ein unwesentliches Teilchen des Universums ist, wenn man das unter den Gesichtspunkt der Substanz, des Gewichts oder der Größe betrachtet. Aber in den veränderten Bewusstseinszuständen geht es um etwas anderes. Da geht es um die Ebene der Information. Und in diesen Zuständen können wir Menschen uns selbst als jeden Teil des Universums erleben, sogar als das ganze Universum selbst. Wenn man also am Phänomen der Information interessiert ist, findet man durch diese Forschung heraus, dass unsere Psyche eins sein kann mit allem, was ist, während der Körper nur ein unbedeutender kleiner Teil des Ganzen ist.

Spirituelle Krisen – Zwischen Weisheit und Wahn

Im Gespräch mit dem Arzt Dr. Joachim Galuska

Herr Galuska, Sie gehen davon aus, dass zahlreiche psychische Krisen Ausdruck eines schwierigen inneren Wachstumsprozesses und eigentlich 'spirituelle Krisen' sind. Was geschieht in einer 'spirituellen Krise'?

Eine spirituelle Krise ist eine Krise der gesamten Persönlichkeit, die über die bisherige Form hinauswachsen möchte – einer Persönlichkeit, die sich also beschäftigt mit Fragen nach dem Sinn des Lebens, mit religiösen Fragen, die den Eindruck bekommt, dass es etwas Größeres gibt, was sie trägt und was durch sie hindurch wirkt. Das wird empfunden entweder als Energien, mit denen man zu tun hat, die einen irgendwie durchströmen, oder es wird empfunden als visionäre Erfahrungen, als Bilder einer persönlichen oder kollektiven Zukunft, oder es wird erfahren als Momente von Ausdehnung, von Glück, von Freude, von Ehrfurcht. Das kann durchaus in religiösen Zusammenhängen auftreten, es kann aber auch sein, dass es in der Natur auftritt, im Alltagsleben, beim Essen, bei der Sexualität, in künstlerischer Tätigkeit. Selbst in Momenten der Besonnenheit kann es passieren, dass die Persönlichkeitsstruktur, so wie sie bisher war, zur Ruhe kommt und sich dann die Persönlichkeit für eine andere Dimension öffnet. Diese Dimension nennen wir das Transpersönliche, das Transpersonale.

Wie reagieren die Menschen, wenn sich derartige Erfahrungsräume plötzlich öffnen?

Dr. **Joachim Galuska** gilt als einer der wichtigsten Pioniere der Humanistischen und Transpersonalen Psychologie in Deutschland. Geboren 1954 in Oppeln (Polen), studierte er Medizin, Psychologie und Psychotherapie und bildete sich in Gestalttherapie, Integrativer Therapie und Orgodynamik fort. Er ist Mitbegründer und ärztlicher Direktor der Fachklinik Heiligenfeld in Bad Kissingen, in der ganzheitliche humanistische Ansätze umgesetzt und psychische Krisen auch als spirituelle Wachstumskrisen wahrgenommen und behandelt werden. Zudem engagiert er sich als Herausgeber der Fachzeitschrift „Transpersonale Psychologie und Psychotherapie", ist im Vorstand des internationalen 'Spiritual Emergency Network' (SEN) und arbeitet als autorisierter buddhistischer Meditationslehrer. Zusammen mit seiner Frau Dorothea Galuska hält er Fortbildungen, Kurse und Vorträge, u.a. zu den Themen „Transpersonale Psychotherapie", „Spirituelle Krisen" und „Praxis der Meditation". Zu seinen wichtigsten Veröffentlichungen gehören: „Ich, Selbst und Sein" (1995), „Transpersonale stationäre Psychotherapie" (1996), „Empirie spiritueller Krisen" (1999).

●●●●●● Zunächst einmal ist es eine Erfahrung, die den Menschen beeindruckt. Nehmen wir einmal an, die Persönlichkeit würde sich öffnen für sogenannte 'übernatürliche' Fähigkeiten, sagen wir die Fähigkeit, in die Zukunft zu schauen, eine Präkognition oder das Erlebnis, wie ein Traum sich verwirklicht. In unser übliches Denken, Welt- und Menschenbild passen solche Erfahrungen nicht hinein. Das, wonach wir normalerweise streben in unserem Leben – nach Vergnügen, nach Besitz, nach Einfluss, Anerkennung, weltlichen Dingen, wie man so sagt –, das wird durch so eine Erfahrung sehr relativiert. Die Persönlichkeit bekommt den Eindruck, dass es wichtigere Dinge gibt, als das, womit sie sich bisher beschäftigt hat. Oder sie erkennt, dass es Erfahrungsmöglichkeiten gibt, die sie bisher nicht einordnen konnte. Und das kann zu einer Erschütterung der Persönlichkeit führen, die dann halt auch in eine Krise kommen kann, weil sie diese Erfahrung nicht integrieren kann.

Warum treten spirituelle Krisen besonders in Phasen inneren Wachstums auf?

●●●●●● Es gibt in vielen Menschen einen großen Drang, sich selber weiterzuentwickeln. Auch, wenn wir gut im Leben stehen, Familie oder einen Beruf haben, einigermaßen erfolgreich sind in den bisherigen, gesellschaftlichen Bezügen – auch dann kann es sein, dass eine Person erkennt: „Das kann doch nicht alles gewesen sein! Wenn ich jetzt sterben würde, hätte ich das Gefühl, unerfüllt gewesen zu sein." Wenn diese Persönlichkeit sich daraufhin auf die Suche macht, vielleicht in Therapie geht, vielleicht Meditation praktiziert oder versucht, sich weiterzuentwickeln, dann kann sie – da die Erfahrungen, die dann auftreten, nicht zusammengehen mit dem bisherigen Selbst- und Weltbild – in eine Krise kommen. Und diese Krise würden wir dann als eine spirituelle Krise bezeichnen. Es ist eine Krise, in der eine andere Dimension des Lebens und des Bewusstseins sozusagen mit eine Rolle spielt.

Woran erkennt man eine spirituelle Krise?

●●●●●● Eine spirituelle Krise ist immer eine Krise der ganzen Persönlichkeit. Alles, was ich sonst auch bin, alle meine unerledigten Themen, die ich mit meinen Eltern nicht aufgearbeitet habe oder Verluste in meinem Leben, innere Unausgegorenheiten und Unausgewogenheiten, all dieses wird in einer Krise eine Rolle spielen. Das Besondere einer spirituellen Krise ist eigentlich nicht das Emotionale, was darin vorhanden ist, sondern dass sie zusätzlich noch diese andere Dimension beinhaltet: Diese Dimension des Transpersönlichen, des Spirituellen, dass eine fundamentale Suche danach in dieser Krise enthalten ist. Ohne dass diese Suche gewürdigt wird, kann dieser Mensch nicht zu einem Gefühl einer Lösung dieser Krise kommen. Er wird immer das Gefühl behalten: „Ich komme jetzt vielleicht besser klar mit meiner Depression, mit meiner Angst, mit meinen körperlichen Symptomen, die ich jetzt in dieser Krise entwickelt habe. Aber irgendwie bin ich damit noch nicht zufrieden." Wenn diese spirituelle Suche, die unbewusst oder bewusst stattfindet, nicht gewürdigt wird, wird die Krise nicht wirklich integriert und den Menschen nicht zu einem weiteren Reifen und einem weiteren Wachstum führen.

Joachim Galuska

Wie kommt es, dass derartige Zustände bisher weder bekannt waren noch anerkannt wurden?

●●●●●●● Wir kommen in eine Zeit, in der eine größere Offenheit besteht, über diese Dinge zu sprechen. Spirituelle Krisen sind bisher psychopathologisiert worden, das heißt, man hat sie nicht im Kontext ihrer religiösen oder spirituellen Suche verstanden. Man hat einfach nur die Symptome wahrgenommen und eine Krankheit diagnostiziert. Man hat quasi gesagt, das, was jetzt in dieser Krise als religiöse Komponente erlebt wird, ist – platt ausgedrückt – nur Ausdruck der Neurose. Viele Menschen, die durch solche Prozesse gingen, haben sich aber auch woanders Hilfe gesucht. Sie haben sich an die Kirche gewandt und sind von der Seelsorge beraten worden oder sie sind zu Heilern gegangen, die im Verborgenen gearbeitet haben. Oder sie haben diese Erfahrungen in sich selber verborgen und abgekapselt. Man kann also sagen, es hat bislang keinen umfassenden und verständnisvollen Umgang mit solchen Krisen gegeben. Und das ist das, was jetzt eigentlich beginnt: Dass sich das Wissen der Religionen, also der spirituellen Wege der Kulturen, mit dem Wissen der Psychotherapie und der Psychologie verbindet, die heutzutage mehr und mehr versuchen, die gesamte Persönlichkeit zu verstehen. Durch diese Zusammenschau kann es dann zu einer Würdigung aller Aspekte einer Krise kommen und nicht nur der psychologischen Symptome. Solche Erfahrungen können dann auch befreit werden von einer ausschließlich christlichen Deutung solcher Erkenntnisse, wenn sie im religiösen, kirchlichen Kontext aufgetreten sind.

Unterscheiden sich die Symptome einer spirituellen Krise von den Symptomen einer Psychose oder Neurose?

●●●●●●● Die spirituelle Krise ist sehr breit in ihrer Erscheinungsform. Alles Mögliche, praktisch jedes Symptom, was ein Mensch psychisch oder körperlich im Sinne eines psychosomatischen Symptoms entwickeln kann, kann er auch in einer spirituellen Krise entwickeln. Wenn er in seine Umbruchzeit gekommen ist und merkt, sein bisheriges Weltbild oder auch seine bisherige religiöse Identifizierung trägt ihn nicht mehr und er kommt in eine Krise, wird er nicht notwendigerweise in eine Psychiatrie kommen – meistens ist das nicht der Fall. In der Psychiatrie wird er vielleicht landen, wenn er in dieser Suche psychotisch geworden ist. Es kann zum Beispiel so sein, dass sich in der Psychose das Scheitern dieser Suche ausdrückt. Es kann vielleicht auch eine Psychose sein, die religiöse Inhalte hat: Dass er sich als Messias fühlt oder als ein Engel oder als das Gegenteil – als teuflisch oder schlecht, dass er versucht, sich zu reinigen oder zu retten oder die Welt zu retten. Der Inhalt des Wahns kann beispielsweise sein, dass dieser Mensch glaubt, er sei Jesus. Solche Themen sind während der Psychosen gar nicht selten. Von der klassischen Psychiatrie wird so jemand üblicherweise nicht ernst genommen. Die Psychiatrie sagt, das ist ein Wahn und das ist damit ein psychotisches Geschehen. Der Inhalt des Wahns ist aus dieser Sicht eher zufällig oder durch die Lebensgeschichte dieses Menschen begründet, hat aber sonst keine tiefere Bedeutung. Wenn man an dieser Stelle aber eine spirituelle Krise annimmt, könnte man auch sagen, dass sich in der Psychose ausdrückt, dass dieser Mensch die fundamentalen Fragen der Menschheit nicht integriert hat.

Wie behandelt die klassische Psychiatrie solche Fälle?

●●●●●● Sie diagnostiziert die Zerrüttung des Erlebens – den Wahn, die inneren Stimmen, die Ungradlinigkeit des Denkens. Sie sieht also nur die Psychopathologie und behandelt die Person entsprechend: Dieser Mensch wird beruhigt in der Hoffnung, dass dann die Selbstorganisationskräfte diesen Menschen irgendwie wieder heilen. Aber die Inhalte wurden dabei nicht ernst genommen. Man muss auch sagen, dass die Psychiatrie bis heute eigentlich nicht ernsthaft versucht hat, Menschen in Psychosen zu verstehen: Sie hat versäumt, tief zu verstehen, was eigentlich ein psychotisches Erleben ist, welche Kräfte da wirken, wieso diese Kräfte nicht integriert werden? Sie hat sich nicht der Frage gestellt, warum da im Moment so viele religiöse Themen in den Psychosen vorkommen. Denn das ist ja kein Zufall! Diese Dinge sind von der Psychiatrie einfach nicht verstanden worden. Sie hat stattdessen die Struktur von Psychosen analysiert und Auffälligkeiten festgestellt.

Welches Modell von Krankheit und Gesundheit steht hinter dem Konzept der 'spirituellen Krise'?

●●●●●● Dahinter steht ein ganzheitlicheres Verständnis von Krankheit, nicht nur der spirituellen Krise, sondern der Medizin überhaupt. Ein Verständnis, das den gesamten Menschen würdigt, also nicht nur als einen Kranken, sondern auch als einen Gesunden; nicht nur als jemanden, der ein körperliches oder psychisches Symptom hat, sondern auch als einen Mitmenschen, mit dem man als Behandelnder in eine Beziehung tritt. Es geht im Moment darum, dass sich unser Krankheitsverständnis zu einem umfassenderen Verstehen erweitert. Und in diesem umfassenderen Verstehen sind auch die religiösen Bedürfnisse des Menschen gewürdigt und akzeptiert.

Hängt das vermehrte Auftreten von solchen Krisen damit zusammen, dass sich Menschen in ihren Wachstumsprozessen überfordert fühlen oder häufig nicht richtig begleitet werden?

●●●●●● Die Qualität der Begleitung in Selbsterfahrungsprozessen ist tatsächlich extrem unterschiedlich. Es gibt sehr viele Angebote, bei denen ein Mensch durch die angewandten Methoden sehr einseitig in seinem Prozess beeinflusst wird durch die Lehrer, die manchmal selbst keine umfassende Ausbildung haben. Insofern ist jemand, der sagt, ich bin vorsichtig, eigentlich gut beraten. Ich glaube, es ist wichtig, anzuerkennen, dass der Entwicklungsprozess von uns Menschen langsam verläuft. Das wird oft vergessen, weil wir in einer Zeit leben, die in Hochgeschwindigkeit denkt. In der Regel sind diese Entwicklungsprozesse aber eher vergleichbar mit der Geschwindigkeit des Wachstums von Pflanzen. Und die Frage ist: Bin ich bereit, langsam vorwärts zu gehen, in einer schrittweisen Entwicklung, in der ich die Strukturen in mir achte, die wertvoll sind? Und in jeder – auch begrenzten – Persönlichkeitsstruktur sind sehr viele wertvolle Strukturen enthalten.

Joachim Galuska

Sind Krisen in Wachstumsprozessen unvermeidlich?

●●●●●●● Wenn ich mich anschließe an das, was in mir gesund ist, was funktioniert, wo ich mich lebendig fühle, wo ich das Gefühl habe, klar zu sein, wo ich mein Herz öffnen kann, wenn ich beginne mich auf diese Strukturen in mir selbst zu besinnen und mir dann mit Behutsamkeit die Wege und Formen, mit denen mein Wachstum jetzt begleitet wird, aussuche, dann muss eine Krise gar nicht auftreten. Es kann auch sein, dass eine Zeit auch mal krisenhaft ist, wenn ich an einen sehr schwierigen Punkt meiner Entwicklung komme, wo ich in meiner Vergangenheit sehr schmerzliche Dinge erfahren habe und die noch nicht aufgelöst sind. Das ist aber nicht schlimm. Schlimm ist es, wenn ich rücksichtslos mir selbst gegenüber bin oder mich pushen lasse von irgendwelchen Methoden, die nicht zu mir passen, oder von Lehrern, die nicht gut ausgebildet sind. Es kann dazu kommen, wenn die Persönlichkeit im Grunde noch nicht reif ist für die Erfahrungen oder für diesen Umwandlungsprozess, wenn sie also erst noch andere Dinge zu erledigen hat.

Nimmt das Phänomen der 'spirituellen Krise' zu?

●●●●●●● Ich würde sagen, spirituelle Krisen sind in unserer Zeit deshalb häufiger, weil die Persönlichkeitsstruktur heutzutage brüchiger ist, als sie es früher war. Wir leben in einer Zeit, in der viele Veränderungen stattgefunden haben: Die traditionellen Werte, die Lebensformen, die Familien tragen nicht mehr. Das ist unglaubwürdig geworden für viele Menschen oder sie lösen sich davon und brechen mit alten Strukturen. Und das führt dazu, dass die Persönlichkeit nicht mehr so klaren Halt hat, wie sie ihn früher hatte, sie ist also labiler. Und die Überstimulation, in der wir leben, durch die Städte, die Überbevölkerung, Computer, Reizüberflutung, verunsichert die Persönlichkeit zusätzlich. Eine solche Persönlichkeit wird nach einem neuen Halt, nach einer neuen Ordnung, nach einem neuen Sinn suchen, weil der alte Sinn, der traditionell überliefert wurde, nicht mehr trägt. Und daher wendet sie sich dem zu, was in anderen Kulturen angeboten wird, was auf dem Markt erscheint, was also möglicherweise solche tiefen Fragen nach Leben und Sinn, Existenz und Tod beantwortet. Darum gehen Menschen in Selbsterfahrungs-Gruppen oder machen Reisen zu Heilern in andere Kulturen. Und natürlich treten dadurch auch mehr Krisen auf. Es ist aber nicht die Methode, welche die Krise verursacht hat, sondern die Persönlichkeit, die zu wenig Boden hat. Diese Persönlichkeit ist dann oft überfordert mit dem, was sie an inneren Kräften weckt, die sie dann noch nicht bändigen kann.

Führt eine durchlebte, spirituelle Krise trotzdem zu Wachstumsprozessen?

●●●●●●● Die Menschen, die eine spirituelle Krise durchlebt haben, werden umfassender verankert sein. Das Ziel einer spirituellen Krise liegt darin, seine Lebensaufgabe zu finden. Und die Lebensaufgabe findet man im Bezug zu etwas größerem Ganzen. Die spirituelle Krise stellt praktisch die Frage: Wie kann ich mit dem, was ich tue – ob ich nun Buchhändler, Koch oder Therapeut bin – das zum Ausdruck bringen, was umfassender ist? Wie kann ich sozusagen das Göttliche in die Welt hinein tragen, transparent werden für eine andere Dimension des Seins? Wenn ich das gefunden habe, dann werde ich die Welt inspirieren, an der Stelle, an der ich arbeite. Das Ergebnis einer spirituellen Krise ist ein Mensch, der diese Welt bereichern wird. Darin liegt auch der Wert der Krise. Andererseits: Wenn man es von einem umfassenderen Standpunkt aus betrachtet, ist die Welt in einer Krise. Die Menschheit ist auch in einer ökologischen Krise, sie ist auch in einer emotionalen Krise. Und spirituelle Krisen sind nur eine Erscheinungsform der Krise der Menschheit.

In welchen größeren Rahmen passt diese neue Art im Umgang mit psychischen Krisen?

●●●●●● Unser Ansatz ist ein ganzheitlicher Ansatz, d.h. wir versuchen, diese Arbeit aus dem Wissen um die Verbundenheit, den spirituellen Bezug, die Ganzheit der Existenz heraus zu machen. Und wir versuchen, den ganzen Menschen zu sehen – also nicht irgendetwas auszublenden: weder seinen Körper, weder seine Gefühlswelt, weder seine geistigen Bedürfnisse, weder seine Mitmenschlichkeit, seine sozialen Bezüge. Das heißt, dass es innerhalb der Klinik wenig Trennungen und Spaltungen gibt, dass die Verwaltungsseite mit der therapeutischen Seite kooperiert und im gleichen Geist arbeitet. Und das führt dazu, dass die Klinik Heiligenfeld eine Ausstrahlung hat, die die Patienten meist als besonders menschlich empfinden.

Welche neuen Herausforderungen entstehen bei einer solchen Begleitung durch spirituelle Krisen?

●●●●●● Wenn ein Mensch in einer Krise zu uns kommt, heißt es erst einmal, zu schauen, ob er einen Boden in der Klinik findet. Findet er ein Bezugsfeld, in dem er sich niederlassen kann, wo er loslassen kann und das Gefühl hat: „Hier kann ich wirklich alles sichtbar werden lassen, was meine Schwierigkeit ist"? Er versucht das in seiner Bezugsgruppe, mit der er sich täglich trifft und seine Themen besprechen kann. Und die andere Frage ist: Ist das Bezugsfeld so strukturiert, dass es heilsam ist? Ist eine Atmosphäre da, wo dieser Mensch ausgehalten werden kann? Ist genug Wissen oder sind genug Methoden vorhanden und Techniken, damit wir auch damit umgehen können? Im Grunde ist das die entscheidende Frage, um die es immer wieder geht: Sind wir in der Lage, diese Schwierigkeiten, diese Krise tief genug zu verstehen? Das ist ein Anliegen, was die Psychotherapie überhaupt hat. Und manche Dinge können wir nur tief genug verstehen, wenn wir uns in einen inneren Raum wagen, der über die Biographie hinausgeht, der eine Art fundamentales Getragensein spürbar werden lässt. Manchmal ist es nur möglich, von dieser Warte aus einen Menschen tief genug zu verstehen und damit ihm selbst die Möglichkeit zu geben, sich tief genug zu verstehen.

Aber es klingt nicht nach einem analytischen Verstehen, sondern mehr nach einem Verstehen im Herzen ...

●●●●●● Es geht darum, das zu verstehen, was da passiert und es nicht abzuwehren. Das ist das größte Problem in unserer Kultur, dass wir die Phänomene, mit denen wir zu tun haben, häufig abwehren. Wir können es zum Beispiel nicht aushalten, dass wir sterblich sind, deswegen organisieren wir das Sterben so beiläufig. Im Versuch, eine Krankheit unter Kontrolle zu bekommen, wehren wir sie im Grunde eigentlich ab, grenzen sie aus und verstehen sie nicht in der Tiefe. Das ist das Wichtige: wirklich an sich heranzulassen, was passiert, und das in der Tiefe zu verstehen, es anzunehmen und jedes Phänomen zu akzeptieren als eine Erscheinungsform von Wirklichkeit, die bisher noch nicht richtig verstanden worden ist.

Joachim Galuska

Also geht die Behandlung weit über die konventionellen Ansätze hinaus?

●●●●●● Uns geht es nicht um eine alleinige Symptomreduktion. Natürlich: Wir verwenden auch verhaltenstherapeutische Techniken, um das Leiden an dem Symptom zu reduzieren. Und wir würden auch Medikamente geben, wenn das erforderlich wäre, damit dieser Mensch sich überhaupt sich selbst stellen kann. Aber die entscheidende Frage ist: Ist eine Heilung möglich? Eine Heilung ist eine Wandlung. Diese Krankheiten sind nur Anzeichen, Hinweise auf Störungen, Hinweise, dass da irgendwas nicht gut weiterkommt oder gut genug integriert wurde.

Was ist die wesentliche Einsicht, die für Sie aus dieser Arbeit gewachsen ist?

●●●●●● Dass diese Zeit mehr Menschlichkeit braucht. Dass wir in der Lage sind, uns gegenseitig zu begegnen als Mitmenschen, wo nicht nur jeder individuell sein eigenes Leben irgendwie durchsteht, sondern dass wir verstehen, dass wir zusammengehören, die Familie der Menschheit darstellen und dass wir ein Teil sind. Dass wir also in einer gewissen Weise untereinander demütig werden. Und ich glaube, das ist auch eine sehr vornehme Aufgabe von Therapie: Therapie heißt dienen, den Menschen dienen.

Die Innenwelt des Sterbens

Im Gespräch mit dem Nahtodforscher Kenneth Ring

Sie erforschen seit mehr als 20 Jahren Erfahrungen, die Menschen gemacht haben, die dem Tod gerade noch einmal von der Schippe gesprungen sind. Unser Wissen über diese 'Nahtod-Erfahrungen' scheint zuzunehmen, wird aber von der etablierten Wissenschaft in Frage gestellt. Warum ist das so?

●●●●●●●● Ich glaube, ganz normale Menschen haben häufig ein sehr viel offeneres Weltbild als die Wissenschaftler, die meist in sehr engen Kategorien denken. Wir wissen ja auch, dass der Durchschnitt der Bevölkerung viel eher an Gott glaubt als Mitglieder der Wissenschaftsgemeinde. Es besteht ja auch objektiv kein Grund, diese erstaunlichen Erfahrungen in Frage zu stellen. Deshalb halten sie die meisten Menschen auch für möglich. Für die meisten Wissenschaftler, Philosophen und Ärzte allerdings gleichen diese Erkenntnisse meist als ein Rückfall in ein nicht-wissenschaftliches, religiöses Zeitalter. Das hat einen einfachen Grund. Nimmt man die Forschungsergebnisse ernst, dann stellen sie die Grundlagen der materialistischen Wissenschaft, an die immer noch so viele mit fast religiöser Inbrunst glauben, in Frage. Diese Erfahrungen stellen aus dieser Perspektive eine akute Bedrohung dar – deshalb müssen sie abgelehnt, verurteilt oder schlecht gemacht werden. Trotz dieser Grundtendenz würde ich sagen, dass die Offenheit gegenüber der Nahtod-Forschung auch auf Seiten der Wissenschaftler seit 1970, als wir damit begonnen haben, kontinuierlich zugenommen hat. Sie glauben zwar noch nicht daran, aber sie nehmen sie als klinisches Phänomen zur Kenntnis und akzeptieren, dass sie einen massiven Einfluss auf das Leben jener haben, die durch solche Erfahrungen gehen. Und es gibt auch Ansätze, die konventionelle, wissenschaftliche Weltsicht so zu erweitern, dass die Nahtod-Erfahrungen nicht mehr grundsätzlich ausgeschlossen werden müssen.

 *Prof. Dr. **Kenneth Ring** ist einer der führenden Bewusstseinsforscher und Experte für Nahtod-Erfahrungen. Als studierter Psychologe begann er in den 70er Jahren, sich mit den Berichten von Menschen zu beschäftigen, die dem Tod sehr nahe gewesen sind, und eröffnete damit ein neues Verständnis der transpersonalen Aspekte des Sterbeprozesses. Als Professor für Psychologie an der University of Connecticut und Mitbegründer der* International Association for Near-Death Studies (IANDS) *brachte er völlig neue Impulse in die Bewusstseinsforschung ein. Von seinen zahlreichen Büchern sind in Deutsch „Den Tod erfahren, das Leben gewinnen" (1985) und „Im Angesicht des Lichts" (1999) erschienen.*

Worin besteht eine Nahtod-Erfahrung?

●●●●●● Die Erfahrung beginnt in der Regel mit einem Gefühl außerordentlichen Friedens und Wohlgefühls. Eine Frau beschrieb es mit folgenden Worten: „Nimm die 1000 besten Sachen, die dir je passiert sind und multipliziere sie mit einer Million, dann kommst du ungefähr in die Nähe davon". Es scheint also wirklich ein Gefühl zu sein, das weit jenseits von allem liegt, was die meisten kennen. Im weiteren Verlauf entsteht das Gefühl, sich vom physischen Körper zu lösen, manche können ihn auch von oben sehen und beschreiben es wie die Essenz, die sich aus einer Hülle löst. Wovon die Leute dann berichten, ist das Gefühl einer schneller werdenden Bewegung durch einen dunklen, weiten Raum. Dann nehmen sie weit weg ein Licht wahr, das schnell größer wird, ein strahlendes Licht ohne sichtbare Quelle mit einem hohen Energiepotential, ein lebendes Licht sozusagen. Es umschließt die Person und hüllt sie in ein Gefühl reiner Liebe und völliger Akzeptanz. Allwissen scheint in sie hereinzuströmen und das Individuum beginnt zu glauben, dass es selbst aus diesem Licht gemacht ist, immer in diesem Licht war und nun nach Hause kommt, zurück zu seiner eigentlichen Natur. Dann kommt es häufig vor, dass die Menschen in diesem Licht anderen Verstorbenen begegnen oder einer religiösen Autorität, viele erleben einen intensiven Lebensrückblick, in dem sie alles, was ihnen je passierte, noch einmal sehen. Jene, die soweit kommen – und das sind nicht alle – verspüren dann ein Sog, der sie zurückzieht in ihren physischen Körper, in den sie oft regelrecht einschlagen und gleichzeitig damit den Bewusstseinszustand verlassen, in dem sie während der Nahtod-Erfahrung waren.

Gibt es bezüglich der Bedingungen, dem Ablauf und dem Ende solcher Erfahrungen vergleichbare Muster und Parallelen, die sich statistisch verwerten lassen?

●●●●●● Durchaus! Die ganze Erfahrung wird zum Beispiel von allen als sehr real erlebt und nicht als traumartig. Wenn jeder über weite Bereiche das gleiche erfährt, vergleichbare Elemente vorkommen, eine ähnliche Geschichte abläuft, dann muss das aber noch nicht heißen, dass in jeder Nahtod-Erfahrung jedes Element identisch vorhanden ist. Die Forschungsergebnisse zeigen eher, dass einige Leute mehr diese, andere mehr jene Anteile erleben – aber wenn man eine große Zahl von Nahtod-Erfahrungen nebeneinander stellt, dann entsteht der Eindruck, als würde sich die gleiche Geschichte immer wieder wiederholen. Hinzu kommt, dass nicht nur die Inhalte der zahlreichen Erfahrungen sich stark ähneln, sondern auch ihre Nachwirkungen. Es ist, als ob die Menschen, die das erleben, durch einen Initiationsprozess gehen würden. Selbst wenn die einzelnen Menschen und ihre Lebensgeschichten sich vor der Erfahrung deutlich voneinander unterschieden haben, so ändern sich doch bei allen die persönlichen Werte, die Art, mit dem Leben umzugehen und das Glaubenssystem in vergleichbarer Weise, nachdem sie aus dieser Initiationserfahrung zurückkehren.

Aber es scheint doch nicht eine zwangsläufige Erfahrung zu sein, die bei allen Sterbenden auftritt, die dem Tod nahe sind. Oder gehen Sie davon aus, dass das jedem am Ende seines Lebens passiert? In der Regel kann man ja nicht mehr davon berichten ...

●●●●●● Die Forschungsergebnisse zeigen, dass nur eine Minderheit sich an eine derartige Erfahrung erinnern kann. Vielleicht sind es nur 25 oder 30 Prozent all jener, die dem Tod nah waren. Es sind also nicht alle, die so etwas erleben, die meisten erinnern sich an gar nichts. Trotzdem gibt es manche Anzeichen dafür, dass derartige Erfahrungen verbreiteter sind, als die Berichte darüber suggerieren mögen. Es ist ja auch so, dass jeder Mensch in der Nacht träumt, aber nicht jeder sich morgens noch an seine Träume erinnern kann. Es ist also durchaus möglich, dass viele Leute, die dem Tod nahe sind, solche Erfahrungen machen, aber aus den unterschiedlichsten psychologischen Gründen diese Erfahrungen nicht in das Tagesbewusstsein mit hinübernehmen. Denn es sind ja nur diese bewussten Erinnerungen, die wir Nahtod-Erfahrungen nennen.

Gleichzeitig scheint es doch auch keine Erfahrung zu sein, die ausschließlich in Todesnähe auftritt. Sie haben es ja auch einmal als einen Bewusstseinszustand beschrieben, der beispielsweise in einer tiefen Meditation auftreten kann ...

●●●●●● Das ist richtig. Die Nahtod-Erfahrungen bekommen deshalb so viel Aufmerksamkeit, weil der Tod in unserer Kultur als ein so mysteriöses Drama gilt. Dieses Thema fasziniert die Menschen einfach, weil jeder weiß, dass er sterben wird und niemand weiß, was passieren wird. Es ist aber tatsächlich so, dass man derartige Erfahrungen auf ganz unterschiedliche Weise machen kann: im Rahmen einer spirituellen Praxis, zum Beispiel beim Meditieren, kann so etwas ohne weiteres passieren. Ebenso berichten Menschen, die in einer tiefen, spirituellen Krise sind, von solchen Erfahrungen. Sie können spontan auftreten, sie können in Träumen auftauchen. Die Nähe zum Tod aber ist der zuverlässigste Auslöser, um solche Erfahrungen ins Bewusstsein aufsteigen zu lassen. Viele der Leute, die sich mit diesem Thema beschäftigt haben, sind jedoch der Meinung, dass dieses strahlende Licht, von dem die Leute sprechen, jederzeit zugänglich ist, dass es einfach überall vorhanden ist. Sie sagen, dass es nur unser Bewusstsein und unser Ego ist, das uns wie eine Mauer von der Wahrnehmung dieses Zustands abtrennt. In Momenten aber, in denen das Ego vorübergehend bedroht ist oder stillgelegt und inaktiv ist, in denen es einfach zur Seite gedrängt wird oder sich auflöst, würde unser Bewusstsein von diesem Licht regelrecht überflutet. Während einer Nahtod Erfahrung ist das sicherlich so.

Die konventionelle Wissenschaft versucht, derartige Wahrnehmungen mit verschiedenen neurologischen und chemischen Prozessen im Gehirn zu erklären und ordnet sie dann gerne unter der Kategorie von 'Halluzinationen' ein. Was ist Ihre Meinung dazu? Ist Ihre Sichtweise oder die andere beweisbar oder ist es letztlich eine reine Frage des Glaubens?

●●●●●● In all den Jahren, in denen ich auf diesem Gebiet geforscht habe, gab es alle möglichen Interpretationen von Nahtod-Erfahrungen. Das reichte von Leuten, die sie für absolut buchstäblich und wahr halten bis zu jenen, die es für puren Humbug halten. Ich persönlich glaube, dass es sich da um einen unlösbaren, aber auch unwesentlichen Streit handelt. Wie man dazu steht, scheint mir manchmal nur eine Frage des Temperaments zu sein. Ich kenne diese Theorien, dass es sich bei diesen Erfahrungen lediglich um neurologische Prozesse handelt. Aber ich glaube, dass es auch eine ganze Menge empirischer Argumente gegen diese rein neurologische Argumentation gibt. Die Schwierigkeit liegt in Folgendem: Natürlich sind mit dieser Erfahrung ganz bestimmte neurochemische Prozesse verbunden, aber es ist unmöglich zu sagen, ob es diese Prozesse sind, die die Erfahrung selbst hervorrufen oder ob sie den Menschen nur dabei helfen, diesen Bewusstseinszustand, in dem sich die Erfahrung entfaltet, bewusst zu erleben. Man kann so oder so argumentieren. Man kann eine völlig reduktionistische Haltung einnehmen oder aber auch dieselben neurologischen und physiologischen Prozesse als ein Fenster für Wahrnehmungen interpretieren; ein Fenster, das in der Regel verschlossen ist und in einer solchen Situation den Menschen diese Erfahrung erleben lässt. Diese Diskussion gibt es auf die eine oder andere Art seit ein paar tausend Jahren. In der ganzen Diskussion um die Parapsychologie gibt es jene, die solche Phänomene akzeptieren und andere, die reduktionistisch denken. Beim Studium der Nahtod-Erfahrungen ist es genau das gleiche. Aber ich glaube, dass es gar nicht so wichtig ist, diese Erfahrungen zu erklären. Wir sollten uns vielmehr bemühen, von ihnen zu lernen.

Wir scheinen aber nur das glauben zu wollen, was wir auch erklären können...

●●●●●● Aber würde es uns zum Beispiel wirklich helfen, Shakespeares *Macbeth* zu verstehen, wenn wir alles über den neurologischen Zustand seines Gehirns während des Schreibens wüssten, vorausgesetzt er war wirklich er selbst, als er es schrieb? Mir scheint, dass das eine völlig irrelevante Frage ist. *Macbeth* steht als das Stück, das es ist, für sich. Es hat seine eigene Hermeneutik, die aus dem Text des ganzen Stückes entsteht. Das Gleiche gilt für die Nahtod-Erfahrungen: Was immer dazu führen mag, es ist eine Erfahrung! Sie hat eine Bedeutung für die Leute, die diese Erfahrung machen und sie hat eine Bedeutung für jene, die sich damit beschäftigen. Die Erklärung dieser Erfahrung können wir getrost denen überlassen, die sich darüber bis ans Ende der Zeiten streiten werden.

Sie sprachen schon kurz von den Nachwirkungen einer Nahtod-Erfahrung: Verlieren die Menschen ihre Angst vor dem Tod? Wächst das Vertrauen ins Leben und zu sich selbst?

●●●●●● Es gibt einige sehr typische Arten, wie die Menschen auf diese Erfahrung reagieren. Die meisten, eigentlich die große Mehrheit von ihnen, verliert – und das meistens auf Dauer – tatsächlich die Angst vor dem Tod. Sie sind in Folge dieser Erfahrung meistens überzeugt davon, dass auf den körperlichen Tod irgendeine bewusste Form der Existenz folgt. Sie schätzen ihr Leben mehr, sie sind dankbar für das Privileg, am Leben zu sein, sie genießen es mehr und sie akzeptieren sich selbst mehr. Ein anderer deutlicher Verhaltenswandel kommt darin zum Ausdruck, dass sie sich mehr um andere sorgen, nicht nur um andere Menschen, sondern auch um Tiere, um die Natur oder die ganze Welt. Sie sind – in ihrer ganzen Ausrichtung – weniger materialistisch. Sie sind nicht so erfolgsorientiert, weniger darauf aus, jemand zu sein, große Ziele zu verwirklichen oder Leute zu beeindrucken. Sie entwickeln ein spirituelles Interesse. Sie trauen dem Universum, in dem sie leben, auf eine neue Art und Weise. Nicht, dass sie religiöser wären im konventionellen, dogmatischen Sinn. Sie fühlen sich einfach Gott nah, aber haben eine eher universalistische Spiritualität. Viele von ihnen entwickeln nach dieser Nahtod-Erfahrung sogar sensitive Fähigkeiten, können hellsehen oder mehr wahrnehmen. Im Allgemeinen wächst ihr Mitgefühl, ihre Liebe und ich glaube auch ihr Wissen und ihre Fähigkeit, die Dinge so zu sehen, wie sie sind.

> *Es erscheint doch sehr erstaunlich, dass unsere Kultur glaubt, dass Tod etwas sehr Dunkles, Schreckliches, Trauriges, Endgültiges ist und Sie nun ein Bild zeichnen, das diesem Mythos völlig widerspricht – ein Bild von Licht, Glück, Freude und Einsicht. Wie kommt es, dass unsere Kultur nichts davon weiß, obwohl wir seit Millionen von Jahren sterben. So, wie Sie das Sterben beschreiben, müssten wir ja eigentlich sagen: „Das ist der Höhepunkt des Lebens, den wir bewusst erfahren und genießen sollten".*

●●●●●● Die meisten Menschen sind – im Westen erst recht – die letzten 300 Jahre aber mit dem Weltbild des wissenschaftlichen Materialismus und Rationalismus erzogen worden. Das hat uns alle tief geprägt – ob wir nun daran glauben oder nicht. Zu diesem Weltbild gehört die Überzeugung, dass wir leben, solange wir einen Körper haben und dass, wenn der Körper nicht mehr funktioniert, nur noch Leere und Auflösung folgen. Die traditionelle Vorstellung vom Tod als Sensenmann – einem Symbol der Vernichtung, das uns allen geläufig ist – stellt den Tod genauso dar: dunkel, angsteinflößend, das absolute Ende. Sie fragen, warum unsere Kultur nicht erkennt, dass es anders ist. Vielleicht ist meine Wahrnehmung wirklich einseitig, aber ich habe den Eindruck, dass sich in unserer Kultur eine Veränderung vollzieht. Das lässt sich auch auf die Beschäftigung mit der Nahtod-Erfahrung zurückführen und auf all die Geschichten und Berichte, die es darüber gibt. Diese Erfahrungen, besonders diese Begegnung mit dem Licht, das aus Liebe und Wissen besteht, sind für immer mehr Menschen nicht länger etwas Fremdes, sondern etwas Normales. Und diese Lichtsymbolik beginnt, den Mythos vom Sensenmann langsam zu verdrängen. Im Kampf dieser beiden Symbole gerät der Sensenmann in die Nachhut. Vieles weist darauf hin, dass er nur die Außensicht des Todes repräsentiert, also die Art und Weise, wie der Tod auf den Beobachter wirkt. Wenn man Sterbende beobachtet, dann ist das kein angenehmer Anblick, weil das körperliche System dabei immer mehr auseinander fällt und zusammenbricht. Aber gerade wegen der Nahtod-Erfahrung müssen wir begreifen, dass es immer zwei Sichtweisen des Todes gibt: die äußere und die subjektive innere. Während der Sensenmann die äußeren Eindrücke repräsentiert, läuft in der psychischen Innenwelt des Sterbenden ein ganz anderes Drama ab. Dieser innere Prozess ist möglicherweise in derselben Intensität wunderbar, wie der äußere erschreckend ist. Beides ist gleichzeitig da. Der Wandel besteht darin, dass wir den Tod nicht länger nur mit den Augen des äußeren Betrachters sehen, sondern auch die inneren Erfahrungen des Sterbenden realisieren und das Licht, die Liebe, die Schönheit und den Frieden dem Bild vom Tod hinzufügen. Je mehr diese Sicht des Todes bekannt wird, desto mehr wird der Sensenmann nur als ein Aspekt des Todes verstanden werden. Das ist es, was heute passiert. Ich glaube, wir erleben zur Zeit eine schrittweise Veränderung dahingehend, dass die Menschen sich der Innenperspektive des Todes immer bewusster werden.

> *Was bedeutet all das für die Disziplin der Bewusstseinsforschung?*

●●●●●● Die Nahtod-Erfahrungen legen die Schlussfolgerung nahe, dass es sich beim Bewusstsein nicht notwendigerweise nur um eine Funktion des Körpers oder des Gehirns handelt, sondern dass es unabhängig davon existieren kann. Es könnte sein, dass der Körper vielmehr in einem Feld von Bewusstheit existiert und das Bewusstsein auch dann weiter existiert, wenn der Körper kaputt geht. Die Nahtod-Erfahrungen fordern uns dazu auf, ein – wie es bei anderen Völkern normal ist – anderes Verständnis vom Bewusstsein zu entwickeln, wo wir es nicht auf einen bestimmten Ort reduzieren und vom Gehirn abhängig machen. Vielleicht vermittelt sich das Bewusstsein durch das Gehirn, ohne von ihm abzuhängen. Diese Erfahrungen machen es nötig, die ganze Diskussion über das Verhältnis von Körper und Geist neu aufzurollen.

Haben Sie selbst eine Nahtod-Erfahrung gemacht?

●●●●●● Ich hatte nie eine Nahtod-Erfahrung und ich ziehe es ehrlich gesagt auch vor, darüber zu schreiben, als so etwas zu erleben. Man muss halt leider dem Tod sehr nahe kommen, um es zu erleben, und ich hoffe, dass das noch nicht so bald passiert. Aber für ungewöhnliche oder erweiterte Bewusstseinszustände habe ich mich seit den frühen 70ern interessiert. Ich habe in dieser Zeit einige mystische Erfahrungen gemacht, die mein damaliges Weltbild sehr erschüttert haben. Da ich eine Ausbildung als Forscher hatte, lag es nahe, derartige Zustände zu erforschen, um besser verstehen zu können, was mir da passiert war. Als ich ein paar Jahre später das Buch „Leben nach dem Leben" las, dachte ich mir: Perfekt, da sind ganz durchschnittliche Leute, die – wie ich, aber doch auf eine ganz andere Art – eine außergewöhnliche Erfahrung gemacht haben und zu denen ich als Wissenschaftler leicht Zugang haben kann, um sie zu interviewen. Ich habe mich diesem Thema also nicht aus einem morbiden Interesse am Tod genähert oder weil ich am Leben nach dem Tod interessiert war. Ich war lediglich an der Frage interessiert: Welche Bewusstseinszustände gibt es neben dem normalen Wachzustand und was kann ich über sie lernen.

Inwieweit unterscheidet sich eine mystische Erfahrung von einer Nahtod-Erfahrung? Menschen, die eine tiefe, mystische Erfahrung hatten, berichten von dem Gefühl der Verbundenheit, einem Raum des Ankommens, der Ganzheit. Ist die Nahtod-Erfahrung eine mystische Erfahrung? Oder sind verschiedene mystische Erfahrungen nur Formen, das Bewusstsein außerhalb des Körpers wahrzunehmen?

●●●●●● Ich kann eine kurze Antwort auf diese lange Frage geben. Für mich ist die Nahtod-Erfahrung eine mystische Erfahrung, die in der Nähe des Todes auftritt. Der Begriff 'mystische Erfahrung' definiert den größeren Rahmen, in den diese spezifische Form der Erfahrung passt. Denn in ihr tauchen wesentliche Bestandteile der mystischen Erfahrung auf.

Hauptmerkmal der mystischen Erfahrung ist doch aber das Gefühl der alles umfassenden Einheit. Hat die Nahtod-Erfahrung auch dieses Element?

●●●●●● Sie hat es in einer besonderen und sehr faszinierenden Form. In dem Rückblick auf ihr Leben, den viele Menschen während ihrer Nahtod-Erfahrung erleben, *verstehen* die Betroffenen nicht nur, dass ihre Handlungen, ihre Gedanken und Gefühle Auswirkungen auf andere hatten, sondern sie *erleben* es. Sie spüren die Auswirkungen ihrer Taten, Gedanken und Gefühle erstaunlicherweise so, als würden sie ihnen selbst angetan. Sie definieren das daraufhin für sich ganz neu, was man vielleicht die „goldene Regel" nennen kann. Diese „goldene Regel" ist für sie nicht länger nur eine Verhaltensregel, sondern Realität, die folgendermaßen funktioniert: Alles, was wir anderen antun, bekommen wir zurück. Vom Standpunkt dieser Erfahrung aus heißt das: Es gibt tatsächlich nur eine ungeteilte Person im Universum. Wir selbst! Alles, was wir tun, tun wir uns selbst an. Und das bedeutet: Obwohl es so ausschaut, als hätten wir voneinander unabhängige Körper und wären separate Personen, sind wir tatsächlich doch ein Wesen mit vielen Körpern. Die beste Art und Weise, diese Einsicht mit dem gesunden Menschenverstand in Einklang zu bringen, ist diese geläufige Metapher, nach der wir alle gegenseitig miteinander verbunden sind. Aber eigentlich ist es mehr als das. Tatsächlich gibt es nur das Eine, die eine Essenz. Um miteinander verbunden zu sein, brauchen wir verschiedene von einander getrennte Objekte. Aber diese Getrenntheit ist eine Illusion, die uns das Bewusstsein im sogenannten normalen Zustand vorgaukelt. In einer Nahtod-Erfahrung zerbricht diese Illusion und wir können die Einheit mit Allem unmittelbar erfahren. Wenn wir dann aus diesem Bewusstseinszustand zurückkehren und diese Erfahrung in unser Alltagsbewusstsein übersetzen wollen, dann sagen wir: „Wir sind alle miteinander verbunden". Vielleicht können wir uns dem sprachlich einfach nicht weiter nähern. Aber es gibt nur ein Leben und wir sind Teil davon. Und alles, was wir jedem Teil dieses einen Lebens antun, und sei es der geringste Teil, tun wir uns selbst an.

8

Spirituelle Ökologie und ökologisches Christentum

Ein Teil der Schöpfung werden

Im Gespräch mit dem Schöpfungstheologen Matthew Fox

Matthew Fox, geben uns die kirchlichen Institutionen Antworten auf die Fragen der Gegenwart?

●●●●●●● Ich glaube, es ist ganz deutlich, dass sie für die tiefen spirituellen Fragen der heutigen Zeit keine angemessenen Antworten haben. Man kann das schon an den Statistiken sehen: Immer weniger Leute binden sich an die kirchlichen Institutionen. Auf der anderen Seite können wir einen regelrechten Ausbruch eines Interesses an Spiritualität beobachten, der eigentlich die Sache der Kirchen wäre. Aber diese haben sich, aus was für Gründen auch immer, weit von einer wirklichen Spiritualität entfernt. Andererseits sind enorme Schätze in der jüdischen und christlichen Tradition, in der Bibel, in der Botschaft Jesu und denen der mittelalterlichen Mystiker verborgen. Ich denke da an Hildegard v. Bingen, Thomas v. Aquin, Meister Eckard, Nikolaus v. Kues. Letztlich haben all diese Leute mit genau dem gleichen gerungen, womit wir heute ringen: einer neuen Wahrnehmung von Wirklichkeit, einer neuen Kosmologie und der Frage nach der Beziehung zwischen Geist und Bewusstsein, zwischen Geist und Natur.

Wie definieren Sie das Wort 'Geist' oder 'spirit'?

●●●●●●● Thomas v. Aquin hat diese Frage im 13. Jahrhundert so beantwortet: „Geist ist unsere Beziehung zu der Totalität von allem, was existiert." Die Beziehung zu allem – das ist so wichtig, weil wir in diesem Moment der Geschichte der Entstehung einer neuen Schöpfungsgeschichte beiwohnen, die die moderne Wissenschaft uns erzählt. Diese neue Schöpfungsgeschichte zeigt uns, in welcher Beziehung wir zu den Milliarden von Galaxien stehen und den Milliarden von Jahren, die es brauchte, um all das hervorzubringen: die explodieren-

*Dr. **Matthew Fox** gilt als wichtigster Vertreter der modernen Schöpfungsspiritualität, die christlich-mystische Traditionen mit dem Wissen traditioneller Völker ebenso verbindet wie mit der modernen Kosmologie. Er wurde 1940 geboren und studierte Theologie, Philosophie und Spiritualität. 1967 wurde er Dominikaner Priester, musste den Orden aber Mitte der 90er Jahre auf Druck des Vatikans verlassen. Heute arbeitet er als Theologe für die Anglikanische Kirche, leitet die private 'Universität für Schöpfungsspiritualität' in Berkeley, Kalifornien, an der er auch lehrt und forscht. Matthew Fox arbeitet an einem neuen Verständnis der Schöpfungsgeschichte und einer tiefgreifenden Reform des Christentums, um eine spirituelle Basis für eine nachhaltige Welt der Zukunft im Rahmen der westlichen Traditionen zu ermöglichen. Sein politisches Engagement reicht von der Ökologie, über die Friedensarbeit bis zu antirassistischen Initiativen. Er öffnete das christliche theologische Denken zur Tiefenökologie, traditioneller Naturspiritualität und den ganzheitlichen Ansätzen moderner Wissenschaft. Zu den wichtigsten seiner 24 Bücher gehören: „Schöpfungsspiritualität" (1993), „Geist und Kosmos" (1994), „Mitfühlen, Mitdenken, Mitfreuen" (1994), „Revolution der Arbeit" (1996).*

de Supernova und all die Elemente in unserem Körper, die dabei entstanden. Und auch zum Prozess der Photosynthese, durch welchen die Pflanzen und damit auch wir die Sonne essen. Das sind enorme Geschichten, die den Charakter einer neuen Schöpfungsgeschichte haben. Und in diesen Informationen liegt eine enorme Kraft, die den Menschen wachrütteln kann. Denn wir leben in einer Zeit, in der die Menschen den Planeten zerstören und die Kirchen zu einem Teil dieses Prozesses geworden sind, weil sie uns nicht darin unterstützen, unsere mystischen Traditionen und unsere Verbindung zur Schöpfung und damit zu unseren Wurzeln zu bewahren.

Sie haben als Schöpfungstheologe seit Jahren massive Probleme mit den kirchlichen Institutionen. Warum reagieren die Kirchen mit so viel Misstrauen auf eine neue Schöpfungsspiritualität?

●●●●●● Es hat schon eine gewisse Ironie, dass die Kirchen so reagieren. Denn in den Zeiten Jesu war es ja auch nicht anders. Seine Religion hieß ihn auch nicht willkommen. Ich glaube, das passiert, wenn eine männlich dominierte patriarchale Institution ungestört bleiben will. Die Kirche soll weiter so funktionieren wie bisher. Und sie fühlt sich von vielen Seiten bedroht. Offenbar ist es fast unmöglich, den 'Geist' oder 'spirit' in einer Institution einzusperren. Also bedroht dieser Anspruch die kirchlichen Bürokraten. In den Basisgemeinden, den Stammesgesellschaften, aber auch in den alternativen Bewegungen ist die Schöpfungsspiritualität hingegen sehr lebendig. Ich glaube, die institutionalisierte Kirche diskreditiert sich heute selbst – wie so viele Institutionen in der modernen Welt. Es ist wichtig, der Welt in der Art von Basisgemeinden verbunden zu bleiben. Die Kirche hat als Basisgemeinde angefangen, nicht als hierarchischer Block. Die lateinamerikanischen Basisgemeinden können uns ein Vorbild sein. Aber wir im Norden, in der sogenannten Ersten Welt, müssen unsere eigenen Basisgemeinden schaffen. Sie dürfen keine Imitationen sein, denn unser Kontext ist ein anderer, historisch, wie soziologisch.

Wie müssen wir heute den Begriff der 'Schöpfung' verstehen?

●●●●●● Die schönste Definition von Schöpfung, die ich kenne, ist jene der Lakota-Sioux, die, wenn sie beten, sich an alle unsere Verwandten richten. 'Alle unsere Verwandten', das ist die Schöpfung, das sind unsere Familienbande zu allem: zur Erde, zu den Wäldern, zur Luft, zur Ozonschicht, zum Wind, zum Regen, zum Wasser, zu unserem Körper, dem Essen, unserer 15 Milliarden-Jahre-Geschichte, Zeit und Raum, den Sternen, den Planeten und natürlich den Menschen in unserem Leben und jenen, die noch kommen, künftigen Generationen. Schöpfung ist alles, was ist. Weil unsere Religion dabei versagt hat, uns eine Theologie der Ehrfurcht für die Schöpfung bereitzustellen, ist unsere Kultur zur bloßen Benutzung, zum Missbrauch und zur Objektivierung der Schöpfung übergegangen. Wir haben uns daran gewöhnt, die Schöpfung als eine Art Warenlager für kapitalistisches Wirtschaften zu sehen. Ein gutes Beispiel ist das Öl, jener Kohlenstoff, den die Natur schlauerweise über Millionen von Jahren im Untergrund gelassen hat. Und wir dachten, wir machen damit unsere Zivilisation und eine Menge Geld für ein Paar Leute, wenn wir es aus der Erde holen. Die Folge ist ein Loch in der Ozonschicht. Unsere Ignoranz gegenüber der Schöpfung basiert also auf unserer schlechten Beziehung zur Schöpfung. Dabei sind wir ein Teil der Schöpfung. Es ist unglaublich, dass wir davon überzeugt sind, die Schöpfung sei nur dort draußen und warte, dass wir sie nutzen. Wir sind ebenso Schöpfung. Die Gewalt, die wir unseren Körpern antun, unseren Träumen, unseren Kindern und Kindeskindern sind Teil dieses Missbrauches der Schöpfung. Auch nach den Begriffen der klassischen Theologie sind wir Zeugen einer gewaltigen Sünde: Das ist der Ökozid, der Biozid, der Mord an der Schöpfung. Es ist eine Tatsache, dass Jahr für Jahr weltweit 24 Millionen Tonnen Humus verloren gehen. Und wir Menschen können keinen Humus machen. Wir leben auf dem einzigen Planeten, der so etwas hat. Gott und die Natur haben 10.000 Jahre gebraucht, um eine Handvoll davon zu erschaffen. Und die anderen Statistiken sind nicht besser. Denkt man bloß an die Zahl der Lebewesen, die jede Stunde aussterben. Wir befinden uns im Stadium der größten Zerstörung in der Geschichte dieses Planeten seit vor 65 Millionen Jahren die Dinosaurier ausgestorben sind.

Was sind die Wurzeln einer neuen Schöpfungsgeschichte?

●●●●●● Sie wurde von Wissenschaftlern geschrieben, die sich in den letzten 30 Jahren mit der Evolution des Universums auseinander gesetzt haben. Jeder Stamm, den wir kennen, hat sich durch eine Schöpfungsgeschichte seinen Zusammenhalt geschaffen. Thomas v. Aquin hat gesagt, „Wenn du deinen Anfang kennst, dann weißt du etwas über dein Ziel". Mit anderen Worten: Unsere Moral kommt nicht aus Gesetzbüchern und von Politikern. Unsere Moral kommt aus dem Universum. Was sind seine Gesetze? Wenn wir diese Gesetzmäßigkeiten kennen, wird auch unsere Moral stabiler. Wenn wir keine Schöpfungsgeschichte haben, dann können wir unseren Kindern nur erzählen, wie man Geld macht, Autos kauft und seine Eltern begräbt. Leben ist langweilig, wenn es nicht im Kontext steht. Und es ist ein gewaltiger Kontext. Mindestens 14 Milliarden Jahre, Billionen von Galaxien – das ist keine langweilige Geschichte. Da geht es um ein Leben voller Staunen und Wunder.

Wenn sich Religion auf wissenschaftliche Einsichten beruft, wird damit doch die alte Spaltung zwischen Theologie und Naturwissenschaft aufgehoben?

●●●●●● Wissenschaft und Spiritualität kommen zusammen. Sie trennten sich im 17. Jahrhundert und das Ergebnis war katastrophal. Wissenschaft erkundete die Kräfte des Universums – atomare Energien und chemische Prozesse – und verkaufte seine Seele an das Militär, nationale Ideologien und Chemiefirmen, die allesamt die Welt zerstörten. Währenddessen gab die Religion das Universum auf, wurde immer introvertierter und brachte den Leuten bei, dass es nur im Körper eine Seele gibt. Das Universums aber ist das eigentliche Sakrament, heilig und geheimnisvoll. Das ist verloren gegangen, als die Religion die Beziehung zum Kosmos aufkündigte. Jetzt haben wir eine pathologische Situation: Wir haben Religion trivialisiert und die Formen der Verehrung geschwächt und wir haben eine Wissenschaft ohne Verantwortung. Das ändert sich jetzt, weil sich die Wissenschaft ändert. Heute gibt es mehr Mystiker in der Wissenschaft als unter den Bischöfen dieser Welt. Wenn die Wissenschaftler uns etwas Neues über die Natur mitteilen, öffnen sie uns ein weiteres Kapitel des Heiligen. Schon Albert Einstein hat gesagt: „Wissenschaft ohne Religion ist blind und Religion ohne Wissenschaft lahm." Das ist so wichtig, weil es gerade heute darum geht, die ökologischen Zerstörungen zu stoppen – und das geht nicht ohne eine spirituelle Erneuerung. Wir brauchen diesen tiefen emotionalen und spirituellen Bezug zum wissenschaftlichen Wissen. Wir müssen uns heute quasi neu in die Schöpfung verlieben – in die Welt, in unsere Herkunft, in andere Lebewesen, in die kommenden Generationen, in die Sonne – denn die Liebe ist die Quelle unserer Kreativität. Damit dies aber möglich wird, müssen wir uns unserer Trauer stellen.

Welche Rolle spielt die Trauer oder das, was bei Meister Eckard 'Die dunkle Nacht der Seele' genannt wird?

●●●●●● Wenn Menschen im Kummer versinken, sind ihre Herzen gebrochen und sie sind ohne Energie. Gerade die westliche Welt muss sich ihrem Kummer, ihrer Verzweiflung stellen. Ich weiß als Amerikaner, wovon ich rede: Wir haben weder den Vietnamkrieg betrauert, noch die Unterdrückung der indianischen Urbevölkerung oder der Schwarzen und die Sklaverei. All das blockiert unsere Kreativität und nährt den Rassismus, den Sexismus und ein kapitalistisches Luxusleben inmitten weltweiter Armut. Es nährt alle negativen Kräfte. Die positiven Kräfte der Kreativität nährt man einerseits durch die Würdigung der Schönheit und der Liebe, aber eben auch durch die Auseinandersetzung mit unseren Wunden, dem verwundeten inneren Kind, durch Verzweiflungsarbeit.

Also hat eine lebendige Schöpfungsspiritualität verschiedene Aspekte?

●●●●●● Sie hat vier wesentliche Aspekte oder 'Wege': Der erste ist die Erfahrung des Lichts, die 'via positiva': der Segen, die Göttlichkeit, die Freude am Leben. Der zweite Aspekt ist die 'via negativa': Die Erfahrung der Dunkelheit, der Leere, des Leidens, der Stille, des Loslassens. Den dritten Aspekt nennen wir 'via creativa'. Dieser Weg öffnet sich, wenn man durch die ersten beiden – durch Licht und Dunkelheit – hindurch ist. Hier findet Geburt statt, das Sich-selbst-in-die-Welt-bringen: Visionen eigener Möglichkeiten, Zukunftsvisionen für die Gemeinschaft. Und dann kommt der vierte Aspekt, die 'via transformativa': Hier geht es um praktiziertes Mitgefühl und soziale Gerechtigkeit. Hier kommen die inneren Prozesse zur praktischen Anwendung und werden zum Potential des Heilens und der Veränderung. Ich glaube, dass wir heute durch 'die dunkle Nacht der Seele' gehen. Da ist einerseits viel Dunkelheit und Zerstörung. Andererseits zwingt uns diese Phase, die Natur und das Leben auf eine neue Weise zu entdecken. Authentische Spiritualität besteht in der Rückkehr zum Leben und seinen Quellen – und die sind immer heilig.

Diese Definition von Spiritualität und Heiligkeit sprengt unser Gottesbild. Was entsteht stattdessen?

●●●●●● Das theologische Wort dafür ist Panentheismus: dass alles in Gott ist und Gott in allem. Theismus lehrt, dass ich hier bin und Gott irgendwo im Himmel – oder an einem Platz hinter dem Himmel mit einer Ölkanne in der Hand für jene, die an eine große Maschine glauben. Descartes und die ganze Aufklärung vermittelten ein solches Gottesbild. Das ist der Grund, weshalb Europa den Atheismus erfunden hat. In keiner Stammesgesellschaft der Welt gibt es Atheismus. Warum? Weil sie keine Theisten sind. Atheismus ist nur die Ablehnung des Theismus. Als Kinder sind wir alle Panentheisten: Wir spielen im Universum und wissen, es ist ein heiliger Platz. Carl Gustav Jung hat gesagt, es gibt zwei Wege, seine Seele zu verlieren: Einer besteht darin, einen Gott außerhalb von sich selbst zu verehren. Und ich glaube ehrlich gesagt, dass die meisten westlichen Religionen theistisch sind, statt panentheistisch.

Matthew Fox

Wie könnten wir einen Schöpfer, der in allem ist, feiern?

●●●●●●● Durch Rituale, denn sie sind ein Instrument der Teilhabe. Sie müssen in Gemeinschaft gefeiert werden, die dadurch wiederbelebt wird. Wir müssen den neuen Schöpfungsgeschichten lauschen und lernen, unser Dasein zu feiern, die Theologen sagen 'lobpreisen'. Das haben wir genauso verloren, wie das Ritual. Auch der Kummer braucht Rituale. Ich bin zum Beispiel davon überzeugt, dass eine Kultur ohne Übergangsrituale in ihrer Seele krank ist – sie hat keine Ältesten, eine gewalttätige Jugend und verwirrte Erwachsene. Rituale – das können wir von Stammeskulturen lernen – halten die Gemeinschaft zusammen. Und sie sind nicht so etwas wie ein Nachtisch, auf den wir verzichten können. Sie sind die Hauptmahlzeit. Rituale sind für den Menschen genauso unverzichtbar wie Essen, Trinken und Sexualität. Wir haben die Rituale in die Obhut der Kirchen gegeben, wo sie sinnentleert und verbogen wurden. Heute aber nehmen sich ganz gewöhnliche Menschen das Recht, wieder ihre eigenen Rituale zu feiern oder alte Rituale für sich neu zu entdecken.

Wie könnten solche Rituale heute aussehen?

●●●●●●● Wir haben es mit dem alten Kreuzweg so gemacht: Für die 14 Stationen haben wir 14 Gruppen gebildet und jede hat sich einen Bereich gewählt, in dem die Erde leidet und Christus immer wieder getötet wird. Und dann machten 150 Menschen diese Prozession: da gab es Stationen zu AIDS, zum Missbrauch von Kindern, zum Missbrauch von Frauen, zum Missbrauch an der Natur. Die letzte Gruppe hat ein Kreuz aufgestellt und das Bild der Erde ans Kreuz geschlagen. Wir haben also ein Ritual des Mittelalters – den Kreuzweg – genommen, kreativ für unsere Zeit erneuert und alle, Christen wie Nichtchristen, haben die archetypische Botschaft verstanden: Dass Christus wieder und wieder getötet wird. Nicht in seiner Person, das ist nur einmal vor 2000 Jahren geschehen. Aber in der Realität des Regenwaldes und aller anderen Zerstörungen. Ritual muss die Leute bewegen, sie aufwecken.

Das klingt zwar schlüssig, scheint aber doch sehr weit entfernt von der unmittelbaren Not, vor der heute immer mehr Menschen stehen. Wie hilft dieser Ansatz einem Arbeitslosen?

●●●●●●● Aber es hat unmittelbar miteinander zu tun. Wenn Menschen Ihre Arbeit verlieren, dann ist die Versuchung groß, einfach einen *neuen* Arbeitsplatz zu suchen. Wenn aber ein kranker Baum seine Blätter verliert, dann gehen wir doch auch nicht hin und kleben sie wieder fest?! Stattdessen schaut man sich die Wurzeln an, um herauszufinden, woran das Ganze krankt. Heute ist es die Arbeit selbst, die krank ist. Und wir wissen das auch: Denn unser ganzer Planet ist krank. Und der Grund für den kranken Planeten ist im Wesentlichen unsere Arbeit. Das heißt schlicht und ergreifend: Die Menschen zerstören diesen Planeten mit ihrer Arbeit, mit ihrer Art zu arbeiten, mit ihrer falschen Art zu handeln. Wir sind an so einem kritischen Moment in der Geschichte des Planeten und der Menschheit angelangt – und die Rolle der Arbeit ist dabei so zentral, dass wir uns radikalen Fragen stellen müssen. Jeder von uns muss seinen Beruf völlig neu erfinden. Wir müssen ökologische Werte, wir müssen spirituelle Werte, wir müssen gemeinschaftsbildende Werte in die Gesetzgebung einbringen, in die Politik, Wirtschaft, den Handel, ja sogar in die Kunst und in die Religion, wo sie verloren gegangen sind, und natürlich in die Erziehung. Da ist also ein gewaltiger Haufen an Arbeit zu tun in

Spirituelle Ökologie und ökologisches Christentum

diesem historischen Moment. Doch hat das nicht immer mit Fabrikarbeit zu tun, es geht um etwas viel Größeres.

Also müssen wir Arbeit ganz neu definieren?

●●●●●● Arbeit sollte im wesentlichen eins produzieren: Freude! Und zwar sowohl im Herzen des Arbeiters als auch im Herzen jener, die von dieser Arbeit profitieren. Die Mystiker überall in der Welt haben sehr grundlegende Sachen über die Arbeit geschrieben. So sagt das chinesische Tao Te King: „Tue in der Arbeit das, was dir Freude macht". Im Westen hat das seit 300 Jahren niemand gesagt. Niemand hat Arbeit und Freude verbunden. Das war einfach kein Wertmaßstab für die moderne Zeit. Mystiker können uns also wirklich zu den radikalen Fragen über die Arbeit bringen. Ich glaube, wir haben alle eine Rolle in diesem Drama namens „Schöpfung" zu spielen. Wenn Menschen in ihr Herz schauen und entdecken, was ihnen Freude macht und ihren Talenten folgen, sie entwickeln und pflegen, dann unterstützt das die Rolle, die sie zu spielen haben. Mit einer neuen Kosmologie können wir sehen, wie wichtig neue Arbeit ist. Manchmal muss ich lachen über die Leute, die behaupten, Arbeitslosigkeit sei unausweichlich. Sie haben nichts kapiert. Ich glaube, wir müssen uns verabschieden von einem engen und reduktionistischen Verständnis von Arbeit, wie wir sie aus der industriellen Revolution übernommen haben. Wir müssen uns der Frage öffnen, welche Arbeit dieses organische Geflecht namens Erde von uns verlangt. Zum Beispiel: Brauchen wir mehr Autofabriken, mehr Militärstützpunkte? Oder brauchen wir Arbeiter, die Bäume pflanzen, biologische Gärten anlegen oder zerstrittene Gruppen und Schichten zusammenbringen? Es gibt alle möglichen Formen von Arbeit, die wir übersehen, solange wir bei der Definition bleiben, die das System der industrialisierten Welt vorgibt. Und dann ist noch die Kirche da. Meine Güte, die Kirchen sind so leer. In manchen könnte man Getreide lagern und keiner würde es merken. Um die Religion wieder zu erfinden, brauchen wir lebendige Spiritualität. Die Vermittlung einer neuen Schöpfungsgeschichte bedeutet eine gigantische Aufgabe für das Erziehungswesen. Da sind besonders die arbeitslosen Künstler gefragt, dies mit den Mitteln des Theaters, des Dramas, des Films, des Rituals, des Tanzes und der Farben zu vermitteln. Dazu braucht es viele Arbeiter.

Vor dieser neuen Definition von Arbeit im Außen steht aber dann eine Menge 'innerer Arbeit' ...

●●●●●● Ich glaube, es ist sehr wichtig, die Beziehung zwischen beidem zu sehen, denn um die „innere Arbeit" haben wir uns lange gedrückt. Innere Arbeit handelt von unserer Freude, unserem Schmerz, unseren Kränkungen. Und sie handelt von unserer Kreativität. Wir können lernen aus der Freude und dem Wunder des Lebens, aber ebenso aus Schmerz und Leiden. Beides muss erfahren werden und in die Arbeit einfließen, die wir an die Gemeinschaft weitergeben. Die richtige Balance zwischen innerer und äußerer Arbeit ist wichtig für jeden Menschen. Wenn wir nur im Außen arbeiten, bleibt unsere Seele leer und wir füllen das Loch mit Konsumgütern. Unser ganzes ökonomisches System beruht auf Gier und Unersättlichkeit. Das sind seelische Probleme, innere Probleme. Und wir werden das Problem von Arbeits- und Kaufsucht oder die wachsende Kluft zwischen 'Arm' und 'Reich' nicht lösen können, ohne uns diesen seelischen Themen zuzuwenden.

Also geht es nicht nur darum, für den Aufbau einer neuen Kultur neue Berufe zu erfinden, sondern auch die alten Berufsbilder von innen zu erneuern?

●●●●●●● Alle Menschen brauchen den Durchbruch zu der Einsicht, dass es letztlich genau *ihre* Arbeit ist, die wir für einen *kreativen* Zweck brauchen. Dass es eben nicht nur ums Geld verdienen und den Aufbau des Egos geht. Wir stehen am Ende einer Ära. Die moderne Kultur steckt in einer Sackgasse. Alle ihre Institutionen – von den Kirchen bis zu den Schulen – haben ihre schöpferische Energie weitgehend verloren. Aber wenn man sich in einer Sackgasse wiederfindet, beginnt man nach neuen Wegen zu suchen. Ich glaube, dass wir der Lösung schon ganz nahe sind. Für mich besteht sie in einer Erneuerung unserer Kosmologie, unserer Kunst und unserer Spiritualität. Wir sind doch alle motiviert, etwas Neues zu beginnen. Eine Renaissance besteht eben daraus, eine Zivilisation auf der Basis einer gemeinsamen Vision neu zu erschaffen.

Also bedeutet 'Schöpfungsspiritualität', Teil jenes kreativen Prozesses zu sein, den wir 'Evolution' nennen?

●●●●●●● Der deutsche Dichter Rilke hat es so gesagt: „Es gibt nur eine Arbeit, die zu tun ist – die große Arbeit". Schöpfung ist die Arbeit, die die Welt tut. Das ist Evolution. Und ein anderes Wort für Evolution ist 'Kreativität'. Mit einer neuen Schöpfungsgeschichte wird uns bewusst, dass alle Kreativität sich aus der Millisekunde des Urknalls vor 15 Milliarden Jahren entfaltet und immer weiter ausgeprägt hat. Schöpfung und Kreativität sind wie Synonyme. Die Vorstellung, dass Arbeit etwas Statisches sei, gehört der Vergangenheit an. Das ist ein Teil der alten Schöpfungsgeschichte, nach der alles in einer Arbeitswoche entstanden ist und dann unverändert blieb. Heute besteht die Definition von schöpferischer Arbeit darin, immer neue kreative Verbindungen zwischen allen Teilen des Ganzen zu schaffen. Wir leben in einer Zeit, in der Kreativität neu definiert wird und wo keiner genau weiß, wie das geht. Da sind Menschen gefordert, die den Mut und die Fähigkeiten haben, auf dem schmalen Grat zwischen Ordnung und Chaos zu tanzen, denn ein kreativer Prozess braucht beides und ist kein Zuckerschlecken, sondern manchmal schwierig und schmerzhaft. Deshalb müssen wir lernen zu kooperieren, unser Wissen zu teilen, weiterzugeben und einen Weg zu finden, unsere Balance in Zeiten des Chaos mit Freude zu bewahren.

Die Welt wieder zum Heiligtum machen

Im Gespräch mit dem Ökophilosophen Henryk Skolimowsky

Wozu brauchen wir eine Öko-Philosophie?

●●●●●●● Diese Frage lässt sich ohne weiteres vertiefen: Wozu brauchen wir überhaupt Philosophie? Die Antwort lautet: Wir brauchen Philosophie, um verstehen zu können, wer wir sind, was wir auf dieser Erde zu tun haben und wo unser Platz auf ihr ist. Da hat es schon eine ganze Reihe guter Philosophen gegeben, die sehr interessante Antworten darauf hatten. Plato gehörte dazu, Heidegger, Hegel. Wie dem auch sei: Wir leben in neuen Zeiten in einer neuen Welt, die uns mit vielen unerwarteten Fragen konfrontiert. Wir brauchen also eine ökologische Philosophie, damit wir die gegenwärtige Welt, die so kompliziert geworden ist, dass wir sie nicht mehr begreifen, besser und tiefer verstehen. Das können die Philosophen der Vergangenheit nicht für uns leisten.

Was ist Ihre Kritik an der bisherigen Philosophie angesichts der Probleme, vor denen wir stehen? Braucht eine alternative Zukunft eine neue philosophische Perspektive?

●●●●●●● Es ist einfach so, dass uns die alten Philosophen nur die alte Welt erklären können. Die neuen Fragen aber lauten: Woher kommt die ökologische Krise? Warum hat uns die sonst so erfolgreiche westliche Wissenschaft in eine solche Situation gebracht? Ist sie dafür verantwortlich? Vielleicht erinnern Sie sich an das Zitat von Karl Marx, der gegen Ende des 19. Jahrhunderts in den Thesen zu Feuerbach schrieb: „Bislang haben die Philosophen die Welt nur erklärt, heute aber geht es darum, sie zu verändern". Meine Antwort darauf lautet: 'Wir haben die Welt schon viel zu sehr verändert und meistens zum Schlechten. Heute geht es darum, sie besser zu verstehen!' Das ist unvermeidlich geworden, weil das gegenwärtige

*Prof. Dr. **Henryk Skolimowsky** wurde 1930 in Warschau geboren. Er gehört zu den internationalen Vorreitern auf dem Gebiet des ökologischen Denkens. Mit der von ihm entwikkelten Öko-Philosophie schuf er eine ökologische Ethik, die auf einer Ehrfurcht vor dem Leben basiert und ein Fundament für nachhaltiges Handeln und Wirtschaften bietet. Er studierte in Warschau Musik, Naturwissenschaften und Philosophie und lehrte an zahlreichen Universitäten in aller Welt, bis er für 20 Jahre an der Universität von Michigan blieb. Nach der Wende in Polen übernahm er in Lodz den weltweit ersten Lehrstuhl für Öko-Philosophie. Neben seiner universitären Lehrtätigkeit betreibt er ein privates Retreat- und Seminarzentrum in Griechenland. Neben seinen 35 englischen Büchern ist in Deutsch der Band „Öko-Philosophie. Entwurf für neue Lebensstrategien" (1989) erschienen.*

Weltbild und Verhalten gegenüber der Welt unsere Existenz in so bedrohlicher Weise in Frage stellen. Wir müssen lernen, die Welt besser und tiefer zu verstehen, um zu erkennen, was wir da tun. Denn es kann ja nicht der Weisheit letzter Schluss sein, wenn unser bisheriges Verständnis zu ihrer Zerstörung führt. Das große Paradox und die Tragödie unserer Zeit liegen darin, dass wir die natürliche Welt trotz unseres enormen Wissens vernichten. Da fehlt ein wesentliches Verständnis. Es gibt einen klaren Mangel an Wissen über das, was wir tun.

Wir scheinen einerseits mehr zu wissen als je zuvor. Andererseits scheint es an Werten zu fehlen, mit dem Wissen richtig umzugehen. In welchem Bezug zueinander sollten Wissen und Werte ihrer Meinung nach stehen?

●●●●●● Wir scheinen ja nur immer mehr Wissen über das Gleiche zu sammeln, aber gleichzeitig unfähig zu sein, ein tieferes Verständnis zu gewinnen. Wir begreifen zwar durch die Wissenschaft der Ökologie, dass es bestimmte Beziehungen zwischen biologischen Lebensräumen und der menschlichen Spezies gibt, aber wir haben noch lange nicht verstanden, was wir damit anrichten, wenn wir alle unsere Handlungen immer nur atomistisch und separat voneinander analysieren. Wir müssen eine holistische Sichtweise entwickeln, um zu erkennen, wie unsere Technologien und Eingriffe in die Natur den gesamten Prozess beeinflussen. Um die globalen Folgen unserer Aktivitäten für die Welt und für uns selbst zu erkennen, brauchen wir ein globales, ganzheitliches Verständnis

Wie könnte dieses Verständnis aussehen?

●●●●●● Es muss ein tiefes, ökologisches Verständnis sein. Ökologie ist die wahre Königin der Wissenschaften, weil sie die globale Perspektive hat. Durch sie können wir verstehen, dass die spezialisierte Wissenschaft der Vergangenheit nur isolierte einzelne Phänomene tief erfasst hat. Westliche Wissenschaft ist hoch spezialisiert. Je mehr sie sich spezialisiert hat, desto mehr hat sie sich mit immer kleineren Problemen beschäftigt. Die Probleme wurden so klein, dass wir die Einsicht verloren haben, dass sie nur Teil eines viel größeren Problems sind. Sie haben Recht damit, dass dabei auch unser Wertegefühl auf der Strecke geblieben ist. Dass es eben nicht nur um das physikalische Wissen geht, sondern auch um den Zweck, den wir damit verfolgen. Dieses physikalische Wissen wurde für wertfrei erklärt und hat die traditionellen Werte an den Rand gedrängt. Die Verdrängung der moralischen und besonders der spirituellen Werte hat dazu geführt, dass unsere Kultur teilweise zerstört worden ist. Wir leiden unter einem großen Wertevakuum. Das ist die Konsequenz eines Nihilismus, einer Desorientierung und Verwirrung, die dazu führte, dass wir nicht mehr wissen, in welcher Welt wir eigentlich leben, wie wir uns verhalten und wofür wir leben sollen.

Sie erwähnten den Begriff der 'Spiritualität'. Was hat Spiritualität mit Öko-Philosophie zu tun?

●●●●●● Ich benutze den Begriff der Spiritualität mit großer Vorsicht. Ich benutze ihn nicht, um eine religiöse Haltung oder die Zugehörigkeit zu irgendeiner Kirche zu umschreiben. Gott ist meiner Ansicht nach weit entfernt von einer solchen 'Religiosität' und nicht identisch mit dem klassischen Religionsbegriff. Spiritualität hat nichts mit Kirchen zu tun und lässt sich nicht in irgendwelche Konfessionen einsperren. Wenn ich diesen Begriff benutze, meine ich eine gewisse menschliche Haltung gegenüber der natürlichen Welt und anderen Mitmenschen. Und diese Haltung ist eng verknüpft mit einem neuen Verständnis, das ich als ein 'ökologisches Verständnis' bezeichnen würde. Nämlich der Einsicht, dass die Welt ein wunderbares Spektakel ist, das erhalten werden muss, ein unglaubliches Kunstwerk. Ein wirklich tiefes Verständnis, das die Welt als geheimnisvollen Organismus und als Wesen begreift. Diese Einsicht sollte uns dazu inspirieren, dem Planeten mit einer Haltung des Respekts und der Ehrfurcht zu begegnen. Diese ehrfürchtige Haltung ist auch eine dankbare Haltung, sie lässt in uns so etwas wie eine Verehrung der Natur entstehen. Das ist etwas anderes als die Verehrung, die wir aus der Kirche kennen. Sie basiert auf einer tiefen Anerkennung der Natur, die zu Dankbarkeit und einer spirituellen Haltung wird. So eine Wahrnehmung der Natur wird Teil des Selbst, ebenso wie das Selbst zum Teil dieser heiligen Schau wird. Spiritualität ist für mich also ein tiefes Verstehen der Natur und unserer Rolle in ihr.

Also eine Religiosität ohne Gotteshäuser und Altäre?

●●●●●●● Für mich gibt es tatsächlich nur eine Kirche und einen Altar – das ist die Welt. Und die einzig richtige menschliche Haltung in diesem Heiligtum ist eine respektvolle Dankbarkeit, die man gegenüber etwas empfindet, das heilig ist. Die Welt ist heilig. Wir sind heilig. Die richtige Seins-Haltung bestünde darin, uns als heilige Wesen in einem großen Heiligtum zu begreifen. Für mich ist die Welt so ein Heiligtum. Wer auch sich selbst und andere als Heiligtum begreift, muss den anderen respektieren, ihn eigentlich sogar verehren und sich dankbar verhalten. Wer begriffen hat, dass er eigentlich in einem Heiligtum lebt, kommt zu einer anderen Einstellung gegenüber der Natur, dem eigenen Sein, früheren Religionen und Spiritualitäten. Ökologische Spiritualität lehnt andere Religionen nicht ab. Sie sagt vielmehr: Um unsere ökologische Krise in ihrer ganzen Tiefe zu verstehen, müssen wir eine völlig neue Denkweise und ein neues Verstehen entwickeln.

Das klingt nach einer Wieder-Verheiligung der Welt. In der Vergangenheit hat die Philosophie ja eher versucht, sich klar von religiösem Denken abzugrenzen oder sich in der Moderne auf Sprachtheorien, Logik und Fakten konzentriert. Was sind demgegenüber Ihrer Meinung nach die wesentlichen Fragen des menschlichen Lebens?

●●●●●●● Sie haben Recht damit, dass mein Ansatz auf eine Wieder-Verheiligung der Welt zielt. Und das hat einen guten Grund: All die großen menschlichen Kulturen der Vergangenheit begriffen die Welt als heiligen Ort, als Wunder, als magischen Raum und Heiligtum. Dann kamen wir zu der Einsicht, dass die Welt zu sehr von den organisierten Religionen dominiert wurde. Wir sollten uns aber heute daran erinnern, dass die Menschen in den traditionellen Kulturen – also weltweit vor höchstens 3000 oder 4000 Jahren, bevor die Kirchen entstanden – auch schon immer in einer Welt gelebt haben, die sie als heilig empfanden. Das war eine Religiosität ohne religiöse oder kirchliche Herrschaft und ohne dogmatische Unterdrückung. Dann haben die monotheistischen Kirchen das Heilige für sich in Anspruch genommen und monopolisiert. Das wurde immer mehr als eine Art Unterdrückung empfunden. Deshalb haben wir uns seit der Renaissance daran gemacht, uns von dieser religiösen Unterdrückung zu befreien. Aber unglücklicherweise haben wir dabei das Kind mit dem Bade ausgeschüttet. Mit dem Widerstand gegen religiöse Unterdrückung haben wir auch unser spirituelles Kleid, unser ethisches Kleid, unsere tiefsten Werte gegenüber den existentiellen Lebensfragen abgestreift. Mit dieser Säkularisierung haben wir zu schnell alles abgelehnt, was mit Spiritualität, Religion oder tiefen Werten zu tun hatte. In den letzten zwei oder drei Jahrhunderten entstanden daraus die rationalen, materialistischen und säkularen Philosophien der Neuzeit. In ihnen gibt es praktisch keinen Raum für Gott, Religion, Kirche oder tiefe Werte. Ich denke, das war ein großer Fehler. Mit der Entstehung eines materialistischen Weltbildes haben wir uns selbst beraubt, wir haben das menschliche Universum ärmer und oberflächlicher gemacht, wir haben unseren Sinn für Ehrfurcht und Heiligkeit verloren – wir haben uns als menschliche Wesen ärmer gemacht! Was mein Ansatz und der von immer mehr anderen Denkern und Denkerinnen versucht, ist eine neue Balance. Zu sagen: Wir wollen weder religiöse Herrschaft noch kirchliche Unterdrückung, aber wir wollen zurück zu einem Gefühl des Reichtums der Welt, zurück zu unserem spirituellen Reichtum. Denn in einer völlig materialistischen und säkularen Welt sind wir nur halb entfaltet. Wir spüren, es fehlt etwas. Der Mensch lebt nicht vom Brot allein, Konsumismus reicht nicht, sondern reduziert uns zu Idioten. Deshalb lautet das Ziel: Zurück zum Menschen als ganzes Wesen. Statt einem dummen Konsumenten zurück zur Person, die Kultur, Werte und Spiritualität hat. Unser Schicksal liegt nicht darin, immer mehr zu konsumieren, sondern darin, unser tiefstes Potential in die Welt zu bringen. Schon Sokrates und Plato haben gesagt, dass in jedem von uns ein innerer Gott wohnt, den es zu befreien gilt. Dieser 'innere Gott' ist unser bewusster Kern, unsere innersten Möglichkeiten, die wir verwirklichen können. Das zu versuchen, hat nichts damit zu tun, die Welt wieder von Religionen beherrschen und unterdrücken zu lassen. Dabei geht es vielmehr um eine Heilung von der Verwüstung, die ein purer Materialismus in einer säkularisierten Welt über unsere Seelen gebracht hat – um eine neue Balance des menschlichen Universums.

Wie lauten die Fragen, die wir uns stellen müssen, um aus diesem rein materiellen Weltbild herauszutreten?

●●●●●●● Das sind eigentlich ganz einfache Fragen: Wer bin ich? Was ist der Sinn meines Lebens auf dieser Welt? Was ist das Universum eigentlich? Ist es nur eine sinnlose große Maschine, die sinnlose Formen der Erkenntnis hervorbringt? Oder ist es etwas viel Wunderbareres und Besonderes? Könnte es nicht sein, dass die gesamte Entwicklung des Universums ein großer Schöpfungsprozess ist, in dem immer differenziertere Wesen sich immer mehr und besser ausprägen? Ein Prozess, der immer mehr Tiefe bekommt, in dem irgendwann das Selbstbewusstsein entstanden ist, dann die Spiritualität, die Kunst, die Symbole? Dinge und Phänomene, mit deren Hilfe wir etwas aus uns machen konnten, die Höhlen der Sammler und Jäger verlassen konnten, Mitgefühl, Liebe und Kooperation entwickeln konnten. Das sind doch Eigenschaften, die den Menschen erst zum Menschen machen und gleichzeitig zu Fragmenten eines sich immer mehr manifestierenden Gottes. In meiner Philosophie ist Gott nicht irgendwo außerhalb der Welt im Himmel angesiedelt, sondern er manifestiert sich in allem was ist. Gott ist ein Entstehungsprozess, eine fortlaufende Selbstschöpfung und wir sind ein Teil dieser göttlichen Selbstverwirklichung. Wir sind diese entstehende Göttlichkeit, wenn wir mit ihm kooperieren.

Henryk Skolimowsky

Von der traditionellen Theologie ist diese Sicht weit entfernt ...

●●●●●●● Das mag zwar keiner traditionellen theologischen Lehre entsprechen, hat aber dafür umso mehr Parallelen mit den Erkenntnissen der modernen Wissenschaft. Denn dort wird immer klarer, dass während unserer menschlichen Evolution auch unser Verständnis der Evolution, der Religion, des Gottesbildes fortschreitet. Wir erkennen, dass Gott sich selbst entwickelt, evolviert. Und ein sich entwickelnder Gott ist genauso wunderbar wie ein unbeweglicher und unveränderlicher Gott. Wenn Gott all die möglichen Eigenschaften der Welt in sich vereint, dann können wir ihm doch nicht die evolutionäre Eigenschaft der Entwicklung verweigern – es wäre sogar ein Zeichen mangelnder Perfektion, sich nicht mehr weiter entwikkeln zu können.

Ist dann menschliche Entwicklung identisch mit göttlicher Entwicklung?

●●●●●●● Das werden wir wohl erst dann richtig verstehen können, wenn wir uns noch viel weiter entwickelt haben und neue Aspekte des Göttlichen zum Ausdruck gebracht haben, indem wir – anders gesagt – mehr Gott geworden sind, indem wir ihn im Prozess seiner Verwirklichung unterstützt haben. Denn wir sind ja ein integraler Teil dieses Prozesses. Wir sind Teil der Welt, Teil der Göttlichkeit. Und die Anerkennung dieser Tatsache kann uns dabei helfen, zu einer ehrfürchtigen Haltung gegenüber der Natur, uns selbst und anderen zu kommen.

Wird dabei die Evolution selbst Grundlage unseres Verständnisses von Heiligkeit? Oder brauchen wir dafür eine neue Art von Schöpfungsgeschichte als Basis einer neuen Philosophie?

●●●●●●● Es ist sicherlich so, dass das Wissen über die Evolution ein wichtiges Werkzeug für ein neues Verständnis ist. Aber es geht um mehr als um Darwins Theorie von Mutation und Auslese. Evolution ist ein Prozess der Selbstperfektionierung des ganzen Systems. Indem die Evolution fortschreitet, erschafft sie immer entwickeltere Wesen, immer entwickeltere Formen des Bewusstseins, einschließlich des Selbstbewusstseins und des spirituellen Bewusstseins. Ein tiefes Verständnis von Evolution sieht all das als geheimnisvolle Erscheinung und Prozess, indem sich aus kosmischem Staub ein Einstein, eine Mutter Theresa, ein Gandhi oder andere Menschen entwickeln konnten, die uns allen andere Lebenswege eröffneten. Solche außergewöhnlichen Menschen waren vielleicht in der Lage, diesen evolutionären Prozess tiefer zu begreifen und sich entsprechend zu entscheiden und zu sagen: „Ja, wir sind Teil dieser wunderbaren Entwicklung und wir können zeigen, was möglich ist, indem wir zeigen, was in uns steckt."

Das klingt angesichts der gegenwärtigen Situation in der Welt aber extrem optimistisch ...

●●●●●●● Ich halte auch nichts davon zu sagen, dass wir in einer nihilistischen und zerstörten Welt leben, in der alles in Stücke fällt und der größere Zusammenhang verloren ist. Vielmehr sind wir in einem sehr lebendigen Sinn mitten in einem Wandlungsprozess, in dem wir am Ende eines Abschnitts stehen und der neue Abschnitt gerade beginnt. Und wir erleben all die

Schmerzen eines solchen Geburtsprozesses. Wir sind in einer evolutionären Entwicklung, in der sich das Bestehende selbst transzendiert – einer Evolution hin zu einem ganz neuen Verstehen, einer Wieder-Verheiligung der Natur und unseres Begreifens, die uns darin bestärkt, weiter zu gehen, weil es sonst gar keinen anderen Weg gibt. Evolution gleicht einer sich nach oben drehenden Spirale, die sich hin zu neuen Ebenen der Verfeinerung, des Mitgefühls, der Liebe, des Verstehens und der Spiritualität bewegt. Das ist es, was Gott mit uns vorhat.

Traditionelle europäische Philosophie hat sich bislang eher auf das objektive Denken konzentriert und dabei Materie und Geist voneinander getrennt. Was Sie vorschlagen, scheint statt der Trennung die Teilhabe in den Mittelpunkt zu stellen. Wie müssen wir uns diese Teilhabe vorstellen?

●●●●●● Sie haben recht, dass das europäische Denken besonders in den letzten zwei, drei Jahrhunderten Geist und Natur voneinander trennte und damit die Grundlage für eine kalte objektive Wissenschaft und Philosophie schuf. Aber das war nur ein Prozess innerhalb weniger Jahrhunderte. In früheren Zeiten fühlte man sich – und besonders auch die christlichen Mystiker – sehr wohl in einer ganzheitlichen Welt, in der alles mit Allem verbunden war, Gott ein Teil des Ganzen war, sich in der Welt ausbreitete und sie erfüllte. Wir wissen nicht mehr viel über viele dieser Denkansätze, weil ihre Vertreter meist exkommuniziert wurden und man die Menschen entmutigte, von ihnen zu lernen. Aber es gibt eine entsprechende philosophische Tradition, besonders zwischen dem 11. und dem 15. Jahrhundert. Wir müssen nur ein bisschen genauer hinschauen, um zu erkennen, dass die moderne Philosphie, die als höchste Blüte des Geistes und der Aufklärung gefeiert wurde, ein Fehler war, eine Sackgasse, die uns in die Wüste technologischer Zerstörung geführt hat. Wir gehen heute zurück zu früheren Einsichten: Auch bei Plato sind Göttlichkeit und Schönheit eine unauflösliche Einheit. Und wir entdecken neu, dass im Ganzen eine Schönheit liegt. Die totale Trennung allen von allem hat uns zu einer Entfremdung geführt, in der wir die Wahrheit von der Schönheit getrennt haben. Wir begannen, die 'Wahrheit' anzubeten und sie mit wissenschaftlicher Erkenntnis zu identifizieren und alle anderen Wahrheiten auf den Müll zu werfen. Nun begreifen wir, dass ein Konzept der Teilhabe viel sinnvoller, umfassender und globaler ist. Denn es nimmt Teil an einem neuen Verständnis der Natur und aller Energien, die es neben den physikalischen Energien gibt. Es nimmt Teil an der weiteren Manifestation Gottes, es nimmt Teil an den religiösen Symbolen und ihrer Bedeutung, es nimmt Teil an dem, was wir die 'Wieder-Verheiligung der Welt' nennen. Diese Teilhabe an einem tiefen und sinnvollen Kontext gibt uns erst die Möglichkeit, wirklich etwas aus unserer Existenz zu machen, das hinausgeht über eine ordinäre Trivialität. Denn trotz des Reichtums unserer Erkenntnis und unserer Kunst haben wir unsere Existenz doch völlig trivialisiert. Wir haben den Kontext unserer Teilhabe am Ganzen auf Konsum und den Umgang mit Gütern beschränkt. Aber darüber hinaus gibt es doch so viele andere Energien: Da ist die Welt der Ästhetik, die Schönheit eines menschlichen Augenpaares, die Tiefe der Kunst, die Größe der Sinfonien von Mozart und der Konzerte von Beethoven – alles Dinge, die wir nicht mit wissenschaftlicher Rationalität messen können. Aber genau darin liegt die Substanz, die wir für unsere Existenz, unseren Sinn für Freude und Erfüllung brauchen. Dieser größere Kontext der Teilhabe ist der eigentliche Treibstoff, der es uns ermöglicht, die Reise zur Selbstverwirklichung, zu wirklichem Glück, spiritueller Seligkeit und letztlich 'Selbst-Erleuchtung' fortzusetzen. Darin liegt doch die eigentliche, schönste und erfüllendste Herausforderung. Deshalb müssen wir diesen Kontext der Teilhabe am Ganzen wieder neu erschaffen.

Descartes sagte: „Ich denke, also bin ich". Was wäre Ihr Grundsatz?

●●●●●●● „Woran du teilnimmst, das bist du". Wenn man an trivialen Dingen teilhat, wird man trivial. Wenn man an heiligen Dingen teilhat, wird man heilig. Das ist genau das, was Mutter Theresa und andere Heilige gemacht haben. Sie haben sich entschieden, an der Schönheit Gottes teilzuhaben, sich mit diesem größeren Kontext zu identifizieren, sich vorzustellen, dass sie es schaffen können, sich selbst zu 'heiligen'. Dadurch hoben sie sich von der Ebene der Dunkelheit, der Trivialität und Absurdität auf die Ebene der Schönheit, des 'Besonderen' und schließlich der 'Heiligkeit' und Spiritualität. Sie sind Modelle für die evolutionäre Reise des Menschen.

Sie sprachen sich eben sehr deutlich für die Anerkennung nicht-physikalischer Energien aus. Welche Energien braucht der Mensch auf seiner evolutionären Reise?

●●●●●●● Eine dieser wesentlichen Energien, die von der Wissenschaft kaum wahrgenommen wird, ist die Hoffnung. Ohne Hoffnung gehen wir zugrunde. Menschliches Leben basiert auf Hoffnung. Hoffnung ist eine sehr kraftvolle Energie. Man findet sie in allen Erscheinungsformen des Lebendigen – vom Durchbruch der ersten Blüten durch die geschlossene Schneedecke bis zum ersten Schrei des Neugeborenen. Immer drückt sich die Energie der Hoffnung aus und erklärt: „Hier bin ich und vertraue darauf, dass meine Existenz Sinn macht und ich hier bin, um sie in der Welt zu feiern!" Eine andere wichtige menschliche Energie ist Mut: Mut zum Sein; Mut, Dinge zu tun, die wir für wichtig und schön halten; Mut, jeden Morgen aufzustehen, um durch den Tag, das Jahr und das Leben zu gehen. All das sind außergewöhnliche Energieformen, denn mit der nackten Rationalität gibt es keinen Grund für ein Leben in Mut und Hoffnung. Aber wenn wir Mut und Hoffnung verlieren, gehen wir zugrunde und lösen uns als Menschen auf. Ich bin davon überzeugt, dass die Wurzel der heutigen Krise in der Tatsache liegt, dass so viele Menschen ihre Hoffnung und ihren Mut verloren haben und nur mehr Schatten ihrer eigentlichen Existenz sind. Deshalb ist es so wichtig, diese spezifischen Formen von Energie zu reaktivieren.

Welche Rolle spielt die Energie der Liebe?

●●●●●●● Liebe ist fraglos die wichtigste Energieform. Liebe ist ein Phänomen, das uns vertraut erscheint und uns trotzdem ständig überrascht. Sie ist die ewige Energiequelle. Je mehr man liebt, desto mehr Energie hat man. Liebe ist die einzige Energie, die nicht verbraucht wird, wenn man sie gibt. Sie ist einer der großen Schätze des menschlichen Lebens und des Universums, die nie aufgebraucht werden können. Der Heilige Franziskus hat das sehr schön ausgedrückt, als er sagte: „Indem wir geben, empfangen wir". Es ist sehr wichtig, das wirklich zu verstehen: In Hoffnung zu leben ermöglicht uns vielleicht nur, gewöhnliche Sachen zu erreichen. Liebe zu geben ermöglicht uns den aufrechten, inneren Gang und erfüllt das Leben mit Sinn. Wir müssen begreifen, dass es nicht die böse Welt ist, die uns niederdrückt, sondern dass wir uns selbst niederdrücken und unten halten, wenn wir Hoffnungslosigkeit, Verzweiflung und Mutlosigkeit für einen Teil unserer Natur halten. Für unsere eigentliche Natur ist das eine pathologische Erscheinung. Unsere Natur will mutig sein, will in Hoffnung leben, will nach den Sternen greifen und anderen Menschen in Liebe begegnen. Da geht es wieder um das, was ich die 'Wieder-Verheiligung' des Menschen und der Welt nenne: Um die Wiedergewinnung einer neuen Balance, weg von der Freudlosigkeit und Verwirrung der chaotischen Postmoderne hin zu Hoffnung, Sinn, Liebe, mit der wir unsere kleine Welt und die Welt als Ganzes neu erschaffen.

Aus der mangelnden Teilhabe am Ganzen scheint in der modernen Welt ja auch das Paradigma der 'Konkurrenz' entstanden zu sein. Würden Sie das neue Paradigma als eins der Partizipation und Kooperation bezeichnen?

●●●●●● Mit Sicherheit. Partizipation, Kooperation, Liebe – altmodische Begriffe vielleicht, aber so enorm wichtig, um dem Paradigma der Aggression, der Konkurrenz und der Ausbeutung die Herrschaft zu entziehen. Vielleicht sollten wir uns an dieser Stelle noch einmal näher mit der Entwicklung dieses Paradigmas der Ausbeutung und Aggression beschäftigen. Denn es ist mir zu simpel, einfach zu sagen, dass uns die Konkurrenz und Aggression zerstört. Einerseits ist das sicher so, aber es gibt historische Gründe dafür, dass wir die entsprechenden Denkansätze und Mythen dieses Weltbildes akzeptiert haben. Ebenso wie es Gründe dafür gibt, dass wir diese Grundannahmen nun in Frage stellen und die alten Mythen ablehnen, weil sie unsere Erwartungen nicht erfüllt haben und nicht brachten, was sie versprachen. Wir stellen sie ja heute nicht in Frage, weil wir unwissenschaftlich oder irrational sind, sondern weil die ganzen Prämissen der westlichen Zivilisation in Frage gestellt werden müssen. Wir stellen sie in Frage, weil wir das Gefühl haben, dass es etwas Besseres und Tieferes gibt – nicht indem wir die Wissenschaft ablehnen, sondern indem wir sie in ein viel größeres Verständnis integrieren, wo Kooperation, Altruismus und Partizipation – die wirklich wertvollen Dinge im Leben – wichtiger werden als Konkurrenz und Geld. Denn dann ist der Maßstab nicht länger mehr Geld, sondern ein glückliches Leben, Selbstverwirklichung und Erleuchtung. Wirtschaft, Wissenschaft und Technologie haben es schlicht falsch verstanden. Sie haben einen Aspekt unserer Existenz ungeheuer aufgeblasen und die anderen ignoriert und uns damit zu einer ziemlich leblosen Existenz des Konsums und der Ersatzbefriedigung verdammt.

Wie kommt es, dass so viele Menschen das, wovon Sie hier sprechen, zwar tief in ihrem Herzen wissen, aber die Realität, wie wir sie in Schulen beschrieben bekommen und im Alltag leben, so weit von dem entfernt ist, was wir fühlen?

●●●●●● Das ist so, weil man uns die Gehirne gewaschen hat. Wir sind durch die Medien einer konstanten Gehirnwäsche ausgesetzt und werden dauernd dazu manipuliert, Konsum für die höchste Form des Glücks zu halten. Wissenschaft, Technologie und Wirtschaft setzen uns einer Gehirnwäsche aus, indem sie kontinuierlich behaupten, es gäbe keine höheren Güter als kaufbare Produkte. Und unsere Gehirne sind immer noch gewaschen von den materiellen Dogmen der Philosophie des 19. Jahrhunderts. Trotzdem wissen wir in unseren Herzen, dass das nicht die eigentliche Wahrheit ist. Was uns fehlt, ist der Mut zu sagen: Das ist Humbug, man hat uns reingelegt und getäuscht. Es gibt noch wenige Leute, die sich trauen zu sagen:

Das waren falsche Annahmen, lasst uns eine andere Richtung einschlagen und erneut auf die Reise gehen. Der eigentliche Grund, weshalb viele Leute nicht sagen, was sie fühlen, liegt darin, dass sie dann einen guten Teil ihres geistigen Mobiliars auf den Sperrmüll bringen müssten. Sie müssten ihr bisheriges Denken transzendieren. Und das ist für gewöhnliche Menschen ebenso schwer wie für große Denker. Der Schmerz bei der Suche nach dem Neuen ist für viele so groß, dass sie sagen: „Lasst uns weiter im ruhigen Flachwasser dümpeln. Wir haben weder den Mut, noch die Energie und die Hoffnung, um weiter zu gehen." Das liegt nahe, denn diese Reise ist kein Wochenendausflug. Man muss dabei in gewisser Weise über seine bisherige Natur hinauswachsen, die inneren Beschränkungen überwinden, all die geistigen Fallen bewältigen und all die Denkmuster, an die wir uns gewöhnt haben, ausweiten. Man muss das alte, gewohnte Bewusstsein verändern. Man muss – in gewisser Weise – seine Identität verändern. Das ist eine enorme Arbeit und Menschen sind in der Regel faule Wesen. Aber die Faulen werden in diesem evolutionären Prozess wahrscheinlich nicht überleben. Doch es gibt ein paar andere, die sich sagen: „Ich will nicht untergehen und aussterben. Wir sollten unser Schicksal in die Hände nehmen und die Hindernisse überwinden!" Das sind sicher nicht Legionen, die so denken. Aber jene, die so denken, werden sich zusammentun und die alte Zivilisation hinter sich lassen. Das Leben geht weiter. Und diejenigen, die diese Energie nicht aufbringen oder den Mut nicht haben oder zu faul sind, werden auf die eine oder andere Art auf der Strecke bleiben. Andere, die bereit sind, die Fackel der Evolution weiterzutragen, werden weitergehen. Das mag hart klingen, ist aber das, was wir tun müssen. Wir haben keine andere Wahl.

Wenn wir Evolution in diesem Sinn als das Netz verstehen, in dem wir entweder gefangen sind oder uns auf und mit ihm weiterentwickeln, welche Rolle hat dann das einzelne Individuum? Geht es darum, das eigene persönliche Potential in konstanter Achtsamkeit und Rücksicht auf das Ganze zu verwirklichen?

●●●●●● Das ist eine sehr scharfsinnige, metaphysische und tiefe Frage. Ich stimme der Analogie zu, die Evolution wie ein Netz zu sehen. Aber ich sehe sie eher wie ein dynamisches musikalisches Netzwerk. In diesem Netzwerk der Evolution gibt es eine bestimmte Harmonie. Unsere Weisheit besteht darin, diese Harmonie zu hören, wahrzunehmen und uns in Resonanz mit ihr zu bringen. Wir müssen uns in dieses evolutionäre Netz so einweben, dass wir in Harmonie mit seiner inneren Musik sind und gleichzeitig mit unserer eigenen kleinen Melodie kreativ dagegen anspielen. Dann können wir so etwas werden wie ein volles menschliches Wesen, das sich in Gleichförmigkeit mit der übergeordneten Harmonie dieses evolutionären Netzes selbst verwirklicht.

Das bringt mich zur letzten Frage mit der ich nach diesen philosophischen Höhenflügen wieder in den Alltag zurückkehren möchte: Wie lassen sich diese Einsichten in normale Lebensstrategien umsetzen, die uns dabei helfen, Depression und Verzweiflung zu überwinden?

●●●●●● Der Ratschlag lautet: Sei du selbst, schaue tiefer in dich, verweigere dich allen Versuchen, wie ein Zahnrad zu funktionieren, verweigere dich der Manipulation, erkenne dein göttliches Potential. Denn jeder hat in sich das Licht der Erkenntnis seines tiefsten Selbst und die Fähigkeit und den Mut, die dort verborgenen Einsichten in Handlung umzusetzen, um die eigenen Verhältnisse zu verändern. Denn es kann nicht richtig sein, dass die Menschen in dieser großartigen Periode ihrer Existenz, in der wir einen nie da gewesenen Reichtum erreicht haben und derartige technologische Wunderwerke erschaffen haben, sich persönlich so machtlos und impotent fühlen, dass sie nichts mehr für sich tun. Das ist einfach nicht die richtige Basis für den Menschen im Prozess der Evolution. Also: Schau tiefer in dich selbst und sei gemeinsam mit anderen davon überzeugt, dass es einen Weg gibt. Wo ein Wille ist, ist auch ein Weg!

Ist das der Pfad, der im 21. Jahrhundert vor uns liegt?

●●●●●● Diese Aufgabe wird uns im ganzen 3. Jahrtausend beschäftigen. Wir sollten nicht nur an das 21. Jahrhundert denken. Es ist nur das erste im neuen Jahrtausend. Ich bemühe mich bis ans Ende dieses Jahrtausends zu denken.

Glaube zwischen Rationalität und Mystik

Im Gespräch mit dem Kirchenkritiker und Theologen Eugen Drewermann

Herr Drewermann, kann eine gesellschaftliche Krise, die ja zuallererst immer auch eine persönliche Krise des einzelnen Menschen ist, uns zu einer neuen Form von Religiosität führen?

●●●●●●● Not kann Beten lehren. Viele Menschen sind im Alltag – vorausgesetzt, sie können sich eine gewisse Sorglosigkeit leisten – nicht gerade offen, um in den Abgrund zu schauen. Not kann uns sehr jäh den Grund unter den Füßen wegnehmen und man stellt plötzlich Fragen, die man sich so nie gestellt hat. Not: Das kann sein, ein Mensch stirbt an unserer Seite, wir selber fallen aus dem Zusammenhang des Lebens heraus, den wir uns mit viel Mühe geschaffen haben. Plötzlich fragen wir uns, was macht es für einen Sinn, so wie bisher gelebt zu haben. Wo ist wesentliche Antwort auf die Frage, wofür wir sind? In diesem Kontext verstehe ich auch das Gebet als eine neue Art der Nachdenklichkeit über sich selber – auch der Sensibilität gegenüber der Fragwürdigkeit oder der Geschenkhaftigkeit des menschlichen Lebens. Ich meine mit „Not lehrt Beten" aber nicht, dass wir in magischer Weise Gott in den Ohren liegen und ihn vollplärren, was er für uns tun soll. Das Gebet ist eine Form, dort Vertrauen zu gewinnen, wo es eigentlich schwer fällt, sich noch geborgen zu fühlen. Es ist nicht die Haltung, Krisen zu vermeiden, es ist nicht der magische Fetisch, kraft des Allmächtigen aus jeder Notlage gerettet zu werden, es ist nicht ein eisernes Schild gegen Armut, Krankheit oder Tod. Es ist eine bestimmte Fähigkeit, inmitten der Krise wahrhaftig zu bleiben. Das ganze menschliche Dasein ist eine solche Krise.

*Dr. **Eugen Drewermann** gilt in Deutschland als der wichtigste christliche Denker und Autor außerhalb der kirchlichen Institutionen und als scharfer Kritiker überholter Dogmen. Er wurde 1940 in Bergkamen geboren und studierte Philosophie in Münster, Theologie in Paderborn und Psychoanalyse in Göttingen. 1966 wurde Drewermann zum Priester geweiht und arbeitete danach im Gemeindedienst und in der Studentenseelsorge. Aufgrund seiner zunehmend kritischen Haltung gegenüber der Amtskirche entzog ihm Erzbischof Johannes Joachim Degenhardt im Oktober 1991 die kirchliche Lehrerlaubnis, dem folgte das Predigtverbot und im März 1992 die Suspension vom Priesteramt. Sein wichtigstes Buch in diesem Zusammenhang und Auslöser des Streits ist „Kleriker – Psychogramm eines Ideals" (1989). Nach seiner Suspension erhielt Drewermann einen Lehrauftrag für Soziologie und Kulturanthropologie an der Gesamthochschule in Paderborn. Da er nicht mehr offiziell predigen durfte, hielt er bis Dezember 2000 wöchentliche Wortgottesdienste in einem Paderborner Gymnasium ab. Eugen Drewermann ist heute als freier Schriftsteller und Vortragsreisender tätig. Seine über 70 Buchveröffentlichungen handeln von Moraltheologie und Bibelexegese, tiefenpsychologischen Märcheninterpretationen, Krieg, Frieden und Umweltkrise. In den letzten Jahren arbeitete er an dem fünfteiligen theologischen Hauptwerk „Glauben in Freiheit".*

Spirituelle Ökologie und ökologisches Christentum

Beten scheint aus der Mode. Oder wird es heute nur falsch verstanden?

●●●●●● Beten ist beides: Es ist der Mut sich auszusetzen, es ist das Vertrauen, einer offenen Hand zu begegnen, die rettet. Es ist im Ganzen die Fähigkeit, über eine Welt zu gehen, die eigentlich keine Brücke, keine Konsistenz unter den Füßen hat, die jederzeit einstürzen könnte. Und übergäbe man sich der Angst, wäre man verloren. Dieser Moment, die Angst bewusst zu kennen und trotzdem im Vertrauen, gerettet zu sein – das ist Gebet für mich. Darin liegt auch der Sinn der Religiosität. Der Unterschied ist, dass der religiöse Mensch inmitten der Krise anders reagiert. Er ist nicht konfus, nicht verzweifelt, gerät nicht durcheinander. Denn ihm ist ständig bewusst, dass er nur ein geliehenes Dasein hat. Aber das kann er im Vertrauen auf ein anderes Ufer leben. Wir sind herausgefallen aus der Geborgenheit der Natur. Wir sind fremd geworden in dieser Welt und wir brauchen eine gewisse religiöse Dimension, um wieder heimisch zu werden. Die Art, wie geatmet, gelebt, gefühlt wird – auch das kann man Gebet nennen.

Heißt das, wir brauchen nicht nur eine neue Wahrnehmung für das Heilige, sondern auch eine neue Sprache?

●●●●●● Es würde schon reichen, wenn wir einfach nur gegen die Angst einen Raum bilden, wo genügend Schutz ist, einmal zu sich selber zu finden, wo Stille da ist, um auf sich selber zu hören. Allein die Ehrfurcht vor einem fremden Leben ist für mich eine religiöse Haltung – ein Respekt, den ich als Gebet bezeichnen kann. Und das 'nach-innen-hören', die Sensibilität für Träume, für Gefühle, die man sich bis dahin noch nicht gestattet hat, das Eingeständnis von Fehlern und Rücksichtslosigkeiten – all das hat in der Sprache der Theologen etwas mit Gewissenserforschung zu tun und wird Reue oder Buße genannt. Die Menschen heute nennen es nicht mehr so – und sie haben ganz Recht. Die tradierte Kirchensprache verfremdet die Erfahrung und deshalb sollten wir mitunter gar nicht sprechen von 'beten', 'büßen', 'reuen', sondern von 'richtig reden' oder von 'Mut gewinnen zum Leben' oder vom 'Empfänglichwerden von Freude' oder von 'Sich betreffen lassen von fremdem Schmerz' oder von der 'Ehrlichkeit, etwas in sich selbst nicht zu vermeiden' – das alles sind Arten, als Mensch ganz zu sein. Und natürlich brauchen wir heute eine Form von Sprache und Mut, um zu sagen, was wir zu sagen haben!

Was gibt es laut zu sagen in Punkto Kirche?

●●●●●● Da lautet der kostbarste Inhalt des Christentums: „Die Menschen sind Sünder, aber Christus am Kreuz hat dich erlöst!" Jeder, der christlich erzogen wurde, hat das über 500 Religionsstunden eingetrichtert bekommen. Und dieser Begriff der Sünde erzeugt Schuldgefühle, zwängt ihn ein, macht unfrei. „Am Kreuze", das heißt, er muss sich selber opfern, er muss viel leiden, er darf niemals aufmucken, er darf niemals sein Glück wollen. Und „erlöst" heißt, er muss glauben, dass eine Macht von außen, die vor 2000 Jahren irgend etwas Wundersames getan hat, was heute nicht da ist und die er nicht begreift, ihm hilft. Mir scheint, mit der kirchlichen Sprache geht der kostbarste Inhalt der Botschaft verloren. Würde man aber sagen, Jesus wollte eine bestimmte Form von Güte, von Menschlichkeit, von Vertrauen in das Leben bringen, die den Menschen ein eigenes Rückrat gibt, dann bräuchte man nicht mehr von Sünde sprechen. Dann könnten wir, wenn wir vor einem Obdachlosen stehen, von den Gefühlen der Hilflosigkeit, der Ausweglosigkeit, der Außenlenkung, der Entfremdung sprechen und wüssten plötzlich, was zu tun ist. Die Reinigung des Tempels von Jerusalem, kann Meister Eckardt predigen, ereignet sich in dir. Und auf die Frage, wer ist denn 'Jesus, der Gottmensch', kann er sagen: Ein wirklich gütiger Mensch ist der Sohn Gottes. Das waren Sätze, die so dicht dabei waren, Christentum als eine Existenzform zu verstehen: eben Jesus nicht zu verfeierlichen, sondern ihm Gestalt zu geben in der eigenen Existenz. Davon aber fühlt sich die Kirche, die ritualisiert und verfeierlicht, was im Grunde ganz banal im Alltag gelebt werden soll, bedroht. Die Botschaft Jesu war ja nicht „Fallt vor mir auf die Knie", sondern „Macht Euch nach meiner Weise auf die Socken".

Was wird jungen Menschen demgegenüber als Religiosität vermittelt?

●●●●●● Sie haben in den Konfirmationsstunden die Psalmen gelernt, in den Kommunionsstunden irgendwelche Kirchengebete hersagen müssen, sie sind das überdrüssig und finden das langweilig. Sie haben es auch überhaupt nicht als Befreiung oder als Hilfe erlebt, sondern im Grunde als eine Art von Psychoterror, von Vergewaltigung. Sie möchten frei sein. Dieselben Leute ahnen oft nicht, dass sie ihre Art der Frömmigkeit längst gefunden haben, wenn sie sich nur klar machten, dass sie anders definiert werden kann: Durch einen Spaziergang im Wald, das Ausführen eines Hundes, das Betrachten eines Sonnenuntergangs, ein Gespräch am Morgen unter vier Augen, das Betrachten des Funkelns der Sterne – das alles ist eine Form der Dankbarkeit gegenüber einer Welt, die alles andere als selbstverständlich ist.

Welchen Sinn kann Kirche dann noch haben?

●●●●●● Wenn Kirche Sinn machen will, dann muss sie für die Menschen da sein, aber nicht umgekehrt. Die Kirche hätte die Aufgabe, die Menschen zu sich selbst und zu Gott zu führen. Das Problem ist, dass sie das nicht tut. Sie hat sich als eine aus der Tradition geformte Institution – in der katholischen Variante sogar mit dem Anspruch einer beamteten Unfehlbarkeit von Papst und Bischöfen – über die Gläubigen geschoben wie ein Sperrriegel zwischen Himmel und Erde. Sie erfüllt den Tatbestand dessen, was Jesus im 23. Kapitel des Matthäus formuliert: „Auf dem Lehrstuhl des Moses sitzen die Pharisäer und die Schriftgelehrten." Sie hätten den Schlüssel zum Himmelreich in den Händen, aber sie gehen selber nicht hinein und sie lassen auch niemanden hinein. „Ihr", sagt er dann, „seid getünchte Gräber. Ihr seht wunderschön aus, nur innen drin ist es leblos, modrig, faul und stinkig."

Entsteht heute eine religiöse Gegenbewegung?

●●●●●● Ich glaube, es gibt keine Gegenbewegung zur verfassten Kirche. Das soll es in gewissem Sinne auch gar nicht, weil wir im 20. Jahrhundert begriffen haben, dass man die Wahrheit verrät, wenn man anfängt, sie zu organisieren. Die Menschen sind zu kostbar, als dass man sie in die neue Zwangsjacke zwingen konnte: Zu welcher Organisation, zu welcher Partei, zu welcher Konfession und Fraktion gehört ihr? Die Menschen spüren, ihr Leben gehört ihnen selber. Sie haben sich abgewöhnt, darauf zu warten, dass die Kirche sich noch mal ändert. Was die Menschen nicht länger vertragen, ist ein dogmatisches Gebäude von unfehlbaren Beamten, die die Lebensweise und Existenzform des Religiösen in einen Lehrstand verwandelt haben mit Formeln aus dem 5. Jahrhundert und sie eineinhalbtausend Jahre konserviert haben, die sich in der heutigen Zeit wie Fremdkörper in die Gehirne bohren. Das verformt das Denken, macht aus Glauben Aberglaube. Das verbietet geradezu, zu zweifeln, neue Fragen zu haben, Probleme anzusprechen, für die wir die Antwort noch nicht wissen. Hinzu kommt die Strangulierung der Gefühle im Namen einer Moral, die von der menschlichen Psyche nur einen Bruchteil wahrnimmt und sie auf die 'Vernunft' reduziert.

Was wird da übersehen?

●●●●●● All die Antriebe, all die großen Formen der Gefühle, die aus 250 Millionen Jahren Säugetiergeschichte und der Evolution im menschlichen Zwischenhirn gespeichert sind, existieren nicht für diese kirchliche Betrachtung des Menschen. In diesem Bild haben die Menschen keinen Zusammenhang mit der Schöpfung, sie haben keinen Zusammenhang mit ihrer evolutionären Kindheit. Sie fallen wie in einem Roman aus dem Anfang des 19. Jahrhunderts immer noch fertig vom Himmel. Wir müssen weg von dem Aberglauben, dass wir von der menschlichen Geschichte oder von der Geschichte des Universums im Grunde nur zu wissen brauchen, dass die Welt von Gott gemacht ist, und dann geht es eigentlich ganz rasch von Abraham über Moses und Jesus sozusagen bis Adenauer und Charles de Gaulle. Viel mehr braucht man im Grunde nicht zu wissen, um ein guter Theologe zu sein. Die ganze Infragestellung seit Kopernikus, Charles Darwin, Siegmund Freud wartet ja überhaupt erst auf eine theologische Antwort. Was ist, wenn wir den Menschen viel tiefer zentrieren müssen in seinem Unbewussten? Was ist, wenn wir spüren, dass in der menschlichen Seele Bilder liegen, die ihn tief verbinden mit der Welt, die ihn umgibt?

Fordern Sie also eine Synthese aus wissenschaftlicher Erkenntnis und religiösem Bewusstsein?

●●●●●● Wenn Sie den Weltkatechismus der katholischen Kirche, Jahrgang 1993 aufschlagen, finden Sie darin den spukhaften Aberglauben, dass Gott als seinen Konkurrenten einen gefallenen Engel hat und dieser Satan die Welt durcheinander gebracht und den Menschen in Versuchung und Sünde geführt habe, weshalb wir die von der Kirche verwaltete Erlösung brauchen. Heute ist es die Chaosforschung, die Synergetik, die Systemtheorie, die uns einerseits zeigt, dass wir gewissermaßen in des Teufels Küche sitzen, aber andererseits macht sie uns deutlich, dass die Gesetzmäßigkeit des Universums mit einem hohen Anteil von Versuch und Irrtum arbeitet. Sie folgt vielmehr dem Modell des Spiels, als dem der Planung. Bezeichnend ist, dass die Naturwissenschaften philosophische und religiöse Fragen vorlegen, die von der Religion und der Theologie nicht nur nicht beantwortet, sondern gar nicht aufgegriffen werden. Das Bewusstsein der heutigen Theologie ist derartig mittelalterlich, dass die Öffnung des Kosmos' seit den Tagen des Kopernikus und des Giordano Bruno und die Konzeption eines unendlichen Weltalls die Theologie nicht erreicht haben, dass die Tiefendimension von Raum und Zeit nie die Anthropozentrik der christlichen Theologie berührt oder in Frage gestellt hätte. Die Einordnung des Menschen selber in den gewaltigen Gang der Evolution ist da einfach ausgespart – allein das Wissen darüber, dass vor 70.000 oder vor 200.000 Jahren der Neandertaler wahrscheinlich Formen von Religiosität hatte, aber von uns Heutigen unglaublich weit entfernt ist.

Welche Folgen hat diese theologische Ausgrenzung des Unbewussten und Transpersonalen für eine Kultur?

●●●●●●● Mir scheint, dass es in beiderlei Hinsicht äußerst gefährlich ist, dass die christliche Überlieferung das Unbewusste des Menschen, die innere Natur verdrängt, ausgeblendet und vergewaltigt hat. Denn parallel dazu hat sie den Bezug des Menschen zur äußeren Natur zerstört. Nietzsche und Freud haben diese Problematik im 19. Jahrhundert schon sehr klar gesehen. Uns wird diese Erkenntnis durch die Ökologieproblematik geradezu zur Pflicht. Wenn wir die Natur nach Biomasse und Kapitalaufwand mitleidlos und zynisch verrechnen, wenn wir jeden Berg meistbietend verschachern, dann ist das ja nur möglich, weil wir die Empfindsamkeit für das Leid der nicht-menschlichen Kreaturen förmlich ausgetrieben bekommen haben.

Da klingt auch eine neue Bewertung der Natur als Heiligtum durch ...

●●●●●●● Wir brauchen in der Tat Heiligtumsräume, die dem menschlichen Zugriff so entzogen werden wie auch sonst die Heiligtümer der Religionen. Grzimek hat sich vor vielen Jahren unbeliebt gemacht, als er sagte, die Serengeti sei mindestens so heilig, wie der Kölner Dom. Um das Beispiel mal weiterzuführen: Der liebe Gott hat 60 Millionen Jahre gebraucht, um den Amazonas-Urwald seit der Kreidezeit aufzubauen. Ich nehme an, er ist nicht gerade darauf vorbereitet, dass wir ganze 60 Jahre brauchen, um ihn wieder abzuschaffen. Wenn wir irgendeine Straße durch den Amazonas bauen, interessieren uns noch nicht einmal die 200.000 Indios die es gerade noch gibt. Wir können eigentlich, gestützt auf eine vertiefte Religion, sagen, diese unglaublich komplexen Biotope gehören Gott selber. Und: Wir Menschen haben überhaupt kein Recht, zerstörerisch darin einzudringen, solange wir 95 % der Tier- und Pflanzenwelt darin noch überhaupt nicht kennen. Wer uns sagen würde, wir bauen eine neue Straße einmal quer durch das römische Kolosseum – oder eigentlich noch besser – quer durch den Petersdom, der würde auf einen wütenden Protest aus der ganzen Welt treffen, denn das wäre eine kulturelle Schande. Mir scheint demgegenüber, der Amazonas-Urwald ist heiliger als der Petersdom, denn der letztere ist gebaut worden auf der Ausbeutung vieler Menschen.

Trotzdem scheint unsere moderne Kultur doch dem Glauben aufzusitzen, dass eine Würdigung der inneren und äußeren Natur zu Lasten der 'Vernunft' und 'Aufklärung' geht. Muss das so sein?

●●●●●●● Das ist kein Gegensatz, einerseits zu sagen: 'Wir als Menschen sind vernunftbegabte Wesen' und andererseits zu sagen: 'Wir sind zutiefst verflochten mit den Prozessen, die uns ermöglicht haben im Raum der Natur'. Es kann nicht angehen, eine Art geschichtlichen Rückfall von Salto mortale um Jahrtausende zurück aufzuführen. Das ist unmöglich, wir können nicht zurück in den Busch. Es geht nicht um Abbau von Verantwortung, Nachdenklichkeit, Rationalität, es geht nicht um ein neues Gebräu. Was wir brauchen, ist eine glaubwürdige Synthese zwischen Rationalität und Mystik, zwischen Bewusstsein und Unbewusstem, zwischen Individualität und Gruppenbezug. Dazu brauchen wir beides: Die Stärke des Bewusstseins, ein Individuum zu sein, und die Kraft, die gesellschaftlichen Verhältnisse gerade deshalb so zu ändern, dass sie menschlich werden. Denn erst dann können wir die menschlichen Ansprüche an die uns umgebende Natur so formulieren, dass dabei die Natur nicht zerstört wird.

Eine neue Vision des Lebens

Im Gespräch mit dem christlichen Mystiker Bede Griffiths

Bede Griffiths, was hat Sie als Benediktinermönch dazu bewogen, in einem indischen Ashram zu leben?

●●●●●●● Als ich mich damals entschloss, habe ich meinen Freunden gesagt, dass ich die andere Hälfte meiner Seele finden wolle, ganz so, wie es im chinesischen Denken verstanden wird: Das Yang braucht das Ying. Das Yang steht für das bewusste, rationale, wissenschaftliche Denken und macht den dominanten, kontrollierenden Charakter der westlichen und modernen Welt aus. Ich bin der Meinung, dass der Osten demgegenüber das Ying repräsentiert, die mehr weibliche, passive Seite, die eher rezeptiv, sensitiv und kreativ ist. Ich wollte diese beiden Pole in mir ins Gleichgewicht bringen. Wir alle brauchen diese innere Hochzeit, um eins mit uns zu werden.

Jahrzehntelang erschienen die Pilgerfahrten nach Indien auch als eine Art Flucht vor den Herausforderungen des Lebens ...

●●●●●●● Natürlich gibt es die Gefahr, dass wir vor etwas davon laufen. Aber nicht jede Pilgerreise ist Flucht und nicht jede Flucht ist gefährlich. Bei vielen Menschen, die zu uns kommen, habe ich den Eindruck, dass sie dem gesunden Impuls folgen, aus einem Gefängnis zu fliehen. Sie suchen Freiheit, weil sie sich in ein System voller wissenschaftlicher Technologie und allgegenwärtiger Kontrolle eingesperrt fühlen. Und viele finden diese Freiheit in Indien – eine Freiheit des Geistes und des höheren Selbst. Wer aus einem solchen Gefängnis flieht, rennt nicht vor etwas weg, sondern macht sich auf den Weg, den wirklichen Sinn des Lebens zu erforschen.

Bede Griffiths *gilt als einer der größten christlichen Mystiker des 20. Jahrhunderts. Geboren 1906 in England studierte er Theologie und wurde Mönch im Benediktinerorden. 1955 ging er nach Indien und leitete von 1968 bis 1993 den hinduistisch geprägten christlichen Ashram Saccidananda Shantivanam in Tamil-Nadu in Südindien und machte ihn nicht nur zu einem Begegnungszentrum der Weltreligionen, sondern auch zu einem Ort des Dialogs zwischen Mystik und moderner Naturwissenschaft. In den letzten 30 Jahren seines Lebens wurde er zu einer der führenden Persönlichkeiten im interkulturellen geistigen Dialog und inspirierte zahlreiche spirituelle Führer und ganzheitlich denkende Wissenschaftler. Zu seinen wichtigsten Büchern gehören „Unteilbarer Geist. Quelle der Heiligen Schriften" (1996) und „Die Hochzeit von Ost und West. Hoffnung für die Menschheit" (2003). Bede Griffiths verstarb im Mai 1993.*

Spirituelle Ökologie und ökologisches Christentum

Welche Möglichkeiten bietet uns der indische Kulturkreis dafür?

●●●●●● In Indien und dem Fernen Osten als Ganzes hat man immer schon über die persönliche Projektion eines Gottesbildes hinausgeblickt und eine transpersonale Realität erforscht, die der ganzen Schöpfung und allem Leben zugrunde liegt. Sie ist der eigentliche Gegenstand unserer Suche.

Macht es Sinn, diese Tiefe in anderen Kulturen zu suchen?

●●●●●● Wir können uns Anregungen holen. Aber das Christentum und die Kirche haben die Möglichkeit, vieles davon in der eigenen Geschichte zu finden. Sie müssen ihre frühen mystischen Traditionen wieder aufnehmen, die in Deutschland zum Beispiel durch Meister Eckardt vertreten waren. Er hat schon im 14. Jahrhundert gesagt, dass wir Gott jenseits unserer Vorstellungen von ihm erkennen müssten und von der Verehrung eines Gottes zur Wahrnehmung des Göttlichen kommen müssten. Ich glaube, dass wir in Meister Eckardt, seinen Lehren und der ganzen mystischen Schule eigentlich alles haben, wonach die Menschen heute suchen. Der personifizierte Gott mag gut und in gewisser Weise auch hilfreich sein. Aber eigentlich muss man über dieses begrenzte Bild hinaus gehen und die Göttlichkeit selbst entdecken, in der sich alle Begrenzungen auflösen. Wir müssen also auf dem Weg in eine bewusstere Zukunft einen Schritt zurückgehen und die älteren Traditionen und Einsichten wieder aufnehmen.

Hat die Kirche die innere Größe, mit der Weite eines solchen Gottesbildes umzugehen?

●●●●●● An der Kritik, dass die Kirche zu eng geworden ist, ist sicher viel Wahres. Besonders in den letzten drei Jahrhunderten, seit der Zeit der Reformation und der Gegenreformation ging es in der Kirche primär darum, die Dinge unter allen Umständen so zu bewahren, wie sie gerade sind und sich allen Veränderungen und moderneren Ansätzen zu widersetzen. Erst mit dem Zweiten Vatikanischen Konzil wurde versucht, diese Erstarrung aufzubrechen. Die Widersprüche aber sind unverändert da. Einerseits gibt es diese Tendenz zum Konservativismus, die es ablehnt, irgendwelche neuen Sichtweisen der Realität und der Wissenschaft, der Philosophie und Ökologie zu akzeptieren. Auf der anderen Seite ist es so, dass, egal auf welchem Kontinent man sucht, die Menschen überall über die Grenzen des gegenwärtigen Systems hinausblicken, um es zu einem tieferen Verständnis hin zu öffnen. Das ist gar nicht aufzuhalten. Das wird passieren, ganz egal wie lange sich die Kirche dagegen wehrt. Der Zusammenbruch ist nur eine Frage der Zeit. Ein neues Verständnis von Kirche wächst und wird entstehen. Sie wird weit umfassender sein als heute und sich unterschiedlichen Formen des Christseins und anderen Religionen öffnen. Deshalb liegt die Aufgabe heute darin, die tieferen Werte, die in allen Religionen zu finden sind und auf die sich auch das Konzil berief, zu pflegen. Die katholische Kirche hat sich nach diesem historischen Konzil wieder in ihr konservatives Schneckenhaus zurückgezogen. Aber es gab einen Durchbruch. Diese Tür müssen wir offen halten, wenn auch nur einen Spaltbreit.

Sie sprachen von den tiefen gemeinsamen Werten, die in allen Religionen zu finden sind und leben selber als Christ in einem hinduistischen

Land. Liegt die Zukunft in einem Synkretismus, einer Verschmelzung der Religionen?

●●●●●●● Ich spreche lieber von Ökumene als von Synkretismus. Letzteres ist einfach nur eine oberflächliche Vermischung, in der eine große Gefahr liegt. Da nimmt man ein bisschen vom Hinduismus, eine Prise Buddhismus und ein christliches Rezept und schmeißt alles in einen Topf. Das macht keinen Sinn. In der Ökumene hingegen versucht man, die Werte jeder Religion zu erkennen – seien es der Islam, der Hinduismus oder andere Religionen – und sie in Beziehung zur eigenen Tradition zu setzen. Da geht es nicht darum, einen religiösen Eintopf zu kochen, sondern um einen organischen Wachstumsprozess. Viele Menschen erkennen heute, dass ihr christliches Selbstbild wächst, wenn sie andere Religionen in der Tiefe verstehen lernen und dieser Prozess den Bezug zur eigenen Tradition vertieft. Und das ist auch meine Hoffnung für die Zukunft: Ein tiefes Zusammenspiel der Religionen, statt nur einer oberflächlichen Begegnung. In der Konvergenz lässt sich der gemeinsame Grund aller Religionen finden, jenseits der Unterschiede.

Ist die Idee des Ashrams eine Art Modell für diese Hoffnung?

●●●●●●● In gewisser Weise. Im klösterlichen Leben bei uns ist alles sehr stark strukturiert – die Gemeinschaft, die Gebete, die Woche – und jeder ist primär Mitglied einer organisierten Gemeinde. Im Osten und besonders im Ashram ist es so, dass sich eine Gruppe um einen Meister versammelt, aber jeder dabei seine Freiheit hat. Es gibt nicht so enge Beziehungsstrukturen zwischen den Schülern, weil der Fokus auf der Beziehung zum Meister liegt. Dadurch entsteht ein hohes Maß an Freiheit, Spontanität und Beweglichkeit. Man ist einfach nicht so strukturiert und organisiert wie im Westen. Ein Modell ist es für mich, weil ich glaube, dass wir das einfache Dorfleben wieder entdecken müssen. In Asien, in Afrika und in Südamerika leben die meisten Menschen nach wie vor in den Dörfern. Dieses dörfliche Leben hat einerseits sicherlich seine Begrenzungen und Einschränkungen, andererseits baut es auf sehr stabile Werte. Diese Gemeinschaftswerte wieder zu entdecken und in die Städte zu tragen, war der Kern von Mahatma Gandhis Vision – er wollte Indien von den Dörfern aus erneuern. Und die neue Welt, die wir erbauen, muss an die Einfachheit des Dorflebens anknüpfen und von dort aus einen durchaus technisierten, aber höher entwickelteren Lebensstil entwickeln.

Das klingt wie ein Rückschritt in eine vergangene Zeit ...

●●●●●●● In gewisser Weise muss man auch einen Schritt zurück gehen, um die Zukunft betreten zu können. Es kann nicht darum gehen, die Vergangenheit hinter sich zu lassen. Das kann man bei den Stammeskulturen lernen, sei es in Indien oder anderswo: Sie haben ein enorm hohes Maß an Integrität, an Leben und Kultur bewahren können: Die Vielfalt des Tanzes, der Musik, der Lieder, das ganze Gemeinschaftsleben mit all seiner Spontanität, einem tiefen Sinn für die Gemeinschaft mit der Natur und unmittelbare Religiosität. All das sind enorme Werte, die wir im Begriff sind zu verlieren. Ich arbeite daran, dass wir diese Qualität der Stammesgemeinschaft wiederentdecken, die einen weniger hohen Lebensstandard braucht, um auf dieser Grundlage mit Hilfe der Technik eine Kultur von hoher Lebensqualität zu errichten.

Spirituelle Ökologie und ökologisches Christentum

Wenn Sie betonen, dass wir zu unseren eigenen Traditionen zurückkehren müssen, welche Form von Christentum stellen Sie sich dann vor?

●●●●●●● Es ist ökumenisches Christentum, das da entsteht. Jede Religion hat ihre eigenen einzigartigen Werte und Einsichten, die wir heute anerkennen müssen. Wir sollten sie miteinander in Verbindung bringen. Je mehr man in eine Religion eintaucht, desto besser kann man sich auf die eigene beziehen. Sie kann sich dann von innen verändern. Die ganze ökologische Problematik der Gegenwart beruht auf der nackten Ausbeutung der Erde. Von den Kulturen des Ostens können wir die Verehrung der Erde lernen. Die Erde ist heilig! In der ländlichen Kultur Indiens wird nichts unternommen, ohne es in ein Ritual einzubinden, das die Verbindung zu Gott oder dem Größeren herstellt. Das eigene Land, das eigene Wasser, die Luft, die wir atmen, das Feuer, das uns wärmt, alle Elemente, alles menschliche Leben werden immer in ihrer Beziehung zum Transzendenten gesehen. Das ist es, was wir verloren haben. In letzter Konsequenz beruht das ökologische Problem darauf, dass wir das Gefühl für das Heilige verloren haben. Und das entsteht nicht nur über den Kopf. Es ist gut, in einem eigenen Garten zu arbeiten, zu töpfern, in Kontakt mit der Materie und den Lebensformen um uns herum zu bleiben. Wenn wir das verlieren, schneiden wir uns vom Leben ab. Und es liegt eine große Chance darin, diesen Kontakt wieder zu kultivieren. Er zeigt uns die andere Hälfte unserer Seele.

Was für eine Wahrnehmung der Welt und des Universums steckt hinter einer solchen Kultur der konstanten Rückbindung?

●●●●●●● Das Universum ist ein organischer Prozess und wir sind ein Teil davon. Wir müssen uns neu in Beziehung setzten zu dem Leben um uns herum, zur Welt um uns und gemeinsam mit dem Ganzen wachsen. Kürzlich habe ich einen sehr schönen Satz von einem australischen Aborigine gehört, der genau das zum Ausdruck brachte: „Das Land gehört nicht uns", sagte er, „wir gehören dem Land." So ist es: Die Erde ist die Mutter. Unsere Aufgabe besteht darin, uns in Beziehung zum Land und der Mitwelt zu setzen und in dieser Beziehung zu wachsen.

Ist dies für Sie ein Ansatz eines mystischen Christentums oder sehen Sie diese Weltsicht als Teil eines viel größeren Paradigmenwechsels?

●●●●●●● Es gibt eine breite Bewegung, die versucht, das mechanistische Weltbild zu überwinden und das Universum als Energiefeld zu begreifen. Alles darin ist in Bewegung und voneinander abhängig. Es ist ein vibrierendes Ganzes und das Ganze geht dem Teil voraus. Die Teile haben nur eine Bedeutung in der Verbindung mit dem Ganzen. Wir lernen also gerade, das physikalische Universum als Felder von Energien zu sehen, in denen wir alle auch psychologisch miteinander in einer lebendigen Beziehung stehen. Diesen Aspekt tiefer zwischenmenschlicher Solidarität gilt es wiederzuentdecken. Wir sind keine isolierten Individuen, die einsam ihren Weg gehen. Wir sind Mitglieder einer menschlichen Gemeinschaft, die aus der Erde entsteht und entdeckt, mit dieser Erde zu leben. Ich hoffe auf eine große, neue Vision des Lebens und der Kreativität. Wir müssen uns nicht von unserem wissenschaftlichen Wissen verabschieden, aber es muss wieder einen angemessenen Stellenwert erhalten. Heute beherrscht es alles, doch es muss in seine Schranken gewiesen werden.

Das klingt nach einem fast naturwissenschaftlichen Modell. Wie könnte man das in der Sprache der Religion ausdrücken?

● Die Metaphern sind einfach andere. Wenn wir von Energien sprechen, sprechen wir von Gott und den Engeln. Engel sind reine Energiewesen, pure Intelligenz, die nicht an einen Körper gebunden ist. Und auch da gibt es eine Hierarchie von Energiefeldern. Wir sprechen z.B. von Schutzengeln, die über das Alltagsleben, und von Erzengeln, die über höhere Organisationsformen wachen. Darüber sind Intelligenzen, die weit über die Menschheit ins Universum reichen. Wir sprechen von der höchsten Ebene der Cherubim und Seraphim, die für die göttliche Intelligenz stehen und Engel der puren Liebe sind. Natürliche Intelligenz ist immer der Ausdruck von Liebe. Und Liebe ist die Art, wie Intelligenz sich zum Ausdruck bringt und sich mitteilt. Und schließlich kommt man zum Höchsten, dem absoluten Sein, der absoluten Intelligenz und der absoluten Liebe. Das ist der Aufbau des Universums in all den alten Traditionen. Hier sprechen wir von Engeln, in Indien spricht man von Göttern – Götter sind dort kosmische Kräfte, die in dem Einen, in Brahman, der alle Energie und Intelligenz umschließt, enthalten sind. Und Brahman kann sich ausdrücken im Atman des Menschen, seinem höheren Selbst, seinem Geist, durch den die göttliche Energie und Intelligenz uns erreicht. Die ganzen wissenschaftlichen Theorien verschiedener verschachtelter Systeme, von den Elementarteilchen bis in die Galaxien und Cluster des Universums, haben eine Menge hoch interessanter Parallelen mit der himmlischen Hierarchie der Religionen.

Welche Rolle nimmt der Mensch in dieser Hierarchie ein?

● Wir sind von dieser Intelligenz und Liebe erschaffen worden und werden von ihr geführt. Sie zeigt sich durch den Körper, durch den physikalischen Organismus und das Ganze der Natur. Wie wir damit umgehen, hängt davon ab, wie offen wir dafür sind, uns dieser größeren Intelligenz und Liebe hinzugeben. Der Verfall der Menschlichkeit beginnt, wenn wir aus dieser Intelligenz und Liebe in ein abgetrenntes Selbst fallen, ein Ego mit seinem psychologischen Bewusstsein. Und dann verbringen wir unser Leben in diesem psychologischen Bewusstsein des Egos anstatt im göttlichen Bewusstsein, aus dem wir eigentlich kommen.

Gibt es einen Weg aus dieser Sackgasse?

● In den Traditionen Asiens spricht man – wie beim Ying und beim Yang – von polaren, einander entgegengesetzten Kräften. Heute müssen wir lernen, auch uns und die Erde in der Polarität wahrzunehmen: das Gute und das Böse, die Schöpfung und Zerstörung, Schönheit und Hässlichkeit, Form und Chaos. All das sind entgegengesetzte Kräfte, aus deren Konflikt die Schöpfung immer wieder neu entsteht. Das scheint eine der zentralen Einsichten unserer Zeit zu sein. Im Zustand der Meditation haben wir dann die Möglichkeit, dies einfach zu beobachten und damit auch all unsere Gedanken, Gefühle und den ganzen unbewussten Strom. Wenn wir ihn mit dieser größeren Göttlichkeit in Verbindung bringen, können die Konflikte geheilt werden. Darin besteht für mich die Chance zur Transformation: Wir können die negativen Kräfte in eine positive, kreative Energie verwandeln, die uns Menschen bewusster macht.

Welche Rolle kann die Kirche in einer solchen Vision einnehmen?

●●●●●● Die Kirche der Zukunft ist entweder mystisch oder gar nichts mehr. Wenn die Kirche nicht ihre mystischen Traditionen wiederentdeckt und sich nicht öffnet für ein organisches Weltbild, für Gottes Gegenwart in der Erde, der Materie, dem Leben und im Menschen, dann wird sie der Welt nicht mehr die nötigen Antworten geben können.

Dr. Geseko v. Lüpke wurde 1958 geboren, studierte Politikwissenschaft, Völkerkunde und Journalismus und unternahm ausgedehnte Reisen in alle Welt. Seit Jahren erforscht und beschreibt er spirituelles Wachstum, menschliche Entwicklung, ganzheitliche Weltsicht und nachhaltige Zukunfts-Politik. Der scheinbare Widerspruch zwischen politischem Engagement und spirituellem Wachstum führte ihn zur Tiefenökologie – einem Ansatz, der beides verbindet. Er arbeitet als freier Journalist, Buchautor und selbständiger Redakteur für verschiedene Rundfunkanstalten, Tageszeitungen und Zeitschriften. Daneben engagiert er sich in der initiatorischen Naturarbeit und bietet Visionssuchen und Fortbildungen an.

Bislang erschien von ihm oder unter seiner Mitarbeit: „Tiefenökologie – Wie wir in Zukunft leben wollen" (1995), „Kooperation mit der Evolution. Das kreative Zusammenspiel von Mensch und Kosmos" (1999), „Vision Quest. Visionssuche: Allein in der Wildnis auf dem Weg zu sich selbst" (2000) und „Die Alternative. Wege und Weltbilder des Alternativen Nobelpreises" (2003).

Derzeit ist er engagiert im Aufbau des Siedlungs- und Gemeinschaftsprojektes „Ökodorf Süd". Weitere Infos hierzu unter www.in-gemeinschaft-leben.org und willkommen@ingele.org.

Bildquellennachweis

Rupert Sheldrake: Mit freundlicher Genehmigung © Fischer Verlag
Friedrich Cramer: Mit freundlicher Genehmiging vom Suhrkamp Verlag, © Max-Planck-Ges.
Fritjof Capra: Mit freundlicher Genehmigung © Fischer Verlag
Ervin Laszlo: © Ekko von Schwichow
Galsan Tschinag: Mit freundlicher Genehmigung vom Suhrkamp Verlag, © Aibora Galsan / Suhrkamp Verlag
Donella Maedows: Mit freundlicher Genehmigung © Deutsche Verlags-Anstalt GmbH, München
Amory Lovins, Naomi Klein, Julia Butterfly Hill: Mit freundlicher Genehmigung vom © Riemann Verlag
Stanislav Grof, Mihaly Csikszentmihalyi: Mit freundlicher Genehmigung vom © Klett-Cotta-Verlag, Stuttgart
Bede Griffiths: Mit freundlicher Genehmigung © Via Nova Verlag, Roland Ropers

Bill Plotkin

Natur und Menschenseele

Das Lebensrad und die Mysterien eines seelenzentrierten Erwachsenseins

Plotkin konfrontiert uns mit einer innovativen Entwicklungspsychologie und zeigt uns, wie wir vollständig und erfüllend *erwachsen* werden können, wenn wir es zulassen, dass uns Seele und wilde Natur leiten.

Sein Modell für den menschlichen Lebenskreis wurzelt in den Mustern und Zyklen der Natur sowie der alten Mythen und diese sind Vorlage für einen individuellen Reifeprozess ebenso wie für soziokulturelle Transformation.

Er beschreibt, wie wir Kinder in Liebe erziehen sollen, wie Teenager zu Orientierung und Verantwortung geleitet werden, wie wir selbst unseren Status als Erwachsene veredeln und schlussendlich zu weisen Alten reifen können.

Hierzu greift er auf das archaische Radmodell zurück, beschreibt die Archetypen und die acht korrespondierenden Lebensphasen: Der Unschuldige im Nest / Der Entdecker im Garten / Der Mime in der Oase / Der Wanderer im Kokon / Der Seelenlehrling an der Quelle / Der Handwerker im wilden Obstgarten / Der Meister im Hain der Ältesten / Der Weise in der Berghöhle.

Plotkin gibt uns eine Landkarte an die Hand auf dem Weg von einer egozentrierten, aggressiven Konsumenten-zuviel-isation hin zu einer öko- und seelenzentrierten, nachhaltigen und gemeinschaftlich-mitfühlenden Kultur!

592 Seiten, 8 s/w-Abb.,
15,1 x 22,8 cm, Hardcover
ISBN 978-3-86663-046-8
EUR 29,95 / 43,50 SFR

Scott Eberle

Das Lied der Dunklen Göttin

Sterben können heißt leben lernen

Scott Eberle begleitete als Arzt, Schüler und Freund von Steven Foster diesen in den letzten Tagen und Minuten seines Lebens. Er schildert uns in ergreifender Poesie wie auch ärztlicher Sachlichkeit den Übergang, die letzte Initiation dieses bedeutenden Visionssuche-Mentors und Wildnis-Philosophen.

Die beiden lassen uns teilhaben am gewaltigen Ringen des Menschen mit Leben und Tod, sprechen über die letzten Dinge, über Verwandlung und Schwellengang und über das große Mysterium, im Tod den Lehrmeister des Lebens zu erkennen.

Eberle führt die Grundlagen der Hospizarbeit und der initiatischen Wildnisarbeit zusammen und zeigt, wie sehr diese sich gegenseitig bedingen. Er lässt uns wissen: Wer richtig leben will, muss das Sterben lernen!

Ein Buch für jeden Sterblichen: seine Tiefe lotet die unsere aus, seine Weisheit öffnet ...

Aus dem Inhalt:
• Die Straße der Entscheidung (*Erster Hausbesuch*)
• Die Todeshütte (*Zweiter Hausbesuch*)
• Der Bestimmungskreis (*Dritter Hausbesuch*)
• Der Große Ballspielplatz
• Das Lied der Dunklen Göttin

ca. 208 Seiten, 15,1 x 22,8 cm, Hardcover
ISBN 978-3-86663-053-6
EUR 19,95 / 30,50 SFR

Steven Foster & Meredith Little

Visionssuche

Das Raunen
des Heiligen Flusses
Sinnsuche und Selbstheilung in der Wildnis

„Gehe in die Wildnis, segne Dich selbst und erfahre, was getan werden muß."

Diese Aufforderung steht am Beginn einer Visionssuche. Ziel dieser Reise in die äußere und innere Einsamkeit ist die Auseinandersetzung mit dem ewigen Kreislauf von Leben und Sterben. Sie ermöglicht es, sich immer wieder neu mit dem Leben zu verbinden, den Sinn des eigenen Daseins zu erkennen und seine ganz persönliche Lebensaufgabe zu finden.

Meredith Little, Steven Foster und ihre *School of Lost Borders* zählen seit über 20 Jahren zu den führenden Lehrern. Sie haben schon tausende Menschen bei Visionssuchen begleitet.

304 S., 20 Abb.,
Broschur, 13,5 x 22,0 cm
ISBN 978-3-935581-09-7
EUR 19,95 / 30,50 SFR

Steven Foster, Meredith Little

Die Vier Schilde

Initiationen
durch die Jahreszeiten
der menschlichen Natur

In 12 Jahren Arbeit entstand dieser Klassiker einer initiatorischen Therapie, die sich auf die vier Jahreszeiten und Himmelsrichtungen der menschlichen Natur stützt.

Das Buch beschreibt die wirkliche, innere Natur des Menschen auf einsichtige, weise, lebenspraktische, lyrische und humorvolle Art. Es bietet einen neuen – und doch sehr alten – psychologischen Denk- und Handlungsrahmen und ist für Ökologen, Anthropologen, Geistliche, Wildnisführer und Angehörige lehrender, helfender und heilender Berufe von großem Wert.

„Die Vier Schilde" ist für die moderne Ökotherapie ein kraftvolles Werkzeug, das in der Weisheit der Vorfahren wurzelt und in ihrer persönlichen, umfassenden Erfahrung und Lernbereitschaft.

288 Seiten,
Broschur, 14,8 x 21,0 cm,
ISBN 978-3-935581-72-1
EUR 19,95 / 30,50 SFR

Bill Plotkin

Soulcraft

Die Mysterien
von Natur und Seele

Soulcraft beschreibt theoretisch wie praktisch ein breites Spektrum an Ritualen, die zusammen mit intensiven, teils archaischen Naturerlebnissen initiatisch wirken.

Bill Plotkin zeigt dem Leser, wie er das Wilde tief in seiner Seele befreien kann, ohne dabei selbst will zu werden.

Das Buch ist wie eine Reise über die Pfade des Unterbewusstseins, mit dem Herz eines Schamanen unter Nutzung der Kraft der Mythen, eingebunden in die Psychologie C.G. Jungs. Es richtet sich an alle, die auf der Suche nach Techniken zur Befreiung der wilden Seelenanteile sind.

Plotkin offenbart hier einen wahren Schatz für alle Weisheitssuchenden, Psychologen und praktizierenden Schamanen. Das Buch ist eine Gebrauchsanleitung für die Reise durch die Seelenlandschaft des Menschen.

368 S., 17 x 24 cm, Broschur
ISBN 978-3-935581-76-9
EUR 22,00 / 33,50 SFR

Matthew Fox

Die verborgene Spiritualität des Mannes

Zehn Anregungen zum Erwecken der eigenen Männlichkeit

Gewalt, Krieg und ökologischer Kollaps, die allermeisten der großen Menschheitsprobleme resultieren aus einer desorientierten und außer Kontrolle geratenen Maskulinität.

Viele junge Männer sind auf der Suche nach einer geheiligten Männlichkeit, die notwendige Veränderung bringen könnte. Doch unsere Zivilisation belohnt nach wie vor die Auswüchse männlicher *Reptilien*hirne wie Herrschaft, Ausbeutung und Aggression und unterdrückt die dem Mann eigene Suche nach Spiritualität.

Fox eröffnet uns hier, was er unter *Geheiligter Männlichkeit* versteht und wie wir dorthin gelangen können. Im Kapitel zur Heiligen Hochzeit führt er an, wie diese geheiligte Männlichkeit in einer neuverstandenen Partnerschaft ihren vollkommenen Ausdruck finden kann.

Aus dem Inhalt: Vater Himmel: Der Kosmos lebt / Der *Grüne* Mann / Ikarus und Dädalus / Jäger und Sammler / Der spirituelle Krieger / Männliche Sexualität / Unser kosmischer und unser tierischer Körper / Der *Blaue* Mann / Erdvater: das väterliche Herz / Großvater Himmel: das großväterliche Herz / Übungen zur Entwicklung der 10 Archetypen / Vorschläge für Übergangs- und Initiationsriten.

352 Seiten, 15,1 x 22,8 cm, Hardcover
ISBN 978-3-86663-045-1
EUR 22,00/ 33,50 SFR

Reinhold Schäfer

MännerQuest

Die Reise ins Herz des Mannes

Reinhold Schäfer entwickelt entlang seiner Autobiografie (Alkoholabhängigkeit, Män-nerbewegung, etc.) das Konzept einer initia-tischen MännerQuest.

Seine Kompetenz auf dem Gebiet der Sucht, des Theaters und der Rituale ist ein tragfähiger Boden für die Unterstützung von Männern.

Anhand der Übungen kann der Leser selbst seine verborgenen und verbogenen Seiten entdecken und den ersten Schritt des Weges wagen – hin zu einem neuen kraft- und gefühlvollen Mann.

Viele Erfahrungsberichte bieten einen lebendigen Zugang zu diesem engagiert-gelungenen Versuch einer Männerinitiation.

Ein Praxisbuch für Männer, die die Reise ins eigene Herz wagen wollen!

256 Seiten, A5, Broschur
ISBN 978-3-927940-93-2
EUR 18,00 / 27,90 SFR

Holger Kalweit

Erdmutter will Rituale

Einweihung ins Gedächtnis der Erde

„Naturwesen verwandelten mich, wenn ich meinen Geist im Ritual ausrichtete. Sie sind die leisen, aber wahren Meister der Menschheit. Ich sage: Um gesund und heil zu werden, musst Du Dich an den wildesten Orten opfern!"

Holger Kalweit schreibt zu diesem Buch: Es gärt etwas tief im Menschen. In jeder Generation aufs Neue. Sehnsucht nach Naturumarmung. Einweihung ins Gedächtnis der Erde. Denn: Menschenwissen befriedigt nie.

Wir spüren: „Natur ist stärker als Erziehung", aber wir getrauen uns nicht, die Natur anzurufen. Alle alten Völker dagegen hatten erkannt: Pan will uns nackt und einsam schulen in der Wildnis!

In diesem Werk geht es um Extremerfahrungen in der Natur: Einsamkeitsschulungen, langes Sitzen in Wüsten, Höhlenmeditationen, lange Dunkelheitsaufenthalte, Visionssuchen am Meer.

192 Seiten, 26 s/w-Abb.,
17 x 24 cm, Broschur,
ISBN 978-3-935581-91-2
EUR 18,00 / 27,90 SFR

Gerhard Popfinger

Die Schwitzhütte

Herkunft, Bau und Ritual

Die Schwitzhütte – der Bauch der Erde. Glühende Steine in der Dunkelheit, Menschen sitzen dicht beieinander im Kreis, beten, singen und meditieren. Wasserdampf steigt auf, und Erinnerung kehrt zurück: an die Elemente, an den Kreislauf des Lebens und die Verbindung aller Wesen. Heilung geschieht, für den Einzelnen und die Gemeinschaft.

Die Zeremonie der Schwitzhütte wird immer populärer. Der erfahrene Schwitzhüttenleiter Popfinger beschreibt, was man über den Ursprung, den Bau und die Durchführung einer Schwitzhüttenzeremonie wissen muss, ohne dabei einer bestimmten Tradition den Vorzug zu geben. Die authentischen Berichte von Schwitzhüttenleitern und von Teilnehmern zeigen ein breites Spektrum von möglichen Erfahrungen.

Aus dem Inhalt: Geschichte, Mythen & Ursprung / Bekannte Traditionen / Erfahrungsberichte / Bau einer Schwitzhütte / Durchführung von Zeremonien / Lieder / Anhang

320 S., 55 s/w-Abb, 54 vierf. Abb.,
17,0 x 24,0 cm, Broschur
ISBN 978-3-86663-035-2
EUR 19,95 / 30,50 SFR

Shanti E. Petschel

Reifeprüfung Wildnis

endlich erwachsen werden

Gewalt an den Schulen, Jugendbanden, Drogen, Amoklauf? Und doch huldigt die Gesellschaft dem Trugbild ewiger Jugend als höchstem Ideal. Reife, Alter und Weisheit? Pah! Die Erwachsenen zeigen unreifes Verhalten, sind ewige Jugendliche und lässig-coole Dauergäste der globalen Party.

Pubertät ist eine Metamorphose, ein Verwandlungsprozess von extremer Tragweite: Kein Sein bleibt auf dem anderen. Der junge Mensch gerät außer sich, vom Hunger nach Zuhausesein dürfen getrieben.

Die Praxis der Visionssuche ist uralt. Wildnis ist als Entwicklungsraum für Sinn- und Gottsuche immer geachtet und geehrt worden. Und es wirkt: Ausgeflippte übernehmen wieder Verantwortung, andere wenden sich von einer kriminellen Karriere ab. Verlorene Söhne und Töchter kehren als selbstbewusste Männer und Frauen zurück, um eine sinnvolle Aufgabe in der Gemeinschaft zu übernehmen.

416 S., ca. 100 s/w-Abb.,
17 x 24 cm, Broschur
ISBN 978-3-935581-64-6
EUR 22,00 / 33,50 SFR

Marija Gimbutas
Göttinnen und Götter im Alten Europa
Mythen und Kultbilder
6500 - 3500 v. Chr.

Gimbutas schildert auf wissenschaftlichen Grundlagen ein Weltbild, in dem das mitteleuropäische Neolithikum von einer Religion der „Großen Göttin" geleitet gewesen und von patrilinearen Horden aus dem Kurgangebiet überfremdet wurde.

Sie beweist das Vorhandensein eines reichhaltigen Pantheons an Göttinnen anhand einer Vielzahl und oft selten publizierter archäologischer Funde aus der vor-indo-europäischen Zeit.

Aus dem Inhalt: Die Zivilisation des Alten Europa / Die neolithischen Künstler / Rituelle Kleidung / Die Maske / Altäre und Figurinen / Kosmogonische und kosmologische Motive / Die Herrin des Wassers: die Vogel- und die Schlangengöttin / Die Göttin des Lebens, des Todes und der Wiedergeburt / Die schwangere Vegetationsgöttin / Der Jahres-Gott: Phallus, Stier und Dionysos / Das heilige Kind.

312 Seiten, 252 s/w-Fotos,
171 Zeichnungen, 8 Landkarten
22,0 x 27,5 cm, Hardcover
ISBN 978-3-86663-043-7
EUR 29,95 / 43,50 SFR

Elizabeth Davis & Carol Leonard
Im Kreis des Lebens
Die dreizehn Archetypen der Frauen

Wir alle durchreisen verschiedene Phasen im Leben, die besondere Geschenke und Herausforderungen für uns bereithalten.

13 Archetypen begleiten eine Frau auf diesem Pfad: von der *Tochter* über die *Blutsschwester* zur *Geliebten*, von der *Amazone* über die *Priesterin* zur *Weisen Alten*.

Die beiden Autorinnen erinnern auch an den vergessenen Archetyp der *Matrone*, Sinnbild von weiblicher Reife und Stärke!

Finde heraus, welchen Archetyp du gerade lebst und lasse dich inspirieren, einen eigenen Frauenkreis ins Leben zu rufen!

208 S., 17 x 24 cm, Broschur
ISBN 978-3-935581-75-2
EUR 18,00/ 27,90 SFR

V. Gabriel & W. Anderson
Seelenpfade
Schamanische Wege zur Heilung von Körper und Geist

Dieses Buch präsentiert eine Vielzahl schamanischer Techniken, und darin geht es weit über andere Werke hinaus – einige der hier dargestellten Techniken, Übungen und Zeremonien sind zuvor noch nie veröffentlicht worden.

Das Buch bietet einen breiten Fundus an Werkzeugen, die sowohl für Therapeuten als auch den selbstverantwortlich an seiner eigenen Heilung arbeitenden Laien geeignet sind und sich ebenso an Einzelpersonen wie auch an schamanisch arbeitende Gruppen richten.

Darunter befindet sich: ein europäisches Medizinrad & Stellungsarbeit auf dem Medizinrad / Reinigungs- und Zentrierungstechniken / Krafttier-Arbeit im Alltag / Bewegungsarbeit in Trance & Trancereisen / Seelenrückholung / Shape-Shifting / schamanische Traumarbeit / Redestabrituale / die Schwitzhütte & vielfältige andere Naturzeremonien ...

400 S., 17,0 x 24,0 cm, Broschur
ISBN 978-3-935581-83-7
EUR 19,95 / 30,50 SFR

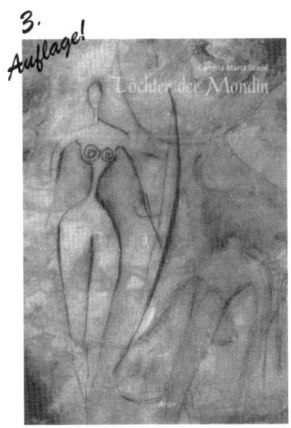

Cambra Maria Skadé
Töchter der Mondin

In diesem Buch wird mit Gedichten, mythischen Geschichten, Bildern, Fundstücken und Objekten vom Lebenszyklus erzählt, der Weißen, der Roten, der weisen Alten in uns, von den Jahresfesten, den Elementen und ihrer Energie. Die weibliche Potenz bekommt eine phantasievolle Gestalt verliehen. Es sind sinnlich-magische Geschichten und Bilder, die den Weg zu Ahninnen, Begleiterinnen, Patinnen, zur Eigen-Macht, zur Schöpferinnenkraft zeigen, dazu, wie eine selbstbestimmt, lustvoll, einfallsreich ihr Leben leben kann.

Auf dem Weg durch das Buch, das Jahr, das Leben, tauchen Bilder auf von Müttern, Großmüttern, von Frauen, auf deren Schultern wir stehen, an deren Fülle von Lebenserfahrungen wir anknüpfen können, die uns in die Tiefe der Zeiten führen. Ritualideen tauchen auf, als Anregung, den eigenen Weg, die eigene Form spielerisch zu finden, sich auf die Wurzeln zu besinnen und etwas Eigenes daraus weiterzuspinnen und die uns innewohnende Möglichkeit zur kreativen Lebensgestaltung zu entfalten.

160 S., durchg. farbig bebildert,
Broschur, 21,0 x 29,0 cm,
ISBN 978-3-86663-021-5
EUR 19,95 / 30,50 SFR

Scout Cloud Lee
Der Heilige Kreis
Ein Medizinbuch für Frauen

Dieses reich illustrierte Buch stützt sich sowohl auf uralte traditionelle Weisheiten, als auch auf die zeitgenössische Spiritualität. Jede Leserin erhält somit Einblick in die Möglichkeit, sich mit ihrer eigenen Kraft, sowie mit der eines sich stets vergrößernden Kreises von Frauen, in Verbindung zu setzen.

Es behandelt Themen wie die Ehrung des Kreises, die Herstellung von Rasseln und Trommeln und Gebetsbündeln, die rituelle Reinigung, Musik, Tanz, heilige Handlungen, Spiele, das Erschaffen von Altaren, den Mondzyklus der Frau und ihre Stärke, die Feuerfrauen, die Heilkreise der Frauen, die Frau als Kriegerin, das Aufstöbern von Träumen, die Bitte um Visionen, das Erzählen von Geschichten, Vergnügen als erhabene Medizin, das *giveaway* und die Etikette der Erde. Zudem gilt das Buch als herausragende Dokumentation zeitgenössischer amerikanischer Frauenspiritualität, geschrieben von einer Frau, die diese Bewegung maßgeblich mitgestaltet hat.

320 Seiten, 80 s/w-Abb.,
Broschur, 17,0 x 24,0 cm
ISBN 978-3-935581-25-7
EUR 18,00 / 27,90 SFR

Barbara G. Walker
Das geheime Wissen der Frauen

Wer kennt heutzutage noch die ursprünglich herrschende Rolle der Frau in Mythologie, Religion und Geschichte, in Sprache, Kunst und Kultur? Die Antworten darauf hat Barbara G. Walker in 25 Jahren tiefgründig recherchiert.

Was einst durch das Patriarchat verfälscht und unterdrückt wurde oder gar in Vergessenheit geraten ist, wird von der Autorin mit diesem Werk aufgearbeitet und ins rechte Licht gerückt. Das uralte Wissen der Frauen, das früher als normal und selbstverständlich galt, wird hier wieder belebt.

Und sie verspricht nicht zu viel. Wer einmal angefangen hat, dieses (uralte) Wissen zu ergründen, der wird sobald nicht wieder davon loskommen.

Eine einzigartige Enzyklopädie mit altem Wissen und neuen Erkenntnissen – nicht nur für Frauen!

Ein Lexikon, ja ein Standardwerk, das in keinem Bücherregal fehlen darf!

1232 Seiten, 15,1 x 22,8 cm,
Hardcover, Schutzumschlag,
ISBN 978-3-86663-020-8
EUR 29,95 / 43,50 SFR

Regula Meyer

tierisch gut

Tiere als Spiegel der Seele
Die Symbolsprache der Tiere

„*Nur wenig im Leben passiert wirklich zufällig!*" Den Eindruck haben wir immer wieder. Wenn wir im Garten, beim Spazierengehen oder Joggen plötzlich einem Tier gegenüberstehen, erscheint uns das vielleicht kurzfristig bemerkenswert, hat aber oft tiefe Bedeutung.

Die Schweizerin Regula Meyer hat schon früh ihre Wahrnehmung für scheinbar außersinnliches geschärft und beschreibt aus eigener Erfahrung den „Sinn" und die Deutungsmöglichkeiten für solche Begegnungen anhand von über 190 Tiercharakteren.

Der schamanische Ansatz der Autorin erklärt, wann und wie Tiere als Spiegel unserer Seele wirken. Alle Beschreibungen handeln von Tieren aus dem mitteleuropäischen Raum und sind mit Fotos versehen. Ratschläge erleichtern den Einstieg.

488 S., über 190 s/w-Abb.,
15,1 x 22,8 cm, Hardcover
ISBN 978-3-86663-008-6
EUR 26,00 / 38,90 SFR

John Matthews

Schamanisches Trommeln

Mit dem monotonen Rhythmus, auf einer Rahmentrommel gespielt, öffnen sich die Tore in die Anderswelt, das eigene Unbewußte. Wer sich darauf einläßt, hat die Möglichkeit sich beim Klang der Trommeln in eine leichte Trance singen zu lassen. Wohin die Reise führt und welche Begegnungen stattfinden, bleibt dem Reisenden selbst überlassen.

Wer es wagt, der mag seinem Krafttier begegnen oder mit anderen Wesenheiten kommunizieren.

Die Tracks dieser CD wurden von John und Caitlin Matthews auf einer Double-headed Sea Drum sowie einer irischen Bodhran eingespielt.

Track 1: Single Drumming, 20 min.
Track 2: Double Drumming, 20 min.
Track 3: Single Drumming, 30 min.

6-seitiges Digipack, 70 min.
ISBN 978-3-935581-31-8
EUR 18,00 / 28,90 SFR

Unser aktuelles Programm, Vorankündigungen von Neuerscheinungen und Nachauflagen, Adressen von Visionssucheseminaren, Termine mit unseren Autoren, Leseproben, Inhaltsverzeichnise, Textauszüge, Titelabbildungen und noch vieles mehr finden Sie auf unserer Homepage. Von dort aus gelangen Sie auch direkt zu unserem Onlineshop, wo Sie unter anderem eine große Anzahl von Sonderangeboten vorfinden.

www.arun-verlag.de

Alle Rechte, Lieferbarkeit und Preisänderungen der auf den Seiten 408-414 vorgestellten Bücher vorbehalten, keine Haftung für Satz- und Druckfehler. Der angegebene Ladenpreis in Euro gilt für die BRD zum Zeitpunkt der Drucklegung dieses Buches und kann sich u. U. im Laufe der Jahre ändern. Von Importeuren im Ausland festgelegte Euro- und SFR-Preise können abweichen. SFR-Preise sind unverbindliche Preisempfehlungen. (Stand Februar 2011)